TRAITÉ PRATIQUE

DE

VOIRIE URBAINE

OU

LÉGISLATION ET PRINCIPES

QUI RÉGISSENT CETTE BRANCHE DE L'ADMINISTRATION,

OUVRAGE UTILE

Aux Préfets, Sous-Préfets, Conseillers de préfecture, Maires des communes urbaines, Agents voyers, Architectes, Entrepreneurs et Propriétaires d'immeubles.

Par M. J.-B. DAVENNE,

Ancien chef de division au ministère de l'intérieur.

Un fort volume in-8°. — Prix : 9 francs.

───── ⚜ ─────

De toutes les matières de droit administratif dont la connaissance importe aux FONCTIONNAIRES MUNICIPAUX ainsi qu'aux PROPRIÉTAIRES D'IMMEUBLES, la plus difficile peut-être et la plus obscure, pour quiconque n'en a pas fait une étude spéciale, est celle qui, sous la dénomination de *voirie urbaine*, s'applique à la police de conservation des rues dans les villes et communes. Les intérêts de l'administration et ceux des propriétaires, perpétuellement en contact et souvent en opposition dans les questions si nombreuses et si diverses que soulève l'exécution des règlements sur cette matière ardue, rendaient d'autant plus désirable, pour tous, un guide fidèle et sûr, que nous sommes encore aujourd'hui sous l'empire d'une législation qui remonte à plusieurs siècles, et dont les principes sont quelquefois difficiles à concilier avec ceux de la législation moderne : de là la nécessité d'éclairer avec soin des lumières de la jurisprudence la marche de l'autorité, et d'indiquer avec précision aux administrateurs, comme aux administrés, la limite de leurs droits et l'étendue de leurs devoirs respectifs.

1858

C'est là le but du livre que nous publions, fruit d'une expérience mûrie par l'étude et par une longue pratique, œuvre d'un fonctionnaire consciencieux que sa position élevée, jointe à une connaissance approfondie du droit communal, mettait, plus que qui ce soit, à portée de bien remplir une semblable tâche.

Déjà le *Recueil* publié il y a quelques années par le même auteur avait contribué à familiariser les administrations municipales avec l'application des règles de la voirie en général. Mais depuis lors la partie de la *voirie urbaine* s'est enrichie de nouveaux faits ; une foule de questions intéressantes ont été souverainement jugées ; beaucoup de solutions sont venues régler définitivement les points restés en suspens, dissiper les doutes, fixer les incertitudes. C'est le résumé de cette jurisprudence explicative, présenté avec la clarté qu'exige un pareil sujet, qui fait principalement la matière du nouvel ouvrage que nous livrons au public.

Il est divisé en deux parties distinctes ; l'une toute d'exposé et de discussion, qui traite à la fois de la voirie urbaine proprement dite, de la grande voirie dans l'intérieur des villes et autres centres de population agglomérée, enfin de la voirie de Paris ; l'autre qui se compose de textes : celle-ci, formant appendice, reproduit, avec diverses annotations de l'auteur, toutes les dispositions législatives et réglementaires, tant anciennes que modernes, aujourd'hui en vigueur. Voulant faire de son livre un guide véritablement *pratique*, M. Davenne a pris soin de joindre aux textes rapportés dans l'appendice les modèles des principaux actes que les maires ont à rédiger dans cette partie importante et délicate de leurs fonctions. Enfin DEUX TABLES, *l'une chronologique, l'autre alphabétique* des matières terminent l'ouvrage et en facilitent l'intelligence.

Nous le recommandons avec une entière confiance à tous les fonctionnaires municipaux, ainsi qu'aux administrations départementales, aux conseils de préfecture et aux propriétaires de maisons et autres immeubles situés dans les villes, et conséquemment placés sous l'application de lois et règlements qu'il est de leur intérêt de bien connaître, ne fût-ce que pour pouvoir se défendre contre des décisions arbitraires ou des prétentions injustes.

ON SOUSCRIT A PARIS

A la Librairie administrative de Paul Dupont,

45, rue de Grenelle-Saint-Honoré.

Paris, Paul Dupont.

EN VENTE A LA MÊME LIBRAIRIE :

SOUSCRIPTION.

Je, soussigné,   demeurant à

bureau de poste de

arrondissement de   département d

. déclare souscrire au TRAITÉ DE LA VOIRIE URBAINE, qui me parviendra franc de port, *à domicile*, moyennant la somme de neuf francs, que je (1)

A   ce   1858.

(1) Quand on ne joint pas la valeur, indiquer l'époque du paiement.

Monsieur

Monsieur PAUL DUPONT,

Directeur de la Librairie administrative,

Rue de Grenelle-Saint-Honoré, n° 45,

A PARIS.

1

TRAITÉ PRATIQUE

DE

VOIRIE URBAINE.

Paris, imprimerie de Paul Dupont,
rue de Grenelle-St-Honoré, 45.

TRAITÉ PRATIQUE

DE

VOIRIE URBAINE

OU

LÉGISLATION ET PRINCIPES

QUI RÉGISSENT CETTE BRANCHE DE L'ADMINISTRATION.

OUVRAGE UTILE

Aux Préfets, Sous-Préfets, Conseillers de préfecture, Maires des communes urbaines, Agents voyers, Architectes, Entrepreneurs et Propriétaires d'immeubles.

Par M. J.-B. DAVENNE,

Ancien chef de division au ministère de l'intérieur

PARIS,

IMPRIMERIE ET LIBRAIRIE ADMINISTRATIVES DE PAUL DUPONT.

Rue de Grenelle-Saint-Honoré 45

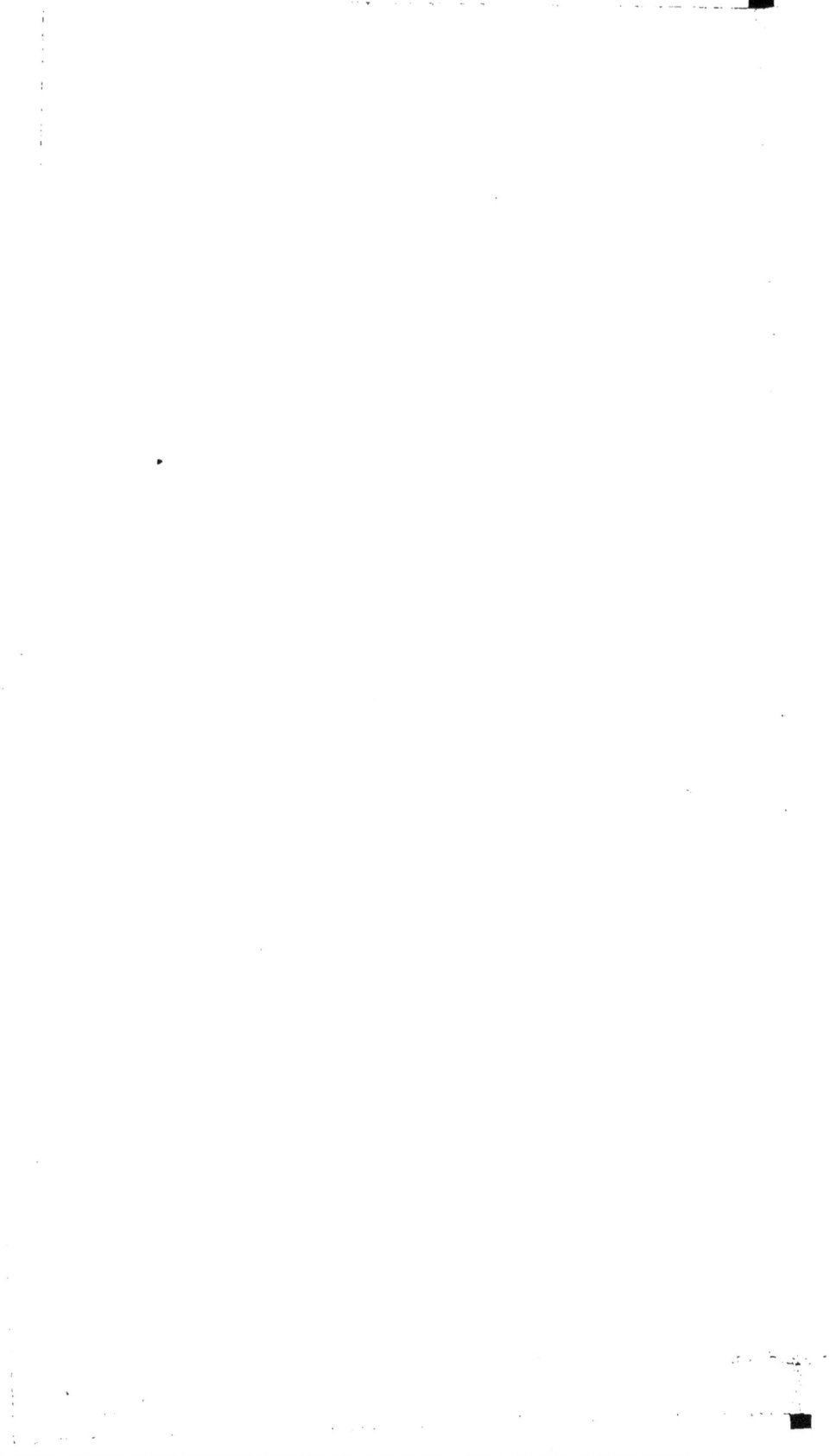

AVERTISSEMENT.

Cet ouvrage allait être mis sous presse lorsque sont survenus les événements qui ont entraîné la chute du pouvoir monarchique en France. Dans de telles conjonctures, nous avions hésité un moment à poursuivre notre œuvre; mais nous avons réfléchi que l'avénement d'un gouvernement nouveau ne pouvait influer sur des principes de pure administration entièrement indépendants, par leur nature, de tout système d'organisation politique. En effet, sous les divers régimes que nous avons traversés depuis soixante ans, les règlements de la voirie sont restés les mêmes; et il n'y a pas de raison de croire qu'il y soit rien changé aujourd'hui. Les précédents subsistent donc dans toute leur force; les solutions obtenues sont définitivement acquises, et ce qui a été jugé soit par la cour de cassation, soit par le conseil d'Etat, dans les divers cas d'où nous tirons nos déductions, demeure comme base invariable de la jurisprudence.

Nous ferons seulement observer que certaines

modifications sont devenues nécessaires dans la forme.

Il va de soi-même que l'autorité royale ayant cessé d'exister, les dénominations qui la rappellent n'appartiennent plus désormais qu'au passé. Lors donc que nous employons, dans nos formules de droit, les mots : *roi, ordonnance royale,* etc., il faut substituer, par la pensée, à ces appellations, maintenant abolies, celles de *pouvoir central ; arrêtés du gouvernement,* etc., qui, dans leur généralité, répondent à l'idée d'un pouvoir en harmonie avec nos institutions nouvelles.

Ceci posé, nous donnons ce résumé des règles de la voirie urbaine comme présentant, dans sa plus complète expression, le dernier état des doctrines administratives et des principes arrêtés sur cette importante matière.

LÉGISLATION ET PRINCIPES

DE LA

VOIRIE URBAINE.

CHAPITRE Iᵉʳ.

ORIGINE ET OBJET DE LA VOIRIE. — RÈGLES GÉNÉRALES DE LA
COMPÉTENCE EN CETTE MATIÈRE. — PROPRIÉTÉ, DÉFINITION ET
CLASSIFICATION DES VOIES PUBLIQUES URBAINES.

On considère avec raison la sûreté et la facilité des
communications, surtout dans l'intérieur des villes,
comme un des principaux éléments d'ordre et de
sociabilité, en même temps que de sécurité et de bien-
être pour les habitants; aussi, voyons-nous que de
tout temps et chez tous les peuples civilisés, l'amélioration, l'entretien et la police des chemins et des
rues, ont été l'objet particulier des soins de l'autorité
préposée à la conservation des propriétés publiques.

C'est cette branche de l'administration que nous
désignons sous le nom de *voirie urbaine,* qui signifie
et comprend tout ce qui concerne les travaux et la
police de la voie publique dans l'enceinte des villes et
communes, en un mot, l'édilité.

Les rapports nécessaires qui existent entre la voirie
urbaine et la grande voirie, lorsque les rues font partie des grandes routes, dans la traverse des villes et
villages, ne permettaient pas de séparer ces deux parties de la police édilitaire dans l'exposé qui va suivre
des règles et des principes qui la régissent. Nous traiterons donc ensemble, mais toutefois sans les con-

fondre, de la voirie municipale et de la grande voirie sous l'intitulé général de voirie urbaine, en limitant l'une et l'autre à ce qui constitue leur juridiction respective dans l'enceinte habitée des communes.

SECTION Ire.

Origine de la voirie. — État actuel de la législation.

§ 1er. — Ancienne organisation.

1. Comme dans toutes les matières de droit public en France, c'est au droit romain qu'il faut se reporter pour trouver l'origine et la base de notre législation sur la police de la voie publique.

L'organisation de cette branche de l'administration dans l'ancienne Rome offrait effectivement beaucoup d'analogie avec le régime en vigueur aujourd'hui à Paris et dans nos principales villes.

Au temps de la république, les édiles, en qualité de délégués du préteur, étaient chargés de veiller à la conservation et à l'entretien des chemins et des rues, ainsi que des édifices riverains dont la décoration était alors considérée comme objet d'intérêt public. On sait quel prix l'orgueil romain attachait à la splendeur de la Cité, et quels sacrifices l'État et les particuliers s'imposaient pour y concourir. De là, le haut rang que les édiles occupèrent dans l'ordre de la magistrature à Rome. Ils étaient assistés par des officiers au nombre de quatre : *quatuor viri viarum curandarum*, chargés d'inspecter les chemins et les rues, de les tenir en bon état, de surveiller les ouvriers employés aux réparations, et de faire leur rapport sur les transgressions dont ceux-ci se rendraient coupables.

Vers la fin de la république et pendant les guerres civiles, la forme du gouvernement ayant changé, la charge de préteur fut divisée, et l'édilité elle-même subit diverses modifications qui en amoindrirent l'importance. Ce n'est que sous le règne d'Auguste, que cette institution fut réorganisée, mais sur un pied différent. Un premier magistrat, créé sous le titre de *præfectus urbis*, reçut la mission d'exercer la police sur toute l'étendue de la ville. Rome fut divisée en quatorze quartiers, à chacun desquels fut attaché, pour la police de la voie publique, un commissaire, *curator*, chargé, avec l'aide d'agents subordonnés, de rechercher les abus, de signaler les contraventions à la loi, *de ædilitio edicto*, de les constater et d'en faire son rapport au préfet.

2. Cette organisation s'est maintenue sous l'empire, dans toutes les villes de la domination romaine, et jusque dans les provinces conquises ; ce qui explique comment elle s'est introduite dans les Gaules et particulièrement en France. Les premiers édits de nos rois qui ont réglementé la voirie prouvent, en effet, qu'ils prirent exemple sur l'institution romaine dans le mode qu'ils adoptèrent pour l'administration de cette partie de la police publique. C'est ainsi qu'à Paris il a existé de tout temps, indépendamment du prévôt, un voyer dont la fonction consistait, de même que celle de l'édile romain, à délivrer les alignements et permissions de bâtir sur la voie publique, assisté dans cet office par des commissaires distribués dans les seize quartiers de la ville, comme les *curatores regionum urbis*, à Rome.

3. Il y a eu pendant longtemps, tant à Paris que dans les provinces, beaucoup de confusion dans les droits et prérogatives, attribués soit au souverain, soit aux seigneurs, touchant l'administration de la voirie, considérée comme dépendance de la haute justice.

Ce n'est qu'à partir du douzième siècle, époque de l'émancipation des communes et de la première guerre des croisades, que les pouvoirs et les juridictions furent mieux définis, en même temps que le régime des chemins publics reçut des améliorations dues en grande partie au rétablissement de l'autorité royale, jusqu'alors contestée ou méconnue par les grands feudataires.

Alors, dit un ancien auteur, les principaux seigneurs donnaient tout en fief, sans en excepter les voiries, afin de se procurer des services militaires; et pour en faire des fiefs plus considérables, ils y attachaient des revenus et des droits avec une justice distincte de celle du prévôt du lieu; ceux qui tenaient des voiries ainsi inféodées eurent la faculté de les faire exercer, condition sans laquelle ils n'eussent pu suivre leur seigneur à la guerre. (*Voy.* Brussel, *Traité des fiefs*, t. Ier.)

4. Ainsi, à mesure que le pouvoir royal a reconquis son autorité sur les grands vassaux, il a repris, dans toutes les provinces, l'exercice de son droit de juridiction et de police, d'abord sur les voies publiques appelées alors grands chemins royaux, puis, insensiblement, par voie d'appel des causes devant les juges royaux et les parlements, sur tous les chemins et rues classés dans la justice seigneuriale.

5. A Paris, ville d'exception, le souverain a exercé de tout temps une plus large part d'autorité que dans le reste du royaume. Saint Louis avait gratifié son chambellan, Jean Sarrazin, de l'office de voyer de cette ville, avec survivance au profit d'Etienne Barbette, son gendre; mais ces fonctions n'étaient ni définies ni réglementées. Ce n'est que du règne de Henri IV que date l'organisation régulière de la voirie

dans la capitale comme dans les autres villes de France.

Un édit du mois de mai 1599 créa la charge de grand voyer de France, « ayant, dit l'acte royal, l'authorité et super-intendance sur les voyers establis ou qui le pourroient estre dans les autres villes du royaume, » et le roi en investit le marquis de Rosny (Sully), qui l'exerça pendant plusieurs années, ainsi que celle de voyer de la ville de Paris, qu'il avait rachetée de Guillaume Hubert, alors titulaire de cet office.

6. Plus tard (en 1626), la charge de grand voyer fut supprimée et cette attribution passa aux trésoriers de France, très-ancienne institution formant dans chaque généralité une juridiction connue sous le nom de bureau des finances, qui réunit alors dans ses mains, avec les fonctions administratives de la voirie, le pouvoir de juge en cette matière; pouvoir souverain dans certains cas, et, dans d'autres, soumis à l'appel devant le parlement du ressort.

(*Voy.* LECLERC DU BRILLET, continuateur de DELAMARE, *Traité de la police,* t. IV, p. 638 et suiv.)

§ 2. — Législation moderne.

7. Un édit de Henri IV, du mois de décembre 1607; une déclaration du roi Louis XIV, du 16 juin 1693; un arrêt du conseil du 27 février 1765, et divers autres actes de l'ancienne législation, auxquels nous aurons, dans la suite, fréquemment occasion de nous reporter, ont établi des règles qui sont, pour la plupart, encore applicables aujourd'hui. Les unes comme celles qui reposent dans l'édit de 1607, sont communes aux simples rues des villes et à celles qui font

partie des grandes routes; les autres concernent exclusivement, soit les routes, soit les rues, selon la classe à laquelle elles appartiennent; c'est ce qui distingue aujourd'hui la grande voirie de la voirie urbaine, proprement dite. Il n'y a d'exception que pour Paris, où par une fiction légale qui a été contestée, mais qui n'en est pas moins admise en principe (O. 13 août 1823, *Dubois Delatouche*), toutes les rues sont classées comme appartenant à la grande voirie.

8. En ceci, il est à remarquer que la distinction établie par les anciens règlements n'est plus aujourd'hui la même.

Communément, dit Perrot (*Dictionnaire de la voirie*, page 439), on divise la voirie en deux espèces différentes qu'on appelle *grande* et *petite*.

« La grande voirie consiste dans l'inspection sur les rues et chemins, à donner des alignements, à prévenir les enreprises sur la voie publique et les périls des bâtiments, et à ordonner l'exécution des règlements.

« La petite consiste à donner permission de placer des auvents, de planter des bornes, de suspendre des enseignes, étalages, et autres choses semblables. »

Aujourd'hui, la grande voirie se dit de la police de conservation des grandes routes, et la petite voirie, ou voirie urbaine, de celle qui concerne les rues communales. Il n'y a qu'à Paris que l'ancienne classification ait été maintenue, les rues y étant, comme il a été dit plus haut, réputées grandes routes, la petite voirie ne s'entend que de ce qui intéresse la viabilité journalière ainsi que la salubrité des rues, comme les saillies mobiles, les objets et dépôts qui occasionnent temporairement des embarras sur la voie publique, le balayage, l'enlèvement des immondices, etc.

Cette distinction est très-essentielle à observer en ce que les contraventions, selon qu'elles ressortissent de la grande ou de la petite voirie, sont jugées et réprimées par des juridictions et des pénalités différentes, ainsi qu'on le verra ci-après :

9. Rappelons d'abord les changements que les nouveaux principes nés de la révolution de 1789 ont introduits dans l'administration de la voirie, et qui portent principalement sur la propriété de la voie publique, du moins en ce qui concerne les communes, et sur les juridictions appelées à réprimer les contraventions.

Une loi du 26 juillet 1790 disposa en ces termes :

« Art. 1er. Le régime féodal et la justice seigneuriale étant abolis, nul ne peut, à l'un ou à l'autre de ces titres, prétendre aucun droit de propriété ni de voirie sur les chemins publics, rues et places des communes. »

Une autre loi en date du 16-24 août 1790 décida, tit. XI, art. 3 :

« Les objets de police confiés à la vigilance et à l'autorité des municipalités sont : 1° tout ce qui intéresse la sûreté et la commodité du passage dans les rues, quais, places et voies publiques ; ce qui comprend le nettoiement, l'illumination, l'enlèvement des encombrements, la démolition ou la réparation des bâtiments menaçant ruine, l'interdiction de rien exposer aux fenêtres qui puisse nuire par sa chute, et celle de rien jeter qui puisse blesser ou endommager les passants ou causer des exhalaisons nuisibles.

Il faut rapprocher de ces dispositions celles de la loi des 19—22 juillet 1791, ainsi conçues :

« Art. 29. Sont confirmés provisoirement les règlements qui subsistent touchant la voirie, ainsi que

ceux actuellemen existants à l'égard de la construction des bâtiments et relatifs à leur solidité et sûreté,
sans que de cette disposition il puisse résulter la conservation des attributions ci-devant faites à des tribunaux particuliers. »

Enfin, la loi du 7 septembre 1790 a statué, article 6,
que « l'administration en matière de grande voirie
appartient aux corps administratifs (aujourd'hui les
préfets), et la police de conservation, tant pour les
grandes routes que pour les chemins vicinaux, aux
tribunaux de district. » Puis celle du 14 octobre suivant spécifie que « l'administration en matière de
grande voirie attribuée aux corps administratifs
comprend, dans toute l'étendue de la France, l'alignement des rues des communes *qui servent de grandes
routes.*

10. Tels sont, en ce qu'ils ont d'essentiel, les principes nouveaux apportés par la législation de 1789
dans le régime de la voirie, principes qui n'ont été
modifiés plus tard qu'en ce qui concerne, pour la
grande voirie, l'attribution de la juridiction contentieuse, et pour la voirie municipale, la virtualité des
peines édictées par les règlements antérieurs. C'est-à-
dire que la loi du 28 pluviôse an VIII est venue attribuer (art. 4) le jugement des contraventions en matière de grande voirie aux conseils de préfecture, qui
continuent d'appliquer les peines prononcées par
l'ancienne législation ; tandis que la répression en
matière de voirie municipale ou urbaine a été remise
par le Code des délits et des peines du 3 brumaire
an IV, et depuis par le Code d'instruction criminelle,
aux tribunaux de police, qui statuent conformément
aux dispositions du Code pénal (art. 471, nos 5 et 15)
et abstraction faite des anciennes pénalités.

SECTION II.

Règles générales de la compétence. — Propriété et classification des voies urbaines.

§ 1er. — Compétence administrative.

11. *Voirie urbaine.* La compétence administrative en matière de voirie urbaine peut se résumer
comme il suit. Le maire délivre les alignements et
permissions de bâtir sur les rues, places et autres voies
communales ; il surveille les constructions riveraines
et les bâtiments menaçant ruine. Il veille aussi à la
viabilité et à la propreté des rues. (L. 16—24 août
1790 ; 16 septembre 1807, art. 52 ; O. 23 janvier 1820,
Couard ; 11 février 1820, *Caron* ; 16 juin 1824, *Versigny* ; jurispr. constante). Le conseil municipal n'intervient que pour délibérer sur l'ouverture des rues
et places et sur les projets de plan d'alignement. (L. 18
juillet 1837, art. 19, n° 7).

Le maire est également compétent pour interdire
et rétablir le passage dans une rue, sauf recours au
ministre de l'intérieur. (O. 18 février 1824, *Ribes*.)

12. Au préfet appartient le droit de réformer les
arrêtés du maire, et de soumettre au ministre de l'intérieur les plans d'alignement adoptés par le conseil
municipal. (L. 16 septembre 1807, art. 52.)

13. Au chef du gouvernement est remis celui d'homologuer ces plans par des arrêtés rendus sur l'avis
du conseil d'État. (*Ibid.*)

Il statue également sur le rapport du ministre de
l'intérieur par voie administrative, le conseil d'État
entendu, sur les pourvois auxquels donne lieu l'application des alignements arrêtés aux propriétés particulières. (*Ibid* ; Décr. 27 juillet 1808, art. 2.)

Enfin, c'est le pouvoir central qui seul détermine

les rues des villes et communes qui doivent faire partie des grandes routes. (O. 8 septembre 1824, *ville de Metz.*)

14. *Grande voirie.* Le préfet délivre les alignements et permissions de bâtir sur les grandes routes et sur les rues qui en dépendent. (L. 14 octobre 1790; 28 pluviôse an VIII, art. 3 ; O. 26 août 1829, *Détroyat;* 29 août 1834, *Blaise;* 2 août 1836, *de Kergorlay* et autres espèces.)

Il exerce sur les grandes routes en général la même surveillance, la même action de police que celle qui est attribuée aux maires sur les voies communales.

15. Les plans d'alignement dressés par les soins des ingénieurs des ponts et chaussées sont arrêtés par le gouvernement, sur le rapport du ministre des travaux publics, le conseil d'Etat entendu.

16. Nous ne devons pas omettre de rappeler ici que les conseils municipaux sont appelés à donner leur avis sur les projets d'alignement de grande voirie dans l'intérieur des villes, bourgs et villages. (L. 18 juillet 1837, art. 21, n° 3.)

17. *Voirie de Paris.* C'est le préfet de la Seine qui, en sa qualité de maire central, délivre les alignements et permis de bâtir à Paris, et y exerce les principales fonctions de l'édilité.

18. Le préfet de police est chargé de tout ce qui se rapporte à la viabilité, à la propreté et à la salubrité des rues, conformément aux dispositions du décret du 12 messidor an VIII, dont l'article 21 est ainsi conçu :

« Le préfet de police sera chargé de tout ce qui a rapport à la petite voirie, sauf le recours au ministre de l'intérieur contre ses décisions.

« Il aura à cet effet sous ses ordres un commissaire

chargé de surveiller, permettre ou défendre : L'ouverture des boutiques, étaux de boucherie et de charcuterie ; — L'établissement des auvents ou constructions du même genre qui prennent sur la voie publique ;
— L'établissement des échoppes ou étalages mobiles ;
— D'ordonner la démolition ou réparation des bâtiments menaçant ruine. »

Les articles 22 et 23 du même règlement chargent
le préfet de police de procurer la liberté et la sûreté
de la voie publique, en la faisant éclairer et balayer ;
en la faisant sabler dans les temps de verglas, en
empêchant qu'on obstrue la circulation, etc., etc.

19. Des commissaires voyers sont placés sous les
ordres du préfet de la Seine, et un commissaire architecte de la petite voirie sous ceux du préfet de police,
pour aider ces magistrats dans l'exercice d'une partie
de leurs fonctions.

§ 2. — Compétence contentieuse.

20. *Voirie urbaine.* Toute contravention aux règles
de la voirie commise sur une rue qui ne fait pas partie d'une grande route est du ressort des tribunaux de
simple police. (C. d'inst. crim., art. 137, conféré avec le
livre IV du Code pénal ; jurispr. constante.) On peut,
toutefois, inférer d'une ordonnance rendue au contentieux le 7 mars 1821 (*Pottier*) que, s'il s'agit d'une
contravention concernant une maison située à la fois
sur la grande et sur la petite voirie, c'est le conseil de
préfecture qui doit en connaître, à l'exclusion du tribunal de police (1). Mais, hors ce cas tout exceptionnel, un conseil de préfecture est incompétent pour

(1) La dame Pottier était propriétaire de plusieurs maisons sujettes à l'alignement sur le quai de Rouen ; une de ces maisons devant être démolie pour
former le prolongement de la rue Corneille jusqu'au quai, la dame Pottier

2

réprimer une contravention en matière de voirie urbaine. (O. 27 avril 1825, *veuve Blanchet ;* 13 juillet 1825, *Humbert.*)

21. On remarquera que le conseil d'Etat et la cour de cassation sont appelés tour à tour à prononcer en dernier ressort dans les questions qui intéressent la voirie urbaine ou municipale ; c'est que le contentieux en cette matière suit deux voies différentes, selon que l'affaire a été engagée par décision administrative ou judiciaire. Ainsi, le conseil d'État intervient sur la réclamation des propriétaires qui se prétendent lésés par les actes de l'administration, et la cour de cassation connaît, outre les questions de propriété, de tout ce qui se rapporte aux faits de la répression ; c'est-à-dire des jugements prononcés par les tribunaux compétents pour contraventions aux lois et règlements.

22. *Grande voirie.*—Les contraventions commises sur les routes et sur les rues des communes qui en font partie, sont réprimées par les conseils de préfec-

---

crut pouvoir faire exécuter, à la maison contiguë, divers travaux qui avaient pour effet d'en consolider l'ensemble, et dont la démolition fut ordonnée par arrêté du conseil de préfecture.

Sur le pourvoi introduit par la propriétaire contre cet arrêté, le conseil d'État, après avoir entendu le directeur général des ponts et chaussées, a statué en ces termes :

« Considérant, sur la compétence, que la maison dont il s'agit est située sur le quai de Rouen qui dépend de la grande voirie, et que, de ce qu'elle est située à l'angle de la rue Corneille, qui appartient à la voirie urbaine, cette circonstance ne peut enlever au conseil de préfecture sa compétence sur les contraventions qui auraient pour objet de consolider la maison et de retarder l'exécution des projets approuvés ; — Considérant, au fond, etc. — Art. 1er. La requête de la dame Pottier est rejetée, etc. »

(Voir aussi *Eléments de jurisprudence administrative,* t. II, p. 352, n° 18. — Ordonnances des 20 novembre 1815, *Cheradame, Jurisprudence du conseil d'Etat,* t. III, p. 184 ; 6 mars 1816, *Viardin, ibid.,* t. III, p. 247.)

ture. (L. 28 pluviôse an VIII, art. 4; Décr. 29 floréal
an X, 16 décembre 1811, art. 114, O. 21 juillet 1822,
3 février 1832, *Perony et consorts*; 2 janvier 1835,
Palierne de Chassenay; 18 juillet 1838; *Sabatier*;
16 janvier 1846, *Humeau, Bouvet, Briat* et autres.)

Les conseils de préfecture statuent également sur
les contestations qui s'élèvent au sujet de la démolition des bâtiments menaçant ruine. (O. 2 juillet 1820,
Biberon; 23 juillet 1824, *Havet*.)

23. Cependant, nous devons dire que la compétence des conseils de préfecture, quant à la répression
des contraventions de simple police sur les rues des
villes classées dans la grande voirie, est l'objet d'un
dissentiment grave entre la cour de cassation et le
conseil d'Etat (1).

Ainsi, selon de nombreuses ordonnances rendues
au contentieux (17 novembre 1824, *Viguier*; 14
avril 1842, *veuve Barré*; 8 avril 1842, *Denayrouse*;
5 décembre 1842, *Derreulx*; 30 décembre 1843,
Moulin), ceux qui font des dépôts de gravois, fumiers
et autres encombrements sur les routes, dans l'intérieur des villes, sont passibles des peines portées par
un arrêt du conseil du 4 août 1781, et justiciables
des conseils de préfecture; tandis que, suivant la cour
de cassation (Ch. crim., 15 août 1824, *Lamotte*;
24 février 1842, *Lefèvre*; 8 juillet 1842, *Favreau*),

---

(1) Nous aurons fréquemment, nous devons le dire dès le début, à signaler
des exemples de ces dissentiments, soit dans l'appréciation des mêmes faits,
soit dans l'interprétation des mêmes règlements. Nous nous efforcerons d'en
expliquer les causes et de concilier, autant qu'il est en nous, ce que des jugements, qui ont un droit égal à nos respects, semblent offrir et offrent souvent
en effet de contradictoire; mais nous dirons en même temps comment et
dans quel cas les décisions du conseil d'Etat devant faire règle pour l'administration, celle-ci doit les accepter et s'y soumettre.

c'est le tribunal de police qui est compétent pour connaître de ces contraventions auxquelles doit être appliquée l'amende encourue aux termes de l'article 471, n° 4, du Code pénal.

Comme le maximum de l'amende prononcée par l'arrêt du conseil du 4 août 1781 est de 500 francs, et que celle que porte le Code pénal ne s'élève pas à plus de 5 francs, on conçoit combien la question a d'importance dans la pratique.

Nous nous bornerons à faire observer, à ce sujet, d'abord qu'il n'y a rien que de juste et de logique à ce que la transgression de règlements qui intéressent l'ordre public soit punie d'une peine plus sévère qu'une contravention à un simple arrêté de police locale; et, d'autre part, que la règle posée par le conseil d'Etat étant ici obligatoire pour l'administration à qui appartient l'initiative des poursuites, il ne reste à celle-ci qu'à s'y conformer.

24. Quant aux questions de propriété, soit qu'il s'agisse de voirie municipale ou de grande voirie, il est de jurisprudence constante qu'elles ressortissent à l'autorité judiciaire. (O. 7 mars 1821, *Delucq*; 14 février 1842, *Vauchel*; Cass. 11 octobre 1845, *Gauville* et autres espèces).

« Tout ce qui se rattache aux questions de propriété, dit M. CARRÉ (*Lois de l'organisation et de la compétence des juridictions civiles*), est essentiellement étranger à la juridiction administrative. C'est là un principe fondamental sur lequel il ne s'élève plus de difficultés, et qui est constaté par la jurisprudence constante et uniforme de la cour de cassation et du conseil d'Etat. Il serait superflu d'en citer les décisions. »

Ajoutons seulement que si les tribunaux sont compétents pour prononcer sur la propriété du sol de la voie publique, ils ne le sont pas pour statuer sur la possession et la jouissance; questions qui rentrent dans le domaine de l'autorité administrative. (O. 14 février 1842, *Vauchel.*)

25. A Paris, les contraventions de grande voirie sont jugées par le conseil de préfecture, à la diligence du préfet de la Seine, et celles qui intéressent la petite voirie, suivant la distinction que nous avons établie précédemment, par le tribunal de police municipale, sur les poursuites du préfet de police.

SECTION III.

Propriété, définition et classification des voies urbaines.

§ 1er. — De la propriété des voies urbaines.

26. La propriété des grandes routes ne peut être mise en question. On sait qu'elles appartiennent à l'Etat, aux termes de l'article 538 du Code civil, ainsi conçu :

« Les chemins, routes et rues à la charge de l'Etat, les fleuves et rivières navigables ou flottables, les rivages, lais et relais de la mer, les havres, les ports, les rades, et généralement toutes les portions du territoire français qui ne sont pas susceptibles d'une propriété privée, sont considérés comme des dépendances du domaine public. »

27. Mais ce n'est que par induction que la propriété des rues et autres voies urbaines est attribuée aux communes (1). Cette induction se tire des termes mê-

---

(1) La discussion à laquelle a donné lieu dans le sein du conseil d'Etat l'article 538 du Code civil renferme à cet égard des renseignements utiles à consulter.

La rédaction originaire était ainsi conçue : « Les chemins publics, les rues

mes de l'article que nous venons de citer. Il est certain qu'en ne classant dans le domaine public que les rues *à la charge de l'Etat*, cet article a nécessairement excepté celles qui sont à la charge des communes. Mais nulle part il n'est écrit que le sol de ces dernières appartient aux communes. Cependant, il a été ou il est présumé avoir été acquis de leurs deniers; l'élargissement de cette partie de la voie publique s'opère journellement à leurs frais; d'autre part, lorsqu'une rue est supprimée par un acte de la puissance publique qui autorise en même temps l'aliénation du sol, le produit de cette aliénation est versé dans la caisse municipale. Ces faits, qui se produisent cons-

---

et places publiques sont considérés comme dépendances du domaine public. »

On voit dans le procès verbal de la séance comment la question fut envisagée par les différents orateurs qui prirent la parole :

« M. Regnauld (de Saint-Jean-d'Angély) observe, y est-il dit, que cet article doit être réformé en ce qu'il comprend indistinctement dans le domaine public les chemins publics, les rues et les places publiques. Il faut remarquer que les lois distinguent entre les grandes routes et les chemins vicinaux, ceux-ci sont la propriété des communes et entretenus par elles. Ce principe est dans la jurisprudence du conseil. Chaque jour des arrêtés mettent l'entretien des chemins vicinaux à la charge des communes; quant aux rues et places publiques, elles sont aussi la propriété des communes, aux termes de la loi du 11 frimaire an VII, de divers arrêtés du gouvernement, notamment de celui rendu pour la commune de Paris relativement au percement d'une rue. Il n'y a d'exception à ce principe que pour les rues et places où passent les grandes routes entretenues par l'Etat.

» M. Treilhard dit qu'en effet les chemins vicinaux, qui ne sont pas grandes routes, appartiennent aux communes.

« M. Tronchet observe qu'il y a des chemins qui, sans être grandes routes, appartiennent cependant à l'Etat.

« M. Regnauld (de Saint-Jean-d'Angély) dit qu'il est facile de distinguer les chemins dont la propriété appartient à la nation : ce sont ceux qu'elle entretient.

« La distinction proposée par M. Regnauld (de Saint-Jean-d'Angély) sur les chemins vicinaux et le retranchement de l'énonciation des rues et places publiques sont adoptés. »

(Voir *Traité des chemins*, par M. Garnier, édition de 1823, n° 158.)

tamment dans la pratique, suffisent, à notre avis, pour résoudre la question en faveur du droit des communes à la propriété de leurs rues.

28. Du reste, comme le domaine public lui-même, la propriété des rues communales est imprescriptible parce qu'elle est hors du commerce. « Les biens des villes et des communautés, dit DUNOD, *Traité des prescriptions*, sont de deux espèces; car les uns produisent du revenu, et comme ils peuvent être aliénés pour cause et avec certaines formalités, ils sont prescriptibles par le temps ordinaire; les autres sont destinés à l'usage des personnes de la ville ou de la communauté dont ils dépendent; ils sont publics à leur égard; tels sont les rues, les places, les marchés, les cours, les fontaines, les édifices publics, etc. Les biens de cette dernière espèce ne sont pas dans le commerce, c'est pourquoi ils ne peuvent être prescrits par le temps ordinaire...... »

Il suit de là que nul ne peut acquérir de droits privés sur aucune partie des voies publiques urbaines. (Cass. 13 février 1828, *Hecht*.)

29. Mais il est diverses sortes de servitudes légales dont la voie publique en général est grevée au profit des habitants et des propriétaires riverains, ce sont : 1° le droit de passage, qui appartient à tous; 2° au profit des riverains, privativement celui d'y prendre des vues directes ainsi que des issues, et d'y faire écouler les eaux des maisons.

30. Ces dernières sont considérées, selon quelques auteurs (MM. Pardessus et Duranton), moins comme de véritables servitudes que comme *droits de cité*. Quoi qu'il en soit, ces droits sont tellement établis, que le conseil d'Etat et la cour de cassation s'accordent à reconnaître que tout changement dans l'état

de la voie publique qui vient y porter atteinte autorise le propriétaire lésé à réclamer un dédommagement. (O. 17 janvier 1838, *Rodet*; 23 février 1839,
Delcambre; 2 mai 1845, *Lecq*; 30 mars 1846, *veuve
Durand*; Cass., 17 août 1837, *Germain*; S. V., 38, 2,
19; 30 avril 1838, *les Moulins*; S. V., 38, 2, 456;
1er mars 1848, *Palaillou*; S. V., 39, 2, 470; et autres
espèces.)

31. Il y a, toutefois, une observation à faire ici touchant l'écoulement des eaux sur les rues. L'article
681 du Code civil porte que tout particulier a le droit
d'établir ses toits de manière que les eaux pluviales
s'écoulent sur son terrain *ou sur la voie publique*,
mais il faut sous-entendre, ce qui va de soi, qu'en
établissant ses gouttières, il ne nuira ni à la sûreté ni
à la commodité du passage. Le prévenu de contravention à un règlement de police portant pareille
injonction alléguerait donc vainement comme excuse
qu'un tel règlement est en opposition avec les dispositions de l'article précité du Code civil. (Cass. ch.
crim., 14 octobre 1813 et 21 novembre 1834; Dal.,
J. G., t. IX, p. 452 (1)).

---

(1) En partant de ce principe, que les rues et places publiques sont des dépendances du domaine public municipal, et qu'à ce titre les maires ont le droit
d'empêcher tout ce qui pourrait ressembler à un empiétement sur ces biens,
on arrive à cette conclusion, qu'ils doivent réprimer non-seulement les actes
qui portent atteinte à la propriété même de ces biens, mais encore ceux qui
tendraient à les assujettir à des servitudes plus ou moins onéreuses; servitudes
qui ne peuvent pas même être acquises par prescription, puisque les choses du
domaine public sont inaliénables. De là, le droit que les maires ont de prendre des arrêtés pour faire modifier tout état de choses contraire à la liberté
des rues, places, etc. Il faut seulement remarquer qu'il est de la nature des rues
et places publiques de servir à certains usages contre lesquels les arrêtés seraient impuissants. Ainsi l'autorité municipale ne pourrait pas défendre l'établissement de vues ou de portes donnant sur la voie publique; elle ne pourrait
pas empêcher les propriétaires d'y faire écouler l'eau de leurs toits. Cependant,

D'autre part, et si l'autorité municipale ne peut s'opposer à l'écoulement des eaux pluviales sur la voie publique, il n'en saurait être de même à l'égard des eaux qui sont employées aux usages domestiques. Ces eaux peuvent porter avec elles un tel caractère de malpropreté et d'insalubrité, qu'il serait du devoir du maire de s'opposer à ce qu'elles fussent répandues, et surtout à ce qu'elles demeurassent stagnantes sur la voie publique. Cependant, comme les propriétaires peuvent n'avoir pas les moyens de faire perdre les eaux ménagères dans des puisards ou autres conduits, on tolère assez généralement qu'ils les fassent écouler dans les rues par des conduits ou tuyaux de descente dits éviers. (DALLOZ, *J. G.*, t. IX.)

32. Une ordonnance du bureau des finances de Paris, du 12 décembre 1747, avait indiqué les conditions exigées pour l'établissement de ces conduits. Aujourd'hui, cet objet est réglé, pour Paris, par une ordonnance royale du 24 décembre 1823, dont nous aurons occasion de nous occuper dans la suite. (Voir l'Appendice à la fin du volume.)

33. Les voies publiques urbaines peuvent être classées comme il suit : rues, places et promenades

---

entre ces prohibitions absolues et des mesures tendant à assurer la liberté et la commodité du passage ou à rendre moins onéreuses les servitudes que, par leur destination, les biens du domaine public doivent supporter, il y a une grande différence.

Ces règlements se lient donc par leur objet à toutes les attributions de l'autorité municipale. Par exemple, qu'un particulier ait établi l'égout de son toit de telle sorte que les eaux pluviales inondent les passants ; qu'un autre ait donné au sien une saillie exagérée, n'est-il pas vrai que la sûreté et la commodité du passage sont entravées, et que la charge supportée par la voie publique est plus forte que celle de souffrir le simple écoulement des eaux ? En conséquence, un arrêté pris pour faire changer cet état des choses serait parfaitement légal. (Dall., *Jurisprudence générale*, t. IX, p. 452.)

publiques, passages, impasses. Nous examinerons successivement en même temps que les caractères distinctifs de ces diverses voies, les règles d'administration et de police qui leur sont propres.

§ 2. — Des rues.

34. Une rue n'est autre chose qu'un chemin public bordé de maisons ou de murs, qui, dans les villes, est ordinairement pavé et éclairé.

Les rues sont, comme on l'a vu, de deux espèces : les unes formant traverses, c'est-à-dire continuation des grandes routes, sont placées sous le régime de la grande voirie ; les autres sont rues communales, et appartiennent à la voirie urbaine.

Parmi ces dernières, il faut encore distinguer celles qui font prolongement des chemins vicinaux de grande communication, comme nous le dirons plus loin.

35. Nous avons expliqué tout à l'heure que les rues sont la propriété des communes au même titre que les routes sont la propriété de l'Etat ; mais, à l'égard des rues dépendant de la grande voirie, il y a souvent confusion de droits sur ce point entre l'Etat et les communes. Ainsi, lorsque des portions de ces voies publiques en sont retranchées par suite d'alignement et vendues aux riverains, est-ce dans la caisse de l'Etat ou dans celle de la commune que le produit de la vente doit être versé? Telle est la question qui s'est présentée et qui a été résolue en faveur des communes par un arrêt de casation du 10 mai 1841. (*Ville d'Autun*, ch. civ.; DEVILLENEUVE, 41, 1, 439.)

« Attendu, dit cet arrêt, que si l'alignement a été et dû être donné au sieur Mouth par le préfet investi de cette attribution en matière de grande voirie, le droit de police et de surveillance exercé par l'administration le long des routes et rues à la charge de l'Etat n'implique pas à son profit la propriété des terrains qui bordent ces routes et rues sans en faire partie ; — Attendu que l'article 538 du Code civil dispose seulement que les routes et rues à la charge de l'Etat sont des dépendances du domaine public, mais ne s'appliquent aucunement aux terrains en dehors desdites routes et rues..., rejette, etc. »

Il est vrai qu'un autre arrêt du 21 novembre 1843 (ch. des req., — *ville de Laon.* Devill., 44, 1, 170) semble contredire celui-ci. Il est ainsi conçu :

« Attendu que l'arrêt attaqué (celui de la cour royale d'Amiens du 7 août 1841, dont était appel) constate en fait que les parcelles de terrain, dont il s'agit au procès, étaient une dépendance de la route de Paris à Maubeuge, et que l'Etat en a la jouissance ; — Qu'en attribuant, dans de telles circonstances, à l'Etat le prix de ces parcelles de terrain, l'arrêt attaqué, loin de violer l'article 538 du Code civil, en a fait une juste application ; — Rejette, etc. »

Mais il importe d'observer que ce dernier arrêt qui ne touche que le point de fait, a été rendu par la chambre des requêtes ; tandis que le premier, qui s'appuie de considérations tirées des principes de droit, émane de la chambre civile, c'est-à-dire de celle dont les décisions doivent nécessairement faire la base de la jurisprudence de la cour.

Il faut d'ailleurs rapprocher de l'arrêt du 10 mai 1841, cité plus haut, une ordonnance rendue au contentieux à la date du 23 août 1836 (*Girard*, — *ville de Mortagne*), et portant « que sur les points où les rues et places qui servent à établir la continuité des grandes routes ont une largeur plus grande que la

route, l'administration générale des ponts et chaussées est sans intérêt et sans droit pour les rétrécir ;
qu'elle doit se borner, en ce cas, à déterminer les limites nécessaires à la circulation, et renvoyer à l'autorité municipale pour lesalignements à donner, dans
l'intérêt et d'après les règles de la voirie urbaine, aux
maisons qui sont situées au delà desdites limites. »

La conclusion à tirer de ces deux décisions, c'est
que le conseil d'Etat et la cour de cassation s'accor-
deraient à reconnaître qu'il appartient aux communes de disposer des portions de terrain laissées par
l'alignement en dehors des limites tracées pour les
routes dans l'intérieur des villes.

On peut donc, nonobstant l'opposition de l'administration des domaines (lettre du ministre des finances, du 6 novembre 1847), persister à considérer la
question comme résolue en faveur des communes ;
question au reste toute judiciaire et dans laquelle il
n'appartient en aucun cas à l'administration d'intervenir comme juge.

36. Quant à la distinction à faire entre les rues des
communes qui dépendent de la voie urbaine ou de la
voirie vicinale, nous ferons remarquer d'abord qu'elle
ne concerne que les chemins de grande vicinalité ; et,
en second lieu, qu'elle ne peut avoir d'effet qu'à l'é-
gard des communes rurales ; c'est du moins ce qui
semble ressortir d'un avis émis sous la date du 25 janvier 1837 par le conseil d'Etat, à la demande du ministre de l'intérieur, qui l'avait consulté sur la question de savoir s'il y a lieu de considérer les rues *des
villages* comme faisant partie des chemins vicinaux
dont ils sont la prolongation.

« Considérant, a dit le conseil d'Etat, que, par la loi
de 1836 (sur le régime des chemins vicinaux), il n'a

pas été apporté de changement aux anciens règlements de voirie concernant les simples chemins vicinaux ; mais qu'il n'en est pas de même à l'égard des
nouvelles lignes vicinales classées sous le nom de
chemins vicinaux de grande communication, lesquelles, aux termes de la section II de la loi du 21 mai
1836, sont régies par des dispositions qui leur sont
propres ; — qu'à la différence des chemins vicinaux,
les lignes de grande communication offrent un intérêt à la fois départemental et communal. . . .

« Considérant qu'il résulte de ces dispositions
(celles de la loi du 21 mai 1836) que l'action départementale et préfectorale a été substituée à l'action
purement municipale en ce qui concerne les chemins
vicinaux de grande communication, *sans exception
des rues qui en font partie ;* — que s'il en était autrement, il pourrait se trouver sur les grandes lignes vicinales autant de lacunes qu'il s'y trouverait de communes intermédiaires, etc.

« Par ces divers motifs, le conseil d'Etat a été d'a-
vis que les rues qui sont la prolongation des chemins
vicinaux de grande communication, dans la traverse
des communes, doivent être considérées comme faisant partie intégrante desdits chemins et être soumises aux règles qui leur sont applicables. »

Les termes de cet avis ne permettent pas de
douter que le conseil d'Etat, de même que le ministre
dans son rapport, n'ait entendu excepter les rues des
villes et communes soumises, sous le rapport des alignements, à l'application de la loi du 16 septembre
1807. (Article 52.) Les grandes communes sont généralement, en effet, les points extrêmes où aboutissent
les chemins de grande vicinalité qui, en y pénétrant,
s'y absorbent et s'y confondent nécessairement avec
les rues du domaine municipal.

Une solution contraire entraînerait d'ailleurs, sous le rapport de la compétence, des complications inévitables et de graves embarras, sans offrir aucun avantage en compensation, puisque l'autorité municipale est armée, dans l'intérêt de la cité, de moyens non moins efficaces que ceux dont le préfet dispose, pour garantir la conservation de la voie publique contre toute entreprise qui y porterait atteinte.

37. Nous devons mentionner aussi en dehors des diverses classes de rues dont nous venons de parler, celles qui ont été ouvertes sans autorisation sur des terrains particuliers, comme il s'en trouve dans beaucoup de communes.

La cour de cassation avait établi en principe, par plusieurs arrêts (1er juin 1843, 5 février 1844, *Mélinet* et *autres*), que tant qu'un terrain est livré à la circulation, il est soumis aux mesures de police et de surveillance applicables à toute voie publique. Mais, par d'autres arrêts postérieurs (11 mai 1844, *Emmering et Dupuis*; 14 décembre 1844, *Sans*), revenant sur sa jurisprudence, la même cour a décidé que le pouvoir municipal ne peut exercer son droit de police sur des rues qui sont propriétés privées.

Nous nous permettrons de faire observer qu'en présence de l'article 52 de la loi du 16 septembre 1807, portant « que les alignements *pour l'ouverture des nouvelles rues* seront donnés par les maires, conformément aux plans dont les projets auront été adressés aux préfets, transmis avec leur avis au ministre de l'intérieur et *arrêtés en conseil d'État*, » il ne peut y avoir, à proprement parler, de *rues privées*. Que si des particuliers ont ouvert une rue sur leurs terrains, sans y avoir été régulièrement autorisés, et sans observer les précautions nécessaires pour garantir la sûreté et la facilité de la circulation, le maire a toujours le droit de la faire interdire et fermer par mesure de police; et que, s'il consent à ce qu'elle reste livrée au passage public, ce ne peut être qu'à la condition qu'il y exercera l'action de police et de surveillance qui lui est attribuée par la cour de cassation elle-même, selon les arrêts des 1er juin 1843 et 5 février 1844 précédemment cités (1).

38. La prévoyance de la cour de cassation a même été si loin sur ce point qu'elle n'a pas hésité, dans d'autres arrêts, à assimiler les cours communes à la voie publique quant à l'obligation imposée aux propriétaires et habitants de se soumettre aux règlements locaux de la police, concernant la salubrité et particulièrement le balayage. (5 mai 1825, *Bull. des arr.*, 91; 26 juillet 127, *ibid.*, 193; 22 avril 1842, DAL., *J. G.*)

§ 5. — Des places et promenades publiques.

39. Les places publiques sont soumises, sous le rapport de la voirie et des droits qui s'y rattachent, au même régime que les rues, et nous n'avons rien de particulier à dire à ce sujet.

40. Observons seulement que si une rue ne peut être supprimée sans que les propriétaires riverains soient indemnisés du dommage que leur cause la perte des droits de jour, d'issue, etc., dont ils jouissaient sur l'emplacement retranché de la voie publique, il n'en est pas de même d'une place qui peut être convertie.

---

(1) Une rue fermée avant d'être classée cesse de faire partie de la voie publique, et les propriétaires riverains peuvent y élever des constructions sans autorisation préalable. (Arrêté rendu au contentieux, 24 juillet 1848, *Saint-Salvi.*)

en rue, sans que la ville soit tenue de dédommager les riverains, attendu qu'il n'y a pas là de droits engagés, mais de simples intérêts. Sans doute, une opération de cette nature ne doit pas s'effectuer sans l'accomplissement des enquêtes et autres formalités nécessaires pour éclairer l'autorité ; mais les réclamations qui s'élèvent ne peuvent valoir que comme renseignements, et ne lient en aucune manière l'administration.

41. Quant aux promenades publiques, qui ne diffèrent guère des places qu'en ce qu'elles sont plantées d'arbres, on peut les considérer comme assujetties aux mêmes conditions, avec cette seule réserve, que la conservation des plantations et la destination même qui est donnée à ces emplacements exigent de la part de l'autorité municipale une surveillance plus attentive et des mesures de police plus rigoureuses, en ce qui concerne spécialement l'écoulement des eaux sur le sol et la circulation des voitures. Tout règlement de police locale, publié par le maire dans le but de garantir ces intérêts, a donc force exécutoire. (Déc. min. diverses.)

§ 4. — Des passages publics.

42. Les passages publics sont de deux sortes : les uns découverts, qui ont quelque analogie avec les rues ; les autres couverts, d'ancienne origine ou de construction moderne ; ceux-ci bâtis, pour la plupart, en forme de galeries, comme il s'en est établi en assez grand nombre, surtout à Paris, pendant ces dernières années.

43. Nous ne pouvons mieux faire que de rappeler, relativement aux passages en général, les principes

posés dans une ordonnance de police du 18 février 1811, approuvée par le ministre de l'intérieur le 2 mars suivant, concernant les passages établis sous les piliers des halles à Paris, à savoir : que partout où le passage est livré au public sur des propriétés particulières, cette faculté résulte, soit d'une servitude imposée aux propriétés, soit du consentement ou de la volonté des propriétaires ; que, dans le premier cas, le passage étant de droit, la portion de propriété sur laquelle il est réservé se trouve, aussi de droit, soumise à tous les règlements concernant la liberté de la voie publique ; que, dans le second cas, le passage est toujours accordé au public dans l'intérêt des propriétaires et de leurs locataires ; que, dès lors, en se dessaisissant ainsi, en faveur du public et dans leur intérêt, de l'usage d'une partie de leur propriété, qui est convertie, soit temporairement, soit invariablement, en voie publique, les propriétaires contractent de fait, envers le public et l'autorité, l'engagement d'en garantir la liberté et la sûreté ; qu'à l'instant où cet engagement est violé, l'autorité a le droit, dans l'intérêt de la sûreté publique, d'interdire le passage, en laissant les propriétaires maîtres de reprendre en entier l'usage et la possession de leur propriété.

Qu'en conséquence, tout passage doit, d'une part, avoir la largeur suffisante pour la circulation ; de l'autre, être dégagé de tous les objets et dépôts qui pourraient en embarrasser l'usage et le rendre dangereux pour le public ; faute de quoi, il serait du devoir, aussi bien que dans le droit de l'autorité, d'en ordonner la clôture.

44. Une autre ordonnance de police du 20 août 1811 détermine, pour les passages couverts, l'épaisseur des devantures de boutiques et le maximun des

autres saillies, en proportion de la largeur de la voie
(16 centimètres pour les passages qui ont 2 mètres
et demi de largeur et au-dessus; toute saillie est interdite dans ceux qui ont moins de 2 mètres et demi .
La même ordonnance prohibe rigoureusement tout
étalage de marchandise et tout dépôt quelconque sur
le sol, et décide qu'aucun passage ne peut être ouvert
qu'avec l'autorisation du préfet de police.

C'est au maire, dans les autres villes, qu'appartient
le droit d'accorder cette autorisation.

45. Quant aux passages à ciel ouvert qui, avons-
nous dit, offrent une certaine analogie avec les rues,
depuis longtemps on a senti la nécessité d'éviter qu'à
la faveur de la tolérance de l'administration, des passages ainsi formés ne finissent par être livrés comme
rues à la circulation, ainsi que cela est arrivé quelquefois. C'est dans ce but qu'avaient disposé deux déclarations du roi : l'une du 18 juillet 1724 (art. 4 et 10);
l'autre du 29 janvier 1762 (art. 2), portant que :
« aucun propriétaire ne pourra percer ni ouvrir aucunes nouvelles rues dans l'étendue de la ville de Paris et de ses faubourgs, quand même lesdites nouvelles
rues ne seraient ouvertes que par un bout, ou qu'elles n'auraient que des entrées obliques; ni bâtir dans
l'intérieur d'un même terrain, quoique enclos de murs
ou édifices, un nombre de maisons, quand même elles
n'auraient, quant à présent, aucune issue sur des rues
déjà formées, mais seulement sur une rue pratiquée
dans l'intérieur dudit terrain ou enclos, qui pourrait,
par l'ouverture de la clôture dudit terrain, former
dans la suite une rue publique... » (PERROT, *Dictionnaire de la voirie*, p. 166 et suiv.)

Il ne paraît pas, au surplus, que ces prescriptions
aient jamais reçu d'application effective, et tout porte

à croire que, se trouvant mêlées à d'autres dispositions de règlements tombés en désuétude, elles seraient aujourd'hui sans force aux yeux du juge.

46. Bornons-nous à constater qu'en fait, il existe,
particulièrement à Paris, plusieurs passages de la nature de ceux dont il s'agit ici, qui, dans l'origine,
avaient été ouverts comme rue sans autorisation régulière, et dont les propriétaires, n'ayant point satisfait aux conditions de largeur, de direction, etc., qui
leur était imposées, se sont vus contraints judiciairement de convertir ces rues en passages en les fermant
par des grilles à leurs extrémités. Le passage des
Beaux-Arts, celui de l'Université, en offrent de récents
exemples.

47. Nous nous résumons sur ce point, en disant
que chacun est libre sans doute de disposer de sa
propriété comme il l'entend, et de livrer passage au
public sur son terrain, mais à la condition de se conformer aux lois de police. On ne peut nier, en effet,
que si les particuliers ont le droit de grever leurs
propriétés d'une semblable servitude, cette faculté ne
soit nécessairement subordonnée aux convenances
d'intérêt général et d'ordre public, qui ne permettent
à personne de faire de sa chose un usage susceptible
de nuire, soit à des tiers, soit au public. Nul ne peut
donc, sans l'assentiment et la permission de l'autorité,
ouvrir un passage public sur sa propriété. (Correspondance ministérielle; *Voy.* M. DAUBENTON, *Code
de la voirie*, p. 145 et suiv.)

§ 5. — Des Impasses.

48. Il n'y a de différence entre les rues et les impasses (autrement dits culs-de-sac), qu'en ce que ces

derniers n'ont qu'une seule issue. En d'autres termes, une impasse est une rue fermée à l'une de ses extrémités. Du reste, les droits et les charges des propriétaires riverains sont les mêmes dans les deux situations. Les impasses sont, comme les rues communales, classées dans le domaine de la voirie urbaine, et les mêmes règlements leur sont applicables.

C'est ainsi, par exemple, qu'il a été jugé qu'une impasse, même fermée pendant la nuit, mais livrée à la circulation pendant le jour, est soumise aux règlements de police sur le balayage. (Cass. 8 juin 1837, SIREY et DEVILL., 38, 1, 903).

CHAPITRE II.

DE L'ALIGNEMENT.

1. Dans le langage administratif, l'alignement est la limite extrême, la ligne séparative de la voie publique et des propriétés particulières. C'est aussi l'opération qui consiste à tracer au propriétaire qui veut construire sur la voie publique la direction de son mur de face ou de sa clôture. Donner ou délivrer alignement à tout propriétaire qui le demande est, pour l'administration, une obligation corrélative au droit qui lui appartient, de s'opposer à toute construction qu'on tenterait d'entreprendre sans l'avoir demandé et obtenu.

2. Assurer aux rues, dans l'intérieur des villes, la largeur et la direction convenables ; faire disparaître les saillies et les renfoncements nuisibles à la circulation, comme à la salubrité ; procurer enfin un moyen d'embellissement à nos cités, tels sont les principaux avantages qu'on doit avoir en vue dans le tracé des alignements.

3. Les anciens règlements recommandaient simplement « de redresser les murs où il y a plis ou coudes, et de pourvoir à ce que les rues s'embellissent et s'élargissent au mieux que faire se pourra. » (Édit de décembre 1607.) Mais ces prescriptions générales étaient évidemment insuffisantes, et les alignements, comme nous l'avons déjà fait observer, étaient presque toujours tracés au hasard.

On comprit enfin qu'il devenait indispensable d'étudier et d'arrêter à l'avance un système général, et de coordonner, par un plan d'ensemble, les rectifications que les différentes voies d'une même ville étaient dans le cas de subir, pour que les résultats désirés fussent obtenus. Il fallait aussi garantir d'une manière efficace, d'une part, les citoyens contre l'arbitraire des décisions du magistrat local ; de l'autre, l'administration elle-même contre ses propres erreurs. Ce sont ces considérations puissantes qui dictèrent d'abord l'arrêt du Conseil du 27 février 1765, ordonnant la confection de plans généraux pour toutes les routes entretenues aux frais de l'Etat. Plus tard, les lettres patentes du 10 avril 1783, qui prescrivirent la levée du plan général d'alignement des rues de Paris ; puis enfin la loi du 16 septembre 1807 (art. 52), qui a étendu cette utile mesure à toutes les villes du royaume, et qui a été généralisée elle-même par l'art. 30, nº 18, de la loi du 18 juillet 1837.

4. Cependant cette grande opération est loin d'être achevée partout, et beaucoup de grandes villes sont encore aujourd'hui privées de plans d'alignement régulièrement approuvés. A Paris même, où la révision des plans anciennement arrêtés a été reconnue nécessaire, un grand nombre de rues ne sont pas encore définitivement alignées. Cette situation transitoire comportait, sous le rapport de la compétence, des questions qui ont été résolues comme nous l'expliquerons ci-après.

5. Le présent chapitre sera consacré à l'examen des formes à suivre pour la délivrance de l'alignement et des questions d'attributions qui s'y rattachent. Nous nous occuperons ensuite des formalités qui ont pour objet l'ouverture des rues nouvelles ; des mesures relatives à la confection, à l'instruction et à l'approbation des plans d'alignement ; enfin des règlements relatifs aux saillies.

SECTION Iʳᵉ.

Des formes et des attributions en ce qui concerne les alignements.

6. Comme nous venons de le dire, les règles de la matière se modifient selon qu'il existe un plan d'alignement régulièrement approuvé et servant de base aux opérations de l'autorité administrative, ou que cette autorité, à défaut de plan arrêté, agit en vertu du pouvoir qu'elle tient de la loi générale. Nous examinerons donc d'abord comment il doit être procédé en l'absence d'un plan, puis la marche à suivre quand il s'agit d'appliquer des alignements arrêtés, soit que, dans les deux cas, la matière concerne la grande ou la petite voirie. Nous aborderons successivement ensuite les questions relatives aux effets de l'alignement, aux réclamations qu'ils peuvent susciter, enfin à la formation des rues nouvelles.

§ Iᵉʳ. — De la délivrance des alignements quand il n'existe pas de plan approuvé.

7. *Voirie urbaine.*— C'est un principe aujourd'hui hors de contestation, que les maires ont, en vertu du pouvoir qui leur est propre, qualité pour délivrer les alignements sur les rues et autres voies publiques urbaines, alors même que ces alignements n'ont pas été déterminés à l'avance par un plan revêtu de l'approbation royale.

Longtemps controversée par suite de l'interprétation que l'autorité centrale elle-même avait donnée à la disposition de la loi du 16 septembre 1807 (art. 52), qui prescrit la formation de plans généraux d'alignement dans toutes les villes, cette question a été décidée en faveur du pouvoir municipal, tant par

le onseil d'Etat que par la Cour de cassation (1).
8. Toutefois cette faculté est restreinte, dans la pra-

---

(1) A la suite de la loi du 16 septembre 1807, dont l'article 52 charge les maires, dans les villes, de délivrer les alignements des rues qui ne font pas partie d'une grande route, mais en se conformant aux plans qui auront été dressés et arrêtés en conseil d'Etat, un décret du 27 juillet 1808 statua en ces termes : « Art. 1er. Les alignements qui seront donnés par les maires, dans les villes, après l'avis des ingénieurs, et sous l'approbation des préfets, seront exécutés jusqu'à ce que les plans généraux d'alignement aient été arrêtés en conseil d'Etat, et, au plus tard, pendant deux années, à compter de ce jour. »

Il était si bien entendu par l'administration centrale que, dans l'esprit de ce décret, les maires ne pouvaient plus, une fois les deux années expirées, donner d'alignement qu'en vertu d'un plan régulièrement arrêté, que, par diverses circulaires (16 novembre 1811 et 29 octobre 1812), le ministre de l'intérieur, en pressant l'exécution du travail des plans généraux, s'appuyait principalement sur cette considération, et que deux décisions royales (29 février 1816 et 18 mars 1818) prorogèrent successivement le délai fixé par le décret de 1808, d'abord jusqu'au 1er mars 1818, puis jusqu'au 1er mai 1819.

D'une autre part, plusieurs auteurs (Favard de Langlade, Henrion de Pansey, nous-même, si nous osions nous citer après ces noms célèbres) soutinrent que les maires avaient perdu la faculté que leur accordaient transitoirement à cet égard les décret et décisions royales que nous venons de rappeler.

Cependant les inconvénients d'une telle situation, au point de vue des intérêts de la voirie, étaient palpables ; des doutes s'élevèrent dans quelques esprits ; la loi était diversement interprétée ; une solution définitive devenait indispensable ; enfin le ministre de l'intérieur crut devoir faire un appel aux lumières des comités de législation et de l'intérieur réunis, qui émirent, à la date du 3 avril 1824, un avis ainsi conçu :

« Les comités de législation et de l'intérieur, sur le renvoi qui leur a été fait par M. le garde des sceaux d'une lettre de M. le ministre de l'intérieur du 10 décembre 1823, et de divers documents relatifs à la question de savoir si les maires, lorsqu'il n'existe pas de plans d'alignement pour leurs communes respectives arrêtés en conseil d'Etat, peuvent donner des alignements qui obligent les propriétaires à avancer ou reculer leurs constructions ;

« Vu l'édit de Henri IV, de décembre 1607, contenant l'ordre et les fonctions du grand voyer et de ses commis, et portant défense à tous propriétaires de Paris et des autres villes du royaume de faire aucuns édifices, pans de mur et autres avances sur la voie publique sans le congé et l'alignement du grand voyer ou de ses commis ; — Vu la déclaration du 16 juin 1693, attribuant aux trésoriers de France le droit de donner des alignements à Paris ; — Vu les déclarations des 18 juillet 1729 et 18 août 1730, qui ont fixé la compétence des juges de police et des trésoriers de France en matière de péril des

tique, aux alignements purement individuels, c'est-à-dire à ceux qui n'intéressent qu'un seul propriétaire.

---

bâtiments, et déterminé les formalités à suivre pour les constater et les faire cesser ; — la loi du 14 décembre 1789, art. 50 ; — la loi du 24 août 1790, titre II ; — les lois des 11 septembre et 14 octobre 1790, relatives à la grande voirie ; — la loi du 22 juillet 1791, titre Ier, art. 18 et 29, qui confirme les règlements existants touchant la voirie, la construction, la solidité et la sûreté des bâtiments ; — la loi du 16 septembre 1807, art. 52 ; — le décret du 27 juillet 1808 ; — les art. 544 et 545 du Code civil ; — l'art. 471, n° 5, du Code pénal ; — la loi du 8 mars 1810, art. 1, 2, 3, 4, 5 et 15 ; — le décret du 13 août 1811 ; — les ordonnances royales des 29 janvier 1814, 31 juillet 1817 et 3 juin 1818 ; — l'arrêt de la cour de cassation du 12 avril 1823 ;

« Considérant que l'art. 52 de la loi du 16 septembre 1807, qui statue que, dans les villes, les alignements seront donnés par les maires, conformément aux plans dont les projets auront été adressés aux préfets, transmis avec leur avis au ministre de l'intérieur, et arrêtés en conseil d'État, n'a pu avoir pour effet de suspendre, en attendant la confection desdits plans, toute surveillance de l'autorité municipale sur les constructions et reconstructions à faire par les particuliers ;

« Que, dans ce cas, il y a toujours lieu par les maires de procurer l'exécution des anciens règlements de voirie, formellement maintenus par l'art. 29 du titre Ier de la loi du 22 juillet 1791, et dont l'application était confiée à des juridictions supprimées que l'autorité municipale remplace en cette partie ;

« Que, de plus, les maires sont investis, par l'art. 46 du titre Ier de la loi du 22 juillet 1791, du droit de faire des arrêtés sur les objets de police confiés à leur surveillance, parmi lesquels l'art. 3 du titre II de la loi du 25 août 1790 a placé la petite voirie ;

« Que ces arrêtés rendus, sauf réformation par le préfet, sont obligatoires ; que la loi attache à leur infraction la peine de l'amende, et que les tribunaux de simple police, chargés d'appliquer ladite amende, sont aussi compétents pour ordonner, dans certains cas, la démolition de l'œuvre irrégulièrement faite, comme réparation du dommage résultant de l'infraction de l'alignement prescrit par le maire ;

« Que cette compétence des tribunaux de police a été déclarée par arrêt de la cour de cassation statuant dans l'intérêt de la loi ;

« Sont d'avis que, dans les villes, bourgs et villages où il n'existe pas de plan général d'alignement arrêté en conseil d'État, le droit de donner des alignements appartient au maire, sauf recours au préfet et successivement devant le ministre de l'intérieur et le conseil d'État ; que le maire peut, en conséquence de ce droit, faire reculer les constructions dans un intérêt d'assainissement, de sûreté et d'amélioration locale, sous la réserve du règlement d'indemnité pour

Lorsqu'il s'agit de l'alignement soit d'un quartier, soit d'une rue ou d'une place entière, l'administration municipale est obligée de faire dresser et de soumet-

---

perte de terrain ; que les contraventions aux alignements ainsi donnés par les maires doivent, après sommation par lui faite de détruire les constructions non autorisées, être poursuivies devant le tribunal de simple police ; qu'il peut, selon les circonstances, requérir la démolition des travaux faits en contravention ; que si les constructions ont été faites en retraite d'alignement, il ne peut y avoir lieu d'en requérir la démolition, mais seulement d'ordonner, par voie administrative, la clôture de l'enfoncement irrégulier. »

La cour de cassation s'est pleinement associée à ces principes. Entre autres arrêts qui ont fixé sa jurisprudence sur le point en question, nous rapporterons le suivant :

« Attendu que les lois des 24 août 1790 et 22 juillet 1791 attribuent au pouvoir municipal le droit de régler tout ce qui intéresse la sûreté et la commodité du passage dans les rues, quais, places et voies publiques ; que ces règlements sont obligatoires pour les citoyens comme pour les tribunaux chargés par les lois de réprimer leur infraction, tant qu'ils ne sont pas réformés par l'autorité supérieure ; que la fixation de l'alignement dans les rues et voies publiques est inhérente aux droits conférés à l'autorité municipale ; que l'alignement a essentiellement pour objet de pourvoir à la sûreté publique et à la commodité du passage, ainsi qu'à la salubrité dans tout ce qui se rattache à la voirie urbaine ; que les règlements faits à cet égard rentrent pleinement dans les obligations et dans les droits administratifs, et qu'il est du devoir des tribunaux d'en assurer l'exécution ; — Attendu, en fait, qu'il est établi, par des procès-verbaux réguliers, qu'il est avoué par le prévenu et déclaré constant par le jugement attaqué, que le prévenu, au mépris de l'alignement à lui donné par les arrêtés du maire de Sancerre, confirmé par les autorités supérieures, a reconstruit sa façade sur les anciens fondements, ce qui constitue une contravention évidente et à ces arrêtés et aux lois qui leur prêtent leur force et leur appui ; — Attendu néanmoins que le tribunal correctionnel de Sancerre, en infirmant la décision du tribunal de police de Sancerre, qui, en conformité de ces lois, avait prononcé les peines applicables, a méconnu la contravention et s'est refusé à la réprimer, *sous prétexte que l'art. 52 de la loi de 1807 a ôté aux maires le droit de donner les alignements dans les villes où les plans n'auront pas été dressés en exécution de ces dispositions ;* — Attendu que tout ce que dispose cet article, c'est que, lorsque les plans auront été dressés par les autorités locales et arrêtés par l'autorité royale, les maires seront tenus de s'y conformer dans les alignements qu'ils auront à donner ; *mais qu'en attendant l'exécution de cette disposition, qui n'a eu au surplus son effet, quant à présent, que dans un petit nombre de villes du royaume, le législateur n'a eu ni pu avoir en vue de livrer l'aspect des cités, la sûreté, la commodité, la salu-*

tre à la sanction royale un plan partiel qui indique l'ensemble des alignements proposés (1).

---

brité des voies urbaines, au caprice et au libre arbitre des constructeurs; qu'il n'a fait que confirmer l'une des règles les plus anciennes et les plus constantes de la police du royaume, qui remettait le soin de donner des alignements à des officiers publics dont la compétence à cet égard a passé entièrement, par l'effet des nouvelles lois, dans les mains de l'autorité municipale; que la loi de 1807, au lieu d'abroger les anciens principes, n'a fait que les confirmer et leur donner une nouvelle force; qu'il n'a pas été plus dans son intention que dans son texte de révoquer la loi du 24 août 1790, qui met au rang des attributions essentielles du pouvoir municipal le soin de veiller à la sûreté et à la commodité du passage dans les rues et voies publiques, non plus que l'art. 26 de la loi du 22 juillet 1791, qui confirme provisoirement tous les règlements qui subsistent touchant la voirie; qu'un système contraire, en autorisant toutes sortes de constructions dans l'intérieur des villes, sans règles, sans frein, sans e concours de l'autorité locale, tendrait à consacrer, pendant des siècles, l'existence de rues étroites, incommodes, insalubres, et à reculer dans l'avenir le plus éloigné des améliorations réclamées tant dans l'intérêt des habitants que dans l'intérêt général, même en ce qui concerne la régularité des bâtiments et la décoration des cités, améliorations dont il est du devoir de l'autorité municipale de poser de jour en jour les fondements, et qu'il importe d'effectuer dans les temps les plus rapprochés que possible; d'où il suit que le jugement attaqué a fait une fausse application de la loi de 1807, violé les lois des 24 août 1790 et 22 juillet 1791, ainsi que l'art. 471, n° 5, du Code pénal, applicable à la contravention qui lui était déférée; — Par ces motifs, casse, etc. » (6 septembre 1828.)

D'autres arrêts (12 septembre 1828, 18 juin 1831, 6 octobre 1832, 8 août 1833, 10 mai 1834, 8 janvier 1841) ont statué dans le même sens. (Voir le dernier au chapitre III.)

(1) Déjà un avis du conseil d'État, rendu à la date du 3 septembre 1811 (V. à l'appendice), avait prescrit aux communes, et à la ville de Paris en particulier, l'obligation de produire, en pareil cas, un plan partiel des alignements projetés pour être arrêté suivant les formes.

Depuis, nous devons dire que plusieurs fois le conseil d'État a refusé d'accepter ces plans partiels et exigé la production de plans généraux; mais c'était surtout en vue d'accélérer, par un moyen indirect, la confection de ce travail encore en retard dans beaucoup de villes. Or, la loi du 18 juillet 1837 sur l'administration municipale, en classant (art. 30, n° 18) la dépense des plans d'alignement parmi les charges obligatoires des communes, ayant armé l'autorité supérieure d'un droit de coërcition dont elle était dépourvue jusqu'alors, les mêmes motifs ne subsistent plus, puisque les causes du retard ne peuvent plus être attribuées à des résistances que cette autorité aurait toujours le pouvoir de vaincre en usant des moyens de contrainte prévus par l'article 15 de la même loi.

9. Quoi qu'il en soit, et le principe de la compétence des maires ainsi établi, ne s'ensuit-il pas, comme conséquence nécessaire, que leurs actes, en cette matière, ont autorité suffisante pour attribuer soit à la voie publique, soit à la propriété riveraine, les portions de terrain qui doivent être cédées par les particuliers ou par la commune, pour l'exécution des alignements ainsi délivrés? S'il en était autrement en effet, comment le maire pourrait-il satisfaire au vœu de la loi telle que l'ont interprétée le conseil d'Etat et la Cour de cassation? S'il ne pouvait que permettre la reconstruction des édifices riverains de la voie publique sur les anciens alignements, que gagnerait la voirie à son intervention, et si, lorsqu'il prescrit un alignement nouveau, la validité de la décision municipale devait dépendre d'une autorisation spéciale en ce qui touche la cession du terrain, où serait la garantie du propriétaire qui aurait accepté de bonne foi ce nouvel alignement, et s'y serait conformé?

Une ordonnance rendue au contentieux le 10 février 1835 (affaire *Besnard*, à Brie-Comte-Robert) avait fait naître cependant quelques doutes sur ce point (1).

_____

(1) Il s'agissait, dans cette affaire, d'un alignement délivré par le maire, et qui réunissait à la propriété riveraine un terrain dépendant de la place publique. Le conseil municipal (nouvellement élu) demandait l'annulation de cette cession comme nuisible aux intérêts de la commune. De son côté, le propriétaire faisait valoir un droit acquis résultant, selon lui, de l'alignement qu'il avait obtenu, prétention qui fut repoussée par le ministre de l'intérieur d'abord, attendu l'omission des formalités prescrites en matière d'aliénations communales, et, en appel, par le conseil d'Etat. L'ordonnance qui est intervenue a prononcé en ces termes :

« Considérant que, dans les villes dont les plans n'ont pas été arrêtés en conseil d'Etat, en exécution de l'art. 52 de la loi du 16 septembre 1807, les

Nous nous sommes permis, dans notre *Recueil* des lois de la voirie, de signaler (t. Ier, p. 77), la contradiction que semblait présenter cette décision souveraine avec les principes proclamés par d'autres arrêts touchant la compétence des maires en matière de délivrance d'alignements. On vient de voir, en effet, comment la Cour de cassation interprète à cet égard les lois constitutives du pouvoir municipal (n° 7, *V.* la note). Par un autre arrêt du 6 septembre 1828 (*divers propriétaires à Pau*), la même cour établissait : « que les règlements faits en matière, soit de police, soit de petite voirie, par l'autorité municipale, sont exécutoires par provision, nonobstant le recours à l'administration supérieure. »

Ces principes admis, il nous paraissait évident, que si les maires ont le droit de délivrer les alignements en l'absence de plans approuvés, ils ont

---

alignements provisoirement donnés par les maires, avec permission d'avancer sur la voie publique, ne peuvent avoir pour effet d'emporter, de plein droit, la cession aux riverains du terrain détaché de la voie publique, telle qu'elle est autorisée par l'art. 53 de ladite loi ; — Qu'alors l'aliénation du terrain communal ne peut avoir lieu que suivant les formes voulues par les lois pour l'aliénation des propriétés communales ; — Considérant que la délibération du 31 décembre 1825, par laquelle le conseil municipal de Brie était d'avis d'accorder la concession que lui demandait le sieur Besnard, ne pouvait être considérée que comme un simple vote, formant le premier degré de l'instruction nécessaire pour parvenir à l'aliénation de la propriété de la commune, mais qu'elle n'a pu constituer un droit acquis et autoriser le sieur Besnard à occuper le terrain communal ; — Considérant que l'alignement donné par le maire dans l'espèce n'apporte aucun obstacle à ce que la ville de Brie fasse dresser, dans les formes prescrites par la loi du 16 septembre 1807, les plans d'alignement de la ville, pour nous être soumis, en notre conseil d'État, sur le rapport de notre ministre secrétaire d'État de l'intérieur ; — Qu'enfin la décision attaquée ne fait d'ailleurs aucun obstacle à ce que la commune, si elle le juge convenable, demande, dans les formes ordinaires, l'homologation de la délibération du 31 décembre 1825, etc. »

V. un autre arrêt du conseil, du 4 mars 1830.

aussi, par une conséquence inévitable, le pouvoir
d'aliéner ou d'acquérir, au profit de la commune, les
portions de terrain retranchées de la voie publique
ou celles qu'il s'agit d'y réunir, puisque l'alignement
étant exécutoire nonobstant appel, l'équité veut,
qu'une fois accepté par la partie intéressée, il fasse
titre en sa faveur; autrement, disions-nous, ce serait
placer le propriétaire dans l'alternative de s'abstenir de construire, quand son intérêt l'y oblige, ou
d'accepter un alignement susceptible d'être modifié
par suite d'une instruction nouvelle; de telle sorte
qu'il pourrait se voir contraint, par l'effet de la décision définitive, de démolir ses constructions pour
restituer le terrain qui lui aurait été mal à propos
concédé.

Mais, dans une affaire postérieure à celle du sieur
Besnard, parfaitement analogue d'ailleurs, et où la
question avait d'autant plus de gravité que l'alignement contesté, en réunissant 25 mètres de terrain
communal à la propriété riveraine, rétrécissait une
rue déjà insuffisante pour les besoins de la circulation, le conseil d'Etat, jugeant administrativement
sur le rapport du ministre de l'intérieur, par application de l'art. 2 du décret du 27 juillet 1808, en reconnaissant les droits du propriétaire de bonne foi,
est revenu à des principes auxquels nous ne pouvons
que nous associer sans réserve (1).

---

(1) Voici l'espèce :

Un arrêté du maire de Brioude (Haute-Loire) du 29 mai 1838, approuvé
par le préfet, avait tracé au sieur Pradier-Faurot l'alignement qu'il devait
suivre pour reconstruire sa maison, et qui l'autorisait à avancer sur la voie publique. Les propriétaires voisins réclamèrent auprès du ministre contre cet
alignement, en se fondant sur les motifs suivants : infraction à un plan d'alignement en projet ; aliénation illégale d'une portion de la voie publique ; dé-

10. Au surplus, les règles tracées par la loi du 18 juillet 1837, en ce qui concerne les arrêtés pris par les maires sur les matières de police municipale, nous semblent obvier désormais au grave inconvénient qui nous préoccupait. Il faut reconnaître, en

---

faut de formalités prescrites en pareil cas; rétrécissement nuisible d'une rue déjà trop étroite.

Rapport du ministre tendant au rejet des réclamations présentées, attendu, 1° que le maire, en l'absence d'un plan arrêté, avait agi en vertu de son pouvoir propre; 2° que l'aliénation signalée n'avait rien d'illégal, puisqu'elle était la conséquence forcée de cet alignement; 3° que, sous ce rapport, l'omission des formalités requises en matière d'aliénation communale ne pouvait être une cause de nullité, puisqu'il ne s'agissait point d'une aliénation à proprement parler, mais de la délivrance régulière d'un alignement partiel; 4° enfin, que le rétrécissement qui en résultait pour la voie publique était effectivement fâcheux; mais que le propriétaire avait construit de bonne foi en vertu de cet alignement, et qu'on ne pouvait, en équité, le rendre passible de l'erreur que l'administration locale avait pu commettre.

Sur ce rapport est intervenue, à la date du 19 juillet 1839, une ordonnance ainsi conçue :

« Vu l'arrêté du maire de Brioude en date du 29 mai 1838, approuvé par le préfet de la Haute-Loire les 15 juin et 8 août même année ; ledit arrêté portant délivrance d'alignement au sieur Pradier-Faurot, propriétaire dans cette ville; — Vu le plan indicatif de cet alignement; — Vu la requête présentée à notre ministre de l'intérieur par le sieur Bouthoux, la dame veuve Pastourel et autres habitants de Brioude contre l'exécution dudit alignement; — Vu les lois des 24 août 1790 et 22 juillet 1791, l'art. 52 de la loi du 16 septembre 1807, et le décret du 27 juillet 1808;

« Considérant que dans les villes dont les plans n'ont pas encore été approuvés conformément à l'art. 52 de la loi du 16 septembre 1807, il appartient aux maires de donner des alignements partiels sous l'approbation du préfet; mais qu'en cas de réclamations de tiers intéressés, il doit être statué par nous en notre conseil d'État, sur le rapport de notre ministre de l'intérieur; — Considérant que l'alignement délivré au sieur Pradier-Faurot par le maire de la ville de Brioude est un alignement provisoire, et que s'il paraît moins favorable aux intérêts de la circulation que celui (tracé en bleu sur le plan) qui avait été primitivement proposé pour la rue Saint-Jean dans le projet de plan général dressé en 1818, *cet alignement a été donné régulièrement par l'autorité compétente, et qu'il a été exécuté de bonne foi par le propriétaire;* — Considérant d'ailleurs que cet alignement partiel ne fait point obstacle aux modifications que l'administration croirait devoir lui faire subir, lorsqu'un plan

effet, avec la Cour de cassation (arrêt précité du 6 septembre 1828, *ville de Pau*), que les arrêtés des maires, portant délivrance d'alignements individuels, ne sont autres que des actes de police (1), et qu'ils rentrent conséquemment sous l'application de l'art. 11 de la loi municipale du 18 juillet 1837 (2), d'où il suit que si l'arrêté qui doit être soumis au préfet, selon les prescriptions de cet article, n'est pas réformé, ou si l'exécution n'en est pas suspendue, l'alignement est exécutoire de plein droit, quelles qu'en puissent être les conséquences sous le rapport des acquisitions

---

général serait arrêté pour la ville de Brioude dans les formes déterminées par la loi ; — Notre conseil d'Etat entendu, etc.

« Art. 1er. L'alignement donné par le maire de la ville de Brioude est maintenu. » (Inédite.)

Nous n'avons pas besoin de faire ressortir la différence que présente, au point de vue du principe en question, la doctrine professée par le conseil d'Etat dans cette nouvelle espèce avec celle qu'il avait précédemment émise dans l'affaire Besnard. Il faut donc tenir comme établi dorénavant, en point de droit, que lorsque l'alignement a été donné régulièrement par l'autorité compétente et exécuté de bonne foi par le propriétaire, cet alignement, bien que délivré à titre provisoire, doit être maintenu, sauf rectification, s'il y a lieu, par le plan général qui sera produit ultérieurement (*a*).

(1) C'est ce que confirme un autre arrêt de la même cour portant que les maires sont compétents pour donner, *sans l'intervention des conseils municipaux*, les alignements partiels, même en l'absence de plans légalement arrêtés. (6 avril 1837, *Decise* ; S. V. 37, 1, 1001 ; Dall., 37, 1, 398.)

(2) « Art. 11. Le maire prend des arrêtés à l'effet, 1° d'ordonner les mesures locales sur les objets confiés par les lois à sa vigilance et à son autorité ;

« 2° De publier de nouveau les lois et règlements de police, et de rappeler les citoyens à leur observation.

« Les arrêtés pris par les maires sont immédiatement adressés au sous-préfet ; le préfet peut les annuler ou en suspendre l'exécution.

« Ceux de ces arrêtés qui portent règlement permanent ne seront exécutoires qu'un mois après la remise de l'ampliation constatée par les récépissés donnés par le sous-préfet. »

Il est, du reste, entendu que cette rectification ne doit avoir d'effet que pour l'avenir, et que les constructions élevées en vertu de l'alignement provisoire n'y demeurent soumises que par *mesure de voirie*, c'est-à-dire lorsqu'elles tomberont par vétusté, ou par cause accidentelle. (V. au chap. 3.)

ou aliénations de terrain que l'opération entraîne ; la question se résolvant dès lors en une indemnité à payer par le propriétaire à la commune, ou par celle-ci au propriétaire. (V. à l'appendice la circulaire du 23 août 1841.)

11. Ajoutons qu'aux termes de la circulaire du 1er juillet 1840 et de l'avis du conseil d'Etat qu'elle rappelle, touchant l'exécution de l'art. 11 de la loi du 18 juillet 1837 (V. au *Bulletin officiel*), si le préfet conserve toujours, à quelque époque que ce soit, le droit de réformer les arrêtés d'un maire statuant dans un intérêt individuel, *il est entendu, toutefois, que les faits accomplis pendant que ces arrêtés étaient exécutoires, sont légalement accomplis, et que l'annulation de l'arrêté n'entraîne pas la nullité de ce qui a été fait précédemment en vertu de cet acte ;* ce qui signifie que si, dans l'intervalle qui s'écoule entre la date de l'arrêté du maire, portant délivrance d'un alignement, et la décision du préfet qui en prononce l'annulation, le propriétaire a exécuté ses travaux sans qu'il y ait été mis empêchement par une sommation régulière de les suspendre, il ne peut y avoir lieu de le contraindre à les supprimer et à rétablir les choses dans l'état primitif.

12. On peut soutenir, d'ailleurs, que le fait de la délivrance d'un alignement, qui n'est, dans ce cas, que *provisoire,* n'emporte pas attribution définitive de la propriété des portions de terrain abandonnées, soit par la commune, soit par le propriétaire ; et que par conséquent la question d'aliénation ou d'acquisition définitive reste entière jusqu'à l'approbation du plan qui doit régler définitivement les droits respectifs de chacun à cet égard.

13. Quoi qu'il en soit, aucune règle de conduite

4

n'est tracée aux maires pour la direction à donner aux alignements qu'ils délivrent individuellement en l'absence d'un plan obligatoire. C'est à leur discernement, à leur appréciation éclairée des besoins et des intérêts locaux qu'est remis le soin de prendre à cet égard les dispositions les plus convenables en faisant la part des légitimes exigences de l'utilité publique et des justes ménagements dûs aux droits de la propriété privée (1).

Seulement, la circulaire du 23 août 1841 recommande à ces fonctionnaires de prendre pour base de leurs actes, dans cette partie de leurs attributions, un ensemble d'alignements raisonné, et de les faire précéder de l'enquête et des autres formalités prescrites par l'ordonnance réglementaire du 23 août 1835.

Enfin, l'action du maire est ici complétement indépendante du conseil municipal, et l'alignement, pour être valable, n'a pas besoin de la sanction de ce dernier. (Cass., 6 mai 1837, *Cartier.*)

14. *Grande voirie.* Egalement, en l'absence et à défaut de plans généraux approuvés, les préfets sont compétents pour délivrer les alignements sur les rues et autres voies publiques appartenant à la grande voirie dans l'intérieur des villes, bourgs et villages. (O. 26 août 1829, *Bérot de Samson;* 15 février 1833, *Poinsiau;* 2 août 1836, *Kergorlay* et autres; 18 août 1842, *Brunet de la Serve.*)

15. Il est fort essentiel d'observer que les maires

---

(1) V. *infrà* la note du n° 18. Les recommandations que renferment les instructions de l'autorité centrale pour le tracé des alignements de grande voirie nous semblent pouvoir s'adresser utilement à MM. les maires, en ce qui touche les alignements de voirie urbaine, puisqu'il s'agit d'intérêts parfaitement identiques.

sont ici sans qualité, et que le particulier qui aurait construit en vertu d'un alignement donné par l'autorité municipale serait en contravention comme s'il avait bâti sans autorisation. (O. 4 mai 1826, *Landrin;* 6 août 1840, *Icart.)*

16. A ce sujet, nous devons faire remarquer la différence qui résulte de la jurisprudence des arrêts, quant aux conséquences d'un alignement mal donné, entre le cas où cet alignement a été délivré par une autorité sans pouvoir, et celui où il s'agit d'une erreur matérielle dans le tracé, mais où cette erreur a été commise par l'autorité qui était compétente pour délivrer l'autorisation de construire.

Ainsi, dans le premier cas, le propriétaire est forcé de démolir ses constructions sans indemnité (1); dans le second, il a droit à des dommages-intérêts, si l'alignement erroné ne peut être maintenu (2).

---

(1) « Considérant qu'il est reconnu par le préfet et par le directeur général des ponts et chaussées que, du côté de la route de Versailles à Pontoise, l'alignement n'aurait pas dû être donné sur le bord de cette route, mais qu'il aurait dû suivre le prolongement de la rue Basse-de-Saint-Ouen-l'Aumône; qu'il s'ensuit que l'alignement dépendait de la petite voirie et n'aurait pu être donné que par le maire de Saint-Ouen-l'Aumône, sauf recours devant l'administration supérieure; qu'ainsi l'alignement donné par le préfet, statuant en matière de grande voirie, a été donné incompétemment; — Considérant que les arrêtés postérieurement pris par le préfet au sujet de cet alignement sont, de même, incompétemment rendus; — Considérant *que l'alignement incompétemment donné par le préfet, sur la demande du sieur Landrin, ne peut donner ouverture à une action en indemnité contre l'administration,* etc. »

Même décision par ordonnance du 6 juin 1830 *(demoiselle André).*

(2) C'est ce qui a été formellement décidé par une autre ordonnance du 12 décembre 1818 *(Hazet).* « Considérant, y est-il dit, qu'il résulte de l'examen du plan d'une partie de la rue de la Bague, et de l'accord unanime des autorités administratives, que le second alignement donné au sieur Hazet est préférable au premier; que, néanmoins, ce propriétaire *ne doit pas souffrir d'une erreur, ou d'une précipitation qui ne provient pas de son fait, et qu'il y*

La raison de cette distinction tient à ce que nul n'étant censé ignorer la loi, on ne peut admettre qu'un propriétaire ne sache pas si le terrain sur lequel il veut bâtir borde une route ou une voie communale, et si c'est au préfet ou au maire qu'il doit s'adresser pour demander l'alignement, tandis que l'erreur matérielle commise dans le tracé n'étant point du fait du propriétaire, qui s'est d'ailleurs mis en règle, on ne saurait avec justice lui en faire subir les conséquences.

17. Ce n'est, ainsi que nous l'avons déjà fait remarquer (chap. 1er, n° 27), que lorsque la route traverse une place publique ou un espace qui excède sa largeur légale, que le maire reprend ses droits, et qu'il lui appartient de tracer l'alignement à l'exclusion du préfet. (O. 26 août 1836, *Girard*, S., V, 36, 2, 542.)

Dans le cas toutefois où la compétence serait douteuse, nous conseillons au propriétaire intéressé de ne commencer ses constructions qu'après que les deux autorités se seront mises d'accord.

18. Lorsque le préfet est appelé à délivrer une autorisation de bâtir en l'absence d'un plan légalement

---

a lieu de l'indemniser *des frais qu'il a faits pour se conformer aux premières décisions.*

« Art. 1er. L'arrêté du maire d'Elbeuf, du 10 février 1818, et celui du préfet du département de la Seine-Inférieure, du 23 du même mois, approuvé le 7 septembre par notre ministre de l'intérieur, sont confirmés.

« Art. 2. Le sieur Hazet sera tenu de se conformer au second alignement qui lui a été donné, et il sera statué comme en matière d'expropriation forcée, pour cause d'utilité publique, sur *l'indemnité qui pourra être due à ce propriétaire, pour raison de construction et démolition des travaux qu'il a fait exécuter en vertu des arrêtés primitifs.* »

V. *infrà*, n° 20, une autre ordonnance du 15 février 1833 (*Poinsiau*) qui a statué dans le même sens.

arrêté, il doit s'entourer de tous les renseignements propres à éclairer sa décision, en consultant les anciens règlements, s'il en existe, ainsi que les usages et les besoins locaux. L'alignement qu'il délivre n'est, au reste, que provisoire, en attendant qu'un plan général de la route ait été dressé et approuvé (1).

19. Mais cet alignement, ainsi provisoirement donné, engage l'administration autant que le propriétaire, et suppose que celui-ci sera indemnisé dans le cas où le tracé définitif exigerait le reculement immédiat de l'édifice construit sur la foi de la première décision.

20. La jurisprudence reconnaît même au préfet le pouvoir de modifier le premier alignement par un

---

(1) MM. les préfets ne doivent pas, lorsqu'ils délivrent des alignements partiels, perdre de vue les instructions ministérielles qui tracent les règles à suivre dans la formation des plans généraux des traverses.

« Les alignements, dit une circulaire du 24 octobre 1845 (V. à l'appendice), sont tracés dans le but principal de donner aux traverses la largeur qu'exige la facilité de la circulation. Sans doute on ne doit pas négliger les dispositions propres à assurer la régularité et l'embellissement des villes, mais seulement lorsqu'on peut obtenir ces avantages sans aggraver d'une manière notable la servitude des propriétés riveraines.

« Il convient donc :

« De ne pas s'attacher à un parallélisme rigoureux ;

« D'éviter autant que possible de faire avancer les constructions sur la voie publique, ce qui réduirait sans utilité la largeur actuelle ; et, lorsqu'un redressement est indispensable, de combiner les alignements de manière que la circulation ne puisse jamais être entravée par l'exécution partielle du plan ;

« De prendre l'élargissement du côté où le dommage doit être moindre pour les propriétaires riverains ;

« De maintenir autant que possible les alignements résultant d'autorisations régulières ;

« De conserver toutes les façades qui différeraient peu de l'alignement à suivre ;

« De faire choix de repères fixes et bien déterminés, en évitant avec soin de briser la façade d'un bâtiment ;

« De ne jamais proposer d'alignements curvilignes, mais d'y substituer des portions de polygones rectilignes dont la forme est plus favorable aux constructions. »

nouveau tracé, mais toujours sous la réserve d'une indemnité en faveur du propriétaire lésé. Ainsi l'a jugé le conseil d'Etat, comme le constate l'ordonnance rendue au contentieux le 15 février 1833 et déjà citée (affaire *Poinsiau*) (1).

§ 2. — De la délivrance des alignements conformément aux plans arrêtés.

21. Lorsqu'il existe un plan général d'alignement rendu exécutoire par un acte de l'autorité compé-

---

(1) Dans cette espèce, un premier alignement avait été délivré au sieur Poinsiau, propriétaire riverain d'un des côtés de la route départementale de Lury à Decise. Celui-ci avait reculé ses constructions sur l'alignement qui lui était donné. Plus tard, le préfet délivra au sieur Léger, propriétaire du côté opposé, un alignement conçu dans un système différent ; il en résulta un avancement qui devenait nuisible à Poinsiau en l'obligeant à reculer de nouveau par la suite.

Recours de Poinsiau devant le préfet, qui maintint le dernier alignement, en réservant à ce propriétaire tous ses droits à une indemnité en cas de reculement, et l'autorisa à réparer ses bâtiments s'il ne consentait pas à reculer.

Devant le conseil d'Etat, où il se pourvut par la voie contentieuse, Poinsiau soutenait que le préfet avait commis un excès de pouvoir en modifiant l'alignement qu'il lui avait originairement délivré.

L'ordonnance royale a statué en ces termes :

« Considérant que le plan général des alignements de la traverse de Lury à Decise n'a pas encore été approuvé par nous, et qu'ainsi le préfet du département de la Nièvre a pu valablement donner des alignements partiels et modifier ceux qui avaient été précédemment accordés ; qu'il résulte du plan des lieux et de l'instruction que le second alignement est préférable au premier, et que le préfet a suffisamment pourvu aux droits du requérant en l'autorisant à faire à ses bâtiments les réparations qu'il jugerait convenables, avec réserve de tous droits à une indemnité si lesdits bâtiments venaient à être reculés.

« Art. 1er. La requête du sieur Poinsiau est rejetée. »

On voit donc que le conseil d'Etat n'a pas hésité à reconnaître que le premier alignement faisait titre en faveur du propriétaire, puisqu'il admet la nécessité d'indemniser celui-ci en cas de reculement de ses constructions à l'alignement nouveau. D'où il faut inférer que les décisions des préfets ont ici, quant à l'attribution au moins provisoire de la propriété des portions de terrain abandonnées, le même caractère et la même autorité que celles des maires dans les cas analogues de voirie urbaine. (V. *suprà* nos 9 et 10.)

tente, la délivrance de l'alignement partiel doit toujours y être conforme. L'autorité municipale ou administrative qui trace l'alignement, n'est pas libre de s'en écarter. En pareil cas et si, lorsqu'une propriété est assujettie à reculement par un plan légal, le maire autorisait le propriétaire à reconstruire sur ses anciennes fondations, son arrêté serait déclaré nul et la démolition des constructions mal plantées devrait être ordonnée, sauf au propriétaire qui n'a pu ignorer l'existence du plan approuvé, à se pourvoir comme il aviserait. (Décis. min. du 1er août 1842, *Ville de Poitiers.*) La cour de cassation en a jugé de même à l'égard d'une simple confortation (Ch. crim., 4 mai 1848, *Toussaint.*)

22. Les plans généraux ou partiels d'alignement arrêtés par l'autorité compétente avant 1789 sont considérés comme des règlements de la nature de ceux qui ont été maintenus par la loi du 22 juillet 1791. Ils soumettent les bâtiments placés hors des alignements qu'ils déterminent à toutes les servitudes établies par les lois de la voirie, et tant que ces plans n'ont pas été modifiés par ordonnance royale, ils sont obligatoires pour l'administration comme pour les propriétaires. (Décis. min. du 24 novembre 1830, *ville de Blois.*)

23. La cour de cassation, d'ailleurs, n'a pas fait difficulté d'admettre que les plans d'alignement dressés par les maires, sont exécutoires *provisoirement*, indépendamment de l'approbation du roi en conseil d'État, à laquelle ils sont soumis pour acquérir force définitive ; et, qu'en conséquence, il y a lieu d'appliquer les peines portées par l'article 475 du Code pénal à ceux qui élèveraient des constructions sans se conformer à ces plans, sauf à eux à se pourvoir de-

vant l'autorité supérieure pour les faire réformer.
(20 juin 1829, *Bicheux et Pestel*; S. 29, 1, 364;
D. 27, 1, 386.)

24. Les alignements d'une voie publique, une fois
légalement arrêtés, sont obligatoires pour toutes les
propriétés sans exception ; les bâtiments départementaux n'ont aucun droit à être exemptés de cette règle ; et l'administration doit être la première à donner
l'exemple de la soumission à la loi générale. (Avis du
comité de l'int., 4 juin 1841, *Lunéville*.)

25. Lorsqu'un propriétaire veut bâtir sur son terrain contigu à la voie publique, mais en dehors de
l'alignement arrêté par le plan, est-il tenu de s'adresser à l'administration pour obtenir l'autorisation nécessaire? Cette question sur laquelle le conseil d'Etat
paraît avoir hésité (17 juin 1818), a été résolue néga-
tivement par d'autres ordonnances au contentieux qui
ont fixé la jurisprudence sur ce point. (4 février 1824,
Legros; 2 avril 1828, *Marteau d'Autry*; 15 juillet
1841, *de Turin*; 29 juin 1842, *Hardy et Boullanger*;
6 décembre 1844, *Lafaurie*; 16 janvier 1846, *Mont-
brun*.) (1)

---

(1) On lit dans le *Recueil des arrêts*, au sujet de l'affaire Marteau (t. X,
p. 300), les observations suivantes :

« Les routes et chemins doivent être renfermés dans deux lignes parallèles;
c'est ce qui constitue l'alignement. Or, lorsqu'un individu fait des constructions sans avoir demandé l'autorisation, il est censé connaître l'alignement ;
car qu'est-ce qu'une demande en permission de bâtir, si ce n'est une démarche
afin d'acquérir la connaissance de l'alignement ? L'administration déclare que
l'alignement de telle route est ainsi déterminé; vous pouvez construire en dehors de cet alignement, mais pas en dedans : voilà votre droit et celui de l'Etat.
— Ainsi donc il n'y a pas ici de défense ; il y a seulement devoir à remplir;
il faut connaître, avant de bâtir, la ligne de la route. Si le propriétaire a bâti
en dehors, il est dans son droit ; il serait absurde et injuste de le condamner à
démolir et même à l'amende pour n'avoir pas demandé la permission ; si, au
contraire, il a bâti en dedans de l'alignement, il doit être condamné à la démo-

Nous pensons qu'en effet tout propriétaire de terrains bordant la voie publique doit pouvoir librement bâtir en arrière de l'alignement arrêté, sans être obligé de demander une autorisation, parce qu'alors il est chez lui et qu'il peut disposer de sa

---

lition, parce qu'il est sans excuse ; il ne peut prétendre cause d'ignorance ; il devait connaître toute l'étendue de son droit de propriété avant d'agir, et, pour cela, il devait consulter son voisin, c'est-à-dire l'administration qui régit, au nom de l'État, les routes, chemins et tout ce qui dépend du domaine public. »

Les deux ordonnances royales citées plus haut, l'une du 4 février 1824 (*Legros*), l'autre du 2 avril 1828 (*Marteau d'Autry*), avaient décidé formellement que ces propriétaires ayant bâti en arrière de l'alignement légal, il n'y avait pas lieu de leur appliquer, nonobstant les conclusions contraires de l'administration des ponts et chaussées, les peines prononcées par les règlements de la grande voirie pour n'avoir demandé ni l'alignement ni la permission de l'autorité compétente.

Ce point de droit paraissait dès lors parfaitement fixé, lorsqu'en 1839 le ministre de l'intérieur, s'occupant de réglementer tout ce qui se rattachait à l'alignement des chemins vicinaux, crut devoir porter de nouveau la question, posée dans d'autres termes, devant le conseil d'État, et provoquer à ce sujet un avis de principe.

Le conseil d'État, en assemblée générale, a donné administrativement la même solution que celle qui ressort des arrêts précédemment cités. Voici dans quels termes est conçu cet avis, qui porte la date du 21 août 1839 :

« Le conseil d'État qui, sur le renvoi du ministre de l'intérieur, a pris connaissance d'un rapport sur la question de savoir *si l'administration a le droit de prohiber les réparations confortatives des constructions qui se trouvent en retraite d'un alignement régulièrement arrêté, afin d'obliger les propriétaires à s'avancer jusqu'à cet alignement ;*

« Vu l'édit du mois de décembre 1607, l'ordonnance du 29 mars 1754, l'arrêt du conseil du 27 février 1765, la loi du 19-22 juillet 1791 (art. 20), la loi du 16 septembre 1807 ;

« Considérant que l'approbation d'un plan d'alignement attribue à la voie publique la jouissance immédiate des terrains libres qui doivent en faire partie et le droit de jouir des terrains couverts de constructions, à l'époque de leur démolition volontaire ou forcée pour cause de vétusté ; que la défense de réparer lesdites constructions est la conséquence de cette attribution ; que cette défense a pour objet d'empêcher que l'on ne prolonge indéfiniment la durée des constructions faisant saillie sur le sol attribué à la nouvelle voie publique et qui gênent la circulation ;

« Considérant que les mêmes motifs n'existent pas pour appliquer la même chose comme il l'entend, dès qu'il ne porte aucune atteinte à l'intérêt de la voirie. Cependant, et à moins qu'il ne s'agisse d'une construction intérieure et tout à fait éloignée de la voie publique, il nous paraît sage, surtout si l'alignement légal n'est pas apparent ou parfaitement connu du propriétaire, que celui-ci s'abstienne de bâtir avant d'avoir obtenu un permis qui ne peut d'ailleurs lui être refusé et qui préviendrait toute difficulté ultérieure.

---

défense aux constructions qui se trouvent en retraite sur l'alignement; qu'en effet, ces dernières constructions ne sont pas situées sur un terrain à la jouissance duquel aucun droit ait été attribué à la voie publique par le plan d'alignement; qu'elles ne gênent en aucune façon la circulation, et qu'aucun intérêt de viabilité ne s'oppose à leur conservation;

« Considérant, dès lors, que la défense de réparer les maisons qui sont en retraite sur l'alignement ne serait qu'un moyen indirect de contraindre les propriétaires, sous peine de la ruine de leurs maisons, à acquérir le terrain qui se trouve entre elles et la limite de l'alignement, si ce terrain appartient à l'ancienne voie publique, ou à se clore sur la même limite, si le terrain leur appartient; mais que, dans le premier cas où le terrain dépend de l'ancienne voie publique, la loi du 16 septembre 1807 a prévu le refus fait par le propriétaire de profiter de la faculté qu'elle lui donne de s'avancer en payant la valeur du terrain, et qu'elle a réglé d'une manière spéciale le moyen que pourrait employer l'administration pour obvier à ce refus; que son art. 53 autorise, en pareille circonstance, l'administration à déposséder le propriétaire de l'ensemble de sa propriété, sans qu'il puisse lui être tenu compte de la plus-value résultant de l'amélioration de la voie publique; que la loi s'étant bornée à indiquer ce moyen d'obvier au refus fait par le propriétaire de s'avancer jusqu'à la limite de la nouvelle voie publique, l'administration n'est autorisée à en employer aucun autre;

• Considérant que, dans le second cas où le terrain en retraite de l'alignement appartient au propriétaire, la défense de réparer n'aurait aucun objet, puisque l'administration peut toujours, par voie de police municipale, lui ordonner de se clore sur la voie publique, et que cette clôture suffit pour l'exécution du plan d'alignement;

« Est d'avis que l'administration n'a pas le droit de prohiber les réparations confortatives des constructions qui se trouvent en retraite de l'alignement. »

Cet avis a été adopté par le ministre, qui en a fait l'objet d'une circulaire portant la date du 10 décembre 1839, relative aux alignements des traverses des chemins vicinaux et de grande communication.

26. Bien que les espèces que nous venons de citer concernent spécialement la grande voirie, le principe qui en ressort est, selon nous, parfaitement applicable en matière de voirie urbaine.

Cependant, la cour de cassation professe une doctrine contraire. Ainsi, par un arrêt du 15 novembre 1833 (*Guillaume Philippe*), elle a reconnu la légalité d'un arrêté du maire de Sainte-Livrade qui défendait de bâtir, soit sur les rues et places, soit *dans le voisinage des voies publiques*, sans avoir demandé alignement. Un semblable arrêté du maire de Vitré a été également déclaré obligatoire par arrêt du 5 mars 1842 (*Taburet-Chevalerie*). Enfin un autre arrêt (26 septembre 1840 *Lenoble*) est plus formel encore (1).

Nous sommes portés à penser que tout ce que la Cour régulatrice a voulu établir, c'est qu'un arrêté municipal de cette nature est obligatoire tant qu'il

_____

(1) « Vu l'article de l'édit du mois de décembre 1607, et l'art. 161 du Code d'instruction criminelle ;

« Attendu, en fait, que le jugement dénoncé a condamné Jean-Baptiste Lenoble à cinq francs d'amende, comme coupable d'avoir effectué à sa maison, située sur la rue du Rivage, des travaux que le maire de Sedan n'avait point autorisés, et qu'il décide néanmoins n'y avoir lieu de prononcer la destruction de ces travaux *confortatifs*, par la raison que ladite maison se trouve *en retraite* de l'alignement résultant du plan homologué par l'ordonnance royale du 11 juillet 1833 ;

« Attendu, en droit, que la défense faite par l'édit du mois de décembre 1607, de rien entreprendre aux murs de face des maisons construites sur ou joignant la voie publique, sans avoir préalablement obtenu l'autorisation qu'il exige des officiers de la voirie, est générale, absolue et d'ordre public ;

« Qu'elle s'applique, dès lors, aussi bien aux édifices qui sont *en retraite* qu'à ceux qui forment *saillie* sur l'alignement arrêté ;

« Que la confortation des uns ne nuit pas moins que celle des autres à l'embellissement et à l'élargissement des rues, puisqu'elle a également pour effet de retarder l'exécution de ce plan ;

« Que le tribunal auquel elle est dénoncée doit donc ordonner, dans les deux cas, que la *besogne mal plantée sera abattue* ;

« D'où il suit qu'en refusant de prescrire, dans l'espèce, la destruction des

n'a pas été réformé par l'autorité supérieure, et que les tribunaux y doivent l'appui de leur sanction. Autrement, et entre les deux opinions, nous ne saurions hésiter à adopter celle du conseil d'Etat, qui fait d'ailleurs, comme nous l'avons dit, la règle de l'administration.

27. Ajoutons seulement qu'à côté du droit que nous inclinons à reconnaître ici au propriétaire riverain, il y a celui qui, dans l'intérieur des villes, appartient à l'autorité municipale, en vertu de la loi générale du 24 août 1790, si souvent citée, d'exiger qu'en avant des bâtiments ainsi construits hors de l'alignement, les propriétés soient closes, à l'alignement, par un mur, une grille, ou toute autre construction solide, qui fasse disparaître les angles rentrants et les renfoncements occasionnés par ce reculement volontaire, et qui ne sont pas moins nuisibles à la propreté et à la salubrité qu'à la sûreté de la voie publique.

28. C'est en conséquence du même principe que l'autorité supérieure considère comme étant pris dans la limite des attributions municipales l'arrêté d'un maire, qui prescrit aux propriétaires de terrains bordant une rue de se clore sur l'alignement de cette rue. (Décis. min., 22 décembre 1834, *ville de Roubaix.*)

§ 3. — Du mode de délivrance des alignements.

29. Nous en avons dit assez pour bien faire com-

---

travaux indûment entrepris, conformément aux réquisitions formelles du ministère public, le jugement précité a créé une distinction contraire à l'édit susdaté, et commis une violation expresse, tant de cette loi de la matière que de l'art. 161 du Code d'instruction criminelle ;

« Casse et annule ce jugement, mais seulement en ce qu'il n'a pas ordonné la démolition requise des travaux dont il s'agit. »

(Même décision par arrêt du 21 juin 1844, *Olivary.*)

prendre qu'en matière de voirie urbaine, c'est au maire seul qu'il appartient de délivrer l'alignement, en vertu de son pouvoir propre, conformément à un plan arrêté, quand il en existe. Soit que l'on considère, en effet, la décision à prendre à cet égard comme un acte administratif ou comme une mesure de police, le maire en demeure exclusivement chargé.

30. Est illégal conséquemment, et doit être réputé nul et non avenu, un alignement qui aurait été délivré par le conseil municipal ou par un de ses membres, sur la demande d'un propriétaire. (Décis. min., 30 septembre 1837, *Piet*; et 1er février 1839...., Cass., 6 juillet 1837, *Giraud*; S. V, 37, 1, 687; Dall., 37, 1, 531.)

31. La cour de cassation a décidé, d'ailleurs, que le retard apporté à la délivrance de l'alignement n'est pas un motif qui puisse excuser la contravention, le réclamant pouvant toujours se pourvoir devant l'autorité administrative supérieure pour rendre plus prompte la décision par lui provoquée. (21 février 1845, *veuve Sanson-Lepesqueur*, *Bull. des arr.*, n° 46.)

32. Ainsi que nous l'avons déjà fait remarquer, nos 15 et 16, est également nul et sans effet un alignement donné par un préfet sur une voie urbaine. (Cass., 4 mai 1826, *Landrin*; 6 août 1840, *Icart*), ou par un maire sur une rue de grande voirie. (6 juin 1830, *demoiselle André*.)

33. Il résulte de ce que nous venons d'établir, n° 29, que, soit qu'il existe ou non un plan exécutoire, la décision du maire portant délivrance de l'alignement doit être, comme toutes celles qui émanent de cette autorité, prise sous la forme et l'intitulé *d'arrêté*. Une autorisation verbale ne saurait tenir lieu de l'aligne-

ment qui doit être donné dans les formes et avec les
précautions prescrites par les lois et règlements sur
la matière. (Cass., 20 octobre 1835; O., 23 février
1839, *Lasnier-Lemaître;* 3 septembre 1846, *Filippi.*)

34. Ces formes ne sont d'ailleurs spécifiées ni par
les instructions ministérielles ni par aucun acte réglementaire auquel nous puissions nous référer; ce qu'il
importe d'observer, c'est, d'abord, que l'alignement
soit délivré par l'autorité ayant pouvoir et qualité à
cet effet; l'intervention d'un agent voyer ou d'un
architecte, par exemple, comme délégué du maire,
ne pourrait suffire pour la garantie du propriétaire.
(Cass., 7 octobre 1831, *ville de Lyon;* O. 3 septembre 1846, *Filippi);* en second lieu, c'est qu'il soit
donné par écrit (Cass., 20 octobre 1835; O. 3 septembre 1846, *Filippi;* 28 octobre 1846, *Fonvielle*(1).

35. A l'égard des précautions recommandées
comme propres à garantir l'exactitude matérielle de
l'alignement à suivre, elles consistent, de la part du
maire ou du préfet, à charger de l'exécution de leurs
arrêtés l'architecte voyer de la ville, ou l'ingénieur
des ponts et chaussées (selon qu'il s'agit de voirie
urbaine ou de grande voirie), lesquels tracent sur les
lieux, à l'aide des procédés de la science, la ligne que
le propriétaire doit suivre en bâtissant du côté de la
voie publique.

36. Lorsque les fondations et les premières assises
du mur de face ont été posées, le propriétaire ou
constructeur doit requérir un recolement, auquel il

---

(1) « Attendu que, en fait d'alignement.... l'autorisation du maire est indispensable; qu'il ne suffit pas que cette autorisation ait été demandée au
maire, soit verbalement, soit par écrit; qu'il faut encore qu'elle ait été *obtenue
et accordée par écrit*, puisqu'il s'agit d'un acte de la juridiction administrative
destiné à produire des effets légaux. »

est procédé sans frais (édit de décembre 1607), et
dont il est dressé un procès-verbal en double, signé
des parties, et dont une expédition est remise à chacune. Cette formalité, prescrite dans l'intérêt du propriétaire, et pour prévenir toute difficulté ultérieure,
est, au reste, fort souvent négligée.

(*V*. à l'appendice les modèles d'arrêtés d'alignement et de procès-verbal de récolement.)

§ 4. — Des effets de l'alignement.

37. Il ne s'agit pas seulement, dans les propositions
des administrations locales relatives à la fixation des
alignements, de considérer la convenance du redressement ou de l'élargissement de la voie publique ; il
faut encore avoir égard aux conséquences de la mesure dans l'application, par rapport aux intérêts réciproques des propriétaires que l'alignement nouveau
doit atteindre.

38. C'est ainsi que, dans la vue d'opérer la rectification d'une rue tortueuse, on est conduit quelquefois à proposer le reculement de l'un des côtés et l'a-
vancement de l'autre, de telle sorte que la voie publique pourrait, dans un temps donné, être rétrécie au
point que la circulation y serait gênée ou même entièrement interceptée, si les maisons situées de ce
dernier côté venaient à être reconstruites avant celles
du côté opposé.

L'instruction ministérielle du 2 octobre 1815, relative à la confection des plans d'alignement des villes
(voir à l'appendice), avait prévu ce cas. « On sera, dit
l'art. 5, très-circonspect sur les avancements en ne
visant pas à un parallélisme bon en rues nouvelles,

inutile souvent dans les rues anciennes, où il ne s'agit que de redressements partiels. Ces avances sont très-nuisibles quand l'un bâtit avant l'autre (1). »

Une semblable combinaison nous paraît effectivement vicieuse en soi, et d'autant plus facile à éviter, d'ailleurs, dans la plupart des cas, que les alignements par avancement ne sont jamais commandés par une nécessité absolue.

Nous savons toutefois qu'on peut citer des exemples de plans d'alignement où elle se rencontre. Le conseil d'État (comité de l'intérieur) a même posé en principe « qu'une ordonnance d'alignement ne confère de droits aux propriétaires que dans les termes et sauf l'accomplissement des conditions qu'elle renferme, et qu'en certains cas, il est juste et nécessaire, pour conserver la liberté de la voie publique, d'ordonner que ceux à qui le nouvel alignement accorde la faculté d'avancer leurs constructions, ne l'exerceront qu'après que les propriétaires opposés auront reculé les leurs. »

Mais on ne peut nier que ce moyen ne soit, sinon inadmissible en droit rigoureux, du moins fort onéreux pour le propriétaire forcé de bâtir en arrière de l'alignement légal, et toujours très-regrettable par l'ajournement indéfini dont se trouve ainsi frappée l'exécution des projets approuvés. L'administration doit donc mettre tous ses soins à éviter de pareilles dispositions dans la rédaction des plans d'alignement, du moins pour les parties qui doivent s'exécuter par mesure de voirie, la difficulté que nous signalons disparaissant du moment qu'on procède par voie

---

(1) Les mêmes recommandations sont faites pour les alignements de grande voirie par la circulaire du 24 octobre 1845. (V. n° 18.)

d'expropriation, et qu'on opère conséquemment sur les deux côtés de la rue à la fois.

39. Un autre résultat de l'alignement par avancement, qui doit rendre l'administration municipale fort circonspecte dans ses propositions à cet égard, c'est la difficulté de partager équitablement entre les propriétaires voisins la portion de terrain qui leur est concédée aux dépens de la voie publique, difficulté qui tient principalement à la nécessité d'assurer à chacun une part légitime d'étendue sur la nouvelle façade, et de ménager, en même temps, les droits de vue, de passage et d'écoulement d'eau dont les propriétaires sont actuellement en possession.

Mais d'abord cette question est-elle du ressort de l'autorité administrative? De ce premier point dépend la solution de la question elle-même. « L'administration ne peut rien concéder en fait de droits privés, dit un auteur (M. Isambert: *Traité de la Voirie*, t. III, p. 358); elle ne peut que mettre le terrain public à la disposition des propriétaires, sauf à ceux-ci à se demander réciproquement des indemnités, si, par le fait, ils innovent dans les servitudes privées. »

Cependant, à l'occasion d'une contestation de cette nature qui s'était élevée entre M. de Boucheporn et les héritiers Denys, dans la ville de Chaumont, le tribunal de première instance s'étant déclaré incompétent, et le conseil d'État ayant été saisi de l'affaire, en conséquence du conflit négatif d'attributions élevé par le préfet, une ordonnance intervint à la date du 9 juin 1824, qui renvoya les parties devant le ministre de l'intérieur, pour être statué conformément au 2e § de l'art. 52 de la loi du 16 septembre 1807, et, sur le rapport de ce ministre, une autre ordonnance du

5

17 août 1825 régla les droits réciproques des propriétaires intéressés (1).

Enfin, le sieur de Boucheporn s'étant pourvu contre cette dernière ordonnance par la voie contentieuse, sa requête fut rejetée par arrêt du 4 juillet 1827, fondé sur ce que toutes les formalités prescrites par la loi du 16 septembre 1807 avaient été remplies, et que, dès lors, l'ordonnance du 17 août 1825 ne pouvait plus être attaquée.

On pouvait donc considérer la jurisprudence comme parfaitement fixée sur le point en question et désormais invariable. Mais, dans une espèce identique à celle dont il vient d'être question, le conseil d'État, jugeant administrativement sur le rapport du ministre, a émis une doctrine différente.

Il s'agissait également d'un partage à effectuer par suite d'avancement suivant un alignement projeté, entre deux propriétaires, dans la commune de Fixey (Côte-d'Or). Le ministre proposait, conformément à l'avis du préfet, 1° d'approuver l'alignement indiqué;

---

(1) « Considérant que le terrain à retrancher de la voie publique par suite de l'alignement dont il s'agit est frappé de servitude au profit des maisons Boucheporn et Denys, et qu'il est juste d'en concéder à chacun une portion, eu égard à l'étendue et à la position des bâtiments qui leur appartiennent sur cette partie de la voie publique :

« Art. 1er. L'alignement donné par l'arrêté du maire de la ville de Chaumont, du 19 juillet 1823, pour la rue de l'Orme, est confirmé. — Art. 2. Le terrain retranché de la rue de l'Orme, par suite de cet alignement, sera concédé à la dame Denys et au sieur Boucheporn, savoir : à la dame Denys, une longueur d'un mètre trente centimètres, à partir de l'angle de sa maison et de celle du sieur Boucheporn ; et à ce dernier, tout le surplus de la longueur ; l'une et l'autre portion conservant la profondeur qui résulte de cet alignement, et restant respectivement grevées des jours dont jouissaient les deux maisons antérieurement. — Art. 3. Le prix des portions de terrain concédées sera versé dans la caisse municipale, après que l'estimation en aura été faite, conformément à la loi du 16 septembre 1807. »

2º de déterminer les portions à concéder par une per-
pendiculaire tirée du nouvel alignement pour aboutir
au point formant l'angle commun des deux héritages.

Mais le conseil d'Etat, sans s'arrêter à cette proposition, a présenté un projet d'ordonnance qui a reçu
la sanction royale à la date du 30 octobre 1845, dans
les termes suivants :

« Vu l'arrêté pris le 12 mars 1844 par le préfet de
la Côte-d'Or, à l'effet de confirmer celui du maire de
la commune de Fixey, du 30 décembre 1843, en ce
qui concerne l'alignement délivré au sieur Darras, pour
construire sur la grande rue de la commune, et de
l'infirmer en ce qui touche la ligne à suivre pour le
partage à faire, entre ce propriétaire et le sieur Baudrot-Pitolet, son voisin, de la parcelle de terrain à
retrancher de la voie publique ;

« Vu le plan partiel des lieux portant visa du préfet, du 9 octobre 1844, indiquant par la ligne rouge
E F l'alignement à suivre, et par la ligne ponctuée
noire A H les deux parcelles du terrain retranchable
à partager respectivement entre les sieurs Darras et
Baudrot-Pitolet, propriétaires voisins ;

« Les réclamations de ces propriétaires ; — la délibération du Conseil municipal du 28 novembre 1843 ;
— la loi du 16 septembre 1807, et le décret du 27
juillet 1808 ;

« Considérant que les sieurs Darras et Baudrot-
Pitolet allèguent que le terrain à retrancher de la
voie publique par suite de l'alignement dont il s'agit,
est frappé de servitudes au profit de leurs propriétés,
et qu'il est juste de concéder à chacun d'eux une portion dudit terrain, eu égard à l'étendue et à la position des bâtiments qui leur appartiennent sur cette
partie de la voie publique ;

« Notre conseil d'Etat, etc.,

« Art. 1er. L'alignement de la grande rue de la commune de Fixey (Côte-d'Or) est arrêté conformément au plan ci-annexé, d'après lequel on donne à cette rue une largeur uniforme de six mètres.

« Art. 2. Le triangle E F K, retranché de la grande rue par suite de cet alignement, sera concédé au sieur Darras et au sieur Baudrot-Pitolet, propriétaires riverains, en raison des droits *qui seraient réglés entre eux à l'amiable, ou qui leur seraient reconnus par les tribunaux.* » (Inédit.— V. aussi à l'appendice un avis du Conseil d'Etat du 13 janvier 1847.)

On aperçoit, sans que nous ayons besoin de le faire remarquer, la contradiction que présentent, quant au principe de la compétence, les deux décisions que nous venons de rapporter.

Au fond peut-être, en effet, doit-on considérer les questions de partage entre propriétaires par suite d'alignement, comme affaires privées, et les questions d'alignement seules comme justiciables de la juridiction administrative ; en sorte qu'une fois que l'autorité souveraine a statué sur le litige, en ce qui touche l'alignement, elle a épuisé son droit, et que les prétentions privées auxquelles sa décision peut donner ouverture rentrent dans le droit commun. Telle est du moins la solution qui ressort de l'ordonnance du 30 octobre 1845, ci-dessus rappelée.

Dans ce système, l'application du § 2 de l'article 52 de la loi de 1807 et de l'article 2 du décret du 27 juillet 1808 serait restreinte au jugement des réclamations qui portent sur l'alignement projeté ou arrêté, sans egard aux conséquences de cet alignement quant au règlement des droits réciproques des propriétaires intéressés, qui serait renvoyé à la juridiction ordinaire.

Il reste à savoir si les tribunaux, qui plusieurs fois se sont déclarés incompétents dans des espèces analogues, ne persisteront pas à refuser leur concours, et dans quel sens la cour de cassation se prononcerait en définitive sur cette question. De toute façon, au reste, le conseil d'Etat, devant lequel il faudrait se pourvoir en règlement de juges, demeurerait toujours libre de la décider dans le même sens, par suite du conflit négatif qui s'élèverait naturellement.

40. Si les alignements par avancement ont des conséquences qu'il faut prévoir, afin d'obvier aux inconvénients qui peuvent en résulter dans la pratique, ceux qui assujettissent à reculement les propriétés riveraines, sans occasionner les mêmes difficultés, font toutefois naître aussi quelques questions dont la solution n'est pas sans intérêt (1).

41. La plus importante est de savoir si le pouvoir de l'autorité, dans les retranchements qu'elle opère par voie d'alignement, peut aller jusqu'à supprimer des propriétés tout entières. Nous avons discuté cette question dans notre *Recueil*, t. Ier, p. 88, et nous avons conclu en faveur de l'affirmative. Quelques décisions judiciaires (notamment celle du tribunal de première instance de Paris du 14 septembre 1827, affaire Martin) et la pratique constante de l'Administration ont confirmé l'opinion que nous avons émise sur ce point.

En fait d'élargissement et de redressement de rues, le droit de l'autorité administrative, quant à la superficie à prendre sur les immeubles riverains, n'a point de limites; la loi n'a pas dit jusqu'où ce droit pou-

(1) Nous ne traitons pas ici les questions que soulève l'application de la servitude *non ædificandi* dont sont grevés les terrains retranchables, et qu'on peut considérer comme un des premiers effets de l'alignement. (*V.* à cet égard au chapitre III.)

vait s'étendre, et elle ne pouvait rien statuer *à priori*
à cet égard, puisque tout dépend ici des besoins et des
intérêts essentiellement variables de la circulation.
Donc si ces intérêts et ces besoins qui dominent tout,
commandent de comprendre dans les projets d'élargissement et de redressement de rues des propriétés
entières ou même d'entamer celles qui sont situées au
second rang, rien n'y fait légalement obstacle, et toute
latitude est laissée à l'Administration qui est autorisée à procéder, en pareil cas, selon les règles du droit
commun de la matière, c'est-à-dire par application
des servitudes ordinaires de la voirie, comme il est
dit au chapitre 3.

42. Mais on verra plus tard (même chapitre) que
ce droit absolu n'est accordé à l'autorité municipale
qu'en considération de l'urgence des besoins de la
circulation, et que le conseil d'Etat refuse de le lui reconnaître là où ces besoins n'existent pas au même
degré. C'est ainsi que, dans les ordonnances approbatives de plans généraux d'alignement, sont toujours
exceptés de l'application des prohibitions de la voirie les bâtiments fortement entamés par les nouveaux
alignements des places publiques, où il s'agit de régularisation et d'embellissement, plutôt que d'un intérêt de circulation à proprement parler.

43. Un soin qui n'est pas moins recommandé à la
sollicitude des autorités municipales et administratives, soit dans le tracé des alignements individuels,
soit dans la préparation des plans à soumettre à l'homologation du gouvernement, c'est de faire, autant
qu'il est possible, porter l'élargissement de la voie
publique par égales portions sur les propriétés riveraines de chaque côté.

Ici toutefois, on le comprend, rien n'est absolu ni

prescrit à titre obligatoire. S'il est un point sur lequel la décision de l'autorité soit abandonnée à son libre arbitre, c'est assurément celui-ci, où tout dépend de circonstances locales qu'elle seule est en état d'apprécier, au point de vue de l'intérêt public.

Ainsi, il est évident que si une rue est bordée d'un côté par des propriétés bâties importantes, nombreuses et solides, de l'autre par des terrains nus ou des masures sans valeur, l'intérêt de la voirie qui est d'arriver le plus promptement possible à l'exécution des alignements, en évitant de porter un trop grand dommage à la propriété, commandera de prendre tout l'élargissement de ce dernier côté, selon le vœu de la circulaire ministérielle du 24 octobre 1845. (Voir la note du n° 18 et l'Appendice.)

Que s'il s'agit encore de raccorder l'axe de deux rues correspondantes et formant continuité d'une même ligne de communication, les besoins de la circulation peuvent exiger le sacrifice de la considération d'équité, dont nous parlions tout à l'heure.

En un mot , les raisons d'ordre public et d'intérêt général prévalent ici , comme toujours en ces matières, sur les considérations d'intérêt privé.

Mais, en dehors de ces motifs, l'Administration ne doit chercher sa règle de conduite et sa raison de décider que dans les principes d'une exacte justice distributive et d'une impartialité rigoureuse (1).

44. Terminons par une observation qui trouve ici

---

(1) Le plus ou moins de profondeur des propriétés riveraines , l'état de vétusté des constructions, la nécessité de ménager un monument public intéressant sous le rapport de l'art ou de l'histoire, sont autant de circonstances qui peuvent influer sur la détermination de l'administration locale en pareil cas, et qui justifieraient au besoin un partage inégal des sacrifices à imposer aux propriétaires pour l'élargissement de la voie publique.

sa place : c'est que la fixation de l'alignement à suivre par un propriétaire n'a point pour effet de le dessaisir de la propriété du terrain retranché par cet alignement. Ce dessaisissement et la transmission de la propriété au profit de l'Etat ou de la commune ne s'opèrent que du jour du payement de l'indemnité, ou de l'offre qui en est régulièrement faite. En conséquence, et jusqu'alors, le propriétaire peut valablement consentir hypothèque sur le terrain destiné à la voie publique. (Cass., 19 mars 1838, *Cuvillers.*—S. V. 38, 1, 212. — D. 38, 1, 130.)

§ 5. — Du jugement des réclamations en matière d'alignement.

45. *Voirie urbaine.* — Les règles ordinaires du contentieux souffrent ici une exception que la loi elle-même a prévue. En décidant (article 52) que les réclamations des tiers intéressés contre les alignements arrêtés seront jugées en conseil d'Etat, sur le rapport du ministre de l'intérieur, la loi du 16 septembre 1807 a voulu, en épargnant aux propriétaires les frais d'un pourvoi toujours dispendieux, simplifier l'instruction d'affaires qui par leur nature exigent une prompte solution, sans enlever aux parties aucune des garanties que réclame la gravité des intérêts engagés dans ces sortes de questions.

46. Ainsi, comme nous l'avons déjà fait remarquer, les réclamations auxquelles donnent lieu les alignements qui s'appliquent en vertu d'un plan exécutoire, sont jugées administrativement par arrêtés du gouvernement, rendus sur le rapport du ministre de l'intérieur, le conseil d'Etat entendu.

Il en est de même, en exécution de l'article 52 de la loi du 16 septembre 1807 et du décret du 27 juillet 1808, article 2, pour les alignements donnés par les maires et approuvés par les préfets, à défaut de plan arrêté.

La jurisprudence des arrêts s'accorde constamment avec ces principes. (O. 5 mars 1836, *Picot Dagard;* 4 novembre 1836, *Gaucher;* 19 décembre 1840....; et autres espèces.)

Tout pourvoi par la voie contentieuse contre un alignement légalement arrêté est, en conséquence, non-recevable.

47. Les conseils de préfecture sont incompétents pour faire exécuter les alignements dans les rues qui ne sont pas routes royales ou départementales. (Cass., 11 février 1820, *Caron* et autres espèces.) Ils le sont également pour connaître des oppositions formées contre les alignements donnés par les maires et approuvés par les préfets, comme pour apprécier la convenance et l'utilité de ces alignements. (O. 15 février 1838, *Chauchat.*)

En général, la compétence de ces conseils est limitée, pour ce qui a rapport à la voirie urbaine, au jugement des actions en dommages-intérêts, hors le cas d'expropriation partielle. Nous reviendrons dans la suite sur cette question.

48. Un autre principe essentiel à mettre en lumière et que nous avons déjà eu occasion de rappeler (n° 16), c'est que les erreurs de l'administration ne peuvent jamais préjudicier aux droits des tiers. Ainsi l'arrêté d'alignement délivré par un maire à un propriétaire peut être réformé par le préfet, même après que les travaux ont été commencés, mais à la charge de payer une indemnité au propriétaire intéressé. (O. 12 décembre 1818, *Hazet,* S. 20, 2, 174.) Toutefois, cette indemnité ne doit représenter que la

valeur des travaux faits avant la signification au propriétaire de l'arrêté de suspension. (O. 14 juin 1836, *Montmory*.)

49. Mais il est de règle qu'un arrêté préfectoral, portant annulation d'un arrêté municipal qui délivre alignement, ne peut être rapporté par le même préfet ou par son successeur. En effet, cet acte formant titre à l'égard d'un tiers, puisqu'il a été pris dans les limites de la compétence de l'autorité dont il émane, ne peut plus être réformé que par le pouvoir supérieur, c'est-à-dire par l'autorité ministérielle. (Décis. min., 5 décembre 1832, *ville de Saint-Etienne*.)

50. De ce qui précède, ainsi que des dispositions mêmes de la loi du 16 septembre 1807 (art. 52), il faut induire que l'autorité souveraine étant juge en dernier ressort des alignements proposés, il lui appartient de les régler d'office si les plans présentés par les administrations locales ne lui semblent pas réunir les conditions convenables, soit par rapport aux besoins de la circulation, soit en raison des intérêts légitimes des propriétaires qui n'auraient pas été suffisamment appréciés.

51. Les lois et règlements de la voirie ne déterminent aucun délai pour se pourvoir en annulation, devant le préfet, d'une permission accordée par le maire (O. 14 juin 1836 *Montmory*) (1); d'où il suit

---

(1) « Vu les requêtes de la ville et commune de Boussac (département de la Creuse), tendant à ce qu'il nous plaise annuler une décision de notre ministre de l'intérieur du 17 mars 1834, portant annulation d'un arrêté du préfet de la Creuse du 24 août 1833, lequel annulait lui-même un arrêté d'alignement donné le 22 juin 1832 au sieur Montmory pour la reconstruction d'une maison possédée par ce dernier dans la ville de Boussac; ce faisant, dire et ordonner que le sieur Montmory sera tenu de discontinuer les travaux, de démolir ce qu'il a fait au mépris du second alignement à lui donné en exécution de l'arrêté du préfet précité, sinon que la ville sera autorisée à faire cette démolition

que l'autorité supérieure peut toujours, et à quelqu'époque que ce soit, comme nous l'avons dit ci-

---

aux frais du sieur Montmory ; ordonner au préalable qu'il sera sursis à l'exécution de la décision attaquée, et condamner le sieur Montmory aux dépens ;
— Vu la loi du 16-24 août 1790, celle du 19-22 juillet 1791, et celle du
16 septembre 1807 ;

« Considérant que le sieur Montmory a commencé ses constructions en vertu
d'un arrêté de l'adjoint du maire de Boussac du 22 juin 1832 ; qu'un arrêté
pris par le premier conseiller municipal faisant fonctions de maire le 13 juin
1833, et notifié le lendemain au sieur Montmory, lui a prescrit de suspendre
ses travaux jusqu'à décision de l'autorité compétente sur la réclamation de la
majorité des conseillers municipaux contre l'alignement du 22 juin 1832 ; que
les lois de la matière ne déterminent aucun délai pour commencer les travaux
d'après l'alignement donné par le maire, ni pour recourir devant le préfet
contre ledit alignement ; d'où il suit que le préfet pouvait modifier ledit alignement, mais ne devait le modifier que sous la réserve d'une indemnité pour
la démolition des constructions faites de bonne foi par le sieur Montmory
depuis l'arrêté du 22 juin 1832 jusqu'à la notification de celui du 13 juin 1833 ;
— Considérant qu'au lieu de statuer au fond sur l'arrêté du préfet, notre ministre de l'intérieur l'a considéré comme une atteinte portée à la propriété du
sieur Montmory, et a décidé que ce propriétaire ne pourrait être astreint à
suivre un nouvel alignement qu'après l'accomplissement des formalités prescrites par la loi du 7 juillet 1833 en matière d'expropriation pour cause d'utilité publique ; qu'en prenant cette décision, notre ministre de l'intérieur a
contrevenu aux dispositions de la loi du 16 septembre 1807 sur les recours
et les indemnités en matière d'alignement, et qu'il a fait une fausse application
de celle du 7 juillet 1833 :

« Art. 1er. La décision de notre ministre de l'intérieur du 17 mai 1834
est annulée. — Art. 2. Les parties sont renvoyées devant notredit ministre
pour y être statué au fond sur l'alignement dont il s'agit, conformément aux
dispositions de la loi du 16 septembre 1807. — Art. 3, etc. »

Les principes qui ressortent de cette décision importante méritent d'être
remarqués.

On y voit, 1° que lorsqu'un particulier a obtenu de l'autorité municipale
alignement pour construire ou reconstruire un édifice, les lois et règlements
ne déterminent aucun délai pour l'exécution des travaux autorisés (a) ;

2° Qu'il n'existe pas non plus de délai pour recourir devant le préfet
contre l'alignement ainsi délivré par l'autorité municipale ;

3° Que si le préfet croit devoir modifier l'alignement, il ne peut le faire

---

(a) Nous pensons toutefois que la permission elle-même peut très-bien fixer un délai d'un
an, comme cela se fait à Paris, et comme le décidaient, d'ailleurs, les lettres patentes du
12 octobre 1783. (V. a ce sujet nos observations au chap. III, n° 80.)

dessus n° 11, réformer l'arrêté municipal, à charge, s'il y a lieu, d'indemniser le propriétaire.

52. Ajoutons enfin que les pourvois contre les arrêtés municipaux ne peuvent être adressés directement au ministre, à qui il n'appartient pas d'en connaître immédiatement. Dans l'ordre de la hiérarchie administrative, le recours contre un acte du maire doit être porté devant le préfet. (Décis. min., 13 septembre 1838, ville de Cusset, et autres espèces.)

53. *Grande voirie.* Il n'en est pas des réclamations suscitées par les alignements de grande voirie comme de celles qui s'élèvent au sujet des alignements de voirie urbaine. L'art. 52 de la loi du 16 septembre 1807 et l'art 2 du décret du 27 juillet 1808 ne s'appliquent qu'aux rues placées sous le régime municipal, et non pas à celles qui font partie des grandes routes.

Donc, dans les deux hypothèses précédemment posées, à savoir celle où il existe un plan arrêté par ordonnance royale, et celle où l'alignement est délivré individuellement et en vertu du pouvoir que les préfets, comme les maires, tiennent de la loi générale

---

que sous la réserve d'une indemnité au profit du propriétaire pour la démolition des travaux qu'il a exécutés de bonne foi depuis l'arrêté d'alignement pris par l'autorité municipale jusqu'à la notification de celui qui prescrit la suspension des ouvrages;

4° Que le recours est ouvert devant le ministre de l'intérieur contre l'arrêté du préfet qui prescrit la démolition ;

5° Que le ministre n'a pas le pouvoir d'annuler purement et simplement l'arrêté préfectoral et de décider que le propriétaire ne pourra être astreint à suivre un nouvel alignement qu'après expropriation pour cause d'utilité publique, mais qu'il doit procéder dans les formes prescrites par le second paragraphe de l'art. 52 de la loi du 16 septembre 1807, c'est-à-dire porter le recours de la partie intéressée devant le conseil d'État pour qu'il y soit statué administrativement sur son rapport.

de leur compétence, les recours contre les arrêtés portant délivrance d'alignement suivent la marche ordinaire.

54. Toutefois, lorsque l'alignement a été régulièrement arrêté, le particulier qui s'en prétendrait lésé, ne serait pas recevable à l'attaquer par la voie contentieuse. La raison en est que les alignements ne sont approuvés qu'après une enquête et des formalités ayant pour objet de constater que tous les intérêts ont été entendus, et que l'alignement adopté est le plus convenable. Il y a dès lors forclusion à l'égard des tiers-intéressés, et toute réclamation ultérieure serait repoussée par cette fin de non recevoir.

55. Mais il en est autrement si la réclamation porte sur l'application de l'alignement à une *propriété particulière*, c'est-à-dire sur les mesures d'exécution. Tout citoyen est recevable, dans ce cas, à se pourvoir contre l'arrêté préfectoral, d'abord devant le ministre des travaux publics, et, en dernier ressort, devant le conseil d'État jugeant au contentieux.

56. Enfin, lorsqu'en l'absence d'un plan exécutoire, les préfets ont délivré des alignements individuels, ceux qui les ont obtenus peuvent se pourvoir en réformation auprès du ministre, ou pour excès de pouvoir devant le conseil d'État (O. 15 février 1833, *Poinsiau*). (V. pour les formes et les délais des pourvois au contentieux, au chap. 5.)

SECTION II.

De l'ouverture des rues nouvelles.

57. Les rues nouvelles sont ouvertes, soit par l'administration municipale pour les besoins de la circula-

tion, soit par des propriétaires sur leurs terrains, dans un but de spéculation privée ; quelquefois les deux motifs se trouvent réunis et l'autorité se concerte avec les propriétaires intéressés pour obtenir, au moins de frais possible, un percement utile à l'intérêt public local.

58. Dans tous les cas, nous l'avons déjà dit, aucune rue ne peut être ouverte qu'en vertu d'une ordonnance royale rendue en conseil d'Etat (art. 52 de la loi du 16 septembre 1807), et les réclamations qui s'élèvent à ce sujet de la part des tiers intéressés, sont jugées également en conseil d'Etat sur le rapport du ministre de l'intérieur (même article).

59. Paris, où les rues, comme nous l'avons fait remarquer, sont réputées grandes routes et régies comme telles, était, dès longtemps avant la loi de 1807, soumis à la même règle en vertu d'une déclaration du roi du 10 avril 1783. (V. à l'appendice.)

60. Nous expliquerons d'abord comment il doit être procédé pour les percements qui s'opèrent par les soins de l'administration, et nous examinerons ensuite les conditions auxquelles doivent être subordonnées les autorisations réclamées par les propriétaires pour ouvrir des rues sur leurs terrains.

§ 1er. — Des percements effectués par l'administration municipale.

61. Une des conditions les plus essentielles à remplir ici, c'est d'abord que le conseil municipal vote les fonds nécessaires à l'acquisition des terrains sur lesquels la rue doit être ouverte.

62. Ensuite, comme une opération de cette nature intéresse tous les habitants, et qu'il importe dès lors, qu'elle soit portée à leur connaissance ; que, d'une

autre part, devant s'effectuer immédiatement et simultanément sur tous les points, il se peut qu'elle rencontre des résistances ou même des difficultés légales, telles que des propriétaires en état de minorité ou d'interdiction, des biens grevés d'hypothèques ou placés sous le régime dotal, etc., il y a nécessité de faire déclarer l'utilité publique, et conséquemment de procéder dans les formes prescrites par la loi du 3 mai 1841, comme il sera dit au chapitre 3.

63. Nous avons dit que l'ouverture de la rue projetée devait avoir lieu *immédiatement et simultanément sur tous les points*. En effet, après quelques hésitations, l'autorité supérieure a dû, nonobstant plusieurs décisions judiciaires et administratives favorables à sa première opinion (1), reconnaître que les servitudes légales, qui frappent les propriétés bâties, riveraines de la voie publique, ne sont, aux termes des anciens règlements de la voirie sainement interprétés, applicables qu'à l'égard des voies existantes, et qu'elles ne peuvent s'étendre, par analogie, aux rues qu'il s'agit de créer ; qu'en conséquence, ces sortes d'opérations ne peuvent s'exécuter qu'au moyen de l'acquisition immédiate, soit de gré à gré, soit par expropriation pour cause d'utilité publique, des portions de terrains qui entrent dans le plan de la rue nouvelle, et qu'il ne peut y avoir lieu d'y procéder par mesure de voirie, c'est-à-dire, avec l'aide du temps et de la prohibition de réparer (2).

---

(1) Arrêt de la cour royale de Paris, 25 mars 1828, *Lacan* ; arrêté du conseil de préfecture de la Seine, 28 juin 1825, *Thayer et Allaux* ; ordonnance au contentieux, 9 juin 1830, *Joly.*

(2) Lorsque l'administration municipale d'une commune sollicite l'autorisation d'ouvrir une rue d'une largeur déterminée, et qu'elle ne peut acquérir les

Que, si des décisions passées en force de chose jugée ont admis un système différent, l'administration
active n'en reste pas moins libre de restreindre, à cet
égard, le droit qui lui a été attribué par la jurisprudence des tribunaux, ou par celle du conseil d'Etat.
En général, et c'est peut-être ici le lieu de placer cette
remarque, l'autorité qui, dans l'ordre judiciaire ou
administratif, prononce sur les matières contentieuses, est appelée à reconnaître s'il y a eu contravention à une défense légalement portée : mais ses décisions ne valent que pour les espèces dans lesquelles
elles ont été rendues; elles montrent jusqu'où peut
aller le droit de l'administration ; mais elles sont sous
ce rapport purement limitatives, et il n'en résulte pas
nécessairement pour l'administration, qui a toujours
la faculté de poursuivre ou de s'abstenir, l'obligation

---

immeubles nécessaires pour donner immédiatement à cette rue dans tout son
parcours ladite largeur, on ne saurait accueillir la proposition d'y suppléer en
frappant de servitude de voirie les maisons que la commune ne peut acquérir.
Ce serait en effet aggraver la position de propriétés qui, n'étant pas aujourd'hui
riveraines de la voie publique du côté où le retranchement serait nécessaire
pour la régularité de la rue à créer, ne sauraient être assujetties aux servitudes
auxquelles les anciens règlements soumettent les bâtiments riverains de la voie
publique. (Avis du comité de l'intérieur, 13 mars 1838, *ville de Tours*.)

Jugé aussi par la cour de cassation que l'obligation imposée à tout propriétaire qui veut construire, reconstruire ou réparer, d'en demander préalablement autorisation à l'autorité municipale, n'existe que pour les constructions
qui doivent avoir lieu sur des terrains joignant la voie publique *actuelle ;* elle
n'est point exigée pour construire sur des terrains destinés par un plan d'alignement à une voie publique *nouvelle.* Les propriétaires ne peuvent, à l'égard de
tels terrains, être dépouillés du droit d'y faire toutes constructions qu'ils jugent
convenable, que par l'acquisition de ces terrains moyennant indemnité préalable : ainsi le plan d'alignement n'a pas pour effet de soumettre de plein droit
aux règlements de la voirie les terrains destinés à la voie publique projetée et
de les frapper d'interdit entre les mains des propriétaires. (24 novembre 1837,
Mallez, S. V. 37, 1, 962.—Même décision, 17 mai 1838, *Coulin*, S. V. 38,
1, 932 ; 28 février 1846, *dame Baril, Bulletin des arrêts*, n° 64. *V.* aussi
l'arrêt *Gamelin*, chapitre 3, n° 16, aux notes.)

de les prendre pour règle absolue, lorsqu'elle croit inutile ou inopportun d'appliquer dans toute son étendue le pouvoir qu'elles lui ont reconnu.

En d'autres termes, l'administration ne peut jamais défendre ce que les arrêts du juge ont déclaré devoir être permis; mais elle est toujours libre de permettre ce qu'ils ont reconnu pouvoir être défendu.

Cette observation nous paraît essentielle, et nous aurons occasion d'y revenir dans la suite.

§ 2. — Des percements effectués par les particuliers.

64. En règle générale, l'autorité municipale, qui est juge de l'utilité des rues que les propriétaires demandent l'autorisation d'ouvrir sur leurs terrains, peut mettre à cette autorisation telles conditions que lui semble exiger l'intérêt public communal.

Ces conditions sont ordinairement :

1° De donner à la rue la direction et la largeur propres à satisfaire aux besoins de la circulation;

2° De livrer gratuitement à la commune le terrain à convertir en voie publique ;

3° De faire les frais de premier établissement du pavage et de l'éclairage.

Mais il y a des exemples assez fréquents d'exigences plus rigoureuses. La construction de trottoirs en pierre dure de chaque côté de la rue; l'obligation de n'élever les constructions riveraines que jusqu'à une certaine hauteur; celle même de pourvoir à l'entretien du pavé, sont autant de charges que l'administration est en droit d'imposer aux impétrants, sans que ceux-ci puissent les repousser par aucune raison légale, puisqu'il s'agit d'obligations purement contractuelles, et qu'ils demeurent toujours libres

6

de renoncer à leur projet, si les conditions que l'autorité met à son consentement leur semblent trop onéreuses.

65. Quant aux formes à suivre pour l'obtention de l'ordonnance royale qui doit approuver le plan, elles diffèrent nécessairement de celles qui s'observent à l'égard des percements entrepris par l'administration, puisque l'opération a lieu sur des terrains libres; qu'il n'y a pas d'expropriation à prévoir, ni d'oppositions légales à lever. Toutefois, comme l'intérêt que portent les habitants de la cité à l'ouverture d'une nouvelle rue est le même dans ce cas que si le percement s'opérait par les soins de l'administration municipale, il convient également de leur donner préalablement connaissance du projet, et, à cet effet, de le soumettre à la publication et à l'enquête prescrites par la loi. (V. à l'appendice l'ordonnance réglementaire du 23 août 1835, et la circulaire du 21 septembre suivant); mais là se borne l'obligation de l'autorité, et les réclamations qui pourraient s'élever contre le plan ne valent que comme renseignement.

66. Du reste, les autorisations accordées ne peuvent préjudicier aux droits des tiers; et, si un percement projeté par un particulier devait avoir pour effet d'emporter ou d'entamer des propriétés voisines, cette circonstance seule suffirait pour le faire repousser, à moins qu'on ne rapportât le consentement des propriétaires intéressés; autrement, comme il n'est pas légalement possible d'exproprier pour cause d'*utilité privée*, il s'ensuivrait que la rue ne pourrait être ouverte dans tout son parcours; conséquemment que l'opération serait inexécutable, puisqu'on n'admet pas non plus, comme nous l'avons vu plus haut (n° 63), que les constructions atteintes par les

percements nouveaux soient passibles des prohibitions de la voirie (1).

67. Il peut arriver, cependant, que des constructions particulières forment de légères saillies sur les
nouvelles rues autorisées; mais les propriétaires conservent toujours intact, dans ce cas, le droit d'en
disposer comme bon leur semble, et d'y faire tels
travaux qu'exigent leurs intérêts ou leurs convenances.

68. En un mot, les arrêtés du gouvernement de
même que les ordonnances royales qui permettent
aux particuliers d'ouvrir des rues doivent être interprétés en ce sens qu'ils n'autorisent ces percements que sur les terrains appartenant aux impétrants, et ne s'étendent en aucune manière aux
autres propriétés qu'ils pourraient atteindre. (O. du
24 février 1816.) (2).

69. Les obligations que ces arrêtés et ordonnances
imposent aux entrepreneurs des rues nouvelles, telles
que celles du pavage et de l'éclairage, sont toujours
exigibles, et, à leur défaut, la ville peut y faire procéder à leurs frais. (O., 21 mars 1844, *André et Cottier.*)

70. Quand plusieurs propriétaires ont demandé et

---

(1) On peut citer, il est vrai, des exemples de dérogations à cette règle, tels
notamment que l'ouverture de la rue Pascal à Paris (ordonnance du 6 mai
1827) et celle de la rue Mazagran (ordonnance du 31 décembre 1840). Mais
ils ne prouvent qu'une chose, c'est qu'un percement entrepris dans un intérêt
privé peut en même temps offrir, au point de vue de l'intérêt public, un avantage assez considérable pour déterminer l'administration à s'y associer, à l'effet
d'en assurer la complète exécution.

(2) Jugé aussi par la cour de cassation (18 mai 1844, *Bouchardy*) qu'un
traité passé entre une ville et un entrepreneur, et régulièrement approuvé, pour
le percement d'une nouvelle rue, ne dispense pas celui-ci de demander l'alignement pour construire sur cette rue, et que si ses constructions empiètent sur
la voie publique, il y a lieu d'en prescrire la démolition.

obtenu en commun l'autorisation de percer une rue ou de former une place, il y a solidarité entre eux, et, si l'un d'eux devient insolvable, la ville a le droit d'exiger des autres l'entière exécution des travaux. (O., 17 décembre 1841, *Lebobe et Soyer.*)

71. Enfin, les particuliers qui ont obtenu l'autorisation de percer une ou plusieurs rues sur leurs terrains sont assimilés aux entrepreneurs de travaux publics, et les contestations qui peuvent s'élever entre eux et la ville sont du ressort du conseil de préfecture. (O., 12, 21 mars 1844, *André et Cottier* (1).

SECTION III.

Des plans d'alignement.

72. Trois points principaux sont à examiner ici, à savoir : 1° si toutes les communes sont tenues de produire un plan d'alignement de leurs rues ; 2° dans quelle forme ces plans doivent être dressés ; 3° quelles sont les formalités à remplir pour qu'ils obtiennent la sanction du gouvernement.

§ 1er. — A quelles communes s'applique l'obligation de produire un plan d'alignement.

73. D'après l'énoncé de l'art. 52 de la loi du 16 septembre 1807, déjà cité, cette obligation ne s'adressait originairement qu'aux communes réputées *villes;* plus tard, et en vertu d'une instruction ministérielle du 17 août 1813, les communes qui comptent 2,000

---

(1) Nous avons rappelé au chapitre Ier l'obligation imposée à tout propriétaire ou entrepreneur qui veut percer une rue nouvelle, de se munir d'une autorisation préalable ; faute d'avoir demandé et obtenu cette autorisation, l'entrepreneur peut être condamné à fermer sa rue par des grilles aux deux extrémités. (Ordonnance, 10 janvier 1845, *Lher et Singer.*)

habitants de population agglomérée furent assimilées aux villes sous ce rapport. Mais on pouvait contester la légalité de cette dernière disposition comme dérogeant, par voie réglementaire, à celle d'une loi organique, et il était douteux, qu'en cas de refus de la part du conseil municipal d'une simple commune de 2,000 âmes, de voter les fonds nécessaires à la confection d'un plan d'alignement, l'administration supérieure pût recourir aux moyens de contrainte pour vaincre une semblable résistance.

Aussi le travail des plans d'alignement était-il fort arriéré, surtout dans ces communes, lorsqu'est intervenue la loi du 18 juillet 1827, dont l'art. 30, n° 18, a rangé cette dépense au nombre des charges communales obligatoires.

Alors le ministre de l'intérieur adressa aux préfets, sous la date du 25 octobre 1837, une circulaire où il les invitait à former immédiatement l'état de toutes les villes de chaque département, auxquelles l'art. 52 de la loi du 16 septembre 1807 est applicable. « Vous savez, leur dit-il, que ce sont toutes celles d'une population agglomérée de 2,000 âmes et au-dessus... »

« Quant aux villes dont les plans d'alignement ne sont encore ni arrêtés ni entrepris, vous devez inviter les maires à s'occuper immédiatement de traiter avec un géomètre ou autre homme de l'art, capable de se charger d'un semblable travail, et, à la session de mai 1838, les conseils municipaux devront être invités spécialement à voter les fonds nécessaires à cette dépense; si le maire ne répondait pas à cette invitation, ou si le conseil municipal ne votait pas la dépense, vous useriez du pouvoir que la loi du 18 juillet dernier vous confère; vous traiteriez pour la levée du plan, car ce serait le cas prévu par l'art. 15 de cette loi, et vous porteriez la dépense d'office au budget, cette dépense étant déclarée obligatoire par l'art. 30 de la même loi. Je n'ai pas besoin de vous dire que vous la répartiriez en plusieurs années si la situation financière de la ville le commandait impérieusement (1). »

74. Cependant, comme l'art. 30, n° 18, de la loi municipale ne fait aucune distinction entre les communes, quant à l'obligation qu'il impose, on en a conclu, dans quelques départements, que toutes devaient y être soumises, et qu'il y avait lieu de prescrire, par mesure générale, la levée des plans d'alignement de chaque village ou hameau, sans égard à son importance ni au chiffre de sa population,

On remarquera qu'effectivement, de la discussion de la loi du 18 juillet 1837, à la Chambre des députés, il est ressorti que l'intention du législateur

---

(1) Cette prescription résulte rigoureusement de l'art. 39 de la loi du 18 juillet 1837. Toutefois, le recours à l'art. 15 n'est admis que s'il y a refus ou négligence de la part du maire, seul cas où le préfet puisse procéder d'office au lieu et place du fonctionnaire municipal, et passer le marché, sauf l'exécution de l'art. 39 pour assurer les moyens de payement.

Si le refus provient du conseil municipal seul, le maire ne perd pas pour cela son droit comme administrateur des deniers communaux, et c'est à lui qu'il appartient de traiter pour l'exécution du travail, sous l'approbation du préfet, aux termes de l'art. 10, n° 6, de la même loi.

C'est ensuite au préfet à mettre le conseil municipal en demeure, et, s'il persiste dans sa résistance, à prendre en conseil de préfecture un arrêté pour porter d'office la somme nécessaire au budget de la ville, ou l'y faire porter par une ordonnance royale, selon que les revenus communaux sont inférieurs ou supérieurs à 100,000 fr.

Dans le cas où, à défaut de ressources et sur le refus du conseil municipal, il y a lieu de recourir à une imposition d'office, le préfet doit préalablement délibérer en conseil de préfecture sur le marché passé par le maire de la commune avec le géomètre entrepreneur, et fixer, par un arrêté spécial, le montant de la dépense. (Avis du comité de l'intérieur du 14 mai 1839, *Aude, Montréal.* — V, *Régime des communes*, p. 159.)

était de généraliser l'obligation de produire des plans
d'alignement et de l'étendre à toutes les communes.
Mais, ainsi que le ministre de l'intérieur l'a expliqué
dans sa correspondance avec les préfets, c'était en
vue de donner à l'administration une latitude plus
grande que celle que lui accordait la loi du 16 septembre 1807, et que déjà les circulaires avaient dépassée en prescrivant, à l'égard des simples communes de 2,000 habitants agglomérés, une mesure
que la loi en vigueur avait limitée à celles qui sont
classées comme villes. En d'autres termes, la loi municipale avait eu pour but de consacrer en droit ce
qui préexistait en fait depuis longtemps à cet égard.
«Quoi qu'il en soit, ajoutait le ministre, ce que l'administration centrale a reconnu suffisant avant la loi
de 1837, elle le juge encore suffisant aujourd'hui.
Evidemment, sauf de rares exceptions, les intérêts de
police urbaine, qui motivent et justifient l'approbation
d'un plan d'alignement, par ordonnance royale, ne se
présentent guère que dans les centres de population
d'une certaine importance. Or, en fixant, pour déterminer cette nécessité, un *minimum* de population
agglomérée de 2,000 habitants, l'administration centrale s'est renfermée dans la limite d'une sage prévoyance : il n'y aurait pas de raison pour la dépasser.»
Ainsi, pour les localités reconnues *villes*, quel que
soit le chiffre de la population, la loi qui exige un
plan d'alignement doit être obligatoirement appliquée; pour les simples communes, elle ne peut l'être
qu'à l'égard de celles qui comptent 2,000 habitants
agglomérés, ou qui provoquent d'elles-mêmes cette
mesure. Aller au delà, ce serait accroître, sans nécessité
suffisante, les charges déjà si lourdes qui pèsent sur
les communes, et que l'administration au contraire

doit chercher tous les moyens d'alléger. (Décis. min.,
24 février 1841, *Côte-d'Or*; 22 février 1842, *Aube*;
7 janvier 1843, *Eure*.)

Un avis du conseil d'Etat du 14 décembre 1842, a
confirmé cette doctrine, en appelant l'attention du
ministre sur la nécessité d'engager les préfets à rentrer
à cet égard dans la juste limite des besoins.

Il ne peut qu'être utile d'ailleurs d'arrêter l'alignement des rues des villages; mais c'est dans ce cas
aux préfets à en faire dresser les plans par les commissaires voyers, comme en matière de chemins vicinaux. (Avis du Comité de l'intérieur, 23 février 1844,
Oise.)

75. Il faut toutefois reconnaître qu'en présence de
la disposition impérative et absolue de la loi du 18
juillet 1837 ci-dessus rappelée, si l'administration supérieure, nonobstant les instructions générales par
lesquelles elle a cru devoir limiter l'obligation de
produire un plan général d'alignement, aux communes qui présentent une agglomération de 2,000
habitants, jugeait nécessaire d'étendre, par exception, cette obligation à une commune d'une population moindre, quoique non réputée ville, elle serait
parfaitement dans son droit, et qu'en portant d'office
au budget communal, au refus du conseil municipal,
la somme nécessaire pour payer les frais de l'opération, elle ne ferait qu'user d'une faculté dont la légalité ne saurait être mise en doute.

Nous citerons, à l'appui de notre opinion, un arrêt
de cassation du 30 janvier 1847 (*Baffoy*), d'autant
plus digne de remarque, que, d'accord en ce point
avec la doctrine professée par le conseil d'Etat, il
attribue aux plans d'alignement des petites communes, lorsqu'ils ont été approuvés par les préfets,

la même force exécutoire qu'aux plans des villes, arrêtés par des ordonnances royales (1).

§ 2. — De la forme des plans d'alignement.

76. Nous ne pouvons, quant à la manière dont les plans d'alignement doivent être dressés , soit qu'il s'agisse de plans partiels ou généraux , que nous référer à l'instruction du 20 ctobre 1815 qu'on trouvera à sa date à l'appendice qui termine le volume.

77. D'autres instructions, que nous nous contenterons de rappeler sommairement, avaient antérieurement posé, à cet égard, des règles qui ne s'observent plus aujourd'hui. Sans parler de celles des 18 août 1808 et 16 novembre 1811 relatives à l'exécution de l'art. 52 de la loi du 16 septembre 1807 et du décret

---

(1) Un des considérants de cet arrêté est ainsi conçu :

« Attendu que le devoir de fixer l'alignement implique nécessairement le droit de satisfaire, en le traçant, aux exigences de l'intérêt local, la loi du 16-24 août 1790, qui charge de ce soin le maire de chaque commune, l'autorisant à prescrire *tout ce qui intéresse la sûreté et la commodité du passage dans les rues, quais, places et voies publiques;*

« Attendu qu'il résulte de la combinaison de cette loi et des art. 52 de la loi du 16 septembre 1807, et 30, n° 18, de celle du 18 juillet 1837, que les communes du royaume sont, sous le rapport des plans généraux d'alignement qui doivent être dressés pour chacune d'elles, divisées en deux classes, savoir : les villes de 2,000 âmes et au-dessus, et les villes, bourgs et villages d'une population moins considérable ; — Qu'à l'égard des villes de la première classe, ledit art. 52 n'attribue qu'à l'ordonnance royale portant homologation de ces plans l'effet absolu de déclarer l'utilité publique des améliorations qui s'y trouvent spécifiées, et d'affecter irrévocablement à ces améliorations les terrains dont elles entraînent l'occupation ; — Qu'il faut conclure du défaut de disposition semblable dans ladite loi de 1807 et des dispositions combinées des art. 19, 21 et 30 de la loi du 18 juillet 1837, concernant les communes de la seconde classe, que l'approbation des plans de celles-ci appartient au préfet de chaque département; — *Que, par suite, les arrêtés de ces magistrats qui les rendent exécutoires tiennent lieu de l'ordonnance royale comme en matière de chemins vicinaux.... »*

du 27 juillet 1808, lesquelles ne s'occupaient que des obligations imposées aux administrations municipales par ces dispositions législatives, des formalités exigées comme préliminaires de l'approbation des plans et des pièces à produire à l'appui, la circulaire du 29 octobre 1812, en traitant le même sujet, exigeait qu'une copie des plans, réduite à l'échelle uniforme de cinq lignes pour toise, accompagnât chaque envoi. Plus tard on reconnut nécessaire que tous les plans fussent dressés sur une même échelle, et une circulaire du 17 juillet 1813 indiqua trois dimensions ; savoir, six, trois, deux dixièmes de millimètre pour mètre, pour les trois copies de plan que chaque ville devait fournir ; mais bientôt on s'aperçut que ces échelles étaient insuffisantes. Une nouvelle circulaire du 17 août 1813 avait donné une instruction développée sur la forme dans laquelle les plans devaient être établis ; celle du 23 février 1815 décida que les trois expéditions exigées seraient dressées à l'échelle d'un millimètre pour mètre. Cependant l'expérience démontra que cette dernière échelle était encore au-dessous de ce qu'exigeaient l'exactitude graphique, la netteté des lignes et la facilité des indications, et par une dernière instruction, celle du 2 octobre 1815, il fut définitivement statué que les plans de détail seraient dressés en atlas, à l'échelle d'un à cinq cents, et les plans d'ensemble sur celle d'un à deux mille. C'est d'après cette instruction, qui n'a pas cessé d'être en vigueur, que les plans d'alignement sont établis aujourd'hui.

78. Les dispositions de cette instruction jusqu'à l'art. 6 n'ont pas besoin d'interprétation et ne donnent lieu à aucun commentaire. Mais ce dernier article, portant qu'*il sera proposé des noms aux rues, places, etc., qui n'en ont pas, et que le ministre statuera,*

doit être aujourd'hui rapproché de la circulaire du 3 août 1841, qui a posé à cet égard des règles moins absolues. (V. cette circulaire à l'appendice.)

79. Une observation plus importante s'applique à l'art. 7, en ce qui concerne principalement le procès-verbal des alignements, qui doit être placé en tête de chaque plan. Il est évident que, quelle que soit l'exactitude des opérations graphiques, quelque soin qu'on apporte dans le tracé matériel, sur le terrain, à reproduire les lignes du plan, si l'on n'a pas d'autre guide, la moindre erreur, la plus légère déviation peut entraîner les plus graves conséquences. Un procès-verbal indicatif de points de repère fixes et bien déterminés est donc indispensable comme unique moyen de prévenir de semblables erreurs ; la production de ce document doit être dès lors considérée comme obligatoire, et un plan qui en serait dépourvu ne pourrait pas être admis. (V. le modèle à l'appendice.)

80. Nous devons dire que la disposition de l'art. 12, qui veut que les alignements des traverses soient préparés par l'administration des ponts et chaussées, en même temps que ceux qui dépendent de la voirie urbaine par les municipalités, et que la même décision statue sur l'ensemble, n'est jamais observée, les ordonnances approbatives des plans généraux exceptant, d'une manière spéciale, les alignements de grande voirie.

Ce qui subsiste comme prescription légale, c'est l'obligation pour l'administration des ponts et chaussées de prendre l'avis des conseils municipaux sur les projets d'alignement de grande voirie dans l'intérieur des villes, bourgs et villages. (Art. 21, n° 3, de la loi du 18 juillet 1837.)

81. Ajoutons que la prescription de l'art. 14, aux ter-

mes duquel les plans doivent être signés par les auteurs
et certifiés par les autorités locales, est de rigueur, et
qu'un plan dépourvu de la signature du géomètre et
du visa du maire ne pourrait être considéré comme
authentique. (Décis. min. 16 sept. 1841, *Montmo-
rency.*)

82. Nous avons expliqué (*suprà*, n° 63) que les
dispositions prohibitives des anciens règlements, qui
constituent ce qu'on est convenu d'appeler les servitudes de voirie, ne s'appliquent qu'aux voies publiques
existantes, et ne peuvent s'étendre à celles que l'administration aurait l'intention de créer. Il suit de là que
les rues nouvelles indiquées sur les plans généraux n'y
figurent en quelque sorte que pour mémoire, et que
cette partie des alignements est exceptée de la disposition générale de l'ordonnance royale approbative,
dont un article spécial rappelle qu'il ne peut être statué à l'égard de ces percements qu'après une instruction particulière, et dans les formes déterminées par
la loi du 3 mai 1841, sur l'expropriation pour cause
d'utilité publique. La raison en est qu'une opération
de cette nature ne pouvant être scindée ni s'exécuter
partiellement, ne doit être autorisée qu'à la suite des
enquêtes et autres formalités prescrites par la loi
comme garanties des intérêts des tiers, et lorsque la
ville a préalablement justifié qu'elle possède les
ressources nécessaires pour subvenir à toutes les dépenses d'acquisition et de travaux qu'elle doit entraîner.

Conséquemment, la position des propriétaires qui
seraient atteints par ce projet de percement n'en
peut être aucunement affectée, et l'administration
municipale elle-même demeure libre d'y renoncer si
elle le croit de son intérêt, tant qu'ils n'ont pas été

définitivement et spécialement sanctionnés par une ordonnance royale déclarative de l'utilité publique.

83. Par une circulaire du 29 octobre 1812 (*Recueil des circ.*, t. 2. p. 407), le ministre de l'intérieur expliquait que le règlement des plans d'alignement intéressant tous les propriétaires des villes, il est dans les principes de l'équité qu'ils soient prévenus des projets arrêtés à cet égard par les conseils municipaux. « Chaque propriétaire, ajoutait le ministre, a le droit de réclamer contre un projet qui peut froisser ses intérêts, et les réclamations qu'il peut faire doivent être examinées. »

En conséquence, l'instruction ministérielle prescrivait aux préfets, aussitôt les plans terminés, de les faire exposer pendant huit jours consécutifs à l'hôtel de la mairie, et de prévenir le public de cette exposition par une affiche. « Les réclamations, disait cette circulaire, devront être adressées au maire ; un procès-verbal en indiquera le nombre et la nature : dans le cas où aucune réclamation ne serait faite, un procès-verbal le constatera.

« Le conseil municipal devra donner son avis sur les réclamations ; le sous-préfet y joindra le sien ; vous donnerez également le vôtre, et vous m'adresserez le tout ensuite. (1) »

84. Mais ce n'est pas simplement pour satisfaire à un principe d'équité que l'administration doit don-

---

(1) La circulaire exigeait, en outre, que les mêmes formalités fussent remplies relativement aux plans partiels à produire pour satisfaire aux demandes particulières d'alignement.

ner connaissance de ses projets aux propriétaires par
voie de publication et d'enquête. Il s'agit ici de questions qui touchent directement aux droits de la propriété privée, à laquelle tout changement d'alignement porte presque toujours une atteinte plus ou
moins grave, et qui ne peut trouver de garantie que
dans l'application des règles posées par la loi elle-
même pour les cas analogues ; et comme d'une autre
part, un avis du conseil d'Etat du 1er avril 1841, dé-
veloppé dans une instruction ministérielle du 23 août
suivant (dont nous aurons occasion de reparler), attribue au jury d'expropriation le règlement des indemnités à payer pour les terrains acquis ou cédés par
voie d'alignement, l'administration supérieure a été
conduite à reconnaître que les ordonnances royales
approbatives des plans d'alignement sont nécessairement assimilées à celles qui, en d'autres matières, dérivent de la loi du 3 mai 1841 sur l'expropriation
pour cause d'utilité publique.

C'est ce qui est expliqué dans l'instruction ministérielle du 23 août 1841, où il est dit : « Vous voudrez
bien, en conséquence, Monsieur le préfet, considérer
la circulaire du 29 octobre 1812 comme désormais
abrogée ; et, toutes les fois que vous aurez à provoquer
l'approbation d'un plan d'alignement, vous ferez
précéder vos mesures d'une enquête spéciale qui aura
lieu, tant en vertu de l'ordonnance royale du 23
août 1835, que conformément aux instructions contenues dans la circulaire ministérielle du 21 septembre de la même année. (V. l'ordonnance et l'instruction à l'appendice.)

85. C'est donc aujourd'hui, en exécution des dispositions de ces actes, qu'il faut procéder à l'instruction des plans généraux et partiels d'alignement, qui

doivent être produits avec les tableaux indicatifs et les procès-verbaux de tracé voulus par la circulaire du 2 octobre 1815, en double expédition, reliés en atlas (comme le prescrit une autre circulaire du 19 février 1839), et accompagnés des pièces qui constatent que les formalités légales ont été remplies, savoir :

1° La délibération du Conseil municipal qui, sur le rapport d'une commission prise dans son sein, a admis les projets d'alignement tracés sur le plan ;

2° Le rapport de cette commission ;

3° Le certificat d'affiche et de publication ;

4° Le procès-verbal d'enquête énonçant les réclamations qui auraient été présentées ;

5° La délibération du Conseil municipal sur ces réclamations ;

6° L'avis du sous-préfet et celui du préfet (1).

86. Sur l'envoi de ces pièces et des plans qui lui sont adressés par le préfet, le ministre de l'intérieur, après avoir pris l'avis du conseil des bâtiments civils, provoque une ordonnance qui est rendue dans la forme des règlements d'administration publique.

87. Les mêmes formalités doivent être observées lorsqu'il s'agit de modifications à introduire dans un plan régulièrement approuvé.

88. Mais la question se présente, avant tout, de savoir si un plan d'alignement arrêté par une ordonnance royale, à la suite d'une instruction régulière et complète, et qui a déjà reçu un commencement d'exécution, peut subir des changements qui auraient

---

(1) L'avis du préfet ne doit pas être donné en conseil de préfecture, ni avec l'approbation de celui-ci, les lois de la matière ne lui attribuant aucun droit d'intervention à cet égard. (Décision ministérielle, 8 février 1840, ville d'Ensisheim.)

pour effet de soumettre une seconde fois les propriétés riveraines de la voie publique, nouvellement reconstruites, aux prohibitions et servitudes qu'elles ont supportées en vertu du premier alignement.

Nous devons avouer que ce droit, indéfini pour l'administration, de remettre en question des conditions à la stabilité desquelles se rattachent tant et de si graves intérêts, nous a paru tout d'abord exorbitant, et qu'en présence des dispositions de la loi sur l'expropriation pour cause d'utilité publique, l'intérêt général nous semblait assez garanti pour qu'il fût au moins inutile d'aggraver encore les charges déjà si onéreuses que supporte la propriété urbaine, pour obéir aux prescriptions des lois de la voirie.

Mais le conseil d'Etat, consulté sur la question, n'a point partagé ce scrupule, et un avis de principe du 7 août 1839, qui a été adopté par le ministre de l'intérieur, fait aujourd'hui règle à cet égard (1).

---

(1) « Considérant que le droit d'arrêter et de modifier les alignements des rues des villes suivant les besoins nécessairement variables de la circulation, est un droit inhérent à l'exercice de l'autorité administrative ;

« Considérant que ces principes ont été sanctionnés par la jurisprudence constante de l'administration et des tribunaux ;

« Considérant que, dans ces circonstances, l'administration ne peut renoncer à l'exercice du droit qui lui appartient légalement de procéder par voie d'alignement, lorsque les nécessités de la circulation exigent la modification du plan d'une ville ; — qu'à la vérité, dans l'application, ces modifications ne doivent être faites qu'avec une grande réserve, et seulement dans le cas où l'intérêt de la voie publique serait bien constaté ; mais que les formes qui sont exigées pour la modification du plan d'une ville, comme pour l'adoption du plan primitif, sont une garantie suffisante pour les intérêts privés ;

« Est d'avis que le plan des alignements d'une ville, approuvé conformément aux dispositions de l'article 52 de la loi du 16 septembre 1807, peut toujours être modifié, lorsque l'intérêt public l'exige, et après l'accomplissement des formalités prescrites par ledit article ;

« Que l'effet de la modification du plan est de soumettre, comme le plan primitif, les propriétés comprises dans l'alignement aux servitudes de voirie. »

Ainsi, le droit de l'administration en ce point est désormais établi ; mais nous insisterons sur cette réserve exprimée dans l'avis du Conseil d'Etat, qu'elle ne doit en user que dans les circonstances où l'intérêt public dûment constaté l'exige impérieusement ; car il convient qu'une fois adopté, le plan soit définitif. (Avis du Comité de l'intérieur, 15 juin 1840, *Laperle*, à Rouen.)

89. Toute administration municipale qui demande la modification d'alignements régulièrement arrêtés, est tenue de produire, en même temps que les projets des nouveaux alignements, la désignation de ceux qui sont en vigueur, soit en portant les uns et les autres sur un même plan, soit, si cela n'est autrement possible, en les présentant séparément. Elle doit également fournir une désignation complète et détaillée de tous les changements proposés, et faire connaître, pour chacun en particulier, les motifs de sa proposition. (Avis du Comité de l'intérieur, 3 avril 1840, *ville de Bourges.*)

90. Du reste, comme déjà nous l'avons établi (*supra* n° 50), la loi du 16 septembre 1807 donne à l'autorité royale le droit d'introduire dans les plans proposés tous les changements et modifications qui seraient jugés nécessaires, nonobstant l'opposition des maires et des conseils municipaux. (Avis du Conseil d'Etat, 9 août 1832, *ville de La Ferté-Gaucher.*)

91. Il y a plus : lorsqu'un plan d'alignement a été dressé et reconnu admissible, si le conseil municipal y refusait son adhésion, ou en ajournait indéfiniment l'approbation par des délibérations dilatoires, l'autorité supérieure serait en droit de passer outre et de l'arrêter d'office.

Il résulte en effet de la combinaison des art. 52 de

la loi du 16 septembre 1807 et 19, n° 7, de celle du 18 juillet 1837, que les délibérations des conseils municipaux en cette matière n'ont d'autre valeur que celle d'un avis; or, il n'est pas indispensable que cet avis soit approbatif, et il appartient toujours au roi de statuer nonobstant toute opposition de la part des administrations locales. (Décis. min., 28 février 1839, *Aude.* — O. du 16 août 1844, approbative du plan général d'alignement de la ville d'Ensisheim.)

92. Nous devons toutefois ajouter que les alignements à proposer d'office à la sanction royale ne peuvent être ainsi définitivement arrêtés qu'après avoir été soumis aux enquêtes et autres formalités prescrites par la loi, comme il a été dit plus haut.

93. Terminons enfin par une remarque fort importante, c'est que, suivant la jurisprudence des arrêts, les plans généraux d'alignement ne sont exécutoires de plein droit qu'autant qu'ils ont été publiés ou portés par notification ou avis quelconque à la connaissance des propriétaires intéressés, et qu'à défaut, l'inobservation des alignements arrêtés par ces plans ne constitue pas une contravention punissable; c'est ce que la cour de cassation a décidé par arrêt du 10 février 1842 (ch. crim.), affaire *Chantrelle* (1).

Toutefois, et sans entrer dans l'examen des circonstances particulières à l'espèce, nous devons faire ob-

---

(1) « Vu l'avis du conseil d'État, en date du 14 juin 1805 (25 prairial an XIII);

« Attendu, en droit, que les ordonnances par lesquelles le roi arrête et homologue en conseil d'État les plans généraux des alignements qui ont été dressés en vertu de l'art. 52 de la loi du 16 septembre 1807, ne peuvent, d'après l'avis précité, devenir obligatoires, quand elles ne sont point insérées au *Bulletin des lois*, ou quand elles s'y trouvent seulement insérées par leur titre, que *du jour où il en est donné connaissance aux personnes* dont elles grèvent la propriété, *par publication, affiche, notification ou signification*,

server que cet arrêt ne préjudicie en rien au principe général en vertu duquel les maires sont toujours compétents pour délivrer les alignements à suivre, même alors qu'il n'existe pas de plan légal, et les propriétaires tenus de demander et d'obtenir l'alignement et l'autorisation nécessaire pour bâtir sur la voie publique. Tout ce qu'il faut induire de la décision de la Cour sur ce point, c'est que les plans généraux d'alignement, lorsqu'ils ont été revêtus de la sanction royale, doivent être portés par les maires à la connaissance de leurs administrés, comme tous les actes de l'autorité publique qu'ils sont chargés de publier aux termes de l'art. 9 de la loi du 18 juillet 1837; formalité trop souvent négligée, il faut le dire.

C'est ce qui a décidé le ministre de l'intérieur à rappeler aux préfets, par une circulaire du 10 décembre 1846, l'obligation qui leur est imposée touchant la publication de leurs actes.

La circulaire se termine ainsi :

« Cette dernière règle, Monsieur le Préfet, doit être appliquée aux ordonnances royales d'intérêt local qui ne s'insèrent pas au *Bulletin des lois*, comme sont celles qui portent homologation des plans d'alignement des villes ou communes, et celles qui autorisent

---

ou envois faits ou ordonnés par les fonctionnaires publics chargés de l'exécution ;

« Et attendu, en fait, qu'il résulte du jugement dénoncé que la construction de la maison élevée par Chantrelle, *sur un terrain privatif*, a été entreprise avant l'homologation du plan qui prescrit l'élargissement du passage Deurbroucq, et que l'ordonnance du roi, du 5 septembre 1839, qui a rendu ce plan exécutoire, n'a été connue dudit Chantrelle que par le procès-verbal dressé contre lui à ce sujet le 25 octobre suivant ;

« Qu'en le relaxant donc de la prévention d'avoir contrevenu à l'ordonnance susdatée, ce jugement, régulier d'ailleurs en la forme, n'a fait à la cause qu'une juste application de l'avis du conseil d'État du 14 juin 1805. »

certaines perceptions, soit d'octroi, soit de péages ou de droit de voirie. La Cour de cassation a également déclaré plusieurs fois, et récemment encore, qu'en raison de la non-insertion de ces ordonnances au *Bulletin des lois*, elles ne devenaient obligatoires, pour les citoyens et pour les tribunaux, que par la publication qui devait en être faite dans la commune. Vous donnerez donc des instructions dans ce sens aux maires, toutes les fois que vous aurez à leur transmettre une ordonnance royale d'intérêt local. »

§ 4. — Des plans d'alignement de la ville de Paris.

94. Les alignements, à Paris, sont aujourd'hui régis par la loi commune, c'est-à-dire qu'ils doivent être arrêtés en conseil d'Etat dans les formes prescrites, et qu'en cas de contestation de la part des tiers intéressés, il est également statué, en conseil d'Etat, par le roi sur le rapport du ministre de l'intérieur ; l'article 52 de la loi du 16 septembre 1807 et le décret du 27 juillet 1808 ne faisant aucune exception ni réserve en ce qui concerne la Capitale, et, d'une autre part, l'avis du conseil d'Etat du 3 septembre 1811 ayant formellement déclaré l'art. 52 de la loi de 1807 applicable aux rues de Paris.

95. Comme nous l'avons dit ailleurs, la levée du plan général d'alignement des rues de Paris fut or donnée par une déclaration du roi du 10 avril 1783 (1) (V. à l'Appendice).

(1) Ce travail fut confié à Verniquet, l'un des commissaires généraux de la voirie, qui s'engagea, par une soumission acceptée par le roi le 15 octobre 1785, à fournir les plans de chaque rue, place, boulevard, etc., rapportés à l'échelle de 6 lignes pour toise ; plus, un plan général, états à l'appui, etc., moyennant la somme de 600,000 livres.

A peine terminé au moment de la révolution, ce grand travail n'avait encore reçu aucune sanction, lorsqu'intervint, sous la date du 13 germinal an v, un arrêté du gouvernement directorial ainsi conçu :

« Le Directoire exécutif, sur le rapport du ministre de l'intérieur, vu le règlement du 10 avril 1783, concernant la fixation de l'élargissement et du redressement de chacune des rues de Paris, a arrêté ce qui suit :

« Art. 1er. Le ministre de l'intérieur est autorisé à régler sur les plans des rues de Paris les élargissements et redressements qu'exige chacune d'elles.

« Art. 2. Il ne sera tracé sur lesdits plans qu'un seul alignement, lequel sera définitif, et les retranchements de terrain qui en résulteront ne pourront porter à plus de 10 mètres la largeur des rues qui n'ont pas atteint cette dimension, et qui ne forment pas prolongement de grandes routes du premier ou du second ordre; les redressements seront cependant exécutés en raison de la largeur actuelle de chaque rue.

« Art. 3. Les rues formant prolongement de grandes routes du premier ordre ne pourront être fixées à moins de douze mètres de largeur, et celles du second ordre à moins de dix mètres; mais les rues de ces deux classes dont l'ouverture excède ces dimensions seront maintenues dans leur largeur actuelle, et les redressements qu'elles pourront exiger seront dirigés en raison de cette dernière largeur.

« Art. 4. Les rues dont la largeur correspond à leur fréquentation seront maintenues dans leur état actuel, lorsqu'elles ne présenteront ni plis ni coudes, et s'il s'y rencontre des plis ou des coudes, il y sera opéré des redressements. »

96. Déjà et à la date du 25 nivôse de la même année, le ministre de l'intérieur avait rendu un arrêté portant :

Que les rues de Paris sont divisées en cinq classes;

Que les rues de la première classe auront quatorze mètres de largeur, celles de la deuxième douze mètres, celles de la troisième dix mètres, celles de la quatrième huit mètres, et celles de la cinquième six mètres. (Daubanton, p. 88 et 316).

On vient de voir que l'arrêté du gouvernement du 13 nivôse s'accordait quant au fond avec celui du ministre.

97. Ce fut en conformité de ces dispositions que le ministre de l'intérieur arrêta les plans d'alignement des rues de Paris jusqu'à la loi du 16 septembre 1807 et même encore quelques années après, cette loi n'ayant pas été, tout d'abord, jugée applicable à la Capitale.

98. Il résulta donc de cette situation transitoire qu'un grand nombre de rues furent alignées par décisions ministérielles, tandis que d'autres eurent des plans approuvés par l'autorité souveraine. Cependant la plupart des plans arrêtés par le ministre, sous l'influence de circonstances peu favorables au développement de la prospérité publique et pour satisfaire à l'intérêt du moment plutôt qu'aux besoins de l'avenir, furent bientôt reconnus insuffisants; les progrès de l'industrie et du commerce dus au rétablissement de la paix, l'accroissement de la population, l'essor donné aux constructions particulières sous la Restauration furent autant de motifs qui, dès lors, ajoutèrent à la nécessité de reviser tous ces plans, lesquels toutefois conservent leur caractère légal jusqu'à ce que la rectification en ait été prononcée par

des ordonnances royales régulièrement rendues. (O. 28 avril 1829, *Loyre* et autres espèces.)

99. Quant aux plans approuvés par décisions ministérielles, postérieurement à la loi du 16 septembre 1807, ils n'ont d'autre valeur que celle d'un simple projet, et le préfet qui délivre l'alignement en l'absence d'un plan légal à Paris, comme le maire dans les autres villes, peut s'en écarter s'il reconnaît que ce projet n'est plus en rapport avec les besoins de circulation nés des nouveaux intérêts qui se sont révélés depuis l'approbation que le ministre y a donnée (1).

100. A cet égard, l'administration de l'intérieur avait cherché à établir une distinction. Comme la déclaration du 10 avril 1783 porte que *toutes* les rues dans Paris devront avoir au moins 30 pieds de largeur, et que cet acte a force de loi, on soutenait que l'arrêté du gouvernement du 13 germinal an v, auquel on contestait un caractère législatif, n'avait pu valablement y déroger en autorisant des rues d'une largeur moindre, et qu'en conséquence, toutes les décisions ministérielles qui avaient approuvé des plans de rues dont la largeur était fixée au-dessous de 30 pieds devaient être considérées comme non avenues. Mais M. Daubanton (page 90) nous apprend que le préfet de la Seine, ayant voulu exécuter ces instructions, a échoué dans ses tentatives.

---

(1) Il n'est pas inutile de rappeler ici que les plans d'alignement de Paris sont soumis à l'approbation royale par 48ᵉ du plan général de la ville, et que pendant très-longtemps, depuis la loi de 1807, le ministre de l'intérieur, après avoir pris, sur chaque plan de rue composant un de ces 48ᵉˢ, l'avis du conseil des bâtiments civils, y donnait successivement une approbation provisoire, jusqu'à ce que le 48ᵉ entier pût être approuvé par une ordonnance du roi. Nous ne défendons pas la légalité de cet usage : nous nous bornons à le constater.

101. Nous devons ajouter, quant à l'objection tirée des termes de la déclaration du 10 avril 1783, qu'on ne peut guère, en effet, admettre comme absolue la prescription de porter toutes les rues de Paris sans distinction à une largeur de 30 pieds; car l'exécution rigoureuse d'une telle disposition n'irait à rien moins, dans certains quartiers, qu'à exiger la suppression d'une partie des rues existantes, ou la réduction des surfaces bâties à des proportions tout à fait insuffisantes, en un mot, à bouleverser au lieu d'améliorer, résultat qui ne pouvait être dans la pensée du législateur.

Aussi a-t-on considéré avec raison, selon nous, cette prescription comme applicable seulement aux rues d'une certaine importance par rapport au système général des communications; et tandis que l'administration de la ville de Paris, par une sage appréciation des besoins de l'avenir, autant que des intérêts actuels, provoque l'alignement des voies artérielles et de leurs affluents dans des proportions qui excèdent souvent les *maxima* déterminés par les arrêtés de l'an v ci-dessus rappelés, elle restreint celui des rues secondaires à ce que réclament les véritables besoins de la circulation, sans égard à la disposition de la déclaration de 1783 qui nous occupe. Les propositions de l'administration municipale ne rencontrent plus, sur ce point, aucune opposition de la part de l'autorité supérieure, ainsi que le prouvent de nombreuses ordonnances rendues sur le rapport du ministre de l'intérieur. Nous citerons parmi les plus récentes celles qui ont approuvé les plans des rues Saint-Hyacinthe-Saint-Honoré à 8 mètres de largeur (4 octobre 1826); Furstemberg, à 7 mètres 80 centimètres (29 avril 1839); Beurrière, à 7 mètres (20 juin 1844); Necker, à 5 mètres 80 centimètres (5 avril 1846); de la Pelleterie, à 8 mètres (30 mai 1847.)

Il faut donc conclure de ce qui précède, qu'en ce qui concerne la largeur à donner aux rues de Paris, la déclaration royale du 10 avril 1783 et les arrêtés du gouvernement et du ministre de l'intérieur, rendus en l'an v, doivent être considérés comme virtuellement abrogés, le préfet de la Seine usant désormais, à cet égard, de la faculté d'appréciation discrétionnaire laissée aux autres administrations municipales, sous la garantie du contrôle de l'autorité supérieure.

102. Quant à la forme des plans, on suit l'instruction du 2 octobre 1815, sauf pour l'échelle qui ayant été fixée originairement à 6 lignes pour toise (V. la note du n° 95), a dû rester la même.

103. Ces plans sont ensuite, ainsi que les procès-verbaux d'alignement, réunis par 48ᵉ du plan général de la ville, comme nous l'avons dit plus haut, et transmis, accompagnés des pièces constatant l'accomplissement des formalités prescrites (V. *suprà*, n° 85), au ministre de l'intérieur, qui, après les avoir fait examiner par le conseil des bâtiments civils, en provoque l'approbation par des ordonnances rendues dans la forme des règlements d'administration publique.

104. Il est procédé de même à l'égard des plans isolés sur lesquels des demandes partielles d'alignement exigent qu'il soit statué immédiatement et d'une manière spéciale. Toutefois, en pareil cas, le conseil d'État exige que ces plans comprennent, autant qu'il se peut, un certain nombre de voies publiques, de manière à permettre d'apprécier les alignements projetés dans leur ensemble.

SECTION IV.

Des saillies.

105. On entend par *saillies* toute construction adhérente aux bâtiments riverains de la voie publique qui dépasse le nu du mur de face (1).

106. A la différence des portions d'édifice qui, anticipant sur l'alignement légal, forment saillie sur l'emplacement dévolu à la voie publique et doivent disparaître par l'effet du reculement auquel elles sont condamnées, les saillies dont nous avons à nous occuper ici sont admises sous certaines conditions qui peuvent être imposées aux propriétaires par voie de règlement de police municipale.

---

(1) « Les saillies, selon Mellier (*Traité de voirie*, p. 43), sont des parties de bâtiment qui avancent sur la rue et qui ne sont point à plomb sur les fondements. »

Perrot, à ce mot de son Dictionnaire, p. 411, s'exprime ainsi :

« Les saillies sont des parties de bâtiments ou des accessoires qui, excédant le nu du mur, ne sont pas à plomb sur les fondements ; tels sont les entablements, les balcons, les auvents, les corniches, les pilastres, seuils de portes, etc.

« Il y a aussi une autre sorte de saillies qu'on appelle *mobiliaires*, en ce qu'elles ne concernent que des objets qui s'exposent pendant le jour et se retirent tous les soirs ; tels sont les étalages, montres, établis, comptoirs, appuis de boutiques, et qui ne tiennent ni à fer ni à clou.

« En général, les saillies, formant une anticipation sur la voie publique, ne pouvaient qu'occasionner des embarras, surtout dans les temps où les rues étaient si étroites qu'elles étaient pour la plupart impraticables aux voituriers ; aussi furent-elles généralement proscrites, il y a deux siècles, par plusieurs lois et ordonnances. »

Il est très-vrai que l'abus en ce genre avait été porté si loin que plusieurs ordonnances, lettres patentes et arrêts, recueillis par les anciens auteurs (entre autres par le continuateur de Delamare), sous les dates de 1508, 1554, 1560, 1563 et 1564, en prononcèrent d'abord l'interdiction absolue et la suppression par mesure générale. Mais, plus tard, on comprit que l'intérêt public n'avait rien à gagner à cette prohibition rigoureuse, et à ces règlements en succédèrent d'autres qui se bornèrent à limiter la dimension des saillies et à déterminer les conditions auxquelles elles pourraient être permises.

107. A Paris, toutefois, c'est par des règlements d'administration publique que la nature et les dimensions des saillies, ainsi que les autres conditions attachées aux permissions dont elles sont l'objet, ont été fixées. La raison en est d'abord que les rues de Paris classées dans la grande voirie sont placées comme telles sous un régime d'exception; en second lieu, que plusieurs actes de l'ancienne législation, maintenus en vigueur, ayant réglementé la matière pour cette ville en particulier (Arrêt du conseil du 19 novembre 1666, lettres patentes des 31 décembre 1781 et 22 octobre 1783), un simple arrêté de police municipale eût été insuffisant pour déroger à des dispositions ayant force législative; il a donc fallu, quand le besoin s'est fait sentir de modifier à cet égard des règles surannées et qui avaient cessé d'être en rapport avec les habitudes et les usages nouveaux, recourir à l'autorité royale au défaut de la loi, et c'est en conséquence de ce principe qu'a été rendue l'ordonnance du roi du 24 décembre 1823 qui détermine les conditions auxquelles les autorisations en matière de saillies de toute nature demeurent subordonnées. (V. cette ordonnance à l'Appendice.)

108. Cette ordonnance, nous le répétons, n'est obligatoire que pour la ville de Paris; mais les maires des autres villes peuvent en emprunter les dispositions et les convertir en règlement de police, s'ils en jugent l'application utile à leurs localités. (Circulaire du 2 avril 1841. — V. *ibid.*)

109. On distingue dans l'ordonnance réglementaire du 24 décembre 1823, comme sous l'ancienne législation, deux sortes de saillies, savoir : les saillies *fixes*, c'est-à-dire celles qui font corps avec le bâtiment, et les saillies *mobiles* ou additionnelles, telles que les de-

vantures de boutiques, les lanternes, les enseignes et appliques de toute nature.

110. A Paris, ces dernières sont classées dans les attributions du préfet de police qui délivre les permissions de les établir et qui poursuit les contrevenants devant le tribunal de police municipale. (V. l'ordonnance de police du 9 juin 1824, à l'Appendice.)

Les saillies fixes rentrent dans la compétence du préfet de la Seine et tombent sous la juridiction du conseil de préfecture, comme appartenant à la grande voirie (1).

111. Mais, dans les autres villes, il n'en est pas de même, et c'est sur des principes différents que se règlent les compétences. Ainsi, quelle que soit la nature des saillies, pour toutes les rues qui appartiennent à la voirie urbaine, c'est le maire qui autorise, et le tribunal de police qui juge ; pour celles qui dépendent de la grande voirie, le préfet et le conseil de préfecture (2).

112. Il n'est point question ici des droits attachés à la délivrance des permissions, sous la qualification de *droits de voirie* et qui se perçoivent au profit des communes sur toutes les parties de la voie publique sans distinction. Nous nous réservons de traiter cette matière en son lieu. (Chap. III. — V. aussi, pour les saillies, le chapitre IV, sect. 2, § 2.)

---

(1) Nous renvoyons pour les textes, avec les notes en forme de commentaires, aux pièces recueillies dans l'Appendice.

(2) Un avis du conseil d'État du 20 novembre 1839, adopté par le ministre des travaux publics, décide formellement que le droit d'autoriser les saillies, de quelque nature qu'elles soient, sur la partie des voies publiques qui dépend de la grande voirie, appartient aux préfets chargés de donner l'alignement. (*V.* à l'Appendice.)

CHAPITRE III.

DES SERVITUDES DE VOIRIE ET DES CHARGES IMPOSÉES A LA
PROPRIÉTÉ PRIVÉE PAR RAPPORT A LA CONSERVATION ET A
L'USAGE DE LA VOIE PUBLIQUE.

1. Nous avons déjà touché quelques points qui se rattachent à la matière de ce chapitre, et donné la définition de ce qu'il faut entendre par servitudes de voirie. Ces servitudes consistent d'abord dans l'obligation de demander à l'autorité compétente l'alignement et le permis nécessaires pour construire, reconstruire ou réparer les bâtiments joignant la voie publique, c'est-à-dire les routes, chemins, rues, etc. (Edit de décembre 1607; arrêt du Conseil du 27 février 1765 et autres actes), ainsi que dans l'interdiction de toute espèce de travaux aux murs de face des maisons, et en général à toute construction sujette à retranchement par alignements arrêtés ou seulement en projet. (Loi du 16 septembre 1807, interprétée par la jurisprudence.)

2. Mais là ne se borne pas le pouvoir de l'administration en cette matière : elle est encore en droit d'exiger, dans l'intérêt du service de la voirie, le sacrifice même de la propriété privée, sous la réserve d'une juste et préalable indemnité. (Loi du 3 mai 1841.)

3. D'autres obligations, parmi lesquelles il faut compter celles du pavage des rues, selon les usages, sont, en outre, imposées aux propriétaires riverains de la voie publique.

4. Enfin ils peuvent être tenus d'acquitter certains droits désignés sous la dénomination de droits de voirie, qui sont attribués aujourd'hui aux villes et communes en vertu des lois annuelles de finances, pour délivrance d'alignements et pour permissions de saillies de toute nature autorisées par les règlements, comme nous l'avons expliqué au chapitre précédent.

5. Le présent chapitre sera consacré à l'exposé des règles et des principes touchant, 1° les servitudes de voirie proprement dites ; 2° les expropriations et les indemnités ; 3° les autres charges imposées à la propriété privée, notamment celle du pavage, et les droits de voirie.

SECTION Iʳᵉ.

Des servitudes de voirie.

6. Nous ne reviendrons pas ici sur ce qui a été dit de la nécessité de demander et d'obtenir, de l'autorité compétente, l'alignement et la permission de construire sur la voie publique, ou de réparer les édifices existant le long des routes, rues, etc., nous nous en sommes suffisamment expliqué dans le chapitre précédent.

7. Seulement il est un point que nous croyons devoir examiner particulièrement, parce qu'il a été l'objet de quelques doutes : c'est celui de savoir si, en l'absence d'un plan d'alignement légalement arrêté, cette obligation subsiste, et si le maire a, dans ce cas, le pouvoir d'interdire la réparation d'un bâtiment dont la trop grande saillie peut nuire à la circulation.

Ceci ne pouvait être contesté qu'à l'égard des rues qui dépendent de la voirie urbaine ; car, en matière de grande voirie, les termes de l'arrêt du Conseil du 27 février 1765, et ceux de la déclaration du roi, du 10 avril 1783, ne laissent aucune incertitude sur le pouvoir des préfets en ce qui concerne les routes, et, en particulier, les rues de la ville de Paris (1).

Comme la disposition générale corrélative de l'Edit de décembre 1607 n'accordait qu'au grand voyer, ou à ses commis, le pouvoir de réprimer les entreprises nuisibles à la voie publique, on a pu douter que les maires eussent hérité de cette attribution relativement aux rues des villes; et même, lorsque la loi du 16 septembre 1807 eut, par son article 52, établi la compétence de ces fonctionnaires en matière d'alignement, on pouvait encore, jusqu'à un certain point, soutenir (Proudhon, *Dom. pub.*, t. ii, n° 405) que cette compétence n'allait pas jusqu'au droit d'imposer à la propriété privée une condition aussi onéreuse, lorsqu'elle ne résultait pas d'un plan obligatoire.

Mais il est évident que du moment où l'on a reconnu aux maires la faculté de donner des aligne-

---

(1) « Fait S. M. défense à tous particuliers, propriétaires ou autres, vu l'arrêt du conseil du 27 février 1765, de construire, reconstruire ou réparer aucuns édifices, poser échoppes ou choses saillantes le long desdites routes sans en avoir obtenu les alignements et permissions desdits trésoriers de France.... à peine de démolition desdits ouvrages, confiscation des matériaux et de 300 livres d'amende... »

Déclaration du roi du 10 avril 1783, article 3. « Faisons expresses inhibitions et défenses à tous propriétaires, architectes, entrepreneurs, maçons, charpentiers et autres d'entreprendre ni commencer aucunes constructions ou reconstructions quelconques de mur de face sur rue sans, au préalable, avoir déposé, au greffe de notre bureau des finances, le plan desdites constructions et reconstructions, et avoir obtenu des officiers dudit bureau les alignements et permissions nécessaires, lesquels ne pourront être accordés qu'en conformité des plans par nous arrêtés, dont il sera déposé des doubles tant au greffe de notre parlement qu'en celui de notre bureau des finances. »

ments en l'absence de plans régulièrement arrêtés, on leur a, par là même, attribué le droit d'interdire la réparation des édifices qui gênent la circulation, puisque ce droit est inhérent à celui de délivrer l'alignement, et qu'il deviendrait complétement illusoire, si les propriétaires demeuraient libres de réparer, sans autorisation, les bâtiments qui bordent la voie publique, c'est-à-dire de les consolider, de les conserver indéfiniment; par conséquent, de perpétuer des inconvénients auxquels le pouvoir de police dévolu à l'autorité municipale a précisément pour but d'obvier.

Au surplus, la question a été tranchée très-nettement par divers arrêts de cassation. Nous citerons particulièrement ceux des 18 juin 1831, *Falgue* (S. V, 31, 1, 252; D. 31, 1, 245), 10 mai 1834, *Langlois* (S. V, 34, 1, 407), et 19 juillet 1834, *Paris* (S. V, 34, 2, 433, D. 35, 2, 36.) (1).

---

(1) Nous croyons devoir donner le texte d'un autre arrêt du 8 janvier 1841, qui fixe parfaitement ce point de jurisprudence :

« Vu l'article 10 de la loi du 18 juillet 1837 ; l'édit du mois de décembre 1607, maintenu en vigueur par le deuxième paragraphe de l'article 29, titre 1er, de la loi des 19-22 juillet 1791 ; les articles 1 et 3 de la loi des 16-24 août 1790 ; l'article 50 de la loi du 16 septembre 1807 qui maintient formellement l'autorité municipale dans le droit de donner l'alignement des maisons démolies volontairement, ou dont la démolition est ordonnée pour cause de vétusté ; ensemble le nº 5 de l'article 471 du Code pénal, et l'article 161 du Code d'instruction criminelle ;

« Attendu que les maires sont investis aujourd'hui, concernant la petite voirie, du pouvoir que l'édit précité avait attribué au grand voyer ou à ses commis ;

« Qu'en les obligeant à se conformer, dans son exercice, aux plans généraux dont il parle, lorsqu'ils auront été arrêtés en conseil d'État, l'article 52 de la loi du 16 septembre 1807 ne les a nullement dépouillés, quand ces plans n'existent pas encore, du droit que la loi des 16-24 août 1790 leur attribue spécialement par le nº 1er de son article 3, titre 11 ;

« Qu'ils doivent donc continuer d'en faire l'usage que l'intérêt public ré-

§ 1er. — Principes généraux.

8. Ce qui importe, c'est de bien constater le pouvoir de l'administration touchant cette interdiction de réparer, qui constitue la servitude la plus onéreuse parmi celles qui sont imposées à la propriété privée au profit de la voie publique, puisqu'aux termes de l'art. 5o de la loi du 16 septembre 1807, lorsqu'une maison doit être démolie pour cause de vétusté ou autrement, le propriétaire n'a droit, pour toute indemnité, qu'à la valeur du terrain que l'alignement l'oblige à délaisser. Or, ce pouvoir, nous l'avons dit, résulte des termes de l'édit de décembre 1607, déjà plusieurs fois cité comme base de la législation de la voirie en France :

« Défendons à notre dit grand voyer, ou à ses commis (porte cet acte qui a été déclaré loi générale de

---

clame, dans tous les lieux où la formalité prescrite par cet article n'a pas reçu jusqu'ici son accomplissement;

« Qu'il suit de là qu'aucun changement ne peut, même dans ces lieux, être entrepris à l'état actuel des murs de face sur la voie publique, qu'après avoir obtenu les alignements et permissions nécessaires à cet effet, et en les observant ;

« Et attendu, dans l'espèce, que les prévenus, au lieu de suivre l'alignement qui leur avait été tracé par l'adjoint au maire, ont reconstruit sur les anciennes fondations leur maison sujette à reculement ;

« Qu'ils devaient, dès lors, être condamnés à l'amende prononcée par la loi, ainsi qu'à démolir les travaux indûment effectués ;

« Qu'en les relaxant donc de l'action intentée contre eux, sous le prétexte que l'autorité municipale, dans les communes qui n'ont pas le plan général prescrit par la loi du 16 septembre 1807, ne peut régler les alignements que *lorsque les propriétés particulières n'ont point à en souffrir,* le jugement dénoncé a commis une violation expresse des dispositions ci-dessus visées :

« En conséquence, la cour, faisant droit au pourvoi, casse et annule ce jugement. »

Un autre arrêt, 14 février 1845, (*Mauperin-Tondeur, Bulletin des arrêts,* no 61) a statué dans le même sens.

8

l'Etat, Cass., 16 juillet 1840, *veuve Delalonde*; 26 septembre 1840, *Lenoble*; 20 septembre 1845, *Michelini*) de permettre qu'il soit fait aucunes saillies, avances et pans de bois, ès-rues, aux bâtiments neufs, et même *à ceux où il y en a à présent de construits, les réédifier, ni faire ouvrages qui les puissent conforter, conserver et soutenir.....* »

La jurisprudence constante du Conseil d'Etat et de la Cour de cassation a sanctionné depuis longtemps, à l'égard des édifices en saillie sur la voie publique, ce droit de l'administration qu'on peut considérer comme ayant acquis désormais la force d'un principe invariable. (**V.** entre autres, parmi les arrêts les plus récents, pour *la voirie urbaine* : Cass., 15 mai 1835, *Bot*; 17 janvier et 16 juillet 1840, *veuve Delalonde*; 26 septembre 1840, *Lenoble*; 17 décembre 1840, *Guignard* et *Minot*; 13 septembre 1844, *Thomas*; 7 novembre 1844, *Brassat* et *Berjaud*; 14 décembre 1844, *Duval*; 14 février 1845, *Maupérin-Tondeur*. Pour la *grande voirie* : O., 23 juillet 1840, *Juestz*; 27 août 1840, *Aubanel, Dadu*; 23 juin 1841, *veuve Schwartz*; 28 janvier 1841, *Marchoux*; 29 juin 1842, *Hardy*; 30 décembre 1843, *Allibe* et *Miège*; 6 décembre 1844, *Lafaurie*. Pour la *voirie de Paris* : Ord. des 30 décembre 1843, *Lebas de Courmont*; 6 décembre 1844, *Bart* et *Cuvillier*; 23 décembre 1844, *Poiré, Lejeune* et *Fouré*; 24 décembre 1844, *Portail* et *Lecomte*; 27 décembre 1844, *Thomassin* et *Wargny*.)

Ainsi, le principe du droit en lui-même ne saurait être contesté. Dès lors, l'administration est libre d'interdire d'une manière absolue toute espèce de réparation, même les ouvrages de simple conservation, aux murs de face ou de clôture qui donnent sur la

voie publique (Cass., 7 septembre 1838, *Milleville ;*
20 juillet 1838, *Canet.*)

9 Mais l'autorité centrale a depuis longtemps admis, dans l'application de cette règle, un adoucisse-
ment, une tolérance qui tend à concilier l'exercice
légitime des droits de la propriété privée avec les
justes exigences et l'intérêt public, en même temps
qu'à satisfaire à d'autres nécessités non moins dignes
de sa sollicitude, sous le rapport de l'embellissement
et de l'aspect des cités.

Il est évident, en effet, que si la prohibition de réparer les édifices susceptibles de reculement s'exer-
çait dans toute sa rigueur, comme l'administration ne
peut exiger ce reculement qu'alors qu'il y a péril, il
faudrait se résoudre à voir, pendant un temps indéfini, la plupart de nos plus belles rues bordées de
constructions dégradées et de maisons en ruine.

D'un autre côté, tant que les supports d'un bâtiment, c'est-à-dire les fondations et les piliers qui,
dans la hauteur du rez-de-chaussée, servent de base
à l'édifice, sont en bon état de solidité; que, par conséquent, il ne peut y avoir lieu à reculement forcé,
il importe peu aux intérêts de la voirie que le surplus
du mur de face reçoive des réparations qui en pro-
longent la durée, et l'on peut même, à quelques égards,
soutenir qu'il y a avantage à favoriser la conservation
des étages supérieurs, en ce sens qu'elle doit avoir
pour effet de hâter, par la surcharge qu'ils font peser sur les parties inférieures, la ruine de celles-ci, et,
par conséquent, l'instant où l'édifice, dans son entier,
devra subir le reculement auquel il est condamné (1).

---

(1) Le ministre de l'intérieur écrivait à la date du 13 février 1808 (Fleurigeon, *Code administratif*): « Dans le cas où un maire voudrait faire démolir

Il est donc admis, comme règle de la matière, par l'administration de l'intérieur, que la défense de réparer les murs de face ne s'applique en général, et sauf les cas d'insolidité de l'ensemble des constructions, que dans la hauteur du rez-de-chaussée, mesu-

---

un bâtiment parce qu'un étage supérieur tombe en ruines, le préfet aurait à faire observer à ce maire que la dégradation d'un étage supérieur ne peut être un motif pour condamner les parties inférieures. De ce qu'une façade devra être reculée, il n'en résulte pas qu'on ne puisse pas entretenir les parties supérieures ; car, s'il en était ainsi, du moment où le nouvel alignement serait arrêté, on pourrait interdire au propriétaire tout entretien, même de la couverture établie sur la façade, et cette doctrine serait attentatoire à la propriété : elle serait contradictoire avec le principe même qui l'établit ; car on n'ajourne la démolition que pour épargner à la commune la nécessité de payer le prix de l'immeuble, et dans la supposition que le propriétaire n'ayant à le démolir que lorsqu'il tombera de lui-même en ruine, il subira une petite perte ; mais si l'on hâte cette ruine en empêchant le propriétaire de soigner même les parties supérieures de la maison, et si, parce qu'elles sont défectueuses vers le toit, on exige qu'il démolisse le tout, on rend illusoire l'ajournement accordé pour la démolition, et l'on rentre ainsi dans l'obligation, 1° de faire juger par le gouvernement qu'il est nécessaire de détruire sur-le-champ l'édifice ; 2° d'en payer le prix avant d'en commencer la démolition. »

On trouve la confirmation de cette doctrine dans un décret du 22 juin 1811, qui est ainsi conçu :

« Vu la requête des sieurs Guibert, Prat aîné et Carivène, de la ville de Castres, tendant à obtenir la démolition et le reculement d'une maison contiguë, et l'annulation d'un arrêté du préfet du Tarn, qui en a autorisé la réédification ;

« Vu deux lettres, au nom du maire de Castres, aux demoiselles Combeguilles ;

« Vu la pétition des demoiselles Combeguilles au préfet du Tarn, en opposition aux injonctions du maire ;

« Vu l'arrêté du préfet, qui décide qu'il *n'y a pas lieu de faire aux demoiselles Combeguilles d'autres défenses que celles de construire en avancement sur le rez-de-chaussée actuel*, et cela fondé : 1° sur ce que les pétitionnaires avaient obtenu l'autorisation de démolir sous cette seule condition ; 2° *sur ce qu'on n'est tenu à se soumettre à un alignement projeté que lorsqu'on touche aux fondations et au rez-de-chaussée* ; 3° sur ce qu'aucune loi ne prohibe les constructions en bois, et qu'une lettre du ministre de l'intérieur, du 18 juillet 1809, explique positivement que la défense n'en est applicable qu'à la

rée depuis et y compris les fondations jusqu'au premier plancher inclusivement (1).

10. Nous disons qu'il peut y avoir toutefois exception à cette règle, lorsque l'ensemble des constructions n'offre pas de suffisantes garanties en solidité,
et ici, comme il s'agit de questions de pure appréciation, c'est l'administration seule qui peut en être juge,
et l'on doit reconnaître qu'il est indispensable de lui
laisser à cet égard une latitude que commande le soin

---

ville de Paris ; 4° sur ce que l'alignement projeté manque encore, aujourd'hui
même, des formes qui seules peuvent le rendre légal ;

« Vu la lettre du ministre de l'intérieur, qui prononce sur les dissentiments du maire et du préfet, en faveur de ce dernier ; *considérant que l'arrêté
du préfet du Tarn et la lettre du ministre de l'intérieur jugent et fixent le droit
des demoiselles Combeguilles ;*

« Art. 1er. La requête des sieurs Guibert, Prat aîné et Carivène est rejetée. »

(1) Ce principe a, du reste, été consacré par la jurisprudence du conseil
d'Etat :

« Vu l'arrêt du conseil du 27 février 1765 ;

« Considérant que, aux termes de l'arrêt du conseil du 27 février 1765, il
est fait défense à tous propriétaires ou autres de construire, reconstruire ou
réparer aucun édifice le long des routes, sans en avoir obtenu l'alignement
ou la permission ;

« Que le plan d'alignement de la rue Mabillon, en bordure de laquelle est
situé le mur pignon de la maison appartenant au requérant, a été arrêté par
le ministre le 12 novembre 1817 ;

« Qu'à défaut d'un plan général d'alignement homologué par ordonnance
royale ledit plan est obligatoire ;

« Que la maison du requérant est sujette à retranchement du côté qui
borde ladite rue, et qu'il résulte de l'instruction, et notamment de l'avis du
conseil des bâtiments civils, en date du 27 juin 1839 susvisé, que les travaux que le requérant demande l'autorisation d'effectuer de ce côté, au rez-
de-chaussée de sa maison, auraient pour effet d'en reconforter le mur de
face ;

« Que, dès lors, c'est avec raison que notre ministre de l'intérieur, par sa
décision attaquée, a refusé au requérant l'autorisation de faire lesdits travaux.
(Ordonnance, 16 mars 1842, *Ledru-Rollin*, même décis. 16 juillet 1842,
Grégy.)

de sa propre responsabilité, puisque des travaux imprudemment autorisés lorsque le mur de face est en mauvais état, peuvent en aggraver la ruine et déterminer des accidents de nature à compromettre la sûreté de l'édifice en même temps que celle de la voie publique.

Il se présente donc des cas où l'interdiction de réparer s'applique dans toute sa rigueur, sauf les recours de droit à l'autorité administrative supérieure qui juge en dernier ressort.

11. Toute demande à l'effet d'obtenir l'autorisation d'exécuter des travaux quelconques aux bâtiments bordant la voie publique doit, en conséquence, être l'objet d'un examen préalable de l'état des constructions, et c'est sur le rapport de l'homme de l'art commis à cet effet que l'autorité locale compétente accorde ou refuse le permis.

12. En matière de grande voirie, les pourvois contre les refus d'autorisation, quels qu'en soient les motifs, sont portés devant le ministre des travaux publics; en matière de voirie urbaine, ils le sont de la décision du maire, devant le préfet, et comme dernier degré de juridiction, devant le ministre de l'intérieur (1).

---

(1) Le ministre, en pareil cas, ordonne assez souvent une expertise contradictoire dont le procès-verbal devient un élément d'instruction sur lequel repose sa décision. Mais la question s'est élevée de savoir par qui devraient être supportés les frais de cette expertise. Le comité de l'intérieur, consulté à ce sujet, a émis, à la date du 22 août 1844, un avis ainsi conçu :

« Considérant qu'il appartient à l'administration de décider, selon les circonstances de chaque affaire, à la charge de laquelle des parties devront tomber les frais d'une tierce-expertise ordonnée par elle ;

« Que, pour garantir, par la situation entièrement désintéressée du tiers-expert, la parfaite impartialité de l'opération, il est désirable que l'administration à laquelle doivent d'ailleurs servir de guide les dispositions de la loi du 16 sep-

Il n'y a pas de délai déterminé pour ces pourvois.

13. A Paris, c'est au préfet de la Seine directement qu'il appartient, sur le rapport des architectes voyers, d'accorder ou de refuser ces permissions, et au ministre de l'intérieur de statuer sur les réclamations auxquelles les refus peuvent donner lieu. Ce ministre prononce sur l'avis du conseil des bâtiments civils rendu après visite faite des constructions par deux de ses membres délégués, en présence du commissaire voyer rédacteur du rapport, et le propriétaire entendu (2).

§ 2. — Déductions.

14. Diverses questions accessoires, mais qui ont toutes une grande importance pour les intérêts de la

---

tembre 1807 (art. 56) commette toujours, comme tiers-expert, un ingénieur des ponts et chaussées ;

« Qu'en procédant ainsi, on dégagera de toute difficulté la liquidation et le payement des frais de la tierce-expertise ; que les dépenses, si elles sont mises à la charge des particuliers, deviendront exécutoires contre eux par application de l'art. 75 du décret du 7 fructidor an XII, contenant organisation du corps des ingénieurs des ponts et chaussées. » (Affaire *Dubois*, ville de Clamecy. Inédit.)

(1) On a contesté la régularité de ce mode de procéder et prétendu qu'il fallait, en pareil cas, appliquer la règle tracée par l'article 52 de la loi du 16 septembre 1807, c'est-à-dire renvoyer ces sortes de questions à l'examen du conseil d'Etat. Mais le ministre a dû repousser ce moyen : 1° comme inapplicable en droit, attendu que l'article cité de la loi de 1807 ne concerne que les alignements et ne saurait s'étendre par analogie aux questions de prohibitions et de servitudes; 2° parce qu'au fond un semblable expédient n'atteindrait pas le but qu'on se propose, puisque les éléments d'instruction resteraient les mêmes ; que le conseil d'Etat, comme le ministre, serait contraint de s'en remettre, sur des questions de cette nature, au jugement des hommes spéciaux, et qu'en résultat une pareille marche n'aboutirait qu'à susciter de retards préjudiciables à tous les intérêts. (Lettre au préfet de la Seine du 13 janvier 1846.)

propriété privée, se rattachent aux solutions de principe qui précèdent.

Nous rappellerons qu'il est d'usage, toujours sous la réserve du droit d'appréciation, qui appartient à l'administration locale, de tolérer les ouvrages de peinture et de badigeon dans la partie du rez-de-chaussée des murs de face sujets à reculement.

Les percements de baies de portes ou de croisée peuvent aussi être permis dans la même partie, sous certaines conditions, parce que ces opérations, loin de fortifier le mur, tendent nécessairement à l'affaiblir, et, sauf à l'administration locale à exercer une grande surveillance sur l'exécution des travaux de ce genre, afin d'empêcher qu'on en profite pour introduire des moyens de consolidation dans les supports de l'édifice.

15. Du reste, et quant aux parties supérieures du mur de face, au-dessus du plancher qui sépare le rez-de-chaussée du premier étage, la permission d'y faire des réparations et dispositions de toute nature, même confortatives, ne peut être refusée hors le cas prévu plus haut du mauvais état de la construction prise dans son ensemble (1).

---

(1) Le remplacement des poitrails (a) dans le mur de face des maisons sujettes à reculement a été, à Paris, l'objet d'une longue controverse. Cette opération constitue-t-elle une consolidation du mur, et, à ce titre, doit-elle être interdite, ou bien faut il la considérer comme une réparation qui, n'intéressant que la partie supérieure des constructions, peut être tolérée sans inconvénients ?

De nombreux exemples de décisions ministérielles qui, d'après l'avis du conseil des bâtiments civils, avaient autorisé des travaux de cette nature dans des

(a) On appelle *poitrail*, en termes d'architecture et de voirie, une pièce de bois placée horizontalement au niveau du plancher haut du rez-de-chaussée, et portant, à chaque extrémité, sur une pile en pierre. Lorsque cette pièce de charpente n'excède pas 2 m. 27 c. de longueur, elle porte le nom de *linteau*.

16. Jusqu'ici nous n'avons envisagé la prohibition de réparer qu'en ce qui s'applique aux murs de face des bâtiments sujets à reculement (1). La question de savoir si cette prohibition s'étend dans la partie retranchable a donné lieu à quelque controverse, et la jurisprudence du conseil d'état, dans les matières de grande voirie, ne s'accorde pas avec celle de la cour de cassation statuant sur les cas analogues de voirie urbaine (2).

C'est, pour la première fois, à l'occasion d'une contravention reprochée au sieur Laffitte, propriétaire d'une maison, rue Saint-Louis, n° 6, à Paris, que le conseil d'Etat (ord. du 1er sept. 1832) a posé doctrinalement ce principe, qu'aucune loi ne défend aux

---

maisons assujetties à retranchement, ayant jeté quelque incertitude sur ce point, le ministre de l'intérieur s'est fait éclairer par un rapport du même conseil sur la question générale, et le conseil a émis, dans sa séance du 27 décembre 1847, un avis portant en substance :

1° Qu'on ne peut mettre en doute que le remplacement d'un poitrail défectueux ou avarié ne soit une reconfortation ;

2° Qu'on doit considérer un poitrail comme faisant partie du rez-de-chaussée, auquel il ne peut être fait de réparation confortative ;

3° Qu'aucune des décisions précédentes n'a posé de principe à cet égard.

D'où le conseil conclut qu'en droit rigoureux, un *poitrail ne doit pas être renouvelé dans les façades sujettes à retranchement.*

(1) Nous devons ajouter ici qu'un simple mur de clôture sujet à reculement est placé, quant aux prohibitions et servitudes de voirie, dans les mêmes conditions qu'une façade de maison (Arr. de cass., 8 janvier 1830, *Bourgeois*, S. 31, 1, 325 ; 14 août 1845, *veuve Houdbine ; Bull. des arr.*, n° 259), et que ces prohibitions doivent s'appliquer d'autant plus rigoureusement en pareil cas, que la construction ayant moins de valeur, l'administration a moins de ménagements à garder envers le propriétaire.

(2) La défense de reconstruire ou réparer avec confortation sur un emplacement sujet à retranchement pour élargir la voie publique ne se borne pas à la face de la propriété ; elle s'étend aussi aux bâtiments intérieurs dans tout l'espace du retranchement à opérer, et jusqu'à la ligne à laquelle il doit s'arrêter. » Macarel, *Elém. de jurispr. administr.*, t. 11, p. 353 et arrêts cités à l'appui.)

propriétaires de maisons sujettes à reculement d'y faire des travaux dans la partie retranchable, et qu'ils sont, en conséquence, dispensés de demander une autorisation préalable (1).

Depuis, et par de nouvelles décisions rendues également au contentieux (25 mars 1835, *Laffitte;* 28 mai 1835, *Debure* et *Neveu;* 4 mai 1843, *Jousseran* et *Maret*; 7 février 1845, *Macquart*), le conseil d'Etat, en maintenant cette doctrine, y a toutefois apporté ce correctif : « Sauf le droit qui appartient toujours à

---

(1) Voici en quels termes le conseil d'Etat s'est expliqué sur ce point :

« En ce qui touche l'injonction faite au sieur Laffitte par le même arrêté (du conseil de préfecture) de ne réparer ledit mur qu'avec l'autorisation de qui de droit ; — Considérant qu'aucune loi ne défend aux propriétaires des maisons sujettes à reculement de faire des travaux dans l'intérieur desdites maisons, même sur la partie retranchable, pourvu que ces travaux n'aient pas pour effet de réconforter le mur de face ; que, dès lors, le sieur Laffitte *pouvait exécuter ses travaux intérieurs sans autorisation préalable*, mais, en ce cas, à ses risques et périls, l'administration ayant en tout temps le droit de vérifier si lesdits travaux ont été confortatifs du mur de face et d'en poursuivre, s'il y a lieu, la démolition ;

« En ce qui touche la demande faite par le sieur Laffitte, afin de réparation de la voûte de cave de sa maison ; — Considérant que le sieur Laffitte a déclaré que son intention était de tenir la voûte à reconstruire éloignée du mur de face à une distance de six pouces, et qu'il s'est engagé à ne réconforter ledit mur ni directement ni indirectement ; que dès lors, et par les motifs ci-dessus énoncés, c'est à tort que l'administration s'est opposée à ladite reconstruction.

« Vu les lois et règlements sur la voirie, notamment l'édit de 1607, l'arrêt du conseil de septembre 1755, l'arrêté du 12 messidor an VIII, et la loi du 16 septembre 1807 ;

« Art. 1er. L'arrêté du conseil de préfecture du département de la Seine, en date du 14 octobre 1831, et la décision de notre ministre des travaux publics, en date du 8 août 1831, sont annulés.

« Art. 2. En conséquence, le sieur Laffitte est autorisé à reconstruire la voûte dont il s'agit, à la charge par lui de ne donner, ni directement ni indirectement, aucune confortation au mur de face, et sauf le droit de l'autorité administrative de surveiller ladite reconstruction, et d'en provoquer la démolition s'il y a lieu. »

l'administration de vérifier si les travaux ont été confortatifs du mur de face, et d'en poursuivre, s'il y a lieu, la démolition, et d'ordonner la destruction de tous les ouvrages construits dans la partie retranchable, dans le cas où le mur de face viendrait à tomber ou à compromettre la sûreté publique (1). »

Bien qu'un grand nombre d'ordonnances depuis celle de 1832 que nous venons de citer aient admis le même principe avec ou sans la réserve ci-dessus énoncée (2), nous nous permettrons, tout en respectant l'autorité de ces décisions souveraines, de présenter ici quelques observations tirées, d'une part, de la difficulté pratique qu'elles soulèvent, de l'autre, de l'interprétation des lois et règlements sur lesquels elles s'appuient.

Et d'abord, au point de vue de la pratique, ces arrêts laissent à l'administration le droit de vérifier si les travaux exécutés ont conforté le mur de face, et, en cas d'affirmation, d'en poursuivre la démolition. Ce droit est, en effet, incontestable; mais qu'on veuille bien observer qu'il a nécessairement son corrélatif dans celui d'accorder une autorisation préalable qui doit être demandée. En effet, si l'on reconnaît à l'autorité administrative le pouvoir d'exiger une demande d'autorisation pour tous travaux à exécuter à la façade

---

(1) Aux termes de l'art. 2 du Code d'instruction criminelle l'autorité municipale peut toujours enjoindre à un particulier de laisser le commissaire de police et les gens de l'art s'introduire dans sa maison pour vérifier s'il n'y aurait pas été exécuté des travaux en contravention aux règlements de la voirie (arr. de cass., 17 décembre 1847, *Rouchon*, Devillen., 48, 1,167).

(2) 20 décembre 1836, *Moreau* ; 14 juin 1837, *Forgeron et Hubert* ; 12 juillet 1837, *Boulard et Vergnon* ; 28 août 1838, *de Bligny* ; 3 février 1843, *Maréchal* ; 22 juin 1843, *Campy* ; 12 janvier 1844, *Piquet* ; 27 décembre 1844, *Thomassin* ; 24 janvier 1845, *de Berry* ; 28 novembre 1845, *Delafresnaye, Andrieux et Nalbert*.

des maisons du côté de la voie publique, elle a certainement le même droit à l'égard de ceux qu'on voudrait y faire du côté opposé, c'est-à-dire de l'intérieur ; car il faut tenir pour certain, du moins dans la plupart des cas, que tout changement apporté aux dispositions intérieures d'un bâtiment, dans la partie qui avoisine le mur de face, entraîne la nécessité de toucher à ce mur même, ne fût-ce que pour de simples raccords. Nous n'apercevons donc pas, quant à nous, de différence entre les deux situations. Nous ajouterons qu'il nous paraît difficile, sans rendre à peu près inévitables les abus que le droit attribué à l'administration tend à prévenir, d'admettre que le propriétaire reste entièrement libre de faire, dans la partie retranchable, telles dispositions que bon lui semblera, et cela, sans que l'administration soit avertie, puisqu'il sera évidemment impossible à celle-ci de surveiller des travaux qui, souvent à dessein, lui auront été tenus cachés, et qui, une fois achevés, ne laisseront pas toujours de traces qui permettent de juger jusqu'à quel point ils peuvent influer sur la solidité et sur la durée des constructions anciennes. Sous ce rapport, la réserve indiquée par les ordonnances précitées, quant au droit de poursuivre la démolition des ouvrages confortatifs du mur de face, est donc purement illusoire.

Que, si nous envisageons la question au point de vue de l'interprétation des règlements généraux en vigueur, nous cherchons vainement dans le texte de ces règlements la justification de la doctrine professée par les ordonnances ci-dessus rappelées.

Ce n'est point, en effet, sur les termes de l'édit de décembre 1607 qu'elle peut s'appuyer, puisque cet acte souverain ne fait aucune distinction entre la façade et le surplus de l'édifice sujet à reculement, dans la défense qu'il porte de réédifier ni faire ouvrage qui puisse conforter, conserver ou soutenir les constructions en saillie sur la voie publique, et qu'il se borne à recommander d'une manière générale *de pourvoir à ce que les rues s'embellissent et s'élargissent au mieux que faire se pourra.*

L'arrêt du conseil du 27 février 1765 fait, de son côté, défense de construire, reconstruire ou réparer *aucuns édifices...* le long des routes, sans avoir obtenu les alignements ou permissions; défense qui, évidemment, d'après ces expressions, ne s'applique pas seulement à la façade, mais à l'ensemble des bâtiments (1).

Quant à l'arrêt du 7 septembre 1755, que rappelle le conseil d'Etat à l'occasion de l'affaire Lafitte, et qui est le seul qui limite la défense de réparer aux *faces* des bâtiments en saillie, il faut observer que cet arrêt, rendu spécialement pour l'exécution des plans d'alignement relatifs à la formation de rues et places publiques dans la ville de Châlons-sur-Marne (2), n'a point le caractère d'un règlement général, et qu'il ne

---

(1) On pourrait opposer, il est vrai, l'art. 3 de la déclaration du 10 avril 1783 qui ne parle que des *murs de face* sur rues; mais il ne faut qu'un peu d'attention pour reconnaître que cette prescription se rapporte uniquement à l'obligation de suivre les alignements tracés sur les plans dont la formation est ordonnée par l'art. 2.

(2) « Lesdits plans seront exécutés de la part des propriétaires dans le cas seulement où, par vétusté, incendie ou autres accidents survenus à leurs bâtiments, lesdits propriétaires seront obligés de les reconstruire; fait Sa Majesté défenses auxdits propriétaires de maisons, murs et autres édifices qui doivent être retranchés et reculés en conséquence desdits alignements, *d'en reconstruire les faces, même d'y faire des réparations tenant lieu de reconstruction,* à peine de démolition d'icelles, et de cinquante francs d'amende, et de tous dépens, dommages et intérêts. »

pourrait dès lors être invoqué, comme dérogeant aux principes établis par d'autres actes statuant législativement sur les mêmes matières.

Au surplus, si nous avions pu conserver quelques doutes sur la partie des prescriptions que renferment à cet égard les anciens règlements de la voirie, ils auraient été dissipés par les nombreuses décisions judiciaires qui ont interprété ces règlements dans un sens conforme à notre opinion (5 juillet 1833; 3 décembre 1842, *Évin* et autres espèces) (1).

---

(1) Nous reproduirons ici l'un des plus récents arrêts de cassation qui aient statué sur cette question, et en même temps un de ceux dont les motifs sont le plus clairement développés : c'est celui qui a été rendu, toutes les chambres réunies, sous la date du 6 avril 1846, dans l'affaire Gamelin, propriétaire à Rouen, en appel d'un jugement du tribunal de Neufchâtel, saisi de l'affaire par suite d'un arrêt de renvoi, et qui avait prononcé comme le tribunal de Rouen.

En concluant au rejet du pourvoi formé par le ministère public, M. le procureur général se fondait principalement sur ce que le jugement constatait, en fait, qu'il s'agissait d'une construction édifiée dans un jardin séparé de la voie publique par un mur de clôture ; que ce bâtiment ne reposait point sur ce mur et en était à une distance de 54 millimètres ; que, par conséquent, il ne pouvait le consolider ;

D'où l'on devait inférer qu'il n'y avait pas nécessité, dans l'espèce, de demander un alignement préalable, puisque, d'une part, les règlements ne prohibent que les travaux confortatifs, et que, de l'autre, ils n'imposent la nécessité de demander alignement que pour les constructions de bâtiments étant sur les voies et rues publiques (édit de mai 1599), ou pour les constructions qui feraient saillie (édit de décembre 1607), ou pour les bâtiments, constructions ou reconstructions le long et joignant les routes dans la traversée des villes, bourgs et villages (ordonnance du bureau des finances du 29 mars 1754), ou enfin, comme dit la déclaration du 10 avril 1783, les constructions et reconstructions de maisons et bâtiments situés sur la voie publique et des murs de face sur la rue ; circonstances qui ne se présentaient point dans l'espèce, la construction nouvelle ayant été faite en arrière du mur et n'y étant pas adhérente.

L'arrêt qui est intervenu est conçu en ces termes :

« Vu l'édit de décembre 1607 ;

« Vu le n° 1er de l'article 3, titre xi, de la loi du 24 août 1790, les

17. Mais nous devons nous empresser d'ajouter que l'administration de l'intérieur ne s'en montre pas moins disposée à concilier sur ce point, comme en tout ce

---

art. 49 à 52 de la loi du 16 septembre 1807 ; les art. 408 et 413 du Code d'instruction criminelle ; l'art. 471, n° 5, du Code pénal ;

« Attendu qu'il ne s'agit pas, dans la cause, d'un terrain destiné à l'ouverture d'une rue nouvelle ou au prolongement d'une rue ancienne ; qu'il résulte du procès-verbal du commissaire de police et qu'il n'est pas méconnu, par le jugement attaqué, que le terrain sur lequel la construction a été édifiée soit situé sur une voie publique existante avant l'ordonnance du roi du 29 avril 1839 (approbative de l'alignement) ; qu'il soit sujet à retranchement pour l'élargissement ou pour le redressement de cette voie ;

« Attendu que la fixation de l'alignement des rues d'une ville, opérée conformément aux dispositions de l'art. 52 de la loi du 16 septembre 1807, en déterminant les retranchements qui doivent être opérés sur les propriétés riveraines pour l'élargissement ou le redressement de la voie publique, soumet les portions de terrains ainsi légalement annexées à cette voie, à une servitude dont le but et le résultat sont d'empêcher les propriétaires de nuire à la viabilité et de retarder indéfiniment l'exécution des plans d'alignement ;

« Qu'il suit de ces principes que toute construction est interdite sur ces terrains, à moins d'une permission de l'autorité municipale, qui, dans l'espèce, n'a pas été obtenue ; que cette interdiction résulte formellement des dispositions de l'édit de décembre 1607 et de l'art. 50 de la loi du 16 septembre 1807 ;

« Qu'en jugeant le contraire et en renvoyant le prévenu des poursuites, lorsque la contravention était légalement constatée, le jugement attaqué a violé les lois précitées ;

« La cour casse, etc. »

Nous nous dispenserons de rien ajouter à des décisions aussi précises et aussi bien motivées.

Mais nous ferons ici une remarque essentielle, c'est que le dissentiment qui existe entre le conseil d'Etat et la cour de cassation ne porte que sur les travaux qui s'exécutent dans l'intérieur d'un bâtiment ; s'il s'agit de constructions à entreprendre sur un terrain nu retranchable, le conseil d'Etat est d'accord avec la cour suprême qu'ils ne peuvent être exécutés sans autorisation.

Citons d'abord un arrêt de la cour du 30 janvier 1847 (Baffoy) qui statue en ces termes :

« Attendu qu'il est constant, dans l'espèce, 1° que le plan général d'alignement de la ville de Milly n'a pas encore été homologué ou approuvé ; 2° que le maire de cette ville a refusé à Baffoy, le 22 avril 1844, l'autorisation qu'il lui avait demandée, le 19 du même mois, de reconstruire le mur qui sépare sa

qui touche à l'application des règlements de voirie, les intérêts de la propriété privée avec la rigueur des principes, et qu'elle est en général disposée à per-

---

propriété de la rue Neuve-du-Boulevard-du-Jeu-de-Paume, et d'adosser un bâtiment à ce mur; 3° que le motif du refus a été que cette propriété, par suite de l'alignement que ledit Baffoy reçut et exécuta en 1841, doit continuer de subir, pour faciliter le libre accès de cette voie publique, un retranchement d'environ deux mètres dix centimètres; 4° que, néanmoins, la construction projetée a été entreprise et terminée derrière ce mur; — que le tribunal de simple police a, dès lors, justement infligé au contrevenant l'amende dont il s'est rendu passible et prescrit la démolition du bâtiment dont il s'agit;—que, cependant, le jugement dénoncé a déchargé Baffoy de ces condamnations en se fondant sur ce que le nouvel œuvre est distant du mur de clôture de cinq centimètres par le bas et de huit par le haut; que son édification ne peut point fortifier la façade de ce mur donnant sur le boulevard, et que le terrain *fermé* où il est placé ne se trouve pas compris dans un arrêté d'alignement pris conformément aux dispositions de l'art. 52 de la loi du 16 septembre 1807;

« Attendu qu'en statuant de la sorte sur la prévention, le tribunal correctionnel séant à Melun a faussement appliqué cet article à la cause et méconnu le caractère et l'effet légal de la décision précitée du maire, et commis une violation expresse des articles ci-dessus visés, casse, etc. »

Une ordonnance royale rendue au contentieux le 24 décembre 1835 (*Delafuye*) avait établi les mêmes principes :

« Considérant qu'il est établi par l'instruction de l'affaire que le sieur Delafuye a élevé, *sans autorisation*, dans la ville de Château-Gontier, route départementale, n° 2, en deçà du mur de clôture de son jardin, des constructions qui y étaient d'abord adossées, et qui en ont été séparées par un intervalle de vingt centimètres, mais qui forment encore une saillie de un mètre quarante centimètres sur le terrain qui doit être réuni à la voie publique; — Considérant, dès lors, qu'il ne s'agit pas, dans l'espèce, de réparations faites dans l'intérieur de bâtiments déjà existants et sujets à retranchement; mais que le requérant a entrepris, derrière le mur joignant la route, *une construction nouvelle* qui se trouve sur l'emplacement du sol destiné à l'élargissement de la rue d'Aré : — Que le conseil de préfecture a justement réprimé cette contravention, etc.;

« La requête du sieur Delafuye est rejetée. »

La cour et le conseil d'État sont donc d'accord sur ce point, qu'en fait de constructions nouvelles sur un terrain libre sujet à retranchement, l'autorisation préalable de l'administration est exigible : ce que nous tenions à constater.

mettre, sur la demande des propriétaires, certaines
constructions légères dans la partie retranchable, à
condition, bien entendu, que ces constructions suivront le sort du mur de face auquel elles adhèrent,
lorsque celui-ci devra reculer. (Décis. min., 8 février 1843, *Paris*) (1).

Il n'existe donc, au fond, de dissentiment entre
l'administration de l'intérieur, adoptant la doctrine
de la cour de cassation, et le conseil d'État (jugeant
au contentieux), qu'en ce qui concerne la demande
d'une autorisation préalable de la part du propriétaire intéressé, formalité nécessaire dans tous les cas,
selon nous, et qui, d'ailleurs, n'aggrave en rien la
condition des propriétaires soumis aux servitudes de
voirie.

18. Quoi qu'il en soit, comme il s'agit ici d'une
question qui intéresse le droit de propriété, et que
la validité des défenses portées par l'administration
dépend de la sanction du juge dont les arrêts limitent
son pouvoir à cet égard (V. nos observations au chapitre II, n° 63), il s'ensuit que la règle adoptée par le
ministre de l'intérieur diffère pour la ville de Paris,
justiciable du conseil d'Etat, de celle qui est observée dans les autres localités soumises à la juridiction
ordinaire; c'est donc à la jurisprudence du conseil

---

(1) « Les règlements généraux de la voirie, dans leur extension la plus
absolue, ne permettent d'imposer à la propriété privée que les sacrifices essentiellement utiles à l'intérêt public. Dès qu'il est démontré que cet intérêt
ne serait nullement compromis par les dispositions pour lesquelles une autorisation est demandée, je croirais, en refusant cette autorisation, méconnaître
les principes de l'équité dont l'administration ne doit jamais s'écarter, et qui,
à défaut du droit écrit, doivent toujours faire la base de ses actes. » (Le
ministre de l'intérieur au préfet de la Seine, 8 février 1843, 13 janvier
1846.)

9

d'Etat que l'administration centrale se réfère lorsque le cas se présente à Paris (1).

19. La démolition des maisons pour cause d'alignement soulève, par rapport à la conservation des constructions voisines, d'autres questions qui ont aussi leur gravité.

Il n'est pas sans exemple qu'un propriétaire, forcé de démolir et de se retrancher à l'alignement nouveau, ayant intérêt à n'être pas masqué par ses voisins, ébranle à dessein la pile ou jambe étrière adhérente à la sienne, afin d'entraîner le reculement des constructions qui le gênent. Quelquefois aussi des administrations municipales, en vue d'arriver plus promptement et à moins de frais, à l'exécution des plans arrêtés, se croient autorisées à traiter avec le propriétaire d'une maison sujette à retranchement, pour obtenir qu'elle soit démolie avant le temps, dans le

---

(1) On peut résumer la jurisprudence du conseil d'État, à l'égard des travaux autorisés sur la partie retranchable, par les règles suivantes :

1° L'administration a le droit de poursuivre la démolition de ceux de ces travaux qui consolideraient le mur de face (ordonnances citées), même alors que ces travaux auraient été autorisés par le maire sur une rue en retour dépendant de la voirie urbaine (7 mars 1821, 6 juin 1830) ;

2° Elle a également le droit d'exiger la destruction de tout ce qui a été fait ou construit sur la partie retranchable, lorsque le mur de face doit être démoli pour vétusté ou pour tout autre cause (28 mai 1835, 14 juin 1837) ;

3° Le propriétaire qui use de la faculté de faire des travaux sur le terrain retranchable ne peut ni élever derrière la façade un autre mur qui supporterait une partie du bâtiment (16 août 1833), ni faire des constructions nouvelles sur un emplacement clos de murs (25 décembre 1835) ;

4° Mais il peut, en certains cas, reconstruire une voûte de cave, en observant de laisser entre cette construction et la façade un espace qui doit être rempli par des matériaux légers, et en s'abstenant d'employer aucun moyen confortatif du mur de face (1er septembre 1832). Il peut aussi reconstruire un mur de refend aboutissant au mur de face, à condition de laisser également un intervalle entre les deux, et de le remplir légèrement comme il vient d'être dit (12 juillet 1837).

but de déterminer la chute de celles qui s'y appuient, et de les forcer de s'aligner à leur tour.

Bien que rigoureusement, une fois le fait accompli, la voirie doive profiter de l'état des choses, et que le propriétaire lésé n'ait droit tout au plus qu'à une indemnité à titre de dédommagement (1), néanmoins l'autorité ministérielle a cru de son devoir, dans quelques circonstances semblables, d'autoriser la réparation du dommage causé ; mais ces exceptions, d'ailleurs infiniment rares, ne peuvent être invoquées comme ayant force de principe (2).

20. Cette règle de tolérance a été plus nettement établie relativement aux murs mitoyens mis à décou-

---

(1) Jugé qu'en pareil cas, l'indemnité due doit être réglée par l'autorité administrative. (Ord. 25 avril 1842, *Dru.*)

(2) Sans doute, en droit strict, toute maison doit pouvoir se soutenir d'elle-même lorsqu'elle se trouve isolée par le reculement de la maison voisine. Mais l'administration supérieure, qui doit protection à tous les intérêts légitimes, ne peut pas permettre qu'on profite subrepticement de la démolition de l'une pour faire tomber l'autre. Son devoir est de prévenir l'effet de semblables tentatives, et le seul moyen d'y parvenir est d'annuler le résultat qu'on s'en était promis ; conséquemment d'autoriser, quand il y a lieu, la réparation de la partie de l'édifice endommagée par les travaux du voisin.

Ceci rentre, au surplus, dans la catégorie des questions abandonnées à son appréciation et à son pouvoir discrétionnaire. Tout dépend ici de circonstances et de faits qu'on ne peut ni prévoir ni définir à l'avance : ce que l'autorité centrale a voulu établir, c'est qu'on ne doit pas considérer comme un principe absolu que par cela seul que des travaux de démolition ont altéré la solidité d'une maison contiguë non alignée, celle-ci doit être condamnée à prendre l'alignement *ipso facto* sans égard aux circonstances qui pourraient motiver exceptionnellement la réparation du dommage qu'elle a souffert. (Décis. min., 14 mars, 1844, 13 janvier 1846, Paris.)

Un arrêt de la cour royale de Bordeaux du 25 mars 1831 (*Ladouis*) a décidé au surplus qu'un propriétaire obligé de reculer ses constructions à l'alignement n'est pas responsable des dégradations que ce reculement occasionne aux bâtiments voisins, lorsqu'il a pris d'ailleurs toutes les précautions qui dépendaient de lui pour que ces bâtiments fussent endommagés le moins possible. (**S. V**, 32, 2, 345.)

vert dans le même cas. Ce fut à l'occasion d'une contravention reprochée au sieur Delime, propriétaire d'une maison située rue Saint-Denis, n° 160, à Paris. Le conseil d'Etat, saisi de l'affaire par un pourvoi formé contre un arrêté du conseil de préfecture, qui condamnait ce propriétaire à l'amende et à la démolition du mur mitoyen qu'il avait reconstruit, statua en ces termes :

« Considérant..... qu'il a été reconnu que la façade sur rue, n° 160, avait conservé son aplomb ; qu'en conséquence, il n'a point été prescrit aux sieur et dame Delime de nouvel alignement pour ladite maison n° 160 ; que dès lors il est nécessaire d'accorder aux sieur et dame Delime une clôture en retour de cette maison, pourvu qu'elle n'opère pas confortation de la façade sujette à retranchement ;

« Considérant que si les suppliants ont encouru l'amende pour avoir construit leur clôture sans permission, ils sont cependant excusables, attendu qu'ils ne se sont clos que par l'absolue nécessité de pourvoir à leur sûreté ;

« Art. 1er. L'arrêté du conseil de préfecture de la Seine du 10 juillet 1815 est annulé en ce qu'il ordonne la démolition de la clôture construite par les sieur et dame Delime ;

« Art. 2. Les sieur et dame Delime sont autorisés à faire ravaler extérieurement ladite clôture en plâtre à huit centimètres d'épaisseur, si mieux ils n'aiment la remplacer par une clôture conforme à la décision ministérielle du 19 août (1) ;

---

(1) Savoir, dans la hauteur du premier étage, au moyen d'une maçonnerie en briques à plat ravalée des deux côtés, et en contre-haut de cette partie du bâtiment, par un pigeonnage de huit centimètres d'épaisseur. Telle est la règle généralement adoptée par l'administration de l'intérieur.

« Art. 3. En considération des circonstances atténuantes de la contravention des sieur et dame Delime, il leur est fait remise de l'amende prononcée contre eux par l'arrêté du conseil de préfecture sus-énoncé. » (Ordonnance du 24 juin 1816.)

Semblable décision a été rendue par une autre ordonnance du 13 mars 1823 (affaire Larive, rue Saint-Nicolas, à Paris), et la jurisprudence n'a point varié depuis sur ce point (1).

21. La doctrine professée par l'administration de l'intérieur sur ce point, c'est qu'en droit, tout propriétaire doit être autorisé à se clore tant que son mur de face n'est pas arrivé à un degré de vétusté tel qu'il y aurait péril à le conserver. (Lettre au préfet de la Seine, 25 mars 1823.) (2).

22. Il va de soi, dans tous les cas, que tout mur mitoyen mis ainsi à découvert devient mur de face, et demeure soumis comme tel aux servitudes ordinaires de la voirie (3).

---

(1) Par une ordonnance plus récente (23 décembre 1845, *Bourriat*) il a été établi qu'un propriétaire qui a fait boucher les trous et crevasses du mur latéral de sa maison, mis à découvert par la démolition de celle de son voisin, n'est passible que de l'amende pour défaut d'autorisation, mais non de la démolition des travaux.

(2) Nous dirons ailleurs à quels signes on reconnaît le péril des bâtiments (Voy. chap. 4).

(3) « Vu l'arrêt du conseil du 27 février 1765.... Considérant qu'au moment où l'administration a fait commencer la démolition de la maison que la ville de Paris avait acquise au coin des rues Saint-Martin et Aubry-le-Boucher pour en ajouter l'emplacement à la voie publique, les limites de celle-ci se sont étendues jusqu'au mur mitoyen qui séparait cette maison de celle de la dame Bertrand, et qu'ainsi ce mur mitoyen devenant mur de face se trouvait soumis à toutes les servitudes que les règlements de la voirie imposent aux constructions riveraines des voies publiques ; — Considérant que, dès lors, c'est avec raison que le conseil de préfecture a condamné la dame Bertrand à l'amende pour avoir fait exécuter des travaux dans ledit mur sans avoir demandé une autorisation préalable ; — Considérant néanmoins qu'il est re-

23. Ajoutons toutefois que l'administration ne doit permettre d'y percer des jours qu'autant qu'il n'en peut résulter aucun préjudice pour les voisins, et à charge d'observer la distance prescrite par l'art. 679 du Code civil.

24. Ceci nous conduit à faire une observation plus générale touchant les droits réciproques de l'administration et des propriétaires en matière de mitoyenneté. Ainsi, lorsque, par l'effet d'un percement nouveau ou d'une opération quelconque de voirie, une propriété particulière se trouve située sur une voie nouvellement ouverte, le propriétaire n'est pas libre d'y prendre des jours, issues, etc., si le mur de séparation entre lui et la propriété acquise par la ville pour être convertie en voie publique, est mitoyen. Dans ce cas, la ville est fondée à n'accorder la permission d'y percer des baies de portes et fenêtres, qu'à condition, par le propriétaire intéressé, de lui racheter préalablement la mitoyenneté à dire d'experts.

25. Nous croyons inutile de revenir ici sur ce que nous avons dit au chap. II, de la distinction à faire quant à l'application des prohibitions et servitudes de voirie entre les édifices situés en arrière des alignements arrêtés et ceux qui font saillie sur ces alignements. L'administration centrale a cru devoir adopter entièrement, en ceci, l'opinion du conseil d'Etat; et,

---

connu par l'administration que les ouvrages faits par la dame Bertrand n'ont pas eu pour effet d'augmenter la solidité de la maison, et qu'ainsi il n'y avait pas lieu d'en ordonner la démolition, etc. » (Ordonnance du 5 décembre 1834.)

Une autre ordonnance du 27 juillet 1840 (*Dagorno* et *Lacour*) est fondée sur les mêmes motifs, mais prononce la démolition des travaux comme ayant consolidé le mur sujet à reculement.

comme c'est à elle, en définitive, ainsi que nous l'a-
vons établi (chap. II, n° 63), qu'il appartient de
restreindre dans la juste mesure des besoins l'application des dispositions prohibitives des règlements,
il reste bien entendu que tout propriétaire d'édifice
non atteint par l'alignement est libre d'y faire telles
réparations qu'il juge convenables, à la seule condition de se clore s'il en est requis, en payant la valeur
du terrain qui lui serait concédé, et sous peine, le
cas échéant, d'être dépossédé de l'ensemble de sa propriété par application de l'art. 53, § 2, de la loi du
16 septembre 1807.

26. Nous avons dit aussi (chap. II, n₀ 88) que les
prohibitions de la voirie pouvaient affecter des bâtiments déjà reconstruits sur des alignements rectifiés
depuis cette reconstruction. Sans doute, c'est exiger
de la propriété privée des sacrifices fort onéreux, que
de frapper d'un nouveau reculement des maisons
souvent récemment construites d'après un alignement
légal que l'on avait tout lieu de croire durable, et d'en
diminuer ainsi la valeur. Cependant il faut remarquer qu'un plan d'alignement ne saurait être immua-
ble, et que l'accroissement à la prospérité industrielle,
par exemple, dans une ville, doit modifier les conditions de viabilité qui avaient fait arrêter, dans d'autres temps, des alignements désormais insuffisants
pour les besoins de la circulation. Or, si l'on impo-
sait aux communes la nécessité de réaliser immédiatement les élargissements devenus notoirement nécessaires, il est certain qu'on ajournerait indéfiniment
ces améliorations, et l'on aurait ainsi subordonné
l'intérêt général à des considérations d'intérêt particulier.

D'ailleurs, l'application de la loi d'expropriation,

en matière de voirie urbaine touchant le règlement des indemnités dues pour cession de terrains, est un correctif qu'il ne faut pas perdre de vue. En effet, le jury chargé d'apprécier la valeur du terrain délaissé pourra toujours, s'il y a lieu, prendre en considération le sacrifice déjà imposé, à une époque plus ou moins éloignée, au propriétaire dont l'immeuble sera, pour la seconde fois, frappé de reculement. (Avis du comité de l'intérieur, 17 juillet 1838.)

27. Enfin, si un propriétaire ne jugeait à propos de prendre l'alignement que sur une portion de sa façade, soit parce que cette partie aurait seule besoin de réparations ou parce que les dispositions qu'il a l'intention de faire n'exigeraient pas une entière reconstruction, rien ne s'opposerait à ce que l'autorisation lui en fût délivrée, mais toujours sous la réserve du droit d'appréciation qui appartient à l'administration, et dans tous les cas à charge de ne relier la nouvelle construction avec l'ancienne que par un mur provisoire, établi, comme il a été dit plus haut pour les murs mitoyens découverts (V. n° 20), et qui ne puisse en aucune façon consolider la partie frappée de reculement. (Rapport au ministre de l'intérieur du 11 avril 1825.)

28. Nous devons dire ici quelques mots d'un moyen conciliatoire qui a été mis quelquefois en pratique et qui consiste à permettre ou à tolérer certains travaux prohibés sous la condition que le propriétaire prendra l'engagement de démolir aussitôt que l'une ou l'autre des maisons contiguës subira le reculement.

Si l'on raisonne dans la rigueur du droit, on doit reconnaître qu'il n'appartient à personne de substituer à des obligations légales, des conventions parti-

culières qui tendraient à en altérer l'effet. Cependant
on pourra nous opposer plusieurs décisions ministérielles qui ont autorisé de semblables expédients ;
mais ces décisions ont été motivées par des circonstances particulières, telles que la très-faible importance du reculement imposé à la propriété, et le peu
d'intérêt que pouvaient offrir ces sortes de transactions sous le rapport des besoins de la voirie : ce n'a
été, dans tous les cas, qu'à la charge, par le propriétaire, de s'engager par écrit, et sous la réserve de faire
transcrire au bureau des hypothèques l'obligation
ainsi contractée ; cette dernière précaution étant prescrite dans l'intérêt des tiers qui pourraient se présenter comme acquéreurs de l'immeuble.

29. Comme en matière de délivrance d'alignement,
les autorisations pour toute espèce de travaux à
exécuter aux édifices bordant la voie publique doivent être données par écrit, avec date certaine, la
preuve testimoniale n'est point admise en pareil cas.
(Cass. 19 juillet 1838, *Poulène et Bélière*, S. V. 39, 1,
69.) Aucune autre permission que celle de l'administration ne peut d'ailleurs en tenir lieu ; une autorisation
verbale du commissaire ou inspecteur voyer, par
exemple, serait sans valeur. *Id.* 17 novembre 1831,
Vingtrinier, S. V. 32, 1, 284.)

30. Bien qu'il n'y ait pas de temps fixé pour l'usage
à faire des permissions ainsi délivrées, nous pensons
qu'il doit appartenir à l'autorité qui les accorde de
déterminer un délai passé lequel elles devront être
considérées comme périmées. La raison en est que dès
qu'elles sont subordonnées à l'état des constructions
(V. *suprà*, n° 10), il ne peut pas dépendre du propriétaire de les conserver indéfiniment dans ses mains
pour n'exécuter les travaux autorisés qu'au moment

où peut-être la vétusté de l'édifice commanderait à l'administration de les interdire (1).

A Paris, les permissions sont valables pour un an seulement. Ce délai nous semble raisonnable.

31. Outre les prohibitions qui portent sur l'ensemble des édifices sujets à reculement, pour l'élargissement de la voie publique, nous devons signaler celles qui n'affectent que certaines parties des bâtiments formant saillie, telles que les escaliers extérieurs, les entrées de cave et autres constructions accessoires, qui anticipent sur les rues et gênent plus ou moins la circulation. Les règles suivies par l'administration de l'intérieur ne diffèrent pas, à l'égard de ces dernières, de celles qui s'appliquent aux bâtiments entiers, c'est-à-dire qu'elle n'admet, sauf le cas *d'absolue nécessité*, l'obligation de démolir la partie saillante que lorsqu'elle menace ruine et peut compromettre la sûreté publique.

On a dû considérer en effet que ces sortes de saillies ont pu originairement être établies en vertu de permissions régulièrement accordées (2), et que surtout on ne pourrait en prononcer la suppression immé-

---

(1) Cette règle avait d'ailleurs été posée par l'ancienne législation. Dès lettres patentes du 22 octobre 1733, relatives à la délivrance des permissions de voirie, portaient expressément : « .... Desquelles permissions ceux qui les auront obtenues seront tenus de se servir pendant l'année du jour de leur date, après quoi elles demeureront nulles et de nul effet. » (*Perrot*, p. 559.)

(2) « Comme aussi défendons à nosdits sujets... faire aucun édifice, pan de mur, jambe étrière, encoignure, cave ni travail fermé, forme ronde ni saillie, siége, barrière, contre-fenêtres, huis de cave, borne, pas, marche et autres avances sur la voie publique, *sans le congé et alignement* de notredit grand voyer ou de ses commis...

« Défendons de donner aucune permission de faire des marches dans les rues, mais seulement de continuer les anciennes ès-lieux où elles n'empêchent le passage. » (Edit de décembre 1607.)

diate sans causer un grave préjudice au propriétaire, qui serait forcé de rétablir intérieurement les escaliers ou autres constructions accessoires et extérieures de même nature ainsi supprimées; ce qui l'entraînerait dans des dépenses considérables et actuelles que l'administration supérieure s'abstient en général d'imposer, lorsqu'il s'agit d'opérations qui rentrent aussi directement sous l'application des règles ordinaires de la voirie.

Des instructions ministérielles ont donc décidé qu'en pareil cas il y a lieu d'attendre que le mauvais état de la saillie prohibée, ou du bâtiment lui-même, exige que la destruction en soit ordonnée. (1) (Déc. minist. du 16 déc. 1845, *ville d'Argentan.*)

Seulement, en cas de nécessité constatée, comme l'a admis pour la ville de Nancy une décision ministérielle du 17 septembre 1842, un arrêté municipal peut prescrire la suppression de ces saillies en fixant

---

(1) C'est dans ce sens que la cour de cassation déclare obligatoire et légal un arrêté municipal qui prescrit la suppression des entrées de cave pratiquées sur la voie publique, lorsqu'elles seront en mauvais état et auront besoin de réparations (20 février 1847, ch. crim., *Noël* D., 1847, 1, 272). On peut citer, il est vrai, l'ordonnance réglementaire du 24 décembre 1823 sur les saillies à Paris (art. 24, *gouttières saillantes*) et l'arrêt de cassation du 31 novembre 1834 qui l'a sanctionnée (V. à l'appendice); mais entre de simples gouttières et des saillies qui font partie intégrante des constructions, il y a une différence notable et dont l'autorité doit tenir compte.

En ceci, nous devons le faire remarquer, l'administration centrale, par ménagement pour l'intérêt de la propriété privée, n'adopte pas sans réserve, dans la pratique, la doctrine professée par quelques auteurs : « Les ouvrages faits sur les rues et places publiques, dit Proudhon, qui sont en opposition avec la décoration, les aisances et la belle viabilité de ces rues et places, comme des bancs, escaliers, échoppes, balcons ou terrasses en saillie, ne doivent être regardés que comme l'objet de servitudes de pure tolérance et peuvent toujours être supprimés, sans qu'on puisse opposer aucune prescription ni réclamer aucune indemnité, encore bien qu'ils aient été établis avec l'autorisation de l'autorité municipale. » (*Dom. pub.*, t. 2, n° 365.)

un délai suffisant, cinq ans par exemple. Ou bien encore s'il s'agit d'exécuter des travaux d'utilité publique locale régulièrement autorisés, si le propriétaire ne justifie pas de son droit à la propriété du terrain occupé par la saillie, la ville a celui de le déposséder, sans indemnité, tant de ce terrain que de la construction qu'il supporte. Si le droit de propriété est contesté, il y a lieu de faire prononcer l'expropriation pour cause d'utilité publique. (Avis du conseil d'Etat du 30 déc. 1847, *ville de Maubeuge.*)

Il y a donc ici deux choses à considérer, savoir : le droit et l'opportunité. En principe, l'administration a *le droit* de faire disparaître toute saillie ou partie extérieure de maison qui anticipe sur la voie publique. (Cass., 20 avril 1841, *Tortoni.* V. au chap. v, n° 98; 18 août 1847, ch. crim., *Métreau, Devillen,* t. 48, 1, 95.) Quant à *l'opportunité,* c'est l'autorité supérieure administrative qui en est juge en dernier ressort, et nous venons de dire qu'elle s'abstient d'ordonner la démolition (hors le cas de nécessité absolue et constatée) autrement que par mesure de voirie, c'est-à-dire quand il y a lieu à démolition pour cause de vétusté.

32. Il existe aussi une sorte de servitude de voirie qui consiste dans l'obligation de construire la façade des maisons riveraines d'une place ou d'une rue, suivant une ordonnance d'architecture uniforme ou symétrique. Mais cette obligation ne peut être imposée aux propriétaires qu'autant qu'elle résulte des clauses d'un contrat antérieur ; il ne dépendrait pas de l'administration d'en frapper, de son autorité privée, les riverains d'une voie ancienne ou nouvelle. Elle serait également sans droit pour contraindre de conserver intacte la décoration d'un édifice intéressant,

au point de vue de l'art ou de l'histoire, le propriétaire qui jugerait utile à ses intérêts ou à ses convenances d'en changer la disposition extérieure (1).

Dans l'un comme dans l'autre cas, il faut qu'il y
ait interdiction régulièrement prononcée, sous forme
synallagmatique, pour que l'autorité publique puisse
s'opposer à toute altération du caractère originaire
de l'édifice, et c'est alors pour elle un devoir rigoureux d'assurer l'exécution des clauses prohibitives (2).

Autrement, il ne lui reste que deux moyens de
parvenir à ce but, c'est de traiter, s'il y a lieu, de
gré à gré avec le propriétaire pour qu'il accepte la
servitude (3) ou de se faire autoriser à poursuivre
l'expropriation pour cause d'utilité publique, sauf à
revendre ensuite l'immeuble grevé de cette charge.

33. A ce sujet, on a élevé la question de savoir si
l'expropriation, pour cause d'utilité publique, pouvait être provoquée dans un intérêt de pur embellissement. L'administration supérieure a hésité à se
prononcer pour l'affirmative; cependant le conseil
d'Etat (comité de l'intérieur) ayant été consulté sur
ce point, a émis, sous la date du 1er février 1826, un

---

(1) Il a été jugé par la cour de cassation (14 août 1830) qu'un maire ne
peut par un arrêté déterminer, pour la construction des maisons, un mode
particulier d'architecture qui ne serait pas commandé par la nécessité de garantir la sûreté de la voie publique.

Même décision par un autre arrêt du 23 août 1844 (ville de Lille).

(2) A Paris, les propriétés qui bordent la rue Royale-Saint-Honoré, la place
Vendôme, celle de l'Odéon, la place Royale, la rue de Rivoli, sont dans ce
cas. Tours, Rouen, Nantes et d'autres villes en offrent aussi des exemples.

(3) Jugé toutefois qu'un propriétaire qui n'a pas exécuté une convention
de cette nature n'est passible d'aucune peine; que seulement la ville peut le
poursuivre par la voie civile, à fin de restitution de la somme par lui reçue
(Arr. de cass., ch. crim., 13 janvier 1849, *Maingol;* Dall., *Jurisprudence
générale,* t. IX, p. 455.)

avis portant « qu'il appartient à l'autorité royale de déclarer l'utilité publique des travaux auxquels elle reconnaît ce caractère, *sans que la loi lui impose aucune limite;* mais qu'il serait sans utilité, et qu'il ne serait peut-être pas sans inconvénients, d'adopter d'avance des règles à cet égard, et que c'est sur chaque espèce seulement, et d'après les circonstances qu'elle présente, qu'on peut prendre une détermination. »

L'autorité supérieure reste donc juge des cas où il convient d'autoriser une ville à appliquer la loi sur l'expropriation pour cause d'utilité publique en matière de simple embellissement; ce qui justifie suffisamment la solution qui précède (1).

(*V.* pour les hauteurs des maisons et pour les constructions en pans de bois, au chap. 4.)

Les règles que nous venons d'exposer touchant l'application des prohibitions et servitudes imposées à la propriété privée, dans l'intérêt de la voirie, sont, comme on a pu le voir, communes à toutes les voies publiques sans distinction (2), et s'étendent conséquemment aux rues de Paris comme aux grandes routes. Mais il existait, pour cette ville en particulier, une nature de servitude qui mérite une mention spé-

---

(1) Nous devons toutefois rappeler que la ville d'Orléans ayant été autorisée, en 1819, à ouvrir la rue qui porte aujourd'hui le nom de Jeanne d'Arc, et le conseil municipal ayant demandé l'autorisation d'acquérir par voie d'expropriation non-seulement l'espace nécessaire à la rue, mais les propriétés riveraines, sur une profondeur de 60 pieds, pour les revendre avec obligation d'y construire des façades uniformes, le conseil d'État (ord. du 16 septembre 1825) a consenti à déclarer l'utilité publique pour l'acquisition d'un terrain nécessaire à la rue, et rejeté le surplus de la proposition; mais cette décision isolée ne prouve rien contre le principe.

(2) Même à celles qui forment dans l'intérieur des villages continuation ou traverse de chemins vicinaux, en vertu d'un avis du conseil d'État du 16 juillet 1845. (**V.** à l'Appendice.)

ciale, c'est celle qui consistait à ne pouvoir bâtir autour de son enceinte, dans un rayon déterminé.

Dans le but de prévenir une extension trop considérable de la capitale, divers édits, rendus notamment sous Louis XIV et Louis XV, avaient cherché, mais toujours en vain, à lui assigner des limites. Par une déclaration royale du 18 juillet 1724, enregistrée au parlement le 14 août suivant, l'enceinte de la ville proprement dite fut déterminée par le rempart planté d'arbres, depuis l'Arsenal jusqu'à la porte Saint-Honoré (les boulevards intérieurs), et au midi par l'autre portion des remparts désignée sous le nom de *boulevards neufs*.

Cette déclaration fut étendue et confirmée par celles du 29 janvier 1726 et 16 mai 1765, et par des lettres patentes du 28 juillet 1766.

Puis, une ordonnance du bureau des finances du 16 janvier 1789, rendue à la suite de l'établissement des nouvelles barrières, et dans l'intérêt de la ferme générale, comme moyen de prévenir la fraude, fit défense « d'élever ou de réparer aucun mur de clôture et bâtiment hors la nouvelle enceinte de Paris, qu'à la distance de cinquante toises de la clôture, et en dedans de ladite enceinte, qu'à trente-six pieds d'éloignement de ladite clôture.

« En conséquence, dit le même acte, il est fait aussi défense, sous les peines portées par la déclaration du 10 avril 1783, à tous propriétaires, entrepreneurs et ouvriers, d'encommencer aucunes fouilles et constructions au dedans et au dehors de ladite nouvelle enceinte, sans avoir préalablement pris les permissions et alignements nécessaires. »

Un décret du 11 janvier 1808 confirma les dispositions de cette ordonnance et en régla l'exécution, en

autorisant la ville à acquérir, pour cause d'utilité publique, les maisons construites à moins de cinquante
toises du mur d'enceinte. Aux termes de l'art. 4 de
ce décret, toutes constructions faites dans le rayon de
servitude, malgré les défenses des agents de la voirie,
devaient être démolies sans délai.

Mais de vives résistances s'étant manifestées lorsqu'il s'agit de mettre à exécution ce décret, il resta
longtemps sans application. Enfin, une ordonnance
royale du 1ᵉʳ mai 1822, pour couper court à toutes ces
difficultés, autorisa la ville de Paris, par extension des
dispositions du décret de 1808, à acquérir pour cause
d'utilité publique toutes les constructions autorisées
ou tolérées dans la limite des cinquante toises, postérieurement à 1808, ainsi que les terrains bâtis ou non
bâtis, même ceux qui l'auraient été malgré la défense
des agents de la voirie, etc.

Mais cette faculté accordée à la ville de Paris im-
pliquait, de sa part, l'obligation d'indemniser les propriétaires auxquels la nouvelle ordonnance donnait,
au moins implicitement, le droit d'exiger qu'elle fît
l'acquisition de leurs terrains. Or, ces sacrifices, il
faut le dire, étaient hors de toute proportion avec
l'importance du but qu'on voulait atteindre ; les raisons d'ordre public ou de fiscalité qui, dans l'origine,
avaient pu nécessiter l'isolement de l'enceinte de Paris ayant beaucoup perdu de leur force. Aussi le conseil municipal refusa-t-il d'allouer aucun fonds pour
cet objet, et il arriva que l'ordonnance du 1ᵉʳ mai 1822
eut le sort de tous les actes réglementaires qui l'a-
vaient précédée, c'est-à-dire qu'elle tomba, par la force
des choses, en désuétude.

Cependant, il résultait de cette situation anormale
un très-grave inconvénient : c'est que nombre de

propriétaires intéressés, ne pouvant obtenir que la ville achetât leurs terrains, prirent le parti d'y élever des bâtiments de toute espèce, et que les poursuites dirigées contre eux restèrent sans effet, le conseil municipal persistant à refuser d'user de la faculté que lui donnait l'ordonnance de 1822 de les exproprier, en sorte qu'à la faveur de l'impunité, les constructions se multiplièrent dans le rayon prohibé, en contravention flagrante à des règlements ayant force de loi, ce qui était du plus fâcheux exemple.

Enfin, sur la demande formelle du conseil municipal et du préfet de la Seine, le ministre de l'intérieur s'étant mis d'accord avec son collègue des finances, en ce qui concernait l'intérêt de l'octroi, a provoqué une ordonnance royale, qui, le conseil d'Etat entendu, est intervenue à la date du 7 juillet 1847, et a statué en ces termes :

« Art. 1er. Sont et demeurent abrogés l'ordonnance du bureau des finances du 16 janvier 1789, le décret du 11 janvier 1808, et l'ordonnance du 1er mars 1822, qui ont établi et maintenu la prohibition de bâtir dans un rayon de cinquante toises, soit 98 mètres, à partir du mur d'enceinte de la ville de Paris.

« Art. 2. Il sera statué ultérieurement sur les alignements auxquels devront être soumis les propriétaires riverains des boulevards extérieurs de Paris.

« Art. 3. Les terrains que les propriétaires seront contraints de céder à la voie publique, par suite des nouveaux alignements qui leur seront donnés, leur seront payés conformément aux lois et règlements sur la voirie de Paris. »

35. Il existe aussi à Paris, comme dans plusieurs villes, d'autres servitudes de voirie, résultant de contrats originaires passés entre l'État et les acquéreurs

de certaines propriétés domaniales, assujetties soit à des retranchements, soit à des percements de rues arrêtés, ou qui pourraient l'être ultérieurement (1).

Parmi les conditions stipulées dans les contrats, il est dit, en termes généraux, que l'acquéreur sera tenu de se conformer sans indemnité aux alignements qui lui seront donnés, et de souffrir tous retranchements qui seront jugés nécessaires, etc.

Des contestations se sont élevées, dans ces derniers temps, entre le préfet de la Seine, représentant la ville de Paris, et les propriétaires d'immeubles d'origine dominiale, dont une partie devait être occupée par la voie publique. Les réclamants soutenaient qu'il y avait prescription à leur égard, soit parce qu'un délai de plus de dix ans s'était écoulé depuis leur possession et les avait libérés de cette charge réelle comme acquéreurs de bonne foi, aux termes de l'article 2265 du Code civil; soit parce que l'alignement réglé définitivement par des plans approuvés en 1837 résultait déjà d'un arrêté du 18 vendémiaire an VI, ce qui constituait, au profit de la ville, lors des ventes faites en l'an XIII, un droit ouvert, qu'elle ne pouvait exercer plus de trente années après, suivant l'article 2262 du même Code.

Un jugement du tribunal civil avait déclaré la prescription décennale inapplicable, mais admis la prescription trentenaire, et la cour royale avait infirmé ce jugement par un arrêt du 2 mai 1845. Sur l'appel, la cour de cassation a statué en ces termes :

---

(1) Il s'agit de l'exécution de la loi du 1er-4 avril 1793, qui, en ordonnant la division par lots et la vente des propriétés dites nationales, a concédé (art. 17, 18 et 19) aux villes et communes les emplacements nécessaires à l'élargissement des rues et places et à l'embellissement des cités. (V. *le Bulletin des lois.*)

« La cour, sur le moyen résultant de la prescription trentenaire et de la violation de l'article 2262
C. civ. :— Attendu que la faculté de réduire à l'alignement les maisons et édifices sis sur la voie publique dérive d'une loi de police contre laquelle aucune
prescription ne peut courir; que de la part des citoyens, l'obligation de se conformer aux réquisitions
de l'autorité compétente est corrélative à la faculté
imprescriptible de les faire et dure autant qu'elle; que
si, par une stipulation particulière, le propriétaire à
qui la réquisition est adressée doit s'y conformer sans
indemnité, c'est-à-dire en renonçant à l'indemnité que
lui assurait le droit commun, la renonciation à un
droit n'ayant son effet que lorsque ce droit est ouvert
et le droit à l'indemnité ne s'ouvrant que par la réquisition de l'alignement, l'affranchissement de l'obligation de le subir sans indemnité n'est point sujet à
prescription avant le terme;

« En ce qui concerne la prescription décennale et la
violation prétendue de l'article 2265 : — Attendu, en
droit, que la prescription de dix à vingt ans, telle que
l'établit l'article 2265 est un moyen d'acquérir la propriété des immeubles et non un moyen de se libérer;
que si, dans certains cas, elle a pour effet d'éteindre les
charges qui affectent les immeubles, ce n'est qu'autant
qu'elles font obstacle à la consolidation de la propriété dans les mains du tiers acquéreur, lorsqu'il réunit d'ailleurs toutes les conditions légales; qu'en sup-
posant que la prescription de dix ans fût applicable,
aucune loi n'affranchit ces sortes de prescriptions des
causes d'empêchement ou de suspension déterminées
pour les prescriptions en général; rejette, etc. (24 février 1847, Chambre civile (*Wagner*) D. 1847, 1,
100).

Le même jour, il a été rendu cinq autres arrêts semblables ; affaires *Dubail* , *Laurichesse* et *Lavergne,*
Cabit, Rimbeuf, Polino (*ibid.*).

En vertu du droit que lui donnent ces arrêts, la ville
de Paris a sommé les propriétaires dont les immeubles sont atteints par les réserves domaniales en question, soit d'avoir à délaisser immédiatement et sans
indemnité les emplacements qui doivent être cédés
à la voie publique ; soit, lorsqu'il n'y a pas nécessité
actuelle d'élargir la rue, de payer une redevance annuelle représentative du loyer de ces emplacements
jusqu'au moment où s'exécutera l'alignement. D'où
il suit que, dans le premier cas, la démolition des édifices construits sur les terrains dévolus à la voie publique et l'abandon de ces terrains sont actuellement
obligatoires, lorsqu'il y a nécessité d'élargir une rue
trop étroite ou d'exécuter quelque opération de voirie
déclarée d'utilité publique, et que, dans l'autre hypo-
thèse, ces édifices peuvent être conservés sauf l'application des servitudes ordinaires de la voirie et à charge
du payement de la redevance annuelle dont il vient
d'être parlé.

La cour de cassation a, du reste, reconnu et déclaré
par deux autres arrêts du même jour, 24 février 1847
(affaires *héritiers Gonnet et Catteau*), que l'autorité
judiciaire est incompétente pour décider si la réserve
domaniale de se conformer aux alignements *sans indemnité* a été stipulée au profit exclusif des municipalités ou à celui de l'Etat, et si elle ne concerne que
l'exécution du plan d'alignement, ou si elle est en
outre applicable aux travaux d'embellissement ordonnés par l'Etat (1). Ajoutons que déjà la question au

_____

(1) Ces arrêts sont ainsi conçus : « Vu l'art. 13 de la loi du 16-24 août

fond avait été résolue par plusieurs ordonnances rendues au contentieux (3 décembre 1817, *divers*; 28 décembre 1825, *Lafond*; 14 mai 1829, *Marcfoy*), qui toutes établissaient ce principe que les ventes faites par l'Etat l'ayant été sous la réserve, par les acquéreurs, de délaisser les terrains nécessaires, soit à l'ouverture des voies nouvelles projetées, soit à l'élargissement d'anciennes rues, il y avait lieu par les détenteurs actuels d'en faire l'abandon sans indemnité, alors même

1790, le décret du 16 fructidor an III, et l'art. 4 de la loi du 28 pluviôse an VIII.

« Attendu que les procès-verbaux administratifs des 1er floréal an VI et 3 ventôse an IX, contenant adjudication des deux maisons situées rue des Sept-Voies, portent, en ce qui concerne l'une de ces maisons :

« L'acquéreur du présent domaine sera tenu de se conformer aux alignements, s'il y a lieu, qui pourront lui être donnés par la commission des travaux publics, lorsqu'il en sera requis, et ce, sans indemnité, ainsi que de souffrir tous retranchements.

« En ce qui concerne l'autre maison : l'adjudicataire sera tenu de se conformer, et ce, sans indemnité, à tous les alignements ou retranchements qui pourront être arrêtés pour les travaux publics. »

« Que cette dernière stipulation est littéralement reproduite dans l'adjudication de la maison rue Clovis, en date du 8 ventôse an IX ;

« Attendu que l'ordonnance royale du 5 août 1844, rendue en exécution de la loi du 2 juillet de la même année, ayant déclaré d'utilité publique l'acquisition de ces trois maisons, il s'agissait, dans la cause, de juger si l'expropriation en pouvait être opérée sans indemnité ; — Qu'à cet égard l'arrêté attaqué a décidé : Que la question d'utilité publique avait pour objet des embellissements et non des alignements ordinaires ; que les réserves domaniales contenues dans les adjudications avaient été fixées non pas pour l'Etat, mais seulement pour la ville de Paris ; qu'enfin ces réserves faites pour *tous alignements et retranchements*, ne devaient pas néanmoins s'entendre pour les travaux de régularisation des abords du Panthéon ;

« Attendu que cette décision ne renferme pas une simple application, mais constitue évidemment une interprétation des réserves domaniales stipulées dans les procès-verbaux d'adjudication des trois maisons dont il s'agit ; d'où il suit que la cour royale de Paris, en prononçant sur le fond, au lieu de surseoir jusqu'à l'interprétation administrative, est sortie des règles qui limitent sa compétence et a violé ainsi les lois précitées ;

« Par ces motifs...., casse, etc. »

que le contrat de vente ne le porterait pas expressément.

SECTION II.

De l'expropriation et des indemnités.

36. Le principe de l'expropriation en matière de
voirie, qui existait, au moins en germe, dans l'ancienne
législation (1), a été consacré par la loi du 16 septembre 1807, que nous avons déjà plusieurs fois citée.
Dans le système de cette loi, l'expropriation était prononcée, ainsi que le règlement des indemnités, par
voie administrative ; en sorte que les droits privés se
trouvaient abandonnés à la merci de l'administration
elle-même, dans des questions où ses intérêts leur
étaient directement opposés : c'était, il faut le dire, de
l'arbitraire pur , puisque l'administration devenait
ainsi juge et partie dans sa cause ; aussi de toutes parts
des réclamations s'élevèrent, qui firent sentir la nécessité d'assurer à la propriété plus de garanties ; et la loi
du 8 mars 1810, en remettant aux tribunaux civils le
soin de statuer sur la dépossession et de fixer les indemnités dues, parut avoir satisfait à ce besoin. Mais on
s'aperçut bientôt qu'on avait dépassé le but, et qu'en
retirant à l'administration un droit dont elle pouvait
abuser, on l'avait livrée à son tour à la discrétion des
propriétaires, dans toute opération d'utilité générale
devenue désormais presqu'impossible par l'exagéra-
tion de leurs prétentions et la facilité avec laquelle elles
étaient accueillies. D'une autre part, la Charte de 1814

---

(1) « Ce droit, dit M. Delalleau, était désigné dans notre ancienne législation sous le nom de *retrait d'utilité publique* ou de *vente forcée pour le bien
public*. Mais il n'existait sur cette matière aucun règlement, etc. « (Introduction au *Traité de l'expropriation*, édition de 1845.)

ayant posé en principe que l'Etat ne pouvait exiger le sacrifice d'une propriété privée, même pour cause d'utilité publique, que, moyennant une indemnité *préalable*, les dispositions de la loi de 1810 sur l'envoi en possession provisoire furent considérées comme abolies, et l'administration resta exposée à tous les inconvénients que présentait le système général de cette loi (1). C'est dans le but de remédier à ces inconvénients que fut rendue la loi du 7 juillet 1833, qui créa les jurys d'expropriation, institution utile, mais dont l'action avait besoin d'être mieux réglée; puis enfin la loi du 3 mai 1841, qui reproduisit les principales dispositions, de la précédente en y introduisant certaines améliorations, à l'effet notamment d'abréger les délais, de simplifier les formes, de faciliter les traités amiables, d'assurer la sincérité des jugements du jury, enfin de permettre de prononcer l'envoi en possession pour cause d'urgence.

37. Tel est le dernier état de la législation que nous examinerons, dans son application aux opérations du ressort de la voirie urbaine, c'est-à-dire en ce qui concerne, 1° les opérations auxquelles les villes procèdent par voie extraordinaire; 2° l'exécution des alignements par mesure de voirie; 3° les dispositions relatives au règlement des indemnités pour plus-value.

§ 1er. — De l'application de la loi sur l'expropriation aux travaux extraordinaires de voirie urbaine.

38. La première condition que l'administration supérieure impose aux communes qui demandent l'autorisation d'exécuter, à l'aide de l'expropriation,

_____

(1) M. Delalleau (Introduction *au Traité de l'expropriation pour cause d'utilité publique*).

quelque grande opération de voirie, telle que le percement ou le dégagement d'une rue, la formation d'une
place, etc., c'est qu'elles justifient de la disponibilité
des ressources nécessaires pour assurer le payement
des indemnités à allouer aux propriétaires dépossédés.

39. Il est ensuite procédé à une enquête dans les
formes indiquées par l'ordonnance royale du 23 août
1835, qui est spéciale aux travaux communaux. (*V.* à
l'appendice cette ordonnance et l'instruction ministérielle du 21 septembre suivant.)

40. Cette enquête, il faut le faire remarquer, n'est
pas celle que prescrit une autre ordonnance du 18
février 1834 (V. *ibid.*) et qui est relative aux travaux
de l'Etat. Nous ne nous occupons ici que de ce qui
concerne les travaux des villes. Il s'agit d'une enquête
dont les formes sont plus simples et l'instruction moins
lente. Elle s'ouvre, en exécution de l'article 3 de la
loi du 3 mai 1841 (1), sur un projet, c'est-à-dire, pour
les opérations de voirie, sur un plan d'alignement de
la nouvelle voie à former indiquant le but de l'entreprise, le tracé des travaux et l'appréciation sommaire
des dépenses (art. 2 de l'ordonnance du 23 août 1835).

41. Ce projet doit être déposé à la mairie pendant
quinze jours, après avertissement donné aux habitants
par voie de publication et d'affiches, afin que chacun
puisse en prendre connaissance. A l'expiration de ce
délai, un commissaire délégué par le préfet (2) reçoit

---

(1) Cet article reproduit textuellement l'article correspondant de la loi du
7 juillet 1833, et le règlement d'administration publique auquel il se réfère,
quant à la forme des enquêtes, est resté le même.

(2) Aucune disposition législative ni réglementaire ne lie le préfet quant au
choix du commissaire enquêteur, qui peut être pris indistinctement dans les
fonctionnaires de toutes classes. A Paris, c'est le plus ordinairement un conseiller de préfecture.

à la mairie, pendant trois jours consécutifs, les déclarations des habitants sur l'utilité publique de l'opération projetée. Le préfet peut prolonger les délais, qui ne courent dans tous les cas qu'à dater du jour de l'avertissement, formalité dont il est justifié par un certificat du maire (art. 3).

42. Aussitôt après la clôture du registre des déclarations, le commissaire le transmet signé par lui au maire, avec son avis motivé et les autres pièces de l'instruction.

S'il s'est présenté des déclarations contraires au projet, ou si l'avis du commissaire y est opposé, le conseil municipal est appelé à les examiner et à émettre son avis par une délibération motivée, dont le procès-verbal doit être joint aux pièces, lesquelles sont adressées immédiatement au sous-préfet, qui les transmet au préfet avec son avis motivé (art. 4).

43. Enfin le préfet envoie le tout au ministre de l'intérieur, avec son avis également motivé, et le ministre provoque une ordonnance du roi déclarative de l'utilité publique (art. 5) (1). Cette ordonnance est rendue dans la forme des règlements d'administration publique, c'est-à-dire le conseil d'Etat entendu en assemblée générale, lorsqu'il y a réclamation de la part des tiers intéressés. (Ordonnance réglementaire du 27 décembre 1846). (2).

-----

(1) L'ordonnance réglementaire du 23 août 1835 prévoit les cas où le préfet devrait consulter les chambres de commerce et les chambres consultatives des arts et manufactures, dans les lieux où il en est établi : cette prescription est rarement observée en matière de voirie urbaine.

(2) « Art. 1er. Ne seront point portés à l'assemblée générale du conseil d'Etat, et nous seront immédiatement soumis, après avoir été délibérés par les comités, les projets d'ordonnance qui ont pour objet :

. . . .

« 7° D'arrêter et rectifier les alignements des routes royales ou départe-

44. Une fois ces formalités remplies en vertu du titre IV de la loi du 3 mai 1841, et l'utilité publique de l'opération légalement déclarée, il est procédé à la seconde enquête prescrite par le titre II de la même loi, et qui a pour objet l'application du plan arrêté aux propriétés particulières atteintes par les dispositions du projet.

Ce plan indiquant les terrains ou les édifices dont la cession est nécessaire, avec les noms des propriétaires inscrits à la matrice des rôles, reste de nouveau déposé à la mairie pendant huit jours, afin que chacun puisse en prendre connaissance. (Loi du 3 mai 1841, art. 4 et 5.)

Le délai de huit jours ne court qu'à dater de l'avertissement donné aux intéressés, et qui doit être publié à son de trompe ou de caisse dans la commune, et affiché tant à la principale porte de l'église du lieu qu'à celle de la mairie.

Cet avertissement est en outre inséré dans un des journaux publiés dans l'arrondissement, ou s'il n'en existe aucun, dans un des journaux du département. (*Id.*, art. 6.)

45. Le maire certifie ces publications et affiches, mentionne sur un procès-verbal, que les comparants sont requis de signer, les déclarations et réclamations qui lui ont été faites verbalement, et y annexe celles qui lui sont transmises par écrit (*id.* art. 7). Ce procès-verbal est transmis, avec avis du Conseil municipal, préalablement et spécialement consulté, par le maire,

---

mentales ; d'arrêter les alignements, plans généraux des villes et communes, les alignements partiels, ouvertures, élargissements, prolongements des rues ou autres voies communales, lorsqu'ils ne seront l'objet d'aucune réclamation, et ne donneront lieu à aucune expropriation pour cause d'utilité publique. »

au sous-préfet, qui l'adresse au préfet, avec ses observations. Enfin, le préfet, en conseil de préfecture, prend un arrêté par lequel il détermine les propriétés qui doivent êtres cédées, et indique l'époque à laquelle il en sera pris possession.

Cet arrêté est soumis à l'homologation du ministre de l'intérieur. (*Id.*, art. 11 et 12.) (1)

46. Ici finit la mission du pouvoir administratif et commence celle de l'autorité judiciaire, dont nous n'avons point à nous occuper.

Bornons-nous à rappeler que, d'après le dernier paragraphe de l'art. 13 de la loi, à défaut de conventions amiables avec les ayants droit, le préfet transmet au procureur du roi dans le ressort duquel les lieux sont situés, l'ordonnance qui autorise l'exécution de l'opération et l'arrêté qu'il a pris en exécution de l'art. 11.

47. Le maire doit y réunir le plan parcellaire, le certificat de publication et d'affiche du dépôt de ce plan à la mairie, un exemplaire du journal où l'avertissement de ce dépôt a été inséré, un procès-verbal constatant s'il y a eu ou non des réclamations de la part des tiers intéressés, enfin, s'il y a lieu, l'avis du conseil municipal sur ces réclamations.

(*Voy.* pour la purge des hypothèques, les articles 16 et 17 de la loi du 3 mai 1841, l'ordonnance royale du 18 avril 1842, et la circulaire ministérielle du 30 du même mois, à l'Appendice.)

---

(1) La cour de cassation a jugé (2 février 1836) que si, pour les travaux d'un intérêt purement communal, l'art. 12 dispensait de l'exécution des art. 8, 9 et 10 relatifs à la création d'une commission d'examen, il ne dispensait pas de l'observation des art. 5, 6 et 7, et notamment du dépôt des plans parcellaires à la mairie de la commune où sont situés les propriétés à exproprier.

§ 2. — De l'application de la loi sur l'expropriation à l'exécution des alignements par mesure de voirie.

48. On a pendant longtemps appliqué les dispositions combinées des lois du 16 septembre 1807 et 7 juillet 1833 en ce sens que, lorsqu'il s'agissait d'un grand projet d'utilité publique communale, tel que la formation d'une place publique, l'ouverture d'une nouvelle rue, ou autres opérations analogues, qui s'exécutent non par succession de temps, mais actuellement et d'ensemble, la loi du 7 juillet 1833 faisait règle, ainsi que l'ordonnance royale du 23 août 1835, spéciale aux enquêtes pour travaux communaux; mais que, pour les simples opérations d'alignement, comme tout se réduisait à payer au propriétaire ou à recevoir de lui, selon qu'il était tenu de reculer ou d'avancer, une indemnité représentative du prix du terrain acquis ou délaissé: ce n'était plus, dès lors, conformément à la loi d'expropriation qu'il fallait procéder, mais suivant les dispositions de celle du 16 septembre 1807, parce que le plan d'alignement ayant donné à la ville une autorisation suffisante, il n'était plus question d'expropriation proprement dite, mais d'un dédommagement à fixer; ce qui semblait rentrer plus spécialement dans l'exécution de cette dernière loi.

49. Il est à remarquer, en effet, que ce principe avait été admis par une instruction ministérielle, du 23 janvier 1836 (*Voy.* à l'Appendice) rendue à la suite d'un avis du comité de l'intérieur du 1er décembre précédent, portant « que, dans le cas où une commune cède ou achète les terrains qui sont compris ou exclus par le plan d'alignement, à l'époque où un propriétaire veut construire ou reconstruire suivant cet alignement, le plan d'alignement a donné

à la commune toute l'autorisation nécessaire pour le faire exécuter ; mais qu'il n'en est pas de même dans le cas où un propriétaire peut vouloir, avant le temps où la vétusté de sa maison l'oblige à reculer, vendre tout ou partie de sa propriété, comme aussi dans celui où la commune peut croire convenable de l'acheter : dans ce cas, ce n'est plus par suite du plan d'alignement que la commune fait cette opération ; ainsi une autorisation nouvelle est nécessaire, et l'acquisition doit être précédée par une déclaration d'utilité publique, si les parties ne sont pas d'accord, ou par une ordonnance royale autorisant la vente à l'amiable. »

Le ministre de l'intérieur, en adoptant cet avis dans sa circulaire du 23 janvier 1836, ajoutait que toutes les fois qu'il ne s'agissait que de portions de terrain cédées ou retranchées à la voie publique en exécution des plans approuvés, au fur et à mesu-re que les propriétaires font démolir leurs bâtiments volontairement ou pour cause de vétusté, il suffisait aux préfets d'autoriser, dans les budgets dont le rè-glement leur appartient, les crédits nécessaires pour *le payement des indemnités dues et fixées conformé-ment à l'art. 56 de la loi du 16 septembre 1807* (1).

50. Cependant de ce que le plan d'alignement a donné à l'administration le droit de s'emparer, au fur et à mesure des reconstructions, des parcelles de

---

(1) C'est-à-dire sur le résultat d'une expertise ordonnée par le préfet. « Quant aux travaux des villes, dit le dernier paragraphe de cet article, un expert sera nommé par le propriétaire, ou par le maire de la ville ou de l'ar-rondissement pour Paris, et le tiers-expert par le préfet. » Aux termes de l'art. 57, le procès-verbal d'expertise, accompagné de l'avis du contrôleur et du directeur des contributions, devait être soumis par le préfet à la délibéra-tion du conseil de préfecture.

propriétés particulières, riveraines de la voie publique, s'ensuit-il que l'administration ait aussi le pouvoir de fixer la valeur de ces portions de terrain et de se constituer arbitre dans les contestations auxquelles ces fixations peuvent donner lieu ?

L'affirmative était au moins douteuse, malgré les termes formels de la circulaire que nous venons de rapporter.

51. Déjà et antérieurement à la loi du 7 juillet 1833, la Cour royale de Paris, par un arrêt du 8 avril 1826 (DALLOZ, t. 25, 2, 128), et le conseil d'Etat lui-même, dans une ordonnance rendue au contentieux, à la date du 31 août 1828 (MACAREL, t. 10, pag. 704), avaient posé le principe de l'intervention des tribunaux en pareil cas, par application de la loi du 8 mars 1810 alors en vigueur (1).

Mais, la loi de 1833, en instituant un jury spécial pour l'évaluation des *indemnités* dues par suite de dépossession, ayant abrogé formellement celles de la loi du 8 mars 1810, la raison de droit semblait indiquer que, pour les cas d'alignement, lorsque l'indemnité due était contestée, c'était désormais le jury d'expropriation qui devait être saisi.

52. D'autre part, la question avait été résolue dans ce sens lors de la discussion de la loi à la chambre des députés (2), et les auteurs s'accordaient sur cette in-

---

(1) « Considérant, a dit le conseil d'Etat, que, d'après la loi du 16 septembre 1807, c'est à l'administration qu'il appartient de déterminer l'alignement ; que cet alignement réunit, de plein droit, à la voie publique le terrain qui en fait partie, et résout les droits de propriété en un droit à une indemnité, mais que *c'est aux tribunaux qu'il appartient, en cas de contestation, de fixer*, dans les formes établies par les art. 16 et suivants de la loi du 8 mars 1810, *les indemnités déterminées* par les art. 48 et suivants de la loi du 16 septembre 1807, en se conformant aux bases prescrites par lesdits articles, etc. »

(2) Un des membres demanda quelle autorité, une fois la loi de 1810

terprétation (Delalleau, Husson, Gillon et Stourm).
Plusieurs conseils de préfecture avaient même dé-
cliné leur compétence en cette matière ; enfin le
ministre des travaux publics faisait saisir le jury
d'expropriation des questions d'indemnité par suite
d'alignement, dans le ressort de la grande voirie.

53. Le ministre de l'intérieur jugea donc alors
nécessaire de suivre la même marche à l'égard des
alignements de voirie urbaine, et la question fut
soumise au conseil d'Etat, qui rendît, à la date du
1er avril 1841, un avis de principe ainsi conçu :

« Que toutes les fois qu'un alignement donné
par l'autorité compétente sur une voie publique
autre qu'un chemin vicinal, force un propriétaire
à reculer ses constructions ou à s'avancer sur la
voie publique, l'indemnité qui lui est due, dans le
premier cas, et celle dont il est débiteur, dans le
second, doivent être réglées, en cas de contestation,
par le jury institué par la loi du 7 juillet 1833. »

54. Le ministre de l'intérieur, en développant ce
principe par sa circulaire du 23 août 1841, a été
conduit à déclarer que désormais les ordonnances
approbatives des plans généraux d'alignement doivent
être assimilées à celles qui, pour d'autres travaux
publics, dérivent de la loi d'expropriation ; qu'elles
en ont les mêmes caractères et les mêmes effets ; que
par conséquent elles doivent être précédées des mêmes

---

abrogée, serait appelée à prononcer sur les questions d'indemnité, *et particulièrement dans le cas d'alignement ;* le rapporteur de la commission ré-
pondit : *Ce sera le jury ;* à quoi le commissaire du roi (M. Le Grand)
ajouta : « Tous les règlements d'indemnité déférés aux tribunaux par la loi de
1810 sont déférés au jury par la loi nouvelle. » (Séance du 9 février 1833.
Voy. *Moniteur* du 10.)

formalités ; c'est ce que déjà nous avons eu occasion de rappeler au chapitre II, n° 84.

Ainsi se trouvent accomplies, dit la même circulaire, les prescriptions contenues dans les derniers paragraphes de l'art. 3, tit. Ier, de la loi du 3 mai 1841, et dès lors, les plans d'alignement approuvés auront dorénavant la valeur attribuée aux autres ordonnances déclaratives de l'utilité publique.

55. A l'égard des plans d'alignement déjà approuvés conformément à l'ancien mode d'instruction, le ministre fait observer que du moment que, pour la grande voirie, les tribunaux admettent sans difficulté les requêtes en expropriation présentées par l'administration en exécution de plans homologués antérieurement à la loi du 7 juillet 1833, il n'y aurait pas de raison de craindre que, pour les cas analogues, en matière de voirie urbaine, ils refusassent de prononcer sur des règlements d'indemnité, provenant non d'expropriations directes, mais de simples cessions de terrain faites volontairement à la voie publique par des propriétaires qui demandent alignement.

56. Nous devons ajouter qu'en effet, depuis la publication de la circulaire ministérielle du 23 août 1841, il n'y a pas eu d'exemple que des tribunaux aient refusé leur concours à l'administration en pareil cas ; et ce qui achève de dissiper toute incertitude à cet égard, c'est la sanction qu'a donnée la Cour de cassation elle-même aux principes posés par le ministre.

57. Deux arrêts du 19 juin 1844 (*villes de Saint-Etienne et de Montpellier* ; Devill., 44, 1, 493, 494.) avaient décidé que les acquisitions amiables faites par une ville pour ouvrir, redresser ou élargir des rues,

pas de plan approuvé, ou bien lorsque l'ordonnance approbative du plan déclare qu'aucune acquisition ne pourra avoir lieu pour l'exécution *immédiate* de l'alignement dont il est question, qu'en vertu d'une autorisation spéciale du gouvernement, ne peuvent être considérées, pour l'exemption des droits de timbre et d'enregistrement, comme affranchies de la nécessité d'une déclaration préalable d'utilité publique suivant les formes.

Mais un autre arrêt du même jour (*ville d'Évreux*) a résolu, à l'égard des acquisitions conformes à un plan approuvé, la question qui nous occupe de manière à confirmer pleinement la doctrine professée par la circulaire ministérielle du 23 août 1841 (1); celui

---

(1) Nous reproduisons cet arrêt *in extenso*:

« Attendu, en ce qui concerne les acquisitions des 19 février 1839, 18 et 21 juin de la même année, 7 septembre 1840, et 22, 23 et 24 octobre suivant, que le jugement attaqué déclare expressément que lorsque ces acquisitions ont été faites par la ville d'Évreux, afin d'élargir et de redresser plusieurs de ses rues conformément au plan d'alignement dressé dans les formes et avec les conditions exigées et approuvées par le gouvernement, les propriétaires des terrains acquis *voulaient reconstruire sur ces rues*; — Attendu que le plan qu'il s'agissait d'exécuter, en déterminant d'une manière spéciale les portions de terrain destinées à être occupées par la voie publique *actuelle*, avait nécessairement donné à la ville d'Évreux, pour le cas où cette incorporation devrait avoir lieu, c'est-à-dire pour le cas où les propriétaires de ces terrains voudraient reconstruire, le droit et l'autorisation dont elle avait besoin pour les forcer à subir toutes les conséquences de son plan d'alignement; — *qu'ainsi elle trouvait dans ce plan la déclaration d'utilité exigée par la loi du 7 juillet 1833 sur l'expropriation pour cause d'utilité publique;* — Attendu, dès lors, que les acquisitions amiables qu'elle a faites pour l'application immédiate d'un plan d'alignement à l'exécution duquel les propriétaires des terrains désignés ne pouvaient se soustraire, doivent être considérées comme ayant eu lieu en vertu de cette loi, et doivent être, par là, admises à jouir de l'exemption des droits de timbre et d'enregistrement qu'elle a établie par son article 58;

. . . .

« Attendu qu'il suit de ce qui précède qu'en ordonnant la restitution des

11

du 3o janvier 1847 (*Baffoy*), cité plus haut, chapitre II, n° 75, tranche d'une manière encore plus précise, s'il est possible, cette question en faveur de l'opinion soutenue par le ministre de l'intérieur. Il faut donc considérer ce point comme désormais hors de contestation.

58. Mais il fallait aussi prévoir le cas où, lorsqu'il n'existe pas de plan légalement arrêté, la contestation sur le chiffre de l'indemnité pourrait naître à l'occasion d'un alignement partiel délivré par le maire

---

droits perçus sur la ville d'Evreux à l'occasion des acquisitions dont il s'agit, le jugement attaqué n'a pas violé les articles de loi invoqués, rejette, etc. » (Audience du 19 juin 1844, ch. civ., *l'administration de l'enregistrement*, C. *Péclet*, S. 44, 1, 496.)

Ainsi, à l'égard du payement des droits de timbre et d'enregistrement, il est passé maintenant en force de chose jugée que la prise de possession des parcelles de terrain acquises ou cédées par la commune, ou par les propriétaires riverains par suite de l'exécution d'un plan d'alignement régulièrement arrêté, tombe sous l'application de l'art. 58 de la loi du 3 mai 1841, c'est-à-dire que les actes qui s'y rapportent doivent être visés pour timbre et enregistrés en *debet*. On a vu par l'arrêt *Baffoy* que les plans arrêtés par les préfets pour les communes de moins de 2 000 habitants ont, sous ce rapport, la même valeur que ceux qui sont arrêtés par ordonnance royale.

Il a été jugé, toutefois (arr. de cass., 6 mars 1848, *ville de Bordeaux*), qu'un ancien plan d'alignement, approuvé par un arrêt du conseil de 1763, ne peut tenir lieu de la déclaration d'utilité publique, non plus que l'autorisation donnée par le préfet pour acquérir des maisons sujettes à reculement d'après ce plan, quand la condition de réédification prévue par l'arrêt n'a pas été réalisée. Dans ce cas, les acquisitions faites par la ville ne peuvent être réputées avoir eu lieu en vertu de la loi sur l'expropriation pour utilité publique et, à ce titre, être dispensées des droits d'enregistrement.

L'administration générale de l'enregistrement et des domaines a décidé, par délibération du conseil du 1er septembre 1846, approuvée par le directeur général, que les actes d'acquisition faits, même à l'amiable, en vertu d'un plan d'alignement régulièrement arrêté doivent profiter de l'exemption de droits accordée par l'article 58 de la loi du 3 mai 1841.

Il en est de même pour les acquisitions relatives à l'ouverture et au redressement des chemins vicinaux (circul. du min. de l'intérieur du 4 février 1847).

en vertu du pouvoir qui lui est propre. Le moyen indiqué par la circulaire du 23 août 1841 pour obvier à cette difficulté, c'est que les maires, dont les actes en cette matière doivent toujours avoir pour base un ensemble d'alignement raisonné, fassent précéder leurs arrêtés de l'enquête et des autres formalités prescrites par l'ordonnance réglementaire du 23 août 1835 et par l'instruction du 21 septembre suivant. Si alors le propriétaire consent l'alignement et l'indemnité proposés, tout sera dit et l'affaire

---

Suivant une décision du ministre des finances du 17 septembre 1846, le bénéfice de cette exemption s'étend aussi aux actes de cession amiable ; mais, dans ce dernier cas, pour que la décision du 17 septembre puisse recevoir son application, il faut d'abord qu'un arrêté préfectoral ait préalablement déclaré d'utilité publique les travaux d'ouverture ou de redressement du chemin, conformément à l'article 16 de la loi du 21 mai 1836, et, en second lieu, qu'un deuxième arrêté, pris par le préfet, en conseil de préfecture, conformément à l'article 11 de la loi du 3 mai 1841, ait déterminé les propriétés qui doivent être cédées pour l'exécution des travaux. Il ne faut pas perdre de vue que ces deux actes successifs sont indispensables pour établir que les acquisitions amiables sont faites dans un but d'utilité publique ; le préfet doit avoir soin, en conséquence, de ne passer les actes de cession qu'après l'accomplissement de ces formalités préalables.

Dans le cas où l'on ne produirait, à l'appui d'un acte de vente amiable, que le premier arrêté déclaratif d'utilité publique, le receveur de l'enregistrement serait fondé à réclamer le payement du droit fixe d'enregistrement de un franc. On pourrait, il est vrai, obtenir, dans le délai de deux ans, le remboursement des droits perçus ; mais ce remboursement ne pourrait être effectué qu'après qu'il aurait été justifié, conformément au troisième paragraphe de l'article 58 de la loi du 3 mai 1841, que les immeubles acquis à l'amiable sont compris dans un arrêté que le préfet aurait pris postérieurement en conseil de préfecture, à l'effet de désigner les terrains à incorporer à la voie publique. Ce mode de procéder présentant toujours des inconvénients, le préfet ne doit passer d'acte amiable, avant d'avoir pris ce second arrêté, que dans le cas où il pourrait y avoir urgence. (Circul. du 4 février 1847.)

Ces dispositions sont évidemment applicables aux alignements des chemins vicinaux dans la traverse des villages.

(V. à l'Appendice la circulaire du ministre des travaux publics du 5 décembre 1846.)

n'ira pas plus loin ; mais s'il conteste, soit l'alignement, soit l'indemnité, une ordonnance royale interviendra, en vertu de laquelle le jury d'expropriation pourra, s'il y a lieu, être saisi.

59. On peut encore, et pour éviter des retards qui ne préjudicient, en résultat, qu'au propriétaire intéressé, exiger de celui-ci qu'avant de commencer les constructions il souscrive l'engagement de payer ou de recevoir l'indemnité qui serait fixée à dire d'experts.

60. Quant à la marche à suivre pour obtenir la convocation du jury, le moyen le plus simple c'est que le préfet produise, devant le tribunal, une expédition de l'arrêté du maire qui fixe l'alignement ; cet arrêté doit être approuvé par le préfet pour satisfaire aux prescriptions contenues dans l'avant-dernier paragraphe de l'article 2 de la loi du 3 mai 1841. Le préfet demande acte au tribunal de cette production et requiert la nomination du magistrat directeur du jury. (Circ. du 23 août 1841.)

61. En général, et dans tous les cas, la marche de la procédure est la même.

Le préfet produit devant le tribunal expédition de l'arrêté d'alignement.

Le tribunal donne acte, par un jugement, de cette production et nomme le magistrat directeur du jury.

Ce jugement se publie conformément à l'article 15 de la loi.

Il est fait des offres aux propriétaires suivant les dispositions de l'article 23.

A défaut d'acceptation ou de réponse dans le délai prescrit par l'article 24, le jury est convoqué aux termes de l'article 31 ;

Et le jugement est prononcé avec l'accomplissement

des formalités prescrites par les articles 32 et suivants.

62. Une fois l'indemnité ainsi réglée, les intérêts
courent à partir du jour où le terrain a été livré, de
fait, à la voie publique ; le délai de six mois, prévu
par le dernier paragraphe de l'article 55, ne pouvant
être équitablement imposé à l'égard de terrains retranchés par voie d'alignement et dont le propriétaire a été dépossédé souvent très-longtemps avant
la décision du jury.

§ 3. — Des indemnités dues pour dommages portés à la propriété

63. Il est d'abord un principe essentiel à rappeler
ici : c'est que les lois sur l'expropriation pour cause
d'utilité publique ne s'appliquent que là où il y a eu
effet nécessité d'occuper une portion quelconque de
la propriété privée, conséquemment de déposséder,
au moins partiellement, le propriétaire ; hors de ce
cas et toutes les fois que, sans lui rien enlever, on
cause au propriétaire un préjudice, en restreignant
directement ou indirectement la jouissance de ses
droits, il n'a plus à exercer qu'une action en dommage, ce n'est plus, dès lors, qu'une question d'indemnité à décider, et les formes diffèrent.

64. Ainsi le conseil d'Etat a toujours reconnu,
même postérieurement à la loi du 7 juillet 1833, que
c'est à l'autorité administrative, c'est-à-dire aux conseils de préfecture qu'il appartient de statuer sur l'indemnité due à un particulier à raison de la dépréciation de sa propriété, résultant de travaux qui ont
exhaussé le sol de la voie publique, les tribunaux
n'étant compétents que pour prononcer sur l'indemnité due à raison de l'enlèvement du terrain par suite

des travaux. Entre autres ordonnances qui l'ont décidé ainsi, nous citerons, comme les plus récentes, celles des 17 janvier 1838 *Rodet*, S., V. 38, 2, 276. D. 40, 3, 11); 23 février 1839, *Delcambre*, S., V. 40, 2, 47. D. 40, 3, 30; 14 avril 1839, *Magnien*, S., V. 40, 2, 48; 25 avril 1845, *Bernardet*; 2 mai 1845, *Lecq*; 9 mai 1845 *Rassicod*; 24 juillet 1845, *Teissère*; 30 mars 1846, *veuve Durand*.

Même décision pour le cas où il s'agit de dommage résultant, pour des particuliers, de l'abaissement du sol de la ·voie publique devant leurs maisons (O., 6 onvembre 1839, *Parpezat* et autres, S., V. 40, 2, 35. D. 40, 3, 91; 28 novembre 1845, *Lemarrois*.

65. Observons cependant que ce principe est contesté par la Cour de cassation, dont la jurisprudence établit, au contraire, que la fixation de l'indemnité due à raison de la dépréciation permanente d'une propriété, résultant de travaux publics, est du ressort des tribunaux et non de l'administration, aussi bien que s'il s'agissait d'une expropriation forcée. (Arr., 30 avril 1838, *Les Moulins*, S., V. 38, 1, 456; D. 38, 1, 203); que, particulièrement, les indemnités pour dommages provenant de l'exhaussement du sol de la voie publique, donnent lieu à l'application de cette règle. (1er mars 1838, *Palaillon*, S., V. 39, 2, 470; D. 39, 2, 128.)

En un mot, selon la Cour de cassation, dans tous les cas où il y a dommage *permanent*, il y a expropriation, et, dès lors, c'est aux tribunaux et non à l'administration à régler l'indemnité. (Arr., 17 août 1837, *Germain*, S., V. 38, 2, 19; D. 37, 2, 152.)

66. La doctrine de la Cour de cassation peut sans doute se justifier, par la raison que nous avons donnée n° 50 et suivants, pour décliner la compétence

administrative en matière de règlement d'indemnité,
mais aussi par cette considération qu'en dehors du fait
de l'expropriation, tout dommage permanent causé
à la propriété privée touche à une question de servitude, et que les questions de servitude doivent suivre
le sort des questions de propriété, qui sont de la compétence exclusive des tribunaux ; par exemple, la
suppression d'une rue ou d'une impasse, sur laquelle
un propriétaire prend des jours et issues, rentre évidemment dans la catégorie des dommages permanents
dont il s'agit, en même temps que c'est un droit de
servitude que cette opération de l'administration enlève au propriétaire. Cependant, le conseil d'Etat
n'admet pas davantage la compétence judiciaire relativement à cette nature de dommage. (O., 15 juin
1842, *Phalipau* (suppression de l'impasse Saint-
Laurent, à Paris). C'est qu'en effet la loi du 16 septembre 1807 n'a été abrogée successivement par la
loi du 8 mars 1810 et par celles des 7 juillet 1833 et
3 mai 1841, qu'en ce qui concerne uniquement l'*expropriation*, c'est-à-dire, en termes formels, la déposs-
session de tout ou partie de l'étendue superficielle
d'un immeuble, et que, relativement au règlement
des indemnités pour dommages, à l'égard desquels la
loi de 1807 ne distingue pas, les articles 56 et suivants
de cette loi n'ont pas cessé d'être en vigueur ; d'où la
conséquence que c'est en vertu des mêmes articles que
doivent continuer d'être réglées ces sortes d'indemnités, et que, si l'action était portée devant un tribunal,
le préfet devrait proposer le déclinatoire, et, au besoin, élever le conflit. (O., 14 avril 1839, *Magnien et consorts*; 29 novembre 1845, *Lemarrois*;
3 décembre 1845, veuve *Estoret*; 30 mars 1846, veuve
Durand.

67. On a vu, par les différentes décisions contradictoires du conseil d'Etat et de la Cour de cassation ci-dessus reproduites, qu'en matière de dommages, la marche à suivre pour arriver au règlement des indemnités a dû rester longtemps incertaine. On conçoit, en effet, que l'administration ait hésité, en présence de ces décisions si directement opposées, à prescrire, dans les matières communales surtout, le renvoi de ces sortes d'affaires devant les conseils de préfecture. Il a fallu, pour dissiper ses doutes à cet égard, que le conseil d'Etat tranchât la question par la voie du conflit. (O., 28 novembre 1845, *Lemarrois;* 13 décembre 1845, veuve *Estoret.*)

En ce qui concerne spécialement les projets de nivellement des rues, les instructions de l'autorité centrale ont dû se ressentir de son incertitude. Toutefois, elle n'en saurait plus conserver aujourd'hui que la question de compétence a été définitivement décidée.

68. Il faut donc tenir comme établi que, du moment où les tribunaux et le jury d'expropriation n'ont plus à intervenir dans le règlement des indemnités pour dommages causés à la propriété privée par des travaux publics quelconques, il n'y a plus lieu à provoquer d'ordonnance déclarative de l'utilité publique; que ces travaux, en ce qui concerne la voirie urbaine, rentrent dans la catégorie des travaux communaux ordinaires, qui, aux termes de la loi du 18 juillet 1837, sont autorisés (art. 45) par le préfet ou par le ministre de l'intérieur, selon que la dépense s'élève à moins de 30,000 fr., ou dépasse ce chiffre; que seulement ils ne peuvent être entrepris sans qu'au préalable il ait été procédé à une enquête *de commodo et incommodo*, soit conformément à l'ordonnance réglemen-

taire du 23 août 1835, soit dans les formes prescrites
par l'instruction ministérielle du 23 août 1825, et à
charge, dans tous les cas, par la commune, de justifier des ressources nécessaires pour acquitter les indemnités dues aux propriétaires riverains, lesquelles,
en cas de contestations, seraient fixées par le conseil
de préfecture, conformément aux dispositions des articles 56 et suivants de la loi du 16 septembre 1807 (1).

69. A cette question du nivellement des rues, dans
les villes, se rattache l'application de l'arrêt du conseil du roi du 22 mai 1725, qui oblige, sous peine
d'amende, tout propriétaire qui bâtit dans une rue
non encore pavée, de demander, avant de poser les
seuils de ses portes, le règlement des pentes du sol.
(V. cet ancien arrêt à l'Appendice.) Le préfet de la
Seine, par un arrêté du 14 juillet 1846 (V. *ibid.*), a
réglementé ce point d'une manière définitive, pour la
ville de Paris.

70. Il a été posé, d'ailleurs, comme règle de juris-

(1) Le ministre de l'intérieur écrivait au préfet de la Loire-Inférieure, le
; août 1841 :

« Un plan général de nivellement des rues d'une ville doit être soumis
« à l'approbation royale, dans les mêmes formes et après la même instruction qu'un plan général d'alignement. Toutefois, comme il ne pourrait être
procédé à un nivellement successif, au droit de chaque maison, chaque fois
qu'un propriétaire demande alignement, sans que la voie publique en devînt
impraticable, les travaux de nivellement doivent embrasser au moins une
rue entière, et, dans ce cas, la ville doit se faire autoriser à les exécuter
par une ordonnance royale déclarative d'utilité publique, comme s'il s'agissait
de l'ouverture d'une rue nouvelle arrêtée par un plan général d'alignement.
L'instruction doit d'ailleurs être faite dans les formes prescrites par l'ordonnance du 23 août 1835, et la commune doit fournir la preuve qu'elle a
des ressources suffisantes pour acquitter les indemnités qui pourront être dues
aux propriétaires riverains, *indemnités au règlement desquelles la loi du
3 mai 1841 est applicable.* »

Nous venons d'expliquer en quoi ces instructions diffèrent sous le rapport
de la compétence, de celles qui seraient adressées aujourd'hui en semblable
matière.

prudence, que, lorsque par suite d'un alignement arrêté, un terrain particulier est destiné à faire, un jour, partie de la voie publique, et se trouve ainsi voué d'avance à une expropriation future, conséquemment grevé de la servitude *non œdificandi*, le propriétaire ainsi asservi n'a pas droit à une indemnité *actuelle*, si ce n'est en cas d'expropriation. Cass. 7 août 1829, *Becq*, S. 29, 1, 394 ; D. 27, 1, 236.)

71. Mais toute opération effectuée en dehors des faits ordinaires de voirie, qui, en changeant l'état actuel de la voie publique, porte un préjudice quelconque aux propriétaires, soit en diminuant leurs jours, soit en gênant l'accès de leurs maisons, leur donne le droit de réclamer de la commune une indemnité que celle-ci ne peut refuser, sous le prétexte que les travaux dont il s'agit ont un caractère d'utilité communale, et profitent particulièrement à la rue dont les réclamants sont riverains. (Cass., 18 janvier 1826, *Bienassis*, S. 26, 1, 269; décision ministérielle, 20 novembre 1840, commune de *Saint-Aignan*.) Telle serait la construction d'une pompe ou d'une fontaine publique, dans une rue, à proximité de propriétés particulières auxquelles ce voisinage pourrait nuire. (Même décision.)

72. Ainsi, pour les propriétaires dont les intérêts pourraient être lésés d'une manière permanente par l'exécution de travaux publics communaux, le droit à indemnité n'est pas douteux ; mais, à l'égard des dommages accidentels que ces mêmes travaux peuvent leur causer, la Cour de cassation a posé ce principe : que chaque habitant d'une ville ou commune devant supporter personnellement et sans indemnité toutes les charges et sujétions qui sont la conséquence né-

cessaire du régime municipal, et qu'autorisent les lois ou règlements de police, une ville ou commune qui, après y avoir été dûment autorisée par l'autorité supérieure, fait exécuter des travaux de nivellement sur la voie publique, n'est pas tenue d'indemniser les propriétaires ou locataires riverains des pertes qu'ils ont pu éprouver momentanément dans leur commerce, à raison de l'interruption ou du resserrement de la circulation, lorsque, d'ailleurs, on ne peut reprocher à la ville ou commune ni faute ni négligence. (Arr., 12 juin 1833, *ville de Paris*; S. V. 33, 1, 604; D. 33, 1, 237.)

73. La loi du 16 septembre 1807 (art. 50) a toujours été appliquée, même depuis celle du 8 mars 1810, comme ne donnant droit au propriétaire qui démolit sa maison pour prendre l'alignement, qu'à une indemnité égale à la valeur du terrain nu qu'il abandonne à la voie publique, sans égard à la dépréciation que le reculement cause à la partie restante de la propriété. (Cass., 7 juillet 1829, *ville de Douai*; S. 29, 1, 308; D. 27, 1, 291.)

La même règle subsiste aujourd'hui; mais, comme la fixation des indemnités par suite d'alignement est du ressort du jury d'expropriation, et que les jugements de ce jury sont souverains, quant au fond, il lui appartient d'apprécier, selon les espèces, les circonstances qui seraient de nature à en modifier l'application. (V. *Cours de droit administratif appliqué aux travaux publics*, par M. Cotelle, t. 1er, p. 467.)

§ 4. — Des indemnités pour plus-value.

74. Aux termes de la loi du 16 septembre 1807 (art. 30), toute propriété privée qui retire une notable augmentation de valeur de l'exécution de tra-

vaux quelconques d'utilité publique peut être tenue de payer une indemnité représentative de la moitié, au *maximum* de cet excédant de valeur. Toutefois, cette disposition ayant été assez rarement appliquée, et, d'une autre part, la loi du 3 mai 1841 ne s'étant occupée des indemnités pour plus-value que pour les cas où il y a lieu à compensation jusqu'à due concurrence entre ces indemnités et celles auxquelles le propriétaire a droit par suite de l'abandon d'une portion de son immeuble, la question s'était élevée de savoir si l'article 30 de la loi du 16 septembre 1807, plus spécialement applicable aux desséchements des marais, avait conservé force et vigueur en ce qui concerne les opérations de voirie.

75. Plusieurs ordonnances administratives avaient, il est vrai, même sous l'empire de la loi du 7 juillet 1833 sur l'expropriation, maintenu le droit de l'administration à cet égard (5 août 1831, *Lyon;* 1er juin 1835, *Grenoble;* 2 décembre 1836, *Orange*); mais dans beaucoup de villes, et notamment à Paris, ce principe n'avait jamais reçu d'application. Ce fut à l'occasion de l'ouverture de la rue Rambuteau et de son passage sur les rues de la Chanvrerie et du Petit-Hurleur, que le préfet de la Seine soumit au ministre de l'intérieur la proposition de charger les propriétaires riverains du côté maintenu sur le nouvel alignement de payer une indemnité équivalant à la moitié des avantages qu'ils devaient recueillir de l'opération projetée (1).

---

(1) Plus anciennement, cependant, une question analogue s'était présentée à l'occasion du prolongement de la rue Vivienne à Paris: c'était celle de savoir si, dans le système de la loi de 1807, il n'y avait pas lieu de distinguer le cas de l'indemnité due quand les propriétés n'ont pas été entamées, de celui où il

A cette proposition se rattachaient quelques questions accessoires qui motivèrent de la part du ministre un appel aux lumières du conseil d'Etat.

Ainsi les pouvoirs confiés à la commission chargée de fixer le chiffre de l'indemnité, en vertu de l'article 46 de la loi de 1807, et dont les membres sont choisis par l'administration, ne seraient-ils pas excessifs,

---

doit y avoir compensation par suite d'une dépossession partielle, et le conseil d'Etat consulté s'était prononcé en ces termes par un avis du 10 décembre 1830 :

« L'article 32 de la loi du 16 septembre 1807 relative à la plus-value que peuvent acquérir des immeubles par suite de l'élargissement ou d'autres améliorations de la rue dont ils sont riverains, n'est applicable qu'aux fonds voisins des travaux dont il est question dans l'art. 30, et par suite desquels il peut y avoir lieu, aux termes de cet article, au payement d'une plus-value, mais lorsqu'il s'agit d'immeubles entamés par ces mêmes travaux et pour lesquels il peut y avoir tout à la fois, une indemnité à payer par la ville pour la partie occupée et une plus-value à percevoir à son profit, à raison des avantages acquis au restant desdits immeubles, ce n'est plus aux articles 30, 31 et 32 de la loi du 16 septembre 1807 qu'il faut recourir, mais à l'article 54 de la même loi.

« Ce dernier pose en termes précis le principe de la compensation à établir entre l'indemnité et la plus-value. La juste indemnité due au propriétaire dépossédé pour cause d'utilité publique devant avoir pour résultat (la Cour de cassation l'a jugé ainsi plusieurs fois, notamment le 22 janvier 1829) non de rendre ce propriétaire plus riche, mais de lui procurer l'équivalent du dommage, l'autorité appelée à évaluer le dommage doit apprécier et balancer toutes les circonstances qui sont de nature à l'accroître ou à l'atténuer. — Les deux opérations prescrites par l'art. 54 de la loi du 16 septembre 1807 doivent donc être regardées comme indivisibles, et la loi du 18 mars 1810 ayant exclusivement déféré aux tribunaux le règlement des indemnités dues aux propriétaires expropriés pour cause d'utilité publique, c'est aux tribunaux qu'il appartient d'appliquer la double disposition de l'art. 54. » (Inédit.)

La conséquence de cet avis est donc que, dans toute espèce analogue, lorsqu'il s'agit d'indemnités dues par des propriétaires dont les immeubles ne sont pas atteints par les travaux, c'est la loi de 1807 qui doit être appliquée, et, lorsqu'il y a lieu à compensation pour cause de dépossessions partielles, celle du 3 mai 1841 qui a remplacé la loi du 8 mars 1810. Tel est, en effet, l'état de la jurisprudence qu'on peut considérer comme désormais fixée sur le point en question.

surtout en présence de l'avis du conseil d'Etat du 1er avril 1841? (V. n° 53.)

Y a-t-il lieu d'exiger le payement de l'indemnité telle que la commission l'aura réglée en argent ou en rentes constituées à 4 pour 100, ou en délaissement d'une partie du fonds, comme l'indique l'article 31 de la loi?

Dans quelles formes doit-on procéder en cas de résistance de la part des propriétaires intéressés? La ville peut-elle user, dans ce cas, du droit de préemption, comme en matière de desséchement de marais, et poursuivre l'expropriation, sauf à tenir compte au propriétaire de la valeur de son immeuble avant l'exécution des travaux, ou bien doit-elle agir envers celui-ci comme à l'égard d'un créancier ordinaire?

Telles étaient les questions que le conseil d'Etat avait à examiner, et qu'il résolut par un avis du 26 avril 1843, en ce sens : 1° que les dispositions des lois sur l'expropriation n'ont rien changé à celles de la loi du 16 septembre 1807, quant aux indemnités pour plus-value, à l'égard des propriétés non entamées par les travaux ; qu'en conséquence, toutes les dispositions de cette dernière loi, tant relativement à la création de la commission (ordonnée par l'article 46) que sur la marche de la procédure, doivent être considérées comme maintenues en vigueur;

2° Que le propriétaire débiteur ayant la faculté de choisir parmi les modes de libération indiqués par l'article 31 de la loi, c'est à l'administration à le mettre en demeure, et que, faute par lui de se prononcer dans un délai fixé, elle doit poursuivre le payement de l'indemnité comme envers un créancier ordinaire.

76. Ces principes une fois posés et l'avis du conseil d'Etat du 26 avril 1843 ayant été adopté par le mi-

nistre de l'intérieur (lettre au préfet de la Seine du
9 novembre suivant.), restait à régler l'ordre à suivre
dans l'accomplissement des formalités prescrites par
la loi.

Voici, d'après les termes de la loi et les directions
données par les instructions ministérielles qu'on peut
considérer comme étant d'une application générale,
la marche qui doit être suivie en pareil cas :

1° Enquête, après délibération du Conseil municipal, sur l'application de la loi en matière de plus-
value, ainsi que sur l'utilité publique des travaux en
vue desquels la plus-value est réclamée;

2° Ordonnance royale qui déclare l'utilité publique des travaux, décide qu'il y a lieu à indemnité
pour plus-value, et indique le nombre de syndics à
nommer. (Art. 7 de la loi.)

3° Nomination d'une commission de sept membres. (Art. 43.)

Cette commission est nommée par ordonnance
royale sur les présentations faites par le maire et
sur l'avis du préfet.

Le préfet nomme le président et indique le lieu de
la réunion. (Instruction ministérielle du 9 novembre 1843.)

4° Nomination des syndics par le préfet. Ils doivent être pris parmi les propriétaires intéressés;

5° Réunion des syndics par les soins du maire, et
nomination, par eux, d'un expert. (Art. 8.)

6° Nomination du tiers-expert par le préfet.

7° Dans le cas où les propriétaires, contestant l'application de la loi, refuseraient de se former en syndicat et de nommer leur expert, il serait pourvu
d'office à cette nomination par le maire.

8° Les experts dressent un plan parcellaire des

propriétés qu'ils jugent susceptibles de l'application de la plus-value sans distinction de classes, et procèdent immédiatement à l'estimation de ces propriétés suivant leur valeur actuelle.

9° Le plan et le procès-verbal d'estimation restent exposés pendant un mois à la mairie ; les propriétaires sont appelés, par avis et affiches, à en prendre connaissance et à présenter leurs observations. Ces observations sont soumises d'abord au conseil municipal, puis au préfet, qui peut ordonner telles vérifications qu'il juge convenables. Si les parties persistent, la commission statue. (Art. 11, 12 et 14.)

10° Réunion de la commission. Le travail des experts lui est soumis, ainsi que les observations des propriétaires. Elle prend une décision à l'effet d'homologuer la première estimation.

11° Ouverture de la voie projetée; exécution des travaux.

12° Après l'achèvement des travaux, les experts procèdent, dans les formes ci-dessus indiquées, à l'estimation nouvelle des propriétés auxquelles la plus-value est applicable. (Art. 18.)

13° Présentation, à la commission, du rôle contenant les noms des propriétaires et le montant des deux estimations.

14° Décision définitive de la commission déterminant la plus-value et fixant l'indemnité due à la ville par les propriétaires, sauf le recours de ceux-ci devant le Conseil d'État (1).

---

(1) Un pourvoi ayant été formé par les propriétaires riverains de la rue de la Chanvrerie à Paris, à l'occasion de l'affaire dont il a été parlé plus haut, le conseil d'État s'est prononcé, par une ordonnance du 23 novembre 1847, en ces termes :

SECTION III.

*Du pavage et des trottoirs ; de l'inscription des rues et du numéro-
tage des maisons.*

77. Dans beaucoup de villes, en France, il est pourvu
aux frais d'entretien du pavé des rues par les propriétaires, suivant des usages plus ou moins anciens
qui mettent cette dépense à leur charge. (V. l'édit de
décembre 1607, art. 12).

78. Dans quelques-unes et à Paris notamment il
en est de même du premier établissement, en vertu
de cette maxime du droit romain suivant laquelle
chaque propriétaire bordant la voie publique était
tenu de fournir et de conserver en bon état la partie
de la rue correspondant à sa maison. *Construat au-
tem vias publicas unusquisque secundùm propriam
domum. (L. Ædiles, de viâ pub.)* (1).

« Vu la loi et notamment les articles 30, 31 et 32 de la loi du 16 septembre 1807 ;

« Sur le moyen tiré de ce que les art. 30, 31 et 32 de la loi du 16 septembre 1807 auraient été abrogés par les lois postérieures; — Considérant
qu'aucune disposition de loi n'a modifié ou abrogé les art. susvisés de la loi
du 16 septembre 1807 ;

« Sur le moyen tiré de la violation de la loi du 16 septembre 1807 en ce
que les parties intéressées n'auraient pas été entendues ; — Considérant qu'il
résulte de l'instruction qu'une enquête a été ouverte ; que les parties intéressées ont été dûment appelées et que plusieurs d'entre elles ont été entendues ;
que dès lors les formalités prescrites par l'art. 32 de la loi du 16 septembre
1807 ont été remplies ;

« Art. 1er. La requête des sieurs Binet et consorts est rejetée, sauf à chacun des intéressés, s'il s'y croit fondé, à contester, conformément à l'art. 46
de la loi du 16 septembre 1807, l'existence et la quotité de la plus-value mise
à sa charge. »

(1) Voici en quels termes statuaient quelques-uns des plus anciens règlements en matière de pavage concernant la ville de Paris :

Ordonnances du roi Jean de l'an 1350. « Que chacun, en droit soi, fasse re-

12

79. Lorsqu'à l'époque de la révolution de 1789, il s'agit de mettre en harmonie ces anciens usages avec les principes nouveaux de la législation générale, on reconnut bientôt la difficulté de les faire rentrer sous la règle inflexible du droit commun, et comme, en définitive, ils intéressaient bien plus les localités que l'universalité du royaume, le législateur jugea prudent de n'y rien changer.

Ce ne fut que plus tard, par la loi du 11 frimaire an VII sur les recettes et dépenses publiques, qu'une règle nouvelle parut se substituer à l'ancien droit communal en matière de pavage.

80. Cette loi, en distinguant, dans les villes, la partie du pavage à la charge de la commune de celle qui est à la charge de l'Etat, disposait, art. 4 : Les dépenses

---

faire les chaussées en la manière et selon qu'il est accoutumé de faire d'ancienneté. » (Delamare, t. 4, p. 170.)

Lettres patentes de Charles VI du 1er mars 1388. « Que les demeurants en la cité de quelque état et condition qu'ils soient, seront contraints d'amender et refaire semblablement chacun en droit soi les pavements des chaussées de ladite ville, excepté toutefois ceux de la croisée d'icelle ville (deux grands chemins qui se croisaient à angle droit et formaient ce qu'on appelait alors la *Croisée* de Paris), et d'amender rues et places qui y appendent ; lesquels doivent être faits et soutenus par celui qui est établi par S. M. au gouvernement de la prévôté des marchands. » (*Ib.*, *id.*)

En 1609 on projeta de changer le mode de subvention de la dépense du pavage, de réunir les mesures de l'entretien du pavé à celles du nettoiement et de pourvoir à ces deux objets au moyen de droits d'entrée à la décharge des bourgeois ; mais cette tentative n'eut point de résultat et l'on revint bientôt à l'ancien usage. Un arrêt du conseil prescrivit une assemblée de bourgeois pour aviser au moyen de subvenir à la dépense du pavage ; des députés furent nommés dans chaque quartier et ces députés, réunis le 12 juin 1637, décidèrent que « chacun bourgeois serait tenu d'entretenir *à ses dépens le pavé de sa maison*, et à l'étendue d'icelle, ainsi qu'il sera nécessaire, selon qu'il était pratiqué auparavant l'année 1609 ; et à quoi ils y seront contraints selon les ordonnances de police. » Cette délibération a été approuvée par lettres patentes du 9 juillet 1637 enregistrées au parlement le 13 du même mois. (*Id.*, *ibid.*).

communales sont celles « 1° de l'entretien du pavé pour les parties qui ne sont pas grandes routes; 2° de la voirie et des chemins vicinaux dans l'étendue de la commune,» d'où il semblait naturel de conclure que les dépenses du pavage devenant une charge communale, les propriétaires devaient désormais en être exonérés.

81. Des doutes subsistaient néanmoins, et le Conseil d'Etat, ayant été consulté en 1807, rendit un avis ainsi conçu :

« Le conseil d'État, qui, d'après le renvoi ordonné, a entendu le rapport de la section de l'intérieur sur celui du ministre de ce département, en date du 21 janvier dernier, par lequel le ministre demande qu'il soit statué sur la question de savoir si, dans toutes les communes, le pavé des rues *non grandes routes* doit être mis à la charge des propriétaires des maisons, lorsque l'usage l'a ainsi établi, et si l'art. 4 de la loi du 11 frimaire an VII n'y apporte pas d'obstacle;

« Estime que la loi du 11 frimaire an VII, en distinguant la partie du pavé des villes à la charge de l'état, de celle à la charge des villes, n'a point entendu régler de quelle manière cette dépense serait acquittée dans chaque ville, et qu'on doit continuer de suivre à ce sujet l'usage établi pour chaque localité jusqu'à ce qu'il ait été statué par un règlement général sur cette partie de la police publique;

« En conséquence, que dans les villes où les revenus ordinaires ne suffisent pas à l'établissement, restauration ou entretien du pavé, les préfets peuvent en autoriser la dépense à la charge des propriétaires, ainsi qu'il s'est pratiqué avant la loi du 11 frimaire an VII (1). »

---

(1) Cet avis, ayant été approuvé par l'empereur le 25 mars 1807, a force de loi.

82. Cet avis établissait ainsi deux points principaux : 1° qu'il y a lieu de continuer à suivre les anciens usages, mais seulement lorsque les villes n'ont pas de revenus sufffisants pour subvenir aux dépenses du pavage ; 2° que cet état des choses ne peut être changé que par un règlement général sur cette partie de la police publique.

Il faut dire tout d'abord que jusqu'ici l'administration centrale n'a pas cru devoir provoquer le règlement général dont il est question dans l'avis ci-dessus rappelé.

83. On est donc resté sous l'empire de la règle posée par cet avis, à savoir, que l'ancien usage doit être suivi, lorsque les villes sont dépourvues de revenus suffisants pour subvenir aux dépenses du pavage. Mais cette règle, qui est aujourd'hui passée dans la loi (V. les lois annuelles de finances, budgets des recettes) a provoqué de fréquentes contestations entre les administrations locales et les propriétaires, soit que ceux-ci refusassent d'optempérer aux injonctions de la police municipale, auquel cas le litige appartient à l'autorité judiciaire, soit qu'ils se pourvussent directement devant le Roi, en son conseil d'État, pour faire juger le fond du droit.

84. Nous nous attacherons à définir les droits et les devoirs de l'administration et des particuliers tant en matière de pavage qu'en ce qui concerne l'établissement des trottoirs qui se rattache aussi à la question d'usage relativement aux obligations à imposer aux propriétaires ; puis nous traiterons de ce qui concerne les droits de voirie, l'inscription des rues et le numérotage des maisons.

§ 1er. — Des droits de l'administration et des obligations des propriétaires en matière de pavage.

85. En présence des contradictions que nous semblaient offrir l'ancienne et la nouvelle législation touchant les obligations des propriétaires, relativement soit à l'établissement, soit à l'entretien du pavé des rues dans les villes, nous avions cru pouvoir soutenir (*Recueil des lois et règlements de la voirie*, t. Ier, p. 192 et t. II, p. 231) avec quelques auteurs qui font autorité (1) que les prétentions de l'administration à cet égard manquaient sur quelques points de fondement légal. La jurisprudence postérieure, nous devons nous empresser de le reconnaître, a mis fin à nos incertitudes et fait disparaître en grande partie nos scrupules.

86. Plusieurs ordonnances rendues au contentieux, (3 janvier 1834, *Cognet* (2); 2 janvier 1838, *Lafarge*;

---

(1) Favart de Langlade, V° *Pavé des villes*; Garnier, *Traité des chemins*, p. 334 ; Fleurigeon, t. II, p. 553.

(2) Vu la délibération du conseil municipal de la Guillotière, du 11 mars 1825, portant que, suivant les anciens usages, le pavage de toutes les rues sera fait aux frais des propriétaires riverains ; — Vu l'ordonnance royale du 7 septembre 1825 ; — Vu le cahier des charges, clauses et conditions du 30 avril 1826 ; — Vu l'adjudication des travaux approuvés par le préfet du Rhône, le 6 octobre 1826 ; — Vu l'arrêté attaqué ; — Vu l'ordonnance royale du 30 décembre 1829, par laquelle il est sursis à l'exécution des contraintes décernées par le maire de la ville de la Guillotière contre le sieur Cognet jusqu'au jugement définitif ; — Vu les nouvelles conclusions du sieur Cognet, tendantes à établir que la Guillotière n'est qu'un faubourg de Lyon, qui n'a pas d'usages anciens à invoquer à titre de ville ; — Subsidiairement, renvoyer la commune de la Guillotière devant les tribunaux, tant pour y faire reconnaître l'existence de l'usage prétendu, que pour y évaluer le dommage causé à ses propriétés par l'opération du pavage ; — Plus subsidiairement encore, faire vérifier contradictoirement avec lui la contribution qui lui est attribuée ; lesdites conclusions enregistrées au secrétariat général, le 15 mars 1832 et le 22 janvier 1833 ; — Vu la lettre de notre ministre du commerce et des travaux publics à notre garde des sceaux, ministre de la justice, en date du 5 juillet 1831, par laquelle il conclut au rejet de la requête ; — Vu la loi du

3o mars 1838, *Laroche Fontenille;* 15 avril 1843, *Houdet;* 24 juillet 1845, *Ribes* et *Cottu*), et divers arrêts de cassation (3 janvier 1834, 26 avril 1835, 17 mars 1838, *Coignes;* même date, *Mondenard*) ont posé à cet égard des principes qu'on peut considérer aujourd'hui comme invariables. L'obligation de supporter soit l'établissement soit l'entretien du pavé des rues est désormais rangée parmi les charges ur-

---

11 frimaire an vii;—Vu l'avis du conseil d'État du 25 mars 1807 ; ensemble toutes les pièces jointes au dossier ; — Sans qu'il soit besoin de s'arrêter aux fins de non recevoir présentées contre la requête du sieur Cognet ; — *Au fond ;* — Considérant qu'aux termes de l'avis du conseil d'État, approuvé le 25 mars 1807, et inséré au *Bulletin des Lois*, la loi du 11 frimaire an vii, en distinguant la partie du pavé des villes à la charge de l'état de celle à la charge des villes, n'a point entendu régler de quelle manière cette dépense serait acquittée dans chaque ville, et qu'on doit continuer de suivre à cet égard l'usage établi pour chaque localité;—Considérant qu'il appartient à l'autorité administrative de reconnaître et de déclarer l'usage en cette matière ; — Que, dans l'espèce, l'usage est constaté par les pièces de l'instruction, et que le sieur Cognet ne fournit aucune preuve contraire ; — Considérant que l'ordonnance du 1er septembre 1825, fondée sur l'usage reconnu par le conseil municipal et les principaux habitants de la Guillotière, a fait une juste application de l'avis interprétatif du conseil d'État, du 25 mars 1807 ;—En ce qui touche la demande du sieur Cognet, relative au dommage qu'il aurait éprouvé dans sa propriété par les travaux de l'établissement du pavé; — Considérant que cette demande aurait dû être présentée en première instance devant le conseil de préfecture, et que, dans l'état, il n'y a lieu d'y statuer ; — En ce qui touche l'exception proposée par le sieur Cognet, qu'il n'était pas propriétaire de la maison rue d'Angoulême ; — Considérant que nonobstant la contestation judiciaire sur l'acte d'adjudication de cette maison, la charge publique relative aux frais de pavage a dû peser sur le propriétaire apparent, sauf le recours de ce contribuable contre le propriétaire qui serait définitivement reconnu ; — Notre conseil d'État entendu; Art. 1er. Les requêtes du sieur Cognet sont rejetées, sauf à lui à faire procéder, par voie administrative, à la vérification contradictoire de la part contributive qu'il doit supporter dans l'établissement du pavé qui borde ses deux maisons, sises rue Godefroi et rue d'Angoulême ;—Art. 2. Le sieur Coguet est renvoyé devant le conseil de préfecture, pour y faire statuer, s'il y a lieu, sur les dommages qu'il prétend avoir éprouvés par suite de l'établissement du pavé; — Art. 3. Le sieur Cognet est condamné aux dépens. »

baines qui incombent à la propriété privée, quand l'usage le veut ainsi. Tout dépend de cet usage; et c'est à le reconnaître et à le déclarer que se borne l'obligation de l'administration pour que celle des propriétaires leur soit imposée légalement.

C'est ce qui ressort des arrêts de cassation précités, notamment de celui du 17 mars 1838 (aff. *Coignes*, à Paris) (1), rendu à la suite d'un lumineux réquisitoire, qui a contribué puissamment à éclaircir la question.

87. De son côté, le conseil d'Etat a été jusqu'à déclarer que la contribution aux frais du premier pavage est une charge réelle des maisons, dont les tiers détenteurs sont tenus, quelle que soit l'époque de leur acquisition. (20 février 1835, *Nodler*.)

88. Mais ce n'est pas seulement la jurisprudence qui est venue interpréter un texte incertain et en fixer le sens: la loi elle-même a parlé. L'article 28 de

---

(1) M. le procureur général Dupin commençait par reconnaître que l'avis du conseil d'Etat, interprétatif de la loi du 11 frimaire an VII, en expliquait judicieusement le sens et l'esprit : ce décret, dit-il, « loin de choquer le texte de la loi, en est la plus saine interprétation et se confond avec elle ; il n'existerait pas qu'il faudrait décider comme il l'a fait. Il y a plus, ce décret est mal à propos nommé décret *interprétatif;* car c'est plutôt un acte de haute administration, pris dans les limites du pouvoir administratif. Il est donc certain que si l'entretien du pavé est une dépense communale, la loi de l'an VII n'ayant point statué sur le mode d'exécution, on doit nécessairement sur ce point recourir aux usages et règlements locaux. »

Ces prémisses posées, M. le procureur général établissait que l'usage de la ville de Paris ayant, dans l'espèce, été reconnu par le conseil municipal qui avait qualité pour cela ainsi que l'a décidé la cour (arrêts 7 août 1830, 3 janvier 1834, 26 août 1835), l'ordonnance de police à laquelle le contrevenant avait refusé de se soumettre était obligatoire; et il concluait; après avoir recherché et analysé les anciens édits et règlements sur la matière, que le jugement du tribunal de police dont était appel, en décidant que la contravention n'existait pas, avait violé la loi, etc. (Arrêt conforme, 17 mars 1838, S., V. 38, 1, 369.)

celle du 25 juin 1841 (budget des recettes) a disposé de ces termes :

« Dans les villes où, conformément aux usages locaux, le pavage de tout ou partie des rues est à la charge des propriétaires riverains, l'obligation qui en résulte, pour les frais de premier établissement ou d'entretien, pourra, en vertu d'une délibération du conseil municipal, et sur un tarif approuvé par ordonnance royale, être convertie en une taxe payable en numéraire et recouvrable comme les cotisations municipales. »

89. Il est très-vrai que cette disposition, introduite par voie d'amendement dans la loi du budget, n'a eu d'autre but que de faire disparaître l'inconvénient attaché au mode antérieurement suivi dans la plupart des villes, et en vertu duquel chaque propriétaire demeurait libre de faire établir ou réparer, par ses propres ouvriers, le pavé devant sa maison ; d'où résultait un défaut d'ensemble et d'uniformité nuisible à la fois sous le rapport de l'aspect des rues et de la commodité de la circulation, comme sous celui de la bonne direction et de la conservation des ouvrages.

Mais le recours aux usages locaux ne s'en trouve pas moins consacré législativement par cet article, ainsi que par celui de la loi annuelle de finances, qui porte :

« Continuera d'être faite pour 18.., au profit des communes..., la perception... des taxes de frais de pavage des rues dans les villes où l'usage met ces frais à la charge des propriétaires riverains. » (*Dispositions combinées de la loi du 11 frimaire an* vii (1er *décembre* 1798) *et du décret de principe du 25 mars* 1807, *et article 28 de la loi des recettes de* 1842, *du 25 juin* 1841.)

90. On remarquera que la restriction mise par l'avis du conseil d'État de 1807 à l'obligation des propriétaires, obligation qui ne subsiste, selon cet avis, que là où les revenus des villes ne suffisent pas à l'entretien du pavage, n'est reproduite ni dans les dispositions législatives nouvelles ni par la jurisprudence des arrêts.

A la vérité, la question est entièrement du ressort de l'autorité administrative, puisqu'il s'agit d'apprécier la situation financière de la ville; ce qui rentre dans les pouvoirs de l'autorité qui règle le budget communal. Toutefois si, comme on est porté à l'induire de la disposition de la loi de finances ci-dessus rappelée, qui se réfère à l'avis ou décret de principe du 25 mars 1807, la distinction faite par cet acte réglementaire doit être maintenue, nous persistons à penser que, dans les villes dont les revenus ordinaires sont notoirement suffisants pour subvenir à la dépense du pavage, les propriétaires ne peuvent être contraints de la supporter, et qu'ils ont, dans ce cas, leur recours ouvert devant l'autorité administrative supérieure, contre les prétentions de l'administration locale.

91. Quant aux rues qui forment prolongement des grandes routes, aucune obligation analogue ne peut être imposée aux riverains, si ce n'est pour les revers ou accottements, en vertu d'usages anciens et incontestables, le pavage de la chaussée étant, dans tous les cas, à la charge de l'État: c'est ce qui a été décidé par une ordonnance royale rendue au contentieux le 10 février (*De Calvimont*).

« Considérant, dit cette ordonnance, qu'aucune loi ne met le pavage des revers des routes à la charge des communes ou des particuliers; que cependant l'administration municipale peut ordonner cette dépense dans l'intérêt général ; mais qu'alors elle doit être acquittée suivant les règles établies pour le payement des autres dépenses des communes, et que les propriétaires riverains ne peuvent être contraints d'y pourvoir qu'en vertu d'usages locaux suivis depuis longtemps et sans réclamation....»

92. Enfin, il a été décidé qu'un propriétaire qui a fait paver le devant de sa propriété, n'est libéré de son obligation qu'autant que ses travaux ont été acceptés par l'administration municipale. (O., 29 janvier 1839, *Commaille.*)

§ 2. — Des formes et de la compétence.

93. Nous venons de dire que de la déclaration de l'usage et de la situation financière de la ville dépend l'obligation à imposer aux propriétaires riverains des rues, soit d'établir, soit d'entretenir le pavage dans l'étendue de leur façade sur la voie publique. Il s'agit donc de savoir dans quelles formes l'usage doit être reconnu et déclaré, et à quelle autorité il appartient de statuer à cet égard.

94. Or, il ressort de la jurisprudence du conseil d'État et de celle de la cour de cassation que l'autorité administrative est compétente pour prononcer en pareille matière; c'est ce qu'a décidé notamment une ordonnance du 15 février 1838 (*Lafarge*), qui disposait en ces termes :

« Considérant qu'il appartient à l'autorité administrative de reconnaître et déclarer l'usage en cette matière; que, dans l'espèce, le rôle a été dressé et rendu exécutoire par M. le préfet de la Seine, en vertu d'une décision de notre ministre de l'intérieur, du 6 octobre

1828, laquelle a déclaré, après une instruction contradictoire, que, d'après l'usage existant dans la commune de La Chapelle Saint-Denis, les frais de pavage seront supportés par les propriétaires riverains des rues nouvellement pavées. »

Vers le même temps, la cour de cassation reconnaissait et proclamait le même principe, par son arrêt du 17 mars 1838 (*Mondenard*.)

« Attendu, dit cet arrêt, que, dans l'espèce, la sommation faite au défendeur n'est émanée que du maire, et n'a pour fondement aucune décision du préfet à cet égard ; — que, dès lors, en s'abstenant de la considérer comme obligatoire et d'en réprimer l'inexécution, le jugement dénoncé n'a point expressément violé l'article 471, n° 5, du Code pénal, rejette, etc. » (S., V. 38, 1, 369.)

Une autre ordonnance rendue au contentieux, à la date du 2 mars 1839 (*Vincé*), établit la même règle.

95. Quant aux formes dans lesquelles l'usage doit être déclaré, elles consistent : 1° dans une enquête ou information tendant à établir que cet usage existe, et qu'il est antérieur à la loi du 11 frimaire an VII ; 2° dans la délibération du conseil municipal qui le reconnaît ; 3° dans l'arrêté du préfet qui le déclare ; 4° et dans la décision du ministre, approbative de cet arrêté. Il faut, en outre, que l'administration municipale démontre que les revenus ordinaires de la commune sont insuffisants pour faire face aux dépenses du pavage. (Avis du comité de l'intérieur, 17 décembre 1823, *Indre*.)

96. Lorsqu'il s'agit de l'exécution de l'article 28 de la loi de finances du 25 juin 1841 (V. *suprà*, n° 88), comme la charge à supporter par les propriétaires

change de nature, une enquête *de commodo et incommodo* est nécessaire, alors même que l'usage aurait été reconnu et déclaré, et c'est sur le vu du procès-verbal de cette enquête, appuyé de l'avis du préfet, qu'est rendue, sur le rapport du ministre de l'intérieur, l'ordonnance royale qui approuve le tarif délibéré par le conseil municipal.

97. Une fois l'usage ainsi déclaré et les formalités remplies, un rôle de répartition entre les propriétaires riverains est dressé par les soins de l'administration municipale, rendu exécutoire par le préfet, et mis en recouvrement conformément aux prescriptions de l'article 44 de la loi du 18 juillet 1837, comme en matière de contribution publique. (Avis du comité de l'intérieur, du 9 février 1831; O. des 2 janvier et 14 février 1838, *Lafarge* et *Laforge-Desforges.*)

98. S'il s'élève des réclamations de la part des propriétaires portés au rôle, c'est le conseil de préfecture qui est appelé à prononcer. La compétence de ce conseil est réglée par l'article cité de la loi de 1837, qui décide que le recouvrement des taxes municipales doit avoir lieu suivant les formes établies pour les contributions publiques; d'où il suit que le conseil de préfecture est seul compétent, aux termes de l'article 4 de la loi du 28 pluviôse an VIII, pour statuer sur les difficultés auxquelles peut donner lieu l'exécution du rôle. (O., 15 avril 1843, *Houdet.*)

99. La conséquence de ce principe est que, si des difficultés de cette nature étaient portées devant l'autorité judiciaire, le préfet devrait proposer le déclinatoire, et, au besoin, élever le conflit. (O. du 2 mars 1839, ville de *Loudun.*)

Telles sont les règles générales aujourd'hui incontestables, qui s'appliquent en matière de pavage dans la plupart des villes.

100. Relativement aux rues nouvelles que l'administration autorise les particuliers à ouvrir sur leur terrain, elle demeure libre, en vertu du droit commun, d'imposer aux propriétaires, comme condition de son autorisation, l'obligation de les paver, de les entretenir, et même de les éclairer à leurs frais. (V. chap. II, n° 64.)

101. A Paris, où, sauf quelques parties laissées à la charge de l'Etat et d'autres qui n'ont pas été comprises dans le bail d'entretien du pavé (1), la dépense de cet entretien est supportée par la ville, les frais de premier établissement du pavage des rues sont restés à la charge des propriétaires riverains, en vertu des anciens règlements que nous avons cités, n° 78 (V. la note).

102. Lorsqu'il s'agit de paver une rue ancienne ou nouvelle, les riverains sont invités par le préfet de la Seine à faire connaître s'ils adhèrent au devis des travaux qui leur est communiqué. Dans le cas où ils consentent tous à payer leur part contributive des frais, c'est-à-dire le pavage de la demi-largeur de la rue, *chacun en droit soi*, ils en souscrivent la soumission, et les travaux s'exécutent. Si la majorité seulement accepte, le conseil de préfecture prend un arrêté pour contraindre la minorité. Dans le cas où la majorité refuse, le pavage n'est pas autorisé.

---

(1) Ne sont pas compris dans le nombre de mètres carrés à la charge de l'entrepreneur, 1° le pavage des boulevards ; 2° celui des rues, cloîtres et revers de chaussées qui, n'ayant pas été exécutés en pavé d'échantillon et par l'entrepreneur public, est resté à la charge des propriétaires riverains ; 3° celui des impasses et petites rues fermées de grilles, portes et barrières. (Art. 6 du cahier des charges de l'adjudication pour l'entretien du pavé de Paris aite en l'an x (1801).)

103. Outre le premier pavage, les propriétaires sont tenus de supporter les frais de remaniement ou *relevé à bout* pendant les deux années qui suivent.

§ 3. — Des trottoirs.

104. Nous avons dit que l'article 28 de la loi des recettes du 25 juin 1841 autorise les villes, où le pavage des rues doit être supporté par les riverains, à exiger de ceux-ci la conversion de cette charge en une taxe payable en numéraire.

La même obligation est imposée aux propriétaires par la loi du 7 juin 1845 pour la construction des trottoirs. Seulement, bien que la loi invoque (art 4) l'ancien usage des localités, il faut reconnaître qu'en réalité elle crée un droit nouveau, du moins à l'égard de la plupart des villes, où il n'a jamais existé de trottoirs et où, conséquemment, aucun usage n'a pu en mettre la construction à la charge des habitants. (Décis. minist., 6 et 14 juin 1847 *Seine.*)

105. Aussi cette loi, qui ne statue d'ailleurs que pour les rues et places dont les plans d'alignement ont été arrêtés par ordonnances royales, décide-t-elle que la dépense de construction des trottoirs ne sera supportée, pour une partie, par les habitants qu'autant que la mesure en elle-même aura été déclarée d'utilité publique, sur la demande des conseils municipaux (art. 1er) et après une enquête *de commodo et incommodo*. (Art. 2.)

106. En même temps que le Conseil municipal délibère qu'il y a lieu de déclarer l'utilité publique, il désigne les parties de la voie publique où les trottoirs devront être établis et arrête le devis des travaux, en indiquant les diverses espèces de matériaux qui

peuvent y être employées et parmi lesquelles les propriétaires ont le droit de choisir. (Art. 2.)

107. Le Conseil, par la même délibération, répartit la dépense entre les propriétaires et la commune, en observant de mettre à la charge de celle-ci la moitié, au moins, de la dépense totale. (Art. 2).

108. Puis le préfet envoie au ministre de l'intérieur, avec son avis, la délibération municipale, le procès-verbal d'enquête et les autres pièces de l'affaire, et il intervient une ordonnance qui, conformément au même article 2 de la loi, statue, tant sur l'utilité publique que sur les autres objets compris dans la délibération municipale.

109. Le recouvrement des frais à la charge des propriétaires a lieu dans les formes prescrites par l'article 28 de la loi du 25 juin 1841 (art. 3) et ci-dessus indiquées. (V. n° 97.)

110. La loi, comme on voit, ne s'est occupée que de la *construction* des trottoirs et ne s'est pas expliquée sur les frais d'entretien ; mais on peut inférer de la discussion qui eut lieu dans le sein de la Chambre des députés qu'il a été dans l'intention du législateur que ce point fût réglé selon l'usage local relatif à l'entretien du pavage.

111. Rappelons enfin que les lois annuelles de finances contiennent, pour les trottoirs comme pour le pavage, une disposition générale ainsi conçue :

« Continuera d'être faite pour 18.., au profit des communes, la perception..... des taxes d'établissement de trottoirs dans les rues et places dont les plans d'alignement ont été arrêtés par ordonnances royales, conformément aux dispositions de la loi du 7 juin 1845. »

§ 4. — Des droits de voirie.

112. On a vu au chapitre 1er que les droits de voirie sont d'une très ancienne origine et qu'ils ont toujours eu pour principal objet de rétribuer les officiers publics chargés de l'édilité dans les villes. Ces droits, calculés en raison du prix des offices de voyer et des charges des commissaires généraux de la voirie à Paris, étaient réputés domaniaux et qualifiés droits utiles. (Perrot, pag. 87.)

113. Une déclaration royale du 16 juin 1693, enregistrée au Parlement le 25 du même mois (id., pag. 507) et un édit de novembre 1697, enregistré le 7 décembre suivant (id., pag. 511) régularisèrent, par des tarifs généraux, une perception jusqu'alors mal réglée et dont les titres pouvaient donner lieu à contestation.

114. Par le second de ces actes, portant suppression des offices de petits voyers, les droits de petite voirie (ou voirie urbaine), dans toutes les villes, furent attribués aux experts-priseurs, arpenteurs-jurés et greffiers de l'écritoire. Le tarif de ces droits, qui y fait suite, en déterminait la quotité, selon l'importance des villes où la perception en était autorisée.

115. Ce fut en vertu de ces anciens règlements, maintenus par la loi du 22 juillet 1791, qu'à Paris et dans quelques autres villes les droits de voirie continuèrent à être perçus, mais au profit de la caisse municipale, les dépenses du service de la voirie rentrant désormais dans les frais d'administration auxquels les villes sont tenues de pourvoir.

116. Bientôt ce qui n'était d'abord qu'exceptionnel et réservé à de grandes cités, s'est étendu, par les mêmes motifs, à des villes moins considérables. Enfin,

le gouvernement a compris que rien ne faisait légalement obstacle à ce que de semblables taxes fussent
admises au nombre des ressources communales ordinaires, partout où elles pouvaient procurer un produit
de quelque valeur : en conséquence, un article spécial
fut inséré dans la loi des recettes du 21 avril 1832.

« Est également autorisée, dit l'article 3 de cette loi,
la perception des droits de voirie dont les tarifs auront
été approuvés par le gouvernement sur la demande
et au profit des communes, conformément à l'édit du
mois de novembre 1697 maintenu en vigueur par la
loi du 22 juillet 1791. »

La même disposition a été reproduite par les lois de
finances postérieures.

Or, l'édit de 1697 ne statuait que pour les permissions relatives à l'établissement de certaines saillies
dénommées dans un tarif qui y fait suite ; d'où il résultait que pour le fait de la délivrance des alignements et des permissions de construire ou de réparer,
en un mot pour tout ce qui n'avait pas été prévu et
spécifié dans cet édit, la légalité de la taxe pouvait être
justement contestée.

Cette difficulté a été levée par la loi municipale du
18 juillet 1837, qui a compris (art. 31, n° 8) les *droits
de voirie* au nombre des recettes ordinaires des communes, et a décidé (art. 43) que les tarifs seront réglés
par ordonnance du roi rendue sous la forme des règlements d'administration publique ; c'est-à-dire après
délibération du conseil d'état.

De ce moment, en effet, la perception des droits
de voirie se trouve légalement consacrée, sans distinction comme sans réserve, au profit des communes (1).

_____

(1) V. *Régime administratif des communes,* pages 365 et suivantes.

117. Il ne restait plus qu'à tracer la marche à suivre pour la préparation et l'approbation des tarifs; c'est ce qui a fait l'objet d'une instruction du ministre de l'intérieur, en date du 2 avril 1841.

Par cette instruction (V. l'appendice) le ministre a fait connaître : 1° que les droits de voirie peuvent être perçus dans l'enceinte des villes ou communes d'une certaine population agglomérée, sans distinction des rues formant prolongation des grandes routes de celles qui sont classées comme voies urbaines;

2° Que les droits s'appliquent à la délivrance des alignements et permis de bâtir et à toutes les saillies fixes et mobiles que les propriétaires obtiennent l'autorisation d'établir sur la voie publique;

3° Qu'en conséquence, pour les rues qui font partie des routes royales ou départementales, le préfet doit procéder, relativement à la désignation des objets qui peuvent donner lieu à la perception des droits, en déterminant par un arrêté spécial, sur l'avis de l'ingénieur en chef des ponts et chaussées, la dimension des saillies suceptibles d'être autorisées sans inconvénient pour la circulation;

4° Que, de son côté, le maire doit prendre, comme règlement permanent, un arrêté semblable pour les rues de voirie urbaine;

5° Enfin que, sur le vu de ces deux arrêtés ayant force exécutoire, le conseil municipal appelé à délibérer sur l'assiette et la quotité des droits, propose un tarif qui est transmis par le préfet, avec son avis, au ministre pour être approuvé dans la forme prescrite par l'article 43 de la loi du 18 juillet 1837.

118. Le ministre ajoute que le préfet peut se guider, dans ses propositions, sur les dispositions de l'ordonnance royale du 24 décembre 1823 rendue pour

la ville de Paris (V. à l'appendice). La même recommandation peut être adressée à MM. les maires.

119. Quant au mode d'exécution, la circulaire explique que rien ne s'oppose à ce que MM. les maires fassent percevoir les droits sur les rues de grande voirie, bien qu'ils n'aient point à délivrer les permissions, et qu'il suffit, pour en assurer le versement à la caisse municipale, d'obliger, par la permission même, les propriétaires ou constructeurs à rapporter la quittance de la taxe fixée par le tarif.

120. Il n'y a pas lieu d'admettre dans les tarifs des droits de voirie, comme dans ceux des droits de place à percevoir au profit des communes, des taxes payables soit pour des bancs ou autres objets à exposer sur les trottoirs, soit pour les matériaux à déposer sur la voie publique (hors les cas de nécessité). Le comité de l'intérieur et le ministre lui-même ont reconnu que l'introduction de semblables dispositions autorisées par une ordonnance royale aurait pour résultat de consacrer des tolérances fâcheuses et abusives que l'autorité municipale doit toujours pouvoir faire cesser à l'instant même où les besoins de la circulation l'exigent. (Avis du comité de l'intérieur du 18 novembre 1847.)

121. Quelques autres questions restaient à décider touchant l'application du principe de la perception posé dans la loi du 18 juillet 1837, comme on l'a vu plus haut (n° 116). Il s'agissait de savoir si les droits étaient dus par les compagnies de chemins de fer pour les travaux qu'elles font exécuter dans l'enceinte des communes, et par l'Etat pour les constructions publiques destinées soit au service militaire soit aux services civils; s'ils devaient être perçus en dehors des centres d'habitations agglomérées, c'est-à-dire en rase

campagne, et enfin dans quelle forme ils devaient être recouvrés.

Le conseil d'État (comité de l'intérieur), consulté sur ces questions par le ministre, a conclu, dans un avis du 11 janvier 1848, que nous donnons à l'appendice:

1º Qu'il n'y a pas lieu de percevoir de droits de voirie sur les points du territoire de la commune où il n'y a pas d'habitations agglomérées;

2º Que, dans ces limites, les droits de voirie sont applicables à toutes les constructions *quel qu'en soit le propriétaire;*

3º Que le recouvrement de ces droits doit être poursuivi dans les formes indiquées par l'article 63 e la loi du 18 juillet 1837 (1).

Cet avis a été adopté par le ministre.

§ 5. — De l'inscription des rues et du numérotage des maisons.

122. Parmi les servitudes ou charges foncières de la propriété privée dans les villes figure aussi l'obligation, à l'égard des maisons formant encoignure, de réserver la place nécessaire à l'établissement des plaques ou écriteaux indicatifs du nom des rues. Cette obligation date, pour Paris, d'une ordonnance du lieutenant de police du 30 juillet 1729 (DELAMARE, t. 4, pag. 347). Ces plaques furent d'abord établies

_____

(1) « Toutes les recettes municipales pour lesquelles les lois et règlements n'ont pas prescrit un mode spécial de recouvrement s'effectuent sur des états dressés par le maire. Ces états sont exécutoires après qu'ils ont été visés par le sous-préfet.

« Les oppositions, lorsque la matière est de la compétence des tribunaux ordinaires, sont jugées comme affaires sommaires, et la commune peut y défendre sans autorisation du conseil de préfecture. »

en tôle peinte, et l'ordonnance enjoignait, à peine de cent livres d'amende, aux propriétaires de veiller à ce qu'elles ne fussent enlevées, changées ni effacées, et de les remplacer, lors de la reconstruction des maisons, par des plaques en pierre de liais portant le nom de la rue gravé en lettres de dimensions déterminées. Une autre ordonnance de police du 3 juin 1730 (*ibid.*) a confirmé la précédente et chargé les propriétaires de l'entretien des plaques indicatives.

123. Cette dernière disposition a été maintenue par le décret du 23 mai 1806, qui a ordonné la réinscription des rues de Paris (V. à l'appendice). Toutefois, M. Daubenton (pag. 277) affirme qu'elle n'a jamais été exécutée. « En effet, ajoute cet auteur, on ne voit pas la raison pour laquelle les propriétaires des maisons qui reçoivent les inscriptions seraient seuls chargés de pourvoir à l'entretien d'un objet qui est d'utilité générale. » Il se peut que l'administration municipale ait cru devoir jusqu'ici renoncer à exercer le droit qu'elle tenait, sur ce point, des anciens règlements cités plus haut, ainsi que du décret qui les confirme, et cela se conçoit d'autant mieux qu'elle n'avait pas de système arrêté pour la confection des plaques, les divers modes qu'elle a mis à l'essai ayant été successivement abandonnés comme défectueux. Mais ce droit, selon nous, n'en subsiste pas moins pour la ville de Paris, tant que les actes dont il s'agit n'ont pas été formellement abrogés.

114. Quant au principe général, nous pensons, avec le même auteur, qu'on peut admettre que les premiers frais d'inscription ainsi que les frais d'entretien et de renouvellement des plaques indicatives sont une charge communale, hors le cas toutefois où il existerait une disposition de l'ancienne législation

spéciale à la localité, en vertu de laquelle les propriétaires seraient tenus de les supporter (1).

125. A l'égard des dénominations de rues elles-mêmes, c'est au maire, comme chargé de l'administration de la police, qu'il appartient d'y pourvoir, hors le cas où il s'agit de noms de personnages auxquels cette distinction est décernée à titre d'hommage public. Dans ce cas, le conseil municipal en délibère, et il en est référé au ministre de l'intérieur pour qu'il soit statué par le roi, en exécution de l'ordonnance réglementaire du 10 juillet 1816 sur les récompenses publiques.

Il est d'usage toutefois d'accorder au propriétaire qui ouvre une rue sur son terrain et à ses frais l'autorisation d'y donner son nom.

Les arrêtés des maires en matière de dénomination de rues sont soumis à l'homologation du préfet pour les communes dont les plans d'alignement ne sont pas approuvés par le roi, et à celle du ministre de l'intérieur, lorsqu'il y a plan d'alignement régulièrement arrêté. (V. la circul. du 3 août 1841 à l'appendice.)

126. Relativement au numérotage des maisons, un décret du 15 pluviôse an XII (4 février 1805) avait prescrit cette opération pour la ville de Paris spécialement (V. ce décret à l'appendice); une ordonnance royale du 23 avril 1823 (V. *ibid.*) a étendu à toutes les villes et communes la disposition des articles 9 et 11

---

(1) Indépendamment de la force légale des anciens règlements de voirie confirmés par la législation moderne, il faut considérer, quant aux charges foncières qu'ils ont créées, que les propriétés ayant changé de mains depuis qu'ils ont été promulgués, les détenteurs de ces propriétés les ont acquises grevées de ces charges, et qu'il n'y a rien, dès lors, que de rigoureusement juste à ce qu'elles soient maintenues à leur égard.

du décret portant, le premier, que le numérotage
sera exécuté à l'huile, et, pour la première fois, à la
charge de la commune ; le second, que l'entretien est
à la charge des propriétaires, qui pourront, en conséquence, faire exécuter le numérotage à leurs frais
d'une manière plus durable, soit en tôle vernissée,
soit en faïence ou terre à poêle émaillée, etc.

127. Bien que l'ordonnance de 1823 ne prescrive
rien de plus, il ne peut cependant qu'être utile de
rendre applicables, en pareil cas, toutes les dispositions du décret de 1805, dont l'expérience a fait
reconnaître les avantages.

128. C'est, au surplus, à l'autorité locale qu'il appartient d'apprécier la convenance et l'opportunité
de cette mesure, qui doit être proposée par le maire
et délibérée par le conseil municipal.

129. En cas de renouvellement du numérotage, il
est nécessaire de dresser un procès-verbal qui constate
le numéro ancien de chaque maison et sa concordance avec celui qui y est substitué. M. Daubanton
nous apprend (pag. 278) que cette précaution ayant
été négligée, à Paris, lors de l'exécution du décret de
1805, l'absence de ce renseignement s'est fait sentir
d'une manière fâcheuse dans un grand nombre de
cas.

CHAPITRE IV.

DE LA POLICE DE LA VOIE PUBLIQUE.

1. Il est très-vrai, comme nous l'avons déjà dit, que la voirie n'est, à proprement parler, que la police de conservation des rues, grandes routes, chemins et de la voie publique en général. Mais nous donnons ici, au mot de *police* un sens plus restreint, en ne l'appliquant qu'à ce qui intéresse spécialement la sûreté et la commodité du passage, en même temps que la salubrité publique dans les villes, c'est-à-dire le nettoiement et l'assainissement des voies urbaines.

2. En suivant cet ordre, nous traiterons dans le présent chapitre les divers points relatifs : 1° à la solidité des maisons riveraines des rues, ce qui comprend les bâtiments en péril, la hauteur et le mode des constructions ; 2° à la sûreté, à la liberté du passage, et aux mesures qu'exigent les besoins journaliers de la circulation, ainsi que l'intérêt de la salubrité.

SECTION Ire.

Des garanties de solidité que doivent offrir les constructions riveraines de la voie publique.

3. De la solidité des maisons dépend, avant tout, la sûreté du passage dans les rues. Nous nous occuperons donc d'abord de la surveillance à exercer sur les constructions riveraines ; les autres points qui intéressent la sécurité en même temps que la liberté de la circulation seront traités dans la section 2 du présent chapitre.

§ 1er. — Des bâtiments en péril.

4. La loi du 16-24 août 1790 ayant rangé (art. 3) parmi les objets confiés à la vigilance des municipalités le soin de prescrire la démolition ou la réparation des bâtiments menaçant ruine, et celle du 22 juillet 1791 ayant maintenu provisoirement (art. 29) les règlements en vigueur sur la voirie, « ainsi que ceux actuellement existants à l'égard de la construction des bâtiments et relatifs à leur solidité et sûreté, » le pouvoir municipal se trouve armé, à cet égard, d'un droit qui ne saurait lui être contesté, du moins lorsqu'il s'agit de bâtiments riverains des rues de voirie urbaine. Quant à ceux qui bordent les rues formant traverse et appartenant à la grande voirie, nous ne pouvons que nous référer aux observations que nous a suggérées l'examen de cette question de compétence. (V. chap. 1er.)

5. Mais à part le point de savoir qui, du maire ou du préfet, doit être appelé à procéder dans ce dernier cas, dès que le péril existe et que la sûreté publique est compromise, l'administration active est investie, en vertu de la loi suprême du salut commun, du droit de prononcer elle-même, de prescrire ce que réclame l'imminence du danger, et de faire exécuter ses propres décisions, sans l'intervention du juge.

Nonobstant l'incertitude que la jurisprudence a paru présenter sur cette grave question, nous n'hésitons pas à nous prononcer en faveur de l'entière latitude à laisser à l'autorité administrative sur un point où la sûreté publique ne peut trouver de suffisantes garanties que dans la promptitude et la liberté d'action d'un pouvoir indépendant.

C'est principalement dans les dispositions de la

loi du 16-24 août 1790 (art. 3 , tit. XI) (1) que nous puisons notre conviction à cet égard ; conviction que, d'ailleurs, l'examen raisonné des divers actes de la jurisprudence tend à confirmer.

En effet, si l'on peut citer une ordonnance rendue au contentieux, le 19 mars 1823 (*Grammer*), portant, qu'attendu qu'il s'agit d'une maison située sur la route départementale de Lorient à Brest, dans la ville de Quimper, *le conseil de préfecture était compétent pour faire l'application des règlements de voirie, etc.*, nous rappellerons, outre un avis de principe du comité de l'intérieur, du 27 avril 1818, rapporté plus loin, d'autres arrêts du conseil, qui contredisent celui de 1823 ; ainsi, en matière de voirie urbaine, le conseil d'Etat a décidé (16 juin 1824, *Versigny*), « qu'aux termes des lois, décrets et règlements sur la voirie urbaine, le maire de la ville de Gray était compétent pour faire exécuter la démolition des bâtiments menaçant ruine, sauf le recours au préfet ; — Que le préfet du département de la Haute-Saône ayant approuvé les mesures prescrites par le maire, c'était à notre ministre de l'intérieur que ces arrêtés devaient être déférés, si l'on croyait avoir à s'en plaindre ; qu'ainsi *le tribunal de Gray était incompétent pour connaître de la contestation dont il s'agit, etc. . . . .* »

Le conseil d'Etat a même été jusqu'à déclarer, que la décision par laquelle le ministre de l'intérieur approuve un arrêté préfectoral, confirmatif d'un arrêté municipal qui ordonnait, pour cause de péril, la dé-

---

(1) « Les objets de police confiés à la vigilance et à *l'autorité* des municipalités sont : 1° tout ce qui intéresse *la sûreté* et la commodité du passage dans les rues, etc. ; ce qui comprend. . . . *la démolition ou la réparation des bâtiments menaçant ruine, etc.* »

molition de la façade d'une maison, ne peut lui être
déféré par la voie contentieuse. (O. 26 mai 1845,
Chauvin.)

Il ne s'est pas moins formellement prononcé contre
l'intervention du conseil de préfecture en pareille matière, pour ce qui concerne la grande voirie. (O.
8 septembre 1832, *Laffitte.*)

« Considérant, a-t-il dit, que, aux termes de l'article 21 de l'arrêté du 12 messidor an VIII, il n'appartient
qu'au préfet de police de prescrire, pour cause de sûreté
publique, la destruction des bâtiments menaçant
ruine, ce qui a eu lieu dans l'espèce, et que le conseil
de préfecture du département de la Seine n'a pu, sans
excéder les bornes de sa compétence, ordonner pour
ladite cause, la démolition du mur dont il s'agit, etc. »

Une autre ordonnance du 23 juillet 1841 (*Havet*)
est plus explicite encore (1).

De son côté, la cour de cassation, tout en admettant que l'administration peut s'adresser soit aux tribunaux civils, soit aux tribunaux de police, selon
qu'elle poursuit la démolition par voie d'action civile
ou criminelle (14 août 1832, *Albaret; S. V. 31, 2, 51*),

---

(1) Vu les lois du 29 floréal an x et 24 août 1790, titre Ier, art. 3 ; la
loi du 22 décembre 1789, 10 janvier 1790, section III, art. 2, et l'art. 52
de la loi du 16 septembre 1807 ; — Considérant que, aux termes des lois et
règlements sur la grande voirie, les préfets, en cette matière, sont compétents pour ordonner toutes mesures qui intéressent la sûreté de la voie
publique, et que les rues qui, dans les villes et bourgs, font partie des grandes
routes, sont soumises aux règles de la grande voirie ; — Considérant que le
préfet de Seine-et-Oise n'a ordonné la démolition de la maison dont il s'agit
que dans l'intérêt de la sûreté de la route départementale, n° 18, qui traverse
la ville de Gonesse, et que, dès lors, il a statué dans les limites de sa compétence. »

Mêmes décisions résultant d'une autre ordonnance rendue à la date du
30 décembre 1841 (*Devillages*).

a décide que l'autorité administrative peut faire démolir pour cause de sûreté publique et d'intérêt général, les édifices appartenant à des particuliers, lorsqu'ils sont reconnus en état de dégradation et de vétusté par les deux experts du propriétaire et de l'administration, encore que l'expert du propriétaire soit d'avis qu'il y a possibilité de les conserver. (24 mars 1820, *Jollet*, S. 21, 2, 53.)

Elle a décidé, en outre, ce qui est digne de remarque, qu'un tribunal de police devant lequel un prévenu est traduit pour avoir refusé d'obéir à un arrêté du maire qui lui enjoignait de démolir un édifice menaçant ruine sur la voie publique, ne peut surseoir à prononcer sur l'action intentée, jusqu'à ce qu'il ait été vérifié par experts, si le danger signalé par le maire existe. (30 janvier 1836, *Despictières*, S. V. 36, 1, 655.)

On lit dans un autre arrêt (30 août 1833, *Guerlin-Hoüel*) ce considérant non moins significatif : « Que l'autorité municipale, lorsqu'elle croit, *au lieu d'user du pouvoir qu'elle tient à cet égard, des art. 3, n° 1er, tit. 11, de la loi du 16-24 août 1790 ; 46, tit. 1er, de celle du 19-22 juillet 1791 et 471, n° 5, du Code pénal*, devoir faire ordonner judiciairement la démolition ou la réparation qu'elle a jugé nécessaire de prescrire des bâtiments ou édifices qui menacent d'une ruine imminente dûment constatée et compromettent la sûreté publique, n'est tenue de se conformer, dans l'assignation par elle donnée à cet effet, qu'aux dispositions dudit article, etc. »

Enfin la cour, par un autre arrêt du 3 mai 1841 (ch. crim.) a statué en ces termes : « Attendu que l'arrêté du maire de Saint-Mihiel, du 28 mai 1835, a ordonné la démolition de la maison du sieur Barré pour cause de sûreté publique ; qu'en prenant cet arrêté qui n'a été attaqué par aucune voie légale et qui a reçu son entière exécution, le maire de la ville de Saint-Mihiel a fait un acte de pure administration, dont la connaissance n'appartient pas à l'autorité judiciaire, etc. »

Il est donc évident que, dans l'opinion de la cour suprême l'autorité municipale peut, dans certains cas, qu'elle seule peut apprécier, *en usant du pouvoir qu'elle tient des dispositions de lois citées*, ordonner et faire exécuter par elle-même la démolition des bâtiments menaçant ruine, sans être astreinte à s'y faire préalablement autoriser par un jugement du tribunal de police; et que, si elle croit devoir déférer à ce tribunal les contraventions à ces arrêtés portant injonction au propriétaire de démolir, ce ne peut être que lorsqu'il n'y a pas péril imminent et en vue de faire appliquer l'amende encourue aux termes de l'article 471 du Code pénal pour désobéissance à un règlement de police municipale, et qu'elle reste d'ailleurs parfaitement libre d'ordonner et d'agir en vertu du pouvoir qui lui est propre, et selon ce que lui semble commander le degré d'imminence du péril (1).

---

(1) M. Dalloz (*Jurisprudence générale*, t. IX, p. 459) résume en ces termes les principes de la jurisprudence sur le point en question : « Les maires, en cas d'urgence, peuvent ordonner que les édifices (menaçant ruine) seront démolis. C'est au moins ce qui a été décidé pour les édifices situés dans les villes par le décret réglementaire du 27 juin 1808. (V. Ord. conseil d'Etat, 16 juin 1824, *aff. Versigny*.) Par conséquent on jugerait encore, 1° que les maires peuvent, dans l'intérêt de la sûreté du passage, ordonner la réparation ou démolition d'un mur menaçant ruine sur la voie publique (Décret régl., 27 juillet 1808 ; cass. ch. crim., 13 octobre 1820, *Léger* ; 21 décembre 1821, *Gagé* ; ord. conseil d'Etat, 16 juin 1824, *Versigny* ; cass. ch. crim., 28 avril 1827, *Audriot*) ;

« 2° Que la désobéissance à l'injonction de l'autorité municipale relative à la réparation ou démolition d'un mur menaçant ruine sur la voie publique rend le propriétaire auquel elle a été amiablement transmise passible des

6. Après la compétence, les formes à suivre sont le point le plus essentiel à régler. Ces formes sont déterminées par les déclarations du roi des 18 juillet 1729 et 18 août 1730, que nous rapportons à l'appendice, et qui, bien que rendues spécialement pour la ville de Paris, sont considérées comme règlements généraux (Cass., 30 août 1833, *Guerlin Hoüel*). La marche tracée par ces anciens règlements doit donc continuer d'être observée (1) autant, toutefois, qu'elle peut se concilier avec le principe de compétence que nous venons d'établir.

7. De la combinaison de ce principe avec les formes prescrites par les déclarations royales de 1729 et 1730 ressortent des règles qui peuvent se résumer ainsi qu'il suit :

1° Aussitôt que le maire est informé qu'une maison ou édifice donnant sur la voie publique menace

---

peines de simple police, quoiqu'il ait satisfait à la sommation, mais seulement après que la contravention a été constatée par un procès-verbal (Cass. ch. crim., 13 octobre 1820) ;

« 3° Que l'infraction à un arrêté du maire ordonnant à un particulier de démolir un mur tombant en ruine, et résultant de ce que ce particulier n'aurait exécuté qu'une démolition partielle du mur, ne peut être affranchi des peines pour contravention aux règlements de police, sous le prétexte que la partie du mur non démolie ne présenterait aucun danger, l'autorité administrative étant seule compétente pour apprécier ce dernier point. (Arr. de cass., ch. crim., 28 avril 1827, *Audriot*.)

« Cette obligation doit être imposée à l'administrateur de la fortune de la personne à qui appartenait l'édifice menaçant ruine; au tuteur pour les biens d'un mineur ; au séquestre, s'il s'agit de biens confiés à sa garde ; à l'héritier bénéficiaire pour les biens dépendant de la succession. Et il a été jugé que l'arrêté d'un maire prescrivant la démolition d'une maison qui menace ruine sur la voie publique est légalement obligatoire pour les syndics du failli, propriétaire de la maison ; et qu'en cas de contravention ils sont passibles des peines que la loi y attache. » (Cass. ch. crim., 21 avril 1821, *Gogé*.) »

(1) Pour ne laisser aucun doute sur ce point, l'administration centrale avait cru nécessaire de soumettre la question au conseil d'État (comité de l'in-

ruine et présente quelque péril, il se transporte sur les lieux ou charge le commissaire de police de s'y transporter, à l'effet de dresser procès-verbal de l'état du bâtiment. (Art. 2 de la déclaration du 18 août 1730.)

2° Ce procès-verbal est signifié au propriétaire

---

térieur), en provoquant de sa part un avis de principe, avis qui a été rendu à la date du 27 avril 1818, et qui est conçu en ces termes :

« Les membres du conseil du roi composant le comité de l'intérieur et du commerce, consultés par S. Exc. le ministre secrétaire d'Etat au département de l'intérieur sur les deux questions suivantes :

« 1° Comment procédera-t-on à l'égard des bâtiments en péril dont il y a lieu de provoquer la démolition ?

« 2° Comment payera-t-on les frais de démolition, lorsque ces frais ne pourront être prélevés ni sur les matériaux, ni sur le fonds ?

« Vu les déclarations du roi du 18 juillet 1729 et du 18 août 1730 qui chargent le lieutenant général de police et le bureau des finances de provoquer les démolitions des bâtiments en péril, règlent la procédure qui doit être suivie à ce sujet et portent que les frais relatifs à ces démolitions seront remboursés par privilège et préférence à tous autres sur le prix des matériaux provenant de la démolition et subsidiairement sur le fonds et superficie des bâtiments ;

« Vu l'article 50 du décret relatif à l'établissement des municipalités, qui les charge de faire jouir les habitants de tout ce qui a rapport à une bonne police et notamment de ce qui tient à la sûreté ;

« Vu l'art. 29 du décret du 19 juillet 1791 qui maintient tous les règlements concernant la voirie, sans qu'il puisse en résulter la conservation des attributions ci-devant faites sur cet objet à des tribunaux particuliers ;

« Vu l'art. 3, titre XI du décret du 16 août 1790, qui range parmi les objets confiés à la vigilance et à l'autorité des corps municipaux la démolition et réparation des bâtiments menaçant ruine ;

« Vu l'art. 1er du même titre du même décret, qui porte que les corps municipaux tiendront la main à l'exécution des règlements de police et connaîtront du contentieux auquel cette question donnera lieu ;

« Vu l'art. 13 du même décret, qui porte que les fonctions administratives sont distinctes et demeurent toujours séparées des fonctions judiciaires ;

« Vu l'art. 21 de l'arrêté du 12 messidor an VIII, qui charge le préfet de police de tout ce qui a rapport à la petite voirie, sauf le recours au ministre de l'intérieur contre ses décisions, et d'ordonner la démolition ou réparation des bâtiments menaçant ruine ;

« Vu l'art. 471 du Code pénal, portant : « Seront punis d'amende, depuis

avec sommation d'avoir à faire cesser le péril dans un délai déterminé.

3° La signification est faite au domicile du propriétaire, s'il réside dans l'étendue de la commune et que sa demeure soit connue ; sinon elle peut être donnée à la maison même où est le péril, en parlant au principal locataire ou à quelqu'un des locataires, en cas qu'il n'y en ait pas de principal. (Art. 5.)

4° Au jour fixé, si le propriétaire n'a pas fait cesser le péril et n'a pas répondu à la sommation du maire, celui-ci, après avoir fait visiter de nouveau le bâtiment par l'architecte voyer (comme expert) ordonne la démolition ou accorde un nouveau délai.

5° Si le propriétaire soutient que le danger n'existe

---

1 fr. jusqu'à 5 fr., ceux qui auront négligé ou refusé d'exécuter les règlements de la petite voirie ou d'obéir à la sommation émanée de l'autorité administrative de reparer ou démolir les édifices menaçant ruine ;

« Vu l'art. 4 de la loi du 11 frimaire an VII, qui range dans les dépenses des communes la voirie et les objets de sûreté et de propreté ;

« Considérant que les dispositions ci-dessus rapportées ont pour objet de charger l'administration de tout ce qui a rapport à la voirie, et particulièrement d'ordonner la démolition ou réparation des bâtiments menaçant ruine ;

« Considérant que les communes sont chargées de toutes les dépenses relatives à la voirie et de celles qui ont pour objet la sûreté et propreté ;

« Considérant que le privilége déterminé par les déclarations de 1729 et 1730 pour les frais de démolition des édifices menaçant ruine n'a point été abrogé ; que le Code, quoique ne l'ayant pas spécialement exprimé, accorde privilége à des dépenses qui peuvent être assimilées à celles dont il s'agit ; que ces dépenses sont d'ailleurs relatives à l'objet lui-même, mais que les tribunaux peuvent seuls prononcer sur l'application d'un privilége ;

« Sont d'avis :

« Qu'il doit être procédé, à l'égard des bâtiments menaçant ruine dont il y a lieu de provoquer la démolition, suivant les formes administratives ;

« Que les frais de démolition doivent être avancés et supportés par les communes, lorsque ces frais ne pourront être prélevés ni sur les matériaux, ni sur le fonds ;

« Qu'il y a lieu de demander devant les tribunaux le remboursement de ces frais, par privilége et préférence sur toutes autres créances. »

pas, il a la faculté de nommer un expert pour faire la visite des lieux, conjointement avec l'expert nommé par le maire. Faute par la partie de faire sur-le-champ cette nomination, il est passé outre à la visite par l'expert municipal seul. (Art. 7.)

6° Si, lorsqu'il y a eu visite contradictoire, les deux experts ne s'accordent pas, un tiers expert peut être nommé par le préfet.

7° Sur le vu du rapport de l'expert ou des experts, le maire prend un arrêté pour ordonner la démolition dans un délai fixé, passé lequel délai la démolition est exécutée, à la diligence du maire et aux frais du propriétaire, sauf son recours devant le préfet.

8° Le maire se pourvoit ensuite devant le tribunal, à l'effet d'obtenir le remboursement des frais par privilége et préférence à toutes autres créances. (Avis du com. de l'int. du 27 avril 1818.)

9° Les frais de démolition doivent être avancés et supportés par la commune quand ils ne peuvent être prélevés ni sur les matériaux, ni sur le fonds. (*Id.*)

8. En cas d'urgence absolue, c'est-à-dire de péril imminent, le maire, après avoir fait dresser un procès-verbal par des gens de l'art et l'avoir dénoncé au propriétaire, a le droit d'ordonner sans délai, sous sa responsabilité légale, ce qu'il juge absolument nécessaire à la sûreté publique. (Jurisprudence du com. de l'int.)

9. Les mêmes règles s'appliquent en matière de grande voirie ; ainsi, pour la ville de Paris, lorsque le préfet de police croit reconnaître qu'un bâtiment est en péril, il adresse au propriétaire l'injonction de faire cesser ce péril, soit en démolissant les parties

14

de bâtiment signalées comme menaçant ruine, soit en y faisant les réparations nécessaires, après avoir obtenu, s'il y a lieu, l'autorisation de l'autorité compétente (le préfet de la Seine).

Si le propriétaire conteste le péril, il désigne un expert pour procéder à la visite du bâtiment, contradictoirement avec l'architecte de la petite voirie.

Lorsque les deux experts sont d'avis différents, il est procédé à la visite des lieux par un tiers expert nommé par le préfet de police.

Dans le cas où le tiers expert reconnaît l'existence du péril, le préfet de police enjoint au propriétaire d'exécuter la démolition dans un délai déterminé. Ce délai passé, si le propriétaire n'a point satisfait à l'injonction, la démolition est faite par les agents de la préfecture de police (1).

Les frais de démolition sont avancés et supportés par la préfecture de police, lorsque ces frais ne peuvent être prélevés ni sur les matériaux, ni sur le fonds.

Le remboursement de ces frais est poursuivi devant les tribunaux, par privilége et préférence sur toutes autres créances. (DAUBENTON, pag. 143.)

10. On tient qu'il y a lieu d'ordonner la démolition d'un bâtiment pour cause de péril :

1° Lorsque c'est par vétusté ou autrement qu'une ou plusieurs jambes étrières, trumeaux ou pieds-droits, sont en mauvais état;

2° Lorsque le mur de face sur la rue est en surplomb de la moitié de son épaisseur, en quelqu'état que soient les jambes étrières, trumeaux ou pieds-droits;

---

(1) Il va de soi-même que le recours devant le ministre compétent demeure toujours ouvert aux parties.

3° Si le mur sur la rue est à fruit (1) et qu'il est occasionné, sur la face opposée, un surplomb égal au fruit de la façade sur la rue;

4° Si les fondations sont mauvaises, alors même qu'il ne se serait manifesté, dans la hauteur du bâtiment, aucun fruit ni surplomb;

5° S'il y a un bombement égal au surplomb dans les parties inférieures du mur de surface;

(Fleurigeon, Daubenton, Davenne, *Recueil*, etc.)

11. On voit par l'énoncé qui précède des causes les plus générales du péril des bâtiments, que c'est surtout lorsque les parties inférieures menacent ruine qu'il y a lieu d'en prononcer la démolition. Si le péril se manifestait dans les étages supérieurs, ce ne serait pas une raison suffisante pour que la démolition entière de l'édifice fût ordonnée, puisque le pouvoir donné à l'administration, en pareil cas, se borne à faire cesser le péril, et que si le propriétaire satisfait sous ce rapport à l'injonction du maire, la sûreté publique étant désormais désintéressée, l'autorité n'a plus rien à exiger de lui.

12. Nous avons dit plus haut (chap. 3, n° 9) que les réparations et travaux de toute nature peuvent être permis, pour les maisons non alignées, au-dessus du rez-de-chaussée, lorsque cette partie est en bon état; d'où il suit que si un propriétaire a fait démolir pour cause de sûreté publique un ou plusieurs étages de sa maison, on ne peut lui refuser l'autorisation de les reconstruire lorsque les bases de l'édifice sont reconnues suffisamment solides, ou tout au moins de les couvrir d'un nouveau comble, si les fon-

---

(1) Un bâtiment est *à fruit* sur la rue lorsque la façade, au lieu d'être verticale, incline légèrement en retraite sur elle-même.

dations, trumeaux, jambes étrières, etc., ne semblent pas pouvoir supporter sans danger le poids des étages à rebâtir (1).

13. On peut citer, il est vrai, un arrêt de cassation du 8 janvier 1830 (*Bourgeois*, S. 31, 1, 325) qui semblerait donner à l'administration le pouvoir d'exiger l'entière démolition de l'édifice (2), mais il faut considérer, d'une part, que dans l'espèce qui a motivé cet arrêt il s'agissait d'un simple mur de clôture et non d'une façade de maison, différence dont il faut nécessairement tenir compte, un mur de clôture ne dépassant pas d'ordinaire la hauteur d'un rez-de-chaussée ; de l'autre, que le droit de l'administration, fût-il constaté par la jurisprudence des arrêts, elle demeure toujours libre de n'en point user lorsqu'elle le croit utile en règle d'équité. Nous nous bornerons à nous référer, sur cette question de principe, aux considérations exposées sous le n° 63, au chap. 2.

§ 2. — De la hauteur des maisons et de la forme des combles.

14. Une des questions de voirie qui présentaient le plus d'incertitude, aux yeux de l'administration centrale, était celle de savoir si l'autorité municipale a le droit de prescrire par mesure générale, dans un intérêt de police, la limitation de la hauteur des maisons riveraines de la voie publique. Il paraissait

---

(1) On doit aussi avoir égard, dans le cas de reconstruction des étages démolis, à ce qu'exige l'intérêt de la salubrité par rapport à la largeur de la rue. (V. *Infrà*.)

(2) « Attendu que l'officier public qui a dressé le procès-verbal a reconnu... Que le mur avait été repiqué et s'enduisait à neuf et surtout que le mur avait été baissé, ce qui tendait bien certainement à une consolidation qu'il avait à constater, rien n'étant plus propre à prolonger la durée d'un mur que d'en diminuer la hauteur et le poids et à maintenir ainsi sa conservation au delà du terme probable de son existence. »

excessif, au premier aperçu, qu'un semblable pouvoir, qui ne va pas à moins qu'à restreindre le droit de propriété dans une de ses prérogatives les plus essentielles, pût être ainsi abandonné au libre arbitre du maire, même sous la garantie du contrôle de l'autorité administrative supérieure. (*V.* notre *Recueil*, t. 1, p. 137.)

Mais ce scrupule a été complétement levé par un arrêt de cassation du 30 mars 1827, intervenu sur le pourvoi auquel avait donné lieu un arrêté de police du maire de la ville de Lyon en cette matière.

Nous en reproduisons les termes :

«Vu l'art. 50 de la loi du 14 décembre 1789, l'art. 60 de la même loi, l'art. 3 du tit. XI de la loi du 24 août 1790, l'art. 46, tit. Ier, de la loi du 22 juillet 1791, l'art. 471, n° 5, du Code pénal; vu l'art. 161 du Code d'instruction criminelle; vu le règlement général de voirie fait par le maire de Lyon, approuvé par le préfet du département.... Attendu qu'il est du devoir des tribunaux de police de réprimer les contraventions aux arrêtés pris par l'autorité municipale dans la sphère de ses attributions, que l'art. 471, n° 5, du Code pénal, leur fait une obligation spéciale d'appliquer les peines qui y sont déterminées à ceux qui négligent ou refusent d'exécuter les règlements ou arrêtés concernant la petite voirie ; — Attendu que le règlement de voirie, fait par le maire de Lyon, le 13 mai 1825, entrait essentiellement dans ses attributions; que la disposition notamment, dont l'infraction a donné lieu aux poursuites, et par laquelle le maire s'est réservé de fixer la hauteur des maisons suivant la largeur des rues, se rattache directement à ce qui intéresse la solidité des bâtiments, la sûreté, la commodité, la propreté, la santé publique, et la facilité de porter des secours en cas d'incendie, que ces grands intérêts, que le maire a regardés comme compromis par l'état actuel des choses, et auxquels il a eu en vue de pourvoir pour l'avenir, sont spécialement confiés à la surveillance du pouvoir municipal; que ce pouvoir est autorisé par la loi du 22 juillet 1791, à les régler de la manière qu'il juge la plus utile au bien public et la plus avantageuse aux habitants; que les dispositions des règlements de cette nature sont obligatoires pour les juges de police chargés d'en assurer l'exécution; qu'il ne leur appartient pas d'apprécier le mérite de ces dispositions, dont la réformation, s'il y a lieu, appartient aux autorités supérieures; qu'il leur suffit d'examiner et de s'assurer si le règlement a été fait dans l'étendue et dans les limites des attributions confiées à l'autorité municipale, si ce règlement statue sur les intérêts placés sous la surveillance de cette autorité, etc. (1). »

---

(1) L'extension donnée par la cour de cassation au pouvoir des maires sur le point dont il s'agit a fait naître la question de savoir si le droit qui leur est attribué de restreindre la hauteur des maisons bordant la voie publique ne peut aller jusqu'à limiter également celle des constructions dans l'intérieur des propriétés, puisque la raison de décider est absolument la même dans les deux cas.

Qu'on veuille bien, en effet, consulter l'esprit de l'arrêt que nous venons de citer, et l'on verra que l'intérêt de la voirie n'y est pas seul en question, mais aussi et surtout celui de la sûreté et de la salubrité. La mesure prise par le maire « se rattache directement, a dit la cour, à ce qui intéresse la solidité des maisons, la sûreté, la commodité, la propreté, la santé publique; ces grands intérêts, que le maire a regardé comme compromis par l'état des choses, sont spécialement conférés à la surveillance du pouvoir municipal, etc. »

De ces expressions si positives ressortent, selon nous, cette conséquence, que si le maire est compétent pour réglementer et restreindre l'exercice du droit de propriété dans un simple intérêt de voirie, les grands intérêts de la sûreté et de la santé publique confiés à sa garde l'autorisent, à plus forte raison, à user de ce pouvoir lorsqu'ils lui paraissent compromis, abstraction faite des besoins de la voie publique. Il est à remarquer d'ailleurs que les raisons qui,

15. La marche a suivre par les maires pour la fixation de la hauteur des maisons est donc désormais très-simplifiée, puis qu'il leur suffit d'en faire l'objet

---

selon la cour suprême, justifient la limitation de la hauteur des maisons d'une ville s'appliquent à toutes indistinctement, et quelle que soit la position qu'elles occupent. On peut même soutenir qu'à certains égards, l'inconvénient de la privation d'air et de jour et le danger d'incendie sont plus à craindre encore pour des maisons entassées dans des espaces resserrés, comme le sont la plupart des propriétés, dans les villes populeuses, que pour celles qui donnent sur des rues, si étroites qu'elles soient, où l'air circule plus ou moins, et où les moyens d'accès sont toujours plus faciles.

Nous sommes donc autorisés à conclure qu'un arrêté de police municipale qui, en se basant sur les dispositions de l'art. 3, titre XI, de la loi du 16-24 août 1790, déterminerait un maximum de hauteur pour toutes les maisons de la ville, sans distinction, aurait un fondement légal et devrait conséquemment recevoir la sanction des tribunaux.

Nous ne donnons ceci toutefois que comme notre opinion personnelle, aucun acte réglementaire ou de jurisprudence n'ayant à cet égard fixé le point de droit (a).

M. Dalloz (*Jurisprudence générale*, t. IX, p. 455, éd. de 1848), après avoir cité l'arrêt du 30 mars 1827 ci-dessus rappelé et un autre arrêt du 14 mars 1833 (ch. crim., *Berthelmi*), qui reconnaît la légalité d'un arrêté par lequel un maire a limité la hauteur que peuvent avoir les tuyaux de poêle sur les rues, ajoute : «Nous croyons même que le pouvoir municipal pourrait prescrire la dimension des cheminées, ou plutôt indiquer des limites en deçà et au delà desquelles il ne serait pas permis de les établir. Il paraît superflu, en effet, de faire remarquer que si les conduits étaient trop étroits ou trop larges, le balayage et les secours en cas d'incendie pourraient être rendus trop difficiles. Toutefois, si un règlement porte que toutes les cheminées à

(a) La cour de cassation se montre avec raison très-sévère pour tout ce qui touche aux intérêts de la salubrité publique ; témoin l'arrêt *Battandier* du 21 juillet 1838 (S., 39, 1, 79), qui, vu les lois de 1790 et 1791, et l'article 3 de l'arrêté de police du maire d'Annonay qui défend de jeter des ordures et immondices dans les cours des maisons, réforme un jugement de police relaxant ce particulier poursuivi pour contravention audit arrêté. On remarque dans l'arrêt ce considérant : « qu'en refusant de réprimer cette contravention par le motif que l'accès de ladite cour n'est point ouvert au public, le jugement dénoncé a commis un excès de pouvoir en admettant, dans l'application de l'arrêté susdaté, une distinction dont il n'est point susceptible, et une violation expresse des dispositions ci-dessus visées. »

On peut donc induire de cet arrêt, que la cour de cassation attribue à l'autorité municipale un pouvoir en quelque sorte illimité pour toutes les mesures à prendre en vertu de la loi générale du 16-24 août 1790, à l'effet de prévenir ou de réprimer toute entreprise tendant à compromettre la salubrité publique.

d'un arrêté de police municipale en forme de règlement permanent, qui devient exécutoire s'il n'a pas été réformé par le préfet dans le mois de sa réception. (Loi du 18 juillet 1837, art. 11.)

16. Il va d'ailleurs de soi-même que cette hauteur doit être déterminée en raison de la largeur des rues jusqu'à un maximum qui ne peut être dépassé, à l'instar des règlements en usage à Paris. (V. *infrà*.)

17. Mais la largeur des rues est susceptible de changer par suite de l'exécution des alignements arrêtés. Lorsqu'un propriétaire bâtit sur l'alignement légal, doit-on lui imposer une hauteur correspondant à la largeur actuelle ou à la largeur future de la rue? Ceci a fait longtemps question à Paris, en présence du texte des lettres patentes du 25 août 1184 qui font loi pour cette ville; mais la raison d'équité a prévalu, et le propriétaire dont la maison est à l'alignement a le droit de l'élever à toute la hauteur qu'admet la largeur assignée à la voie publique par le plan arrêté. (Décisions ministérielles diverses, et ordonnances 3 février 1843, *Imbert;* 27 novembre 1844, *Guérard.*) Au cas

---

construire auront une dimension donnée, et que toutes celles qui ne seront pas conformes à ce règlement seront démolies dans le cas où elles présenteraient des dangers d'incendie, le fait, par un particulier, d'avoir construit une cheminée excédant la dimension prescrite, mais que le voyer a déclaré ne point présenter de danger d'incendie et dont la démolition ne lui paraît ni urgente ni indispensable, un tel fait a pu être déclaré ne pas constituer une contravention à l'arrêté (ch. crim. rej., 16 novembre 1837). Des règlements de cette nature dénotent certes une sage intelligence des résistances que les mesures les mieux justifiées éprouvent toujours. Ce n'était point une règle impérieuse que l'arrêté municipal avait établie : il permettait de dépasser la hauteur prescrite, pourvu qu'il n'y eût pas danger d'incendie. Par là il annonçait que l'autorité serait plus rigoureuse et que sa vigilance redoublerait lorsqu'on ne se conformerait pas à ses vœux qui, dans ce cas particulier, n'étaient inspirés que par l'intérêt de la sûreté publique. »

contraire, la surélévation ne peut être autorisée. (O. 21 juin 1844, *Rémond.*) (1).

Cette règle est nécessairement d'une application générale.

18. Il y a toutefois exception à l'égard des édifices publics.

A ce sujet nous rappellerons que la question s'est élevée, de savoir si une salle de spectacle construite par un particulier, doit être considérée comme un *édifice public,* et, à ce titre, exonérée de la servitude qui a pour objet de limiter la hauteur des bâtiments.

Nous ne connaissons point d'acte de jurisprudence qui ait prononcé sur ce point. Mais les salles de spectacle, dans les villes, même lorsqu'elles sont élevées aux frais des particuliers, pouvant offrir un caractère monumental intéressant comme moyen d'embellissement de la cité, on conçoit qu'une semblable question n'ait pu être tranchée par l'application des règles du droit, et que l'autorité administrative reste juge des cas où il y a lieu d'appliquer la servitude de limitation de hauteur aux constructions de ce genre, ou de les en affranchir.

On peut en dire autant à l'égard de toute autre construction ayant, par sa destination, un caractère public, tel qu'une église ou un hospice, par exemple, comme on a vu de simples particuliers en fonder de leurs deniers, œuvres aussi utiles que pieuses, aux-

---

(1) Les propriétaires des maisons du côté opposé de la rue ne sont pas fondés à demander que l'autorisation ne soit accordée qu'autant que le réclamant reculera ses constructions sur l'alignement. (Ord. 3 février 1843, *Dehérain* c. *Imbert.*)

La faculté de surélever à la hauteur légale appartient également au propriétaire qui, en maintenant les étages inférieurs, bâtit en retraite sur l'alignement arrêté. (Ord. 27 novembre 1844, *Guérard.*)

quelles il n'entrera jamais dans la pensée d'une administration intelligente d'opposer l'inflexibilité d'un arrêt de principe, ou l'étroite rigueur d'un règlement de police municipale.

19. A Paris, d'anciens règlements, notamment la déclaration du roi du 10 avril 1783, dont nous avons déjà parlé chap. 2, et les lettres patentes du 25 août 1784, ont déterminé la hauteur des maisons en raison de la largeur des rues. (*V*. à l'Appendice.)

Un arrêté du préfet de la Seine du 1er novembre 1844 a résumé les dispositions de ces anciens règlements, auxquels il avait été fréquemment dérogé dans ces dernières années, et les a fait revivre dans toute leur rigueur.

20. Le maximum de la hauteur des façades donnant sur la voie publique est fixé par cet arrêté ainsi qu'il suit, savoir :

A 11 mètres 70 centimètres pour les voies publiques de 7 mètres 47 centimètres de largeur ;

A 14 mètres 62 centimètres pour celles de 7 mètres 47 centimètres et au-dessus, jusques et y compris 9 mètres 42 centimètres ;

A 17 mètres 55 centimètres pour les voies publiques au dessus de 9 mètres 42 centimètres.

Ces hauteurs sont mesurées à partir du pavé, ou du dallage du trottoir, et prises, quand le sol est en pente, du point le plus bas de la ligne occupée par la façade. (Art. 7.)

21. Lorsque le bâtiment a moins de 9 mètres 74 centimètres d'épaisseur, la hauteur du comble ne peut excéder la moitié de cette épaisseur, et s'il a plus, le comble ne doit pas dépaser un maximum d'élévation de 4 mètres 87 centimètres (1).

(1) Nous devons à ce sujet placer ici une observation. L'art. 5 de la dé-

Nous nous référons, pour les détails d'application, au texte même de l'arrêté préfectoral que nous donnons dans le recueil placé à la fin de l'ouvrage, et qui, bien que dépourvu de sanction légale, en présence des actes souverains qui ont statué sur cette matière, et auxquels un simple arrêté de police ne peut pas dé-

---

claration du 10 avril 1783 fixait le maximum de la hauteur des maisons prises dans leur ensemble, c'est-à-dire *y compris les mansardes, attiques, toits et autres constructions quelconques au-dessus de l'entablement.* Les lettres patentes du 25 août 1784 ont fait une distinction; elles ont d'abord déterminé la hauteur des façades et disposé ensuite, à l'égard des combles, en ces termes: « *Voulons que les façades ci-dessus fixées ne puissent jamais être surmontées que d'un comble, lequel aura dix pieds de l'élévation au-dessus des corniches et entablements jusqu'à son faite, pour les corps de logis simples en profondeur, et quinze pieds pour les corps de logis doubles.*» Puis la clause d'enregistrement au parlement a exprimé une réserve ainsi conçue : « *A charge qu'à partir du dessus de l'entablement, l'élévation des toits en hauteur ne pourra excéder la moitié de la profondeur des maisons.* »

Il semblait que cette clause dût être entendue et appliquée dans un sens restrictif, c'est-à-dire comme voulant que si le corps de logis simple a moins de 20 pieds de profondeur et le corps de logis double moins de 30 pieds, la hauteur du comble n'atteignît pas nécessairement celle de 10 ou de 15 pieds, mais se proportionnât à la profondeur ou épaisseur réelle du bâtiment ; soit par exemple, dans le premier cas, une maison de 18 pieds de profondeur, le comble ne pourrait excéder 9 pieds de hauteur au lieu de 10, et dans le second, un bâtiment de 24 pieds de largeur, l'élévation du comble devrait être réduite à 12 pieds au lieu de 15.

Telle n'a pas été cependant, nous devons le dire, l'interprétation que le conseil d'Etat a cru devoir donner à cette disposition, qu'il a considérée au contraire comme extensive. C'est du moins ce qui ressort d'une ordonnance rendue au contentieux, le 10 août 1844 (*Feuilloys*), est qui est d'autant plus digne de remarque à cet égard, que le ministre de l'intérieur avait pris soin d'appeler spécialement l'attention du conseil d'Etat sur le point en question.

« Considérant, a dit le conseil d'Etat, qu'aux termes de leurs patentes du 25 août 1784, enregistrées au parlement de Paris, le 7 septembre 1784, la hauteur des faitages à partir du dessus de l'entablement ne saurait excéder la moitié de l'épaisseur des bâtiments soit simples, soit doubles en profondeur, — qu'il résulte de l'instruction que la maison rue Basse-du-Rempart, n° 10, a une profondeur de bâtiment de 11 mètres 30 centimètres entre la rue et la cour intérieure ; que la hauteur de faitage doit être calculée en raison de la profondeur du corps de bâtiment et non en raison du développement des

roger, n'en a pas moins force exécutoire dans celles de ces dispositions qui s'accordent avec les prescriptions de la déclaration royale du 25 août 1784, sauf les recours de droit au ministre de l'intérieur.

22. Arrêtons-nous seulement sur quelques points qui méritent un examen particulier.

Il est bon de remarquer, d'abord, que dans l'état de la législation à Paris, on ne peut, à moins qu'il n'y ait été pourvu par un nouveau règlement, étendre aux bâtiments intérieurs des prescriptions qui ne s'appliquent aujourd'hui qu'aux maisons donnant sur la voie publique. C'est ce qui a été décidé par une ordonnance au contentieux du 22 novembre 1826 (divers). « Considérant que dans les espèces sur les-

---

ailes ; que, dès lors, le faîtage de ladite maison ne peut excéder 5 mètres 65 centimètres. »

Par une autre ordonnance plus récente (9 décembre 1845, *Chevalier*), le conseil d'Etat a admis sur une profondeur de bâtiment de 11 mètres 25 centimètres, une hauteur de faîtage de 5 mètres 625 millimètres (*V.* aussi celle du 23 du même mois, *Pouillet*, et enfin celle du 7 décembre 1847, *Delallée.*)

Or, aux termes des lettres patentes, ce n'était ni à 5 mètres 65 centimètres, ni à 5 mètres 625 millimètres, mais à 4 mètres 87 centimètres (15 pieds) seulement que devait être fixée la hauteur des combles ; et le conseil d'Etat, en tolérant une hauteur supérieure, a nécessairement puisé ses motifs dans l'interprétation qu'il a donnée à la clause d'enregistrement dont nous avons parlé. Nous venons de dire dans quel sens cette clause nous paraissait devoir être entendue. Nous ne trouvons pas dans les décisions du conseil d'Etat d'explications suffisantes de l'opinion qu'il s'est formée sur ce point, et nos doutes subsistent (*a*).

(*a*) Voici quelle était, à cet égard, l'ancienne jurisprudence du conseil d'Etat, qui nous semble, nous devons le dire, infiniment plus rationnelle (O. du 4 juillet 1827) : « Considérant que les sieurs Hanquet et Baton ont contrevenu aux dispositions des lettres patentes du 25 août 1784, *qui fixent à quinze pieds* la plus grande élévation des combles des bâtiments, puisqu'ils ont donné à celui de leurs maisons une hauteur de près de *dix-neuf pieds ;* — Considérant qu'il n'y a lieu, dans l'espèce, à examiner l'exception tirée de l'ancien usage d'après lequel l'administration tolérait qu'il soit donné aux combles une hauteur égale à la moitié de la largeur des bâtiments, puisque cette tolérance n'aurait été accordée qu'à la condition de terminer le bâtiment par un toit composé de deux plans seulement, formant angle droit au sommet, et que le bâtiment en litige est terminé par un toit circulaire. »

quelles sont intervenus les arrêtés attaqués, la hauteur totale du corps de logis, sur la cour, n'excède pas le maximum de hauteur déterminé par les règlements, tant pour la façade sur la rue que pour le comble qui la surmonte : — Considérant que lesdits règlements déterminent les dimensions de hauteurs et façades d'après la largeur des rues ; que c'est ainsi qu'ils ont été interprétés et exécutés jusqu'à ce jour, et que s'il y a lieu de modifier lesdits règlements eu égard aux largeurs des cours, et d'après toute autre considération, il n'appartient qu'à l'administration de statuer sur ce point par un règlement d'administration, etc. (1). »

Il est dont établi en jurisprudence, que les règlements sur la hauteur des façades et celle des combles à Paris n'affectent que la partie des bâtiments donnant sur la voie publique (2).

23. Quant à la hauteur et à la forme des combles, nous devons faire observer que les anciens règlements de 1783 et 1784, n'avaient disposé qu'à l'égard de la hauteur seulement, et que relativement à l'inclinaison et à la forme, l'usage plutôt que la règle écrite a introduit le système des combles à pans droits sous un angle de 45 degrés, et c'est ainsi que la plus grande partie des anciennes maisons de Paris ont été couvertes ; mais à mesure que la population s'est ac·

---

(1) On voit par là qu'un règlement d'administration suffirait, dans l'opinion du conseil d'Etat pour légitimer l'obligation de limiter les hauteurs de maisons dans l'intérieur des propriétés ; ce qui vient à l'appui de nos observations à ce sujet. (**V.** *suprà*, n° 14, à la note.)

(2) Mais le corps de logis tout entier qui longe la voie publique est soumis à la règle de la hauteur ; un propriétaire qui fait élever dans la partie des combles de sa maison donnant sur la cour un pavillon qui dépasse la hauteur légale de ce comble, se rend passible de la démolition et d'une amende de 3,000 fr. (Ord. 6 décembre 1844, *Carpentier*.)

crue, et que la nécessité de multiplier les logements s'en est suivie, on a cherché à donner le plus d'extension possible à la partie logeable des maisons, et l'administration a toléré sur les voies d'une grande largeur, les quais, les boulevards, etc., des combles brisés ou circulaires, qui permettaient d'établir un étage non mansardé au-dessus du mur de façade; cette tolérance n'est plus admise par l'arrêté préfectoral du 1er novembre 1844, qui dispose, art. 13, que le profil des combles du côté de la voie publique doit présenter une ligne droite partant de l'extrémité de la corniche, et formant avec la ligne horizontale qui représente la base du comble, un angle de 45 degrés au plus : C'est l'application rigoureuse des lettres patentes du 25 août 1784, telles qu'elles avaient été interprétées dès l'origine.

Mais nous devons ajouter que, par une ordonnance qui a eu du retentissement, celle du 10 août 1844 (affaire *Feuilloys*), le conseil d'Etat a décidé qu'aucune loi ou ordonnance n'ayant réglé la forme des combles, la ville de Paris n'est pas fondée à soutenir qu'un propriétaire ne peut établir que des toits triangulaires, qu'il a commis une contravention en établissant un toit circulaire, etc.

Il est donc permis de douter que la prohibition portée à cet égard par l'arrêté préfectoral du 1er novembre 1844 fût sanctionnée par le conseil d'Etat jugeant au contentieux (1).

_____

(1) Cette partie du présent chapitre était rédigée lorsqu'un arrêté du chef du pouvoir exécutif, en date du 15 juillet 1848, que nous donnons, à l'*Appendice*, est venu résoudre la plupart des questions qui précèdent. Nous avons cru toutefois utile, pour éclairer tous les intérêts, de ne rien retrancher de cette discussion.

24. Du reste, la faculté dont les propriétaires et constructeurs usent généralement, de former des étages inscrits dans le comble, comme on en voit de nombreux exemples, ne saurait être interdite dès que la ligne d'inclinaison à 45 degrés n'est pas dépassée, puisque l'intérêt public est dès lors satisfait, et qu'il n'y a plus de raison pour empêcher le propriétaire de tirer un plus grand produit de sa maison (1). En un mot, toute disposition conforme, d'ailleurs, aux règles d'une bonne construction est permise dans cette partie des bâtiments, à la seule condition de ne pas excéder le rampant du comble. En cela, la jurisprudence de l'administration est restée la même.

§ 3. — De la police des constructions.

25. Il faut ranger parmi les attributions les plus essentielles du pouvoir municipal la surveillance que les maires sont appelés à exercer sur le mode de construction des maisons particulières, tant dans l'intérêt de la sûreté de la voie publique qu'au point de vue de la sécurité même des personnes qui doivent les habiter.

En conséquence, les maires sont en droit d'exiger de tout propriétaire ou constructeur qui demande l'alignement et l'autorisation de bâtir sur la voie publique, qu'il produise un plan des constructions projetées.

26. Nous ne pourrions d'ailleurs établir ici de

---

(1) Il a été jugé toutefois (arr. de cass. 6 juin 1844, *Piat et Liégard*) que lorsque le mur de face d'une maison excède la hauteur légale, il ne peut être fait au comble aucun travail sans une autorisation spéciale, alors même que les travaux réduiraient la hauteur des combles à l'inclinaison voulue, et n'auraient pas pour effet de reconforter la façade.

prescription d'une application générale, attendu la diversité des procédés de construction qu'admettent nécessairement la différence des matériaux en usage selon les pays, et, jusqu'à un certain point, celle des climats, des mœurs et des habitudes locales.

27. C'est ainsi, par exemple, que dans certaines villes où la pierre de taille et le moellon sont rares et d'un prix très-élevé, on permettra de bâtir en pans de bois, tandis que, dans d'autres localités, comme à Paris, notamment, ce système de bâtisse sera sinon prohibé, du moins soumis à des restrictions calculées en vue d'éviter le danger d'incendie auquel les pans de bois sont généralement sujets (1).

28. Relativement au mode de construction en lui-

---

(1) Ajoutons ici que la prohibition des constructions en pans de bois sur la voie publique, qui avait d'abord été prononcée d'une manière absolue par l'édit de décembre 1607 (*V.* Perrot p. 301), a été modifiée par la déclaration du roi du 16 juin 1693 (*a*);

Mais qu'au surplus, dans l'état de la législation, les constructions de cette nature rentrent dans la catégorie des objets qu'il appartient aux maires de réglementer aux termes de l'art. 10, n° 1, de la loi du 18 juillet 1837. (Arr. de cass. 29 décembre 1820, *commune de Fousseret*; 5 septembre 1835, *ville de Rennes*.)

La règle adoptée à Paris (*b*) est de n'autoriser la construction des murs de face en pans de bois que lorsque le terrain à bâtir a moins de huit mètres de profondeur réduite; encore, dans ce cas, le rez-de-chaussée doit-il être construit en pierre ou en briques. (Daubenton, p. 113.)

(*a*) L'édit de décembre 1607 s'exprime en ces termes : « Défendons à notre grand-voyer de permettre qu'il soit fait aucunes saillies, avances ou *pans de bois* ès rues aux bâtiments neufs, etc. »

La déclaration du 16 juin 1693 contient à ce sujet une disposition ainsi conçue :

« Faisons défense à tous particuliers, maçons et ouvriers, de faire démolir, construire ou réédifier aucun édifice ou bâtiment, *élever aucun pans de bois*, balcons, etc., sans avoir pris les alignements et permissions nécessaires, etc. »

(*b*) La déclaration du roi du 10 avril 1783, en fixant la hauteur des maisons dans Paris, admet aussi (art. 5), les constructions en pans de bois. (V. à l'appendice).

Il a été jugé, au reste, par ordonnances, 2 août et 18 novembre 1838 (S., 39, 2, 313), que les déclarations de juin 1693 et 10 avril 1783 n'ont pas été abrogées, quant à la hauteur des constructions en pans de bois, par les lettres patentes du 25 août 1784, et que cette hauteur reste limitée à 45 pieds.

même, c'est-à-dire à l'épaisseur à donner aux murs, à l'équarissage, à l'agencement des charpentes, à l'établissement des cheminées, etc., de même qu'à la distribution, à l'élévation, à l'aération des logements, en un mot à la solidité comme à la salubrité des maisons d'habitation, nul doute que le pouvoir du maire n'aille jusqu'à exiger des propriétaires et entrepreneurs qu'ils se conforment à ce que lui paraissent commander les besoins et les intérêts confiés à ses soins et à sa vigilance.

28. Pour guider, au surplus, autant qu'il est possible, les administrations locales dans l'exercice de cette partie importante et délicate de leurs attributions, nous reproduisons, à l'appendice qui termine cet ouvrage, un projet de règlement (extrait de notre *Recueil*) qui avait été préparé par les soins de la préfecture de la Seine, pour la ville de Paris, et revu au ministère de l'intérieur.

Les autorités municipales trouveront dans ce travail des notions propres à les éclairer sur les points les plus essentiels de la police des constructions. Nous leur recommandons seulement d'observer qu'on ne peut considérer comme réellement obligatoires, dans ces dispositions, que celles qui ont pour objet de garantir l'intérêt public contre les effets de l'ignorance ou de la cupidité des constructeurs; c'est à leur discernement et à leur intelligence à distinguer ce qu'il peut être utile d'y puiser comme élément d'un règlement de police sur cette matière, en conciliant les exigences de l'intérêt général avec les habitudes et les nécessités particulières à chaque localité.

29. Pour la ville de Paris, le projet de règlement dont nous parlons résume, dans la mesure que nous venons d'indiquer, les conditions auxquelles l'admi-

nistration accorde la permission de bâtir sur la voie publique.

30. Au nombre des obligations que l'intérêt de la salubrité publique donne aux maires le droit d'imposer aux propriétaires et constructeurs doit figurer aussi celle d'établir intérieurement des fosses d'aisances dans des conditions déterminées par des règlements de police spéciaux, ou tout au moins de ménager les moyens d'y suppléer par les nouveaux procédés en usage.

31. A Paris, une ordonnance royale du 24 septembre 1819 et une ordonnance de police du 23 octobre de la même année (V. à l'appendice) ont réglé ce point de manière à nous dispenser d'entrer dans de plus amples détails (1).

32. Dans un intérêt d'un autre ordre et pour prévenir le danger de l'incendie, les maires ont le pouvoir de prendre des arrêtés, à l'effet d'interdire les couvertures en paille ou en roseaux, et ces arrêtés sont obligatoires pour les citoyens. (Cass., 23 avril 1819, S. 19, 1, 426, 9 août 1828, 11 septembre 1840, *Bull. des arrêts.*)

Toutefois, ils n'ont d'effet que pour l'avenir, c'est-à-dire qu'ils n'obligent le propriétaire qu'au moment où il devra refaire ou réparer sa couverture. (*Id.*, 3 décembre 1840.)

33. On peut résumer ainsi les droits de l'autorité municipale sur quelques autres points qui se rattachent à l'exercice de la police de sûreté et de salubrité.

---

(1) L'article 193 de l'ancienne Coutume de Paris est ainsi conçu : « Tous propriétaires de maisons en la ville et faubourgs de Paris sont tenus à avoir latrines et privés suffisants en leurs maisons. »

Fontaines publiques. Défendre de dégrader et détériorer les fontaines de quelque manière que ce soit, d'y laver du linge ou tous autres objets et d'y abreuver les bestiaux; interdire, aux abords, le stationnement des chevaux et des voitures, et tout dépôt d'immondices, etc.

34. *Puits et puisards, égouts.* Exiger qu'aucun puisard, puits d'absorption, ni égoût particulier, ne soit établi sans une autorisation spéciale du maire (1); faire défense de jeter dans les égouts des boues, immondices et matières solides pouvant obstruer le cours des eaux ou les infecter, de procéder à aucun curage de puits, puisard, ni égout particulier, sans une déclaration préalable à la mairie; prescrire les dispositions et précautions nécessaires pour le transport et le dépôt des matières et eaux infectes provenant de ce curage; que les puits soient garantis au moyen de margelles ou gardes-fou et garnis d'un couvercle fermé à clef pendant la nuit; enjoindre aux propriétaires ou principaux locataires des maisons où il y a des puits de les entretenir de cordes, poulies et seaux en bon état; de maintenir également en état de service les pompes et machines qui y seraient adaptées, pour qu'ils puissent offrir des moyens de secours en cas d'incendie.

35. *Sources et abreuvoirs.* Faire défenses de jeter dans les sources et abreuvoirs des pierres, immondices, animaux morts et autres choses de nature à altérer et à corrompre des eaux; à tous particuliers

---

(1) L'autorité municipale ne doit pas souffrir que les fosses d'aisances, les égouts, puisards ou puits perdus, s'étendent sous le sol des rues, places, chemins, et tous autres lieux soit du domaine privé, soit du domaine public de la commune. (Dall. *Jurisprudence générale*, t. 98, p. 479.)

et aubergistes d'établir des abreuvoirs sur la voie publique; de conduire plus de trois chevaux à la fois aux abreuvoirs publics; d'y mener boire des chevaux et bestiaux atteints de maladies contagieuses; d'y laver du linge, ni d'en troubler ou altérer l'eau d'une manière quelconque.

SECTION II.

De la sûreté, de la liberté de la circulation et de la propreté des rues.

36. Si la sûreté publique peut être compromise par le mauvais état et, jusqu'à un certain point, par la trop grande hauteur des maisons, elle ne serait pas moins menacée par des constructions imprudemment tolérées sous les rues, et par des travaux de fouilles ou excavations exécutés dans le sol de la voie publique sans les précautions nécessaires et en l'absence de toute surveillance de la part de l'administration; c'est un point qui ne pouvait échapper à l'attention des législateurs de la voirie, et qui est, en effet, réglé par d'anciennes dispositions aussi bien que par l'article 3, titre xi, de la loi du 16-24 août 1790, et par la jurisprudence en vigueur.

37. Les mesures relatives à la viabilité, c'est-à-dire à la liberté du passage, au nettoiement et à l'assainissement des rues, rentrent aussi dans la compétence exclusive des maires, aux termes du même article de la loi de 1790.

§ 1er. — Des caves, fouilles et excavations sous la voie publique.

38. L'édit du mois de décembre 1607 porte textuellement : « Faisons aussi défenses à toute personnes de faire et creuser aucunes caves sous les rues. » Toutefois un arrêt du Conseil du 3 août 1685

(Perrot p. 58) admet que les caves des maisons retranchées ou à retrancher peuvent être maintenues : « Le roi étant en son conseil, a ordonné et
ordonne que les propriétaires des maisons retranchées et à retrancher, suivant les arrêts de son conseil, jouiront des caves qu'ils ont sous les rues, conformément aux contrats faits entre eux et les prévôts
des marchands et échevins de la ville ; les voûtes
desdites caves préalablement vues et visitées par les
trésoriers de France commis à cet effet..... »

39. Les caves qui subsistent actuellement sous les
rues ont donc une sorte d'existence légale, qui ne
permet pas d'en prononcer la suppression autrement
que par mesure de voirie. En sorte que tant que les
murs et les voûtes ne sont pas arrivés à un tel état de
vétusté et de dégradation que l'autorité puisse et doive en ordonner le comblement, il ne peut y être procédé qu'en vertu d'une ordonnance royale déclarative de l'utilité publique (1). (Décis. min., 4 juin 1839
Dame Goissel.)

40 Mais on conçoit combien doit être active la
surveillance exercée par l'autorité sur ces constructions souterraines dont le défaut de solidité pourrait
compromettre si gravement la sûreté publique.

Aussi, l'administration centrale n'a-t-elle pas hésité
à déclarer conforme à l'esprit de la loi du 16-24 août
1790, tit. XI, art. 3, et pris dans la limite de la compétence municipale, l'arrêté d'un maire qui, à l'occa-

---

(1) Un arrêté municipal qui ordonne la démolition et le comblement de
caveaux construits sous la voie publique sans motiver cette mesure sur le
danger *actuel* de leur existence pour la sûreté publique, mais seulement sur
un danger *possible* ou sur une usurpation de la propriété de la commune,
c'est-à-dire sur un moyen de droit civil, n'est pas obligatoire sous une sanction pénale. (Arr. de Cass., 17 avril 1841, Dall ; *Jurisprudence générale.*)

sion de travaux de conduites d'eau dans une ville, prescrit aux propriétaires et habitants de faire, dans un délai fixé, à la mairie, la déclaration des caves, caveaux, passages et autres souterrains qu'ils posséderaient sous la voie publique, et dispose que, passé ce délai, tout habitant sera tenu de souffrir les visites qui seront faites à l'effet de rechercher et de constater les caves existantes sous les rues; cette dernière disposition n'ayant rien de contraire d'ailleurs à celles des lois des 19-22 juillet (tit. 1er, art. 8) et 22 frimaire an VIII sur l'inviolabilité du domicile. (Décis. min., 8 avril 1842, *ville de Nîmes.*)

C'est qu'en effet le maintien d'une semblable servitude emporte, comme conséquence inévitable, l'obligation d'une inspection en quelque sorte journalière, dont le droit ne pourrait être dénié à l'autorité municipale sans un véritable danger pour la sécurité des citoyens.

41. Il est du reste interdit, sous les peines de droit, de faire aucune fouille ni tranchée dans le sol de la voie publique, sans une autorisation spéciale du maire.

42. L'établissement des conduites d'eau et de gaz peut être autorisé soit gratuitement, soit à titre onéreux (1), sous certaines conditions dont la principale est que, en cas de rupture de ces conduites, les propriétaires ou entrepreneurs seront tenus de mettre des ouvriers en nombre suffisant pour que les réparations soient effectuées dans les vingt-quatre heures

---

(1) Du principe que le sol des rues de voirie urbaine est la propriété des villes, il suit que celles-ci ont le droit d'exiger des propriétaires, entrepreneurs de gaz et autres une taxe ou redevance pour le placement, sous la voie publique, des tuyaux et conduits nécessaires à leur exploitation. (Jurisprudence du conseil d'État.)

de l'avertissement qui leur aura été donné, et de
pourvoir, en attendant, à la sûreté de la voie
publique, soit en comblant les excavations, soit en
les entourant de barrières et les éclairant pendant la
nuit, etc. On peut, sur ce point, consulter une ordonnance de police du 8 août 1829, qui, bien que
spéciale à la ville de Paris, est susceptible de s'appliquer à toutes les localités, en vertu d'arrêtés municipaux qui en reproduiraient les dispositions capitales.

42. Il faut toutefois distinguer ici, quant aux formes de l'autorisation, le cas où la concession est gra-
tuite et celui où elle est faite à titre onéreux.
Dans le premier, en effet, c'est au maire seul qu'il
appartient de prononcer par mesure de police ; dans
le second, comme il s'agit d'une aliénation temporaire du sol communal, l'intervention du conseil
municipal est nécessaire comme en matière de baux
de biens communaux, et il peut y avoir lieu, en raison de la durée du bail, à soumettre la proposition
au ministre de l'intérieur pour qu'il provoque une ordonnance royale. (Loi du 18 juillet 1837.)

43. Relativement aux égouts ou conduites d'eaux
ménagères, il existe, mais pour la ville de Paris seulement, d'anciens édits renouvelés par une ordonnance
royale du 30 septembre 1814, qui règlent les conditions auxquelles il peut être permis d'établir des
communications entre ces conduites et les égouts
publics, et déterminent les obligations imposées aux
propriétaires quant aux réparations et au curage de
ces égouts comme charges foncières des maisons sous
lesquelles ils passent. (V. à l'appendice les arrêts du
Conseil des 21 juin 1721, 22 janvier 1785 et l'ord.
du roi du 30 septembre 1814).

44. Pour le percement, le curage, la réparation et

l'entretien des puits, nous nous référons à l'ordonnance rendue par le préfet de police de Paris, sous la date du 8 mars 1815, et à une instruction générale (relative au curage) que nous reproduisons à l'appendice.

§ 2. — De la liberté et de la commodité du passage.

45. Indépendamment des dispositions qui s'appliquent aux constructions et travaux intéressant la conservation et la sûreté de la voie publique, divers règlements, tant anciens que modernes, ont pourvu aux besoins journaliers de la viabilité, en prescrivant les précautions nécessaires pour assurer, en tout temps, la liberté et la commodité du passage dans les rues des villes.

46. On a déjà vu, relativement aux saillies des bâtiments (chap. II), en quoi consistent les obligations imposées à cet égard aux propriétaires et entrepreneurs.

Le célèbre édit de décembre 1607 contient, tant sur ce point qu'en ce qui concerne la liberté de la circulation en général, des dispositions sur lesquelles peuvent se fonder comme sur une base légale les arrêtés que les maires sont autorisés à prendre, en exécution de l'article 3, tit. xi, de la loi du 24 août 1790, et de l'article 11 de la loi du 18 juillet 1837 (1).

---

(1) Les maires ont le droit : 1° de défendre, ou de permettre, sous certaines conditions, la construction ou le placement d'objets quelconques formant saillie sur les rues, quais, places ou promenades publiques, et d'ordonner la démolition de ceux de ces objets qui existeraient déjà. (Arr. de cass. 22 mars 1822, (ch. crim.), et 12 février 1847 ; id, *Buisson*, D. 47, 4, 501) : 2° de prendre des arrêtés à l'effet d'interdire toute construction ou reconstruction le long de la voie publique, d'y poser des barrières ou des bornes ; d'y faire de nouvelles clôtures ou de réparer les anciennes, sans avoir demandé et

47 On trouvera dans l'ordonnance de police du
8 août 1829, relative à la ville de Paris, l'indication
des diverses mesures qu'il appartient à l'administration municipale de prescrire, touchant le placement
des échafauds et barrières pour les constructions,
les précautions à prendre dans les cas de démolition,
les dépôts de matériaux, de meubles, de marchandises, le chargement et le déchargement des voitures
sur la voie publique, etc.

48. Voici, à cet égard, comment peut se résumer
la jurisprudence de la Cour de cassation sur la
matière.

---

obtenu les permissions nécessaires (ch. crim., 30 octobre 1823); 3° d'ordonner la destruction des bornes en saillie (4 juin 1830, (ch. crim.), et 18 août
1847, *Métreau*, Devill. 48, 1, 95), celle des auvents (ch. crim., 30 juin
1836) (a) et des balcons ou autres saillies. (*Id.* 4 octobre 1839, *Pietri*.)

Est, en outre, légal et obligatoire un arrêté municipal portant interdiction à
tous propriétaires et locataires de boutiques de faire, en aucun cas, des étalages excédant une certaine saillie, même alors que ces boutiques seraient placées sous un auvent couvrant une partie de la voie publique. (Ch. crim.,
1er juillet 1843, 5 février 1844.)

Ce pouvoir de prohibition s'étend aux constructions temporaires comme
aux constructions permanentes en planches ou en bois; ainsi il a été jugé
qu'un maire pouvait prescrire la démolition d'échoppes construites le long de
la voie publique et défendre d'en construire de nouvelles. (Ch. crim., 11 germ.
an XI.) De même aussi, le fait seul d'avoir établi sans permission une écha-
faudage pour la construction ou la réparation d'une maison entraine une condamnation aux peines de police. (Ord. 5 décembre 1842, *Derreulx*.) —
(V. pour les principes généraux sur les saillies, au chapitre II, section IV.)

(a) Nous ne saurions admettre, dit au sujet de l'arrêt du 4 juin 1830 M. Dalloz (*Jurisprudence générale*, t. IX, p. 451), que le principe de la non-rétroactivité des lois (qu'avait
invoqué le tribunal de police) ait été engagé dans la question. Il s'agissait, en effet, de bornes
placées dans la rue et qui nuisaient à la circulation. Ces bornes se trouvaient en dehors
de la propriété des riverains et sur le terrain de la commune par pure tolérance. Il
n'y avait pas droit acquis, parce que le sol des rues et des chemins est imprescriptible.
Il ne pouvait donc y avoir que simple tolérance, et on avait tort de placer la question sur le
terrain de la non-rétroactivité des lois.

Le même auteur ajoute que la question s'étant de nouveau présentée devant la
cour, a été jugée de la même manière, par un autre arrêt du 30 juin 1836, et que
le conseil d'Etat s'est associé à cette opinion.

Les dépôts sur la voie publique sont punissables, lorsqu'ils sont faits *sans nécessité*, par la raison qu'ils embarrassent, empêchent ou diminuent le passage. Vainement prétendrait-on qu'il n'y a pas eu embarras, cette excuse n'est point admissible (Cass., ch. crim., 2 juin 1825, *Sonnet*). S'il y a *nécessité*, le fait cesse d'être punissable (*id.*, 1er juillet 1826, *Brault*). C'est au prévenu à prouver la nécessité alléguée par lui, lorsqu'il ne produit pas une autorisation du maire (*id.*, 18 septembre 1828, *Chesnel*). La nécessité peut être prouvée par l'impossibilité de déposer les matériaux ailleurs (*id.*, 27 décembre 1828, *Lebuothel*). — Les faits de nécessité n'étant pas déterminés par la loi, c'est au juge à les apprécier (*id.*, 10 octobre 1822, *Rogliano*). — Il suffit, pour que le renvoi du prévenu soit légalement prononcé, 1° qu'il soit constaté par le juge que c'est dans le cas d'absolue nécessité pour l'exécution de travaux et réparations à sa maison, qu'un citoyen a déposé des matériaux qui ont embarrassé la voie publique (*id.*, 27 décembre 1828, *Lebuothel*; 16 février 1833, *Stroboni*; 21 novembre 1833, *André*); 2° s'il est déclaré par le tribunal que le prévenu a très-momentanément embarrassé la voie, et qu'il ne l'a pas fait sans nécessité, celui-ci doit être également renvoyé de l'action intentée contre lui. (*Id.*, 7 mai 1819, *Larue*.)

49. L'autorité municipale ne peut, sans s'écarter de la loi, défendre, d'une manière absolue, tous dépôts sur la voie publique. Les citoyens ont le droit d'user des lieux publics en cas de nécessité, et l'administration ne peut les en priver. Un règlement qui n'admettrait pas cette distinction serait donc contraire à la raison autant qu'à la loi; aussi a-t-il été jugé que l'arrêté par lequel un maire subordonne tout encombre-

ment de la rue à l'obligation de l'en prévenir et d'obtenir son autorisation, va au delà des termes de la loi,
en ce que la loi ne défend que les dépôts faits sans
nécessité (Cass., 10 décembre 1824, *Molly*; 16 février
1833, *Stroboni*; 10 avril 1841, *Desmidt.*) Un maire
ne peut non plus substituer à la défense portée en
l'article 471 du Code pénal, d'embarrasser la voie publique en y déposant ou laissant, sans nécessité, des
matériaux ou des choses quelconques, la défense de
laisser séjourner sur la voie publique, pendant plus
de vingt-quatre heures, des dépôts de terre, etc. Un
semblable arrêté n'est point obligatoire, et son inobservation ne peut donner lieu à un jugement de condamnation. (*Id.*, 26 mars 1825, *Quennesson.*)

50. Les arrêtés pris par les maires pour tolérer les
dépôts sur les lieux publics ne peuvent d'ailleurs engager ou compromettre les droits des tiers (*id.* ch.
des req., 12 juillet 1836, *Damay c. Poncelet et
Izard*). Il a même été jugé que l'autorisation du maire
serait impuissante pour justifier le stationnement des
voitures sur la voie publique, s'il n'y a nécessité. (*Id.*,
ch. crim., 19 août 1847, *Auclair.*)

51. Mais, hors le cas de nécessité, l'autorité municipale est juge légitime de ce qu'exigent la commodité et la sûreté du passage sur la voie publique (*id.*,
7 décembre 1826, *Rigaud*). Les maires peuvent donc
prendre des arrêtés pour défendre de déposer des bois
autrement que provisoirement sous certaines conditions, en certains endroits ; et à moins d'un permis
(*id.* 13 décembre 1832, *Carel*) ; d'établir sur la voie
publique des dépôts permanents de fumier et décombres
bres (*id.*, 19 prairial an II); et de prescrire l'enlèvement de ceux qui auraient été précédemment faits.
Les tribunaux ne peuvent refuser de condamner les

contrevenants à de semblables arrêtés, sous le prétexte que le fumier a été déposé sur leurs terrains, ou qu'il n'occasionne pas d'exhalaisons nuisibles (19 · prairial an 11, 6 février 1823). L'autorité municipale a également le droit d'empêcher d'éteindre de la chaux vive sur la voie publique, dans l'enceinte d'une ville (23 janvier 1841 *Renard*) ; de faire disparaître tous les embarras qui peuvent obstruer la voie publique, et, en conséquence, de défendre les étalages dans les rues (22 novembre 1838, ch. crim., *Métadier* ; 20 avril 1844, ch. crim., *Bernada*, et autres espèces.)

52. Nous ne pouvons du reste que nous référer, quant au détail des mesures qu'il appartient aux maires de prendre, au contenu même de l'ordonnance de police du 8 août 1829 ci-dessus rappelée (n° 47) dont la plupart des dispositions sont susceptibles d'être utilement appliquées partout, et de faire la matière de règlements de police municipale selon les besoins des localités.

53. L'éclairage pendant la nuit des matériaux déposés sur la voie publique est une précaution obligatoirement ordonnée, et dont l'omission est punie par l'article 471, n° 4, du Code pénal. Cette omission ne saurait être excusée par le motif qu'aucun arrêté local n'aurait réglé le mode d'éclairage (Cass., ch. crim., 10 avril 1841, ni par cette considération que le contrevenant était de bonne foi. (15 juin 1832.)

L'obligation d'éclairer s'étend à toute la durée de la nuit, et comprend d'ailleurs celle de veiller à ce que l'éclairage ne soit interrompu ni par le mauvais temps ni par un accident quelconque (ch. crim., 23 décembre 1841, 3 mars 1842). N'est donc pas admissible l'excuse tirée de ce que la lanterne a pu s'éteindre par cas fortuit (*id.* 3 mars 1842); ni celle que fonderait le prévenu sur ce que les matériaux étaient éclairés par un réverbère voisin (*id.* 3 septembre 1825) ou, sur ce qu'il faisait clair de lune. (23 avril 1835.)

Est également obligatoire un arrêté municipal qui ordonne l'éclairage des voitures circulant ou stationnant pendant la nuit. (11 mai 1810; 2 février 1844.)

54. Relativement aux dépôts de fumier ou autres encombrements sur les rues formant traverse ou prolongement de grandes routes, c'est l'arrêt du conseil du 4 août 1731 et non l'article 471 du Code pénal qui est applicable (O. 14 janvier 1842, 30 décembre 1843, 20 juin 1844). Nous ne reviendrons pas à ce sujet, sur la question de compétence traitée au chapitre 1er.

55. Disons seulement qu'en ceci, comme pour ce qui concerne le péril des bâtiments, le pouvoir de l'administration active est absolu en ce sens, qu'il appartient soit aux préfets pour les grandes routes, soit aux maires pour les rues de voirie urbaine, d'ordonner et de faire, en cas d'urgence, opérer aux frais des contrevenants, et, à leur défaut, l'enlèvement des dépôts et encombrements qui gênent le passage, sauf les poursuites ultérieures à exercer devant le conseil de préfecture ou devant le tribunal de police, suivant les cas, pour faire prononcer l'application de la peine qu'ils ont encourus par leur désobéissance aux injonctions de l'autorité.

56. Rappelons aussi la disposition de l'article 471 du Code pénal, § 6, qui punit des peines de police « ceux qui auront jeté ou exposé au devant de leurs édifices des choses de nature à nuire par leur chute ou par des exhalaisons nuisibles. » Cette disposition doit être observée, même en l'absence de tout règlement mu-

nicipal; mais la loi du 16-24 août 1790 fait aux maires un devoir d'éclairer les citoyens à cet égard. Ils doivent notamment prendre des arrêtés pour interdire de rien exposer aux fenêtres et autres parties des bâtiments dont la chute puisse occasionner des accidents (comme des pots de fleurs par exemple), et de jeter de l'intérieur des maisons sur la voie publique des eaux, matières et objets quelconques qui pourraient salir, incommoder ou blesser les passants. (Voir à l'appendice les ordonnances de police qui ont été rendues à diverses époques sur cette partie de la police municipale, à Paris.)

57. Nous terminerons, en faisant observer que la Cour de cassation applique, pour tout ce qui intéresse la sûreté et la liberté de la voie publique, les dispositions de la loi du 16-24 août 1790, tit. XI, art. 3, dans le sens le plus large et le plus absolu. Elle reconnaît, en conséquence, aux maires, le droit de prescrire à cet égard toutes les obligations, de porter toutes les défenses que leur paraissent exiger ces graves intérêts. Une foule d'arrêts, indépendamment de ceux déjà si nombreux que nous avons cités précédemment, viennent à l'appui de cette remarque (1).

---

(1) Il n'est pas inutile, pour compléter l'exposé des règles qui doivent guider les administrations municipales dans leurs actes touchant la sûreté et la liberté de la circulation, de rappeler ici comment l'administration centrale entend qu'il doit être procédé en matière de droits de stationnement; sorte de redevance attribuée aux villes pour les permissions qu'elles accordent à certains établissements, et particulièrement aux entreprises de voitures de place et de transport en commun, de séjourner sur les parties du sol communal ou de la voie publique qui leur sont temporairement concédées pour cet usage.

« L'essentiel, dans une perception de ce genre, est de consulter les besoins publics et de s'assurer préalablement si rien ne s'oppose, dans l'intérêt général, à ce que de semblables concessions soient accordées à prix d'argent. Il

§ 3. — Du nettoiement des rues.

58. Tout ce qui intéresse la salubrité publique est du ressort de l'autorité municipale. Parmi les mesures de ce genre, qui se rattachent directement à la voirie urbaine, figurent celles qui ont pour objet d'inter- dire l'écoulement, sur le sol des rues, des eaux mal- propres ou infectes, (Cass., ch. crim., 15 avril 1824,

---

ne faut pas d'ailleurs perdre de vue que ce n'est point la circulation des voitures qui doit être taxée. Ce droit exorbitant n'appartient pas à l'adminis- tration municipale, les rues étant des propriétés du domaine public commu- nal dont l'usage est commun à tous ; à la vérité, le maire peut, en vertu de la loi du 24 août 1790, réglementer la voie publique dans l'intérêt de l'or- dre et de la libre circulation ; mais son intervention ne peut s'exercer que sous forme d'interdiction de tout ce qui tendrait à embarrasser la voie publi- que. C'est là un acte de police municipale qui perdrait son caractère, du moment que le maire n'userait à cet égard du pouvoir qui lui est confié que pour établir une sorte de privilége de circulation concédé à prix d'ar- gent au profit de la commune, et non-seulement ce serait sortir de la légalité, mais ce serait en même temps compromettre les attributions les plus essen- tielles de l'autorité ; car l'administration aliénerait par là le droit qu'elle doit toujours conserver de prohiber la circulation des voitures si quelque circonstance imprévue venait à rendre cette prohibition indispensable.

« Sous le point de vue purement légal, on pourrait soutenir qu'à la rigueur nul n'a besoin d'autorisation pour faire circuler ses voitures sur la voie pu- blique, et que ce n'est que par mesure de prohibition que l'autorité municipale peut intervenir, si ces voitures gênent la circulation.

« On objectera sans doute que, dans la pratique, toutes les industries de nature à embarrasser la voie publique réclament l'autorisation préalable de l'administration ; mais il n'en faut rien conclure contre le principe. On ne doit pas effectivement s'étonner que les entrepreneurs que pourrait ruiner l'action répressive de la police municipale se soient soumis spontanément à la demande d'une autorisation préalable ; l'administration n'a pu qu'en- courager cette disposition qui lui épargnait le devoir pénible de froisser des intérêts privés ; mais on ne saurait voir dans cet état de choses qu'une com- binaison favorable à tous les intérêts, sans pouvoir en induire la faculté abso- lue de disposer de la circulation comme d'une espèce de propriété. (*Le ministre de l'intérieur au préfet du Rhône*, 12 mars 1836.)

« Il suit de ces observations, comme conséquence rigoureuse, 1° que le stationnement sur la voie publique pouvant seul être taxé ; l'administration

Delamotte), telles que celles qui proviennent du tannage des peaux (16 juin 1832, ch. crim., *Thierry*), et le dépôt sur la voie publique de matières susceptibles de causer des exhalaisons nuisibles. (*Id.*, 8 septembre 1837, *Cayssial.*)

59. Le devoir de veiller au nettoiement des rues, places, etc., dans l'intérieur des villes, est une conséquence du droit attribué aux maires de pourvoir aux intérêts de la salubrité. Ce devoir leur est même particulièrement imposé par la loi du 16-24 août 1790,

---

n'aurait rien à exiger des entreprises de voitures publiques qui stationneraient sur des propriétés particulières : seulement elle resterait toujours libre d'interdire l'exploitation de celles de ces entreprises qui se seraient formées sans son autorisation, et qu'elle jugerait ne pouvoir tolérer dans l'intérêt de la sûreté et de la liberté de la circulation ; 2° que dès lors il ne s'agit plus d'*imposer l'industrie* elle-même, mais seulement de faire payer aux entrepreneurs le loyer de l'emplacement que leur concède la ville, et qu'autrement ils seraient obligés de se procurer à leurs frais.

« En résumé, le droit dont il s'agit nous semble réunir le double caractère d'un prix de location pour les places que les voitures occupent sur la voie publique et d'une indemnité pour l'augmentation des frais d'entretien du pavé des villes que la permanence du stationnement des voitures tend constamment à détériorer. Il ne se percevait, avant la loi du 18 juillet 1837, que dans quelques grandes villes telles que Paris et Lyon, en vertu de décrets spéciaux. L'article 31, n° 7, de la loi municipale en a généralisé aujourd'hui la perception, en le classant parmi les recettes ordinaires des communes.

« Quant aux formes dans lesquelles ces taxes doivent être autorisées, l'analogie qu'elles paraissaient avoir jusqu'à un certain point avec les droits de voirie, et, d'une autre part, la circonstance que c'est en vertu d'actes du pouvoir souverain qu'elles ont été créées dans quelques villes avant la loi de 1837, avaient fait douter si l'approbation des tarifs ne devait pas rentrer dans le domaine de l'ordonnance royale. Mais si l'on considère que le droit de stationnement n'est autre en effet qu'un droit de location de place ; que dès lors rien n'empêche de l'évaluer en raison de l'espace occupé ou censé occupé par chaque voiture et son attelage, en ayant égard dans cette évaluation au surcroît de dépense qui résulte, pour la ville, d'un entretien de pavage plus coûteux, on en conclura que c'est à l'autorité ministérielle qu'il appartient d'approuver les tarifs. (*Régime administratif et financier des communes*, page 344.)

tit. XI, art. 3, n° 1.) Ils peuvent donc légalement prendre des arrêtés pour prescrire aux habitants de balayer la voie publique au devant de leurs maisons et
établissements. D'un autre côté, l'art. 471, n° 3, du
Code pénal, punit « ceux qui auront négligé de nettoyer les rues et passages dans les communes où ce
soin est laissé à la charge des habitants. » Ce qui suppose que l'autorité ne les a pas déchargés de cette
obligation. L'enlèvement des immondices dans les
villes s'opère ordinairement par entreprise et mise
en ferme ; quelquefois, ce sont les villes elles-mêmes
qui en font les frais ; mais, le balayage proprement
dit, peut, dans l'un et l'autre cas, rester à la charge
des habitants (1).

60. Lorsqu'il a été décidé, de concert entre le
maire et le conseil municipal si l'enlèvement des
boues sera mis en ferme ou en régie, et que le balayage est dû par les citoyens, c'est au maire seul à
déterminer, par un règlement de police, les jours et
heures où ce balayage devra être effectué. Une foule
d'arrêts ont déclaré de tels règlements obligatoires
(ch. crim., 7 avril 1809, *Baugnies;* 16 mars 1821,
Balech; 4 octobre 1827, *Aufrère;* 9 juin 1832, *Lafond;* 13 février 1834, *Fanière* et autres espèces).

---

(1) Les habitants qui ne sont pas dispensés du balayage, peuvent-ils être obligés de pourvoir à l'enlèvement des boues et immondices ? Cette question que
M. de Champagny a résolue par la négative (*Police municipale*) est jugée différemment par M. Dalloz (*Jurisprudence générale*, t. 9, p. 490). « Il est à nos yeux
hors de doute, dit ce dernier auteur, que l'obligation d'enlèvement ne puisse
être mise à la charge exclusive des propriétaires de maisons : c'est la conséquence rigoureuse de la charge de balayer et de nettoyer la voie publique »
Cette opinion nous paraît fondée en droit strict ; mais nous devons ajouter
que, dans la pratique, une pareille exception s'applique rarement, l'usage
presque général étant, comme nous l'avons dit, de faire de l'enlèvement des
boues, dans les villes, l'objet d'un marché public.

16

Le juge apprécie souverainement si le retard apporté par le prévenu est le résultat d'une négligence punissable ou provient de force majeure ; et, dans ce dernier cas, il doit renvoyer le prévenu de la plainte (*id.*, 19 décembre 1811). Ces règlements peuvent ordonner que le balayage aura lieu à certaines heures (*id.*, 28 août 1818, *Adoric*), à certains jours (*id.*, 4 octobre 1827, *Aufrère*), ou à un certain nombre de fois par semaine. (*Id.*, 28 mai 1825, *Lambin.*)

61. Le balayage est considéré comme une charge de la propriété, et le propriétaire peut être poursuivi, quoique sa maison soit louée, si le locataire ne s'est pas conformé à un règlement qui met le balayage à la charge des *propriétaires ou locataires*. (*Id.*, 13 février 1834, *Fanière.*)

Mais, quand le propriétaire habite la maison, c'est lui, et non le locataire, qui est obligé d'exécuter le règlement portant que les propriétaires et locataires sont tenus de balayer, alors même que le locataire occuperait le rez-de-chaussée (ch. crim., 13 novembre 1834, *Rameau*). Toutefois, s'il y a un principal locataire, c'est sur celui-ci que retombe la charge du balayage, n'habitât-il pas la maison. Le principe est que l'obligation s'applique aux propriétaires mêmes des maisons et terrains qui longent la voie publique, ou, à leur défaut, aux personnes qui les remplacent et les représentent comme principaux locataires (*id.*, 10 août 1833, *Martin*). Les propriétaires sont punissables de la négligence de leurs domestiques ou concierges. (*Id.*, 6 septembre 1822, *Duvergey.*) (1).

---

(1) « Toutefois remarquons, dit M. Dalloz (*Jurisprudence générale*, t. 9, page 489), que le balayage est une charge des habitants ; qu'il s'agit ici de contraventions de faible importance, et qu'il serait désirable qu'il s'établît une

62. Les baux passés par les maires avec des entrepreneurs pour l'enlèvement des boues ont-ils le caractère de règlement de police, et les adjudicataires peuvent-ils être poursuivis devant les tribunaux pour manquement aux clauses de leur marché? La jurisprudence a varié sur ce point ; un premier arrêt du 12 novembre 1813 (*Godin*) avait résolu la question par l'affirmative, et décidé que l'entrepreneur était subrogé à l'obligation des habitants, et, dès lors, justiciable des peines de police. Par un arrêt postérieur (ch. crim., 24 août 1821, *Cuenin*), la même cour a jugé que le bail constituait un acte civil dont il ne pouvait dériver que des obligations civiles. Depuis, cependant, plusieurs arrêts ont confirmé la jurisprudence établie par celui du 12 novembre 1813, qui attribuait au bail de l'enlèvement des boues force de règlement municipal obligatoire sous les peines de police. (Ch. crim., 4 février 1831, *Fieraert;* 10 juillet 1835, *Horteled ;* 13 juillet 1838, *James;* 17 septembre 1841, *Hervieu*; 10 mai 1842, *Hervieu.*)

Enfin, par un arrêt plus récent (ch. crim., 2 mars 1844, *Wolf*), la cour, paraissant revenir une seconde fois sur sa jurisprudence, a statué en ces termes : « Attendu qu'aucune clause du cahier des charges, en vertu duquel le sieur Maurice Wolf s'est rendu adju-

---

pratique qui appliquât la peine à la personne qui a réellement commis la contravention, c'est-à-dire aux locataires, aux portiers, aux concierges, aux domestiques même, lorsqu'ils habitent la maison et que le maître demeure ailleurs. — En cas pareil, on ne contreviendrait pas à la lettre de la loi, et la responsabilité civile du maître serait une garantie suffisante. Ajoutons que les règlements municipaux pourraient exiger que le propriétaire fît enregistrer l'acte par lequel il serait convenu entre lui et un tiers que celui-ci se chargerait du balayage : ce serait là un moyen qui préviendrait tous actes de complaisance, et qui assurerait la poursuite en cas d'infraction. »

dicataire de l'enlèvement des boues de la ville de Mulhausen, ne l'a soumis à l'application des peines de simple police, dans le cas où il négligerait de remplir les obligations par lui contractées dans l'intérêt public; — Qu'en décidant donc, en cet état des faits, que ledit cahier des charges constitue un contrat uniquement civil entre lui et l'administration municipale, et qu'il ne peut le rendre justiciable de la juridiction répressive, le tribunal qui a rendu le jugement dénoncé..... n'a fait que se renfermer dans les limites de sa compétence, rejette, etc. »

Il faut donc conclure de ce dernier état de la jurisprudence que, si la condamnation n'est pas encourue, lorsque les clauses du bail ne stipulent pas que l'adjudicataire s'engage à se soumettre aux peines de police, en cas d'infraction, rien ne fait légalement obstacle à ce que le cahier des charges de l'enlèvement des boues mentionne cette condition, qui, une fois consentie par les entrepreneurs, assurerait d'autant plus complétement l'exécution des obligations qu'ils sont tenus de remplir.

63. Pour la ville de Paris, diverses ordonnances de police, entre autres celles des 1er juin 1837, 7 décembre 1842, 1er avril 1843, qui se renouvellent tous les ans, ont réglé les obligations des habitants, en ce qui concerne le balayage, l'arrosement de la voie publique et le brisement des glaces. Nous nous bornons à nous référer aux dispositions de ces ordonnances qu'on trouvera textuellement rapportées à l'appendice.

64. Il est aussi une mesure que réclame l'intérêt de la salubrité dans les villes, en même temps que celui de la décence publique, et qui s'est pratiquée avec succès depuis quelques années, surtout à Paris;

nous voulons parler de la construction d'urinoirs publics. Lorsque ces appareils sont établis par mesure de police sur les quais, promenades et autres grands espaces, sous forme de colonnes vespasiennes, par exemple, comme à Paris, l'administration est libre de les disposer comme elle le juge convenable; mais il n'en est pas de même, lorsqu'ils doivent être appliqués aux murs de face des maisons particulières. Dans ce dernier cas, le consentement du propriétaire de la maison est indispensable.

Aucune loi, aucun réglement ne pouvant être invoqué pour obliger les propriétaires à subir cette servitude, tout moyen de contrainte, à leur égard, est interdit, et l'administration ne peut que tenter les voies amiables. (Décis. min., 26 mai 1847, *ville de Nantes.*)

Nous devons ajouter que, jusqu'à présent, l'usage des urinoirs publics est resté facultatif, et qu'il n'existe, à notre connaissance, aucun acte, soit administratif, soit judiciaire, qui ait déclaré punissable le fait qu'ils ont pour objet de prévenir.

CHAPITRE V.

DE LA RÉPRESSION DES CONTRAVENTIONS.

1. Nous avons suffisamment établi, dans le chapitre Iᵉʳ, les principes qui déterminent la compétence et les juridictions touchant le jugement des contraventions aux règlements de la voirie. On a vu : 1° que, dans les villes et communes, c'est aux tribunaux de simple police qu'appartient la connaissance des contraventions en matière de voirie urbaine proprement dite, et que les conseils de préfecture sont appelés à juger celles qui ont été commises sur les rues formant continuation des grandes routes ; 2° qu'à Paris le conseil de préfecture connaît de tout ce qui est du ressort de l'édilité et réputé de grande voirie, tandis que le tribunal de police prononce sur ce qui concerne la petite voirie, selon la distinction qu'admettent les règlements spéciaux à la Capitale.

2. Pour la voirie urbaine, les contraventions sont poursuivies, en vertu des art. 8, 9, 11 et suivants ; 137 et suivants du Code d'instruction criminelle, punis par application des art. 464, 471 et 474, n° 15, du Code pénal, d'une amende de 1 fr. à 5 fr., indépendamment de la suppression des objets ou de la démolition des ouvrages qui constituent la contravention (1).

3. Pour la grande voirie, les poursuites s'exercent

---

(1) Il n'est pas inutile de faire remarquer ici que, pour ce qui concerne la voirie urbaine, le Code pénal a virtuellement abrogé les pénalités portées par

par les agents de l'administration, et les jugements sont prononcés, en exécution des lois des 28 pluviôse an VIII (art. 4) et 29 floréal an x, et de l'art. 114 du décret du 16 décembre 1811, par les conseils de préfecture, qui appliquent les pénalités édictées par l'ancienne législation, sauf à modérer l'amende, comme ils y sont autorisés aujourd'hui, en vertu de la loi du 23 mars 1842. (V. à l'appendice.) (1).

4. Le but que nous nous proposons dans le présent chapitre, est de définir en quoi consistent les contraventions, et de faire connaître comment il doit être procédé pour en obtenir la répression. Nous traiterons donc : 1° des contraventions, de la constatation et des poursuites; 2° du jugement et de l'appel ; 3° enfin de la pénalité, des remises et de la prescription.

SECTION Ire.

Des contraventions, de la constatation et des poursuites.

5. Comme c'est fort souvent de l'ignorance des obligations qu'imposent les règlements de voirie que naissent les difficultés qui s'élèvent entre l'administra-

---

les anciens règlements qui ont cessé d'être appliquées en ce point. (Arr. de cass., 17 décembre 1840, *Caublot.*)

• Attendu que les pénalités établies par l'art. 471 du Code pénal s'appliquant, d'après le paragraphe 5 dudit article, aux contraventions prévues et spécifiées audit paragraphe, et que, ne constituant que des peines de simple police, elles ont dérogé implicitement aux pénalités plus fortes édictées par les déclarations du roi des 27 février 1765, 1er septembre 1779, 10 avril 1783 et 25 août 1784, et que la connaissance des contraventions prévues par lesdites déclarations se trouve en conséquence actuellement appartenir à la juridiction des tribunaux de simple police. »

(1) Jusqu'alors les conseils de préfecture n'avaient pas le pouvoir de modérer les amendes prononcées par les anciens édits et qui s'élevaient quelquefois jusqu'à 3,000 livres (pour Paris), ce pouvoir étant réservé au roi en son conseil d'État. (Ord. 3 février 1835, *Berthaud* ; 11 février 1836, *Beffaud* 1er juin 1837, *Aubanet* ; 7 avril 1841, *Bouëlle.*)

tion et les particuliers touchant l'exécution de ces règlements, et qu'un propriétaire peut être de très-bonne foi en contravention, faute de savoir ce qui est défendu ou permis, ce point a besoin, plus que tout autre, d'être parfaitement éclairci : c'est à quoi nous nous attacherons dans ce qui va suivre.

Nous ferons connaître ensuite comment les contraventions doivent être constatées et poursuivies.

§ 1er. — Des contraventions.

6. On peut distinguer deux sortes de contraventions, soit qu'il s'agisse de voirie urbaine ou de grande voirie ; à savoir, les travaux faits sans autorisation et ceux qui l'ont été en dehors ou au delà des autorisations obtenues.

7. Nous avons déjà vu que le fait de bâtir à neuf ou de réparer un bâtiment existant sur et joignant la voie publique sans avoir pris l'alignement et la permission de l'autorité compétente, constitue une contravention, laquelle est punissable soit des peines de police, s'il s'agit de voirie urbaine, soit de celles que prononcent les anciens règlements, si le fait a lieu sur une rue formant traverse ou prolongement de grande route (1).

_____

(1) Vainement prétendrait-on que le bâtiment réparé sans autorisation étant à l'alignement la demande d'une autorisation n'était pas nécessaire. « Vu les art. 3, n° 1er, tit. XI, de la loi du 16-24 août 1790 ; 46, tit. Ier, de celle du 19-22 juillet 1791 ; art. 1er, tit. IV, de la délibération municipale de la ville d'Amiens, en date du 3 vendémiaire an v ; 161 Code d'instruction criminelle, et 471, n° 15, Code pén. — Attendu, en droit, que l'art. 1er du titre IV de la délibération susdatée n'établit aucune distinction entre les maisons sujettes à reculement et celles qui se trouveraient construites dans l'alignement arrêté par l'administration publique ; — qu'elle défend d'effectuer indistinctement aux unes et aux autres tout changement qui n'aurait pas été

8. Alors même que le constructeur aurait observé l'alignement légal et que l'autorité compétente le lui aurait postérieurement délivré, il n'en serait pas moins passible de l'amende, pour ne pas s'être préalablement pourvu de la permission. (Cass., 3o août 1840 ; 8 octobre 1846, *Taillade ; Bull. des arr.*, n° 271.)

9. La même obligation s'étend à toute espèce d'ouvrages à exécuter aux bâtiments donnant sur la voie publique. Les lois et règlements qui statuent sur cette matière sont d'ordre public, et les décisions judiciaires qui prononcent dans un intérêt privé le redressement d'un mur sujet à reculement ne dispensent même pas de la nécessité de demander et d'obtenir l'autorisation administrative. (Cass., 17 janvier 1840, *veuve Delalonde.*) (1).

10. En un mot, la Cour de cassation a posé comme

---

préalablement autorisé par l'autorité municipale de quelque nature qu'il soit ; — Qu'elle subordonne donc à cette condition aussi bien les simples travaux de peinture et de blanchissage que les grosses réparations et les reconstructions proprement dites ; — D'où il résulte qu'en décidant le contraire le jugement dénoncé a mal interprété ledit article, faussement appliqué l'arrêté du 12 avril dernier, et, par suite, violé les dispositions ci-dessus visées ;—Casse etc. » (Arr. des 20 juillet, *Canet et Foulloy*, et 7 septembre 1838, *Milleville* ; S. 3, 1, 68 et 69.)

Le droit d'exiger une demande d'autorisation pour toute espèce de travaux aux maisons même alignées est donc reconnu à l'administration municipale, et cela se conçoit d'autant mieux que ces travaux ne pouvant être exécutés sans occasionner quelque embarras pour la circulation, il est à propos que, dans tous les cas, l'autorité chargée de la police de la voie publique soit avertie, ne fût-ce qu'afin de prescrire les mesures de précaution nécessaires.

(1) Jugé aussi que le fait de l'étayement sans autorisation du maire, d'une maison sur la voie publique, constitue une contravention punissable, alors même qu'un jugement des tribunaux rendue entre parties a ordonné cet étayement ; mais que toutefois il n'y a pas lieu d'ordonner la suppression immédiate des étançons, attendu qu'il ne s'agit pas d'un travail confortatif dans le sens des règlements, et que c'est au maire qu'il appartient de fixer la durée de ce soutien provisoire. (Arr. 1er février 1845, *Delaroque*.)

principe absolu, dans sa jurisprudence, qu'il ne peut être fait œuvre quelconque aux bâtiments sujets à l'alignement, sans une permission régulièrement délivrée. (14 août 1845, *Bull. des arr.*, n° 259; 12 septembre 1846, *Perrin; id.*, n° 247.)

11. Ainsi, le fait d'avoir, contrairement à un règlement de police, apporté quelque changement que ce soit à la façade d'une maison frappée de reculement, ne peut être excusé sous prétexte que les travaux, au lieu de conforter le mur, tendraient au contraire à en diminuer la solidité. (Cass., 16 novembre 1832, *Laclaverie*, S. V, 1, 33, 1, 589.)

12. N'est pas davantage admissible l'excuse d'un propriétaire, fondée sur ce que des constructions entreprises sans demande d'alignement, ont fait rentrer un des angles de la maison sur son propre terrain, et donné ainsi plus de largeur à la voie publique. (Cass., 15 octobre 1834, *Prédavoine*, S. V, 35, 1, 239.)

13. Enfin, la Cour a déclaré que les contraventions ne peuvent non plus être excusées sous prétexte de bonne foi. (6 juillet 1837, *Gironde*, S. V, 37, 1, 636.) « Attendu que les tribunaux de simple police n'ont point à s'occuper de la question intentionnelle. » (19 juillet 1845, *Lebret; Bull. des arr.*, n° 236.)

14. Le conseil d'Etat est d'accord sur ces divers points avec la Cour de cassation, et de nombreuses ordonnances rendues au contentieux établissent comme application des dispositions de l'arrêt du conseil du 27 février 1765, qui est formel à cet égard, qu'en matière de grande voirie, toute construction élevée, tous travaux faits sans autorisation le long d'une route, constituent une infraction punissable aux termes des règlements. (16 juillet 1840, *Vauchel;* 23 juillet 1840, *Juestz;* 23 juin 1841, *veuve Schwartz;* 15 juillet 1841,

Radiguet; 16 janvier 1846, *Coqueret, Humeau, Boutet-Beaulieu, Birac,* et autres espèces.)

15. On a vu au chap. 3, n° 16, que la Cour de cassation, plus sévère que le conseil d'Etat, maintient qu'il y a lieu d'exiger du propriétaire une demande d'autorisation pour bâtir ou *réparer* un édifice à l'intérieur, et sur la partie retranchable. Nous croyons inutile de revenir sur la discussion de cette question. Qu'il nous suffise de rappeler qu'en matière de voirie urbaine, cette jurisprudence est pleinement acceptée par l'administration centrale.

16. Si le propriétaire qui a bâti ou réparé sa maison sur la voie publique, sans avoir pris l'alignement et le permis nécessaires, est en contravention aux règlements de la voirie, il ne l'est pas moins, lorsqu'il a dépassé, dans l'exécution de ses travaux, l'autorisation qui lui a été délivrée.

(Voir au chap. IV, n°s 14 et 15, quels sont les travaux susceptibles d'être autorisés, comme n'ayant point d'effet confortatif.)

17. Ainsi, un propriétaire a obtenu du maire l'autorisation de boucher en briques sur champ les ouvertures d'une maison assujettie à retranchement, mais il lui a été défendu de reprendre une lézarde et de recrépir le mur, défense dont il n'a pas tenu compte. Dans ce cas, la cour de cassation a jugé que le tribunal de police devait prononcer la condamnation, et non pas surseoir à statuer jusqu'à décision du préfet sur la validité de l'arrêté municipal. (21 février 1840, *dame Dagar.*)

18. Il a été accordé à tel autre permission de gratter, blanchir et badigeonner sa façade, et il la fait recrépir, change un appui de croisée, et fait quelques autres dispositions non prévues dans le permis; le

tribunal de police ne peut se dispenser de réprimer la contravention. (19 novembre 1840, *Ferrand.*) (1).

19. A cet égard, la jurisprudence de la Cour peut se résumer par ce considérant d'un autre de ses arrêts :

« Attendu que l'autorisation obtenue de l'autorité municipale, afin d'entreprendre des travaux quelconques à une maison sujette à reculement, est, selon l'art. 5 de l'édit du mois de décembre 1607, essentiellement *restrictive* de sa nature ; d'où il suit qu'elle interdit virtuellement tout ce qu'elle n'a pas permis en termes précis et formels. » (21 mars 1846, *Bouchard ; Bull. des arr.*, n° 77.)

20. En ceci, les principes sont les mêmes pour la grande voirie que pour la voirie urbaine ou municipale; c'est ce qui résulte de décisions aussi nombreuses que diverses, qui ont invariablement fixé la jurisprudence sur les points en question.

21. Relativement aux bâtiments situés en arrière de l'alignement, nous avons fait remarquer (chap. 3, n°s 25 et 26) la différence qui existe entre la jurisprudence du conseil d'Etat et celle de la Cour de cassation, beaucoup plus sévère en ce qu'elle tend à frapper ceux-ci des mêmes prohibitions que les édifices en saillie. Nous ne reviendrons pas sur les raisons qui ont porté l'administration centrale à adopter, sur ce point, la règle indiquée par le conseil d'Etat.

22. En règle ordinaire, c'est à l'autorité municipale qu'appartient le droit, comme le devoir, de poursuivre les contraventions aux lois de la voirie urbaine; mais,

---

(1) Même solution pour une surélévation de maison au delà de ce que prescrit un arrêté municipal. (Arr. 12 novembre 1840, *Pinel.*)

si le maire, après avoir été averti et mis en demeure, refuse ou néglige de poursuivre, le préfet, usant du pouvoir que lui donne l'art. 15 de la loi du 18 juillet 1837, peut donner directement ordre au commissaire de police, ou à l'adjoint du maire, de dresser procès-verbal de la contravention, et de citer les prévenus devant le juge; s'ils refusaient ou négligeaient l'un ou l'autre d'obtempérer à cette injonction, ils encourraient une grave responsabilité, et le préfet devrait proposer au ministre la révocation de celui de ces agents qui se serait rendu coupable d'une pareille désobéissance à ses ordres. (Décis. min., 9 octobre 1844, *Hérault.*) (1).

23. Ajoutons que les particuliers n'ont pas qualité pour suppléer à l'action des maires ou à celle des préfets, quant aux poursuites à exercer en matière de voirie urbaine ou de grande voirie; ils ne sont pas davantage recevables à se pourvoir contre les arrêtés d'alignement ou permis de travaux délivrés par ces fonctionnaires: c'est ce que la cour de cassation et le conseil d'État ont décidé péremptoirement dans plusieurs espèces. (Cass., 11 mai 1807, *Beaudeau*; O., 15 juillet 1841, *Turin*; 1er septembre 1841, *Gautier* et *Levayer.*) (2).

24. Ce n'est pas seulement le propriétaire qui en-

---

(1) La Cour de cassation a reconnu, il est vrai, aux préfets le pouvoir de faire directement des règlements sur les objets de police confiés à la vigilance des corps municipaux. (Arr. 5 mars 1828, Dall., *Jurisprudence générale*, 6 février 1824 ; S. 251, 95.) Mais c'était antérieurement à la loi du 18 juillet 1837 qui a déterminé, sur ce point, la compétence d'une manière absolue. (V. *Circulaire* du 1er juillet 1840.)

(2) « Vu la loi du 24 août 1790, titre XI, article 3 ; celle du 22 juillet 1791 et celle du 16 décembre 1807 ;

« Considérant que, par la décision attaquée, notre ministre de l'intérieur s'est borné à confirmer les arrêtés du maire de la ville de Beaumont-sur-Sarthe,

court les peines portées par les règlements en cas de contravention ; l'entrepreneur, maçon, charpentier, ou autre, en est également passible : tant en vertu du texte même des anciens édits, que de la jurisprudence des arrêts qui le consacre d'une manière invariable. (Cass., 13 juin 1835, *Schmolertz;* 3 juillet 1835, *Vonau;* 12 novembre 1840, *Petitjour* (1) ; 17 dé-

---

qui avaient autorisé le sieur Cosnard à exécuter divers travaux à sa maison sujette à reculement ;

« Que c'est à l'administration seule qu'il appartient d'apprécier les circonstances qui peuvent donner lieu à accorder ou refuser ladite autorisation ;

« Que, dès lors, le pourvoi des sieurs Gautier et Levayer est non recevable. »

(1) « Vu l'art. 11 de la loi du 18 juillet 1837, l'art. 1er de l'arrêté du maire de la ville de Chaumont, en date du 24 juillet dernier, lequel fait nouvelles défenses aux propriétaires, architectes, entrepreneurs, *maçons*, charpentiers et toutes autres personnes, de faire aucunes constructions, reconstructions ou réparations de bâtiments ou de portions de bâtiments donnant sur la voie publique sans avoir préalablement demandé et obtenu de l'administration municipale les autorisations et alignements nécessaires, ensemble les nos 5 et 15 de l'art. 471 du Code pénal, ainsi que l'art. 65 du même Code ;

« Attendu qu'il est constaté et reconnu que Jean-Baptiste Petitjour, maçon, a entrepris et effectué, pour le compte de Charles-Victor Bordot, la reconstruction d'une portion de mur, sans s'être préalablement assuré que ce propriétaire avait satisfait à l'arrêté précité ;

« Qu'il s'est donc personnellement rendu passible de la peine que la loi attache à cette contravention, selon le principe de droit public consacré par les déclarations du roi des 16 juin 1693 et 10 avril 1783, ainsi que par l'arrêt du conseil de Sa Majesté, en date du 27 février 1765 ;

« D'où il résulte que le jugement dénoncé, en refusant de lui en faire l'application sur le motif qu'il n'a contrevenu audit arrêté que par l'ordre du propriétaire, et que, hors le cas où l'intention de nuire est évidente, l'ouvrier n'est pas autorisé à vérifier les droits du maître qui l'occupe à l'œuvre auquel il l'emploie, a non-seulement admis une excuse qui n'est point établie par la loi, mais encore commis une violation expresse des dispositions ci-dessus visées ;

« En conséquence, la Cour, faisant droit au pourvoi, casse et annule ce jugement, mais uniquement en ce qu'il a renvoyé ledit Petitjour de l'action exercée contre lui par le ministère public. »

cembre 1840, *Minot;* 26 mars 1841, *Audusseau* et autres espèces.)

25. Il suit de là qu'un arrêté du maire, qui oblige les entrepreneurs de travaux, avant de commencer aucune construction dans une ville, à en faire eux-mêmes la déclaration à la police, est pris dans le cercle des pouvoirs de l'autorité municipale, et, comme tel, obligatoire; les tribunaux ne peuvent donc se dispenser de condamner les contrevenants. (Cass., 3 juillet 1835, *Vonau,* S. V, 35, 1, 930; D. 35, 1, 382; 10 avril 1841, *ville de Nantes.*)

26. De même, l'arrêté d'un maire, qui, tout en défendant de bâtir sur la voie publique, sans autorisation, rend les entrepreneurs responsables, comme les propriétaires eux-mêmes, du défaut d'autorisation, rentre dans le cercle des attributions de l'autorité municipale, et, comme tel, est obligatoire, tant qu'il n'a pas été réformé par l'autorité supérieure. (**Arr.**, *Schmolertz,* 13 juin 1835.)

27. Le propriétaire est, d'un autre côté, responsable des faits de son locataire; et la circonstance que les constructions élevées en contravention à l'arrêté d'alignement sont du fait du locataire, ne peut faire relaxer le propriétaire de la poursuite. (O., *Tardif,* 4 mai 1826; arr. *François,* 22 février 1844.) Mais le propriétaire et le locataire ne peuvent être condamnés tous deux et simultanément. (O., 23 février 1841, *De Lyonne* et *Parisot;* 27 décembre 1844, *Thomassin* et *Wargny.*)

28. Dans leurs attributions en matière de voirie, les maires agissent, non-seulement comme officiers de police judiciaire et comme investis du pouvoir municipal, mais encore comme délégués de l'autorité administrative, sous la surveillance de laquelle ils

doivent opérer. Dès lors, ils ne peuvent être poursuivis à raison des actes par eux faits dans l'exercice de leurs pouvoirs en cette matière, sans autorisation préalable du conseil d'Etat. (Cass., 17 août 1837, *Gazeau.* — S. V, 38, 1, 926. — D., 37, 1, 535.

29. Le conseil d'Etat a posé, en outre, ce principe que les contraventions aux règlements de voirie, dans une ville, étant poursuivies, non par la ville, mais par l'administration, dans un intérêt de bonne police et d'utilité publique, il n'y a lieu, en aucun cas, à prononcer contre la commune de condamnation aux dépens. (19 novembre 1838, *veuve Brazier.*) (1)

§ 2. — De la constatation et des poursuites.

30 Les agents chargés de constater les contraventions aux règlements de la voirie urbaine sont, aux termes de l'article 9 du Code d'instruction criminelle, les maires, les adjoints et les commissaires de police. Les simples agents de police n'ont pas qualité, et leurs procès-verbaux ne seraient point admis en justice. (Cass., 6 février 1841.) Il en est de même à l'égard des agents voyers (*Id.*, 23 janvier 1841.) (2)

---

(1) Jugé aussi (20 novembre 1840, *Monteix*) que les conseils de préfecture ne doivent prononcer de dépens ni à la charge ni au profit de l'administration.

« Considérant qu'aucune disposition de loi ou d'ordonnance n'autorise à prononcer de dépens à la charge ou au profit de l'administration lorsqu'elle procède devant les conseils de préfecture ; que, dès lors, il y avait lieu de laisser chacune des parties supporter ses propres dépens et les honoraires dus à son expert, et de mettre les frais de tierce-expertise à la charge de chacune d'elles par moitié. »

Même décision, 22 janvier 1840, *Méjean.*

(2) Rien n'empêche toutefois que ces agents soient chargés de *signaler* les

et des gardes champêtres (Cass., 7 mai 1840.) Ces derniers ne sont compétents que pour constater les contraventions de grande voirie. (Décret du 16 décembre 1811, art. 112.)

31. Les procès-verbaux des agents de la voirie urbaine ne sont pas soumis, pour faire foi en justice, à la formalité de l'affirmation (1). Cette formalité n'est exigée que pour les procès-verbaux dressés par les agents de la grande voirie. (Cass., 5 et 23 janvier 1838, 1ᵉʳ mars 1839.)

32. Les procès-verbaux ne sont pas soumis au timbre sur la minute. Conformément à l'article 16 de la loi du 13 brumaire an VII, ils sont visés, pour valoir timbre, en tête de l'acte; ils sont, de plus, enregistrés en débet, à la suite, conformément à l'article 16 de la loi du 22 frimaire an VII.

33. Le tribunal de police ne peut être saisi que par une citation à la requête du ministère public ou de la partie civile, c'est-à-dire, pour la voirie urbaine,

---

contraventions. Leurs utiles informations vaudraient, dans ce cas, comme dénonciation et viendraient en aide à la surveillance de l'autorité municipale. (Décis. min. 9 octobre 1844, *Hérault.*)

Nous ne parlons pas ici des commissaires voyers de la ville de Paris qui sont des agents spéciaux assermentés et dont les procès-verbaux sont journellement admis comme valables, tant par le conseil de préfecture que par le conseil d'État lui-même.

(1) Le procès-verbal est l'acte essentiel de la constatation ; il doit énoncer
1° L'an, le jour de la semaine et le quantième du mois ;
2° Les nom, prénoms et qualités de l'officier public qui le rédige ;
3° Le lieu où il est rédigé ;
4° Les nom, prénoms et domicile du propriétaire ou de son représentant les nom, prénoms et domicile du maçon ou entrepreneur ;
5° Le détail circonstancié du fait qui constitue la contravention ;
6° Le rapport des gens de l'art ou des experts, s'il y a lieu ;
7° Le transport sur les lieux de l'officier public qui constate.
Tout procès-verbal doit être signé par celui qui l'a rédigé.

à la requête du commissaire de police ou du maire. (Cass., 23 juillet 1807, S. 16, 1, 235.) (1)

34. La loi ne déterminant d'ailleurs aucune forme particulière pour ces sortes de citations, il n'est pas nécessaire, à peine de nullité, que la citation soit motivée. (*Id.*, 11 février 1808, S. 9, 1, 233.) Elle est suffisamment libellée, lorsqu'elle porte assignation à comparaître à tel jour et à telle heure pour avoir contrevenu à telle loi ou règlement. (*Id.*, 29 août 1806, S. 7, 2, 829.)

35. La citation doit être faite par l'huissier du juge de paix. (*Id.*, 2 frimaire an XIII, S. 5, 2, 96.) N'est pas nulle, toutefois, la citation donnée par un huissier de l'arrondissement autre que celui de la justice de paix du domicile du prévenu. (*Id.*, 23 mai 1817, S. 18, 1, 57.)

36. Pour la grande voirie, les agents chargés de constater les contraventions sont, aux termes du décret du 29 floréal an X, article 2, les maires ou adjoints, les ingénieurs des ponts et chaussées, les conducteurs, les agents de la navigation, les commissaires de police et la gendarmerie.

Le décret du 18 août 1810, en se référant au précédent, reconnaît le même pouvoir aux employés des droits réunis (contributions indirectes) et des octrois, mais plus particulièrement en ce qui concerne la police du roulage. Il ajoute (art. 2) : « Les préposés ci-dessus désignés seront tenus d'affirmer devant le

---

(1) Il est à remarquer que, dans la poursuite des contraventions aux règlements de la voirie urbaine, l'action publique et l'action civile se trouvent confondues, puisque l'amende est prononcée dans l'intérêt de la vindicte publique et la démolition à titre de réparation civile, suivant la jurisprudence constante de la cour de cassation.

juge de paix les procès-verbaux qu'ils seront dans le cas de rédiger, lesquels ne pourront autrement faire foi et motiver une condamnation. »

37. On avait cru pouvoir soutenir que le délai pour l'affirmation était de vingt-quatre heures, à peine de nullité; mais la jurisprudence du conseil d'Etat a fixé ce délai à trois jours. (O., 1er juillet 1840, *Allongue.* — 16 juillet 1840, *Commet* et autres espèces.)

38. Les poursuites ont lieu à la diligence des sous-préfets et des préfets, au nom de l'Etat ou du département, selon que la contravention intéresse une route nationale ou départementale. Il en est de même de l'exécution des arrêtés de condamnation.

39. Du reste, les règles relatives à la constatation et aux poursuites des contraventions de grande voirie sont déterminées par le décret du 18 août 1810, et par deux instructions (18 frimaire an xi et 12 septembre 1816) qu'on trouvera à l'appendice.

40. Bornons-nous à rappeler ici que les procès-verbaux qui constatent ces contraventions sont sujets au timbre et à l'enregistrement; qu'ils doivent en conséquence être visés pour timbre et enregistrés en débet, sauf recouvrement des frais sur les parties condamnées. (Inst. des 16 frimaire et 4 germinal an xi; O. du 15 juillet 1842, *Gaulet.*) (1).

---

(1) « Vu l'article 74 de la loi de finances du 25 mars 1817 ; les articles 126 et 156 du décret du 18 juin 1811, et les articles 162 et 194 du Code d'instruction criminelle ;

« En ce qui touche la condamnation aux frais de timbre et d'enregistrement des procès-verbaux et aux frais de poursuites ;

« Considérant qu'aux termes des lois et décrets ci-dessus visés, les frais de timbre et d'enregistrement des procès-verbaux, ceux de recouvrement des amendes et autres frais de poursuites doivent être mis à la charge des parties privées condamnées. »

41. Il en est de même des arrêtés de condamnations rendus par les conseils de préfecture. Le receveur de l'enregistrement fait l'avance des frais et en poursuit le remboursement, ainsi que le payement des amendes prononcées. (Inst. du 4 vendémiaire an XIII.)

42. La notification des décisions des conseils de préfecture doit avoir lieu par le ministère d'huissier. (Inst. du 12 septembre 1816, consacrée par une jurisprudence constante.) Mais les poursuites s'exercent sans le concours de ces officiers, comme le prescrit l'article 4 de la loi du 29 floréal an x. Ils doivent toutefois être requis, lorsqu'il y a lieu à saisie des meubles, attendu qu'il s'agit là d'un acte purement judiciaire. (*V.* aussi la loi du 29 floréal an x au *Bull. des Lois*, 3e série, Bull. 192.)

43. Pour ce qui concerne la ville de Paris, les règles qui précèdent sont en général également applicables, sauf néanmoins l'intervention des agents spéciaux qui, sous le titre de commissaires voyers, sont exclusivement chargés, entre autres fonctions, de constater les contraventions par des procès-verbaux qu'ils transmettent au préfet de la Seine. Le préfet saisit le conseil de préfecture, et ce conseil prononce, sauf les recours de droit.

SECTION II.

Du jugement et de l'appel.

44. Les tribunaux de simple police auxquels doivent être déférés, comme nous l'avons dit, les contraventions aux règlements de la voirie urbaine, se composent, dans chaque localité, du juge de paix, de son greffier et de l'officier municipal faisant fonctions de ministère public, savoir : le commissaire de police, le maire ou son adjoint. (*V.* Code d'instr. crim., liv. 2, tit. Ier, art. 137 et suiv.) (1).

§ 1er. — Du jugement.

45. Les jugements doivent être rendus en séance publique et le déclarer, à peine de nullité. (C. d'inst. crim., art. 153 ; Cass., 6 février 1823, *Bull. des arrêts.*)

46. Il est nécessaire, aussi à peine de nullité, que les tribunaux de police qui prononcent des peines pour contraventions à un règlement administratif, insèrent dans le libellé de leur jugement le texte même du règlement auquel il a été contrevenu. (C. d'inst. crim., art. 163 ; Cass., 11 octobre 1810, S. 11, 1, 13.)

47. Les tribunaux de police doivent, du reste, appliquer les règlements de la police municipale, sans se permettre de les modifier ou de déclarer qu'une mesure que ces règlements prescrivent a été suffisamment remplacée par une mesure analogue que le contrevenant aurait prise. (Cass., 11 mai 1810, S. 11, 1, 15.)

48. De même, le juge de police auquel est déférée une contravention à un arrêté municipal, motivé sur l'intérêt de la salubrité publique, n'a pas le droit

---

(1) Nous ne nous occupons pas ici de la composition du tribunal de police dans les communes autres que les chefs-lieux de canton où le maire remplit les fonctions de juge aux termes de l'art. 166 du Code d'instruction criminelle ; les contraventions de voirie n'ayant d'importance réelle que dans les villes, où presque toujours réside au moins un juge de paix.

d'apprécier ou de faire apprécier par des experts la légitimité du motif, et, dans le cas où il ne lui paraîtrait pas exact, de déclarer l'arrêté non obligatoire. (Cass., 2 juillet 1841, Dall., *Jurispr. génér.*)

49. Quand le ministère public et le prévenu sont divisés sur l'interprétation de l'autorisation donnée par le maire à un propriétaire de reconstruire un mur donnant sur la voie publique, c'est à l'autorité administrative et non au tribunal qu'il appartient de fixer le sens et la portée de cette autorisation. (Cass., 7 mars 1844.)

50. En thèse générale, l'autorité judiciaire n'a pas le pouvoir d'interpréter l'arrêté pris par un maire en matière de police municipale. Si cette interprétation est nécessaire, le juge doit surseoir à prononcer, jusqu'à ce que le sens de l'arrêté ait été déterminé par l'autorité compétente. (Cass., 16 juillet 1826, *Bull. des arrêts*, 281.)

51. Spécialement un tribunal de police ne peut refuser d'ordonner la démolition de travaux faits sans autorisation à une maison sujette à reculement, sous prétexte que ces travaux ne sont pas confortatifs. A l'autorité administrative seule appartient le droit d'apprécier la nature de ces travaux et leur influence sur la durée de l'édifice ; les tribunaux sont essentiellement incompétents à cet égard. (Cass., 23 juin et 10 novembre 1836, S. V, 36, 1, 653 ; 37, 1, 707 (1) ; 28 février 1846, *Arnoult ; Bull. des arrêts*, n° 65.)

52. De même, la démolition de constructions faites

---

(1) Qu'on veuille bien se reporter ici aux observations que nous avons présentées chap. 3, n° 10, touchant le droit de l'administration sur le point en question, et l'on verra, par les arrêts que nous venons de citer, que la jurisprudence de la cour de cassation confirme pleinement notre opinion à cet égard.

sans autorisation préalable, ou contrairement à la permission obtenue, ne saurait être refusée par le tribunal, sous le prétexte que les travaux, loin de consolider le mur, n'ont fait qu'en diminuer la solidité. (Cass., 21 juillet 1838, S. V, 39, 1, 69); ou qu'il n'existe pas de plan arrêté. (*Bonneau*, 10 octobre 1832, S. V, 33, 1, 591.)

53. A plus forte raison, lorsque des travaux exécutés à un bâtiment sur la voie publique ont été déclarés confortatifs par le maire, le tribunal de police ne peut, avant faire droit, nommer des experts pour vérifier si ces travaux ne sont pas seulement d'embellissement. (Cass., 18 septembre 1835, S. V, 36, 1, 112 ; 4 janvier 1840, *Thibault*.)

54. En pareil cas, selon quelques arrêts, et lorsque le prévenu soutient que les travaux ne sont pas confortatifs, le tribunal doit surseoir à prononcer l'application de la peine jusqu'à ce que l'autorité administrative compétente ait statué sur l'exception préjudicielle qui lui est opposée. (28 septembre 1838, S. V, 38, 1, 911 ; 17 janvier 1840, *Rouveure*; 25 janvier 1842, *Chenevière et Lemelle*; 8 octobre 1842, *Broustet*; 3 décembre 1842, *Evin*; 7 mars 1844, *Tuillé*, et autres espèces.) (1).

Remarquons toutefois que ces derniers arrêts semblent impliquer contradiction avec les premiers, en ce que ceux-ci ordonnent la démolition des travaux faits en contravention, alors même qu'ils n'auraient

---

(1) Il en est de même à l'égard de toute exception préjudicielle (arr. de cass., 6 octobre 1832, *Facquer*; 17 février 1837, *Bossis*; 18 juillet 1838, *Sabatier*) ; mais on ne doit entendre par là que les exceptions qui seraient de nature à couvrir le délit, c'est-à-dire à faire relaxer le prévenu si elles étaient décidées en sa faveur.

point d'effet confortatif; d'où il faut induire, selon
nous, que le tribunal de police ne devrait s'arrêter, en
aucun cas, devant une exception préjudicielle, fondée sur ce motif.

C'est, au surplus, ce que la cour paraît avoir reconnu elle-même par un arrêt plus récent (19 septembre 1845, *Weyer*; *Bull. des arrêts*, n° 295), qui
modifie les précédents sur le point en question. Après
avoir rappelé les dispositions de l'édit de décembre
1607, art. 5, la cour s'exprime ainsi :

« Attendu.... que, d'après les termes de cet édit,
on doit réputer besogne mal plantée tout ce qui a été
fait auxdits murs et édifices sans autorisation préalable ;

« Que le prévenu ne peut échapper à cette conséquence de sa contravention, sous le prétexte que les
travaux qu'il a faits ne sont pas confortatifs, et demander un sursis pour faire juger cette question par
qui de droit, puisque c'est par son fait, et faute de
s'être adressé à l'autorité municipale, que celle-ci n'a
pas été mise en mesure de décider de la nature des
travaux avant qu'ils fussent commencés; que c'est
précisément cette omission qui constitue la contravention et donne aux travaux le caractère d'illégalité
qui, aux termes de l'édit, doit en faire ordonner la
suppression...;

« Que le tribunal, tout en reconnaissant que Weyer
était en contravention pour avoir fait, sans y être autorisé, certains travaux à la clôture qui sépare son
jardin de la rue, a cependant sursis jusqu'à ce que
l'autorité compétente ait décidé l'exception préjudicielle prise de ce que les travaux n'étaient pas confortatifs;

« En quoi il a formellement violé lesdits articles 5

de l'édit de décembre 1607 et 161 du Code d'instruction criminelle, la cour casse, etc. »

Cet arrêt est donc venu rectifier ce que les précédents pouvaient offrir de contradictoire avec le principe général posé par la cour elle-même, et suivant lequel les tribunaux de police doivent ordonner, dans tous les cas, la démolition des travaux, sans égard à l'effet qu'ils peuvent produire sur la conservation de l'édifice. Nous avons fait connaître en quoi cette jurisprudence diffère de celle du conseil d'État dans les cas analogues de grande voirie. Bornons-nous à rappeler que cette dernière est adoptée comme règle par l'administration centrale.

55. L'exception de propriété élevée par un contrevenant n'est pas davantage un motif pour le tribunal de surseoir à prononcer la condamnation, et il ne peut s'y arrêter en se fondant sur ce que cette exception présente une question préjudicielle ; c'est ce qui a été formellement décidé par la cour de cassation (10 septembre 1840, *Rissel* (1); mêmes décisions en ma-

---

(1) « Vu les nos 4 et 5 de l'article 471 du Code pénal, et l'ordonnance du roi, en date du 5 septembre 1839, portant homologation du plan de la ville de Nantes, dressé en exécution de la loi du 16 septembre 1807 ;

« Attendu que le jugement dénoncé reconnaît que la rue Dubreuil a été ouverte anciennement par le père de Rissel, et que, depuis, le public n'a pas cessé d'en jouir ;

« Attendu que le plan précité a rangé cette rue parmi les rues *ouvertes et publiques* de la ville de Nantes ;

« Qu'il ne peut, sous ce rapport, être attaqué que devant le conseil d'État, aux termes de l'article 52 de la loi du 16 septembre 1807, si ledit Rissel se croit fondé à revendiquer la propriété du sol qu'elle occupe ;

« Que ses prétentions à cet égard ne l'autorisaient point, en attendant, à barrer, comme il l'a fait, cette voie publique, surtout après avoir été sommé, par le maire, de la rouvrir immédiatement ;

« D'où il suit qu'en se fondant sur la question préjudicielle de propriété pour surseoir à statuer sur l'action résultant de cette voie de fait, le jugement

tière de chemins vicinaux, 28 mai 1841 *Allain*, 17 septembre 1841, *divers*). En pareil cas, le droit des propriétaires se résout en une indemnité, qui est réglée ultérieurement suivant les formes indiquées au chapitre 3.

56. Le juge de police ne peut non plus, sans excès de pouvoir, surseoir à ordonner la démolition d'une construction élevée au mépris de l'alignement, délivré par l'autorité municipale, jusqu'à ce que l'autorité administrative supérieure, auprès de laquelle le contrevenant s'est pourvu en réformation de l'arrêté d'alignement, ait prononcé sur cette demande. La démolition immédiate des travaux est la conséquence né-

---

dénoncé a faussement appliqué, dans l'espèce, tant le principe consacré par l'article 182 du Code forestier que les articles 49, 50, 51, 52, 53 et 54 de la loi du 16 septembre 1807, et commis une violation expresse des dispositions du Code pénal ci-dessus visées ;

« En conséquence, la cour faisant droit au pourvoi casse et annule, etc. »

Même décision par arrêt du 28 janvier 1841. (Ch. crim., *ville de Nantes*).

On peut en citer, il est vrai, un autre du 2 juillet 1841 (*Marlot*) qui semble contraire à ce principe :

« Attendu que Marlot, aubergiste, est prévenu d'avoir contrevenu à l'arrêté du maire de Mâcon du 28 avril dernier en laissant *sur la voie publique, cul-de-sac de la Pyramide, deux tas énormes de fumier ;*

« Qu'il a excipé, contre la prévention, de la propriété du terrain sur lequel il a déposé ce fumier ;

« Que le tribunal de simple police devait donc, selon le principe consacré par l'article 182 du Code forestier, surseoir à statuer sur la poursuite jusqu'à ce que la juridiction compétente eût apprécié cette exception, et fixer audit Marlot un bref délai pour justifier de ses diligences à cet effet ;

« D'où il suit qu'en le renvoyant de l'action intentée contre lui, par le motif que ce fumier se trouve sur sa propriété privée, suivant le titre d'acquisition qu'il a produit et dont ce tribunal avait fait lui-même l'adaptation sur les lieux, le jugement dénoncé a commis une violation expresse des règles de la compétence. »

Mais, outre la différence des espèces, il est à présumer que l'absence d'un plan d'alignement approuvé, dans ce dernier cas, n'aura pas été sans influence sur la décision de la cour souveraine.

cessaire et légale de la contravention (Cass., 29 janvier 1836; S. V, 36, 1, 825 ; 21 février 1840, *dame Dagar.*)

57. En général le tribunal n'a pas le droit d'accorder de sursis à l'exécution des condamnations qu'il prononce, et de fixer un délai pour l'exécution de la démolition ordonnée par son jugement. Deux arrêts en date du 18 décembre 1840 ont fixé ce point de jurisprudence (1).

58. On voit par ce qui précède combien la cour de cassation se montre scrupuleuse dans l'observation de la règle en vertu de laquelle l'autorité judiciaire est chargée d'assurer force et vigueur aux actes de l'administration en matière de police municipale.

Est-ce à dire, toutefois, que le tribunal de police n'a point à s'occuper de la question de compétence et qu'il doit l'appui de sa sanction à tout arrêté pris par l'autorité municipale, alors même qu'il statuerait sur des faits ou porterait des défenses hors du pou-

---

(1) « Vu les articles 408 et 413 du Code d'instruction criminelle, d'après lesquels doit être prononcée l'annulation de tous les jugements en dernier ressort qui contiennent une violation des règles de la compétence ;

« Attendu, en droit, que l'édit du mois de décembre 1607, et les lois postérieures qui régissent la petite voirie, n'en confient *l'administration* qu'à l'autorité municipale ;

« Qu'il n'appartient donc qu'à cette autorité, soit de prescrire tout ce qu'exige la sûreté ou la commodité de la voie publique, soit de faire exécuter les condamnations prononcées à cet égard par les tribunaux de simple police, puisque ces tribunaux ne sont chargés, en ce qui les concerne, que de réprimer les contraventions commises, et d'ordonner en même temps, à titre de réparation civile du préjudice qu'elles portent à l'intérêt public, la démolition des ouvrages exécutés en violation des règlements ;

« Que leur juridiction, ainsi circonscrite et limitée par l'article 161 du Code d'instruction criminelle, peut d'autant moins s'étendre jusqu'à déterminer le temps pendant lequel l'exécution des sentences qui prononcent cette démolition devra rester suspendue, qu'ils ne sauraient s'attribuer le droit de le fixer qu'en usurpant une portion de l'administration publique. »

voir dévolu à cette autorité ? Non, sans doute, et la cour de cassation a maintes fois établi le contraire ; ainsi, par un arrêt du 9 août 1828 (S. 29, 1, 27) elle a posé en principe que l'autorité judiciaire doit, quand on lui demande d'appliquer un règlement de police, examiner si ce règlement est conforme aux lois qui déterminent la nature, l'étendue et les limites des pouvoirs de l'autorité qui l'a rendu, et, au cas de la négative, en refuser l'application ; que seulement elle ne peut s'occuper du plus ou moins d'opportunité de ce règlement et refuser de l'appliquer sous prétexte, par exemple, qu'il contiendrait des mesures trop rigoureuses, et d'ailleurs sans utilité.

59. Ainsi encore, et plus spécialement pour ce qui concerne la voirie urbaine, la cour a déclaré que l'arrêté d'un maire portant défense de blanchir extérieurement les murs des maisons, ou de leur donner toute autre couleur dont l'éclat pourrait blesser ou fatiguer la vue, n'est pas obligatoire, attendu qu'il ne rentre dans aucun des objets confiés à la vigilance de l'autorité municipale. (25 août 1832, S. V, 33, 1, 439.) En principe, les règlements de l'autorité municipale ne sont obligatoires qu'autant qu'ils statuent sur des objets que la loi a confiés à la vigilance de cette autorité. (6 août 1813, S. 16, 1, 24 ; 20 novembre 1818, S. 18, 1, 412 ; 21 août 1829, S. 29, 1, 345 ; 4 janvier 1839, S. V, 39, 1, 709.)

60. Enfin, et ceci est digne de remarque, l'injonction faite par un maire à un propriétaire de démolir une construction édifiée sans autorisation n'est pas un règlement municipal auquel l'autorité judiciaire doive prêter appui. (Cass., 25 juillet 1829, *Chaudesais*, S. 29, 1, 302.) Ce qui prouve qu'il faut suivre, à peine de nullité, les règles tracées par le pa-

ragraphe qui précède, pour la constatation et la poursuite des contraventions, et qu'il ne peut y être suppléé par aucune autre mesure prise en dehors de ces règles.

61. En l'absence de règlements nouveaux contenant défense aux habitants des villes de faire aucune construction sur la voie publique, sans avoir préalablement obtenu l'autorisation du maire, les dispositions de l'édit du mois de décembre 1607, à cet égard, sont restées en vigueur. Un tribunal de police ne peut donc relaxer un prévenu traduit devant lui pour avoir construit sans autorisation sur la voie publique, sous prétexte qu'il n'est justifié d'aucun règlement municipal, tirant sa force des lois des 16-24 août 1790, et 19-22 juillet 1691, ni d'aucun arrêté de l'administration exigeant cette autorisation. (Cass., 15 mai 1835, *Bot;* S. V, 35, 1, 801.)

62. L'autorisation exigée pour bâtir sur la voie publique devant être délivrée par écrit avec date certaine, comme nous avons pris soin de l'expliquer au chap. 3, le juge ne peut non plus relaxer un prévenu, par l'unique motif que l'autorisation a été prouvée par témoins. (Cass., 19 juillet 1838, *Poulenc et Bélières*, S. V, 39, 1, 69.)

Il ne faut pas conclure de là, toutefois, que, dans les causes de voirie, le juge ne puisse, en certains cas, s'éclairer par des témoignages. La cour de cassation a reconnu le contraire par un autre arrêt du 12 décembre 1845. (*Albert-Noël*, v. *infrà*.)

63. Les principes généraux que nous venons d'exposer, en ce qui touche les jugements des tribunaux de police, s'appliquent également aux arrêtés analogues des conseils de préfecture.

Ainsi ces conseils, lorsqu'ils prononcent sur des

contraventions du ressort de la grande voirie, doivent statuer sans s'arrêter à la question préjudicielle qu'opposerait le propriétaire, en se fondant sur ce que ces travaux ne sont pas confortatifs, sauf au conseil d'Etat jugeant sur l'appel et statuant au fond, à décider la question en dernier ressort. (O., 23 février 1841, *Delyonne-Parisot et Richard;* 15 juin 1842, *Gaulet*(1) et autres espèces.)

64. Comme en matière de voirie urbaine, les conseils de préfecture doivent ordonner la démolition des travaux qui font l'objet de la condamnation, c'est-à-dire prescrire que les choses soient rétablies dans l'état primitif, mais rien au delà. Ainsi, lorsque le crépissage d'un mur a été fait sans autorisation, le conseil de préfecture doit condamner le contrevenant à détruire ce crépissage, mais non à détruire le mur même. (O., 4 juillet 1827, *Hébert*.)

65. De même aussi qu'en police municipale, lorsqu'un particulier a fait, sans autorisation, de nouvelles constructions à un bâtiment sujet à retranchement, le long d'une voie publique, le conseil de préfecture doit ordonner la destruction des travaux, même en présence de la prétention de propriété de la voie publique soulevée par le contrevenant. (O.,

---

(1) « Considérant qu'il résulte de l'instruction que le sieur Gaulet a, sans autorisation, 1° fait exhausser d'un étage sa maison, sise traverse d'Argenteuil, route départementale, n° 48, département de Seine-et-Oise; 2° fait exécuter le ravalement en plâtre de la façade et revêtir de dalles en pierre de trois centimètres d'épaisseur le rez-de-chaussée de ladite maison; qu'ainsi il a contrevenu aux dispositions de l'arrêt du conseil du 27 février 1765 susvisé; mais considérant qu'il ne résulte pas de l'instruction que ces travaux aient un caractère confortatif; que, dès lors, il n'y avait lieu d'en ordonner la destruction. »

Même décision par ordonnances des 29 juin 1842 (*dame Bresson*), 15 juillet 1842 (*Caventou et Lortias*), 6 septembre 1842 (*Boschot*).

16 juillet 1840, *Vauchel* (1); 11 août 1842, *Corneille*
et autres espèces.)

Ce principe est invariable et doit s'appliquer dans
tous les cas.

66. Il a été jugé que, lorsqu'un bâtiment est situé
à l'angle de deux rues, l'une formant prolongation
d'une route, et l'autre appartenant à la voirie communale, le conseil de préfecture est compétent pour
prononcer sur la contravention commise par le propriétaire en y faisant exécuter des travaux sans autorisation. (O., 7 mars 1821; 6 juin 1830.)

Ceci, toutefois, ne doit pas être pris dans un sens
absolu. Il est bien évident que si la contravention
n'affecte que le mur de face sur la rue communale, ce
sera à la juridiction ordinaire qu'elle devra être déférée; mais si elle s'étend à la portion de ce mur

---

(1) « Vu l'ordonnance royale du 6 juin 1827 et le plan qui y est annexé ;
« Vu l'arrêt du conseil du 27 février 1765 ;
« En ce qui touche les travaux exécutés par le sieur Vauchel ;
« Considérant qu'il résulte de l'instruction, et notamment du rapport des
ingénieurs des 9 et 11 février 1839, que le quai aux Meules, à Rouen, est
une ancienne voie publique dépendant de la grande voirie, et dont l'alignement a été déterminé par une ordonnance royale du 6 juin 1827 ;
« Considérant que le procès-verbal ci-dessus visé constate que le sieur
Vauchel a, sans autorisation préalable, fait exécuter de nouvelles constructions à des bâtiments qu'il possède sur ce quai ; que ces travaux ont été effectués sur la partie de ces bâtiments soumise à retranchement par l'ordonnance précitée ; que, dès lors, la prétention du requérant à la propriété du
terrain sur lequel ces travaux ont été opérés ne faisait point obstacle à ce
que le conseil de préfecture statuât sur cette contravention. »
Même décision par ordonnance du 13 avril 1842 (*Guyard*).
« En ce qui touche l'exception de propriété :
« Considérant que l'exception de propriété opposée par le sieur Guyard ne
fait pas obstacle à ce qu'il soit statué sur la contravention qui lui est reprochée, sauf à lui à porter devant qui de droit toutes les questions de propriété
et d'indemnité relatives au mur de soutenement et au terrain sur lequel il est
construit. »

formant saillie sur la grande voirie, d'après alignement arrêté, ou bien si les travaux exécutés tendent
à consolider l'ensemble de l'édifice, ce sera le conseil
de préfecture qui devra être saisi, le plus fort empor-
tant le plus faible.

67. Mais, en aucun cas, le conseil de préfecture ne
peut, non plus que le tribunal de police, fixer un alignement ni réformer celui que l'administration a délivré. (O., 17 mars 1825; 12 avril 1832; 1er février 1834.)

§ 2. — De l'appel.

68. Les jugements du tribunal de simple police
ne sont susceptibles d'appel qu'autant, qu'outre l'a-
mende (dont le maximum est de 5 fr.) ils prononcent
des réparations civiles ; or, en matière de voirie, la
réparation civile consiste dans la démolition de l'œuvre qui constitue la contravention. (C. d'inst. crim.,
art. 172; Cass., 11 septembre 1818, S. 19, 1, 117;
3 mai 1833, S. V, 33, 1, 808; 29 janvier 1835, S. V, 35,
1, 494.)

Ainsi, un jugement qui ne prononce qu'une simple
amende n'excédant pas 5 fr., est rendu en dernier
ressort. (Cass., 3 septembre 1811, S. 12, 1, 225.) Il
ne peut dès lors être attaqué qu'en cassation. (C. d'inst.
crim., art. 177.)

69. L'appel est suspensif, c'est-à-dire qu'il doit être
sursis à la démolition ordonnée jusqu'au jugement
définitif (C. d'inst. crim., art. 173); sans préjudice du
droit qui appartient au maire, quand il ne s'agit que
de simples dépôts ou encombrements de la voie publique, de les faire enlever d'office, et aux frais des
contrevenants, s'il y a lieu.

70. Cet appel est porté au tribunal de police correctionnelle dans un délai de dix jours, à partir de celui de la signification de la sentence à personne ou domicile. (*Id.*, art. 174.)

71. Les parties ont la faculté d'interjeter appel, soit par déclaration au greffe du tribunal qui a rendu le jugement attaqué, soit par exploit signifié au ministère public, et contenant citation devant le tribunal de police correctionnelle. (Cass., 3 août 1833, S. V, 33, 1, 875; 7 décembre 1833, S. V, 33, 1, 48.)

72. Tout jugement de police qui renvoie un inculpé de la plainte portée contre lui, est en dernier ressort. (10 avril 1812; *Bull. crim.*, p. 159; 26 mars 1813, S. 13, 1, 241.

73. C'est le ministère public seul qui a qualité pour se pourvoir en cassation contre un jugement du tribunal de police rendu en dernier ressort; le maire n'est compétent qu'autant qu'il y a rempli cette fonction, ou qu'il y était partie à un autre titre. (22 janvier 1837, S. V, 38, 1, 925.)

74. Le délai du recours en cassation est de trois jours, et court à dater de la prononciation du jugement, sans qu'il soit besoin d'une signification; d'où il suit, qu'à défaut de pourvoi dans les trois jours de la prononciation, le jugement acquiert l'autorité de la chose jugée (C. d'inst. crim., art. 373; Cass., 19 novembre 1835, S. V, 36, 1, 236), et il n'en peut plus être appelé que dans l'intérêt de la loi.

75. Dans aucun cas, le ministère public n'est recevable à interjeter appel devant la juridiction correctionnelle d'un jugement de simple police; cette faculté appartient exclusivement à la partie condamnée; il suit de là que la peine prononcée en première

18

instance ne peut jamais être aggravée en instance
d'appel; il ne reste au ministère public d'autre moyen
que de se pourvoir en cassation. (Cass., 26 mars 1818,
Bull. des arrêts, t. XVIII, p. 138.)

76. Quant à l'appel *dans l'intérêt de la loi*, c'est
à-dire lorsque le jugement a acquis, par l'expiration du délai de pourvoi, force de chose jugée, et qu'il
ne s'agit plus dès lors que de la conservation d'un
principe méconnu, il ne peut être exercé par le commissaire de police remplissant les fonctions du ministère public près le tribunal de police. (23 septembre 1826, S. V, 27, 1, 322.) Ce droit n'appartient qu'aux procureurs généraux ou au ministère
public près les cours d'assises. (24 août 1815, S. 15,
1, 397.)

77. En matière de grande voirie, l'appel des arrêtés
des conseils de préfecture est porté, comme on sait,
devant le conseil d'État jugeant au contentieux; nous
ne pouvons que nous référer, pour la marche à suivre
à cet égard, aux dispositions du décret réglementaire
du 22 juillet 1806. (*Voy.* à l'appendice.)

78. Observons, toutefois, que les pourvois de l'administration contre les mêmes arrêtés sont introduits
par le ministre compétent (celui des travaux publics),
et non par les préfets. Nous ne pouvons en donner
d'autre raison, sinon que, dans la forme, cette marche
semble indiquée par les articles 16 et 17 du décret réglementaire de 1806 et que, quant au fond, les préfets
présidant ou étant censés présider les conseils de préfecture, ils peuvent avoir, dans ces sortes de causes,
un intérêt contraire à celui de l'administration centrale, mieux placée pour apprécier les exigences
d'ordre public qui sont de nature à motiver le pourvoi, et pour agir, en pareil cas, avec une complète

indépendance (O. 7 avril 1846, *Siméon Chaumier.*) (1).

79. Nous devons ajouter que les arrêtés des conseils de préfecture sont susceptibles d'opposition ,
lorsqu'ils n'ont pas été rendus contradictoirement. Si
donc un conseil de préfecture a prononcé par défaut une condamnation contre un particulier, celui-ci
est recevable à former opposition contre la décision
qui l'a frappé. Le recours qu'il porterait en pareil cas
devant le conseil d'Etat ne serait pas admis, et il serait renvoyé à se pourvoir devant le conseil de préfecture lui - même par la voie de l'opposition. (O.,
23 décembre 1844, *Dietsch.* — Même date, *Wagner.*)

80. Pour la ville de Paris, en particulier, suivant
une nouvelle jurisprudence consacrée par quelques
ordonnances rendues au contentieux (23 juin 1846,
Chassaignolles ; 30 juin 1846, *Crapez, Borniche et
autres*), les pourvois doivent être introduits dans les
mêmes circonstances, par le ministre de l'intérieur,
et non par le préfet de la Seine. En cela, le conseil
d'Etat qui avait, plusieurs fois, admis des pourvois
portés directement devant lui par le préfet (O.,
15 juillet 1841, *de Turin* ; 28 novembre 1845, *de la
Fresnaye*), s'est déjugé, par cette seule raison, suivant
l'énoncé des dernières ordonnances, que *le préfet
n'a pas qualité, qu'il n'est pas recevable*, et que
c'est au ministre à poursuivre les contraventions en
cette matière (2).

---

(1) « Considérant qu'il n'appartient qu'aux ministres, chacun dans les matières qui le concernent, de déférer directement et personnellement au conseil
d'Etat, au nom de l'administration, les arrêtés du conseil de préfecture dont
il peut y avoir lieu de poursuivre la réformation. »

(2) Il nous reste néanmoins beaucoup de doutes sur ce point, et voici,

81. Quant au délai du pourvoi, qui est de trois mois, il court, pour les particuliers, du jour où l'ar-

---

quant au fond, les raisons de droit que nous auri ns à opposer aux décisions ci-dessus rappelées.

De ce que les rues de Paris ont été classées, non par aucun texte de loi, mais par une assimilation passée aujourd'hui en règle de jurisprudence, comme appartenant à la grande voirie, il ne s'ensuit pas qu'elles aient perdu, sous tout autre rapport, leur caractère de voies municipales; car ce qui les distingue essentiellement, à cet égard, des grandes routes proprement dites, c'est que, sans parler des dépenses de l'entretien dont la ville supporte la plus grande partie, celles qu'exigent l'alignement et l'élargissement de ces rues ne sont point payées par l'Etat, mais par la ville qui est conséquemment propriétaire du sol. Le préfet de la Seine agit donc dans les mesures de conservation qu'il est appelé à prendre en cette matière, non comme préfet du département, mais en qualité de maire central de Paris chargé, à ce titre, de la défense des intérêts communaux, et, dès lors, investi des mêmes pouvoirs et tenu aux mêmes obligations que les maires des autres villes du royaume.

Que si le ministre des travaux publics poursuit, dans les cas ordinaires de grande voirie, la réformation des arrêtés des conseils de préfecture entachés d'irrégularité, cela se conçoit parfaitement, puisque ce ministre représente l'Etat, propriétaire du sol des routes, ou le département au même titre, et qu'ici tous les droits, comme tous les intérêts, sont complétement garantis. Mais attribuer le même devoir au ministre de l'intérieur à l'égard des rues de la capitale ne nous semblerait pas moins contraire au droit qu'à la logique, et rien, nous devons le dire, ne nous paraîtrait justifier ce déplacement d'autorité et cette sorte de violence faite à un principe de compétence qui intéresse aussi directement les prérogatives du pouvoir municipal.

Il ne faut pas perdre de vue en effet que la fiction légale en vertu de laquelle les rues de Paris sont réputées grandes routes n'a eu qu'un but; c'était de saisir la juridiction administrative, plus prompte en même temps que plus sévère en raison de la pénalité spéciale qu'elle applique, de la connaissance des contraventions de voirie qui ont plus de gravité à Paris que dans toute autre ville. Mais on ne saurait en induire, à notre avis, que ce système ait pu rien changer aux règles du droit en ce qui concerne l'exercice du pouvoir municipal dévolu au préfet de la Seine comme chargé des fonctions de la police édilitaire.

Ainsi, selon nous, de même que les maires, intervenant à la fois comme pouvoir public et partie civile, au nom de leurs communes, se pourvoient directement soit par eux-mêmes, soit par l'intermédiaire des commissaires de police, contre les jugements des tribunaux de police rendus en matière de voirie urbaine, de même le préfet de la Seine devrait être admis à se pourvoir directement, et comme représentant la ville de Paris, contre les arrêtés du

rêté du conseil de préfecture leur a été signifié par huissier.

82. Pour l'administration, ces arrêtés sont attaquables dans les trois mois de leur date. Peut-être cet usage, qui n'est sanctionné par aucune disposition formelle, est-il fondé, sinon en droit, du moins en raison, puisque l'administration ne peut être censée ignorer la décision qui a été rendue à sa requête, lorsque le tribunal qui l'a prononcée dépend de l'administration elle-même dont le chef (le préfet) en est le président-né.

SECTION III.

Des pénalités, des remises et de la prescription.

83. Les questions que soulèvent les pénalités, les remises et la prescription ne sont pas les moins importantes de toutes celles qu'embrasse notre travail. Ici, comme sur tout le reste, la jurisprudence est plus explicite que la loi; mais la jurisprudence elle-même diffère ou varie selon la juridiction, les temps ou les circonstances de fait, et le raisonnement doit venir

---

conseil de préfecture qui lui paraissent attaquables au point de vue de l'intérêt d'ordre public qui peut se trouver engagé dans la question, mais surtout en ce qui touche la conservation des intérêts municipaux qu'il a mission de sauvegarder.

En un mot, le droit de pourvoi direct devant la juridiction supérieure nous semble ici, comme en matière de voirie urbaine, la conséquence nécessaire du droit d'initiative dans la poursuite en première instance: il n'y a de changé que l'ordre de la juridiction.

Il est d'ailleurs bien entendu que ce pourvoi ne serait recevable qu'autant que la ville aurait constitué un avocat et se serait conformée, sur tous les points, aux dispositions du décret réglementaire du 22 juillet 1806 ainsi que l'a décidé le conseil d'État lui-même. (Ord. du 7 avril 1846, *Siméon Chaumier*.)

en aide, dans certains cas, au principe qui semble flé-
chir : c'est cette tâche que nous nous sommes efforcé
d'accomplir dans tout le cours de cet ouvrage et que
nous remplirons, autant qu'il est en nous, jusqu'à
son terme.

§ 1er. — Des pénalités.

84. Il y a, comme on a pu le remarquer, deux sortes
de pénalités en matière de voirie ; à savoir, l'amende,
qui est prononcée dans l'intérêt de la vindicte publique, et la suppression ou plus exactement la démolition, à titre de réparation civile, ou de dommages-
intérêts, des ouvrages qui ont été exécutés, soit sans
autorisation, soit contrairement à la permission délivrée, ou en dehors de cette permission.

85. On sait déjà que l'amende encourue dans ces
divers cas est, pour les contraventions aux règlements
de la voirie urbaine, de 5 francs au plus (Cod. pén.,
art. 471), et, pour celles du ressort de la grande voirie, de la quotité qu'avaient fixée, selon la nature des
contraventions, les anciens édits, modifiés aujourd'hui
sur ce point par la loi du 23 mars 1842, en ce sens
que le chiffre de ces amendes (qui variaient depuis
50 jusqu'à 3,000 francs), peut être facultativement
abaissé par les conseils de préfecture jusqu'à un minimum de 16 francs (1).

86. Il est de règle invariable en jurisprudence,

---

(1) Bien que l'arrêté de police auquel il est contrevenu ne mentionne point
de pénalité, le juge doit appliquer celle que prononce le Code (arr. de cass.
2 décembre 1809, S. 10, 1, 257). Il en est de même si le règlement municipal prononce des peines autres que celles qui sont portées par la loi (id.
10 avril 1819 et 19 avril 1823, S. 19, 1, 310 ;—23, 1, 35), ou s'il se réfère
sur ce point aux anciens règlements (id. 19 juillet 1837, S. 37, 1, 931).

que le jugement qui prononce l'amende doit, en même temps, ordonner la démolition de l'œuvre qui fait l'objet de la contravention. (Cass., 27 septembre 1840, *Lenoble*; 13 août 1841, *Briol*; 21 janvier 1844, *Olicary*; 28 juillet 1844, *Corneille*; O., 28 janvier 1841, *Marchoux*; 15 juillet 1842, *Montmaur*; 25 août 1841, *Requier*; 8 août 1842, *Denayrouse*; 25 décembre 1845, *Bourriat*; 16 janvier 1846, *Coqueret*.)

87. L'administration qui poursuit n'a donc ni le pouvoir d'ordonner ni encore moins celui de faire exécuter d'office la démolition (hors, bien entendu, les cas de péril, comme nous l'avons expliqué au chapitre 4, n° 5).

L'autorité ministérielle s'est rangée, sur ce point, à l'opinion de la cour de cassation, nonobstant plusieurs décisions contraires du conseil d'Etat (1).

---

(1) Nous devons signaler encore ici ce que les arrêts de cassation et les décisions du conseil d'Etat présentent de contradictoire touchant le droit et le devoir de l'administration quant à la démolition des travaux faits en contravention aux règlements de voirie.

Selon la jurisprudence de la cour de cassation (arr. des 22 mars et 12 avril 1822), relativement à toute construction faite ou entreprise au delà de l'alignement donné par le maire dans les rues et places des villes, bourgs et villages qui ne sont pas routes royales ou départementales, la réparation du dommage ne peut exister que par la démolition des ouvrages, et cette démolition doit être ordonnée par le jugement qui prononce l'amende pour l'anticipation sur l'alignement ou pour la violation dans la contravention des règles prescrites par l'autorité municipale.

On remarque notamment dans l'arrêt du 12 avril 1822 ce considérant qui touche au point essentiel de la question : « qu'en principe général les maires doivent dresser procès-verbal des infractions à leurs règlements sur la voirie urbaine ; qu'ils doivent faire sommation aux contrevenants de s'y conformer, en détruisant ou changeant les constructions qui ont été faites au mépris de ces règlements, et que la négligence ou le refus d'obéir à cette sommation, contre laquelle il n'y aurait pas eu recours par les voies légales, doit être poursuivie devant les tribunaux de police, qui, en prononçant la peine,

88. La jurisprudence de ces deux corps diffère encore sur une autre question, en ce qui concerne la suppression des travaux indûment exécutés.

Ainsi, le conseil d'Etat n'admet pas que lorsque les travaux n'ont point d'effet confortatif, il y ait lieu d'en ordonner la démolition. (O. 27 août 1840. *Auba-*

---

doivent ordonner la réparation de la contravention, et par conséquent la démolition, la destruction ou l'enlèvement de ce qui a fait la matière de cette contravention.

« Que, s'il appartient à l'autorité municipale d'ordonner la démolition d'édifices menaçant ruine, sauf le recours devant l'autorité supérieure, c'est parce que ces édifices exposent la sûreté publique, que cette autorité doit spécialement protéger et maintenir ; mais que cette attribution pour ce cas particulier ne modifie d'aucune manière celle des tribunaux de police relativement aux anticipations ou bien aux formes ou mode des constructions qui ont été entreprises contre les règles fixées dans les arrêtés de l'administration municipale. »

Cependant le conseil d'Etat envisageant la question à un autre point de vue, avait posé, notamment par une ordonnance du 30 juillet 1817 (*commune de Barbery-Saint-Sulpice*), des principes entièrement différents. On en jugera par l'énoncé des considérants de cette ordonnance ainsi conçus :

« Qu'aux termes des règlements sur la voirie urbaine, c'est aux maires qu'il appartient non-seulement de donner, mais encore de faire exécuter les alignements dans les rues des villes, bourgs et villages qui ne sont pas routes royales ou départementales, sauf tout recours devant le préfet ;

« Qu'ainsi lorsqu'un particulier, par une construction, anticipe sur la voie publique, en contrevenant à l'alignement qu'il a reçu, le maire ne doit pas se borner à dresser procès-verbal de l'entreprise faite par ce particulier et à le lui faire signifier ; il doit en outre prendre un arrêté pour lui enjoindre de rendre à la voie publique le terrain sur lequel il a anticipé, et pour ordonner que faute, par ce particulier, de retirer lui-même les constructions formant anticipation, *il sera procédé d'office et à ses frais à leur démolition*, sauf recours devant le préfet ;

« Qu'enfin les tribunaux ordinaires sont seuls compétents pour statuer sur les amendes encourues en cas de contraventions aux alignements donnés par les maires et sur les frais des démolitions ordonnées d'office dans le même cas. »

Par une autre ordonnance postérieure (13 juillet 1828, *Jullien*) le conseil d'Etat, persistant dans sa doctrine, établissait qu'il appartient aux maires, sauf recours devant les préfets, d'ordonner la démolition des ouvrages faits sans autorisation, ou nonobstant les défenses de l'autorité municipale ; — que les

nel(1); 23 février 1841, *Delyonne Parisot et Richard*; 30 décembre 1841, *Gogois*; 15 juin 1842, *Gaulet*; 29 juin 1842, *dame Bresson*; 15 juillet 1842, *Caventon et Lortias*; 6 septembre 1842, *Boschot*.) La cour de cassation, au contraire, veut que la démolition soit ordonnée dans tous les cas et abstraction faite de la circonstance de la non comparution. (12 avril 1822, *Collinet*; 2 décembre 1825, *Lhuiller*; 28 août 1835, 25 juin 1836, *Kœchlin Dolfus*, S. V, 37, 2, 309; 21 mai 1842 (*ch. crim.*), *Perraud*; même décision, 11 août 1842, *Corneille*.) (2)

---

tribunaux ordinaires sont compétents pour statuer sur les amendes encourues et sur les frais de la démolition *ordonnée d'office* par l'administration. »

Toutefois, en présence des ordonnances plus récentes qui ont admis qu'en matière de grande voirie, les conseils de préfecture doivent prononcer, en même temps que l'amende, la démolition des ouvrages indûment exécutés (V. *suprà*, n° 85), il est permis de croire que la jurisprudence du conseil d'État s'est modifiée sur ce point, et de considérer la difficulté comme aplanie.

(1) « Au fond :

« Considérant qu'il résulte de l'instruction que les travaux exécutés par le sieur Achille Aubanel au rez-de-chaussée de sa maison, en vertu de l'autorisation donnée par le préfet du département du Gard, le 26 janvier 1836, n'ont pas eu pour résultat de consolider cette maison; qu'ainsi c'est avec raison que le conseil de préfecture du département du Gard a décidé qu'il n'y avait pas lieu d'en ordonner la démolition. »

(2) « Vu les articles 4 et 5 de l'édit du mois de décembre 1607; le n° 1er de l'article 3, titre 11, de la loi du 16-24 août 1790; l'article 29, titre 1er, de la loi du 19-22 juillet 1791; le n° 5 de l'article 471 du Code pénal; les articles 161, 408 et 413 du Code d'instruction criminelle;

« Attendu qu'il résultait d'un procès-verbal dressé par l'adjoint du maire de Montmerlé, que le prévenu a fait construire sur les mêmes fondations, et sur la voie publique, un mur, et que la reprise de ce mur a été faite sans que le prévenu ait demandé, soit l'alignement, soit l'autorisation de reconstruire;

« Que néanmoins le prévenu, traduit devant le tribunal de simple police, condamné à 1 franc d'amende pour la contravention qui lui était imputée, a été relaxé de la demande en démolition de sa nouvelle construction;

« Qu'il était poursuivi et qu'il était condamné à l'amende pour avoir bâti sur la voie publique sans autorisation préalable, ce qui, aux termes des lois

Peut être, la raison de cette divergence d'opinion est-elle fondée sur cette considération, tirée de la différence des pénalités applicables aux deux matières, que l'amende prononcée par le Code pénal pour les contraventions de voirie urbaine serait, en réalité, trop faible, dans beaucoup de cas, pour arrêter les constructeurs qui voudraient s'affranchir de l'obligation de demander l'alignement et la permission exigée, si la crainte de voir prononcer la démolition des travaux par eux entrepris n'offrait à l'autorité municipale une plus forte garantie d'obéissance à ses prescriptions.

Il faut considérer, d'ailleurs, que le droit qui appartient toujours à l'administration, comme nous l'expliquerons en son lieu, de donner à la partie du jugement qui prononce la réparation civile (c'est-à-dire ici la démolition) telle suite qu'elle juge opportune et nécessaire, serait, dans tous les cas, un correctif suffisant de ce qu'il y aurait d'excessif ou de trop absolu dans leur doctrine.

Au surplus, par un arrêt plus récent (2 janvier 1847, *Chefdebien*, ch. crim., Devill., 47, 1, 319), la cour de cassation semble être revenue complétement à l'opinion professée par le conseil d'État. Il est vrai qu'il s'agissait, dans l'espèce, de l'appel d'un jugement rendu en matière de vicinalité; mais les termes de l'arrêt, dans leur généralité, lui donnent toute l'extension et toute l'autorité d'une décision de principe. En voici le texte :

« Vu l'article 161 du Code d'instruction criminelle (1); — Attendu que la démolition des construc-

_____

précitées, devait faire ordonner, à titre de réparations civiles, la démolition de la partie de mur ainsi reconstruite. »

(1) « Si le prévenu est convaincu de contravention de police, le tribunal

tions faites sans autorisation préalable, le long des chemins publics, soit vicinaux, soit ruraux, ne doit, aux
termes de l'article précité, être ordonnée par le jugement qui réprime le non accomplissement de cette formalité que lorsqu'elles présentent un empiétement
sur la largeur légale de la voie publique, puisque, dans
le cas contraire, il n'en résulte aucun dommage pour
la petite voirie ; — Que, dans l'espèce, Roch de Chefdebien a été poursuivi pour avoir construit ou réparé le mur de clôture dont il s'agit avant de s'être
pourvu de l'autorisation prescrite par l'article 1er de
l'arrêté du maire de Bizanet, en date du 6 août 1844 ;
— Que le procès-verbal par lequel l'agent voyer adjoint a constaté le fait ne dit point qu'il en soit résulté une usurpation sur le sol du chemin qui longe
ce mur ; — Que le jugement qui a déclaré la contravention constante s'est donc justement borné à infli-
ger audit Chefdebien la peine de l'amende, et n'a fait
que se conformer à l'article 161 du Code d'instruction criminelle, en décidant qu'il n'y avait pas lieu
de prescrire la destruction de la construction ou réparation indûment effectuée, rejette, etc. »

Il nous semble évident, en effet, que l'interprétation donnée par cet arrêt à l'article 161 du Code
d'instruction criminelle est entièrement indépendante
de la matière à laquelle il s'applique, et que ce qui
est vrai à l'égard d'un chemin vicinal ne peut cesser
de l'être lorsqu'il s'agit d'une voie publique d'une
autre espèce.

---

prononcera la peine et statuera, par le même jugement, sur les demandes en
restitutions et dommages intérêts. »

C'est un point de jurisprudence constante qu'en matière de voirie, la réparation à titre de restitution ou dommages-intérêts consiste dans la démolition de l'œuvre.

89. Plusieurs travaux confortatifs, mais de natures diverses, exécutés simultanément au mur de face d'une maison ne constituent qu'une seule contravention qui ne doit être punie que d'une seule et même amende. (O., 4 février 1836, *Buffault et Pelletier.*)

Cependant, suivant une autre ordonnance (*Juetz*, 23 juillet 1840), le conseil d'Etat admet qu'un particulier qui commet deux contraventions différentes pour des travaux exécutés au même édifice, telles, par exemple, que celles qui consisteraient dans des réparations confortatives au rez-de-chaussée et dans la surélévation non autorisée de la façade, doit être puni de deux amendes.

Cette distinction est, au fond, juste et motivée, puisqu'il y a, dans ce dernier cas, double atteinte portée à des règlements distincts que le constructeur a méconnus également; ce qui constitue de sa part une infraction doublement punissable.

90. Quant aux amendes, les conseils de préfecture ne peuvent prononcer que celles qui sont portées par les anciens règlements; il ne leur appartient pas d'appliquer celles que prononce le Code pénal, quelle que soit la nature de la contravention, soit qu'il s'agisse de travaux faits sans autorisation à un bâtiment, ou de dépôts et embarras sur le sol de la voie publique. (O., 30 décembre 1843, *Allibe*; même date, *Miège*; même date, *Vacalu, Mallein, Pradourat Bottin et Landrillon.*)

91. Le conseil d'Etat n'admet pas de distinction, quant à l'amende à prononcer, entre des travaux exécutés à une maison placée sur l'alignement et ceux qui l'auraient été à un bâtiment retranchable. Le défaut d'autorisation préalablement demandée et obtenue, rend, dans les deux cas, le propriétaire et l'entrepre-

neur passibles de l'amende encourue, aux termes de l'arrêt du conseil du 27 février 1765. (O. 18 janvier 1845, *Lordonné*.) En ce point, la jurisprudence du conseil d'Etat est la même que celle de la cour de cassation (*Voy.* n° 7, à la note), la suppression ou la démolition de l'œuvre étant, dans les deux hypothèses, la conséquence obligée de la condamnation.

§ 2. — Des remises.

92. Il peut être fait remise aux contrevenants des peines prononcées contre eux par les tribunaux ou par les conseils de préfecture ; mais la marche à suivre dans l'instruction de ces sortes d'affaires, de même que la compétence de l'autorité qui statue, diffère selon la nature de la peine, dont la remise est sollicitée.

93. Pour les amendes, il n'appartient qu'au chef du gouvernement, usant de son droit de faire grâce, d'en prononcer la remise en totalité ou en partie.

Observons toutefois, d'abord, qu'il est très-rare que des demandes en remise d'amende soient présentées à l'occasion de condamnations pour contraventions aux règlements de voirie urbaine, attendu la faible importance de ces amendes.

94. Il n'y aurait guère que les frais du procès dont les contrevenants seraient intéressés à obtenir décharge. Mais ces frais sont acquis à des tiers ; et il n'est pas dès lors au pouvoir de l'autorité administrative d'en disposer par voie de remise ou de modération. (Décis. min.)

95. Les demandes en remise d'amende prononcée par les conseils de préfecture doivent être adressées, pour ce qui concerne la grande voirie en géné-

ral, au ministre des travaux publics, et, pour Paris, au ministre de l'intérieur. Les préfets sont consultés, et les demandes sont ensuite soumises au roi par la voie gracieuse, sans passer au conseil d'Etat.

96. Mais il doit être procédé différemment à l'égard des demandes qui ont pour objet la remise de la démolition ordonnée par le jugement ou l'arrêté. Cette dernière peine étant prononcée à titre de réparation civile, comme nous avons pris soin de le faire remarquer, la condamnation est définitivement acquise à la partie qui l'a obtenue, et nous croyons inutile d'insister sur ce principe, qu'une ordonnance royale ne peut, en aucun cas, anéantir l'effet des jugements des tribunaux en matière civile.

Ce n'est donc, en ce qui concerne la voirie urbaine, qu'à l'autorité municipale, comme représentant la partie, c'est-à-dire la ville, qu'il peut appartenir, sous la réserve du contrôle de l'autorité administrative supérieure, de consentir la remise entière et définitive de la peine de la démolition, lorsque d'ailleurs l'intérêt public ne la réclame pas absolument, ou seulement un sursis illimité sous condition de l'opérer à la première réquisition de l'administration, si quelque circonstance imprévue venait à la rendre nécessaire (1).

97. Le même droit appartient évidemment au mi-

---

(1) « Toute contravention constatée par un procès-verbal non attaqué et reconnu par les juges saisis de la poursuite doit être réprimée par les peines que la loi prononce. Le prétendu défaut de dommages causés à l'Etat et l'erreur involontaire des prévenus ne sont pas des motifs pour les soustraire aux suites légales de contravention. *L'autorité administrative supérieure a seule le droit d'apprécier des exceptions de cette nature, et d'accorder, d'après cette appréciation, les remises et les réductions que les circonstances et l'équité peuvent faire admettre.* » (Arr. de cass, 20 juin 1823, *Bull.* des arr., 240.)

nistre des travaux publics, comme représentant l'Etat, en ce qui touche les condamnations du ressort de la grande voirie.

98. Enfin, au préfet de la Seine est dévolu celui d'apprécier les circonstances qui peuvent motiver le maintien, à titre de tolérance, des travaux condamnés par le conseil de préfecture (O., 30 décembre 1843, *Lebas de Courmont*); mais au ministre de l'intérieur est attribué le pouvoir de statuer définitivement, en cas de recours à son autorité (1).

---

(1) Lorsqu'une condamnation a été régulièrement prononcée en matière de voirie urbaine, le jugement rendu à cet effet est définitivement acquis à la commune. Toutefois, il y a ici une distinction à faire ; elle est importante et consiste à ne pas confondre l'exécution du jugement avec le jugement même. Cette exécution crée un nouvel ordre de faits ; elle fournit à l'administration un nouveau motif d'intervention dont il est essentiel de bien saisir le principe et les conséquences.

Si les tribunaux ou, à Paris, le conseil de préfecture doivent toujours condamner les contrevenants à l'amende dans l'intérêt de la vindicte publique, et à la démolition des travaux indûment exécutés, à titre de réparation civile, cette dernière partie de la condamnation n'a d'autre caractère que celui d'un jugement entre parties, et, en conséquence, l'autorité municipale qui, en obtenant la condamnation, a fait constater son droit, peut, si l'intérêt de la voie publique n'exige pas la démolition, se dispenser de la requérir ou accorder un sursis conditionnel au contrevenant. Cette faculté, qui n'a jamais cessé d'être exercée, est fondée non-seulement en équité, mais en droit : en équité, parce qu'il peut arriver que le maintien provisoire des travaux condamnés ne porte pas une atteinte sensible aux intérêts publics, et qu'il soit même commandé par certaines circonstances, telles, par exemple, que les ménagements dus à une industrie dont le déplacement ou le chômage pourrait entraîner la ruine de l'exploitant ; en droit, parce que la réparation devant toujours être opérée en vue d'un intérêt public, c'est à l'administration seule, et non au tribunal qui a rendu la décision, qu'il appartient d'apprécier si cet intérêt peut être ou non compromis par l'effet de la tolérance invoquée. Il importe de remarquer ici que cette tolérance n'altère en rien les effets du jugement acquis à la commune ; que ce jugement est définitif, imprescriptible ; que si l'intérêt public venait à l'exiger, l'administration serait toujours en droit de s'en prévaloir et de rapporter la décision qui en aurait suspendu l'exécution. Mais dès qu'on reconnaît à l'autorité municipale ce pouvoir de

§ 5. — De la prescription.

99. Il faut distinguer aussi, relativement à la prescription, la nature des pénalités auxquelles elle s'applique.

Ainsi, pour ce qui concerne les amendes de police, il n'y a point de doute. On sait que les condamnations prononcées par les tribunaux se prescrivent, aux termes de l'article 639 du Code d'instruction criminelle, après deux années révolues, à compter de la date du jugement, etc.

Suivant l'article 640 du même Code, l'action publique et l'action civile, pour les mêmes contraventions, se prescrivent après une année révolue, à compter du jour où elles ont été commises, etc.

100. L'application de ces règles ne fait donc point difficulté, lorsqu'il s'agit des amendes prononcées par jugement ou seulement encourues.

Mais, à l'égard des autres pénalités, c'est-à-dire de

---

tolérance, les déterminations qu'elle est appelée à prendre à cet égard demeurent nécessairement soumises, comme tous ses autres actes, à la surveillance ou à la sanction de l'autorité supérieure par la simple application des règles de la hiérarchie administrative. L'autorité ministérielle est donc compétente pour statuer sur les recours portés devant elle en ce qui touche les décisions prises par les autorités locales pour ordonner qu'il soit sursis ou qu'il soit passé outre à l'exécution des jugements comme réparation civile en matière de voirie : c'est même pour elle un devoir dont elle n'est pas libre de s'affranchir, etc........ » (Lettre du ministre de l'intérieur au préfet de la Seine, du 25 mars 1842, aff. *Oudart.*)

Ajoutons qu'un arrêté préfectoral portant refus d'autoriser certains travaux, et contrairement auquel ces travaux ont été exécutés, peut toujours être réformé par l'autorité supérieure, même lorsqu'une décision du conseil de préfecture passée en force de chose jugée a prononcé la démolition desdits travaux. (Ord.... 1828, *Turgot ;* décis. min., 27 octobre 1838, *dame Hautefeuille ;* ord. 30 décembre 1843, *Lebas de Courmont ;* 27 décembre 1844, *Thomassin et Wargny.*)

la démolition de l'œuvre ou de la suppression des
des objets qui constituent la contravention, la jurisprudence de la cour de cassation semble présenter
quelques incertitudes, et ses décisions peuvent être
diversement interprétées.

La cour décide, par exemple, suivant deux arrêts
(1 avril 1835, *demoiselles Rodières*, S V, 35, 1, 387
et 23 mai 1835; 35, 1, 781), que la prescription
d'un an est applicable à la reconstruction d'une façade de maison et à des réparations confortatives
exécutées sans autorisation, et que la permanence de
la construction ne peut faire assimiler ce fait à un
délai successif.

Puis, par un autre arrêt du 20 avril 1841 (*Tortoni*),
elle déclare que celui qui a construit en saillie sur la
voie publique, contrairement aux défenses portées
par les règlements locaux, ne peut acquérir, par aucun laps de temps, le droit de les conserver (1).

---

(1) « Attendu que la voie publique est imprescriptible;

« Attendu qu'on ne saurait faire résulter des dispositions générales de l'ordonnance du roi du 24 décembre 1823 (sur les saillies à Paris), une dérogation à ce principe;

« Que, loin qu'elle ait voulu légitimer les empiétements faits sur la voie publique, elle est intervenue pour remédier aux abus provenant de l'inexécution
des anciens règlements, qui ne permettaient pas que la voie publique fût
obstruée;

« Attendu que l'arrêté de police du 9 juin 1824 a sainement interprété ce
règlement d'administration, en disposant par son article 12, que toute saillie
actuellement existante et non autorisée serait supprimée;

« Attendu, en fait, qu'il est établi au procès et non contesté que le perron
en saillie construit devant la porte du sieur Tortoni l'a été sans autorisation,
et contrairement à une prohibition formelle contenue dans les actes de 1775
et 1777, par lesquels la permission de bâtir accordée à ses auteurs avait été
subordonnée à la condition de ne pouvoir établir sur la voie publique aucuns perrons, marches ou balcons faisant saillie;

« Attendu, dès lors, qu'en n'obtempérant pas à la sommation à lui faite
de supprimer le perron dont il s'agit, ou de le remplacer par deux marches

Plus récemment cependant (arr. *De Cante*, 27 mai 1843), la même cour a statué dans une espèce différente, en ces termes :

« Attendu que le fait d'avoir planté sur un chemin public, en usurpant sur sa largeur, ne constitue point un délit successif, et que la prescription de l'action publique pour la répression de ce fait, entièrement indépendante de la prescription de la propriété du sol du chemin, est soumise aux règles ordinaires du Code d'instruction criminelle. » (2).

Citons encore deux autres arrêts, qui semblent contrarier la doctrine si formellement établie par celui du 20 avril 1841, l'un du 3 février 1844 (*Riva Madginier*), l'autre du 17 du même mois (*Mariéton*). Il s'agissait, dans ces deux espèces, de devantures de boutique dépassant la saillie indiquée par le permis. La cour établit encore ici que la contravention est *permanente* et non *successive*, et que, dès lors, la prescription de l'action publique court à compter du jour où la devanture de boutique a été établie.

100. Il est difficile de saisir la raison de la différence que fait la cour de cassation entre les diverses espèces que nous venons de citer, touchant l'application d'un principe qui doit être invariable. Indépendamment de ce que la distinction entre la *contravention permanente* et le *délit successif* semble, au fond, plus subtile que réelle, on a peine à

---

n'excédant pas 65 centimètres de saillie, le sieur Torlom a contrevenu à un arrêté rendu dans les limites de l'autorité municipale, contravention prévue et punie par l'article 471, paragraphes 5 et 15 du Code pénal. »

Même solution par arrêt du 18 août 1847, ch. crim. (*Mérées*), Devill., 48, 1, 95.

(1) Mêmes décisions par arrêts du 10 avril 1841 et 27 avril 1843, statuant également en matière de chemins vicinaux.

concevoir comment, en présence d'une contravention déclarée permanente, le droit de poursuite,
attribué à l'administration, ne serait pas également
permanent, ainsi que l'a, du reste, jugé plusieurs
fois le conseil d'Etat, comme nous le verrons plus
loin.

101. Dans un arrêt plus récent (12 décembre 1845,
Albert Noël, Bull. des arrêts, n° 364) (1), la cour, statuant en matière de vicinalité, a donné à ses motifs
des développements qui permettent d'en apprécier
plus exactement le sens et la portée.

Nous reproduisons le texte de cet arrêt :

« Sur le deuxième moyen pris de ce que l'ancienneté des travaux ne pouvait faire obstacle à ce que la
démolition fût ordonnée, puisque, d'après la loi
du 21 mai 1836, les chemins vicinaux sont impres-
criptibles;

« Attendu qu'il ne s'agissait pas d'une action en revendication de la voie publique, mais d'une poursuite
pour contravention à un règlement de police ; que les
conclusions du ministère public, tendant à la destruction des travaux indûment faits, avaient le caractère
d'une action civile en réparation du dommage causé
par cette contravention ; qu'une telle action n'est
qu'un accessoire de l'action publique, et se prescrit,
aux termes de l'article 640 du Code d'instruction criminelle, par le même temps que celle-ci ;

« Que la contravention résultant de constructions
ou réparations faites au mépris des règlements, est
consommée du moment que les travaux sont termi-

---

(1) Voir aussi un autre arrêt du 26 juin 1845, *Gauton, Bull. des arr.*
n° 206.

nés, et qu'elle est dès lors prescriptible, à compter de ce moment ;

« Que l'action intentée devant le tribunal de police postérieurement à la prescription acquise est non recevable à la fois quant à la peine et à la destruction des travaux qui ne pourrait être ordonnée par ce tribunal qu'accessoirement à la peine ;

« Que, d'après ces principes, le tribunal, en renvoyant le prévenu de toutes les conclusions prises contre lui par le motif que les travaux à raison desquels il était poursuivi étaient achevés plus d'un an avant le procès-verbal, n'a violé aucune loi, etc., la cour rejette, etc. »

102. En distinguant dans cet arrêt, l'action en revendication d'une partie de la voie publique de la poursuite pour contravention à un reglement de police, la cour de cassation indique suffisamment que si l'administration municipale, au lieu de demander devant le juge, la destruction des travaux comme conséquence de la condamnation encourue aux termes de l'article 471 du Code pénal, avait poursuivi l'usurpation du sol communal, par application de l'article 479 du même Code (1), le tribunal n'aurait pu se dispenser de prononcer la restitution à la voie publique de la portion usurpée et par suite, la démolition de l'œuvre indûment entreprise.

Mais l'article 4 9 du Code pénal n'étant appliqué par la cour de cassation qu'aux chemins publics proprement dits, et non aux rues des villes, du moins aucun arrêt n'ayant, à notre connaissance, admis cette

(1) « Sont punis d'une amende de onze à quinze francs inclusivement....
« 11° Ceux qui auront dégradé ou détérioré, de quelque manière que ce soit, les chemins publics ou usurpé sur leur largeur. »

assimilation, il est douteux que le moyen indiqué par ce précédent pût être invoqué avec succès en matière de voirie urbaine. Tout ce que nous devons conclure de ce qui précède, c'est que, dans l'opinion de la cour de cassation, il faut distinguer, relativement aux rues des villes, le cas d'une anticipation commise par forme de saillie sur le sol ancien de celui où il s'agit d'une construction faite en contravention aux alignements nouveaux, et qu'à l'égard des simples contraventions de cette nature, la prescription peut s'acquérir dans les conditions prévues par le Code d'instruction criminelle.

103. Nous avons dit plus haut que le conseil d'État différait de sentiment avec la cour. Sur ce point sa jurisprudence assimile, en effet, toute entreprise non autorisée à une usurpation de la voie publique, et repousse en conséquence la prescription dans tous les cas, sans égard à la nature des travaux, qu'il y ait ou non anticipation : c'est ce qui résulte d'une ordonnance du 16 juillet 1840 (*Vidal*) qui dispose en ces termes:

« Vu l'arrêt du 27 février 1765, la loi du 29 floréal an x, le titre 9 du décret du 16 décembre 1811, les articles 638 et 640 du Code d'instruction criminelle ;

« Considérant que l'existence des constructions élevées par les sieurs Vidal frères, sans autorisation, le long de la route royale n° 118, d'Albi en Espagne constitue une infraction *permanente* aux dispositions de l'arrêt du conseil du 27 février 1765, et que la répression, *quel que soit le laps de temps écoulé peut et doit être poursuivie dans l'intérêt toujours subsistant de la grande voirie.* »

D'autres ordonnances (13 avril 1842, *Guyard ;* même date *Bonnaud* et *Soubiratz*; 23 décembre 1844, *Wagner*) sont fondées sur le même principe. La première est ainsi conçue :

« Considérant que l'existence du pan de bois établi sur le mur de soutènement de la route, constitue une infraction *permanente*, dont la répression, *quel que soit le laps de temps écoulé, peut et doit être poursuivie dans l'intérêt toujours subsistant de la viabilité* (1). »

104. On voit par ces citations que le conseil d'État plus absolu sur ce point que la cour de cassation, attribue aux contraventions qualifiées *permanentes*, quelles qu'elles soient, un caractère de perpétuité ou, si l'on veut, de continuité qui emporte, à ses yeux, les conséquences du *délit successif* et, par suite, l'inapplicabilité des dispositions du Code sur les prescriptions, abstraction faite de la nature des travaux et du fait de l'anticipation.

105. Quant aux amendes du ressort des conseils de préfecture, les articles 639 et 640 du Code d'instruction criminelle y sont applicables comme à celles que prononcent les tribunaux de police : c'est ce qui a été décidé par diverses ordonnances rendues au contentieux (16 juillet 1840, *Vidal*; 13 avril 1842, *Guyard*; 19 avril 1844, *Petit*, et autres espèces).

---

(1) Mêmes solutions relativement à des travaux nuisibles à la navigation (13 mai 1836, 2 janvier 1838) ; à des usurpations sur le sol des chemins vicinaux (4 septembre 1841); à des constructions faites le long d'une route en dehors de l'alignement (19 avril 1844, *Lauvergnat*); aux dégradations d'un pont, au comblement d'un fossé de route (19 avril 1844, *Petit*).

APPENDICE

CONCERNANT LE TEXTE DES LOIS, ORDONNANCES ET ACTES RÉGLEMENTAIRES CITÉS DANS L'OUVRAGE.

Edit et règlement, que le roy veut et entend estre gardé et observé par tout son royaume en l'office, fonctions et charges de grand-voyer. Ensemble les droits, profits et émoluments attribuez audit office, portez par ledit édit.

Décembre 1607. (Enregistré au parlement le 14 mars 1608.) — Dictionnaire de la police, t. IV, p. 689.

HENRY, etc.; — Ayant reconnu cy-devant combien il importoit au public que les grands chemins, chaussées, ponts, passages, rivières, places publiques et ruës des villes de cestuy nostre royaume fussent rendus en tel estat, que pour le libre passage et commodité de nos sujets ils n'y trouvassent aucun destourbier ou empêchement. Nous aurions à cette occasion fait expédier nostre édit du mois de may 1599 pour la création du titre d'office de l'estat de grand-voyer de France, afin que celuy qui en serait par nous pourvû y apportast un tel soin, vigilance et affection, que nous et le public en peût tirer l'utilité requise. Ce qu'ayant depuis fait pour la personne de nostre très-cher et amé cousin le sieur duc de Suilly, grand-maistre de nostre artillerie, gouverneur et nostre lieutenant général

---

(1) Cet édit est également rapporté par Perrot, page 467, mais avec de légères différences.

en Poitou, qui s'en seroit jusqu'à présent si dignement acquitté, qu'il nous a donné tout sujet de contentement. Mais d'autant que depuis la discontinuation de ladite charge de grand-voyer il s'est glissé plusieurs désordres au fait de ladite voyrie, particulièrement en nostre ville de Paris, par les entreprises des juges des seigneurs hauts justiciers, lesquels, outre leurs fonctions ordinaires, disputent les droits attribués à leurs charges, aussi par la négligence de nos officiers en icelle, pour n'avoir assez donné à connoistre à un chacun ce que portoient les règlements cy-devant sur ce faist et sur les droits qui sont attribués à la voyrie de ladite ville. Nous avons estimé non seulement utile, mais très-nécessaire pour le bien de nos sujets, leur donner une particulière connoissance de nostre volonté sur le fait de ladite voyrie ; comme aussi pour leur droit, que nous voulons estre doresnavant perceus par nos voyers ou ceux qui seront par eux commis à cet effet : — A ces causes, nous, de l'avis de notre conseil, auquel estoient plusieurs princes de nostre sang, et autres notables seigneurs de nostre royaume, avons par cestuy nostre édit et règlement perpétuel et irrévocable, voulu et ordonné que les articles contenus en iceluy concernant ladite voyrie soient entretenus, suivis et observez de point en point par tous nos sujets.

Premièrement, que la justice de la voyrie sera à l'avenir exercée ainsi, et par les juges qu'elle av it accoutumé auparavant, sans toutefois préjudicier au droit d'icelle.

2. Nous voulons que nostre grand-voyer, ou autres par luy commis, ayant la connoissance de ladite voyrie, tant dans les villes, fauxbourgs et grands chemins vulgairement appelés chemins royaux, et que nos amez et féaux conseillers les gens de nostre chambre du trésor de Paris connoissent de tous différends qui interviendront pour leurs droits deûs et affectez à ladite voyrie, auxquels nous avons attribué et attribuons la connoissance de tels différends qui y seront par eux jugés et terminez, nonobstant et sans préjudice de l'appel, jusqu'à la somme de dix livres parisis d'amende et au-dessous, et pour les sommes excédant dix livres

parisis par provision, pour ce qui est de nostre domaine seulement et du prevost de Paris, pour ce qui regarde à la police, comme les allignements, périls imminents et autres cas semblables de la ville et faubourgs d'icelle, et par appel en nostre dite cour de parlement; la moitié desquelles amendes à nous réservée sera mise entre les mains du receveur de nostre domaine de ladite ville, et l'autre moitié appartenant audit grand-voyer et sesdits commis, pour et au lieu des frais qu'il convient faire journellement en l'exercice de sa charge, au payement desquels les particuliers seront contraints en vertu des sentences ou extraits du greffe en la manière accoutumée.

3. Voulons aussi et nous plaist, que lorsque les ruës et chemins seront encombrés ou incommodés, nostredit grand-voyer ou ses commis enjoignent aux particuliers de faire oster lesdits empêchements, et sur l'opposition ou différends qui en pourraient résulter, faire condamner lesdits particuliers qui n'auront obey à ses ordonnances, trois jours après la signification qui leur en sera faite, jusqu'à la somme de dix livres et au-dessous, pour lesdites entreprises par eux faites, et pour cet effet les faire assigner à sa requeste pardevant ledit prevost de Paris, auquel nous donnons aussi tout pouvoir et juridiction.

4. Deffendons à nostredit grand-voyer ou ses commis, de permettre qu'il soit fait aucunes saillies, avances et pans de bois ès rues aux bâtiments neufs, et mesme à ceux où il y en a à présent de construits, les réédifier, ny faire ouvrages qui les puissent conforter, conserver et soutenir, ny faire aucun encorbellement en avance pour porter aucun mur, pan de bois ou autres choses en saillie, et porter à faux sur lesdites ruës; ains faire le tout continuer à plomb, depuis le rez-de-chaussée tout contremont : et pourvoir à ce que les ruës s'embellissent et élargissent au mieux que faire se pourra ; et en baillant par luy les allignements, redressera les murs où il y aura plis ou coudes et de tout sera tenu de donner par écrit son procès-verbal de luy signé, ou de son greffier, portant l'allignement desdits édifices de

deux toises en deux toises, à ce qu'il n'y soit contrevenu : pour lesquels allignements nous luy avons ordonné soixante sols parisis pour maison, payables par les particuliers qui feront faire lesdites édifications sur ladite voyrie, encore qu'il y eût plusieurs allignements en icelle, n'estant compté que pour un.

5. Comme aussi nous deffendons à tous nosdits sujets de ladite ville, fauxbourgs, prevosté et vicomté de Paris et autres villes de ce royaume, faire aucun édifice, pan de mur, jambe estrière, encoigneures, caves ny travail formant coude en saillie, siéges, barrières, contre-fenestres, huis de cave, bornes, pas, marches, siéges, montoirs à cheval, auvents, enseignes, establies, cages de menuiserie, chassis a verre et autres avances sur ladite voyrie, sans le congé et allignement de nostredit grand-voyer ou desdits commis. Pour quoy faire nous luy avons attribué et attribuons soixante sols tournois ; et après la perfection d'iceux seront tenus lesdits particuliers d'en avertir ledit grand-voyer ou commis, afin qu'il recolle lesdits allignements, et reconnoisse si lesdits ouvriers auront travaillé suivant iceux, sans toutefois payer aucune chose pour lesdits recollement et confrontation ; et où il se trouverait qu'ils auraient contrevenu auxdits allignements, seront lesdits particuliers assignez pardevant le prevost de Paris ou son lieutenant, pour voir ordonner que la besogne mal plantée sera abattuë, et condamnez à telle amende que de raison, applicable comme dessus.

6. Deffendons au commis de nostredit grand-voyer de prendre aucun droit pour mettre les treillis de fer aux fenestres sur ruës, pourvû qu'ils n'excèdent les corps des murs qui seront tirez à plomb, et pour ceux qui sortiront hors des murs, prendront la somme de trente sols tournois.

7. Faisons aussi deffenses à toutes personnes de faire et creuser aucunes caves sous les ruës : et pour le regard de ceux qui voudront faire degrez pour monter à leurs maisons, par le moyen desquels les ruës estrécissent, faire siéges ès dites ruës, estail ou auvent, clore ou fermer au-

cunes ruës, faire planter bornes au coin d'icelles, ès entrées
de maisons, poser enseignes nouvelles, ou faire le tout réparer, prennent congé dudit grand-voyer ou commis. Pour
lesquelles choses faites de neuf, et pour la permission première, nous lui avons attribué et attribuons la somme de
trente sols tournois pour la visitation d'icelles, et pour celle
qu'il conviendra seulement réparer et refaire, la somme de
quinze sols tournois ; et où aucuns voudroient faire telles
entreprises sans lesdites permissions, les pourra faire condamner en ladite amende de dix livres payable comme dessus, ou plus grande somme si le cas y échet, et faire abattre
lesdites entreprises : le tout au cas que lesdites entreprises
incommodent le public, et pour cet effet sera tenu le commis dudit grand-voyer se transporter sur les lieux auparavant que donner la permission ou congé de faire lesdites
entreprises.

8. Pareillement, avons deffendu et deffendons à tous
nosdits sujets de jeter dans les ruës eauës ny ordures par
les fenestres, de jour ny de nuit, faire preaux ny aucuns jardins en saillies, aux hautes fenestres, ny pareillement tenir
fiens, terreaux, bois, ny autres choses dans les ruës et voyes
publiques plus de vingt-quatre heures, et encore sans incommoder les passants : autrement luy avons permis et
permettons de les faire condamner en l'amende comme
dessus, auquel voyer ou commis nous enjoignons se transporter par toutes les ruës, même par les maîtresses, de
quinze en quinze jours, afin de commander qu'elles
soient délivrées et nettoyées, et que les passants ne puissent
recevoir aucunes incommodités.

9. Deffendons aussi à toutes personnes de faire des éviers
plus hauts que retz-de-chaussée, s'ils ne sont couverts jusqu'audit retz-de-chaussée, et même sans la permission de
nostredit grand-voyer, ses lieutenants ou commis, pour laquelle permission luy sera payé trente sols indistinctement,
tant pour ceux qui sont au retz-de-chaussée, que ceux qui
ne se trouveront audit retz-de-chaussée.

10. Ordonnons à nostredit grand-voyer ou commis de

faire crier aux quatre festes annuelles de l'an, de par nous et de par luy, à ce que les ruës soient nettoyées, et outre qu'il y ait à ordonner aux charretiers conduisant terreaux et gravois et autres immondices, de les porter aux champs, aux lieux destinés aux voyeries ordinaires : et au deffaut de luy obéir saisira les chevaux et harnois des contrevenants, pour en faire son rapport, sans qu'il puisse donner main-levée qu'il n'en soit ordonné.

11. Enjoindra aux sculpteurs, charrons, marchands de bois, et tous autres, de retirer et mettre à couvert, soit dans leurs maisons ou ailleurs, ce qu'ils tiennent d'ordinaire dans les ruës, comme pierres, coches, charrettes, chariots, troncs, pièces de bois, et autres choses qui peuvent empes-cher ou incommoder ledit libre passage desdites ruës : comme aussi aux teinturiers, foulons, fripiers et tous autres de ne mettre seicher sur perches de bois, soit ès fenestres de leurs greniers ou autrement sur ruës et voyes, aucuns draps, toiles et autres choses qui peuvent incommoder et offus-quer la venë desdites ruës, sur les peines que dessus, et sur les contraventions qui se feront, lesdites deffenses étant faites par ledit sieur grand-voyer ou ses commis, seront les contrevenants condamnez en l'amende comme dessus.

12. Voulons et nous plaist que ledit grand voyer et ses commis ayent l'œil et connaissance du pavement desdites ruës, voyes, quais et chemins, et où il se trouvera quel-ques pavez cassez, rompus ou enlevez, qu'ils les fassent re-faire et restablir promptement, mesme faire l'ouverture des maisons des refusants d'icelles, aux dépens des detemp-teurs desdites maisons, injonction préablablement faite aux-dits détempteurs, et prendra garde que le pavé de neuf soit bien fait et qu'il ne se trouve plus haut élevé que celuy de voisin.

13. Deffendons au commis de nostredit grand-voyer de donner aucune permission de faire des marches dans les ruës, mais seulement continuer les anciennes ès lieux où elles n'empeschent le passage.

14. Ne pourra aussi, nostredit voyer ou commis, donner

permission d'auvent plus bas que de dix pieds, à prendre
du retz-de-chaussée en amont, et pour ceux qu'il donnera,
ensemble pour les enseignes, luy appartiendra pour les permissions nouvelles trente sols tournois, et pour le changement des enseignes, réfection et changement d'auvent, n'en
prendra que quinze sols tournois.

15. Et d'autant que la plus grande partie des abus qui se
sont commis en ladite voyrie sont provenus à cause des
permissions que donnent les commis d'aucuns seigneurs
hauts justiciers, tant laïcs qu'ecclésiastiques prétendants avoir
droit de voyrie en nostredite ville, fauxbourgs, prevosté et
vicomté de Paris : qui n'ont tenu compte, delivrant lesdites
permissions, de prendre exactement garde si elles estaient
conformes aux réglements et ordonnances faites sur le fait
de ladite voyrie. A cette cause, nous voulons et entendons
qu'où il se trouvera que lesdits voyers particuliers ayent
cy-devant donné ou donnent cy après icelles permissions
contre la teneur de nosdits édits et ordonnances, ledit
sieur grand-voyer, ses lieutenants ou commis, les feront
appeler pour les faire condamner à réparer ce qui auroit
esté mal fait, le tout sans préjudice desdits seigneurs et
autres prétendus droits de haute justice et voyrie en nostredite ville et fauxbourgs, lesquels nous voulons après la vérification du présent règlement, estre appelez à la diligence de nostre procureur général, auquel mandons ainsi
le faire, pour eux oüis, et les titres qu'ils produiront veus et
examinez leur estre pourvû ainsi que de raison.

16. Entendons aussi que ledit grand-voyer et ses commis,
en la ville, prevosté et vicomté de Paris, joüissent bien et
deuëment, comme les autres voyers ont cy-devant joüy, de
tous les autres menus droits qui luy sont attribuez par les
titres de ladite voyrie, extraits de nostre chambre des comp-
tes, trésor et Chastelet de Paris : comme chandelles, gas-
teaux, beurre, œufs, fromages, figues, raisins, bouquets,
roses, et plusieurs autres menus droits qui se cueillent et
perçoivent par chacun an et jour et saisons accoutumées, de
ceux et celles qui estallent et placent sur ladite voyrie, tant

ès marchez, rués, voyes et places publiques de nostredite
ville, fauxbourgs, prevosté et vicomté de Paris. Tous lesdits
droits ordonnez estre perçeus par plusieurs arrests, sentences
et jugements donnez, tant par nostre dite cour de parlement,
les conseillers de ladite justice de nostre trésor, que par
nostre prevost de Paris.

17. Voulons et nous plaist que ledit grand-voyer ou commis, pourvoyent des places vulgairement et anciennement
appellées les places ordonnées par le feu roy saint Loüis,
estre aumosnées à pauvres femmes, veuves et filles orphe-
lines et à marier, sises tant ès halles de Paris, ruë aux Feure,
qu'ès environs : comme aussi de toutes les autres places dé-
pendantes de ladite voyrie, sises tant ès dites halles, cime-
tières Saint-Jean, grand et petit Chastelet, Marché-Neuf,
place Maubert et autres lieux et endroits de nostre ville et
fauxbourgs de Paris, pour en joüir comme cy-devant les
voyers en ont joüy et deuëment. . . . .

20. Lesquels lieutenants et commis de nostre grand-voyer
pourront commettre en chacune ville un maçon ou autre
personne capable, pour donner les allignements sur ruës :
dont le nom sera registré en la justice ordinaire : le surplus
des autres charges et fonctions, ledit commis les fera en
personne. En quoy faisant luy sera obey, sans qu'il soit
besoin de sergent pour faire faire lesdites significations appartenant à sadite charge, sauf s'il employe autres gens sous
luy pour voir les contraventions, auquel cas seront tenus
les commis des lieutenants de nostredit grand-voyer de se
servir de sergents ordinaires.

Déclaration du roi sur les périls des bâtiments.

18 juillet 1729. (Devot, pag. 529.)

Louis, etc. — La sûreté des habitants de notre bonne ville
de Paris, et l'attention nécessaire pour prévenir les accidents
qui n'arrivent que trop fréquemment par la négligence que

l'on apporte à réparer les maisons et les bâtiments de la dite ville, devant être un des principaux objets de la vigilance des officiers de notre Châtelet de Paris, auxquels les soins de la police sont confiés, et la longueur des procédures formant souvent des prétextes aux propriétaires pour éloigner des réparations dont le moindre retardement entraîne quelquefois des suites si funestes, nous avons cru, dans cette partie importante de la police de notre bonne ville de Paris, devoir établir une procédure fixe et certaine qui pût, par sa régularité et sa simplicité, donner en même temps aux juges une connaissance exacte de l'état des maisons, et aux parties un moyen facile pour se faire entendre, mais qui pût aussi, en cas de refus ou de délai de la part des propriétaires, ouvrir une voie régulière pour faire cesser promptement le péril, et pour mettre nos sujets dans une pleine et entière sûreté. À ces causes, etc.

Art. 1er. Les commissaires auront une attention particulière chacun dans leur quartier, pour être instruits des maisons et bâtiments où il y aurait quelque péril.

Art. 2. Aussitôt qu'ils en auront avis, ils se transporteront sur le lieu et dresseront procès-verbal de ce qu'ils y auront remarqué, et qui pourrait être contraire à la sûreté publique.

Art. 3. Ils feront assigner sans retardement, à la requête de notre procureur au Châtelet, les propriétaires au premier jour d'audience de la police de notre Châtelet de Paris.

Art. 4. Les assignations seront données au domicile du propriétaire, s'il est connu, et s'il est dans l'étendue de notre bonne ville de Paris ou faubourgs d'icelle, sinon les assignations pourront être données à la maison même où se trouvera le péril, en parlant au principal locataire, ou à quelqu'un des locataires en cas qu'il n'y en ait point de principal, et vaudront les dites assignations comme si elles avaient été données au propriétaire.

Art. 5. Au jour marqué par l'assignation, le commissaire fera son rapport à l'audience, et si la partie ne compare pas, le lieutenant-général de police, sur les conclusions d'un de nos avocats, ordonnera, s'il y échet, que les lieux seront visités par un expert qui sera par lui nommé d'office.

Art. 6. Si la partie compare, et qu'elle ne dénie point le péril, le lieutenant général de police ordonnera, sur les dites conclusions, que la partie sera tenue de faire cesser le péril dans le temps qui sera par lui prescrit, et sera enjoint au dit commissaire d'y veiller.

Art. 7. Au cas que la partie soutienne qu'il n'y ait aucun danger, elle aura la faculté de nommer un expert de sa part pour faire la visite conjointement avec l'expert qui sera nommé par notre procureur au Châtelet; ce qu'elle sera tenue de faire sur-le-champ, sinon sera passé outre à la visite par l'expert seul qui aura été nommé par notre dit procureur.

Art. 8. La visite sera faite dans le temps qui aura été prescrit par la sentence, en présence de la partie, ou elle dûment appelée au domicile de son procureur, si elle a comparu, sinon au domicile prescrit par l'article 4 ci-dessus, et ce, soit que la sentence ait été donnée contradictoirement ou par défaut, sans qu'il soit nécessaire, même dans le cas de la sentence rendue par défaut, d'attendre l'expiration de la huitaine; et, en cas qu'il y ait deux experts, et qu'ils se trouvent de différents avis, il en sera nommé un tiers par le lieutenant-général de police à la première audience, partie pareillement présente ou dûment appelée au domicile de son procureur.

Art. 9. Sur le vu du rapport de l'expert ou des experts, la partie ouïe à l'audience, ou elle dûment appelée au domicile de son procureur, s'il y en a, ou, s'il n'y en a point, en la forme prescrite par l'article 4 ci-dessus, et ouï le commissaire en son rapport, ensemble notre avocat en ses conclusions, le lieutenant général de police ordonnera, s'il y a lieu, que, dans le temps qui sera par lui prescrit, le propriétaire de la maison sera tenu de faire cesser le péril, et d'y mettre à cet effet des ouvriers; à faute de quoi, le dit temps passé, et sans qu'il soit besoin d'autre jugement, sur le simple rapport du commissaire, portant qu'il n'y a été mis

d'ouvriers, il en sera mis de l'ordonnance du dit commissaire, aux frais de la partie, à la diligence du receveur des
amendes, qui en avancera les deniers, dont il lui sera délivré
par le lieutenant-général de police, exécutoire sur la partie,
pour en être remboursé par privilége et préférence à tous
autres sur le prix des matériaux provenant des démolitions,
et subsidiairement sur le fonds et superficie des bâtiments
desdites maisons.

Art. 10. Dans les occasions où le péril serait si urgent que
l'on ne pourrait attendre le jour d'audience, ni observer les
formalités ci-dessus prescrites, sans risquer quelque accident
fâcheux, en ce cas les commissaires du Châtelet pourront
en faire leur rapport au lieutenant-général de police en son
hôtel, et y faire appeler les parties en la forme prescrite par
l'article 4 ci-dessus, lequel pourra ordonner par provision ce
qu'il jugera absolument nécessaire pour la sûreté publique.

Art. 11. Seront les sentences et ordonnances rendues à
ce sujet exécutées par provision, nonobstant et sans préjudice de l'appel.

Autre déclaration du roi.

18 août 1730. (Perrot, pag. 331.)

Louis, etc. — Par notre déclaration du 18 juillet 1729,
nous avons établi la forme des procédures qui devait être
suivie par les officiers de notre Châtelet de Paris, auxquels
les soins de la police sont confiés, au sujet des périls imminents qui pourraient se rencontrer dans les maisons de notre
bonne ville et faubourgs de Paris; mais comme cette partie
de la police, en ce qui regarde seulement les bâtiments
ayant face sur rue, est exercée concurremment, tant par
notre bureau des finances, que par les officiers de la police
de notre Châtelet de Paris, nous avons jugé nécessaire de
fixer aussi les procédures qui seraient suivies par les officiers
du bureau des finances, dans les cas qui se trouveraient être
de leur compétence, afin que chacun desdits officiers

20

étant assuré de la voie qu'ils doivent suivre dans une portion si importante de la police de ladite ville, et concourant avec le même zèle au bien public, nos sujets puissent trouver dans ces règles que nous établissons, une sûreté entière contre des accidents qui n'ont été que trop fréquents depuis quelques années. A ces causes, etc.

Art. 1er. Qu'en cas de périls imminents des maisons et bâtiments de notre bonne ville et faubourgs de Paris, en ce qui regarde les murs ayant face sur rue, et tout ce qui pourrait par sa chute nuire à la voie publique, les commissaires de la voirie aient une attention particulière pour s'en instruire.

Art. 2. Aussitôt qu'ils en auront avis, ils se transporteront sur les lieux, dresseront procès-verbal de ce qu'ils y auront remarqué, et qui pourrait être contraire à la sûreté de la voie publique.

Art. 3. Ils feront assigner sans retardement, à la requête du substitut de notre procureur-général au bureau des finances, les propriétaires au premier jour d'audience du dit bureau, même à des jours extraordinaires, s'il y échet.

Art. 4. Les assignations seront données au domicile du propriétaire, s'il est connu et s'il est dans l'étendue de notre bonne ville ou faubourgs de Paris, sinon les assignations pourront être données à la maison même où se trouvera le péril, en parlant au principal locataire ou à quelqu'un des locataires en cas qu'il n'y en ait pas de principal, et vaudront lesdites assignations comme si elles avaient été données au propriétaire.

Art. 5. Au jour marqué pour l'assignation, le commissaire de la voirie fera son rapport à l'audience; et si la partie ne compare pas, il sera, sur les conclusions de notre avocat au dit bureau, ordonné, s'il y échet, que les lieux seront visités par expert qui sera nommé par ledit bureau.

Art. 6. Si la partie compare, et qu'elle ne dénie point le péril, le dit bureau ordonnera, sur les conclusions de notre dit avocat, que la partie sera tenue de faire cesser le péril dans le temps qui sera prescrit par le jugement, et enjoint au commissaire de la voirie d'y veiller.

Art. 7. Au cas que la partie soutienne qu'il n'y a aucun danger, elle aura la faculté de nommer un expert de sa part, pour faire la visite conjointement avec celui qui sera nommé par notre procureur audit bureau, et sera tenue la partie de le nommer sur-le-champ, sinon sera passé outre à la visite par l'expert seul qui aura été nommé par notre dit procureur.

Art. 8. La visite sera faite dans le temps qui aura été fixé par la sentence en présence de la partie, ou elle dûment appelée au domicile de son procureur, si elle a comparu, sinon en la forme prescrite par l'article 4 ci-dessus, et ce, soit que la sentence ait été donnée contradictoirement ou par défaut, sans qu'il soit nécessaire, même dans le cas de la sentence rendue par défaut, d'attendre l'expiration de la huitaine; et, en cas que la partie ait nommé un expert de sa part, et que les experts se trouvent d'avis différents, il sera nommé un tiers expert au premier jour d'audience, la partie présente, ou dûment appelée au domicile de son procureur.

Art. 9. Sur le vu du rapport de l'expert ou des experts, la partie ouïe à l'audience, ou elle dûment appelée au domicile de son procureur, s'il y en a, ou s'il n'y en a point, en la forme prescrite par l'article 4 ci-dessus, et ouï le commissaire de la voirie, ensemble notre avocat au dit bureau en ses conclusions, il sera ordonné, s'il y a lieu, que dans un certain temps le propriétaire de la maison sera tenu de faire cesser le péril, et d'y mettre à cet effet ouvriers; à faute de quoi, le dit temps passé, et sans qu'il soit besoin d'appeler les parties, sur le simple rapport verbal du commissaire de la voirie au bureau, portant qu'il n'y a été mis ouvriers, les juges ordonneront qu'il en sera mis à la requête de notre procureur au dit bureau, poursuite et diligence du dit commissaire de la voirie, à l'effet de quoi les deniers seront avancés par le receveur des amendes, dont lui sera délivré exécutoire sur la partie, pour en être remboursé par privilége et préférence à tous autres sur le prix des matériaux provenant des démolitions, et subsidiairement sur le fonds et superficie des bâtiments des dites maisons ; ce que sera pareillement observé dans le cas de l'article 4 ci-dessus.

Art. 10. Dans les occasions où le péril serait si urgent qu'on ne pourrait attendre le jour de l'audience, ni observer les formalités ci-dessus, sans risquer quelque accident fâcheux, sur le rapport qui sera fait par le commissaire de la voirie à l'un des trésoriers de France, qui sera commis à cet effet par le président de service au dit bureau au commencement de chaque semestre, même qui pourra être continué au-delà du dit semestre, et les parties appelées en la forme prescrite par l'article 4, sera statué par le dit juge en son hôtel, par provision, ce qu'il jugera absolument nécessaire pour la sûreté publique.

Art. 11. Le bureau des finances et le lieutenant-général de police connaîtront comme par le passé concurremment et par prévention des périls imminents des maisons et bâtiments de notre bonne ville et faubourgs de Paris, en ce qui regarde les murs ayant face sur rue, et tout ce qui pourrait par sa chute nuire à la sûreté ou à la voie publique ; et celui des dits juges devant lequel la première assignation aura été donnée, en connaîtra exclusivement à l'autre jusqu'à jugement définitif, sauf l'appel en notre cour de parlement : voulons que s'il y a des assignations données le même jour dans les deux juridictions, la connaissance en appartienne au dit lieutenant-général de police, et qu'en cas de contestation sur la compétence, nos procureurs soient tenus de se pourvoir devant nos avocats et procureur général en notre cour de parlement, pour y être par notre dite cour statué ainsi qu'il appartiendra, sans qu'il soit besoin d'y appeler les parties intéressées, ni qu'elles puissent se pourvoir contre les arrêts rendus entre nos dits procureurs.

Art. 12. Voulons que les jugements interlocutoires ou définitifs qui seront rendus par le bureau des finances sur ce qui concernera les dits périls imminents, soient exécutés par provision, nonobstant et sans préjudice de l'appel.

Arrêt du conseil concernant le droit exclusif des trésoriers de France, commissaires du conseil, pour donner les permissions et alignements sur les routes entretenues aux frais du roi.

27 février 1763. (Perrot, pag. 582.)

LE ROI étant informé que l'exécution des plans pour les traverses des routes construites par ses ordres dans les villes, bourgs et villages de quelques généralités, souffre différents retardements, et est même quelquefois totalement intervertie par des alignements donnés aux propriétaires de maisons ou autres édifices sur les dites routes, par des officiers de justice ou prétendus voyers, qui, n'ayant aucune connaissance des dits plans, s'ingèrent, sous divers prétextes, dans l'exercice d'une fonction que S. M. ne leur a pas confiée ; et s'étant fait rendre compte de ce qui se pratique à cet égard au bureau des finances de la généralité de Paris, dans le ressort duquel, pour prévenir de pareils abus, le dit bureau a prescrit, par son ordonnance du 29 mars 1754, que tous les alignements pour constructions, reconstructions et permissions relatives à toute espèce d'ouvrages à la face des bâtiments étant sur les dites routes, ainsi que pour établissement d'échoppes et choses saillantes, seraient donnés par les trésoriers de France, commissaires de S. M., ou, en l'absence des dits sieurs commissaires, par un autre des dits trésoriers de France, et ce, dans l'un ou l'autre cas, conformément aux plans levés et arrêtés par ordre de S. M. qui sont ou seraient déposés par la suite, ainsi que les minutes des dits alignements et permissions, au greffe du dit bureau des finances, pour être par le dit bureau statué sur toutes les contraventions et exécutions des édits et déclarations de S. M. ; et ayant reconnu que les dispositions de cette ordonnance, en conservant et maintenant la compétence des bureaux des finances sur cette matière, préviennent à tous les inconvénients, S. M. aurait cru, en confirmant les dispositions de la susdite ordonnance, devoir les étendre à tous les bureaux des finances du royaume. A quoi voulant pourvoir : vu la susdite ordonnance du bureau des finances de Paris du 29 mars 1754, et ouï le rapport du sieur de L'Averdy, conseiller ordinaire au conseil royal, contrôleur général des finances ; le roi, étant en son conseil, a ordonné et ordonne que, conformément à ce qui se pratique au bureau des finances de la généralité de Paris, dont S. M. a confirmé et confirme l'ordonnance du 29 mars 1754, articles 4 et 12, les alignements pour constructions ou reconstructions de maisons, édifices ou bâtiments généralement quelconques, en tout ou en partie, étant le long et joignant les routes construites par ses ordres, soit dans les traverses des villes, bourgs et villages, soit en pleine campagne, ainsi que les permissions pour toute espèce d'ouvrages aux faces des dites maisons, édifices et bâtiments, et pour établissements d'échoppes ou choses saillantes le long des dites routes, ne pourront être donnés en aucuns cas par autres que par les trésoriers de France, commissaires de S. M. pour les ponts et chaussées en chaque généralité, ou, à leur défaut et en leur absence, par un autre trésorier de France de la dite généralité qui serait présent sur les lieux et pour ce requis ; le tout sans frais et en se conformant par eux aux plans levés et arrêtés par les ordres de S. M., qui sont ou seront déposés par la suite au greffe du bureau des finances de leur généralité ; et dans le cas où les plans ne seraient pas encore déposés au dit greffe, veut, S. M., qu'avant de donner les dits alignements ou permissions, les dits trésoriers de France, commissaires de S. M., ou autres à leur défaut, se fassent remettre un rapport circonstancié de l'état des lieux par l'ingénieur ou l'un des sous-ingénieurs des ponts et chaussées de la dite généralité, et que du dit alignement ou de la dite permission il soit déposé minutes au greffe du dit bureau des finances, à laquelle le dit rapport sera et demeurera annexé. Fait, S. M., défenses à tous particuliers, propriétaires ou autres, de construire, reconstruire ou réparer aucuns édifices, poser échoppes ou choses saillantes le long des dites routes, sans en avoir obtenu les alignements ou permissions des dits trésoriers de France, commissaires de S. M., ou, dans le cas ci-dessus spécifié, d'un autre trésorier de France du dit bureau des finances, à peine de démolition des dits ouvrages, confiscation de matériaux et de 300 livres d'amende, et contre les maçons, charpentiers et ouvriers, de pareille amende, et même de plus grande peine en cas de récidive. Fait pareillement, S. M., défenses à tous autres, sous quelque prétexte et à quelque titre que ce soit, de donner les dits alignements et permissions, à peine de répondre en leur propre et privé nom des condamnations prononcées contre les particuliers, propriétaires, locataires et ouvriers qui seront en cas de contravention poursuivis à la requête des procureurs de S. M. aux dits bureaux des finances, et punis suivant l'exigence des cas. Enjoint, S. M., aux sieurs intendants et commissaires départis dans toutes les généralités, ainsi qu'aux commissaires des ponts et chaussées, et aux officiers des bureaux des finances, de tenir, chacun en droit soi, la main à l'exécution du présent arrêt. Et sera le dit arrêt lu, publié et affiché partout où besoin sera, et exécuté nonobstant oppositions ou appellations quelconques, pour lesquelles ne sera différé, et dont si aucunes interviennent, S. M. s'est réservé la connaissance, et icelle interdit à toutes ses cours et juges.

Déclaration du roi sur les alignements et ouvertures des rues dans la ville de Paris.

10 avril 1783. — Enregistré au parlement le 8 juillet suivant. — (Recueil des ordonn.)

Louis, etc. — Les rois, nos prédécesseurs, ayant reconnu combien il importait au bien public que les rues de notre bonne ville de Paris fussent alignées, autant que les cir-

constances le permettraient ; qu'elles eussent une largeur
suffisante, et fussent débarrassées de tout ce qui pouvait
s'opposer à une circulation facile, et nuire au libre passage
de voitures et de gens de pied, il a été rendu en différents
temps des lois pour y pourvoir ; mais leur ancienneté, l'accroissement successif de cette capitale, de sa population et
de son commerce, et la construction d'un grand nombre
d'édifices, à l'égard desquels on s'est souvent écarté de l'exécution de ces lois, nous ont convaincu de la nécessité de
les renouveler et même d'ajouter à leurs dispositions, en
ménageant cependant, autant qu'il sera possible, les propriétés de nos sujets, surtout quant aux maisons et bâtiments actuellement existants ; et comme nous avons reconnu que l'excessive élévation des bâtiments n'est pas
moins préjudiciable à la salubrité de l'air, dans une ville aussi
étendue et aussi peuplée, qu'elle est contraire à la sûreté
des habitants, surtout en cas d'incendies, nous avons cru
devoir aussi expliquer à cet égard nos intentions. A ces
causes, etc.

Art. 1er. Ordonnons qu'à l'avenir, et à compter du jour
de l'enregistrement de la présente déclaration, il ne puisse
être, sous quelque prétexte que ce soit, ouvert et formé en
la ville et faubourgs de Paris, aucune rue nouvelle qu'en
vertu des lettres-patentes que nous aurons accordées à cet
effet, et que les dites rues nouvelles ne puissent avoir moins
de trente pieds de largeur ; ordonnons pareillement que
toutes les rues dont la largeur est au-dessous de trente
pieds soient élargies successivement au fur et à mesure
des reconstructions des maisons et bâtiments situés sur
les dites rues.

Art. 2. En conséquence il sera incessamment procédé
par les commissaires généraux de la voirie à la levée des
plans de toutes les rues de la ville et faubourgs de Paris
dont il n'en a point encore été dressé, et à l'égard de celles
dont il a déjà été levé des plans, déposés au greffe de notre
bureau des finances, il sera seulement procédé au récolle-
ment d'iceux pour, sur la représentation qui nous sera faite

de tous les dits plans, être par nous réglé l'élargissement à donner à l'avenir à toutes les rues.

Art. 3. Faisons expresses inhibitions et défenses à tous propriétaires, architectes, entrepreneurs, maçons, charpentiers et autres, d'entreprendre ni en commencer aucunes constructions ou reconstructions quelconques de mur de face sur rues, sans au préalable avoir déposé au greffe de notre bureau des finances le plan des dites constructions et reconstructions, et avoir obtenu des officiers du dit bureau les alignements et permissions nécessaires, lesquels ne pourront être accordés qu'en conformité des plans par nous arrêtés, dont il sera déposé des doubles tant au greffe de notre parlement qu'en celui de notre bureau des finances.

Art. 4. Chacun des propriétaires de maisons, bâtiments et murs de clôture situés sur les rues, sera tenu de contribuer aux frais des plans ordonnés ci-dessus, au prorata des toises de face de sa propriété, laquelle contribution nous avons fixée, à l'égard des plans à lever, à cinq sous par toise de maisons et bâtiments de face sur la rue, et pareillement à trois sous par toise de mur de clôture, et à la moitié seulement pour les plans déjà levés, et qui seront seulement récollés. N'entendons que puissent être assujettis à la dite contribution les édifices ou établissements publics, ni les maisons appartenant aux hôpitaux.

Art. 5. La hauteur des maisons et bâtiments en la ville et faubourgs de Paris, autres que les édifices publics, sera et demeurera fixée, savoir: dans les rues de trente pieds de largeur et au-dessus, à soixante pieds lorsque les constructions seront faites en pierres et moellons, et à quarante-huit pieds seulement lorsqu'elles seront faites en pans de bois: dans les rues depuis vingt-quatre jusques et compris vingt-neuf pieds de largeur, à quarante-huit pieds, et dans toutes les autres rues à trente-six pieds seulement: le tout y compris les mansardes, attiques, toits et autres constructions quelconques au-dessus de l'entablement: ordonnons en conséquence que les maisons et bâtiments dont l'élévation excède celles ci-dessus fixées, y seront réduites lors de leur reconstruction.

Art. 6. Faisons défenses à tous propriétaires, charpentiers, maçons et autres de construire et adapter aux maisons et bâtiments situés en la ville et faubourgs de Paris aucun autre bâtiment en saillie et porte à faux, sous quelque prétexte que ce soit : enjoignons aux propriétaires et locataires des maisons où il a été adapté de pareilles saillies, soit en maçonnerie ou en charpente, de les supprimer et démolir dans un mois, à compter du jour de l'enregistrement de la présente déclaration.

Art. 7. Ceux qui contreviendront à l'exécution de la présente déclaration, soit en perçant quelques nouvelles rues, soit en élevant leurs maisons au-dessus des hauteurs ci-dessus déterminées, en y adaptant des bâtiments en saillie et porte à faux, soit en ne se conformant point aux alignements qui leur seront donnés, seront condamnés, quant aux propriétaires, en trois mille livres d'amende applicables à l'hôpital général, les ouvrages démolis, les matériaux confisqués et les places réunies à notre domaine; et, à l'égard des maîtres maçons, charpentiers et autres ouvriers, en mille livres d'amende applicables comme dessus, et déchus de leurs maîtrises sans pouvoir être rétablis par la suite. Attribuons la connaissance des dites contraventions aux officiers de notre bureau des finances en ce qui concerne la voirie, à l'égard des autres contraventions, aux juges qui en doivent connaître, le tout, sauf l'appel en notre cour de parlement.

Lettres-patentes du roi concernant la hauteur des maisons de la ville et faubourgs de Paris.

25 août 1784. — Enregistré au parlement le 7 septembre. — (Recueil des ordonn.)

Art. 1er. Ordonnons qu'à l'avenir la hauteur des façades des maisons et bâtiments, en la ville et faubourgs de Paris, autre que celle des édifices publics, sera et demeurera fixée à raison de la largeur des différentes rues; savoir, dans les rues de trente pieds de largeur et au-dessus, à cinquante-quatre pieds ; dans les rues depuis vingt-quatre jusques et y compris vingt-neuf pieds de largeur, à quarante-cinq pieds ; et, dans toutes celles au-dessous de vingt-trois pieds de largeur, à trente-six pieds ; le tout mesuré du pavé des rues jusques et compris les corniches ou entablements, même les corniches des attiques, ainsi que la hauteur des étages en mansardes, qui tiendraient lieu desdits attiques. Voulons que les façades ci-dessus fixées ne puissent jamais être surmontées que d'un comble, lequel aura dix pieds d'élévation du dessus des corniches ou entablements jusqu'à son faîte, pour les corps de logis simples en profondeur ; de quinze pieds pour les corps de logis doubles : défendons d'y contrevenir sous les peines portées par notre déclaration du 10 avril 1783.

Art. 2. Permettons à tous propriétaires de maisons et bâtiments situés à l'encoignure de deux rues d'inégale largeur, de les reconstruire en suivant, du côté de la rue la plus étroite, la hauteur fixée pour la rue la plus large ; et, ce, dans l'étendue seulement de la profondeur du corps de bâtiment, ayant face sur la plus grande rue, soit que le dit corps de bâtiment soit simple ou double en profondeur, passé laquelle étendue, la partie restante de la maison ayant façade sur la rue la moins large sera assujettie aux hauteurs fixées par l'article précédent.

Art. 3. Ordonnons, au surplus, que notre déclaration du 10 avril 1783 sera exécutée selon sa forme et teneur, en ce qui n'y est pas dérogé.

Au bas est écrit :

« Registrée, ouï, ce requérant le procureur général du roi, pour être exécutées selon leur forme et teneur, à la charge qu'à partir du dessus de l'entablement, l'élévation des toits en hauteur ne pourra excéder la moitié de la profondeur des maisons, et copies collationnées, etc...... à Paris en parlement, les grand'chambre et tournelle assemblées, le sept septembre 1784. »

Arrêt du conseil du roi, qui décharge les propriétaires des maisons construites sur les égouts de faire curer et nettoyer lesdits égouts, en charge la ville, et ordonne que les dépenses de pavement et réparations relatives auxdites maisons sous lesquelles ils passent, seront à la charge desdits propriétaires.

22 janvier 1785. (Recueil des ordonn.)

Sur la requête présentée au roi, étant en son conseil, par les prévôt des marchands et échevins de la ville de Paris, contenant que, dans tous les temps antérieurs à 1720, les propriétaires des maisons construites sur les égouts de la dite ville, étaient tenus de nettoyer, entretenir *et réparer les dits égouts, et même de reconstruire le pavé dans toute l'étendue des terrains qu'occupaient leurs maisons sur iceux,* en telle sorte que l'obligation de la ville à cet égard était alors bornée au seul entretien et curement des parties d'égouts qui passaient sous les rues ou qui étaient à découvert; qu'il en résultait annuellement la nécessité de faire l'adjudication des travaux qu'exigeaient les dites réparations, pavements et curements, et que, sur la répartition qui était faite ensuite, par le bureau, de la dépense totale, *chacun des propriétaires était tenu d'y contribuer dans la proportion de son emplacement sur l'égout;* que cette obligation respective, tant de la part de la ville que des propriétaires des maisons, était, à cette époque de 1720, si bien reconnue, que Jacques Lafouasse, procureur au parlement, et propriétaire d'une maison située rue Saint-Germain, dite l'hôtel d'Entragues, sous laquelle passait l'égout de Saint-Germain, ayant voulu se soustraire au paiement de sa quote-part en semblable répartition, il fut débouté de son opposition à l'ordonnance du bureau de la ville, du 6 mars de la même année, et condamné, sur l'appel de la dite ordonnance, par arrêt du conseil, du 21 juin 1721, à contribuer, ainsi que tous les autres propriétaires, a toutes les dépenses des curement, pavement *et autres réparations qui seraient à faire aux dits égouts, et ce dans la proportion de l'étendue du terrain qu'occuperaient leurs maisons sur les égouts;* le même arrêt ordonne qu'à l'égard de ceux des dits égouts qui passent sous les rues ou qui sont découverts, les réparations et curements s'en feront aux dépens de la ville ; le tout suivant le toisé, estimation et adjudication qui en seront faits de l'autorité des prévôt des marchands et échevins, devant lesquels, en cas de contestations pour raison de ce, circonstances et dépendances, les parties seront tenues de se pourvoir ; leur faisant S. M. défense de se pourvoir ailleurs, et à tous juges d'en connaître, à peine de nullité, cassation de procédures, et de tous dépens, dommages et intérêts : voulant en outre S. M., attendu l'importance de la matière, et l'intérêt qu'a le service public à l'accélération la plus prompte des dites réparations, que ce qui sera sur ce ordonné par les dits prévôt des marchands et échevins soit exécuté nonobstant oppositions ou appellations quelconques, pour lesquelles ne sera différé, et dont, si aucuns n'interviennent, S. M. s'est réservé la connaissance ; que, malgré le droit aussi évidemment acquis à la ville de *faire supporter aux propriétaires des maisons construites sur les égouts toutes les dépenses qui y étaient relatives*, le bureau ayant remarqué que la contribution aux frais particuliers du curement des égouts donnait lieu à une réclamation de ces mêmes propriétaires, qui se croyaient fondés à pratiquer en iceux des ouvertures pour faciliter l'écoulement des eaux, et même des latrines de leurs maisons, avait pris le parti, depuis nombre d'années, de charger la ville seule de toute la dépense de ce curement, afin d'être autorisé, par ce sacrifice, à interdire, comme il l'avait fait, la faculté de toute communication nuisible avec les égouts ; que cette exception des frais de curement pouvait faire présumer, à nombre de propriétaires, qu'ils étaient également dispensés de ceux de pavement et de tous autres relatifs, tant auxdits égouts qu'à leurs propres maisons, dont ils prétendraient peut-être que les dégradations devraient être aussi réparées par la ville, sur le motif qu'elles ne pouvaient être imputées qu'à celle des dits égouts, ce qui donnerait lieu à des contestations qu'il était d'autant plus important de prévenir, qu'il en résulterait nécessairement des retards nuisibles à leur entretien, et l'impossibilité d'ailleurs de pourvoir à des dépenses aussi considérables par les seules ressources des finances de la ville. A ces causes requéraient les dits prévôt des marchands et échevins qu'il plût à S. M., en autorisant la ville à se charger seule des frais de curement de tous les égouts de la ville de Paris, dont les propriétaires ne seront toutefois dispensés qu'à la charge par eux de se conformer à la défense qui leur a été faite d'y pratiquer aucune ouverture pour l'écoulement des eaux et des latrines de leurs maisons; ordonner qu'ils seront tenus de contribuer aux dépenses de pavement et de toutes autres réparations quelconques des égouts, pour la partie passant sous leurs maisons, à l'exception toutefois de ceux des dits propriétaires qui pourront justifier de conventions contraires passées entre eux et la ville, à l'effet de quoi les suppliants seront maintenus dans le droit d'ordonner le toisé, ainsi que l'adjudication des dites réparations, et d'arrêter la répartition des dépenses; ensemble de connaître des contestations qui pourront naître à cette occasion, avec défense de se pourvoir ailleurs que devant eux, conformément à l'arrêt ci-dessus énoncé, du 21 juin 1721. Vu la dite requête, ensemble le dit arrêt: ouï le rapport; le roi étant en son conseil, a ordonné et ordonne qu'en dérogeant au dit arrêt du 21 juin 1721, en faveur des propriétaires des maisons construites sur les égouts, lesdits prévôt des marchands et échevins seront autorisés à faire procéder au curement des dits égouts aux dépens de la ville seule, et sans que les dits propriétaires soient tenus d'y contribuer, en considération de la défense dont S. M. ordonne la plus rigoureuse exécution, de pratiquer aucune ouverture ou communication avec les dits égouts pour l'écoulement des eaux et latrines de leurs maisons; *et, quant aux dépenses de pavement et de toutes autres réparations relatives, tant auxdits égouts qu'aux maisons sous lesquelles ils passent*, ordonne S. M. qu'elles seront faites par les propriétaires des maisons et terrains, sans que, dans aucun cas et sous aucun prétexte, les dits prévôt des marchands et échevins puissent les dispenser pour l'avenir de cette charge, n'exceptant de cette obligation pour le passé que ceux qui pourront justifier de conventions contraires, le tout suivant le toisé, estimation et adjudication qui en seront ordonnés par les dits prévôt des marchands et échevins, devant lesquels, en cas de contestations pour raison de ce, circonstances et dépendances, les parties seront tenues de se pourvoir, leur faisant, S. M., défenses de se pourvoir ailleurs, et à tous juges d'en connaître, à peine de nullité, cassation de procédures, et de tous dépens, dommages et intérêts ; et, attendu l'importance de l'objet, qui intéresse immédiatement le service public, veut, S. M., que ce qui sera fait et ordonné par lesdits prévôt des marchands et échevins, soit exécuté nonobstant oppositions ou appellations quelconques, pour lesquelles ne sera différé, et dont, si aucunes interviennent, S. M. se réserve la connaissance à soi et à son conseil, icelle interdisant à toutes ses cours et autres juges.

Arrêté du ministère de l'intérieur. — Plans d'alignement de Paris.

25 nivôse an v. (Daubanton, pag. 316.)

Le ministre de l'intérieur s'étant fait représenter les différents avis de l'assemblée du conseil des bâtiments civils réuni à celui des ponts et chaussées, concernant les redressements et élargissements qui s'opèrent successivement dans les anciennes rues de Paris, et considérant qu'ils ont essentiellement pour objet la sûreté publique, la facilité des communications et l'assainissement des quartiers trop resserrés et qui renferment des foyers de corruption et d'insalubrité qu'il est instant de détruire par tous les moyens possibles ; considérant que, sous ces différents points de vue, il importe d'adopter à leur égard des bases qui puissent se lier avec l'ensemble général et avec les nouvelles rues proposées pour la division des domaines et l'embellissement de

cette commune ; considérant enfin que l'élévation des édifices influe trop directement sur leur salubrité pour ne pas
être assujettie à des règles constantes et relatives à la largeur
des rues où ils sont situés, il a arrêté en principe les dispositions suivantes, d'après lesquelles le conseil des bâtiments
civils fera incessamment tracer les nouveaux alignements
des anciennes et nouvelles rues sur les plans levés à cet
effet, et dont un exemplaire doit être remis à l'administration
centrale et départementale de la Seine, qui demeure chargée
d'en ordonner et surveiller l'exécution.

Art. 1er. Toutes les anciennes et nouvelles rues de Paris
seront désormais divisées en cinq classes, et leur largeur
sera, dans tous les cas, subordonnée à leur importance
sous le rapport du commerce et de la circulation publique.

Art. 2. La première classe sera désignée sous la dénomination de *grandes routes;* elle comprendra toutes les rues
qui conduisent d'une extrémité de Paris à l'autre, en le traversant. Leur largeur demeurera fixée à *quatorze mètres*,
équivalant à quarante-trois pieds un pouce des anciennes
mesures.

Art. 3. La seconde classe sera désignée sous le nom de
traverses intérieures; elle comprendra toutes les rues qui
conduiront d'une grande route à une autre ou d'une place
publique à une autre place, halle ou marché. Leur largeur
demeurera fixée à *douze mètres*, répondant à trente-six pieds
onze pouces des anciennes mesures.

Art. 4. La troisième classe sera désignée sous la dénomination de *communications intermédiaires;* elle comprendra
toutes les rues qui s'embrancheront sur celles de première
ou de seconde classe, pour aboutir à celles des classes inférieures. Leur largeur demeurera fixée à *dix mètres*, équivalant à trente pieds neuf pouces des anciennes mesures, et
cette largeur de dix mètres sera, conformément aux dispositions de la déclaration du 10 avril 1783, le *minimum* pour
toutes les nouvelles rues qui pourront être ouvertes par
la suite, à l'exception de celles qui formeraient le prolonge-

ment d'anciennes rues d'une classe supérieure, et dont elles auraient alors les mêmes dimensions.

Art. 5. La quatrième classe sera désignée sous le nom de *communications transversales*; elle comprendra toutes les rues qui s'embrancheront sur celles de la troisième classe et qui seront peu fréquentées par les voitures. Leur largeur demeurera fixée à *huit mètres*, répondant à vingt-quatre pieds sept pouces des anciennes mesures.

Art. 6. Enfin, la cinquième classe sera désignée sous le nom de *petites communications*; elle comprendra toutes les petites rues, ruelles et passages publics actuellement existants. Leur largeur demeurera fixée à *six mètres*, répondant à dix-huit pieds six pouces des anciennes mesures.

Art. 7. Si les largeurs actuelles de quelques-unes des rues comprises dans la classification précédente ou parties d'icelles excédaient celles qui viennent d'être déterminées, il ne pourra y être fait aucune réduction ; et, dans ce cas, les maisons qui s'y trouvent seraient reconstruites sur les anciens vestiges ou sur des alignements qui en approcheraient le plus; mais s'il s'agissait d'un changement de direction, dont l'exécution aurait été approuvé par le gouvernement, les terrains vagues restants, d'après les nouveaux alignements, seraient alors concédés de préférence aux propriétaires riverains, chacun en droit soi, à la charge d'y bâtir ou de se clore dans le délai prescrit par les règlements de police.

Art. 8. Les nouvelles rues à ouvrir aux abords des palais nouveaux, des monuments publics et des principales entrées de Paris, ne seront assujetties à aucune des dimensions de la classification précédente. La largeur de celles-ci pourra être plus considérable, et elle sera, dans tous les cas, subordonnée et à l'importance et à la destination des monuments qui en seront l'objet.

Art. 9. Tous les redressements et élargissements qui devront successivement s'opérer dans les anciennes rues de Paris seront incessamment tracés par le conseil des bâtiments civils, sur les plans qui ont été levés à cet effet, et

toutes les maisons de cette commune y seront invariablement assujetties, au fur et à mesure de leur reconstruction.

Art. 10. Dans le cas où ces redressements et élargissements
occasionneraient des changements trop considérables dans
certaines rues, et que, pour les opérer, il faudrait former
des renfoncements de plus de trois mètres, tandis que les
maisons voisines pourraient encore subsister longtemps, les
nouveaux alignements pourront être provisoirement réduits
à des dimensions moindres que celles fixées pour chaque
classe des rues ; mais, dans ce cas, les alignements provisoires seront toujours parallèles aux alignements définitifs,
et les uns et les autres seront également tracés sur les
mêmes plans, pour y avoir recours à l'époque d'une seconde reconstruction où ces derniers seront définitivement
exécutés.

Art. 11. Toutes les maisons qui seront reconstruites à l'a-
venir dans Paris, les monuments publics exceptés, ne pourront, sous aucun prétexte, excéder les hauteurs qui vont être
ci-après déterminées.

Art. 12. Dans les rues de douze à quatorze mètres de
large, les maisons auront *dix-huit mètres* de hauteur produisant cinquante-cinq pieds quatre pouces des anciennes mesures, et cette élévation sera le *maximum* pour toutes les
situations.

Art. 13. Dans les rues de dix mètres de large, la hauteur
des édifices sera réduite à *seize mètres*, équivalant à quarante
neuf pieds trois pouces des anciennes mesures.

Art. 14. Dans les rues de huit mètres de largeur, la hauteur des édifices sera de *quatorze mètres*, produisant quarante-
trois pieds un pouce des anciennes mesures.

Art. 15. Enfin, dans les rues de six mètres de large,
la hauteur des édifices sera réduite à *douze mètres*, équivalant à trente-six pieds onze pouces des anciennes mesures.

Art. 16. Les édifices à construire dans les rues dont les
largeurs se trouveront intermédiaires entre celles ci-dessus

désignées, auront les hauteurs déterminées pour les différentes classes de rues auxquelles elles appartiendront.

Art. 17. Les hauteurs susdites seront toujours mesurées depuis le sol du pavé des rues, jusques et compris les cimaises des entablements ou corniches supérieures.

Art. 18. La pente des combles qui seront construits au-dessus des corniches supérieures ne pourra excéder un pied de hauteur par pied de base, en partant du nu des murs de face; et, quelle que soit l'épaisseur des bâtiments, la hauteur de leur faîtage ne pourra excéder dix mètres au-dessus des mêmes corniches.

Art. 19 Au-dessus des différentes hauteurs qui viennent d'être déterminées pour les dites corniches supérieures, il ne pourra être élevé ni attique ni mansarde à l'aplomb du nu des murs de face. Ces constructions ne pourront être autorisées qu'en se retirant sur l'épaisseur des bâtiments, d'une largeur égale à la hauteur des dits attiques ou mansardes.

Art. 20. Lorsqu'une maison formera l'encoignure de deux rues de différentes largeurs, la hauteur du corps de logis ayant face sur la rue la plus large sera continuée dans la partie en retour sur toute son épaisseur seulement; mais le surplus de la façade de la même maison sur la rue la plus étroite n'aura que la hauteur fixée pour la classe de la rue où elle sera construite.

Extrait de la séance du 6 pluviôse an v.

D'après les observations qui ont été faites relativement à quelques-unes des dispositions qui font partie des bases générales adoptées par le conseil dans la précédente séance, la discussion s'étant rouverte à ce sujet, et les observations qui ont eu lieu, ayant fait connaître l'avantage qu'il y aurait d'y apporter quelques changements,

Le conseil est convenu à l'unanimité de la nécessité des modifications suivantes :

1º Dans les rues de dix mètres de large et au-dessus, les

maisons auront dix-huit mètres de hauteur, répondant à cinquante-cinq pieds quatre pouces des anciennes mesures ;

2° Dans les rues qui n'ont que huit mètres de large, elles auront quinze mètres de hauteur, répondant à quarante-six pieds un pouce des anciennes mesures.

Arrêté du directoire exécutif. — Plans d'alignement de Paris.

15 germinal an v. (Arch nationales.)

LE DIRECTOIRE EXÉCUTIF, sur le rapport du ministre de l'intérieur, vu le règlement du 10 avril 1783, concernant la fixation de l'élargissement et du redressement de chacune des rues de Paris, a arrêté ce qui suit :

Art. 1er. Le ministre de l'intérieur est autorisé à régler sur les plans des rues de Paris les élargissements et redressements qu'exige chacune d'elles.

Art. 2. Il ne sera tracé sur lesdits plans qu'un seul alignement, lequel sera définitif ; et les retranchements de terrain qui en résulteront ne pourront porter à plus de dix mètres la largeur des rues qui n'ont pas atteint cette dimension, et qui ne forment pas prolongement de grandes routes du premier et du second ordre ; les redressements seront cependant exécutés en raison de la largeur actuelle de chaque rue.

Art. 3. Les rues formant prolongement de grandes routes du premier ordre ne pourront être fixées à moins de douze mètres de largeur, et celles du second ordre à moins de dix mètres ; mais les rues de ces deux classes dont l'ouverture excède ces dimensions, seront maintenues dans leur largeur actuelle, et les redressements qu'elles pourront exiger seront dirigés en raison de cette dernière largeur.

Art. 4. Les rues dont la largeur correspond à leur fréquentation seront maintenues dans leur état actuel, lorsqu'elles ne présenteront ni pli ni coude ; et, s'il s'y rencontre des plis et des coudes, il y sera opéré des redressements.

Arrêté des consuls. — Fonctions du préfet de police.

12 messidor an VIII. (Bulletin des lois.)

LES CONSULS DE LA RÉPUBLIQUE, sur le rapport du ministre de la police ; le conseil d'Etat entendu ; — Arrêtent :

SECTION 1re.

Dispositions générales.

Art. 1er. Le préfet de police exercera ses fonctions, ainsi qu'elles sont déterminées ci-après, sous l'autorité immédiate des ministres ; il correspondra directement avec eux pour les objets qui dépendent de leurs départements respectifs.

Art. 2. Le préfet de police pourra publier de nouveau les lois et règlements de police, et rendre les ordonnances tendant à en assurer l'exécution.

SECTION III.

Police municipale.

Petite voirie.

Art. 21. Le préfet de police sera chargé de tout ce qui a rapport à la petite voirie, sauf le recours au ministre de l'intérieur contre ses décisions.

Il aura, à cet effet, sous ses ordres, un commissaire chargé de surveiller, permettre ou défendre :

L'ouverture des boutiques, étaux de boucherie et de charcuterie ;

L'établissement des auvents ou constructions du même genre qui prennent sur la voie publique ;

L'établissement des échoppes ou étalages mobiles ;

D'ordonner la démolition ou réparation des bâtiments menaçant ruine.

Liberté et sûreté de la voie publique.

Art. 22. Le préfet de police procurera la liberté et sûreté de la voie publique, et sera chargé à cet effet :

D'empêcher que personne n'y commette de dégradation ;

De la faire éclairer ;

De faire surveiller le balayage auquel les habitants sont tenus devant leurs maisons, et de le faire faire aux frais de la ville dans les places et la circonférence des jardins et édifices publics ;

De faire sabler, s'il survient du verglas, et de déblayer au dégel, les ponts et lieux glissants des rues ;

D'empêcher qu'on expose rien sur les toits ou fenêtres, qui puisse blesser les passants en tombant.

Il fera observer les règlements sur l'établissement des conduits pour les eaux de pluie et les gouttières.

Il empêchera qu'on y laisse vaguer des furieux, des insensés, des animaux malfaisants ou dangereux ;

Qu'on ne blesse les citoyens par la marche trop rapide des chevaux ou des voitures ;

Qu'on obstrue la libre circulation, en arrêtant ou déchargeant des voitures et marchandises devant les maisons, dans les rues étroites, ou de toute autre manière.

Le préfet de police fera effectuer l'enlèvement des boues, matières malsaines, neiges, glaces, décombres, vases sur les bords de la rivière après les crues des eaux.

Il fera faire les arrosements dans la ville, dans les lieux et dans la saison convenables.

Salubrité de la cité.

Art. 23. Il assurera la salubrité de la ville,

En prenant des mesures pour prévenir et arrêter les épidémies, les épizooties, les maladies contagieuses ;

En faisant observer les règlements de police sur les inhumations ;

En faisant enfouir les cadavres d'animaux morts, surveiller les fosses vétérinaires, la construction, entretien et vidange des fosses d'aisances;

En faisant arrêter, visiter les animaux suspects de mal contagieux, et mettre à mort ceux qui en seront atteints;

En surveillant les échaudoirs, fondoirs, salles de dissection, et la basse-geôle;

En empêchant d'établir dans l'intérieur de Paris des ateliers, manufactures, laboratoires ou maisons de santé, qui doivent être hors de l'enceinte des villes, selon les lois et règlements;

En empêchant qu'on ne jette ou dépose dans les rues aucune substance malsaine;

En faisant saisir ou détruire dans les halles, marchés ou boutiques, chez les bouchers, boulangers, marchands de vins, brasseurs, limonadiers, épiciers, droguistes, apothicaires, ou tous autres, les comestibles ou médicaments gâtés, corrompus ou nuisibles.

SECTION IV.

Des agents qui sont subordonnés au préfet de police; de ceux qu'il peut requérir ou employer.

Art. 35. Le préfet de police aura sous ses ordres:
Les commissaires de police,
Les officiers de paix,
Les commissaires de police de la Bourse,
Le commissaire chargé de la petite voirie,
Les commissaires et inspecteurs des halles et marchés,
Les inspecteurs des ports.

Arrêté du préfet de la Seine. — Visite des bâtiments en construction.

24 nivôse an IX. (Daubenton, pag. 521.)

Considérant que la grande voirie municipale n'a pas seulement pour objet l'embellissement, mais encore la sûreté de la cité;

Qu'ainsi, loin de se borner à faire observer dans les constructions particulières les alignements prescrits pour rendre plus commode la circulation dans l'intérieur de la ville, elle doit aussi surveiller dans ces mêmes constructions l'observation des règles de l'art de bâtir, d'où dépendent la solidité et la sûreté des habitations ;

Que de temps presque immémorial cette partie importante de la grande voirie a été soigneusement exercée à Paris, jusqu'en 1790 ;

Qu'alors cette surveillance cessa, par la seule raison que les offices de ceux qui l'exerçaient venaient d'être supprimés, comme si, de cette suppression d'offices considérés comme priviléges, on avait dû induire l'inutilité et la suppression des fonctions qui y étaient attachées ;

Que par la même raison, et sans aucun autre motif, la perception des droits de grande et petite voirie cessa à la même époque, uniquement par le fait de la suppression des offices auxquels était attaché le droit de faire cette perception, comme si la suppression de ces offices eût emporté, de plein droit, l'abolition de la taxe dont les officiers étaient chargés de faire le recouvrement ;

Que depuis la cessation de la surveillance sur le fait des constructions nouvelles, les constructeurs se sont crus affranchis des règles suivies jusqu'alors, et dont l'observation importe également et à la solidité des bâtiments et au perfectionnement de l'art de bâtir ;

Qu'il est des exemples de constructions récentes fondées sur des terrains non solides, d'autres élevées avec des matériaux prohibés par les règles de l'art ; que dans la plupart on remarque avec inquiétude des murs trop légers et sans liaisons, des poutres posées sur des murs en moellons, souvent même des cheminées assises sur des planches sans trémies, appuyées sur des pans de bois, et presque toujours au-dessous des dimensions prescrites pour la sûreté publique ; enfin des entablements et des balcons plutôt suspendus qu'adhérents au corps du bâtiment, et des charpentes également vicieuses, et par la nature des bois et par leur assemblage ;

Que l'expérience de plusieurs années a donc suffisamment appris qu'il était imprudent de se reposer sur l'intérêt particulier du soin d'assurer la solidité des constructions, surtout dans une ville où l'usage d'élever les maisons d'un grand nombre d'étages commande les plus grandes précautions dans toutes les parties de la bâtisse ;

Que laisser se prolonger plus longtemps la liberté indéfinie qui règne à cet égard, ce serait se rendre responsable dans l'avenir des accidents qui pourraient en résulter ;

Qu'ainsi il est urgent de rétablir la surveillance qui existait autrefois sur ce fait, et de rappeler les constructeurs aux règles et aux lois, dont il n'aurait jamais dû leur être permis de s'écarter ;

Considérant aussi que l'exercice de cette surveillance, aussi bien que celle qui concerne les alignements et toutes autres dépendances de la grande voirie, nécessitent des frais ;

Qu'il est juste que ces frais soient payés par la chose même, tellement que si les anciens droits de voirie de la commune de Paris, définitivement fixés par lettres-patentes du 31 décembre 1781, avaient été abolis, il conviendrait d'en demander aujourd'hui le rétablissement ;

Mais qu'aucune loi n'ayant prononcé l'abolition de ces droits, et leur perception ayant été seulement suspendue pour les causes déduites précédemment, sans même qu'aucun acte administratif ou municipal l'ait ainsi ordonné, il est d'une bonne administration de faire cesser cette suspension, très-préjudiciable aux intérêts de la commune de Paris, qui, depuis qu'elle néglige de percevoir ce revenu, n'en est pas moins restée chargée des dépenses de la grande et de la petite voirie, que ce revenu semble avoir pour objet d'acquitter ;

Que ce droit a tellement été reconnu comme toujours subsistant, que, malgré la non-perception, les propriétaires auxquels il a été accordé depuis ce temps-là des permissions de construire ou de réparer, se sont exactement soumis à le payer, s'il y avait lieu, et n'ont obtenu qu'à cette condition les permissions demandées;

Que le conseil général du département de la Seine, faisant fonctions de conseil municipal de la commune de Paris, par sa délibération du 23 de ce mois, a voté la reprise de perception de cette partie des revenus de la dite commune;

Considérant enfin que toutes les recettes communales doivent être faites par le receveur de la commune, et que tout autre mode introduirait bientôt des abus dont il importe à l'administration et à l'administrateur de se garantir,

Le préfet du département de la Seine arrête ce qui suit:

Art. 1er. La surveillance des bâtiments en construction est rétablie.

Art. 2. Cette surveillance fera partie des attributions du bureau de grande voirie actuellement existant.

Art. 3. En conséquence, ce bureau sera composé à l'avenir:

De trois architectes inspecteurs des constructions;

De quatre commissaires voyers;

Et de quatre employés.

Art. 4. Les architectes inspecteurs et les commissaires voyers seront nommés par le préfet.

Les employés seront à la nomination des commissaires voyers.

Art. 5. Le préfet nomme, etc.

Art. 6. Le traitement des architectes inspecteurs demeure fixé à 4,000 francs;

Celui des commissaires voyers à 3,000 francs;

Et celui des employés à 1,500 francs.

Art. 7. La grande voirie continuera d'être exercée par les commissaires voyers, de la même manière qu'elle l'est actuellement par les inspecteurs généraux de voirie.

Art. 8. En conséquence, les commissaires voyers correspondront directement avec le préfet du département pour tout ce qui concerne les diverses parties de la grande voirie, la surveillance des constructions sous le rapport de l'art exceptée.

Art. 9. Néanmoins, dans le cas seulement de réclamations contre les rapports des commissaires voyers, ces réclamations avec les rapports qui y auront donné lieu seront renvoyés par le préfet aux architectes inspecteurs des constructions, pour avoir leur avis avant de prononcer.

Art. 10. Indépendamment des rapports purement relatifs aux divers objets de grande voirie que les commissaires voyers auront à adresser et au préfet du département, ils lui indiqueront, par des avis particuliers, les dégradations du pavé de Paris, de quelques causes qu'elles proviennent.

Art. 11. Quant à la surveillance des bâtiments en construction, elle sera exercée ainsi qu'il suit :

Art. 12. Les commissaires voyers visiteront journellement les constructions et les réparations qui s'exécutent dans toute l'étendue de la ville de Paris.

Art. 13. S'ils jugent qu'il y ait contravention aux règlements et ordonnances concernant les bâtiments, ils le constateront par un rapport qu'ils adresseront aux architectes inspecteurs.

Art. 14. Les architectes inspecteurs se transporteront sur les lieux indiqués par le rapport, afin d'en vérifier l'exposé; ils seront libres de se faire accompagner dans leur visite par des constructeurs de leur choix.

Art. 15. S'ils reconnaissent qu'il y a contravention aux règles de la solidité, ils suspendront provisoirement les travaux, marqueront d'un cordon, scellé aux deux extrémités du sceau de la préfecture, les parties à reconstruire ou à réparer, et rendront sur-le-champ compte du tout au préfet du département.

Art. 16. Le préfet, après avoir pris l'avis de son conseil des bâtiments, prononcera définitivement.

Art. 17. Lorsque la décision du préfet sera confirmative de l'opération des architectes inspecteurs, cette décision

sera transmise au tribunal chargé de la police correctionnelle, et les contrevenants y seront poursuivis pour être
contraints aux reconstructions exigées par les règlements,
et en outre condamnés aux amendes qu'ils auront encourues.

Art. 18. Le jugement du tribunal ayant été transmis offi-
ciellement au préfet du département, sera notifié aux parties
intéressées, et les commissaires voyers seront chargés d'en
suivre l'exécution, sous la surveillance des architectes inspecteurs, qui certifieront cette exécution au préfet du département.

Art. 19. Il sera tenu à la préfecture un registre particulier des jugements des tribunaux rendus sur cette matière.

Art. 20. Le montant des traitements fixés par l'article 6 du
présent arrêté sera prélevé sur le produit du droit de voirie, dont la perception sera reprise à compter du 1ᶜʳ pluviôse prochain.

Art. 21. Cette perception sera conforme au tarif annexé
aux lettres-patentes du 31 décembre 1781, dûment enregistrées, et sera faite, en ce qui concerne la grande voirie,
par le receveur général du département de la Seine, selon
le mode ci-après prescrit.

Art. 22. Les citoyens qui auront à obtenir des permissions pour établir, réparer, déposer et reposer les objets
dénommés au tarif ci-après cité, adresseront au préfet du
département leur pétition sur papier revêtu du timbre de la
république.

Art. 23. Si leur demande est accordée, il leur en sera
donné avis par lettre officielle, portant énonciation de la
quotité du droit qu'ils auront à payer, en conformité du
tarif.

Art. 24. Sur cet avis, ils se transporteront chez le receveur général du département, et payeront entre ses mains
le montant du droit, dont il leur sera donné quittance au
bas de la dite lettre.

Art. 25. En rapportant cette quittance à la préfecture du
département, ils recevront expédition de la permission qui

leur aura été accordée, et au bas de cette expédition il sera fait mention de l'acquit du droit.

Art. 26. Le premier de chaque mois, le receveur général enverra au préfet un état des recettes de cette nature, faites dans le mois précédent.

Art. 27. Quant aux droits de petite voirie qui, faisant partie des revenus de la commune de Paris, sont, aussi bien que ceux de grande voirie, dépendants de l'administration communale, le préfet du département s'abstient d'en régler le mode de perception, attendu que ce mode doit s'accorder avec l'action de la police chargée de la délivrance des permissions donnant ouverture à ces droits; il prie en conséquence le ministre de l'intérieur de statuer lui-même à cet égard.

Le présent arrêté lui sera adressé à cet effet.

Art. 28. Il sera imprimé avec le tarif des droits de voirie, et affiché dans la commune de Paris.

Arrêté relatif à la tenue des séances du conseil de préfecture du département de la Seine pour les affaires contentieuses d'administration et de police.

6 messidor an x. (Bulletin des lois.)

LES CONSULS DE LA RÉPUBLIQUE, sur le rapport du ministre de l'intérieur, le conseil d'Etat entendu, arrêtent :

Art. 1er. Le conseil de préfecture du département de la Seine, présidé par le préfet du département, connaîtra, dans des séances qui auront lieu les lundis, mercredis et samedis, des affaires contentieuses administratives qui sont dans les attributions du préfet du département.

Art. 2. Le même conseil, présidé par le préfet de police, connaîtra, dans une séance qui aura lieu le vendredi de chaque semaine, de toutes les affaires contentieuses administratives qui sont les attributions du préfet de police, d'après le règlement des consuls du 12 messidor et autres postérieurs, et les dispositions de la loi du 9 floréal an x.

Art. 3. Les séances tenues d'après l'article 2 auront lieu dans une des salles de la préfecture de police : le secrétaire général de la préfecture de police y remplira les fonctions qu'a remplies jusque aujourd'hui le secrétaire général de la préfecture du département.

Art. 4. Les ministres de l'intérieur et de la police sont chargés, chacun en ce qui le concerne, de l'exécution du présent arrêté, qui sera inséré au *Bulletin des lois*.

Arrêté du préfet de la Seine. — Visite des bâtiments en construction.

25 brumaire an XII. (Daubenton, pag. 525.)

Le préfet du département, s'étant fait rendre compte des causes de l'événement qui a eu lieu le 7 de ce mois, rue d'Anjou, faubourg Saint-Honoré, au coin de celle de la Pépinière, où une maison nouvellement bâtie s'est subitement écroulée ;

Informé que cet accident a été occasionné par des fouilles de caves faites après coup, et pour lesquelles non-seulement il avait été négligé de prendre des précautions pour prévenir l'éboulement des terres et soutenir le bâtiment, mais où l'on avait encore tout disposé de manière à soustraire à la vigilance des commissaires voyers la connaissance des travaux qui s'exécutaient dans l'intérieur ;

Considérant que de l'obligation imposée à l'administration publique de faire surveiller, sous le rapport de la solidité, les travaux qui s'exécutent aux faces des bâtiments sur rue, dérive nécessairement le droit d'exercer la même surveillance sous les mêmes rapports, relativement aux constructions ou réparations qui se font dans l'intérieur de ces mêmes bâtiments, et que l'exercice de ce droit était spécialement consacré par les usages de l'ancienne chambre des bâtiments ;

Vu son arrêté du 15 nivôse an IX, portant rétablissement de l'inspection des bâtiments en construction, arrête :

Art. 1er. Tous propriétaires qui auront à faire exécuter, même hors de la voie publique et dans l'intérieur de leurs bâtiments, des travaux de grosses constructions ou grosses réparations, tels que voûtes de caves, fouilles, excavations, reprises de gros murs ou de murs de refend, pans de bois, portant planchers, etc., travaux par sous-œuvre ou autrement, seront tenus d'en faire préalablement, et trois jours au moins avant de faire commencer les travaux, leur déclaration au bureau de la grande voirie à la préfecture, place de l'Hôtel-de-Ville, et d'indiquer les noms des entrepreneurs et ouvriers qu'ils entendent employer auxdits travaux, et les noms des architectes chargés de les diriger.

Art. 2. Ces déclarations seront reçues, et il en sera délivré expédition sans frais ni droits.

Art. 3. Il est fait défenses à tous architectes, entrepreneurs et ouvriers d'exécuter ou faire exécuter lesdites réparations, s'il ne leur est justifié de cette déclaration, ou s'ils ne l'ont faite eux-mêmes.

Art. 4. Le double de cette déclaration sera remis au commissaire voyer de l'arrondissement, qui sera chargé de surveiller l'exécution, et de prescrire les moyens de sûreté et de solidité.

Art. 5. Faute par les propriétaires, architectes, entrepreneurs ou ouvriers, de faire la déclaration dans le délai prescrit, ils seront garants et responsables de tous événements, condamnés à l'amende prononcée par les règlements, et tenus de tous dommages et intérêts publics ou privés.

Art. 6. Les commissaires voyers et les architectes inspecteurs sont chargés, chacun en ce qui le concerne, de tenir la main à l'exécution du présent arrêté, qui sera imprimé et de plus affiché dans l'étendue de la commune de Paris.

Circulaire du directeur général des ponts et chaussées, du 18 frimaire an XI, contenant une instruction donnée d'après un avis du ministre de la justice, du 28 vendémiaire précédent.

4 décembre 1802. (Recueil des circ.)

1° C'est aux sous-préfets à ordonner par provision la répression des contraventions en matière de grande voirie, sur le vu des procès-verbaux, sauf le recours au préfet.

2° En cas de contestation, c'est au préfet à statuer en conseil de préfecture.

3. Les conseils de préfecture jugent définitivement; ils décident s'il y a eu contravention ; ils prennent les mesures nécessaires pour la poursuite des contrevenants, qui peuvent se pourvoir devant l'autorité supérieure (*le conseil d'État*), après s'être conformés à la décision du conseil de préfecture.

4° Les arrêtés des conseils de préfecture sont, dans ce cas, exécutoires, à la poursuite et diligence des préfets et sous-préfets, par tous les moyens indiqués par l'article 4 de la loi du 29 floréal dernier. Les ingénieurs des ponts et chaussées ne doivent que surveiller et constater les délits et contraventions suivant l'article 2.

5° L'autorité administrative doit, en vertu de la même loi, seule et sans le concours de l'autorité judiciaire, statuer, ainsi qu'il est dit ci-dessus, sur les contraventions en matière de grande voirie, et prononcer même sur les amendes qu'entraînent les contraventions, sans préjudice de l'indemnité qui pourra être due pour détériorations, conformément aux anciens règlements sur la grande voirie.

Ainsi la police de conservation des routes, qui consiste dans l'application des peines, n'appartient plus aux tribunaux; la répression des contraventions en matière de grande voirie est attribuée aujourd'hui à l'autorité administrative, qui est chargée seulement, par les lois des 14—22 décembre 1789 et 11 septembre 1790, de constater les délits et d'en poursuivre la punition devant les tribunaux.

« Le conseil de préfecture doit appliquer les peines pécuniaires en prononçant sur les amendes encourues par les contrevenants, comme sur les indemnités, restitutions et réparations auxquelles les contraventions peuvent donner lieu.

« Dans le cas où les contraventions de voirie constituent un délit soumis à la peine corporelle d'emprisonnement, comme dans les cas prévus par les articles 43 et 44 de la loi du 28 septembre 1791, concernant les biens et usages ruraux et la police rurale, ce n'est pas une raison qui empêche l'autorité administrative de connaître de la contravention, elle ne doit pas moins prononcer alors les dispositions qui sont de sa compétence : c'est-à-dire, en ce qui concerne la peine pécuniaire, sauf à renvoyer les contrevenants ou délinquants devant le tribunal correctionnel pour l'application de la peine corporelle.

« La loi du 29 floréal ne s'étant pas expliquée sur les peines, on doit se conformer aux lois antérieures. »

Décret. — Numérotage des maisons.

4 février 1805. (Bulletin des lois.)

Art. 1er. Il sera procédé, dans le délai de trois mois, au numérotage des maisons de Paris, d'après les ordres et instructions du ministre de l'intérieur.

Art. 2. Ce numérotage sera établi par une même suite de numéros pour la même rue, lors même qu'elle dépendrait de plusieurs arrondissements communaux, et par un seul numéro qui sera placé sur la porte principale de l'habitation. Ce numéro pourra être répété sur les autres portes de la même maison, lorsqu'elles s'ouvriront sur la même rue que la porte principale ; dans le cas où elles s'ouvriraient sur une rue différente, elles prendront le numéro de la série appartenant à cette rue.

22

Art. 3. Les rues dites des *faubourgs*, quoique formant continuation à une rue du même nom, prendront une nouvelle suite de numéros.

Art. 4. La série des numéros sera formée des nombres pairs pour le côté droit de la rue, et des nombres impairs pour le côté gauche.

Art. 5. Le côté droit d'une rue sera déterminé, dans les rues perpendiculaires ou obliques au cours de la Seine, par la droite du passant se dirigeant vers la rivière, et dans celles parallèles, par la droite du passant marchant dans le sens du cours de la rivière.

Art. 6. Dans les îles, le grand canal de la rivière coulant au nord déterminera seul la position des rues.

Art. 7. Le premier numéro de la série, soit pair, soit impair, commencera, dans les rues perpendiculaires ou obliques au cours de la Seine, à l'entrée de la rue prise au point le plus rapproché de la rivière, et, dans les rues parallèles, à l'entrée prise en remontant le cours de la rivière; de manière que, dans les premières, les nombres croissent en s'éloignant de la rivière, et dans les secondes, en la descendant.

Art. 8. Dans les rues perpendiculaires ou obliques au cours de la rivière, le numérotage sera exécuté en noir sur un fond d'ocre; dans les rues parallèles, il le sera en rouge sur le même fond.

Art. 9. Le numérotage sera exécuté à l'huile, et, pour la première fois, à la charge de la commune de Paris.

Art. 10. A cet effet, il sera passé par-devant le préfet du département de la Seine, une adjudication au rabais de l'entreprise du numérotage exécuté à l'huile, à tant par numéro, de grandeur, de forme et couleur déterminées par le cahier des charges.

Art. 11. L'entretien du numérotage est à la charge des propriétaires; ils pourront, en conséquence, le faire exécuter à leurs frais d'une manière plus durable, soit en tôle vernissée, soit en faïence ou terre à poêle émaillée, en se conformant cependant aux autres dispositions du présent décret, sur la couleur des numéros et la hauteur à laquelle ils doivent être placés.

Art. 12. Le ministre de l'intérieur est chargé de l'exécution du présent décret.

Décret. — Réinscription des noms des rues de la ville de Paris.

23 mai 1806.

Art. 1er. Il sera procédé, dans le délai de trois mois, à la réinscription des noms actuels des rues, places, quais, halles et marchés de la ville de Paris, d'après les ordres et instructions de notre ministre de l'intérieur.

Art. 2. Les nouvelles inscriptions seront exécutées à l'huile, et pour la première fois à la charge de la commune de Paris ; cette dépense sera supportée par le fonds de 300,000 francs alloué à la ville de Paris, en 1806, pour dépenses imprévues.

Art. 3. Ces inscriptions seront en caractères d'une grandeur moyenne entre celle des anciennes inscriptions des rues et celle des numéros actuels des maisons ; les couleurs en seront les mêmes que celles de ces nouveaux numéros et indiqueront comme eux la direction de chaque rue.

Art. 4. Les anciennes inscriptions gravées sur pierre et qui se trouvent en bon état pourront néanmoins être conservées, en donnant au fond et aux caractères les couleurs indiquées par l'article précédent.

Art. 5. Il ne sera placé ou réparé d'inscriptions que sur une face de chaque angle de rue ; mais elles seront établies de manière à ce que le passant, en arrivant dans une rue, aperçoive toujours à l'un des angles de celle qui lui fera face ou dans laquelle il entrera, le nom que porte cette rue.

Art. 6. Pour l'exécution de cette réinscription générale, il sera passé, par-devant le préfet du département de la Seine, une adjudication au rabais, d'après un cahier de charges dressé par le préfet et approuvé par notre ministre de l'intérieur.

Art. 7. L'entretien des inscriptions sera à la charge des propriétaires des maisons sur lesquelles elles seront placées. Ces propriétaires pourront, en conséquence, les faire exécuter à leurs frais, d'une manière plus durable, soit en tôle vernissée, soit en faïence, ou en terre à poêle émaillée, en se conformant cependant aux autres dispositions du présent décret sur la couleur et la dimension desdites inscriptions.

Décret

Du 22 juillet 1806. (Bulletin des lois.)

TITRE Ier.

DE L'INTRODUCTION ET DE L'INSTRUCTION DES INSTANCES.

SECTION Ire.

Des instances introduites au conseil d'Etat à la requête des parties.

Art. 1er. Le recours des parties au conseil d'Etat, en matière contentieuse, sera formé par requête signée d'un avocat au conseil, elle contiendra l'exposé sommaire des faits et des moyens, les conclusions, les noms et demeures des parties, l'énonciation des pièces dont on entend se servir, et qui y seront jointes.

Art. 2. Les requêtes, et en général toutes les productions des parties, seront déposées au secrétariat du conseil d'Etat ; elles y seront inscrites sur un registre suivant leur ordre de date, ainsi que la remise qui en sera faite à l'auditeur (*le maître des requêtes*) nommé par le ministre de la justice pour préparer l'instruction.

Art. 3. Le recours au conseil d'Etat n'aura point d'effet suspensif, s'il n'en est autrement ordonné.

Lorsque l'avis de la commission établie par notre décret du 11 juin dernier sera d'accorder le sursis, il en sera fait rapport au conseil d'Etat, qui le prononcera.

Art. 4. Lorsque la communication aux parties intéressées aura été ordonnée par le ministre de la justice, elles seront tenues de répondre et de fournir leurs défenses dans les délais suivants :

Dans quinze jours, si leur demeure est à Paris ou n'en est pas éloignée de plus de cinq myriamètres ;

Dans le mois, si elles demeurent dans une distance plus éloignée dans le ressort de la cour d'appel de Paris, ou dans l'un des ressorts des cours d'appel d'Orléans, Rouen, Amiens, Douai, Nanci, Metz, Dijon et Bourges ;

Dans deux mois, pour les ressorts des autres cours d'appel en France ;

Et à l'égard des colonies et des pays étrangers, les délais seront réglés, ainsi qu'il appartiendra, par l'ordonnance de *soit communiqué.*

Ces délais commenceront à courir du jour de la signification de la requête à personne ou domicile, par le ministère d'un huissier.

Dans les matières provisoires ou urgentes, les délais pourront être abrégés par le ministre de la justice.

Art. 5. La signature de l'avocat au pied de la requête, soit en demande, soit en défense, vaudra constitution et élection de domicile chez lui.

Art. 6. Le demandeur pourra, dans la quinzaine après les défenses fournies, donner une seconde requête, et le défendeur répondre dans la quinzaine suivante.

Il ne pourra y avoir plus de deux requêtes de la part de chaque partie, y compris la requête introductive.

Art. 7. Lorsque le jugement sera poursuivi contre plusieurs parties, dont les unes auraient fourni leurs défenses et les autres seraient en défaut de les fournir, il sera statué à l'égard de toutes par la même décision.

Art. 8. Les avocats des parties pourront prendre communication des productions de l'instance au secrétariat, sans frais.

Les pièces ne pourront en être déplacées, si ce n'est qu'il y en ait minute, et que la partie y consente.

Art. 9. Lorsqu'il y aura déplacement de pièces, le récépissé, signé de l'avocat, portera son obligation de les rendre dans un délai qui ne pourra excéder huit jours, et après ce délai expiré, le ministre de la justice pourra condamner personnellement l'avocat en dix francs au moins de dommages et intérêts par chaque jour de retard, et même ordonner qu'il sera contraint par corps.

Art. 10. Dans aucun cas, les délais pour fournir ou signifier requête ne seront prolongés que par l'effet des significations.

Art. 11. Le recours au conseil contre la décision d'une autorité qui y ressortit ne sera pas recevable après trois mois du jour où cette décision aura été notifiée.

Art. 12. Lorsque, sur un semblable pourvoi fait dans le délai ci-dessus prescrit, il aura été résolu une ordonnance de *soit communiqué*, cette ordonnance devra être signifiée dans le délai de trois mois, sous peine de déchéance.

Art. 13. Ceux qui demeureront hors de la France continentale auront, outre le délai de trois mois énoncé dans les deux articles ci-dessus, celui qui est réglé par l'article 73 du *Code de procédure civile.*

Art. 14. Si, d'après l'examen d'une affaire, il y a lieu d'ordonner que des faits ou des écritures soient vérifiés, ou qu'une partie soit interrogée, le ministre de la justice désignera un maître des requêtes ou commettra sur les lieux ; il réglera la forme dans laquelle il sera procédé à ces actes d'instructions.

Art. 15. Dans tous les cas où les délais ne sont pas fixés par le présent décret, ils seront déterminés par l'ordonnance du ministre de la justice.

SECTION II.

Dispositions particulières aux affaires contentieuses introduites sur le rapport d'un ministre.

Art. 16. Dans les affaires contentieuses introduites au conseil sur le rapport d'un ministre, il sera donné, dans la forme administrative ordinaire, avis à la partie intéressée de la remise au ministre de la justice des mémoires et pièces fournies par les agents du gouvernement, afin qu'elle puisse prendre communication dans la forme prescrite aux articles 8 et 9, et fournir ses réponses dans le délai du règlement. Le rapport du ministre ne sera pas communiqué.

Art. 17. Lorsque, dans les affaires où le gouvernement a des intérêts opposés à ceux d'une partie, l'instance est introduite à la requête de cette partie, le dépôt qui sera fait au secrétariat du conseil, de la requête et des pièces, vaudra notification aux agents du gouvernement : il en sera de même pour la suite de l'instruction.

TITRE II.

DES INCIDENTS QUI PEUVENT SURVENIR PENDANT L'INSTRUCTION D'UNE AFFAIRE.

§ 1er. — Des demandes incidentes.

Art. 18. Les demandes incidentes seront formées par une requête sommaire déposée au secrétariat du conseil ; le ministre de la justice en ordonnera, s'il y a lieu, la communication à la partie intéressée, pour y répondre dans les trois jours de la signification, ou autre bref délai qui sera déterminé.

Art. 19. Les demandes incidentes seront jointes au principal pour y être statué par la même décision.

§ 2. — De l'inscription de faux.

Art. 20. Dans le cas de demande en inscription de faux contre une pièce produite, le ministre de la justice fixera le délai dans lequel la partie qui l'a produite sera tenue de déclarer si elle entend s'en servir.

Si la partie ne satisfait pas à cette ordonnance, ou si elle déclare qu'elle n'entend pas se servir de la pièce, cette pièce sera rejetée.

Si la partie fait déclaration qu'elle entend se servir de la pièce, le conseil d'Etat statuera, sur l'avis de la commission, soit en ordonnant qu'il sera sursis à la décision de l'instance

principale jusqu'après le jugement du faux par le tribunal
compétent, soit en prononçant la décision définitive, si elle
ne dépend pas de la pièce arguée de faux.

§ 5. — De l'intervention.

Art. 21. L'intervention sera formée par requête ; le ministre de la justice ordonnera, s'il y a lieu, que cette requête
soit communiquée aux parties, pour y répondre dans le délai qui sera fixé par l'ordonnance ; néanmoins la décision de
l'affaire principale qui serait instruite ne pourra être retar-
dée par une intervention.

§ 4. — Des reprises d'instance et constitution de nouvel avocat.

Art. 22. Dans les affaires qui ne seront point en état d'être
jugées, la procédure sera suspendue par la notification du
décès de l'une des parties, ou par le seul fait du décès,
de la démission, de l'interdiction ou de la destitution de son
avocat.

Cette suspension durera jusqu'à la mise en demeure, pour
reprendre l'instance ou constituer avocat.

Art. 23. Dans aucun des cas énoncés en l'article précédent, la décision d'une affaire en état ne sera différée.

Art. 24. L'acte de révocation d'un avocat par sa partie
est sans effet pour la partie adverse, s'il ne contient pas la
constitution d'un autre avocat.

§ 5. — Du désaveu.

Art. 25. Si une partie veut former un désaveu relativement à des actes ou procédures faits en son nom ailleurs
qu'au conseil d'État, et qui peuvent influer sur la décision
de la cause qui y est portée, sa demande devra être communiquée aux autres parties. Si le ministre de la justice estime
que le désaveu mérite d'être instruit, il renverra l'instruction
et le jugement devant les juges compétents, pour y être
statué dans le délai qui sera réglé.

A l'expiration de ce délai, il sera passé outre au rapport

de l'affaire principale, sur le vu du jugement du désaveu ou faute de le rapporter.

Art. 26. Si le désaveu est relatif à des actes ou procédures faites en conseil d'Etat, il sera procédé contre l'avocat sommairement et dans les délais fixés par le ministre de la justice.

TITRE III.

§ 1er. — Des décisions du conseil d'Etat.

Art. 27. Les décisions du conseil contiendront les noms et qualités des parties, leurs conclusions et le vu des pièces principales.

Art. 28. Elles ne seront mises à exécution contre une partie qu'après avoir été préalablement signifiées à l'avocat au conseil qui aura occupé pour elles.

§ 2. — De l'opposition aux décisions rendues par défaut.

Art. 29. Les décisions du conseil d'Etat rendues par défaut sont susceptibles d'opposition. Cette opposition ne sera point suspensive, à moins qu'il n'en soit autrement ordonné.

Elle devra être formée dans le délai de trois mois, à compter du jour où la décision par défaut aura été notifiée : après ce délai, l'opposition ne sera plus recevable.

Art. 30. Si la commission est d'avis que l'opposition doive être reçue, elle fera son rapport au conseil, qui remettra, s'il y a lieu, les parties dans le même état où elles étaient auparavant.

La décision qui aura admis l'opposition sera signifiée dans la huitaine, à compter du jour de cette décision, à l'avocat de l'autre partie.

Art. 31. L'opposition d'une partie défaillante à une décision rendue contradictoirement avec une autre partie ayant le même intérêt ne sera pas recevable.

§ 3. — Du recours contre les décisions contradictoires.

Art. 32. Défenses sont faites, sous peine d'amende, et même, en cas de récidive, sous peine de suspension ou de destitution, aux avocats en notre conseil d'Etat, de présenter requête en recours contre une décision contradictoire, si ce n'est en deux cas :

Si elle a été rendue sur pièces fausses ;

Si la partie a été condamnée, faute de représenter une pièce décisive qui était retenue par son adversaire.

Art. 33. Ce recours devra être formé dans le même délai, et admis de la même manière que l'opposition à une décision par défaut.

Art. 34. Lorsque le recours contre une décision contradictoire aura été admis dans le cours de l'année où elle avait été rendue, sa communication sera faite, soit au défendeur, soit au domicile de l'avocat qui a occupé pour lui, et qui sera tenu d'occuper sur ce recours sans qu'il soit besoin d'un nouveau pouvoir.

Art. 35. Si le recours n'a été admis qu'après l'année depuis la décision, la communication sera faite aux parties à personne ou domicile, pour y fournir réponse dans le délai du règlement.

Art. 36. Lorsqu'il aura été statué sur un premier recours contre une décision contradictoire, un second recours contre la même décision ne sera pas recevable.

L'avocat qui aurait présenté la requête sera puni de l'une des peines énoncées en l'article 32.

§ 4. — De la tierce opposition.

Art 37. Ceux qui voudront s'opposer à des décisions du conseil d'Etat rendues en matière contentieuse, et lors desquelles ni eux ni ceux qu'ils représentent n'ont été appelés, ne pourront former leur opposition que par requête en la forme ordinaire ; et, sur le dépôt qui en sera fait au secrétariat du conseil, il sera procédé conformément aux dispositions du titre Ier.

Art. 38. La partie qui succombera dans la tierce opposition sera condamnée en cent cinquante francs d'amende, sans préjudice des dommages-intérêts de la partie, s'il y a lieu.

Art. 39. Les articles 34 et 35 ci-dessus, concernant les recours contre les décisions contradictoires, sont communs à la tierce opposition.

Art. 40. Lorsqu'une partie se croira lésée dans ses droits ou sa propriété par l'effet d'une décision de notre conseil d'Etat, rendue en matière contentieuse, elle pourra nous présenter une requête pour, sur le rapport qui nous en sera fait, être l'affaire renvoyée, s'il y a lieu, soit à une section du conseil d'Etat, soit à une commission.

§ 5. — Des dépens.

Art. 41. En attendant qu'il soit fait un nouveau tarif des dépens et statué sur la manière dont il sera procédé à leur liquidation, on suivra provisoirement les règlements antérieurs relatifs aux avocats au conseil, et qui sont applicables aux procédures ci-dessus.

Art. 42. Il ne sera employé dans la liquidation des dépens aucuns frais de voyage, séjour ou retour des parties, ni aucuns frais de voyage d'huissier au delà d'une journée.

Art. 43. La liquidation et la taxe des dépens seront faites à la commission du contentieux par un maître des requêtes, et sauf révision par le ministre de la justice.

TITRE IV.

§ 1er. — Des avocats au conseil.

Art. 44. Les avocats en notre conseil d'Etat auront, conformément à notre décret du 11 juin dernier, le droit exclusif de faire tous actes d'instruction et de procédure devant la commission du contentieux.

Art. 45. L'impression d'aucun mémoire ne passera en taxe. Les écritures seront réduites au nombre de rôles qui sera réputé suffisant pour l'instruction de l'instance.

Art. 46. Les requêtes et mémoires seront écrits lisiblement et correctement, en demi-grosse seulement ; chaque rôle contiendra au moins cinquante lignes, et chaque ligne douze syllabes au moins : sinon chaque rôle où il se trouvera moins de lignes et de syllabes sera rayé en entier ; et l'avocat sera tenu de restituer ce qui lui aurait été payé à raison de ces rôles.

Art. 47. Les copies signifiées des requêtes et mémoires ou autres actes seront écrits lisiblement et correctement ; elles seront conformes aux originaux, et l'avocat en sera responsable.

Art. 48. Les écritures des parties, signées par les avocats au conseil, seront sur papier timbré.

Les pièces par elles produites ne seront point sujettes au droit d'enregistrement, à l'exception des exploits d'huissier, pour chacun desquels il sera perçu un droit fixe d'un franc.

N'entendons néanmoins dispenser les pièces produites devant notre conseil d'Etat des droits d'enregistrement, auxquels l'usage qui en serait fait ailleurs pourrait donner ouverture.

N'entendons pareillement dispenser du droit d'enregistrement les pièces produites devant notre conseil d'Etat, qui, par leur nature, sont soumises à l'enregistrement dans un délai fixe.

Art. 49. Les avocats au conseil seront, suivant les circonstances, punis de l'une des peines ci-dessus dans le cas de contravention aux règlements, et notamment s'ils présentent comme contentieuses des affaires qui ne le seraient, ou s'ils portent en notre conseil d'Etat des affaires qui seraient de la compétence d'une autre autorité.

Art. 50. Les avocats au conseil prêteront serment entre les mains du ministre de la justice.

§ 2. — Des huissiers au conseil.

Art. 51. Les significations d'avocat à avocat, et celles aux parties ayant leur demeure à Paris seront faites par des huissiers au conseil.

Art. 52. Nos ministres sont chargés, etc.

***

Loi relative au desséchement des marais.

16 septembre 1807. (Bulletin des lois.)

TITRE II (1).

FIXATION DE L'ÉTENDUE, DE L'ESPÈCE ET DE LA VALEUR
ESTIMATIVE DES MARAIS AVANT LE DESSÉCHEMENT.

Art. 7. Lorsque le gouvernement fera un desséchement, ou lorsque la concession aura été accordée, il sera formé entre les propriétaires un syndicat à l'effet de nommer les experts qui, devront procéder aux estimations statuées par la présente loi.

Les syndics seront nommés par le préfet; ils seront pris parmis les propriétaires les plus imposés à raison des marais à déssécher. Les syndics seront au moins au nombre de trois, et au plus au nombre de neuf, ce qui sera déterminé dans l'acte de concession.

Art. 8. Les syndics réunis nommeront et présenteront un expert au préfet du département.

Les concessionnaires en présenteront un autre, le préfet nommera un tiers expert (2).....

Art. 11. le plan ainsi préparé sera soumis à l'approbation du préfet, il restera déposé au secrétariat de la préfecture pendant un mois; les parties intéressées seront invitées par affiches à prendre connaissance du plan, à fournir leurs observations sur son exactitude, sur l'étendue donnée aux

---

(1) Tout le titre Ier ne s'applique qu'au desséchement des marais.

(2) Les articles 9 et 10, relatifs à la division des terrains par classe et au périmètre à tracer sur le plan cadastral, sont exclusivement applicables aux matières de desséchement.

limites jusqu'auxquelles se feront sentir les effets du desséchement, et enfin sur le classement des terres.

Art. 12. Le préfet, après avoir reçu ces observations,
celles en réponse des entrepreneurs du desséchement, celles
des ingénieurs et des experts, pourra ordonner les vérifications qu'il jugera convenables.

Dans le cas où, après vérification, les parties intéressées
persisteraient dans leurs plaintes, les questions seront portées devant la commission constituée par le titre X de la
présente loi.

Art. 13. Lorsque les plans auront été définitivement arrêtés, les deux experts nommés par les propriétaires et les
entrepreneurs de desséchement se rendront sur les lieux ;
après avoir recueilli tous les renseignements nécessaires, ils
procéderont à l'appréciation de chacune des classes composant le marais, eu égard à sa valeur réelle au moment de
l'estimation considérée dans son état de marais, et sans pouvoir s'occuper d'une estimation détaillée par propriété.

Les experts procéderont en présence du tiers expert qui
les départagera s'ils ne peuvent s'accorder.

Art. 14. Le procès-verbal d'estimation par classe sera déposé, pendant un mois, à la préfecture. Les intéressés en
seront prévenus par affiches ; et s'il survient des réclamations, elles seront jugées par la commission.

Dans tous les cas, l'estimation sera soumise à ladite
commission, pour être jugée et homologuée par elle; elle
pourra décider outre et contre l'avis des experts.

Art. 15. Dès que l'estimation aura été définitivement arrêtée les travaux seront commencés, etc.

TITRE IV (1)

DES MARAIS APRÈS LE DESSÉCHEMENT ET DE L'ESTIMATION DE LEUR VALEUR.

Art. 17. Lorsque les travaux prescrits par l'État ou par

-----

(1) Le titre III n'est applicable qu'en matière de desséchement.

l'acte de concession seront terminés, il sera procédé à leur vérification et réception.

En cas de réclamations, elles seront portées devant la commission qui les jugera.

Art. 18. Dès que la reconnaissance des travaux aura été approuvée, les experts respectivement nommés par les propriétaires et par les entrepreneurs du desséchement et accompagnés du tiers expert, procéderont, de concert avec les ingénieurs, à une classification des fonds desséchés suivant leur valeur nouvelle et l'espèce de culture dont ils seront devenus susceptibles.

Cette classification sera vérifiée, arrêtée, suivie d'une estimation, le tout dans les mêmes formes ci-dessus prescrites pour la classification et l'estimation des marais avant le desséchement.

TITRE VII (1).

DES TRAVAUX DE NAVIGATION, DES ROUTES, DES PONTS, DES RUES, PLACES ET QUAIS DANS LES VILLES, DES DIGUES ; DES TRAVAUX DE SALUBRITÉ DANS LES COMMUNES.

Art. 28. Lorsque, par l'ouverture d'un canal de navigation, par le perfectionnement de la navigation d'une rivière, par l'ouverture d'une grande route, par la construction d'un pont, un ou plusieurs départements, un ou plusieurs arrondissements, seront jugés devoir recueillir une amélioration à la valeur de leur territoire, ils seront susceptibles de contribuer aux dépenses des travaux, par voie de centimes additionnels aux contributions ; et ce dans les proportions qui seront déterminées par des lois spéciales.

Ces contributions ne pourront s'élever au delà de la

---

(1) Les dispositions des titres V et VI ne sont pas applicables en matière de voirie, sauf celles de l'article 20, portant que le montant de la plus-value est partagée entre le propriétaire et le concessionnaire ou l'Etat ; et que le rôle des indemnités de plus-value sera arrêté par la commission et rendu exécutoire par le préfet.

moitié de la dépense ; le gouvernement fournira l'excédant.

Art. 29. Lorsqu'il y aura lieu à l'établissement ou au perfectionnement d'une petite navigation, un canal de flottage, à l'ouverture ou à l'entretien de grandes routes d'un intérêt local, à la construction ou à l'entretien de ponts sur lesdites routes ou sur des chemins vicinaux, les départements contribueront dans une proportion, les arrondissements les plus intéressés dans une autre, les communes les plus intéressées d'une manière encore différente : le tout selon les degrés d'utilité respective.

Le gouvernement ne fournira de fonds, dans ce cas, que lorsqu'il le jugera convenable ; les proportions des diverses contributions seront réglées par des lois spéciales.

Art. 30. Lorsque, par suite des travaux déjà énoncés dans la présente loi, lorsque, par l'ouverture de nouvelles rues, par la formation de places nouvelles, par la construction de quais, ou par tous autres travaux publics généraux, départementaux ou communaux, ordonnés ou approuvés par le gouvernement, des propriétés privées auront acquis une notable augmentation de valeur, ces propriétés pourront être chargées de payer une indemnité qui pourra s'élever jusqu'à la valeur de la moitié des avantages qu'elles auront acquis : le tout sera réglé par estimation dans les formes déjà établies par la présente loi, jugé et homologué par la commission qui aura été nommée à cet effet.

Art. 31. Les indemnités pour payement de plus-value seront acquittées, au choix des débiteurs, en argent ou en rentes constituées à 4 p. o/o net, ou en délaissement d'une partie de la propriété, si elle est divisible ; ils pourront aussi délaisser en entier les fonds, terrains ou bâtiments dont la plus-value donne lieu à l'indemnité, et ce sur l'estimation réglée d'après la valeur qu'avait l'objet avant l'exécution des travaux desquels la plus-value aura résulté.

Les articles 21 et 23 (1), relatifs aux droits d'enregistre-

---

(1) Art. 21. Les propriétaires auront la faculté de se libérer de l'indemnité par eux due, en délaissant une portion relative de fonds calculée sur le pied de

ment et aux hypothèques, sont applicables aux cas spécifiés dans le présent article.

Art. 32. Les indemnités ne seront dues par les propriétaires des fonds voisins des travaux effectués, que lorsqu'il aura été décidé, par un règlement d'administration publique rendu sur le rapport du ministre de l'intérieur, et après avoir entendu les parties intéressées, qu'il y a lieu à l'application des deux articles précédents.

Art. 33. Lorsqu'il s'agira de construire des digues à la mer, ou contre les fleuves, rivières et torrents navigables ou non navigables, la nécessité en sera constatée par le gouvernement, et la dépense supportée par les propriétés protégées dans la proportion de leur intérêt aux travaux, sauf les cas où le gouvernement croirait utile et juste d'accorder des secours sur les fonds publics.

Art. 34. Les formes précédemment établies et l'intervention d'une commission seront appliquées à l'exécution du précédent article.

Lorsqu'il y aura lieu de pourvoir aux dépenses d'entretien ou de réparation des mêmes travaux, au curage des canaux qui sont en même temps de navigation et de dessèchement, il sera fait des règlements d'administration publique qui fixeront la part contributive du gouvernement et des propriétaires. Il en sera de même lorsqu'il s'agira de levées, de barrages, de pertuis, d'écluses, auxquels des

---

la dernière estimation ; dans ce cas, il n'y aura lieu qu'au droit fixe de 1 franc, pour l'enregistrement de l'acte de mutation de propriété.

Art. 23. Les indemnités dues aux concessionnaires ou au gouvernement, à raison de la plus-value résultant des dessèchements, auront privilège sur toute ladite plus-value, à la charge seulement de faire transcrire l'acte de concession, ou le décret qui ordonnera le dessèchement au compte de l'Etat, dans le bureau ou dans les bureaux des hypothèques de l'arrondissement ou des arrondissements de la situation des marais dessèchés.

L'hypothèque de tout individu inscrit avant le dessèchement sera restreinte, au moyen de la transcription ci-dessus ordonnée, sur une portion de propriété égale en valeur à la première valeur estimative des terrains dessèchés.

(Voir, à sa date, l'avis du conseil d'Etat du 26 avril 1843.)

23

propriétaires de moulins ou d'usines seraient intéressés.

Art. 35. Tous les travaux de salubrité qui intéressent les villes et les communes seront ordonnés par le gouvernement, et les dépenses supportées par les communes intéressées.

Art. 36. Tout ce qui est relatif aux travaux de salubrité sera réglé par l'administration publique : elle aura égard, lors de la rédaction du rôle de la contribution spéciale destinée à faire face aux dépenses de ce genre de travaux, aux avantages immédiats qu'acquerraient telles ou telles propriétés privées, pour les faire contribuer à la décharge de la commune dans les proportions variées et justifiées par les circonstances.

Art. 37. L'exécution des deux articles précédents restera dans les attributions des préfets et des conseils de préfecture.

TITRE VIII.

DES TRAVAUX DE ROUTE ET DE NAVIGATION RELATIFS A L'EXPLOITATION DES FORÊTS ET MINIÈRES.

Art. 38. Lorsqu'il y aura lieu d'ouvrir ou de perfectionner une route ou des moyens de navigation dont l'objet sera d'exploiter avec économie des forêts ou des bois, des mines ou minières, ou de leur fournir un débouché, toutes les propriétés de cette espèce, générales, communales ou privées, qui devront en profiter, seront appelées à contribuer pour la totalité de la dépense, dans les proportions variées des avantages qu'elles devront en recueillir.

Le gouvernement pourra néanmoins accorder sur les fonds publics les secours qu'il croira nécessaires.

Art. 39. Les propriétaires se libéreront dans les formes énoncées aux articles 21, 22 et 23 de la présente loi.

Art. 40. Les formes d'estimation et l'intervention de la commission organisée par la présente loi seront appliquées à l'exécution des deux précédents articles.

TITRE IX.

DE LA CONCESSION DE DIVERS OBJETS DÉPENDANTS DU DOMAINE.

Art. 41. Le gouvernement concédera, aux conditions qu'il aura réglées, les marais, lais, relais de la mer, le droit d'endiguage, les accrues, atterrissements et alluvions des fleuves, rivières et torrents, quant à ceux de ces objets qui forment propriété publique ou domaniale.

TITRE X.

DE L'ORGANISATION ET DES ATTRIBUTIONS DES COMMISSIONS SPÉCIALES.

Art. 42. Lorsqu'il s'agira d'un desséchement de marais ou d'autres ouvrages déjà énoncés en la présente loi, et pour lesquels l'intervention d'une commission spéciale est indiquée, cette commission sera établie ainsi qu'il suit :

Art. 43. Elle sera composée de sept commissaires : leur avis ou leurs décisions seront motivés; ils devront, pour les prononcer, être au moins au nombre de cinq.

Art. 44. Les commissaires seront pris parmi les personnes qui seront présumées avoir le plus de connaissances relatives, soit aux localités, soit aux divers objets sur lesquels ils auront à prononcer.

Ils seront nommés par l'empereur.

Art. 45. Les formes de la réunion des membres de la commission, la fixation des époques de ses séances et des lieux où elles seront tenues, les règles pour la présidence, le secrétariat et la garde des papiers, les frais qu'entraîneront ses opérations, et enfin tout ce qui concerne son organisation, seront déterminés, dans chaque cas, par un règlement d'administration publique.

Art. 46. Les commissions spéciales connaîtront de tout ce qui est relatif au classement des diverses propriétés avant ou après le desséchement des marais, à leur estimation, à la vérification de l'exactitude des plans cadastraux, à l'exécution des clauses des actes de concession relatifs à la jouissance par les concessionnaires d'une portion des produits, à la vérification et à la réception des travaux de dessèchement, à la formation et à la vérification du rôle de plus-value des terres après le dessèchement ; elles donneront leur avis sur l'organisation du mode d'entretien des travaux de dessèchement ; elles arrêteront les estimations dans le cas prévu par l'art. 24, où le gouvernement aurait à déposséder tous les propriétaires d'un marais ; elles connaîtront des mêmes objets, lorsqu'il s'agira de fixer la valeur des propriétés, avant l'exécution de travaux d'un autre genre, comme routes, canaux, digues, ponts, rues, etc., et après l'exécution desdits travaux, et lorsqu'il sera question de fixer la plus-value.

Art. 47. Elles ne pourront, en aucun cas, juger les questions de propriété, sur lesquelles il sera prononcé par les tribunaux ordinaires, sans que, dans aucun cas, les opérations relatives aux travaux, ou l'exécution des décisions de la commission, puissent être retardées ou suspendues.

TITRE XI.

DES INDEMNITÉS AUX PROPRIÉTAIRES POUR OCCUPATIONS DE TERRAINS.

Art. 48. Lorsque, pour exécuter un dessèchement, l'ouverture d'une nouvelle navigation, un pont, il sera question de supprimer des moulins et autres usines, de les déplacer, modifier, ou de réduire l'élévation de leurs eaux, la nécessité en sera constatée par les ingénieurs des ponts et chaussées. Le prix de l'estimation sera payé par l'État, lorsqu'il entreprend les travaux ; lorsqu'ils sont entrepris par des concessionnaires, le prix de l'estimation sera payé avant qu'ils puissent faire cesser le travail des moulins et usines.

Il sera d'abord examiné si l'établissement des moulins et usines est légal, ou si le titre d'établissement ne soumet pas les propriétaires à voir démolir leurs établissements sans indemnité, si l'utilité publique le requiert.

Art. 49. Les terrains nécessaires pour l'ouverture des canaux et rigoles de desséchement, des canaux de navigation, de routes, de rues, la formation de places et autres travaux reconnus d'une utilité générale, seront payés à leurs propriétaires, et à dire d'experts, d'après leur valeur, avant l'entreprise des travaux, et sans nulle augmentation du prix d'estimation.

Art 50. Lorsqu'un propriétaire fait volontairement démolir sa maison, lorsqu'il est forcé de la démolir pour cause de vétusté, il n'a droit à indemnité que pour la valeur du terrain délaissé, si l'alignement qui lui est donné par les autorités compétentes le force à reculer sa construction.

Art. 51. Les maisons et bâtiments dont il serait nécessaire de faire démolir et d'enlever une portion pour cause d'utilité publique légalement reconnue, seront acquis en entier, si le propriétaire l'exige, sauf à l'administration publique ou aux communes à revendre les portions de bâtiments ainsi acquises et qui ne seront pas nécessaires pour l'exécution du plan. La cession par le propriétaire à l'administration publique ou à la commune, et la revente, seront effectuées d'après un décret rendu en conseil d'Etat sur le rapport du ministre de l'intérieur, dans les formes prescrites par la loi.

Art. 52. Dans les villes, les alignements pour l'ouverture des nouvelles rues, pour l'élargissement des anciennes qui ne font point partie d'une grande route, ou pour tout autre objet d'utilité publique, seront donnés par les maires, conformément au plan dont les projets auront été adressés aux préfets, transmis avec leur avis au ministre de l'intérieur, et arrêtés en conseil d'Etat.

En cas de réclamation de tiers intéressés, il sera de même statué en conseil d'Etat sur le rapport du ministre de l'intérieur.

Art. 53. Au cas où, par les alignements arrêtés, un propriétaire pourrait recevoir la faculté de s'avancer sur la voie publique, il sera tenu de payer la valeur du terrain qui lui sera cédé. Dans la fixation de cette valeur, les experts auront égard à ce que le plus ou le moins de profondeur du terrain cédé, la nature de la propriété, le reculement du reste du terrain bâti ou non bâti loin de la nouvelle voie, peuvent ajouter ou diminuer de valeur relative pour le propriétaire.

Au cas où le propriétaire ne voudrait point acquérir, l'administration publique est autorisée à le déposséder de l'ensemble de sa propriété, en lui payant la valeur telle qu'elle était avant l'entreprise des travaux. La cession et la revente seront faites comme il a été dit en l'art. 51 ci-dessus.

Art. 54. Lorsqu'il y aura lieu en même temps à payer une indemnité à un propriétaire pour terrains occupés, et à recevoir de lui une plus-value pour des avantages acquis à ses propriétés restantes, il y aura compensation jusqu'à concurrence, et le surplus seulement, selon les résultats, sera payé au propriétaire ou acquitté par lui.

Art. 55. Les terrains occupés pour prendre les matériaux nécessaires aux routes ou aux constructions publiques pourront être payés aux propriétaires comme s'ils eussent été pris pour la route même.

Il n'y aura lieu à faire entrer dans l'estimation la valeur des matériaux à extraire, que dans les cas où l'on s'emparerait d'une carrière déjà en exploitation ; alors lesdits matériaux seront évalués d'après leur prix courant, abstraction faite de l'existence et des besoins de la route pour laquelle ils seraient pris, ou des constructions auxquelles on les destine.

Art. 56. Les experts pour l'évaluation des indemnités relatives à une occupation de terrain, dans les cas prévus au présent titre, seront nommés pour les objets de travaux de grande voirie, l'un par le propriétaire, l'autre par le préfet, et le tiers expert, s'il en est besoin, sera de droit l'ingénieur en chef du département ; lorsqu'il y aura des concessionnaires, un expert sera nommé par le propriétaire, un par le concessionnaire, et le tiers expert par le préfet.

Quant aux travaux des villes, un expert sera nommé par le propriétaire, un par le maire de la ville, ou de l'arrondissement pour Paris, et le tiers expert par le préfet.

Art. 57. Le contrôleur et le directeur des contributions donneront leur avis sur le procès-verbal d'expertise, qui sera soumis, par le préfet, à la délibération du conseil de préfecture ; le préfet pourra, dans tous les cas, faire faire une nouvelle expertise.

TITRE XII.

DISPOSITIONS GÉNÉRALES.

Art. 58. Les indemnités pour plus-value, dues à raison des travaux déjà entrepris, et spécialement à raison des travaux de dessèchement, seront réglées d'après les dispositions de la présente loi. Des règlements d'administration publique statueront sur la possibilité et le mode d'application à chaque cas ou entreprise particulière, et alors l'organisation et l'intervention de la commission spéciale seront toujours nécessaires.

Art. 59. Toutes les lois antérieures cesseront d'avoir leur exécution en ce qui serait contraire à la présente.

Décret

Du 27 juillet 1808. (Bulletin des lois.)

NAPOLÉON, etc. — Sur le rapport de notre ministre de l'intérieur ; — Vu l'article 52 de la loi du 16 septembre 1807 sur les plans d'alignement pour l'ouverture de nouvelles rues dans les villes, ou l'élargissement des anciennes qui ne font pas partie d'une grande route ; — Notre conseil d'Etat entendu, nous avons décrété et décrétons ce qui suit :

Art. 1er. Les alignements qui seront donnés par les maires dans les villes, après l'avis des ingénieurs et sous l'approbation des préfets, seront exécutés jusqu'à ce que les plans généraux d'alignement aient été arrêtés en conseil d'Etat, et, au plus tard , pendant deux années, à compter de ce jour.

Art. 2. En cas de réclamation de tiers intéressés, il y sera statué en notre conseil, sur le rapport du ministre de l'intérieur.

Art. 3. Notre ministre de l'intérieur est chargé de l'exécution du présent décret.

Circulaire

Du 18 août 1808. (Recueil des circ.)

Monsieur le préfet, je vous envoie une ampliation du décret impérial du 27 juillet 1808, relatif à l'exécution de l'article 52 de la loi du 16 septembre dernier , en ce qui concerne les plans d'alignement faits pour l'ouverture des nouvelles rues dans les villes , ou l'élargissement des anciennes rues qui ne font pas partie des grandes routes. Veuillez m'en accuser la réception et en donner connaissance aux maires des villes de votre département. Les plans généraux d'alignement dans toutes les villes devront être arrêtés en conseil d'Etat. Vous aurez à les proposer d'après les avis des conseils municipaux. Lorsqu'ils seront approuvés, les constructions à faire sur les alignements fixés ne pourront être entreprises, dans les rues anciennes, que quand les propriétaires feront abattre leurs maisons , ou bien y seront contraints à raison de la caducité des bâtiments ; pour les rues nouvelles, que lorsque les villes auront les moyens d'acquérir les terrains sur lesquels ces rues seront ouvertes. Je vous invite à faire lever ces plans : toutes les rues y seront présentées. On y désignera par une échelle métrique, leur largeur actuelle, celle qu'il convient de leur donner, et l'alignement à régler. On y indiquera les rues à percer, leur direction, leur largeur et les bâtiments qu'il faudrait détruire. A chaque plan sera joint un rapport du géomètre, qui l'expliquera, et vous nous les adresserez successivement avec votre avis et les délibérations des conseils municipaux. Veuillez donner tous vos soins à ce travail et vous en occuper promptement.

Signé, CRETET.

Décret sur les droits de voirie à Paris.

27 octobre 1808. (Bulletin des lois.)

NAPOLÉON, etc. — Sur le rapport de notre ministre de l'intérieur ; — Notre conseil d'État entendu, — Nous avons décrété et décrétons ce qui suit :

Art. 1er. A compter du 1er janvier prochain, les droits dus dans la ville de Paris, d'après les anciens règlements sur le fait de la voirie, pour les délivrances d'alignements, permissions de construire ou réparer, et autres permis de toute espèce, qui se requièrent en grande ou en petite voirie, seront perçus conformément au tarif joint au présent décret.

Art. 2. La perception de ces droits sera faite à la préfecture du département, pour les objets de grande voirie, et à la préfecture de police, pour les objets de petite voirie, par le secrétaire général de chacune de ces administrations, à l'instant même qu'il délivrera les expéditions des permis accordés.

Art. 3. Il sera tenu dans chacune des deux préfectures, 1° un registre à souche, où seront inscrites, sous une seule série de numéros pour le même exercice, les minutes desdits permis, et d'où se détacheront les expéditions à en délivrer ; 2° un registre de recette où s'inscriront, jour par jour, les recouvrements opérés.

Ces deux registres seront cotés et paraphés par les préfets, chacun pour ce qui concerne son administration.

Art. 4. Le versement des sommes recouvrées s'effectuera de quinze jours en quinze jours, à la caisse du receveur municipal de la ville de Paris.

Art. 5. Il sera, de plus, adressé audit receveur, dans les dix premiers jours de chaque mois, et par chacun des préfets pour son administration, un bordereau indicatif des permis accordés dans le mois précédent, du montant des droits dus pour chacun, du recouvrement qui en a été fait ou qui reste à faire.

Art. 6. A l'envoi du bordereau prescrit par l'article ci-dessus seront jointes les expéditions de permis qui se trouveraient n'avoir pas encore été retirées par les demandeurs, et dont les droits resteraient à acquitter. Le receveur de la ville en poursuivra le recouvrement dans les formes usitées en matière de contribution directe.

Art. 7. Il ne sera rien perçu en sus des droits portés au tarif, ou pour autres causes que celles y énoncées, même sous prétexte de droit de quittance, frais de timbre ou autres, à peine de concussion.

Art. 8. Notre ministre de l'intérieur est chargé de l'exécution du présent décret.

TARIF POUR LA GRANDE VOIRIE.

DÉNOMINATIONS ET TARIF des DROITS A PERCEVOIR.		DÉNOMINATIONS ET TARIF des DROITS A PERCEVOIR.	
	fr. c.		fr. c.
Alignement pour chaque mètre de longueur de face, savoir :		les, cour, constructions et réparations...............	5 »
D'un bâtiment dans une rue de moins de huit mètres de large..................	5 »	Bâtiments. (Voy. Alignement.)	
		Colonnes engagées en pierre formant support, droit fixe pour chaque cinq centimètres	
De huit mètres jusqu'à dix...	6 »		
De dix mètres et au dessus...	7 »	de saillie en pierre. (Rien,	
D'un mur de clôture.....	1 »	attendu qu'on ne permettra	
D'une clôture provisoire en planches	» 25	pas de prendre sur la voie publique.)	
Réparations partielles. (Voy. Jambe étrière, Pied droit, etc.)		Colonnes isolées en pierre, droit fixe (Même observa-	
Avant-corps en pierre et pilas-tres (Voy. Colonnes), droit fixe pour chaque..........	10 »	tion qu'à l'article précédent.)	
		Contrefiches pour construc-tions et réparations, droit fixe.	5 »
Balcon (Petit), avec construc-tion nouvelle pour chaque croisée..............	5 »	Dosserets, droit fixe.........	10 »
		Encorbellement, pour chaque cinq centimètres de saillie..	5 »
Balcon (Grand), pour chaque mètre de longueur..........	10 »	Entablement avec échafaud, droit fixe..............	10 »
Barrières au-devant des fouil-		Idem, en partie...........	5 »

DÉNOMINATIONS ET TARIF des DROITS A PERCEVOIR.	fr.	c.	DÉNOMINATIONS ET TARIF des DROITS A PERCEVOIR.	fr.	c.
Etais ou étrésillons. (Voy. Contrefiches.)	5	»	droit fixe................	10	»
Exhaussement d'un bâtiment aligné, droit fixe.........	10	»	Idem, à reconstruire suivant l'alignement. (Voy. Alignement.)		
Exhaussement d'un bâtiment non aligné. (V. Alignement.)			Pilastres en pierre. (Voy. Colonnes.)		
Jambe étrière reconstruite en la face d'une maison alignée, droit fixe...............	10	»	Poitrail, droit fixe..........	10	»
			Poteau, Idem.............	10	»
Jambe étrière à reconstruire, suivant l'alignement. (Voy. Alignement.)			Réparation en la face d'un bâtiment.(Voy. Alignement.)		
Linteau.	10	»	Ravalement avec échafaud, droit fixe...............	10	»
Mur. (Voy. Alignement.)			Idem, partiel.............	5	»
Ouverture ou percement de boutiques ou croisées......	10	»	Tour creuse ou enfoncement..	10	»
Pan de bois neuf, droit fixe, non compris l'alignement...	20	»	Tour ronde (ne sera plus autorisée).		
Idem, pour rétablissement partiel, droit fixe............	10	»	Trumeaux à reconstruire en la face d'une maison alignée, droit fixe..........	10	»
Pied-droit à reconstruire en la face d'une maison alignée,			Idem, à reconstruire suivant l'alignement. (Voy. Alignement.)		

TARIF POUR LA PETITE VOIRIE.

DÉNOMINATIONS ET TARIF des DROITS A PERCEVOIR.	fr.	c.	DÉNOMINATIONS ET TARIF des DROITS A PERCEVOIR.	fr.	c.
Abat-jour.	4	»	aux fenêtres sans construction nouvelle.............	2	»
Abat-vent des boutiques....	4	»	Nota. Pour les grands et petits balcons avec construction nouvelle, l'avis du préfet de police sera demandé.		
Appui à demeure, compris les soubassements...........	4	»			
Appui sur les croisées ou fenêtres.	2	»			
Appui mobile.............	4	»			
Auvent ordinaire en menuiserie	4	»	Banc.	4	»
Auvent (Petit) au-dessus des croisées.	2	»	Bannes.	4	»
Auvents cintrés en plâtre, avec fer et fentons.	12	50	Barreaux de boutiques et de croisées.................	4	»
Baldaquins.	50	»	Barres de support..........	4	»
Balcons (Petits) ou balustres			Barrière au devant des maisons.................	50	»
			Barrière au devant des démo-		

DÉNOMINATIONS ET TARIF des DROITS A PERCEVOIR.		DÉNOMINATIONS ET TARIF des DROITS A PERCEVOIR.	
	fr. c.		fr. c.
litions pour cause de péril...	5 »	Etablis. (Voy. Comptoirs.)...	4 »
Bornes appuyées contre le mur en quelque nombre qu'elles soient................	4 »	Etais ou étrésillons. (Voy. Contrefiches.)............	4 »
		Etalage................	4 »
Bornes isolées	4 »	Etaux de boucher........	4 »
Bouchons de cabarets ou couronnes................	4 »	Eviers et gargouilles.......	4 »
		Fermetures de boutiques. (Voy. Portes.)............	4 »
Bustes formant étalage......	4 »		
Cadran. (Voy. Tableau.)....	4 »	Fermetures de croisées fixes. (Voy. Châssis.).........	4 »
Cage. (Voy. Étalage.)			
Changement de menuiserie des croisées............	4 »	Gargouilles d'eviers. (Voy. Eviers.).............	4 »
Chardons de fer ou herses...	4 »	Grilles de boutiques ou de croisées (Voy. Barreaux.)....	4 »
Châssis à verre, sédentaires ou mobiles............	4 »	Grille de cave...........	4 »
Clôture ou fermeture de rue pour bâtir. (Voy. Pieux.)		Herses ou chardons de fer. Voy. Chardons.)	
Colonnes engagées en menuiserie, et parement de décorations................	20 »	Jalousies. (Voy. Châssis de verre.).............	4 »
		Marche, pour chaque......	5 »
Colonnes isolées	20 »	S'il n'y en a qu'une.......	4 »
Comptoirs ou établis mobiles.	4 »	Montre ou étalage........	4 »
Conduites ou tuyaux de plomb pour conduire les eaux des maisons................	4 »	Moulinet de boulanger.....	4 »
		Perches, pour chacune.....	10 »
		Perron................	50 »
Contrefiches à placer en cas de péril..............	5 »	Pieux pour barrer les rues..	25 »
Contrevent ou fermeture de boutiques et croisées......	4 »	Pilastres en bois.........	4 »
		Plafonds..............	4 »
Corniches en bois..........	4 »	Poêles ou tuyaux de poêle...	4 »
Corniches en plâtre........	10 »	Portes ouvrant en dehors...	4 »
Cuvettes. (Voy. Conduites)..	4 »	Potence de fer ou en bois...	4 »
Degrés. (Voy. Marches.)....	4 »	Poulies	4 »
Devanture de boutique en menuiserie................	25 »	Seuil	4 »
		Siège de pierre ou de bois..	4 »
Dos-d'âne ou étalage. (Voy. Etaux.)..............	4 »	Soubassement	5 »
		Stores................	4 »
Echoppes sédentaires ou demisédentaires............	10 »	Tableau servant d'enseigne..	4 »
		Tapis d'étalage. (Voy. Etalage.)	4 »
Echoppes mobiles	4 »	Tuyau de poêle. (Voy. Poêle.)	4 »
Enseigne. (Voy. Tableau.)...	4 »	Volets servant d'enseigne....	4 »

La perception de ces droits est faite à la préfecture du département, pour les objets de grande voirie, et à la préfecture de police, pour les objets de petite voirie, par le secrétaire général de chacune de ces administrations, à l'instant même qu'il délivre les expéditions des permis accordés.

Circulaire du directeur général des ponts et chaussées aux ingénieurs en chef.

18 juin 1809. (Recueil.)

Il arrive trop souvent que des contestations s'élèvent sur les alignements donnés dans la partie des villes qui forme la traverse des grandes routes. Dans plusieurs villes, il n'y a point de plans arrêtés, et le système des alignements, celui des traverses même, varie avec les ingénieurs. Ailleurs, il y a des plans anciennement adoptés, quelquefois par arrêt du conseil, mais qui ont été ou ignorés ou méconnus, et auxquels des constructions postérieurement autorisées nécessitent des changements. J'ai désiré donner quelque régularité à cette portion intéressante du service qui vous est confié. En conséquence, je me suis fait une règle de soumettre au gouvernement, en conseil d'Etat, les alignements généraux dans la traverse des villes et des faubourgs; mais, pour ménager des moments précieux, j'ai adopté pour principe de ne jamais présenter qu'un rapport pour chaque ville. Vous ne m'adresserez donc plus de projets isolés pour les traverses des villes, mais toujours le système de toutes les traverses d'une même ville. Un plan général, sur une petite échelle, en fera connaître les différences de niveau. Ces pièces devront toujours être en triple expédition : lorsque le temps et le nombre d'affaires ne permettront pas que ce soit trois *mis au net*, deux des expéditions pourront être des calques. Un original restera déposé au conseil d'Etat, à l'appui de la minute du décret, une copie sera déposée à l'administration des ponts et chaussées, la troisième sera renvoyée dans le département, pour être la règle constante qui déterminera quelles sont les traverses de chaque ville ou de ses faubourgs, quels seront les alignements auxquels les propriétaires seront obligés de se conformer. Je n'ai pas besoin de vous faire remarquer qu'il ne s'agit que des villes et de leurs faubourgs; je ne vous demande d'ailleurs qu'un travail successif, et fait au fur et à mesure de la nécessité ou de la convenance reconnue par vous, ou par le préfet, de statuer sur telle ou telle traverse.

Arrêté du préfet de la Seine. — Visite des bâtiments en construction.

22 août 1809. (Daubenton, pag. 557.)

Nous, conseiller d'Etat, préfet du département de la Seine, etc.; — Vu nos arrêtés des 24 nivôse an IX et 13 brumaire an XII, en exécution desquels s'exerce dans la ville de Paris, conformément aux anciennes ordonnances non abrogées en matière de grande voirie, la surveillance des bâtiments en construction ou en réparation, tant sur la voie publique que dans l'intérieur;

Considérant :

1° Que l'objet desdits arrêtés a été de suppléer au service qui s'était fait, jusqu'en 1789, par la chambre dite des bâtiments ;

2° Que cependant, quelques soins qu'aient apportés jusqu'à ce jour, dans l'exercice de leurs fonctions, les inspecteurs généraux et les commissaires de la grande voirie, pour assurer l'exécution des règlements en cette partie, il reste à désirer : 1° que la forme de leurs visites soit mieux déterminée; 2° qu'il soit procuré aux constructeurs pris en défaut un moyen de terminer amiablement les contestations dont leurs constructions sont devenues l'objet, sans qu'il soit absolument nécessaire de les soumettre, d'abord, aux lenteurs inséparables du mode de procéder, même en matière administrative ;

3° Que, pour remplir le premier objet, et attendu que du droit de surveiller les constructions dérive nécessairement celui d'inspecter les divers matériaux qui s'y emploient, tels que pierre taillée, bois façonné, chaux, plâtre, brique, tuile et autres, dont l'inspection est en effet d'autant plus indispensable, que les constructeurs pris en défaut en rejettent fréquemment le tort sur la mauvaise qualité, vraie ou prétendue, desdits matériaux, il est convenable que les inspecteurs généraux et les commissaires-voyers se fassent accompagner dans leurs visites par des entrepreneurs connus et expérimentés, par nous désignés à cet effet;

4° Qu'en ce qui concerne la terminaison à l'amiable des contestations, il est facile de procurer cet avantage aux constructeurs, en portant, d'abord, lesdites contestations, à l'instar de ce qui se pratiquait sous l'ancienne chambre de maçonnerie, devant le bureau des inspecteurs généraux de la voirie, formé en bureau de consultation présidé par nous, sauf, au surplus, en cas de non-conciliation, à renvoyer les parties à se faire juger par le conseil de préfecture, dans les formes de la loi du 29 floréal an x;

5° Que, par ce mode d'instruction amiable, qui est de plein droit en matière administrative, la reprise des constructions suspendues comme vicieuses pourra devenir plus prompte, ce qui est une chose très-désirable pour les constructeurs et propriétaires, obligés, sans cela, de subir des délais que les formes purement contentieuses, non précédées de moyens de conciliation, consommeraient en pure perte;

Avons arrêté ce qui suit :

Art. 1er. Les inspecteurs généraux de la grande voirie et les commissaires voyers, dont les fonctions sont déterminées par nos arrêtés des 2 nivôse an IX et 13 brumaire an XII, sont autorisés à se faire assister, dans leurs visites, par deux entrepreneurs, l'un maçon, l'autre charpentier.

Art. 2. A cet effet, il sera par nous formé, pour chaque année, un tableau de soixante entrepreneurs, parmi lesquels, et suivant l'ordre du tableau, seront pris à tour de rôle ceux qui devront concourir auxdites visites.

Art. 3. Les inspecteurs généraux et commissaires voyers requerront, dans le cours de ces visites, la rectification des malfaçons ou vices de construction qui auront été remarqués, et constateront dans leurs procès-verbaux, signés d'eux et des entrepreneurs par qui ils auront jugé convenable de se faire accompagner, l'adhésion des constructeurs ou propriétaires auxdites réquisitions, ou leur refus d'y satisfaire.

Art. 4. En cas de non-adhésion de la part desdits constructeurs ou propriétaires, les inspecteurs ou commissaires voyers ordonneront provisoirement la suspension des travaux, et inviteront en même temps lesdits propriétaires ou constructeurs à se trouver à la plus prochaine séance du bureau de la grande voirie à l'Hôtel-de-Ville, pour y être entendus sommairement sur les motifs de leurs refus. Il sera également fait mention de cette invitation dans les procès-verbaux.

Art. 5. Au jour indiqué, et tant en absence qu'en présence des constructeurs ou propriétaires dûment invités, les procès-verbaux dressés contre eux seront examinés et discutés par le bureau de la grande voirie, formé en bureau de consultation présidé par nous, ou, à notre défaut, par le plus ancien des inspecteurs généraux.

Art. 6. L'avis du bureau se formera à la majorité des voix des membres présents, et sera retenu sur les registres.

Art 7. Si l'entrepreneur ou propriétaire est présent, et s'il adhère à l'avis, il sera invité à apposer sa signature au bas de la délibération contenant ledit avis, et cette formalité dispensera de toute notification et procédure ultérieure.

Art. 8. Dans le cas, au contraire, où l'entrepreneur ou propriétaire aurait négligé de se rendre au bureau, ainsi que dans le cas où, s'y étant rendu, il refuserait d'adhérer à l'avis du bureau, ou ne s'y conformerait pas après y avoir adhéré, les procès-verbaux de visite et autres pièces le concernant seront remis au conseil de préfecture, où le délinquant sera cité pour y procéder dans les formes ordinaires.

Art. 9. Le présent arrêté sera imprimé et affiché.

Décret concernant les auvents des spectacles et de l'esplanade du boulevard du Temple.

15 août 1810. (Archives de la préfecture de police.)

Art. 1er. La réparation ou l'établissement des auvents

que les propriétaires ou locataires des maisons bordant l'esplanade du boulevard du Temple sont dans l'usage de pratiquer au-devant desdites maisons seront permis sur les alignements qui seront donnés conformément aux lois.

Art. 2. Lesdits auvents seront assimilés aux baldaquins, et comme tels assujettis aux droits fixes de petite voirie, de 5o francs au lieu de 4 francs que payent les auvents ordinaires, d'après le tarif annexé à notre décret du 27 octobre 1808.

Art. 3. Les auvents de la nature de ceux indiqués à l'article 1ᵉʳ qui pourraient être permis dans l'intérieur de Paris, notamment pour descendre à couvert aux portes des spectacles, sont également assujettis à un droit fixe de 5o francs.

Ordonnance de police. — Police des passages.

20 août 1811. (Archives de la préfecture de police.)

Vu : 1º notre ordonnance du 20 novembre 1810, concernant les passages sous les galeries du Palais-Royal;

2º Celle du 18 février 1811 relative aux passages sous les piliers des halles, approuvée par S. E. le ministre de l'intérieur, le 2 mars suivant;

Considérant que les principes qui ont dicté les susdites ordonnances s'appliquent évidemment à tous les passages ouverts au public sur des propriétés particulières : que, dans la plupart de ces passages, la circulation est entravée par des dépôts de meubles et par les étalages de toute espèce des marchands en boutique;

Considérant que cet abus, qui est surtout très-sensible dans les passages couverts, où il règne toujours plus ou moins d'obscurité, doit être réprimé sans délai;

Ordonnons ce qui suit ;

Art 1ᵉʳ. Il est défendu d'établir aucune devanture de boutique saillante, de former aucun dépôt de meubles ou effets, ni aucun étalage fixe ou mobile de marchandises,

24

hors des boutiques situées dans les passages publics qui ont moins de deux mètres et demi de largeur.

Les devantures de boutique actuellement existantes ne pourront être réparées.

Les étalages mobiles seront supprimés sur-le-champ.

Art. 2. Les propriétaires ou locataires de boutique situées dans les passages de deux mètres et demi à trois mètres de largeur et au-dessus, ne pourront, dans aucun cas, établir d'une manière fixe, même mobile, aucune devanture, fermeture, étalage, enseigne, montre, lanterne, tableau ou écusson faisant saillie de plus de treize centimètres en avant du corps du bâtiment dans lequel sont situées les boutiques.

Toute devanture actuellement existante dont la saillie serait de plus de seize centimètres ne pourra être réparée.

Tous étalages et autres saillies mobiles ayant plus de seize centimètres seront retirés de suite.

Art. 3. Il est défendu aux propriétaires ou locataires, de quelque profession qu'ils soient, de gêner ou embarrasser les passages dont il s'agit, soit par des dépôts de marchandises, soit par des ateliers de travail, autres que ceux nécessaires à la réparation des bâtiments du passage.

Il est également défendu d'y placer des bancs, chaises tréteaux, comptoirs, et tous autres objets, de telle nature que ce soit, qui pourraient gêner la circulation.

Art. 4. Les marchands établis dans les passages ne pourront induire de la présente ordonnance le droit de faire un étalage à l'extérieur de leurs boutiques, s'ils n'en ont obtenu l'agrément des propriétaires.

Dans tous les cas, ils seront tenus de se conformer aux dispositions des articles ci-dessus qui les concernent.

Art. 5. Les propriétaires ou locataires tiendront en bon état le sol des passages : ils auront soin en outre de les faire balayer et éclairer, et de les tenir fermés le soir aux heures prescrites par les règlements.

Art. 6. En cas de contravention, les commissaires de police et l'architecte-commissaire de la petite voirie sont autorisés, en vertu de la présente ordonnance et sans qu'il en soit besoin d'autre, à faire démolir les devantures de boutiques, et enlever les étalages et saillies mobiles, et ce aux frais des contrevenants ; ils en dresseront des procès verbaux qu'ils nous transmettront sans retard ; le tout sans préjudice des poursuites à exercer devant les tribunaux, conformément au Code des délits et des peines, et sauf la fermeture des passages, s'il y a lieu.

Art. 7. A l'avenir, aucun passage ne sera ouvert au public sur des propriétés particulières qu'en vertu d'une permission du préfet de police.

Art. 8. Il n'est aucunement dérogé aux dispositions de nos ordonnances des 20 novembre 1810 et 18 février 1811 relatives aux passages sous les galeries du Palais-Royal et sous les piliers des halles, qui continueront de recevoir leur exécution.

Art. 9. La présente ordonnance sera imprimée et affichée.

Les commissaires de police, l'inspecteur général du 4e arrondissement, l'architecte-commissaire et les architectes inspecteurs de la petite voirie, les officiers de paix, et tous préposés de la préfecture de police, tiendront la main à son exécution, chacun en ce qui le concerne, et en rendront compte.

Avis du conseil d'État, portant que les demandes d'acquisition de maisons ou terrains nécessaires à l'embellissement ou à l'utilité des villes ou communes, doivent être précédées d'un plan ou projet de plan d'alignement.

5 septembre 1811. (Bulletin des lois.)

Le conseil d'État, qui, en exécution du renvoi ordonné par S. M., a entendu le rapport de la section de l'intérieur sur celui du ministre de ce département, présentant un projet de décret tendant à homologuer l'acquisition faite par l'arrêté du 13 février 1809, du préfet du département de la

Seine, au nom de la ville de Paris, de deux maisons situées rue de la Huchette, n° 40, qui appartenaient à la demoiselle *Lasteyrie-du-Saillant*, et dont partie était destinée à être démolie pour former un quai;

Considérant que, conformément à l'article 52 de la loi du 16 septembre 1807, le conseil de S. M. ne peut autoriser des acquisitions *pour l'ouverture de nouvelles rues, pour l'élargissement des anciennes, ou pour tout autre objet d'utilité publique*, que pour les communes dont les projets de plan auront été *arrêtés en conseil d'État*,

Est d'avis : 1° que le ministre de l'intérieur soit invité, avant de proposer à S. M. un projet d'acquisition de maison ou terrains nécessaires à l'embellissement ou à l'utilité, soit de la ville de Paris, soit de toute autre ville ou commune de l'empire, à faire précéder cette demande, soit du plan des alignements déja arrêtés légalement, s'il y en a eu, soit d'un projet de plan d'alignement, pour ledit plan être arrêté en conseil d'État en exécution de l'article 52 de la loi du 16 septembre 1807 ;

2° Que, pour la ville de Paris spécialement, il est important de mettre de la régularité dans les alignements qui sont quelquefois donnés maison par maison et sans système général, et qu'à cet effet le préfet du département de la Seine, dans les attributions duquel est ce travail, doit faire présenter dans le plus court délai possible, au ministre de l'intérieur, le plan des alignements, et, autant qu'il se pourra, des nivellements pour la ville de Paris, et que, pour faire jouir plus tôt ses habitants des avantages et de la sécurité qui en résulteront, ce plan soit présenté successivement et par quartiers, quand la chose sera possible, pour, sur le rapport du ministre de l'intérieur, y être statué par S. M., aux termes dudit article 52 ;

3° Que le présent avis soit inséré au *Bulletin des Lois*.

Circulaire du ministre de l'intérieur aux préfets.

14 novembre 1811. (Recueil des circ.)

Vous avez sans doute remarqué, Monsieur, l'avis du conseil d'État approuvé par S. M. le 3 septembre dernier, et inséré au *Bulletin des Lois*, n° 390, duquel il résulte que S. M. n'autorisera aucune acquisition par les communes pour l'établissement ou l'élargissement de places ou de rues, que lorsque les plans généraux d'alignement et de percement des communes auront été présentés à son approbation. Il résulte même de l'échéance du délai de deux ans accordé par le décret du 27 juillet 1808, pour la production de ces plans d'alignement, que les maires ne peuvent plus donner provisoirement d'alignements. D'après ces circonstances, il importe de faire terminer promptement la levée des plans d'alignement ordonnée par la loi du 16 septembre 1807, puisque vous ne devez me proposer aucune opération partielle y relative qu'en produisant le plan général approuvé par le conseil municipal et accompagné de vos observations et de votre avis, et que, dans le cas de réclamation contre un alignement partiel donné par un maire, l'empereur peut persister à refuser de statuer jusqu'à ce que le plan général ait été mis sous ses yeux. Veuillez donc, Monsieur, presser la confection de ces plans généraux et me les adresser incessamment.

Circulaire du ministre de l'intérieur aux préfets.

29 octobre 1812 (Recueil des circ.)

Par ma circulaire du 18 août 1808, je vous ai indiqué, Monsieur, la marche que vous deviez suivre pour la levée du plan des villes qu'ordonnait l'article 52 de la loi du 16 septembre 1807. Le règlement des plans d'alignement intéressant tous les propriétaires des villes, il est dans les principes de l'équité qu'ils soient prévenus des projets arrêtés à cet égard par les conseils municipaux. Chaque propriétaire a le droit de réclamer contre un projet qui peut froisser ses intérêts, et les réclamations qu'il peut faire doivent être examinées. Vous voudrez donc bien, Monsieur, à mesure que les plans des villes de votre département seront terminés, les faire exposer pendant huit jours consécutifs à l'hôtel de la mairie, et prévenir le public de cette exposition par une affiche. Les réclamations devront être adressées au maire ; un procès-verbal en indiquera le nombre et la nature. Dans le cas où aucune réclamation ne serait faite, un procès-verbal le constatera. Le conseil municipal devra donner son avis sur la réclamation ; le sous-préfet y joindra le sien : vous donnerez également le vôtre, et vous m'adresserez le tout ensuite. Je désire aussi que vous ajoutiez toujours à chaque envoi des plans une copie réduite de ces plans à l'échelle uniforme d'une ligne pour cinq toises. Les feuilles sur lesquelles seront ces copies auront toujours seize pouces quatre lignes de largeur sur dix pouces dix lignes de hauteur. Lorsqu'une seule feuille de cette dimension ne pourra pas contenir tout le plan sur une échelle d'une ligne pour cinq toises, vous la ferez diviser en deux ou plusieurs séparées, toujours de la même dimension que je viens d'indiquer, et qui, au moyen de l'uniformité de l'échelle, pourront au besoin être raccordées. J'observe que ces nouvelles formalités devront être suivies, lorsque le retard que l'on apporte généralement dans la confection des plans des villes forcera les particuliers à demander un alignement pour construire ; le plan partiel que vous auriez à m'adresser, dans cette occasion, devant être extrait du plan général. Je dois vous rappeler ici, Monsieur, que vous ne sauriez trop hâter la confection des plans d'alignement des villes de votre département. Les demandes d'alignements particuliers doublent ou triplent le travail à faire à cet égard, et le moindre retard que vous apporterez à la levée des plans généraux ne peut manquer de rendre ces demandes encore plus fréquentes. Vous recevrez incessamment une instruction particulière sur la grandeur de l'échelle dans laquelle vous devrez circonscrire les plans dont la mise au net n'est pas encore commencée.

Circulaire du ministre de l'intérieur aux préfets.

17 août 1813.

Le 18 août 1808, je vous ai notifié, Monsieur, le décret impérial du 27 juillet précédent, relatif à l'exécution de la loi du 16 septembre 1807, en ce qui concerne les plans des villes.

Cinq années se sont écoulées depuis cette époque, et, dans un si long espace de temps, tout ce travail aurait dû être achevé.

Le 29 octobre 1812, je vous ai averti que je vous indiquerais l'échelle sur laquelle je désirais qu'on expédiât les plans dont la mise au net n'était point encore commencée.

Les dimensions de cette échelle n'ont été notifiées que le 17 juillet dernier (1); mais, je le répète, cette échelle ne devait s'appliquer qu'aux plans qu'on n'avait pas encore commencé à mettre au net. Ainsi, ce que j'en ai reçu dans cet intervalle m'a fait connaître à quel point en était le travail.

Le nombre des villes susceptibles de l'application de la loi du 16 septembre 1807 dans votre département (en plaçant dans cette catégorie celles dont la population est de deux mille âmes et au-dessus) est d'environ. . . . .

Vous ne m'avez adressé jusqu'à présent que. . . . . . .

Il vous restera à m'en transmettre. . . . . . .

Je crains, Monsieur, qu'on n'ait pas senti, dans votre département, toute l'importance de cette grande mesure d'administration, dont l'objet n'est pas seulement, comme on aurait pu le croire, d'embellir les villes et d'améliorer

---

(1) Cette circulaire a été supprimée dans le *Recueil*.

leurs communications intérieures, mais d'ajouter beaucoup
à la valeur de toutes les maisons urbaines, en fixant leurs
rapports avec la voie publique, en garantissant à la fois les
propriétaires des chicanes respectives des voisins et des déterminations arbitraires des autorités locales.

L'administration trouve elle-même, dans des plans arrêtés
par S. M., le grand avantage d'échapper à toutes les prétentions de l'intérêt privé et aux discussions infinies qui en
résultent. Elle doit donc, non moins que tous les propriétaires de maisons, désirer de voir terminer une opération
qui doit lui épargner beaucoup de difficultés.

Je vous engage, Monsieur, à rappeler ces considérations
aux autorités municipales de votre département, et à les
presser de faire jouir d'un si grand bienfait les habitants de
toutes les villes qui en sont susceptibles.

Puisque je suis obligé de revenir encore sur cet objet,
j'en prends occasion de vous adresser des observations
d'application générale sur les plans que vous avez à m'envoyer.

Le travail doit toujours présenter la netteté, l'exactitude
et la précision que l'objet exige.

On ne doit jamais y omettre les noms des rues et les cotes
de leur largeur.

On ne doit jamais laisser en blanc les îles de maisons ou
terrains, parce qu'alors on ne sait si les lignes qui les tra-
versent sont tracées sur des terrains libres ou clos ou bâtis,
ou sur des places, ou sur des rues.

La position des quatre points cardinaux doit toujours
être indiquée par une flèche se dirigeant vers le nord, et ce
point de l'horizon doit toujours être dans la marge supérieure
des plans.

Je désire qu'on en ramène les détails à la forme prescrite
par les règlements généralement connus dans l'architecture
civile.

Les limites extérieures de toute île de terrains clos ou
non clos, bâtis ou non bâtis, devront être tracées, telles
qu'elles existent actuellement, par un trait noir très foncé.

Ce trait marquera les bords des rues dans leur état actuel.

Les alignements projetés seront tracés par une ligne en rouge très-vif, si tout est d'accord entre l'autorité départementale et l'autorité municipale.

S'il y a partage d'opinion entre l'une et l'autre sur un alignement projeté, l'alignement indiqué par l'une pourra être tracé par une ligne bleu foncé, l'autre par une ligne rouge.

Tout ce qui se trouvera en dehors des lignes rouges sur la rue, c'est-à-dire toutes les surfaces devant être restituées, avec le temps, à la voie publique, seront lavées d'une teinte jaune.

Toutes surfaces sur lesquelles on pourra avancer pour atteindre la ligne (rouge) de l'alignement projeté le seront en rouge pâle.

Les surfaces de constructions actuellement existantes le seront en noir pâle ou grisâtre.

Enfin, les terrains non bâtis pourront l'être en bistre pâle ou de toute autre couleur convenable à l'état où ils se trouvent. Peu importe, au surplus, la couleur, pourvu qu'elle en détache sensiblement les contours du fond du papier.

Si une rue nouvelle est projetée au travers d'une île de maisons ou de terrains, la surface comprise entre les deux lignes rouges qui marquent l'alignement devra être lavée en jaune.

Ainsi : 1° Tout ce qui doit avancer pour atteindre l'alignement doit être lavé en rouge pâle;

2° Tout ce qui doit paraître ou reculer sur cet alignement doit être lavé en jaune;

3° Les rues sont les seules surfaces du plan qui doivent rester blanches, sauf toutefois les teintes rouges ou jaunes des bâtiments à avancer ou à détruire.

Donnez, je vous prie, une attention particulière à ces détails qui facilitent singulièrement l'examen qu'on doit faire de ces plans, avant de les présenter à l'approbation de S. M.

Mais, surtout, recommandez à MM. les maires de s'occuper sans délai de ce travail, qui n'est point une simple mesure d'ordre et de formalité, mais une opération importante pour toutes les villes, utile à leurs magistrats, et précieuse à toutes les propriétés dont elles se composent.

Ordonnance du roi. — Egouts. — Conduites d'eaux ménagères.

30 septembre 1814 (Bulletin des lois.)

Louis, etc. — Sur le rapport de notre ministre secrétaire d'Etat de l'intérieur, notre conseil d'Etat entendu, nous avons ordonné et ordonnons ce qui suit :

Art. 1er. L'arrêt du conseil d'État du 22 janvier mil sept cent quatre-vingt-cinq (1), portant défense à tous propriétaires de maisons dans notre bonne ville de Paris, de pratiquer aucune ouverture ni communication avec les égouts pour l'écoulement des eaux et des latrines desdites maisons, continuera d'être exécuté suivant sa forme et teneur, et sans aucune dérogation en ce qui concerne les eaux provenant des fosses d'aisances ; *en conséquence, ledit arrêt sera réimprimé, publié, affiché dans toute l'étendue de la ville de Paris, aux lieux ordinaires et dans les formes accoutumées, ainsi que la présente ordonnance.*

Art. 2. Cet arrêt sera également exécuté en ce qui concerne les eaux ménagères et pluviales, sauf les cas d'exception déterminés par l'article suivant.

Art. 3. Lorsque, d'après les dispositions naturelles ou accidentelles d'une maison, le sol de ses rez-de-chaussée, cour ou jardin, se trouvant au-dessous du sol de la rue, il y aura impossibilité reconnue et constatée de conduire au dehors, par une pente d'au moins cinq millimètres par mètre, les eaux ménagères et pluviales pour les faire écouler par les ruisseaux des rues ou places, il pourra être permis au pro-

---

(1) Voir ci-devant, pag. 316.

priétaire d'établir une communication souterraine entre sa maison et l'égout le plus voisin pour y conduire lesdites eaux. Dans tout autre cas, non-seulement il ne sera permis aucune communication de ce genre, mais celles maintenant existantes seront supprimées aux frais des propriétaires, comme abusivement établies.

Art. 4. Les moyens d'opérer la communication qui aura été permise dans le cas prévu par l'article précédent seront établis de la manière suivante :

1° Le propriétaire fera construire sur son terrain et à ses frais, soit en pierres de taille, soit en meulière, un puisard où se rendront les seules eaux pluviales et ménagères, et d'où elles passeront dans une conduite aboutissant à l'égout ;

2° L'emplacement du puisard sera distant de trois mètres au moins de toutes fosses d'aisances, et, si quelque circonstance empêche d'observer cette distance, il y sera suppléé en enveloppant le puisard extérieurement, tant sur son fond que sur ses côtés, et, ce, jusqu'à vingt centimètres du sol, soit d'une chappe de ciment de dix centimètres d'épaisseur, soit d'un corroi de glaise de vingt-cinq centimètres ;

3° Le puisard n'aura pas moins de soixante centimètres de hauteur sur soixante de largeur, le tout en œuvre. *S'il est construit en pierres de taille, elles seront posées avec mortier de chaux et ciment, et les joints seront refaits avec mastic de limaille de fer ; s'il est construit en pierres de meulière, elles seront hourdées avec un mortier de chaux et de ciment, et revêtues intérieurement d'un enduit en chaux et ciment tamisé de trois centimètres d'épaisseur. Ledit puisard sera couvert à son entrée par un châssis en pierres de taille,* portant une grille que le propriétaire sera tenu d'ouvrir à toute réquisition des préposés à l'entretien et au curage des égouts ;

4° Les propriétaires auront néanmoins la faculté de substituer au puisard décrit ci-dessus, une cuvette ou auge, soit en bonne pierre et taillée dans un seul bloc, soit en fonte de fer et coulée en une seule pièce ; les dimensions et le châssis avec la grille restant d'ailleurs les mêmes pour la cuvette que pour le puisard ;

5º Les conduits à établir entre le puisard et l'égout seront en tuyaux de fonte de fer, ayant de *dix à seize centimètres de diamètre intérieur, bien liés avec la maçonnerie lors de la construction du puisard, et soigneusement assemblés avec des boulons à écrou et rondelles de plomb, entre deux cuirs à chaque collet ;*

Lesdites conduites suivront, autant que possible, une ligne droite, en partant du puisard pour se rendre à l'égout ; elles auront au moins cinq millimètres de pente par mètre de longueur jusqu'au coude qu'elles formeront avec le tuyau entrant dans l'égout ; elles seront placées conformément aux coupes annexées à la présente ;

Les tranchées ouvertes dans les pieds-droits de la voûte des égouts, pour le passage desdits tuyaux, seront remplies et ragréées suivant les règles de l'art, de manière que les chaînes de pierre ne soient jamais entaillées ;

6º L'orifice de la conduite en fonte sera placé dans le puisard à cinquante centimètres au plus au-dessous de la surface du châssis en pierre portant la grille ; l'entrée de ladite conduite sera garnie d'une grille ou d'une crapaudine scellée, pour prévenir les engorgements qui naîtraient de l'introduction de pailles, herbages, feuilles et autres ordures ;

7º Si, dans certains cas, il était reconnu nécessaire d'établir des regards sur le cours des conduites, il y serait pourvu par le préfet, d'après le rapport des ingénieurs préposés au service des égouts ;

8º Les propriétaires se conformeront au surplus, quant à la pose des conduites, quant à leurs dimensions, quant à celles des puisards ou cuvettes, et quant à la disposition des regards, s'il y a lieu, aux indications qui leur seront données par les ingénieurs préposés au service des égouts.

Art. 5. Les propriétaires qui auront obtenu la permission de conduire, par les moyens indiqués dans l'article précédent, leurs *eaux ménagères et pluviales* dans les égouts, seront libres de faire exécuter par qui bon leur semblera les travaux nécessaires ; mais ils seront tenus de souffrir, pendant l'exécution de ces travaux, la surveillance des préposés de l'administration, qui feront en outre la réception desdits ouvrages.

Art. 6. Les permissions données en exécution de la présente n'auront d'effet que jusqu'à l'époque de la reconstruction des maisons en faveur desquelles ces permissions auront été accordées. Ce cas de reconstruction arrivant, les propriétaires seront tenus de relever le sol de leur terrain, et d'en faire concorder le nivellement avec celui de la voie publique, au moyen de quoi toute communication avec les égouts leur sera interdite, même pour les *cuisines, basses-cours, buanderies, teintureries et autres établissements qu'ils jugeront à propos de construire dans les souterrains de ces nouvelles bâtisses.* Ils seront en conséquence tenus de détruire à leurs frais celles qu'il leur avait été permis d'établir.

Circulaire

Du 23 février 1815. (Recueil des circ.)

Le ministre de l'intérieur, qui a reçu de nombreuses réclamations sur l'exiguïté des échelles des plans d'alignement des villes que la circulaire du 17 juillet 1813 (1) avait fixées à six dixièmes, à trois dixièmes et à deux dixièmes de millimètre pour mètre, a reconnu qu'elles étaient fondées, et que, tant pour l'exécution et l'usage des plans dont il s'agit, que pour l'exactitude et la facilité des cotes qu'ils doivent présenter, il est nécessaire non-seulement de donner aux échelles une plus grande dimension, mais encore d'assigner à la fraction sur laquelle elles doivent être réduites un numérateur décimal. Le ministre a donc décidé qu'elles seraient d'un millimètre pour mètre et pour les trois copies, cette augmentation devant produire une surface suffisante pour permettre

---

(1) Cette circulaire a été supprimée dans le *Recueil.*

d'indiquer et rendre sensibles les petits détails, sans porter la grandeur des plans, même des villes de premier ordre (Paris excepté), à des dimensions trop fortes pour qu'on ne puisse les examiner et les consulter sans beaucoup de difficultés.

Quant à l'opération graphique, le ministre veut que, dans l'exécution, on se conforme ponctuellement aux instructions que contient la circulaire du 17 août 1813. Il n'exige point, au surplus, que l'on recommence la mise au net des plans dont l'exécution serait déjà avancée sur la première échelle de six dixièmes de millimètres, mais que l'on fasse deux copies de même grandeur que l'original, et qu'on lui adresse ces trois plans.

Ordonnance de police concernant le percement, le curage, la réparation et l'entretien des puits.

8 mars 1815. (Archives de la préfecture de police.)

Vu les règlements de police des 18 novembre 1701 et 4 septembre 1716, les ordonnances des 20 janvier, 3 décembre 1727, 13 mai 1734 et 15 novembre 1741, etc.

§ Ier.

PERCEMENT DES PUITS.

Art. 1er. Aucun puits ne sera percé, aucune opération d'approfondissement, de sondage, de réparations et autres, ne sera entreprise dans Paris sans une déclaration au département de la police.

L'entrepreneur y désignera l'endroit où l'on a le projet de faire les travaux. (§ V, loi du 24 août 1790; § V, art. 471 du Code pénal.)

Art. 2. Dans un mois, à compter de la publication de la présente ordonnance, les entrepreneurs, perceurs, cureurs, sondeurs, et autres ouvriers travaillant à des puits dans le département de la Seine, seront tenus de se faire inscrire à l'administration de la police de Paris. (*Idem.*)

Art. 3. En exécution de la loi du 22 germinal an xi , les ouvriers sondeurs de puits seront tenus d'avoir des livrets.

Les cureurs seront pourvus d'une médaille qui leur sera délivrée au département de la police.

Art. 4. Il est enjoint à tous entrepreneurs de puits de ne se servir que d'ouvriers porteurs de livrets. (*Idem.*)

Art. 5. Dans un mois, à compter de la publication de la présente ordonnance, les puits, quel que soit leur genre de construction , seront entourés de mardelle en maçonnerie ou avec des barres de fer.

A défaut de mardelle, les puits situés dans les marais seront défendus par une enceinte formée par un mur en maçonnerie ou en terre, d'un mètre de hauteur à un mètre au moins de distance du puits.

Le tout à peine de l'amende déterminée par les règlements des 18 novembre 1701 et 3 décembre 1727, maintenus par l'article 484 du Code pénal.

§ II.

CURAGE.

Art. 6. Il est défendu d'employer au curage d'un puits des ouvriers qui n'auraient pas de médaille. (§ V, art. 3, loi du 24 août 1890 ; § V, art. 471 du Code pénal.)

Art. 7. Les cureurs ne pourront descendre dans les puits, pour quelque cause que ce soit, sans être ceints d'un bridage dont l'extrémité sera tenue par un ouvrier placé à l'extérieur. (*Idem.*)

Art. 8. Les puits abandonnés ou qui, sans être abandonnés, pourraient être soupçonnés de méphitisme, ne seront curés que d'après l'instruction annexée à la présente ordonnance.

On prendra les mêmes précautions lorsque les travaux auront été suspendus pendant vingt-quatre heures. (*Idem.*)

Art. 9. Si, nonobstant les précautions indiquées par l'instruction, un ouvrier était frappé du plomb, les travaux seraient suspendus.

Il est enjoint aux propriétaires, locataires et entrepreneurs d'en faire sur-le-champ la déclaration à Paris, au commissaire de police, et au maire, dans les communes rurales. (*Idem.*)

Art. 10. Lorsqu'un puits sera reconnu méphitisé, il sera par nous statué si les eaux peuvent être coulées dans le ruisseau sans danger, ou s'il est important pour la salubrité de les faire transporter à la voirie de Montfaucon; dans ce dernier cas, l'opération ne pourra être faite que par des ouvriers vidangeurs, et dans des tinettes hermétiquement fermées. (§ Ier et V de la loi du 24 août 1790; § VI, art. 471 du Code pénal.)

§ III.

RÉPARATIONS.

Art. 11. Les maçons, appelés à la réparation ou à la reconstruction d'un puits dont l'eau aura été trouvée corrompue, ne pourront y travailler qu'avec les précautions ci-après:

Art. 12. Tout maçon chargé de la réparation d'un puits sera tenu, tant que durera l'extraction des pierres des parties à réparer, d'avoir à l'extérieur du puits autant d'ouvriers qu'il en emploiera dans l'intérieur. (§ V, art. 3, loi du 25 août 1790; § V, art. 471 du Code pénal.)

Art. 13. Chaque ouvrier travaillant à l'extraction des pierres d'un puits à réparer sera ceint d'un bridage dont l'attache sera tenue par un ouvrier placé à l'extérieur. (*Idem.*)

Art. 14. Si des ouvriers maçons sont frappés du plomb pendant la démolition ou réparation d'un puits, les travaux seront suspendus, et déclaration en sera faite dans le jour, à Paris, au commissaire de police, et au maire dans les communes rurales. (*Idem.*)

La démolition ou réparation ne pourra en être reprise qu'avec les précautions qui seront prescrites par l'autorité locale, sur l'avis des gens de l'art.

§ IV.

ENTRETIEN.

Art. 15. Il est enjoint aux propriétaires ou principaux locataires des maisons où il y a des puits de les entretenir en état de service et garnis de cordes, poulies et seaux, ou d'avoir soin que les pompes ou autres machines hydrauliques qui y seraient établies soient constamment maintenues en bon état, de manière qu'on puisse s'en servir en cas d'incendie, sous les peines portées par les ordonnances de police des 20 janvier 1727, 15 mai 1734 et 15 novembre 1781. (*Idem.*)

§ V.

DISPOSITIONS GÉNÉRALES.

Art. 16. Les entrepreneurs sont responsables des contraventions aux dispositions de la présente ordonnance. (Art. 74 du Code pénal et 1374 du Code civil.)

Art. 17. Les ouvriers qui trouveraient dans les puits soit des objets qui pourraient faire soupçonner un délit, soit des effets quelconques, en feront la déclaration chez un commissaire de police, et aux maires dans les communes rurales. (Art. 379 du Code pénal.)

Il leur sera donné une récompense, s'il y a lieu.

Instruction relative au curage et à la réparation des puits.

Lorsqu'il est nécessaire de curer un puits ou d'y descendre pour y faire quelques réparations, le premier soin que l'on doit avoir est de s'assurer de l'état de l'air qu'il renferme. Cet air peut être vicié par différentes causes et donner lieu à des accidents très-graves; il faut donc commencer par descendre une lanterne allumée jusqu'à la surface de l'eau; si elle ne s'éteint pas, on la retire, et, par le moyen d'un poids attaché à une corde, on agite fortement l'eau jusqu'à son fond; on redescend la lumière. Si, à cette seconde

25

épreuve, la lumière ne s'éteint pas, les ouvriers peuvent commencer leurs travaux, en se munissant par précaution d'un petit appareil désinfectant de Guyton-Morveau. Il est important que les ouvriers soient revêtus d'un bridage.

Si la lumière s'éteint, on remarquera la profondeur à laquelle elle cesse de brûler. On ne descendra point dans le puits, parce qu'on y serait asphyxié. Le gaz ou air méphitique, qui ne permet ni la combustion ni la respiration, peut être *du gaz azote, du gaz acide carbonique, du gaz oxyde de carbone, de l'hydrogène sulfuré*. Dans l'incertitude où l'on est sur sa nature, il faut, quel qu'il soit, renouveler l'air du puits, et, pour cela, le moyen le plus prompt et le plus certain est un ventilateur.

Pour l'établir, il faut, avec des planches, du plâtre et de la glaise, boucher hermétiquement l'ouverture du puits, au milieu de cette espèce de couvercle pratiquer un trou d'un décimètre environ de large, sur lequel on placera un fourneau ou réchaud de terre, qui ne pourra recevoir d'air que celui du puits; on ajoutera près de la mardelle un tuyau de plomb ou fer-blanc, qui descendra dans le puits jusqu'à un décimètre de la surface de l'eau. Cet appareil une fois établi, on remplira le fourneau de braise ou de charbon allumé, et on le couvrira d'un dôme de terre cuite ou de tôle surmonté d'un bout de tuyau de poêle, afin de donner au fourneau la propriété d'attirer beaucoup d'air. Quand le fourneau a été en activité pendant une heure ou deux, suivant la profondeur du puits, on l'enlève et l'on descend dans le puits la lanterne. Si elle s'éteint encore à peu de distance de la surface de l'eau, c'est que le gaz méphitique s'y renouvelle.

Alors il faut mettre le puits à sec, attendre quelques jours, l'épuiser de nouveau, et recommencer l'application du fourneau ventilateur, ou, si l'on ne peut établir cet appareil, y substituer un ou deux forts soufflets de forge que l'on adaptera au tuyau prolongé, jusqu'à la surface de l'eau. Ces soufflets, mis en action pendant un quart d'heure ou deux, déplaceront l'air vicié du puits. Enfin, on redescendra la lanterne, et, si elle s'éteint, il faut renoncer à l'usage du puits et le condamner.

Si, par un essai préliminaire fait par un homme de l'art, on a reconnu la nature du gaz délétère que l'on veut détruire, on peut employer les réactifs suivants :

Pour neutraliser *l'acide carbonique,* on verse dans le puits avec des arrosoirs plusieurs seaux de lait de chaux , et l'on agite ensuite l'eau fortement.

Pour détruire *le gaz hydrogène sulfuré ou carboné*, on fait descendre au fond du puits, par le moyen d'une corde, un vase ouvert, contenant un mélange de manganèse et de muriate de soude arrosé d'acide sulfurique ; mais, lorsque le gaz est de *l'azote*, il faut avoir recours au fourneau ventilateur, ou au soufflet, et en vérifier l'effet par l'épreuve de la lanterne allumée.

Circulaire du ministre de l'intérieur aux préfets.

2 octobre 1815. (Recueil des circ.)

Monsieur le préfet, les précédents ministres ont plusieurs fois entretenu MM. les préfets des mesures dont ils auraient à s'occuper pour l'article 52 de la loi du 16 septembre 1807, concernant les alignements des rues dans les villes susceptibles de l'application de cette loi.

Les diverses circulaires qui ont traité de cet objet sont datées des 18 août 1808, 16 novembre 1811, 29 octobre 1812, 17 juillet et 17 août 1813, et enfin du 23 février 1815.

La première où l'on ait fixé la grandeur que devaient avoir les échelles des plans à soumettre au gouvernement est du 17 juillet 1813. Elle prescrivait de dresser, pour chaque ville, trois plans sur des échelles de proportions différentes, savoir : six dixièmes, trois dixièmes et deux dixièmes de millimètre pour mètre. Ces échelles parurent trop petites. Il s'éleva des réclamations que M. l'abbé de Montesquiou crut devoir prendre en considération ; et, le 23 février dernier, il décida que les trois plans seraient faits sur une même échelle d'un millimètre pour mètre.

La circulaire du 17 août 1813 semblait avoir réuni des instructions suffisantes pour que l'exécution sur le papier eût toute la correction et l'uniformité désirables.

Plusieurs plans ont été envoyés sur les échelles demandées, soit par la circulaire du 17 juillet 1813, soit par celle du 23 février dernier. Quelques-uns ont rempli les conditions données, d'ailleurs, par celle du 17 août 1813 ; mais il en est d'autres dont les détails sont si différents de ceux que prescrivent les circulaires, qu'il serait permis de supposer qu'elles n'ont pas été communiquées aux autorités locales chargées par leurs attributions de la surveillance du travail, et que les préfets des départements d'où ces plans ont été expédiés les ont adressés sans les examiner. Il en est résulté des difficultés, des explications qui ont fait traîner les opérations en longueur; et comme, d'un autre côté, on n'a soumis à la sanction du gouvernement qu'un très-petit nombre de plans, on peut dire que l'important travail des alignements est à peine ébauché.

Cependant, ce qui a été fait n'est pas perdu. L'expérience nous a fourni d'utiles leçons pour ce qui reste à faire. Elle a fait connaître qu'un plan, à l'échelle d'un millimètre pour mètre, quoique sensiblement plus étendu que le plus grand des trois précédemment demandés, ne pourrait encore conduire au but qu'on se propose d'atteindre que par une pureté d'exécution qu'il serait souvent difficile d'obtenir.

D'un autre côté, comme le maniement des plans des villes d'une grande étendue serait très-difficile ou du moins très-incommode, s'ils étaient faits à une échelle plus grande sur une même feuille, le format d'un atlas me paraît devoir être adopté, et je l'adopte, en effet, à compter de la date que j'indiquerai ci-après.

Je place à la suite de la présente circulaire une instruction où l'on trouvera tous les documents sur lesquels on se réglera pour les dimensions, la forme, l'ensemble et l'espèce des détails que devra présenter cet atlas, dont les feuilles seront distribuées, non par rues, mais par quartiers. Il est palpable que des plans par rues, outre la nécessité de les replier sur eux-mêmes et de les mettre ainsi dans le cas d'être coupés en peu de temps, feraient encore tomber dans les inconvénients que je viens de signaler pour le maniement des plans d'une grande étendue; j'insiste sur cette observation, pour quelques départements où l'on a paru disposé à les négliger.

En me déterminant pour les formes d'un atlas, j'ai, toutefois, l'honneur de vous prévenir, Monsieur le préfet, qu'il n'est point dans mon intention de rendre inutiles et de faire tomber en pure perte les mises au net achevées ou commencées sur les échelles prescrites par les précédentes circulaires. Je recevrai jusqu'au 1er janvier 1816, délai plus que suffisant pour achever les dessins les moins avancés, les plans tels qu'ils ont été demandés le 23 février dernier. J'admettrai même ceux qui se trouveraient dressés sur l'échelle de six dixièmes de millimètre pour mètre, bien entendu que les uns et les autres offriront d'ailleurs toutes les conditions exigées par la circulaire du 17 août 1813. Ceux de ces plans qui s'en écarteraient seraient renvoyés pour être refondus dans les formes de l'atlas décrit par l'instruction.

Ces atlas me seront transmis d'abord en double expédition, destinées : l'une à accompagner le rapport et le projet d'ordonnance que j'aurai l'honneur de présenter au roi; l'autre à rester jointe aux minutes de mon travail. Les plans étant arrêtés, je vous renverrai l'un des doubles certifié par moi, afin qu'il en soit fait une copie conforme, laquelle me sera adressée pour rester déposée dans mes bureaux avec une expédition de l'ordonnance, après que vérification en aura été faite sur le plan minute annexé à l'original de la même ordonnance royale.

Instruction pour la mise au net et le format des plans des villes qui doivent être levés en exécution de l'article 52 de la loi du 16 septembre 1807.

Art 1er. Les plans des villes qui restent à lever ou à rapporter seront à deux échelles différentes, savoir : les plans généraux à un demi-millimètre pour mètre, et les plans de division à deux millimètres pour mètres.

Art. 2. Les plans généraux contiendront le tracé des rues, places, etc., en ligne noire, les masses des édifices publics, les boulevards, cours et promenades, avenues, plantations. Les cours d'eau apparents seront lavés en couleur d'eau ; ceux des eaux couvertes, ponctués et lavés plus pâles. Aux bordures des voies publiques, on lavera en gris ce qui est bâti, et en couleur de terre ou bistre léger ce qui ne l'est pas ; on indiquera les clôtures en murs, palissades et haies. Autant que possible, les plans généraux seront en une seule feuille, pliée quand le besoin l'exigera et placée en tête de l'atlas des plans de division. Le nord sera en haut du plan général et indiqué par une boussole linéaire.

Art. 3. Les plans de division par îles entourées de rues, quais, cours d'eau, etc., seront à l'échelle de deux millimètres pour mètre. Ils formeront un atlas dont chaque feuille aura un mètre de long sur soixante-cinq-centimètres de hauteur, pliée en deux, de manière à en bien développer les plis. Les propriétés auront leurs faces actuelles sur les voies publiques tracées en lignes noires, ainsi que les faces des édifices publics. Les faces seront lavées en gris pour ce qui est bâti, et en couleur de terre pour ce qui ne l'est pas. Les eaux, clôtures, plantations, comme il vient d'être dit. On indiquera à ces faces les séparations respectives des propriétés. Chaque division aura un liséré en couleur ou une ligne ponctuée dont le pourtour se répétera au plan général. Il y aura à l'un et à l'autre plan un numéro correspondant à chaque feuille divisionnaire. Les plans de division auront toujours, comme le plan général, le nord placé dans la marge supérieure, et la direction de ce point de l'horizon sera retracée par une flèche.

Art. 4. Sur l'un et l'autre plan, on écrira les noms des rues places, etc., ceux de tous les édifices publics, des rivières, cours ou promenades ; et sur chaque plan de division, on placera, par rue, place et quai, une série de numéros sur chaque division de propriétés, en mettant des numéros pairs à droite, et des impairs correspondants à gauche, à partir du centre de la ville.

Art. 5. Les alignements proposés seront tracés en lignes rouges. Ce dont on avancera sera lavé en rouge pâle, et ce dont on reculera en jaune. Les projets généraux de percements et embellissements seront ponctués en rouge. On sera très-circonspect sur les avancements, en ne visant pas à un parallélisme bon en rues nouvelles, inutile souvent dans les rues anciennes où il ne s'agit que de redressements partiels. Ces avances sont très-nuisibles quand l'un bâtit avant l'autre.

Art. 6. Il sera préposé des noms aux rues, places, etc., qui n'en ont pas; le ministre y statuera.

Art. 7. En tête du volume, sera l'état des rues et autres voies publiques, avec le procès-verbal du tracé des alignements, les largeurs proposées aux voies publiques; ces largeurs seront cotées en rouge aux plans de détail.

Art. 8. A la fin du volume sera un autre état desdites rues, etc., avec colonnes comprenant les numéros des propriétés, les noms propres des propriétaires et la nature de chaque propriété. Cela suffit, vu les différentes mutations qui y surviennent.

On suivra pour ces états la marche des subdivisions du plan général.

Art. 9. Dans les cas où les alignements proposés seraient contestés, les variantes seront tracées en lignes bleues ; et au bas du plan d'ensemble, ou même de chaque feuille, s'il est nécessaire, on fera connaître à l'opinion de qui se rapporte le tracé rouge ou bleu.

Art. 10. MM. les préfets feront vérifier les plans généraux et de détail, et les feront rectifier, s'ils se trouvent inexacts. MM. les ingénieurs, architectes ou géomètres qui auront été chargés de les lever et rapporter seront invités à joindre, autant que possible, à l'atlas précité un tracé des polygones et autres lignes principales qui forment le fond de leur plan, avec les ouvertures d'angle et cotes des longueurs de bases.

Art. 11. On distinguera, dans les états de rues, celles qui sont de grandes routes traversant la ville.

Art. 12. La direction générale des ponts et chaussées proposera en même temps les alignements de ce qui est grande route traversant les villes, et qui doivent se raccorder aux autres voies publiques, afin de pouvoir provoquer en même temps une décision sur le tout, et rendre ainsi l'ensemble des alignements simultanément exécutoire (1).

Art. 13. On indiquera et détaillera dans toute leur épaisseur les murs de face des édifices publics, leurs entrées principales donnant sur les rues, places, etc., ainsi que les fontaines publics et puits banaux. Dans le cas où il y aurait impossibilité absolue de donner les détails des murs de face des édifices publics, on les distinguera par une teinte grise plus forte que celle des édifices particuliers.

Art. 14. Les plans devront toujours être signés par leurs auteurs, et certifiés véritables par les autorités locales et départementales.

***

Circulaire du directeur général des ponts et chaussées, sur la notification des arrêtés des conseils de préfecture en matière de grande voirie.

12 septembre 1816. (Recueil des circ.)

Un avis du conseil d'État du 16 thermidor an XII, approuvé le 25 (*Bulletin des lois* n° 42, 4ᵉ série), et un décret du 21 juin 1813 (*Bulletin* n° 509 4ᵉ série) consacrent le principe que les conseils de préfecture sont, dans les affaires de leur compétence, de véritables juges dont les actes doivent produire les mêmes effets et obtenir la même exécution que ceux des tribunaux ordinaires; qu'ils n'ont pas,

---

(1) Voir nos observations, page 91.

plus que les tribunaux, le droit de réformer leurs décisions, et que ce droit n'appartient qu'à l'autorité supérieure.

Ainsi, lorsque des pourvois sont formés contre des arrêtés de ces conseils, il n'appartient qu'au roi de les maintenir ou de les annuler. Le décret du 22 juillet 1806 (*voir* ci-après) détermine la manière de procéder dans les affaires contentieuses portées au conseil d'État. L'art. 11 de ce décret porte que le recours au conseil contre la décision d'une autorité qui y ressortit ne sera plus recevable après trois mois du jour où cette décision aura été notifiée; passé ce terme, les pourvois peuvent être rejetés par une fin de non-recevoir ; mais, ainsi que l'indique le décret du 17 avril 1812, « la prescription ou la force de chose jugée « ne peut être utilement opposée qu'autant que la partie « qui oppose cette exception a régulièrement signifié les « arrêtés contre lesquels on réclame. » (*Bulletin, des lois* n° 432, 4ᵉ série.) Ce même décret ajoute que de tels arrêtés *sont des jugements*, et que si l'envoi par les autorités supérieures aux autorités inférieures suffit pour rendre exécutoires les actes purement administratifs, il n'en est pas de même quand il s'agit d'arrêtés d'un conseil de préfecture statuant sur la propriété.

J'ai eu occasion de remarquer que dans quelques départements les préfets notifiaient les arrêtés des conseils de préfecture comme les leurs propres; que souvent même ils les faisaient notifier par les ingénieurs. Les notifications de ce genre n'ont point, en cas de pourvoi, un caractère légal, et l'on ne peut dès lors opposer aux réclamants la fin de non-recevoir indiquée par l'article 11 du décret du 22 juillet 1806.

Les arrêtés des conseils de préfecture devant, d'après le principe consacré par l'avis du conseil d'État du 16 thermidor an xii et le décret du 21 juin 1813, *produire les mêmes effets et obtenir la même exécution que les jugements des tribunaux ordinaires*, il est manifeste que, pour être signifiés régulièrement, il faut qu'ils le soient par huissier.

Je vous invite, en conséquence, à faire signifier à l'avenir les décisions du conseil de préfecture de votre département, relatives à la grande voirie ou à tout ce qui ressortit à l'administration des ponts et chaussées, aux parties intéressées, par ministère d'huissier; les frais de signification resteront à la charge de qui de droit, selon que l'aura établi la décision du conseil de préfecture.

Quant aux décisions ministérielles, elles doivent être notifiées au domicile de la partie par le maire, qui doit lui faire donner un reçu.

Ordonnance du roi. — Construction des fosses d'aisances à Paris.

24 septembre 1819. (Bulletin des lois.)

Louis, etc. — Sur le rapport de notre ministre de l'intérieur; vu les observations du préfet de police sur la nécessité de modifier les règlements concernant la construction des fosses d'aisances dans notre bonne ville de Paris ; notre conseil d'Etat entendu ; nous avons ordonné et ordonnons ce qui suit :

SECTION Ire.

DES CONSTRUCTIONS NEUVES.

Art. 1er. A l'avenir, dans aucun des bâtiments publics ou particuliers de notre bonne ville de Paris et de leurs dépendances, on ne pourra employer pour fosses d'aisances, des puits, puisards, égouts, aqueducs ou carrières abandonnées, sans y faire les constructions prescrites par le présent règlement.

Art. 2. Lorsque les fosses seront placées sous le sol des caves, ces caves devront avoir une communication immédiate avec l'air extérieur.

Art. 3. Les caves sous lesquelles seront construites les fosses d'aisances devront être assez spacieuses pour contenir quatre travailleurs et leurs ustensiles et avoir au moins deux mètres de hauteur sous voûte.

Art. 4. Les murs, la voûte et le fond des fosses seront entièrement construits en pierres meulières maçonnées avec du mortier de chaux maigre et de sable de rivière bien lavé.

Les parois des fosses seront enduites de pareil mortier lissé à la truelle.

On ne pourra donner moins de trente à trente-cinq centimètres d'épaisseur aux voûtes et moins de quarante-cinq ou cinquante centimètres aux massifs et aux murs.

Art. 5. Il est défendu d'établir des compartiments ou divisions dans les fosses, d'y construire des piliers et d'y faire des chaînes ou des arcs en pierres apparentes.

Art. 6. Le fond des fosses d'aisances sera fait en forme de cuvette concave.

Tous les angles intérieurs seront effacés par des arrondissements de vingt-cinq centimètres de rayon.

Art. 7. Autant que les localités le permettront, les fosses d'aisances seront construites sur un plan circulaire, elliptique ou rectangulaire.

On ne permettra point la construction des fosses à angle rentrant, hors le seul cas où la surface de la fosse serait au moins de quatre mètres carrés de chaque côté de l'angle ; et alors il serait pratiqué, de l'un et de l'autre côté, une ouverture d'extraction.

Art. 8. Les fosses, quelle que soit leur capacité, ne pourront avoir moins de deux mètres de hauteur sous clef.

Art. 9. Les fosses seront couvertes par une voûte en plein cintre, ou qui n'en différera que d'un tiers de rayon.

Art. 10. L'ouverture d'extraction des matières sera placée au milieu de la voûte, autant que les localités le permettront.

La cheminée de cette ouverture ne devra point excéder un mètre cinquante centimètres de hauteur, à moins que les localités n'exigent impérieusement une plus grande hauteur.

Art. 11. L'ouverture d'extraction correspondant à une cheminée d'un mètre cinquante centimètres de hauteur ne pourra avoir moins d'un mètre en longueur sur soixante-cinq centimètres en largeur.

Lorsque cette ouverture correspondra à une cheminée excédant un mètre cinquante centimètres de hauteur, les dimensions ci-dessus spécifiées seront augmentées, de manière que l'une de ces dimensions soit égale aux deux tiers de la hauteur de la cheminée.

Art. 12. Il sera placé, en outre, à la voûte, dans la partie la plus éloignée du tuyau de chute et de l'ouverture d'extraction, si elle n'est pas dans le milieu, un tampon mobile, dont le diamètre ne pourra être moindre de cinquante centimètres. Ce tampon sera en pierre, encastré dans un châssis en pierre, et garni, dans son milieu, d'un anneau en fer.

Art. 13. Néanmoins ce tampon ne sera pas exigible pour les fosses dont la vidange se fera au niveau du rez-de-chaussée, et qui auront, sur ce même sol, des cabinets d'aisances avec trémie ou siége sans bonde, et pour celles qui auront une superficie moindre de six mètres dans le fond, et dont l'ouverture d'extraction sera dans le milieu.

Art. 14. Le tuyau de chute sera toujours vertical.

Son diamètre intérieur ne pourra avoir moins de vingt-cinq centimètres, s'il est en terre cuite, et de vingt centimètres, s'il est en fonte.

Art. 15. Il sera établi, parallèlement au tuyau de chute, un tuyau d'évent, lequel sera conduit jusqu'à la hauteur des souches de cheminées de la maison, ou de celles des maisons contiguës, si elles sont plus élevées.

Le diamètre de ce tuyau d'évent sera de vingt-cinq centimètres au moins; s'il passe cette dimension, il dispensera du tampon mobile.

Art. 16. L'orifice intérieur des tuyaux de chute et d'évent ne pourra être descendu au dessous des points les plus élevés de l'intrados de la voûte.

SECTION II.

Art. 17. Les fosses actuellement pratiquées dans des puits, puisards, égouts anciens, aqueducs ou carrières abandonnées, seront comblées ou reconstruites à la première vidange.

Art. 18. Les fosses situées sous le sol des caves, qui n'auraient point communication immédiate avec l'air extérieur, seront comblées à la première vidange, si l'on ne peut pas établir cette communication.

Art. 19. Les fosses actuellement existantes, dont l'ouverture d'extraction, dans les deux cas déterminés par l'article 11, n'aurait pas et ne pourrait avoir les dimensions prescrites par le même article; celles dont la vidange ne peut avoir lieu que par des soupiraux ou des tuyaux, seront comblées à la première vidange.

Art. 20. Les fosses à compartiments ou étranglements seront comblées ou reconstruites à la première vidange, si l'on ne peut pas faire disparaître ces étranglements ou compartiments, et qu'ils soient reconnus dangereux.

Art. 21. Toutes les fosses des maisons existantes qui seront reconstruites le seront suivant le mode prescrit par la première section du présent règlement.

Néanmoins le tuyau d'évent ne pourra être exigé que s'il y a lieu à reconstruire un des murs en élévation au dessus de ceux de la fosse, ou si ce tuyau peut se placer intérieurement ou extérieurement, sans altérer la décoration des maisons.

SECTION III.

Art. 22. Dans toutes les fosses existantes, et lors de la première vidange, l'ouverture d'extraction sera agrandie, si elle n'a pas les dimensions prescrites par l'article 11 de la présente ordonnance.

Art. 23. Dans toutes les fosses dont la voûte aura besoin de réparations, il sera établi un tampon mobile, à moins qu'elles ne se trouvent dans les cas d'exception prévus par l'article 13.

Art. 24. Les piliers isolés établis dans les fosses seront supprimés à la première vidange, ou l'intervalle entre les piliers et les murs sera rempli en maçonnerie, toutes les fois que le passage, entre ces piliers et les murs, aura moins de soixante-dix centimètres de largeur.

Art. 25. Les étranglements existants dans les fosses, et qui ne laisseraient pas un passage de soixante-dix centimètres au moins de largeur, seront élargis à la première vidange, autant qu'il sera possible.

Art. 26. Lorsque le tuyau de chute ne communiquera avec la fosse que par un couloir ayant moins d'un mètre de largeur, le fond de ce couloir sera établi en glacis jusqu'au fond de la fosse, sous une inclinaison de quarante-cinq degrés au moins.

Art. 27. Toute fosse qui laisserait filtrer ses eaux par les murs ou par le fond sera réparée.

Art. 28. Les réparations consistant à faire des rejointoiements, à élargir l'ouverture d'extraction, placer un tampon mobile, rétablir les tuyaux de chute ou d'évent, reprendre la voûte et les murs, boucher ou élargir des étranglements, réparer le fond des fosses, supprimer des piliers, pourront être faites suivant les procédés employés à la construction première de la fosse.

Art. 29. Les réparations consistant dans la reconstruction entière d'un mur, de la voûte, ou du massif du fond des fosses d'aisances, ne pourront être faites que suivant le mode indiqué ci-dessus pour les constructions neuves.

Il en sera de même pour l'enduit général, s'il y a lieu à en revêtir les fosses.

Art. 30. Les propriétaires des maisons dont les fosses seront supprimées en vertu de la présente ordonnance seront tenus d'en faire construire de nouvelles, conformément aux dispositions prescrites par les articles de la première section.

Art. 31. Ne seront pas astreints aux constructions ci-dessus déterminées les propriétaires qui, en supprimant leurs anciennes fosses, y substitueront les appareils connus sous le nom de *fosses mobiles inodores*, ou tous autres appareils que l'administration publique aurait reconnu, par la suite, pouvoir être employés concurremment avec ceux-ci.

Art. 32. En cas de contravention aux dispositions de la présente ordonnance ou d'opposition de la part des propriétaires aux mesures prescrites par l'administration, il sera procédé, dans les formes voulues, devant le tribunal de police ou le tribunal civil, suivant la nature de l'affaire.

Art. 33. Le décret du 10 mars 1809 concernant les fosses d'aisances dans Paris est et demeure annulé.

Ordonnance de police.

23 octobre 1819. (Archives de la préfecture de police.)

Nous, etc., — Vu 1° l'ordonnance du roi du 4 septembre 1819, contenant règlement pour les constructions, reconstructions et réparations des fosses d'aisances dans la ville de Paris; — 2° L'ordonnance de police du 24 août 1808, concernant les vidangeurs; — 3° La loi des 16-24 août 1790, titre XI, art. 3, § V; — 4° L'article 23, § III, de l'arrêté du gouvernement du 12 messidor an VIII (1er juillet 1800); — Ordonnons ce qui suit :

Art. 1er. L'ordonnance du roi du 24 septembre 1819, contenant règlement pour les constructions, reconstructions et réparations des fosses d'aisances dans la ville de Paris, sera imprimée et affichée.

Art. 2. Aucune fosse ne pourra être construite, reconstruite, réparée ou supprimée, sans déclaration préalable à la préfecture de police.

Cette déclaration sera faite par le propriétaire ou par l'entrepreneur qu'il aura chargé de l'exécution des ouvrages.

Dans le cas de construction ou de reconstruction, la déclaration devra être accompagnée du plan de la fosse à construire ou reconstruire, et de celui de l'étage supérieur.

Art. 3. La même déclaration sera faite, soit par les propriétaires qui feront établir dans leurs maisons les appareils connus sous le nom de *fosses mobiles inodores*, et tous autres appareils que l'administration publique approuverait par la suite, soit par les entrepreneurs de ces établissements.

Art. 4. Seront tenus à la même déclaration les propriétaires qui voudront combler des fosses d'aisances ou les convertir en caves, ou les entrepreneurs chargés des travaux relatifs à ces comblements et suppressions.

Art. 5. Il est défendu, même après la déclaration faite à la préfecture de police, de commencer les travaux relatifs aux fosses d'aisances ou à l'établissement d'appareils quelconques, sans avoir obtenu l'autorisation nécessaire à cet effet.

Art. 6. Il est défendu aux propriétaires ou entrepreneurs d'extraire ou de faire extraire, par leurs ouvriers ou tous autres, les eaux vannes et matières qui se trouveraient dans les fosses.

Cette extraction ne pourra être faite que par un entrepreneur de vidanges.

Art. 7. Il leur est également défendu de faire couler dans la rue les eaux claires et sans odeur qui reviendraient dans la fosse, après la vidange, à moins d'y être spécialement autorisés.

Art. 8. Tout propriétaire faisant procéder à la réparation ou à la démolition d'une fosse, ou tout entrepreneur chargé des mêmes travaux, sera tenu, tant que dureront la démolition et l'extraction des pierres, d'avoir à l'extérieur de la fosse autant d'ouvriers qu'il en emploiera dans l'intérieur.

Art. 9. Chaque ouvrier travaillant à la démolition ou à

l'extraction des pierres sera ceint d'un bridage, dont l'attache sera tenue par un ouvrier placé à l'extérieur.

Art. 10. Les propriétaires et entrepreneurs sont, aux termes des lois, responsables des effets des contraventions aux quatre articles précédents.

Art. 11. Toute fosse, avant d'être comblée, sera vidée et curée à fond.

Art. 12. Toute fosse destinée à être convertie en cave sera curée avec soin. Les joints en seront grattés à vif et les parties en mauvais état réparées en se conformant aux dispositions prescrites par les articles 6, 7, 8 et 9.

Art. 13. Si un ouvrier est frappé d'asphyxie en travaillant dans une fosse, les travaux seront suspendus à l'instant, et déclaration en sera faite, dans le jour, à la préfecture de police.

Les travaux ne pourront être repris qu'avec les précautions et mesures indiquées par l'autorité.

Art. 14. Tous matériaux provenant de la démolition de fosses d'aisances seront immédiatement enlevés.

Art. 15. Il ne pourra être fait usage d'une fosse d'aisances nouvellement construite ou réparée, qu'après la visite de l'architecte commissaire de la petite voirie, qui délivrera son certificat constatant que les dispositions prescrites par l'autorité ont été exécutées.

Toutefois, lorsqu'il y aura lieu à revêtir tout ou partie de la fosse de l'enduit prescrit par le deuxième paragraphe de l'article 4 de l'ordonnance royale du 24 septembre 1819, il devra être fait par le même architecte une visite préalable, pour constater l'état des murs, avant l'application de l'enduit.

Art. 16. Tout propriétaire qui aura supprimé une ou plusieurs fosses d'aisances, pour établir des appareils quelconques en tenant lieu, et qui, par la suite, renoncerait à l'usage desdits appareils, sera tenu de rendre à leur première destination les fosses supprimées, ou d'en faire construire de nouvelles, en se conformant aux dispositions de l'ordon-

nance du roi du 24 septembre 1819, et de la présente ordonnance.

Art. 17. Les contraventions seront constatées par des
procès-verbaux ou rapports qui nous seront transmis sans
délai.

Art. 18. Les commissaires de police, l'architecte commissaire de la petite voirie, l'inspecteur général de la salubrité
et les autres préposés de la préfecture de police sont chargés de surveiller l'exécution de la présente ordonnance.

Arrêté du préfet de la Seine. — Service de la grande voirie de Paris.

28 février 1821. (Daubenton, p. 557.)

Nous étant fait rendre compte de l'organisation actuelle
du service extérieur de la grande voirie de Paris, et ayant
reconnu que ce service, quoique fait avec zèle et généralement d'une manière satisfaisante, est cependant susceptible
encore de quelques améliorations; — Vu les arrêtés de
notre prédécesseur, en date du 24 nivôse an IX et 23 brumaire an XII; — Arrêtons ce qui suit :

Art. 1er. Dans toutes constructions nouvelles, aussitôt que
les assises de retraite sur les murs de fondation seront posées à demeure, il sera procédé par le commissaire voyer de
l'arrondissement, en présence d'un des inspecteurs généraux
de la grande voirie, au récolement de l'alignement indiqué
dans la permission qui aura autorisé les travaux.

Art. 2. Lorsque la construction d'une maison neuve ou
l'exhaussement d'une maison ancienne seront terminés, le
commissaire voyer, en présence d'un des inspecteurs généraux, constatera si la maison n'est élevée qu'à la hauteur déterminée dans la permission.

Art. 3. Les procès-verbaux à rédiger, conformément aux
deux articles précédents, seront signés par le commissaire
voyer, par l'inspecteur général, et, autant que cela sera pos-

sible, par l'architecte ou l'entrepreneur constructeurs, et par le propriétaire ou son fondé de pouvoir.

Chaque procès-verbal nous sera transmis dans les quinze jours de la date.

Art. 4. Aussitôt que le procès-verbal de récolement nous aura été adressé, le commissaire voyer sera tenu d'indiquer, par des hachures sur le plan d'alignement déposé dans nos bureaux, les constructions neuves qui auront été l'objet du récolement, et indiquera aussi sur le même plan, mais en chiffres seulement, la superficie du terrain qui aura été abandonné à la voie publique par suite de l'alignement.

Art. 5. Lorsque des vices de construction auront été reconnus dans des constructions neuves ou anciennes, et que la rectification aura été ou consentie à l'amiable, ou ordonnée par l'autorité, les travaux de rectification seront faits sous la surveillance du commissaire voyer de l'arrondissement, mais l'exécution sera constatée par un rapport signé de lui et d'un des inspecteurs généraux.

Art. 6. Encore qu'il soit de principe que ni les commissaires voyers ni les inspecteurs généraux ne peuvent faire ou diriger, soit directement, soit indirectement, dans Paris, des travaux de construction, ils pourront à l'avenir se charger des travaux ci-après indiqués, mais à la charge de nous en informer préalablement :

1° Toute espèce de travaux de construction pour le compte du gouvernement ou d'une grande administration. publique;

2° Pour le compte des particuliers, toutes constructions neuves ou réparations à des bâtiments reconnus être sur l'alignement, et n'ayant que la hauteur légale;

3° Toute espèce de travaux à des bâtiments n'ayant pas ou ne devant pas avoir face ou jour sur la voie publique.

Art. 7. Ils pourront aussi opérer comme experts dans toutes les affaires où la ville de Paris ne sera pas intéressée.

Art. 8. Tous les ans, il y aura permutation (facultative à l'égard de M. le préfet) d'arrondissement entre les commissaires voyers ; les nouvelles attributions d'arrondissements seront fixées par nous chaque année.

Au contraire, les inspecteurs particuliers de la voirie seront constamment attachés au même arrondissement.

Art. 9. Les inspecteurs particuliers de la voirie remettront au bureau de la grande voirie le double signé d'eux des rapports qu'ils auront adressés à leurs commissaires voyers respectifs.

Cette remise aura lieu dans les vingt-quatre heures de la date du rapport.

Art. 10. Au commencement de chaque année, les inspecteurs généraux nous adresseront un rapport spécial sur l'ensemble des opérations de l'année précédente, sur les abus qu'ils auront remarqués et les améliorations qui leur paraîtront possibles.

Ordonnance du roi. — Numérotage des maisons.

23 avril 1825. (Bulletin des lois.)

Louis, etc. ; — Sur le rapport de notre ministre secrétaire d'Etat au département de l'intérieur, relatif à des questions élevées par diverses administrations locales sur les moyens de pourvoir aux frais de numérotage des maisons dans les villes et les communes où cette opération est jugée nécessaire ; — Vu le décret du 15 pluviôse an XIII [4 février 1805] (1) sur le numérotage des maisons de Paris, et les observations du préfet de la Seine sur son mode d'exécution ; — Considérant que le numérotage des maisons dans les villes et les communes du royaume est à la fois un moyen d'ordre et de police, et un avantage personnel pour tous les habitants ; — Que, s'il est juste que le premier établissement des numéros soit payé sur les fonds communaux, ainsi que leur renouvellement, lorsqu'il y a lieu d'en changer la

---

(1) Voir ci-devant, pag. 337.

série, il n'est pas moins convenable que l'entretien et la restauration des numéros demeurent à la charge des propriétaires, soit à raison de l'avantage qu'ils en tirent par la facilité des relations, soit parce que la dégradation des numéros n'est qu'une suite de la dégradation de la propriété ou des changements qu'elle subit par le fait du propriétaire ; — Notre conseil d'Etat entendu ; — Nous avons ordonné et ordonnons ce qui suit :

Art. 1er. Les dispositions des articles 9 et 11 du décret du 4 février 1805, relatif au numérotage dans la ville de Paris, sont déclarées applicables à toutes les villes et communes du royaume où la même opération sera jugée nécessaire.

Art. 2. Notre ministre secrétaire d'Etat au département de l'intérieur est chargé de l'exécution de la présente ordonnance.

Ordonnance du roi. — Saillies dans Paris.

24 décembre 1823. (Bulletin des lois.)

Louis, etc.; — Sur le rapport de notre ministre secrétaire d'Etat au département de l'intérieur ; — Vu l'ordonnance du bureau des finances de Paris, du 14 décembre 1725, portant détermination des saillies à permettre dans cette ville ; — Vu les lettres patentes du 22 octobre 1733, concernant les droits de voirie ; — Vu les lettres patentes du 31 décembre 1781, ordonnant l'exécution de différents règlements relatifs à la voirie de Paris ; — Vu le décret du 27 octobre 1808 ; — Sur le compte qui nous a été rendu des accidents multipliés arrivés dans notre bonne ville de Paris par la chute d'entablements, de corniches et d'auvents en plâtre, et de la difformité, des embarras et des dangers que présente la saillie démesurée des devantures de boutique, tableaux, enseignes, étalages, bornes et autres objets placés au-devant des murs de face des maisons ; — Considérant qu'il est indispensable de prendre des mesures promptes et efficaces, afin de prévenir de nouveaux malheurs, et de remédier aux abus qui se sont introduits par suite de l'inexécution des anciens règlements ; — Notre conseil d'Etat entendu ; Nous avons ordonné et ordonnons ce qui suit :

TITRE Ier.

DISPOSITIONS GÉNÉRALES.

Art. 1er. Il ne pourra, à l'avenir, être établi, sur les murs de face des maisons de notre bonne ville de Paris, aucune saillie autre que celles déterminées par la présente ordonnance.

Art. 2. Toute saillie sera comptée à partir du nu du mur, au dessus de la retraite.

TITRE II.

DIMENSION DES SAILLIES.

Art. 3. Aucune saillie ne pourra excéder les dimensions suivantes.

SECTION Ire.

Saillies fixes.

Pilastres et colonnes en pierre, dans les rues au dessous de huit mètres de largeur,   0, 03.

Dans les rues de huit à dix mètres de largeur,   0,04.

Dans les rues de douze mètres de largeur et au dessus ,   0,10.

Lorsque les pilastres et les colonnes auront une épaisseur plus considérable que les saillies permises, l'excédant sera en arrière de l'alignement de la propriété, et le nu du mur de face formera arrière-corps à l'égard de cet alignement ; toutefois les jambes-étrières ou boutisses devront toujours être placées sur l'alignement.

Dans ce cas, l'élévation des assises de retraite sera réglée, à partir du sol :

Dans les rues de dix mètres de largeur et au dessous, à   0,80.

Dans celle de dix à douze mètres de largeur, à   1,00.

Dans celles de douze mètres et au-dessus, à   1,15.

Grands balcons,   0,80.

Herses, chardons, artichauts et fraises.   0,80.

Auvents de boutique,   0,80.

Petits auvents au-dessus des croisées,   0,25.

Bornes dans les rues au-dessous de dix mètres de largeur,   0,50.

Bornes dans les rues de dix mètres et au-dessus,   0,80.

Bancs de pierre aux côtés des portes des maisons,   0,60.

Corniches en menuiserie sur boutiques,   0,50.

Abat-jour de croisée, dans la partie la plus élevée,   0,33.

Moulinets de boulanger et poulies,   0,50.

Petits balcons, y compris l'appui des croisées,   0,22.

Seuils, socles,   0,22.

Colonnes isolées en menuiserie,   0,16.

Colonnes engagées en menuiserie,   0,16.

Pilastres en menuiserie,   0,16.

Barreaux et grilles de boutique,   0,16.

Appui de boutique,   0,16.

Tuyaux de descente ou d'évier,   0,16.

Cuvettes,   0,16.

Devanture de boutique, toute espèce d'ornements compris,   0,16.

Tableaux, enseignes, bustes, reliefs, montres, attributs, y compris les bordures, supports et points d'appui,   0,16.

Jalousies,   0,16.

Persiennes ou contrevents,   0,11.

Appui de croisée,   0,08.

Barres de support,   0,08.

(Les parements de décorations au-dessus du rez-de-chaussée n'auront que l'épaisseur des bois appliqués au mur.) (1)

---

(1) Les parements de décoration ne peuvent pas dépasser la hauteur de l'entresol. (Décision du préfet de police du 11 septembre 1843.)

SECTION II.

Saillies mobiles.

Lanternes ou transparents avec potence,   0,75.

Lanternes ou transparents en forme d'applique   0,22.

Tableaux, écussons, enseignes, montres, étalages, attributs, y compris les supports, bordures, crochets, et points d'appui,   0,16.

Appui de boutique, y compris les barres et crochets, 0,16.

Volets, contrevents ou fermetures de boutique,   0,16.

Art. 4. Les saillies déterminées par l'article précédent pourront être restreintes suivant les localités.

TITRE III.

DISPOSITIONS RELATIVES A CHAQUE ESPÈCE DE SAILLIE.

SECTION Ire.

Barrières au-devant des maisons.

Art. 5. Il est défendu d'établir des barrières fixes au-devant des maisons et de leurs dépendances, quelles qu'elles puissent être, tant dans les rues et places que sur les boulevards, à moins qu'elles ne soient reconnues nécessaires à la propreté et qu'elles ne gênent point la circulation.

La saillie de ces barrières ne pourra, dans aucun cas, excéder un mètre et demi.

Art. 6. Les propriétaires auxquels il aura été accordé la permission d'établir des barrières seront obligés de les maintenir en bon état.

SECTION II.

Bancs, Pas, Marches, Perrons, Bornes.

Art. 7. Il ne sera permis de placer des bancs au-devant des maisons que dans les rues de dix mètres de largeur et au-dessus. Ces bancs seront en pierre, ne dépasseront pas l'alignement de la base des bornes, et seront établis dans toute leur longueur sur maçonnerie pleine et chanfreinée.

Art. 8. Il est défendu de construire des perrons en saillie sur la voie publique.

Les perrons actuellement existants seront supprimés, autant que faire se pourra, lorsqu'ils auront besoin de réparation.

Il ne sera accordé de permission que pour les pas et marches, lorsque les localités l'exigeront. Ces pas et marches ne pourront dépasser l'alignement de la base des bornes. En cas d'insuffisance de cette saillie, le propriétaire rachètera la différence du niveau en se retirant sur lui-même. Néanmoins les propriétaires des maisons riveraines des boulevards intérieurs de Paris pourront être autorisés à construire des perrons au-devant desdites maisons, s'il est reconnu qu'ils soient absolument nécessaires, et que les localités ne permettent pas aux propriétaires de se retirer sur eux-mêmes. Ces perrons, quelle qu'en soit la forme, ne pourront excéder un mètre de saillie, tout compris, ni approcher à plus d'un mètre de distance de la ligne extérieure des arbres de la contre-allée.

Art. 9. Il est permis d'établir des bornes aux angles saillants des maisons formant encoignure de rue; mais, lorsque ces encoignures seront disposées en pan coupé de soixante centimètres au moins et d'un mètre au plus de largeur, une seule borne sera placée au milieu du pan coupé.

SECTION III.

Grands balcons.

Art. 10. Les permissions d'établir de grands balcons ne seront accordées que dans les rues de dix mètres de largeur et au-dessus, ainsi que dans les places et carrefours, et ce d'après une enquête de commodo et incommodo (1).

S'il n'y a point d'opposition, les permissions sont déli-

---

(1) Il y a, toutefois, plusieurs exemples de grands balcons tolérés dans des rues de moins de dix mètres de largeur, lorsqu'ils sont placés sur les entablements des maisons, à la sommité du mur de face et ne formant point saillie sur la voie publique, ce qui paraît devoir, en effet, leur permettre d'échapper à la prohibition portée par cet article.

(*Note de l'auteur.*)

vrées. En cas d'opposition, il sera statué par le conseil de préfecture, sauf le recours au conseil d'Etat.

Dans aucun cas, les grands balcons ne pourront être établis à moins de six mètres du sol de la voie publique.

Le préfet de police sera toujours consulté sur l'établissement des grands et petits balcons.

SECTION IV.

Constructions provisoires, échoppes.

Art. 11. Il pourra être permis de masquer, par des constructions provisoires ou des appentis, tout renfoncement entre deux maisons, pourvu qu'il n'ait pas au delà de huit mètres de longueur, et que sa profondeur soit au moins d'un mètre. Ces constructions ne devront, dans aucun cas, excéder la hauteur du rez-de-chaussée, et elles seront supprimées dès qu'une des maisons attenantes subira retranchement.

Il est permis de masquer par des constructions légères, en forme de pan coupé, les angles de toute espèce de retranchement au-dessus de huit mètres de longueur, mais sous la même condition que ci-dessus pour leur établissement et leur suppression.

Le préfet de police sera toujours consulté sur les demandes formées à cet effet.

Art. 12. Il est expressément défendu d'établir des échoppes en bois ailleurs que dans les angles et renfoncements hors de l'alignement des rues et places.

Toutes les échoppes existantes qui ne sont point conformes aux dispositions ci-dessus seront supprimées lorsque les détenteurs actuels cesseront de les occuper, à moins que l'autorité ne juge nécessaire d'en ordonner plus tôt la suppression.

SECTION V.

Auvents et corniches de boutiques.

Art. 13. Il est défendu de construire des auvents et corniches en plâtre au-dessus des boutiques. Il ne pourra en être établi qu'en bois, avec la faculté de les revêtir extérieurement de métal ; toute autre manière de les couvrir est prohibée.

Les auvents et corniches en plâtre actuellement établis au-dessus des boutiques ne pourront être réparés. Ils seront démolis lorsqu'ils auront besoin de réparation, et ne seront rétablis qu'en bois.

SECTION VI.

Enseignes.

Art. 14. Aucuns tableaux, enseignes, montres, étalages et attributs quelconques, ne seront suspendus, attachés ni appliqués, soit aux balcons, soit aux auvents. Leurs dimensions seront déterminées, au besoin, par le préfet de police, suivant les localités.

Il pourra néanmoins être placé sous les auvents des tableaux ou plafonds en bois, pourvu qu'ils soient posés dans une direction inclinée.

Tout étalage formé de pièces d'étoffe disposées en draperie et guirlande, et formant saillie, est interdit au rez-de-chaussée. Il ne pourra descendre qu'à trois mètres du sol de la voie publique.

Tout crochet destiné à soutenir des viandes en étalage devra être placé de manière que les viandes ne puissent excéder le nu des murs de face, ni faire aucune saillie sur la voie publique.

SECTION VII.

Tuyaux de poêle et de cheminée.

Art. 15. A l'avenir, et pour toutes les maisons de construction nouvelle, aucun tuyau de poêle ne pourra déboucher sur la voie publique.

Dans l'année de la publication de la présente ordonnance, les tuyaux de poêle crêtés et autres qui débouchent actuellement sur la voie publique seront supprimés, s'il est reconnu qu'ils peuvent avoir une issue intérieure. Dans le cas où la suppression ne pourrait avoir lieu, ces mêmes tuyaux seraient élevés jusqu'à l'entablement, avec les précautions nécessaires pour assurer leur solidité et empêcher l'eau rousse de tomber sur les passants.

Art. 16. Les tuyaux de cheminée en maçonnerie et en saillie sur la voie publique seront démolis et supprimés, lorsqu'ils seront en mauvais état, ou que l'on fera de grosses réparations dans les bâtiments auxquels ils sont adossés.

Les tuyaux de cheminée en tôle, en poterie et en grès, ne pourront être conservés extérieurement sous aucun prétexte.

SECTION VIII.

Bannes.

Art. 17. La permission d'établir des bannes ne sera donnée que sous la condition de les placer à trois mètres au moins au-dessus du sol, dans sa partie la plus basse, de manière à ne pas gêner la circulation. Leurs supports seront horizontaux. Elles n'auront de joues qu'autant que les localités le permettront, et les dimensions en seront déterminées par l'autorité.

Les bannes devront être en toile ou en coutil, et ne pourront, dans aucun cas, être établies sur châssis.

La saillie des bannes ne pourra excéder un mètre cinquante centimètres.

Dans l'année de la publication de la présente ordonnance, toutes les bannes qui ne seront pas conformes aux conditions exigées plus haut seront changées, réduites ou supprimées.

SECTION IX.

Perches.

Art. 18. Les perches et étendoirs des blanchisseuses, teinturiers, dégraisseurs, couverturiers, etc., ne pourront être établis que dans des rues écartées et peu fréquentées, et après une enquête *de commodo et incommodo*, sur laquelle il sera statué comme il a été dit en l'article 10 ci-dessus.

SECTION X.

Eviers.

Art. 19. Les éviers pour l'écoulement des eaux ménagères seront permis, sous la condition expresse que leur
orifice extérieur ne s'élèvera pas à plus d'un décimètre au-
dessus du pavé de la rue.

SECTION XI.

Cuvettes.

Art. 20. A l'avenir, et dans toutes les maisons de construction nouvelle, il ne pourra être établi, en saillie sur la
voie publique, aucune espèce de cuvette pour l'écoulement
des eaux ménagères des étages supérieurs.

Dans les maisons actuellement existantes, les cuvettes
placées en saillie seront supprimées lorsqu'elles auront besoin de réparation, s'il est reconnu qu'elles peuvent être
établies à l'intérieur. Dans le cas contraire, elles seront
disposées, autant que faire se pourra, de manière à recevoir
les eaux intérieurement, et garnies de hausses pour prévenir le déversement des eaux et toute éclaboussure au-
dessous.

SECTION XII.

Construction en encorbellement.

Art. 21. A l'avenir, il ne sera permis aucune construction en encorbellement, et la suppression de celles qui existent aura lieu toutes les fois qu'elles seront dans le cas d'être
réparées.

SECTION XIII.

Corniches ou entablements.

Art. 22. Les entablements et corniches en plâtre, au-
dessus de seize centimètres de saillie, seront prohibés dans
toutes les constructions en bois.

Il ne sera permis d'établir des corniches ou entablements

de plus de seize centimètres de saillie, qu'aux maisons construites en pierre ou moellon, sous la condition que ces corniches seront en pierre de taille ou en bois, et que la saillie n'excédera, dans aucun cas, l'épaisseur du mur à sa sommité.

On pourra permettre des corniches ou entablements en bois sur les pans de bois.

Les entablements ou corniches des maisons actuellement existantes, qui auront besoin d'être reconstruites en tout ou en partie, seront réduits à la saillie de seize centimètres, s'ils sont en plâtre, et ne pourront excéder en saillie l'épaisseur du mur à sa sommité, s'ils sont en pierre ou bois.

SECTION XIV.

Gouttières saillantes (1).

Art. 23. Les gouttières saillantes seront supprimées en totalité dans le délai d'une année, à partir de la publication de la présente ordonnance.

Il ne sera perçu aucun droit de petite voirie pour les tuyaux de descente qui seront établis en remplacement des gouttières saillantes supprimées dans ce délai.

SECTION XV.

Devantures de boutiques.

Art. 24. Les devantures de boutique, montres, bustes, reliefs, tableaux, enseignes et attributs fixes, dont la saillie excède celle qui est permise par l'article 3 de la présente ordonnance, seront réduits à cette saillie, lorsqu'il y sera fait quelque réparation.

Dans aucun cas, les objets ci-dessus désignés qui sont susceptibles d'être réduits ne pourront subsister, savoir : les devantures de boutique, au delà de neuf années, et les

---

(1) Voir ci-après l'ordonnance de police du 3o novembre 1831.

autres objets, au delà de trois années, à compter de la publication de la présente ordonnance.

Les établissements du même genre qui sont mobiles seront réduits dans l'année.

Seront supprimées dans le même délai, toutes saillies fixes placées au-devant d'autres saillies.

Art. 25. Il n'est point dérogé aux dispositions des anciens règlements concernant les saillies, ni au décret du 13 août 1810, concernant les auvents de spectacles et de l'esplanade des boulevards, en tout ce qui n'est pas contraire à la présente ordonnance (1).

Ordonnance de police. — Saillies dans Paris.

9 juin 1824. (Archives de la préfecture de police.)

Vu : 1° l'ordonnance royale du 24 décembre 1823, concernant les saillies sur la voie publique dans la ville de Paris; — 2° La loi des 16-24 août 1790, titre II, article 3, paragraphe 1er; — 3° L'article 471 du Code pénal, paragraphes 4, 5, 6 et 7; — 4° Les règlements généraux relatifs à la petite voirie; — 6° L'article 21 de l'arrêté du gouvernement du 12 messidor an VIII (1er juillet 1800); — Attendu qu'il importe, pour l'exécution de l'ordonnance du 24 décembre, de prescrire les formalités particulières auxquelles doit donner lieu sa publication; — Ordonnons ce qui suit :

SECTION Ire.

Art. 1er. L'ordonnance du roi du 24 décembre dernier, portant règlement sur les saillies, auvents et constructions

---

(1) La hauteur des devantures de boutique doit être celle du plancher haut du rez-de-chaussée, épaisseur comprise, sans que, en aucun cas, elle puisse excéder cinq mètres, sauf aux propriétaires qui voudraient avoir des devantures plus élevées à les faire établir en retraite de manière à ne pas dépasser l'épaisseur des bois. (Décision du préfet de police du 18 décembre 1846.)

semblables à permettre dans la ville de Paris, sera imprimée et affichée.

SECTION II.

SAILLIES A ÉTABLIR.

Art. 2. Il est défendu à tous propriétaires, locataires, entrepreneurs et autres, d'établir ni de faire établir aucun objet en saillie sur la voie publique, sans en avoir obtenu la permission du préfet de police, pour ce qui concerne la petite voirie.

Art. 3. Les permissions seront délivrées sur les demandes des parties intéressées, après que les droits de petite voirie auront été acquittés.

L'espèce, le nombre et les dimensions des objets à établir devront, autant que faire se pourra, être indiqués dans les demandes. On sera tenu d'y joindre les plans qui seront jugés nécessaires.

Art. 4. Il est défendu d'excéder les limites et les dimensions fixées par les permissions, et d'établir d'autres objets que ceux qui y seront spécifiés.

Il est enjoint, en outre, de remplir exactement les conditions particulières qui seront exprimées dans les permissions.

Art. 5. Les emplacements affectés à l'affiche des lois et actes de l'autorité publique ne devront être couverts par aucune espèce de saillie.

Art. 6. Il est défendu de dégrader ni masquer les inscriptions indicatives des rues et les numéros des maisons.

Dans le cas où l'exécution des ouvrages nécessiterait momentanément la dépose des inscriptions de rues, il ne pourra y être procédé qu'avec l'autorisation de M. le préfet de la Seine.

Les numéros des maisons qui auront été effacés ou dégradés à l'occasion des mêmes ouvrages seront rétablis, en se conformant aux règlements sur la matière.

Art. 7. Il est également défendu de dégrader ni déplacer

les tentures et boîtes des réverbères de l'illumination publique, ni de rien entreprendre qui puisse empêcher ou gêner le service de l'allumage.

Si l'établissement des saillies nécessitait le déplacement desdites tentures ou boîtes, ce déplacement ne pourra être fait que par l'entrepreneur général de l'illumination et d'après l'autorisation du préfet de police.

Art. 8. Toute saillie qui ne reposerait pas sur le sol sera fixée et retenue de manière à prévenir toute espèce d'accidents.

Art. 9. Il sera procédé à la vérification et au récolement des saillies par les commissaires de police des quartiers respectifs, ou par l'architecte commissaire et les architectes inspecteurs de la petite voirie, qui dresseront à ce sujet des procès-verbaux ou rapports qu'ils nous transmettront.

SECTION III.

SAILLIES ÉTABLIES.

Art. 10. Toute saillie établié en vertu d'autorisation ne pourra être renouvelée ni réparée sans la permission du préfet de police, en ce qui concerne la petite voirie.

Les permissions seront délivrées ainsi qu'il est dit à l'article 3 de la présente ordonnance, et à la charge de se conformer aux dispositions des articles 4, 5, 6, 7 et 8, ce qui sera constaté de la manière prescrite en l'article 9.

Art. 11. Les propriétaires seront tenus de faire enlever toutes les saillies actuellement existantes qui masquent les inscriptions des rues et les numéros des maisons.

Le replacement de ces saillies sur d'autres points ne pourra avoir lieu sans une autorisation de la préfecture de police.

Art. 12. Toute saillie actuellement existante et non autorisée sera supprimée, si mieux n'aiment les propriétaires ou locataires se pourvoir de la permission nécessaire pour la conserver.

Les permissions ne seront accordées que suivant les

27

formalités, et aux mêmes charges et conditions que celles indiquées en la deuxième section de la présente ordonnance.

Art. 13. Il est défendu de repeindre ni faire repeindre aucune saillie, sans déclaration préalable au commissaire de police du quartier. A défaut de déclaration, les saillies repeintes seront considérées comme saillies nouvelles, s'il n'y a preuve contraire, et comme telles sujettes au droit.

SECTION IV.

DISPOSITIONS PARTICULIÈRES CONCERNANT CERTAINES SAILLIES.

Perches.

Art. 14. Les perches dont l'établissement sera autorisé seront supprimées sans délai, dans le cas où les impétrants changeraient de domicile ou renonceraient à la profession qui exigeait l'usage de cette saillie.

Il est défendu de déposer sur les perches des linges, étoffes et autres matières tellement mouillées que les eaux puissent tomber dans la rue.

Lanternes ou transparents.

Art. 15. A l'avenir, les lanternes ou transparents ne pourront être suspendus à des potences au moyen de cordes et poulies. Ils seront accrochés aux potences par des anneaux et crochets en fer, ou supportés par des tringles en fer contenues dans des coulisses et arrêtées avec serrure ou cadenas.

Les transparents actuellement munis de cordes et poulies seront établis conformément aux dispositions ci-dessus, lorsqu'ils seront renouvelés.

Art. 16. Les transparents ne seront mis en place que le soir, et seront retirés aux heures où ils cessent d'éclairer.

Art. 17. Il est défendu de suspendre pendant le jour, aux cordes des transparents, des pierres, plombs ou autres matières pouvant, par leur chute, blesser les passants.

Bannes.

Art. 18. Les bannes ne seront mises en place qu'au moment où le soleil donnera sur les boutiques qu'elles sont destinées à abriter. Elles seront ôtées aussitôt que les boutiques ne seront plus exposées aux rayons du soleil.

Néanmoins, les bannes placées au-devant des boutiques sur les quais, places et boulevards intérieurs, pourront être conservées dans le cours de la journée, s'il est reconnu qu'elles ne gênent point la circulation.

Étalages.

Art. 19. Les crochets, tringles, planches et toute saillie servant aux étalages de viandes formés par les marchands bouchers, charcutiers et tripiers, seront enlevés dans le délai d'un mois, à compter de la date de la présente ordonnance.

Art. 20. Les étalages formés de tonneaux, caisses, tables, bancs, châssis, étagères, meubles, et autres objets journellement déposés sur le sol de la voie publique au-devant des boutiques, sont expressément interdits.

Décrottoirs.

Art. 21. Il est défendu d'établir en saillie, sur la voie publique, des décrottoirs au-devant des maisons et boutiques.

Ceux actuellement existants seront supprimés dans le délai de huit jours.

SECTION V.

DISPOSITIONS GÉNÉRALES.

Art. 22. Le pavé de la voie publique dégradé ou dérangé à l'occasion des établissements, réparations, changements ou suppressions de saillies, sera rétabli aux frais des propriétaires, locataires ou entrepreneurs, par l'un des entrepreneurs du pavé de Paris, et non par d'autres, sous la direction de l'ingénieur en chef chargé de cette partie.

Art. 23. Les permissions de petite voirie seront délivrées sans que les impétrants puissent en induire aucun droit de concession de propriété, ni de servitude sur la voie publique, mais à la charge au contraire de supprimer ou réduire les saillies au premier ordre de l'autorité, sans pouvoir prétendre aucune indemnité, ni la restitution des sommes payées pour droit de petite voirie.

Art. 24. Les saillies autorisées devront être établies dans l'année, à compter de la date des permissions. Dans le cas contraire, les permissions seront périmées et annulées, et l'on sera tenu d'en prendre de nouvelles.

Art. 25. Les contraventions aux dispositions de l'ordonnance royale et de la présente ordonnance seront constatées par des procès-verbaux ou rapports qui nous seront transmis, pour être pris telle mesure qu'il appartiendra.

Art. 26. Les propriétaires, locataires et les entrepreneurs, sont responsables, chacun pour ce qui le concerne, des contraventions au présent règlement.

Art. 27. Les ordonnances de police contenant des dispositions relatives aux saillies sous les galeries du Palais-Royal et des rues Castiglione et de Rivoli, sous les piliers des halles et dans tous les passages ouverts au public sur des propriétés particulières, continueront d'être observées.

Arrêté du préfet de la Seine. — Organisation du service de la voirie dans Paris.

28 septembre 1826. (Daubenton, pag. 371.)

Vu le rapport par nous adressé au conseil municipal relativement à l'organisation nouvelle du service extérieur de la grande voirie de Paris ; — Vu la délibération, en date du 10 août dernier, par laquelle le conseil a mis pour cette année à notre disposition une somme de 46,000 francs à titre de fonds extraordinaires pour subvenir aux dépenses que pourraient occasionner les essais d'amélioration de ce service ; — Considérant que le projet d'organisation nouvelle que nous avions communiqué au conseil municipal a paru susceptible de quelques améliorations qui nous ont été présentées à ce sujet; — Arrêtons ce qui suit:

Art. 1er. A partir du 1er octobre prochain, le service extérieur de la grande voirie de Paris sera organisé ainsi qu'il suit :

Il y aura :

1° Deux inspecteurs généraux de la grande voirie, qui, dans aucun cas, ne peuvent être pris parmi des architectes;

2° Trois commissaires voyers divisionnaires ;

3° Huit commissaires voyers d'arrondissement;

4° Huit sous-inspecteurs voyers.

Art. 2. Les commissaires voyers d'arrondissement et les sous-inspecteurs voyers conservent leurs attributions actuelles.

Les commissaires voyers divisionnaires ont les mêmes attributions qu'ont eues jusqu'à ce jour les architectes inspecteurs généraux.

Les commissaires voyers divisionnaires et les commissaires voyers d'arrondissement, ainsi que les sous-inspecteurs voyers, doivent toujours déférer aux demandes qui leur sont adressées par les inspecteurs généraux pour tout ce qui est relatif au service extérieur de la voirie.

Art. 3. Les inspecteurs généraux sont attachés au service de la grande voirie, l'un pour la rive droite, l'autre pour la rive gauche de la Seine. Ils sont chargés de surveiller tout le service extérieur, d'assurer l'expédition prompte et uniforme des affaires, de transmettre nos ordres aux architectes, commissaires voyers divisionnaires et commissaires voyers d'arrondissement, ainsi qu'aux sous-inspecteurs voyers, de nous rendre compte de l'exécution des décisions prises, de se transporter sur les lieux, partout où besoin est, de nous adresser les propositions que la salubrité, la sûreté et l'embellissement de la ville, sous le rapport de la voirie, peuvent leur suggérer, d'exercer en un mot une action générale sur l'ensemble du service, de manière à en accélérer la marche, à hâter la réalisation successive des alignements arrêtés, et à procurer le plus d'amélioration possible dans la voie publique, objet principal de leur institution.

Art. 4. Ils sont, en outre, spécialement chargés du travail relatif tant à la révision générale des plans d'alignement de Paris déjà existants, qu'à la confection de ceux qui n'ont pas encore été dressés.

Le bureau de géomètres et de dessinateurs, établi à la préfecture, est temporairement placé, pour cette attribution, sous leur direction particulière, sans cesser de dépendre d'ailleurs du bureau de la voirie comme par le passé.

Au fur et à mesure de la confection et adoption définitive des plans d'alignement, les doubles en seront déposés au bureau central des plans d'alignements généraux, lequel reste sous la main directe de l'administration.

Les inspecteurs généraux peuvent constamment consulter lesdits doubles, mais sans déplacement hors de l'Hôtel-de-Ville.

Les plans originaux sont placés aux archives et soigneusement conservés par le chef des géomètres et des dessinateurs.

Art. 5. Les inspecteurs généraux donnent généralement leur avis sur les demandes qui intéressent l'amélioration de la voie publique, telles qu'alignements, percements des rues et boulevards, ouvertures de places publiques et promenades, formation de quartiers nouveaux, établissement de trottoirs, d'allées, etc., ainsi que sur les dépenses administratives que tous ces objets peuvent entraîner et comporter. Ils nous font également des rapports sur les projets que nous renvoyons particulièrement à leur étude.

Art. 6. Sont transmises aux inspecteurs généraux pour être soumises à leurs observations ou à leur simple *visa*, s'il y a lieu à observation, savoir :

1° Toutes les déclarations de travaux projetés dans l'intérieur des propriétés particulières ;

2° Toutes les demandes tendant à obtenir permission de réparer les maisons et bâtiments situés sur la voie publique, et qui sont assujettis à plus de trente centimètres réduits de retranchement.

Quant aux demandes qui s'appliquent aux propriétés assujetties à moins de trente centimètres réduits de retranchement, ou aux propriétés définitivement alignées, les inspecteurs généraux en prennent connaissance à notre bureau de voirie sans déplacement.

Art. 7. Le bureau des inspecteurs généraux est à l'Hôtel-de-Ville. Ils sont tenus de venir au moins trois fois par semaine à jours fixes.

Art. 8. Le travail de révision des plans d'alignement continuera d'être préparé comme par le passé, conformément à notre arrêté du 26 novembre 1824, par les deux architectes y dénommés auxquels se réuniront les deux inspecteurs généraux.

Leur travail sera ensuite arrêté, d'après leur rapport verbal, dans une commission composée du maire de l'arrondissement, des chefs de la troisième division de nos bureaux, du chef du bureau de la voirie, et d'un commissaire voyer divisionnaire, ou d'un commissaire voyer d'arrondissement spécialement désigné par nous à cet effet.

La commission, qui se réunira une fois par mois au moins à l'Hôtel-de-Ville, sera toujours présidée par nous, et, en notre absence, par le secrétaire général.

Les pièces seront communiquées un ou deux jours au moins à l'avance au chef de la division par celui des architectes dénommés par notre arrêté du 26 novembre qui aura fait le travail à arrêter.

Art. 9. Le bureau de consultation de la grande voirie reste organisé comme il est maintenant, sauf les modifications ci-après:

Le chef du bureau de la voirie et les inspecteurs généraux en font partie et y ont voix délibérative.

Le chef de la troisième division y assiste, quand il le juge nécessaire, et, dans ce cas, y a voix délibérative.

Le bureau est présidé par nous ou par le secrétaire général, et, à défaut, par le chef de division ou de bureau, et par chacun des inspecteurs généraux alternativement de quatre mois en quatre mois.

Art. 10. Outre les attributions actuelles, le bureau de consultation donne en commun un avis sur toutes les affaires qui ont été renvoyées à l'examen des commissaires voyers divisionnaires. A cet effet, chacun des commissaires voyers divisionnaires rapporte les affaires qui lui sont renvoyées, après qu'elles ont été déjà examinées par le commissaire voyer d'arrondissement.

Les rapports sont faits et signés seulement par le commissaire voyer divisionnaire rapporteur, et les affaires sont mises en délibération devant le bureau de consultation, qui prononce à la majorité des voix.

Les inspecteurs généraux peuvent renvoyer devant le bureau de consultation toutes les affaires sur lesquelles ils jugent utile d'avoir son avis.

Art. 11. Les inspecteurs généraux sont chargés, chacun en ce qui concerne son arrondissement, dans la limite des attributions qui leur sont conférées, des dispositions relatives à la voirie des cinquante toises autour de l'enceinte de Paris.

Art. 12. Ils peuvent être également chargés par nous de diriger la confection des plans d'alignement des autres villes et communes du département de la Seine, nous réservant de leur donner une délégation spéciale à cet effet, lorsque nous le jugerons nécessaire au bien du service........

Art. 13. Toutes dispositions contraires au présent arrêté seront provisoirement révoquées (1).

Ordonnance du préfet de police. — Sûreté et liberté de la circulation.

8 août 1829. (Archives de la préfecture de police.)

Considérant qu'un grand nombre d'individus compro-

----

(1) Voir, à sa date, le règlement du 11 juin 1842.

mettent journellement la liberté et la sûreté de la circulation, en travaillant indûment et sans précaution sur la voie publique ; en y faisant charger, décharger et stationner des voitures, lorsque l'intérieur des maisons, ateliers et magasins présente des facilités à cet effet ; en y déposant ou laissant, sans nécessité, des matériaux, meubles, marchandises et autres objets ; en exposant au devant des édifices des choses pouvant nuire par leur chute ; en contrevenant enfin aux règlements qui défendent d'embarrasser la voie publique ; — Considérant que depuis plusieurs années la circulation a pris une activité toujours croissante, et qu'il est urgent de réprimer des abus qui occasionneraient les plus graves accidents ; — Vu les ordonnances du bureau des finances des 29 mai 1766 ; — L'ordonnance de police du 28 janvier 1786 ; — La loi des 16-24 août 1790 ; — L'arrêté du ministre de l'intérieur du 6 septembre 1806, concernant la police des Champs-Élysées ; — L'ordonnance du roi du 24 décembre 1823 ; — Les articles 257, 471 et 484 du Code pénal ; — En vertu des arrêtés du gouvernement du 12 messidor an VIII (1er juillet 1800) et 3 brumaire an IX (25 octobre 1800) ; — Ordonnons ce qui suit :

CHAPITRE Iᵉʳ.

CONSTRUCTIONS, RÉPARATIONS ET DÉMOLITIONS DES BATIMENTS RIVERAINS DE LA VOIE PUBLIQUE.— DÉPOTS DE MATÉRIAUX.

SECTION Iʳᵉ.

Constructions et réparations.

Art. 1ᵉʳ. Il est défendu de procéder à aucune construction ou réparation des murs de face ou de clôture des bâtiments et terrains riverains de la voie publique, sans avoir justifié au commissaire de police du quartier où se feront les travaux de la permission qui aura dû être délivrée à cet effet par l'autorité compétente.

Art. 2. Dans le cas de construction ou de réparation, on ne devra commencer les travaux qu'après avoir établi, à la

saillie déterminée par la permission, une barrière en charpente et planches ayant au moins trois mètres de hauteur.

Dans le cas de simple réparation, on pourra en être dis-
pensé, s'il y a lieu, par le préfet de police.

Art. 3. Les portes pratiquées dans les barrières devront,
autant qu'il sera possible, ouvrir en dedans. Si l'on est forcé
de les faire ouvrir en dehors, on sera tenu de les appliquer
contre les barrières.

Elles seront garnies de serrures ou cadenas pour être
fermées, chaque jour, au moment de la cessation des travaux.

Art. 4. Les échafauds servant aux constructions seront
établis avec solidité et disposés de manière à prévenir la
chute des matériaux et gravois sur la voie publique.

Ils devront monter de fond, et, si les localités ne le permettent pas, ils seront établis en bascule à quatre mètres au
moins du sol de la rue.

Il est défendu de les faire porter sur des écoperches ou
boulins arc-boutés au pied des murs de face dans la hauteur du rez-de-chaussée.

Art. 5. Les barrières et les échafauds montant de fond,
au-devant desquels il n'existera pas de barrières, seront
éclairés aux frais et par les soins des propriétaires et des
entrepreneurs.

L'éclairage sera fait au moyen d'un nombre suffisant
d'appliques, dont une à chaque angle des extrémités, pour
éclairer les parties en retour.

Les heures d'allumage et d'extinction de ces appliques
seront celles prescrites pour les réverbères permanents de
l'illumination publique.

Art. 6. Les travaux seront entrepris immédiatement
après l'établissement des échafauds et barrières, et devront
être continués sans interruption, à l'exception des dimanches
et jours fériés.

Dans le cas où l'interruption durerait plus de huit
jours, les propriétaires et entrepreneurs seront tenus de
supprimer les échafauds, et de reporter les barrières à l'ali-

gnement des maisons voisines, ou de se pourvoir d'une autorisation du préfet de police, pour les conserver.

Art. 7. Il est défendu aux entrepreneurs maçons, couvreurs, fumistes et autres, de jeter sur la voie publique les recoupes, plâtras, tuiles, ardoises et autres résidus des ouvrages.

Art. 8. Tous entrepreneurs maçons, couvreurs, fumistes, badigeonneurs, plombiers, menuisiers et autres exécutant ou faisant exécuter aux maisons et bâtiments riverains de la voie publique des ouvrages pouvant faire craindre des accidents ou susceptibles d'incommoder les passants, seront tenus, s'il n'y a point de barrière au-devant des maisons et bâtiments, de faire stationner dans la rue, pendant l'exécution des travaux, un ou deux ouvriers âgés de dix-huit ans au moins, munis d'une règle de deux mètres de longueur, pour avertir et éloigner les passants.

Art. 9. Dans les quarante-huit heures qui suivront la suppression des échafauds et barrières, les propriétaires et entrepreneurs feront réparer à leurs frais les dégradations du pavé résultant de la pose des barrières et échafauds, et seront tenus provisoirement de faire et entretenir les blocages, et de prendre les mesures convenables pour prévenir les accidents.

Ils requerront l'entrepreneur du pavé de la ville pour procéder auxdites réparations, lorsque le pavé sera d'échantillon et à l'entretien de la ville.

Art. 10. Il est défendu de battre du plâtre sur la voie publique, et de l'y faire pulvériser par les chevaux et voitures.

SECTION II.

Démolitions.

Art. 11. Il est défendu de procéder à la démolition d'aucun édifice donnant sur la voie publique, sans l'autorisation du préfet de police.

Art. 12. Avant de commencer une démolition, le propriétaire et l'entrepreneur feront établir les barrières et échafauds qui seront jugés nécessaires, et prendront toutes autres mesures que l'administration leur prescrira dans l'intérêt de la sûreté publique.

Il sera pourvu, pendant la nuit, à l'éclairage des échafauds et barrières, ainsi qu'il est dit en l'article 5.

Art. 13. La démolition devra s'opérer au marteau, sans abatage, et en faisant tomber les matériaux dans l'intérieur des bâtiments.

Art. 14. Dans le cas où le barrage de la rue serait indispensable, le propriétaire et l'entrepreneur ne devront point l'effectuer sans l'autorisation du préfet de police.

Les commissaires de police pourront toutefois, s'il y a urgence, accorder provisoirement les autorisations, à la charge d'en prévenir immédiatement le préfet de police.

Art. 15. Les matériaux de toute espèce provenant de la démolition ne seront déposés sur la voie publique qu'au fur et à mesure de leur enlèvement, et ne devront, sous aucun prétexte, y rester en dépôt pendant la nuit.

Art. 16. Les barrières établies au-devant des démolitions seront supprimées dans les vingt-quatre heures qui suivront l'achèvement des travaux.

Les remblais et nivellements seront faits dans le même délai, à la charge par les propriétaires et entrepreneurs de prendre les mesures de précaution prescrites par l'article 9.

SECTION III.

Dépôts de matériaux.

Art. 17. Il est défendu de former sur la voie publique des chantiers ou ateliers pour l'approvisionnement et la taille des matériaux.

Les chefs des administrations publiques, propriétaires, ingénieurs, architectes, entrepreneurs et tous autres construisant ou faisant construire, devront former leurs chantiers et ateliers dans des terrains particuliers dont ils seront tenus de se pourvoir.

Il pourra toutefois être accordé des autorisations pour déposer sur la voie publique des matériaux destinés à des constructions d'aqueducs, égouts, trottoirs et autres établissements à faire sur le sol même de la voie publique.

Art. 18. Les matériaux transportés sur le lieu des constructions seront rentrés dans l'intérieur des emplacements où l'on construit, au fur et à mesure du déchargement, sans qu'on puisse en laisser en dépôt sur la voie publique pendant la nuit.

Art. 19. Cependant, si, par suite de circonstances imprévues, des matériaux devaient rester pendant la nuit sur la voie publique, les propriétaires et entrepreneurs seront tenus d'en donner avis aux commissaires de police des quartiers respectifs, de pourvoir à l'éclairage des matériaux, et de prendre toutes les mesures de précaution nécessaires.

Art. 20. Il est défendu à tous carriers, voituriers et autres, de décharger ni faire décharger sur la voie publique, après la retraite des ouvriers, aucune voiture de pierres de taille ou moellons.

Art. 21. Tous chantiers et ateliers actuellement existants sur la voie publique, en vertu de nos autorisations, seront supprimés à l'expiration des délais fixés par les permissions, et même plus tôt, s'il est possible.

Ceux pour la durée desquels il n'a point été fixé d'autre terme que l'achèvement des constructions auxquelles ils sont destinés, seront supprimés immédiatement après l'emploi des matériaux qui y sont déposés.

Les uns et les autres ne pourront toutefois être conservés au delà du 1er octobre prochain. A cet effet, il est défendu d'y faire déposer de nouveaux matériaux.

Art. 22. Tous chantiers et ateliers formés sur la voie publique, sans autorisation, seront supprimés dans les vingt-quatre heures.

Art. 23. Il est enjoint à tous ceux dont les chantiers et ateliers seront supprimés, en exécution des articles précédents, de faire enlever avec les matériaux, les recoupes, gravois et immondices résultant des dépôts, et de faire réparer les dégradations de pavés existant sur les emplacements de ces mêmes dépôts. Si les emplacements ne sont point pavés, les enfoncements seront réparés et le sol rétabli en bon état.

Art. 24. Il est défendu de scier ni tailler la pierre sur la voie publique.

La même défense est faite aux scieurs de long, pour le sciage du bois.

CHAPITRE II.

ENTRETIEN 1° DU PAVÉ DE PARIS ; 2° DU PAVÉ A LA CHARGE DES PARTICULIERS. — RUES NON PAVÉES.

SECTION Ire.

Pavé de Paris.

Art. 25. Les entrepreneurs du pavé de Paris seront tenus de prévenir au moins vingt-quatre heures d'avance les commissaires de police des quartiers respectifs du jour où ils commenceront des travaux de relevé à bout dans une rue.

Art. 26. Ils ne pourront former leurs approvisionnements de matériaux que le jour même où les ouvrages commenceront.

Les pavés seront rangés et le sable retroussé, de manière à occuper le moins de place possible.

Art. 27. Ils seront tenus de faire éclairer pendant la nuit, par des appliques, leurs matériaux et leurs chantiers de travail, de veiller à l'entretien de l'éclairage et de prendre les précautions nécessaires dans l'intérêt de la sûreté publique.

Art. 28. Il leur est défendu de barrer les rues et portions de rues autres que celles dont le pavé sera relevé à bout et dont la largeur n'excédera pas dix mètres.

Toutefois, si des circonstances nécessitaient le barrage de rues ayant plus de dix mètres de largeur, l'autorisation de les barrer pourra leur être accordée, sur la demande que l'ingénieur en chef du pavé de Paris en fera au préfet de police.

Art. 29. Lorsqu'il sera fait un relevé à bout dans les halles et marchés, aux abords des salles de spectacles ou d'autres lieux très-fréquentés désignés dans l'état qui en sera dressé annuellement par l'ingénieur en chef du pavé de Paris, et approuvé par le préfet de police, il ne devra être entrepris que la quantité d'ouvrage qui pourra être terminée dans la journée. Dans le cas où il aurait été levé plus de pavé qu'il n'en était besoin, il sera bloqué, en sorte que la voie publique se trouve entièrement libre et sûre avant la retraite des ouvriers.

Cette mesure s'étendra à tous les relevés à bout sans distinction, la veille des dimanches et jours fériés.

Art. 30. Les entrepreneurs réserveront, dans les rues ou portions de rues barrées, un espace suffisant pour la circulation des gens de pied. Ils établiront, au besoin, des planches solides et commodes pour la facilité du passage.

Ils prendront en outre des mesures convenables pour interdire aux voitures du public tout accès dans les rues ou portions de rues barrées. Ils placeront, à cet effet, des chevalets mobiles, qui, en servant d'avertissement au public, laisseront la facilité de faire sortir et entrer les voitures des personnes demeurant dans l'enceinte du barrage.

Les mêmes précautions seront prises pour les rues latérales aboutissant aux rues barrées.

Il est défendu aux entrepreneurs de substituer des tas de pavés aux chevalets mobiles.

Art. 31. Dans les rues qui ne seront point barrées, les entrepreneurs disposeront leurs ateliers de telle sorte qu'ils soient séparés les uns des autres par un intervalle de quinze mètres au moins, et que chaque atelier ne travaille que sur moitié de largeur de la rue, afin de laisser l'autre moitié à la circulation des voitures.

Art. 32. Les chantiers des travaux seront complétement débarrassés de tous matériaux, décombres, pavés de réforme, retailles, vieilles formes et autres résidus des ouvrages, dans les vingt-quatre heures qui suivront l'achèvement des travaux, pour les relevés à bout et pavages neufs, et au fur et à mesure de l'exécution des ouvrages, pour les réparations simples et raccordements.

Art. 33. Il est expressément défendu de troubler les paveurs dans leurs ateliers et de déplacer ou arracher les appliques, chevalets, pieux et barrières établis pour la sûreté de leurs ouvrages.

SECTION II.

Pavé à la charge des particuliers.

Art. 34. Il est enjoint aux propriétaires des maisons et terrains bordant les rues ou portions de rues pavées et dont l'entretien est à leur charge, de faire réparer, chacun au-devant de sa propriété, les dégradations de pavé, et d'entretenir constamment en bon état le pavé desdites rues.

Art. 35. Ces propriétaires et leurs entrepreneurs seront tenus, pour les approvisionnements de matériaux destinés aux réparations, pour l'exécution des ouvrages et l'enlèvement des résidus, de se conformer aux dispositions prescrites en la section précédente aux entrepreneurs du pavé de Paris.

Art. 36. Il leur est défendu de barrer ni faire barrer les rues pour l'exécution des travaux, sans y être autorisés par le préfet de police.

SECTION III.

Rues et portions de rues non pavées.

Art. 37. Il est enjoint à tous propriétaires de maisons et terrains situés le long des rues ou portions de rues non pavées, de faire combler, chacun au droit de soi, les excavations, enfoncements et ornières, enlever les dépôts de fumier, gravois, ordures et immondices, et de faire, en un mot, toutes les dispositions convenables pour que la liberté, la sûreté de la circulation et la salubrité ne soient point compromises.

Ils sont tenus d'entretenir constamment en bon état le

sol des dites rues, et de conserver ou rétablir les pentes nécessaires pour procurer aux eaux un écoulement facile.

Les rues non pavées qui deviendront impraticables pour les voitures seront barrées de manière que tous accidents soient prévenus.

CHAPITRE III.

TROTTOIRS.

SECTION Ire.

Construction des trottoirs.

Art. 38. On ne pourra construire aucun trottoir sur la voie publique, sans en avoir obtenu la permission de l'autorité compétente.

Art. 39. Les entrepreneurs chargés de ces constructions seront tenus de prévenir, au moins vingt-quatre heures d'avance, les commissaires de police des quartiers respectifs, du jour où ils commenceront les travaux, et de leur représenter les autorisations dont ils auront dû se pourvoir.

Art. 40. La construction de deux trottoirs sur les deux côtés d'une rue ne pourra être simultanément entreprise, à moins que les ateliers ne soient séparés par un intervalle d'au moins cinquante mètres.

Art. 41. Avant de commencer les travaux, les entrepreneurs feront établir une barrière à chaque extrémité des ateliers, afin d'en interdire l'accès au public.

Art. 42. Les matériaux destinés aux constructions seront apportés au fur et à mesure des besoins et seront rangés sur les emplacements destinés aux trottoirs, sans que la largeur en soit excédée.

Art. 43. Les pavés arrachés, qui ne devront point servir aux raccordements, seront enlevés et transportés, dans le jour, hors de la voie publique, à la diligence des entrepreneurs de la construction des trottoirs.

Art. 44. Il sera pris les mesures nécessaires pour que les

eaux ménagères s'écoulent sous les trottoirs au moyen de gargouilles pratiquées à cet effet.

Art. 45. Lorsqu'un trottoir sera coupé par un passage de porte cochère, ou qu'il ne sera point prolongé au-devant des maisons voisines, il sera établi des pentes douces aux points d'interruption, pour rendre moins sensible la différence entre le sol du trottoir et celui de la rue.

Art. 46. Les propriétaires et entrepreneurs feront éclairer, à leurs frais, les ateliers pendant la nuit, en se conformant aux conditions prescrites par l'art. 5.

Art. 47. Aussitôt que la construction d'un trottoir sera terminée, il sera procédé immédiatement au raccordement du pavé par l'entrepreneur du pavé de Paris, sur l'avertissement qui lui en sera donné, à l'avance, par l'entrepreneur du trottoir.

Art. 48. Les barrières, matériaux, terres, gravois et autres résidus des ouvrages seront immédiatement enlevés aux frais et par les soins du propriétaire ou de l'entrepreneur du trottoir.

Il est défendu de livrer le trottoir à la circulation avant d'avoir pourvu au recouvrement de gargouilles, et d'avoir pris les mesures convenables pour la sûreté et la commodité du passage.

SECTION II.

Entretien des trottoirs.

Art. 49. Les dégradations des trottoirs seront réparées aux frais de qui de droit, à la diligence de l'ingénieur en chef du pavé de Paris, dans les vingt-quatre heures de la réquisition qui lui en aura été adressée par le préfet de police.

Art. 50. Les entrepreneurs qui procéderont aux réparations seront tenus, lorsque les ouvrages ne pourront être faits dans la journée où ils auront été entrepris, de prévenir les commissaires de police des quartiers respectifs, pour les mettre à portée de prescrire les mesures nécessaires relativement au dépôt des matériaux, à l'éclairage pendant la nuit, et à toutes autres précautions que pourra réclamer la sûreté publique.

Art. 51. Les propriétaires, principaux locataires et locataires feront balayer, nettoyer et laver les trottoirs au-devant de leurs maisons, au moins une fois par jour, aux heures fixées par le règlement concernant le balayage des rues.

SECTION III.

Saillies au-devant des maisons bordées de trottoirs.

Art. 52. Quiconque fera construire un trottoir au-devant de sa propriété sera tenu de faire supprimer, au moment même de la construction, les bornes, pas, marches et bancs en saillie sur le trottoir, et de faire réduire les seuils des devantures de boutique à l'alignement desdites devantures.

Il sera permis toutefois, par mesure de tolérance, de conserver les marches que l'administration reconnaîtra ne pouvoir être rentrées dans l'intérieur de la propriété, mais à la charge d'en arrondir les extrémités, ou de les tailler en pans coupés.

Art. 53. Les propriétaires qui ont fait construire des trottoirs sans avoir pris les mesures prescrites par l'article précédent, seront tenus de s'y conformer dans le délai d'un mois.

Art. 54. Il leur est également enjoint, dans le cas où les eaux ménagères de leurs maisons s'écouleraient sur le sol de ces trottoirs, de faire cesser cet inconvénient, dans le même délai, en se conformant aux dispositions de l'article 44.

Art. 55. Les hauteurs fixées par l'ordonnance royale du 24 décembre 1823, pour les bannes, stores, écussons, enseignes, lanternes et autres saillies, seront mesurées à partir du sol des trottoirs.

CHAPITRE IV.

FOUILLES ET TRANCHÉES SUR LA VOIE PUBLIQUE. — ENTRETIEN
DES CONDUITES DES EAUX DE LA VILLE, ET DES CONDUITES
D'EAU ET DE GAZ APPARTENANT AUX PARTICULIERS.

SECTION Ire.

Fouilles et tranchées.

Art. 56. Il est défendu à qui que ce soit de faire aucune
fouille ni tranchée dans le sol de la voie publique, sans une
autorisation spéciale du préfet de police.

SECTION II.

Entretien des conduites des eaux de la ville, et de celles appartenant à des particuliers.

Art. 57. Les entrepreneurs chargés de l'entretien des conduites des eaux de la ville, les propriétaires des conduites
particulières d'eau et de gaz, et leurs entrepreneurs seront
tenus, dans le cas de rupture des conduites, et chacun pour
ce qui le concerne, de mettre des ouvriers en nombre suffisant pour que les réparations en soient effectuées dans les
vingt-quatre heures des avertissements qu'ils auront reçus
des commissaires de police, agents d'administration et
même de tous particuliers.

Ils seront tenus provisoirement d'arrêter et faire arrêter
sur-le-champ le service desdites conduites et de pourvoir à
la sûreté de la voie publique, soit en comblant les excavations, soit en les entourant de barrières, en les éclairant
pendant la nuit, et en y posant, au besoin, des gardes.

Art. 58. Ils ne seront point astreints à se munir d'une
permission du préfet de police, conformément à l'article 56,
lorsque les travaux ayant pour objet des établissements,
renouvellements ou réparations de conduites, pourront être
terminés dans les quarante-huit-heures, et qu'il n'y aura
pas lieu au barrage des rues. Mais ils devront donner avis

aux commissaires de police du commencement de ces travaux.

Art. 59. Ils feront les dispositions convenables pour que moitié au moins de la largeur des rues où ils travailleront soit réservée à la circulation, et qu'il ne puisse y arriver d'accidents.

Art. 60. Les fouilles et tranchées seront remblayées, autant que faire se pourra, au fur et à mesure de l'exécution des ouvrages.

Art. 61. Les terres de remblais seront pilonnées avec soin, pour prévenir les affaissements, et le pavé sera bloqué de telle sorte qu'il se maintienne partout à la hauteur du pavé environnant.

Les terres et gravois qui ne pourront être employés dans les remblais seront enlevés immédiatement après le blocage du pavé.

Art. 62. Les propriétaires et entrepreneurs feront accorder le pavé dans les quarante-huit heures qui suivront la réparation des conduites, en se conformant aux dispositions de l'article 9.

Ils seront tenus néanmoins d'entretenir les blocages en bon état et de pourvoir à la sûreté publique, jusqu'à ce que les raccordements aient été effectués.

CHAPITRE V.

CHARGEMENT ET DÉCHARGEMENT DES VOITURES DE MARCHAN-
DISES ET DENRÉES. — DÉCHARGEMENT ET SCIAGE DU BOIS
DE CHAUFFAGE. — DÉPÔT DE MEUBLES, MARCHANDISES. —
TRAVAUX ET JEUX SUR LA VOIE PUBLIQUE.

SECTION Ire.

Chargement et déchargement des voitures de marchandises, denrées, etc.

Art. 63. Tous entrepreneurs, négociants, marchands et autres, qui auront à recevoir ou à expédier des marchandises, meubles, denrées ou autres objets feront entrer les voitures de transport dans les cours ou sous les passages de portes cochères des maisons qu'ils habitent, magasins ou ateliers, à l'effet d'y opérer le chargement ou le déchargement desdites voitures.

Art. 64. A défaut de cours ou de passages de portes cochères, ou bien si les cours et passages de portes cochères ne présentent point les facilités convenables, on pourra effectuer le chargement et le déchargement sur la voie publique, en y mettant la célérité nécessaire. Dans ce cas, les voitures devront être rangées de manière à ne gêner la circulation que le moins possible.

Art. 65. Les exceptions mentionnées au précédent article ne s'étendent point aux entrepreneurs de diligences, de messageries, de roulages, aux entrepreneurs de charpentes, aux marchands de bois, aux marchands en gros, ni à tous autres particuliers tenant de grandes fabriques, de grands ateliers, ou faisant un commerce qui nécessite de grands magasins. Ils seront tenus, en raison de l'importance de leurs établissements, de se pourvoir de locaux assez spacieux pour opérer et faire opérer, hors de la voie publique, les chargements et déchargements de leurs voitures et de celles qui leur sont destinées.

SECTION II.

Déchargement et sciage du bois de chauffage.

Art. 66. Le bois destiné au chauffage des habitations ne sera déchargé sur la voie publique que dans la circonstance prévue par l'article 64.

Art. 67. Lorsque, dans les rues de sept mètres de largeur et au-dessus, le déchargement du bois pourra se faire sur la voie publique conformément à l'article 64, il y sera procédé de manière à ne point interrompre le passage des voitures.

Dans les rues au-dessous de sept mètres de largeur, il sera toujours réservé un passage libre pour les gens de pied.

Il est défendu de décharger simultanément deux voitures de bois destinées à des habitations situées l'une en face de l'autre. Celle arrivée la dernière sera rangée à la suite de la première et attendra que celle-ci soit déchargée et le bois rentré.

Art. 68. Il est défendu de scier ni faire scier du bois sur la voie publique.

Cependant, lorsque l'on ne fera venir qu'une voie de bois à la fois, le sciage sera toléré. Dans ce cas, les scieurs se placeront le plus près possible des maisons, afin de ne point accroître les embarras de la voie publique.

Le bois sera rentré au fur et à mesure du sciage.

Art. 69. Il est expressément défendu de décharger ni scier du bois sur les trottoirs.

On ne pourra en fendre ni sur les trottoirs ni sur aucune autre partie de la voie publique.

SECTION III.

Dépôts de meubles, marchandises, voitures, etc.

Art. 70. Il est défendu de déposer sans nécessité et de laisser sans autorisation sur la voie publique des meubles, caisses, tonneaux et autres objets.

Art. 71. Les voitures de toute espèce suspendues et non suspendues, chariots, charrettes, haquets, etc., devront être remisées pendant la nuit dans des emplacements hors de la voie publique.

Sont exceptées, les voitures des porteurs d'eau, qui, pour raison de sûreté publique, continueront à être remisées dans des emplacements désignés par les commissaires de police, sous la condition expresse, pour ceux auxquels elles appartiennent, de tenir les tonneaux pleins d'eau.

Art. 72. Les voitures, meubles, marchandises et tous autres objets laissés pendant la nuit sur la voie publique, par impossibilité notoire de les rentrer dans l'intérieur des propriétés, seront éclairés aux frais et par les soins de ceux auxquels ils appartiennent, ou auxquels ils auront été confiés, en se conformant à ce qui est prescrit par l'article 19.

Travaux, jeux, écriteaux.

Art. 73. Il est défendu aux maréchaux-ferrants, layetiers, emballeurs, serruriers, tonneliers et autres, de travailler ni faire travailler sur la voie publique.

Art. 74. Il est également défendu aux marchands épiciers, limonadiers et autres, de brûler ni faire brûler sur la voie publique du café et autres denrées.

Il est accordé un délai de *trois mois* à ceux qui n'ont point de cour, pour faire dans leurs habitations les dispositions convenables à cette opéraation, ou pour se procurer des emplacements particuliers.

Art. 75. Les jeux de palets, de tonneau, de siam, de quilles, de volant, et tous autres susceptibles de gêner la circulation et d'occasionner des accidents, sont interdits sur la voie publique.

Art. 76. Les écriteaux servant à faire connaître au public les maisons, appartements, chambres, magasins, et autres objets à vendre ou à louer, ne pourront être suspendus au-devant des murs de face des maisons riveraines de la voie publique et devront être attachés et appliqués contre les murs.

Art. 77. Il est défendu de brûler de la paille sur la voie publique et d'y tirer des armes à feu, des pétards, fusées et autres pièces d'artifice.

CHAPITRE VI.

BOULEVARDS ET PROMENADES PUBLIQUES NON CLOSES.

Art. 78. Il est défendu de parcourir à cheval ou en voiture, même avec des voitures traînées à bras, les contre-allées des boulevards intérieurs et extérieurs de la capitale, et généralement toutes les parties des promenades publiques non closes réservées aux piétons.

Art. 79. Il sera permis de traverser les contre-allées à cheval ou en voiture, pour entrer dans les propriétés riveraines, si le sol de la traversée est disposé à cet effet, conformément aux permissions dont les propriétaires auront dû se pourvoir auprès de l'autorité compétente.

Les chevaux et voitures ne pourront, sous aucun prétexte, stationner dans les contre-allées.

Art. 80. Il ne sera déposé sur les chaussées ni dans les contre-allées aucune espèce de matériaux, lors même qu'ils seraient destinés à des travaux de construction ou de réparation à exécuter dans les propriétés riveraines.

Le transport des matériaux à travers les contre-allées qui n'auront point été disposées pour le passage des voitures ne pourra se faire à l'aide de voitures, camions ou brouettes, sans qu'on ait pris les mesures de précaution indiquées dans les permissions dont les propriétaires ou entrepreneurs seront tenus de se pourvoir.

Art. 81. Il est défendu de faire écouler les eaux ménagères sur les contre-allées et quinconces des boulevards tant intérieurs qu'extérieurs et de toutes promenades publiques, à moins d'une autorisation spéciale.

Art. 82. Il est défendu de jeter des pierres ou bâtons dans les arbres, d'y suspendre des écriteaux, enseignes, lanternes et autres objets, d'y tendre des cordes pour faire sécher le linge, des étoffes ou autres choses, d'y attacher des animaux, enfin de rien faire qui soit susceptible de nuire à la liberté et à la sûreté de la circulation, et à la conservation des plantations.

Art. 83. On ne pourra combler sans autorisation les fossés et cuvettes bordant les contre-allées.

Défenses sont faites d'y jeter du fumier, des débris de jardinage, ordures, immondices et autres matières, et d'y faire écouler des eaux ménagères.

Art. 84. Il est défendu d'arracher ni dégrader les barrières, poteaux, dalles, bornes et généralement tous objets quelconques établis pour la sûreté, l'utilité, la décoration et l'agrément des boulevards et promenades.

Art. 85. Nul ne pourra établir, sans permission, des échoppes, baraques, ni faire aucune construction fixe ou mobile dans les contre-allées et quinconces des boulevards et promenades.

Les échoppes, baraques et autres constructions existant en vertu d'autorisations ne pourront être augmentées ni même réparées sans une permission spéciale.

Celles pour lesquelles il n'a point été délivré de permission seront supprimées dans le délai d'un mois.

CHAPITRE VII.

DISPOSITIONS GÉNÉRALES.

Art. 86. Au moyen des dispositions ci-dessus, l'ordonnance de police du 20 mai 1822, contenant les mesures de précaution à prendre pour garantir la sûreté de la circulation, est rapportée.

Art. 87. Il est défendu de dégrader, détruire ou enlever les barrières, pieux, échafauds, réverbères, appliques ou lampions, et tous objets généralement quelconques établis par l'autorité ou par des particuliers, en exécution de la présente ordonnance.

Art. 88. Les contraventions seront constatées par des procès-verbaux ou rapports et poursuivies conformément aux lois et règlements, sans préjudice de la responsabilité civile.

Art. 89. Toutes les fois que la liberté et la sûreté de la voie publique seront compromises, soit par le refus de satisfaire aux obligations imposées, soit par négligence, les commissaires de police prendront administrativement, aux frais des contrevenants, les mesures nécessaires à l'effet de prévenir les accidents.

Art. 90. Dans le cas où des matériaux et autres objets resteraient déposés sur la voie publique, contrairement à la présente ordonnance, ils seront immédiatement enlevés à la diligence des commissaires de police, et transportés provisoirement aux lieux de dépôt à ce destinés.

Si les propriétaires sont connus, sommation leur sera faite de retirer lesdits objets dans le délai fixé par la sommation, tous frais faits par l'administration préalablement payés.

Si les propriétaires sont inconnus, ou s'il n'a pas été déféré aux sommations, les objets seront dès lors considérés comme abandonnés, et seront vendus à la conservation des droits de qui il appartiendra.

Art. 91. La présente ordonnance sera imprimée et affichée.

Le commissaire chef de la police municipale, les commissaires de police, les officiers de paix, l'architecte-commissaire de la petite voirie, les inspecteurs généraux de la salubrité et de l'illumination sont chargés d'en surveiller et assurer l'exécution.

Elle sera adressée à M. le colonel commandant la gendarmerie royale de Paris, pour le mettre à la portée de concourir à son exécution.

Il en sera envoyé des exemplaires à MM. les sous-préfets des arrondissements de Sceaux et de Saint-Denis, pour qu'ils les fassent afficher dans l'intérêt de ceux de leurs administrés qu'elle concerne.

Ordonnance de police. — Service de la petite voirie.

31 janvier 1830. (Archives de la préfecture de police.)

Vu l'arrêté du préfet de police du 1er octobre 1813, contenant règlement des fonctions de l'architecte-commissaire de la petite voirie; — Considérant que ce règlement ne satisfait pas suffisamment aux besoins du service; — Arrêtons ce qui suit :

Art. 1er. Les fonctions d'architecte de la préfecture de police et de commissaire de la petite voirie continueront d'être exercées par un architecte qui aura le titre d'architecte-commissaire de la petite voirie.

Il aura sous ses ordres :

Un architecte-commissaire-adjoint,

Des architectes-inspecteurs des première et deuxième classes.

Des sous-inspecteurs.

Un architecte-vérificateur,

Un expéditionnaire.

Art. 2. L'architecte-commissaire de la petite voirie fera lui-même, dans l'intérieur des prisons, les visites que nous jugerons nécessaires, celles des salles de spectacles, les visites contradictoires relatives au péril des bâtiments, et celles concernant tous établissements d'une importance majeure, et non classés, pour lesquels on demanderait l'autorisation de la police, ou au sujet desquels elle serait spécialement consultée.

Il est également chargé de faire procéder lui-même à l'exécution administrative des décisions du conseil de préfecture et ordonnances de police, concernant la démolition des bâtiments en péril. Il pourra toutefois se faire accompagner d'un architecte-inspecteur qui, après la mise en activité des ouvriers, fera continuer l'opération jusqu'à parfait achèvement, en se conformant aux instructions que l'architecte-commissaire de la petite voirie lui aura données.

Art. 3. L'architecte-commissaire de la petite voirie répartira entre les architectes-inspecteurs les affaires qui lui sont renvoyées par les bureaux.

Il confiera : 1° à ceux de première classe les affaires qui ont rapport aux constructions, au péril des bâtiments, au danger d'incendie, aux établissements classés et autres qui ne pourraient être formés sans notre autorisation, et généralement toutes celles qui ne présenteraient pas un intérêt assez grand pour qu'il s'en chargeât lui-même.

2° A ceux de deuxième classe les affaires relatives aux saillies, aux trottoirs, au pavé, aux conduites d'eau et de gaz et autres objets intéressant la liberté et la sûreté de la circulation.

Les mêmes architectes-inspecteurs de la deuxième classe

seront chargés en outre de faire, aux lieu et place des commissaires de police, les vérification et récolements des saillies autorisées.

Art. 4. L'architecte-commissaire de la petite voirie chargera les sous-inspecteurs de la première visite des fosses d'aisances. Ils devront toujours être assistés d'un architecte-inspecteur de première ou deuxième classe, lequel, sur la déclaration du sous-inspecteur, fera son rapport sur l'état de la fosse et proposera les mesures nécessaires.

L'architecte-inspecteur qui aura fait rapport sur l'état de la fosse sera chargé de surveiller l'exécution des ouvrages, de recevoir les travaux, et de constater s'ils ont été faits conformément au règlement.

L'architecte-commissaire de la petite voirie prendra les mesures convenables pour que ce service se fasse avec exactitude et célérité.

Art. 5. Dans toutes les visites que feront les architectes au sujet, soit des demandes pour obtenir des autorisations du préfet de police, soit des réclamations, ils seront tenus d'entendre les parties intéressées et d'en faire mention dans leurs rapports.

L'architecte-commissaire de la petite voirie rejettera les rapports qui lui seront remis sans que cette obligation ait été remplie, à moins qu'on ne lui fasse connaître et qu'il ne trouve valables les motifs pour lesquels on n'y aura pas satisfait, et qui devront être consignés dans les mêmes rapports.

Art. 6. L'architecte-commissaire de la petite voirie fera enregistrer, jour par jour, les pièces qui lui seront adressées. Il en prendra connaissance et les remettra aux architectes-inspecteurs, en y joignant, s'il y a lieu, des instructions particulières.

Art. 7. Les rapports en réponse aux pièces communiquées seront faits séparément et signés par ceux qui les auront faits.

Art. 8. L'architecte-commissaire de la petite voirie veillera à ce que les affaires qui lui sont renvoyées soient répondues dans les quinze jours qui suivront la réception des pièces.

Il nous transmettra, les 1er et 16 de chaque mois, un état nominatif des affaires en retard, des causes du retard et du nom des architectes qui en sont chargés.

Cet état sera certifié par lui.

Art. 9. Les rapports sur les affaires urgentes nous seront remis sans retard.

Art. 10. L'architecte-commissaire de la petite voirie réunira à son bureau tous les architectes-inspecteurs et sous-inspecteurs, les lundi, mercredi et vendredi de chaque semaine, à deux heures et demie.

Il tiendra une feuille de présence sur laquelle les architectes s'inscriront. Cette feuille sera visée par lui et transmise à trois heures précises au cabinet du secrétaire général.

Art. 11. L'architecte-commissaire de la petite voirie prendra une connaissance exacte des rapports qui lui seront remis, examinera s'ils répondent aux demandes des particuliers, ou aux ordres et instructions de l'administration, si les conclusions sont conformes aux règlements, demandera les renseignements et explications qu'il croira nécessaires et nous les transmettra avec son avis.

Art. 12. Chaque jour, à l'exception des dimanches et fêtes, il y aura en permanence à la préfecture de police un architecte-inspecteur de première classe pour les affaires imprévues qui paraîtraient exiger des mesures d'urgence.

Cet architecte se rendra à la préfecture à l'heure fixée pour l'ouverture des bureaux, et s'inscrira sur la feuille de présence du bureau des employés de la petite voirie.

L'architecte-commissaire de la petite voirie nous fera parvenir la liste des architectes qui devront être de service à tour de rôle.

L'architecte qui, pour cause d'empêchement légitime, ne pourra faire son service, en préviendra l'architecte-commissaire de la petite voirie, afin de le mettre à portée de le faire remplacer.

Art. 13. L'expéditionnaire attaché au bureau de l'architecte-commissaire de la petite voirie sera subsidiairement à la disposition du chef du bureau de la petite voirie.

Il signera, chaque jour, la feuille de présence des employés de ce bureau.

Art. 14. Les architectes-inspecteurs de première et deuxième classe seront répartis dans des divisions qui seront composées d'arrondissements municipaux.

Art. 15. Le service, dans les communes rurales, sera fait par quatre architectes-inspecteurs de première classe, qui auront chacun un arrondissement distinct.

A cet effet, les communes de la rive droite seront divisées en deux arrondissements séparés entre eux par la route de Saint-Denis, et celles de la rive gauche formeront deux autres arrondissements séparés entre eux par la route d'Orléans.

Les communes traversées par l'une des deux routes feront partie des arrondissements à droite de chacune desdites routes.

Art. 16. Les architectes-inspecteurs chargés du service dans les communes rurales remettront, le 1er de chaque mois, à l'architecte-commissaire de la petite voirie, l'état des frais que leur auront occasionnés les visites qu'ils auront faites dans lesdites communes.

L'objet de chaque visite devra être mentionné dans cet état, qui sera certifié par l'architecte-commissaire de la petite voirie et transmis au chef de la quatrième division.

Il sera statué par nous sur le remboursement des frais, d'après le rapport que le chef de la quatrième division nous fera à ce sujet.

Art. 17. L'architecte-commissaire-adjoint secondera l'architecte-commissaire de la petite voirie dans l'exercice de ses fonctions, et le remplacera en cas d'absence, de maladie ou autre empêchement.

Art. 18. Le bureau de l'architecte-commisssaire de la petite voirie fera partie de la quatrième division, et sera spécialement attaché au premier bureau de cette division, qui a la petite voirie dans ses attributions.

Art. 19. L'arrêté du préfet de police du 1er octobre 1813, contenant règlement des fonctions de l'architecte-commissaire de la petite voirie, continuera d'être exécuté en ce qui n'est pas contraire aux dispositions ci-dessus.

Ordonnance du préfet de police. — Chéneaux et gouttières.

30 novembre 1831 (Archives de la préfecture de police.)

Considérant qu'un grand nombre de maisons riveraines de la voie publique sont dépourvues de chéneaux ou de gouttières et de tuyaux de descente destinés à recevoir et à conduire jusqu'au pavé de la rue les eaux pluviales provenant de leurs toitures; que ces eaux, en tombant directement sur le sol, incommodent les passants, dégradent le pavé et enlèvent à la circulation des piétons une partie de la largeur des rues, et notamment des trottoirs; — Considérant qu'il importe de remédier à un état de choses si contraire à la commodité de la circulation; — Considérant d'ailleurs que si l'établissement des chéneaux ou gouttières et tuyaux de conduite des eaux pluviales doit occasionner quelques dépenses aux propriétaires des maisons qui en sont dépourvues, ces dépenses, réclamées dans un intérêt public, tourneront au profit de leur intérêt particulier, en prévenant les dégradations notables qu'éprouvent les murs, les devantures de boutique, et autres parties de la façade des maisons, par la chute des eaux pluviales qui s'écoulent des toits et rejaillissent sur les auvents; — Vu la loi des 16-24 août 1790, titre II, article 3, et l'article 47 du Code pénal; — En vertu de l'article 22 de l'arrêté du gouvernement du 12 messidor an VIII (1er juillet 1800); — Ordonnons ce qui suit :

Art. 1er. Dans le délai de quatre mois, à partir de la publication de la présente ordonnance, les propriétaires des maisons bordant la voie publique et dont les eaux pluviales des toits y tombent directement, seront tenus de faire établir des chéneaux ou des gouttières sous l'égout de ces toits, afin d'en recevoir les eaux, qui seront conduites jusqu'au niveau du pavé de la rue au moyen de tuyaux de descente appliqués le long des murs de face, avec 16 centimètres au plus de saillie. (Art. 3, titre II, de la loi des 16-24 août 1790 (1).)

---

(1) Cette disposition ayant paru excéder les pouvoirs du préfet de police et suscité de vives résistances, le tribunal de police municipale fut saisi et débouta les réclamants. Sur l'appel interjeté par les sieurs Dupont et consorts, le tribunal de police correctionnelle, par jugement du 26 juillet 1834, confirma la sentence.

Enfin, l'affaire portée devant la cour de cassation, il est intervenu à la date du 31 novembre 1834 un arrêt conçu en ces termes :

« La cour, — Attendu, en droit, que l'article 16 de la loi du 28 pluviôse an VIII, qui ne charge les maires de la ville de Paris que de la partie administrative et des fonctions relatives à l'état civil, attribue expressément et exclusivement la police au préfet qu'elle a institué pour l'exercer ; — Qu'il suit de cette disposition combinée avec la section 3 de l'arrêté du gouvernement du 12 messidor an VIII, et notamment avec l'art. 21 de cette section, intitulé : *Police municipale,* que le préfet de police est investi, en cette matière, du pouvoir conféré aux corps municipaux par les art. 3 et 4, titre 11, de la loi des 16-24 août 1790, et 46, titre 5, de celle des 19-22 juillet 1791 ; — Qu'il peut donc, comme les maires de toutes les autres villes du royaume, prescrire les mesures qui rentrent dans l'exercice régulier de l'autorité municipale, et que les ordonnances qu'il rend pour l'exécution des articles ci-dessus rappelés de ladite loi de 1790 sont de plein droit obligatoires, d'après l'art. 21 dudit arrêté du 12 messidor an VIII, tant' qu'elles n'auront pas été modifiées ou réformées par l'administration supérieure ; — Et attendu, en fait, que le préfet de police, afin d'empêcher *que les eaux pluviales provenant des toitures des maisons riveraines de la voie publique, en tombant directement sur le sol, incommodent les passants, dégradent le pavé, et enlèvent à la circulation des piétons une partie de la largeur des rues et notamment des trottoirs,* a prescrit aux propriétaires de ces maisons de faire établir des chéneaux ou des gouttières sous l'égout de leurs toits et d'en conduire les eaux jusqu'au niveau de la rue, au moyen de tuyaux de descente appliqués le long des murs de face ; — Que cette ordonnance du 30 novembre 1831, approuvée par le ministre au département du commerce et des travaux publics, a pour objet d'assurer l'exécution de l'art. 3, nº 1er, titre 11, de la loi du 16-24 août 1790 ; — Que l'ordonnance du lieutenant de police du 3 juillet 1764, celle du bureau des trésoriers de France de la généralité de Paris du 1er septembre 1769, l'art. 3 de l'arrêté du préfet de police du 26 brumaire an XI et l'art. 23 de l'ordonnance du roi du 23 décembre 1823, qui ne concernent que la suppression des gouttières saillantes, s'opposaient d'autant moins à la mesure en question, qu'elle en est la suite et le

29

Les gouttières ne pourront être qu'en cuivre, zinc ou tôle étamée, et soutenues par des corbeaux en fer.

Les tuyaux de descente ne pourront être établis qu'en fonte, cuivre, zinc, plomb ou tôle étamée, et retenus par des colliers en fer à scellement.

Une cuiller en pierre devra être placée sous le dauphin de ces tuyaux.

Art. 2. Il ne sera perçu aucun droit de petite voirie pour les chéneaux, gouttières, tuyaux de conduite ou cuillers destinés à l'écoulement des eaux pluviales, et qui seront établis dans le délai fixé par l'article précédent, conformément à la délibération du conseil municipal de la ville de Paris, en date du 25 de ce mois.

Art. 3. Lors de la construction des nouveaux trottoirs, il sera pris les mesures nécessaires pour que les eaux pluviales s'écoulent sous ces trottoirs au moyen de gargouilles pratiquées à cet effet.

Art. 4. Les propriétaires qui ont fait construire des trottoirs sans avoir pris la mesure prescrite par l'article précédent, seront tenus de s'y conformer dans le délai de quatre mois.

Art. 5. Les contraventions seront constatées par des procès-verbaux ou rapports, et poursuivies conformément aux lois et règlements.

Ordonnance de police. — Balayage.

27 mars 1834.

Vu l'article 3 du titre 2 de la loi des 16-24 août 1790; —

---

complément nécessaire pour la commodité du passage dans les rues et places publiques; — Que cette mesure n'est pas non plus une violation de l'art. 681 du Code civil, puisque régler dans cet intérêt l'exercice de la servitude par lui déclarée, ce n'est pas empêcher l'effet de celle-ci; — Qu'en confirmant dès lors la condamnation prononcée par le tribunal de simple police de Paris, le jugement du tribunal correctionnel de la Seine n'a fait que se conformer aux principes de la matière, et assurer légalement l'exécution de l'ordonnance dont il s'agit; — Rejette, etc. »   (Note de l'auteur.)

Vu les articles 2 et 22 de l'arrêté du gouvernement du
1er juillet 1800 (11 messidor an VIII); — Vu l'article 471 du
Code pénal; — Considérant qu'il est utile de rappeler fréquemment aux habitants les obligations qui leur sont imposées pour assurer le maintien de la propreté de la voie publique ; — Ordonnons ce qui suit :

Art. 1er. Les propriétaires ou locataires sont tenus de
faire balayer complétement, chaque jour, la voie publique
au-devant de leurs maisons, boutiques, cours, jardins et
autres emplacements.

Le balayage sera fait jusqu'aux ruisseaux, dans les rues à
chaussée fendue.

Dans les rues à chaussée bombée et sur les quais, le
balayage sera fait jusqu'au milieu de la chaussée.

Les boues et immondices seront mises en tas ; ces tas
devront être placés de la manière suivante, selon les localités, savoir :

Dans les rues sans trottoirs, auprès des bornes; dans les
rues à trottoirs, le long des ruisseaux du côté de la chaussée, si la rue est à chaussée bombée, et le long des trottoirs,
si la rue est à chaussée fendue.

Nul ne pourra pousser les boues et immondices devant
les propriétés de ses voisins.

Art. 2. Le balayage sera fait entre six et sept heures du
matin, depuis le 1er avril jusqu'au 1er novembre, et entre
sept et huit heures du matin, depuis le 1er novembre jusqu'au 1er avril.

En cas de négligence, les commissaires de police et le
directeur de la salubrité feront balayer d'office, aux frais
des propriétaires ou locataires, sans préjudice des peines
encourues.

Art. 3. En outre du balayage prescrit par l'article 1er, les
propriétaires ou locataires sont tenus de faire gratter, laver
et balayer chaque jour les trottoirs existant au-devant de
leurs maisons, aux heures fixées par l'article précédent.

Cette disposition est applicable aux dalles établies dans
les contre-allées des boulevards ; les propriétaires ou loca-

taires sont tenus de les faire gratter, laver et balayer chaque jour ; les boues et ordures provenant de ce balayage seront mises en tas sur la chaussée pavée, le long des ruisseaux.

Art. 4. Dans les rues à chaussée bombée, chaque propriétaire ou locataire doit tenir libre le cours du ruisseau au-devant de sa maison ; dans les rues à chaussée fendue, il y pourvoira conjointement avec le propriétaire ou locataire qui lui fait face.

Pour prévenir les inondations par suite de pluies ou de dégel, les habitants devant la propriété desquels se trouvent des grilles d'égout, les feront dégager des ordures qui pourraient les obstruer. Ces ordures seront déposées aux endroits indiqués à l'article 1er.

Art. 5. Il est expressément défendu de jeter dans les égouts des urines, des boues et immondices solides, des matières fécales, et généralement tout corps ou matière pouvant obstruer ou infecter lesdits égouts.

Art. 6. Il est expressément défendu de déposer dans les rues aucune ordure, immondices, pailles et résidus quelconques de ménage.

Ces objets devront être portés directement des maisons aux voitures du nettoiement, et remis aux desservants de ces voitures, au moment de leur passage annoncé par une clochette.

Toutefois, les habitants des maisons qui n'ont ni cour ni porte cochère, pourront déposer les ordures, pailles et résidus ménagers, le soir après onze heures, ou le matin avant huit heures, depuis le 1er novembre jusqu'au 1er avril, et le soir après onze heures ou le matin avant sept heures, depuis le 1er avril jusqu'au 1er novembre.

Ces dépôts devront être faits sur les points de la voie publique désignés en l'article 1er pour la mise en tas des immondices provenant du balayage.

Art. 7. Il est également défendu de jeter des eaux sur la voie publique ; ces eaux devront être portées au ruisseau pour y être versées de manière à ne pas incommoder les passants. Il est interdit d'y jeter des urines et d'autres eaux infectes.

Art. 8. Il est généralement défendu de déposer sur la voie publique les bouteilles cassées, les morceaux de verre, de poterie, de faïence et tous autres objets de même nature pouvant occasionner des accidents.

Ces objets devront être directement portés aux voitures du nettoiement, et remis aux desservants de ces voitures.

Art. 9. Il est défendu de rien jeter des habitations sur la voie publique.

Art. 10. Dans le cas où des réparations à faire dans l'intérieur des maisons nécessiteraient le dépôt momentané de terres, sables, gravois et autres matériaux sur la voie publique, ce dépôt ne pourra avoir lieu que sous l'autorisation préalable du commissaire de police du quartier.

La quantité des objets déposés ne devra jamais excéder le chargement d'un tombereau, et leur enlèvement complet devra toujours être effectué avant la nuit. Si, par suite de force majeure, cet enlèvement n'avait pu être opéré complétement, les terres, sables, gravois ou autres matériaux devront être suffisamment éclairés pendant la nuit.

Sont formellement exceptés de la tolérance ci-dessus : les terres, moellons ou autres objets provenant des fosses d'aisances ; ces débris devront être immédiatement emportés, sans pouvoir jamais être déposés sur la voie publique.

En cas de contravention, les commissaires de police et le directeur de la salubrité feront faire, d'office et aux frais des contrevenants, l'enlèvement des dépôts, et au besoin l'éclairage, sans préjudice des peines encourues.

Art. 11. Il est enjoint à tout propriétaire ou locataire de maisons ou terrains situés le long des rues ou portions de rues non pavées, de faire combler, chacun en droit soi, les excavations, enfoncements et ornières, et d'entretenir le sol en bon état, de conserver et de rétablir les pentes nécessaires pour procurer aux eaux un écoulement facile, et de faire, en un mot, toutes les dispositions convenables pour que la liberté, la sûreté de la circulation et la salubrité ne soient pas compromises.

Art. 12. Ceux qui transporteront des terres, sables, gravois, fumier, litière et autres objets quelconques pouvant, par leur chute, salir la voie publique, devront charger leurs voitures de manière que rien ne s'en échappe et ne puisse se répandre.

Le nettoiement des rues ou parties des rues salies par les voitures en surcharge sera opéré d'office, à la diligence des commissaires de police et du directeur de la salubrité, aux frais des contrevenants et sans préjudice des peines encourues.

Art. 13. Les concierges, portiers ou gardiens des établissements publics et maisons domaniales, sont personnellement responsables de l'exécution des dispositions ci-dessus, en ce qui concerne les établissements et maisons auxquels ils sont attachés.

Art. 14. Les contraventions aux injonctions ou défenses faites par la présente ordonnance seront constatées par des procès-verbaux ou rapports qui nous seront adressés. Les contrevenants seront traduits, s'il y a lieu, devant les tribunaux, pour être punis conformément aux lois et règlements en vigueur.

Ordonnance de police. — Arrosement.

17 mai 1854.

Considérant qu'il importe de prendre des mesures pour assurer, pendant les chaleurs, l'arrosement de la voie publique; — Vu la loi des 16-24 août 1790; — Vu l'arrêté du gouvernement du 11 messidor an VIII (1er juillet 1800); — Ordonnons ce qui suit:

Art. 1er. A compter du jour de la publication de la présente ordonnance, et pendant tout le temps que dureront les chaleurs, les propriétaires ou locataires sont tenus de faire arroser, à onze heures du matin et à trois heures de l'après-midi, la partie de la voie publique au-devant de leurs maisons, boutiques, jardins et autres emplacements en dépendant; ils feront écouler les eaux des ruisseaux pour en éviter la stagnation.

Cette disposition est applicable aux propriétaires ou locataires des passages publics et à ciel ouvert, existant sur des propriétés particulières, ainsi qu'aux concessionnaires des ponts, pavés ou cailloutés, dont le passage est soumis à un droit de péage.

Art. 2. Il est défendu de se servir de l'eau stagnante des ruisseaux pour l'arrosement.

Art. 3. Les concierges, portiers ou gardiens des établissements publics et maisons domaniales sont personnellement responsables de l'exécution des dispositions ci-dessus, en ce qui concerne les établissements et maisons auxquels ils sont attachés.

Art. 4. Les contraventions aux injonctions ou défenses faites par la présente ordonnance seront constatées par des procès-verbaux ou rapports qui nous seront adressés.

Les commissaires de police et le directeur de la salubrité feront arroser d'office et aux frais des contrevenants, qui en outre seront traduits, s'il y a lieu, devant les tribunaux, pour être punis conformément aux lois et règlements en vigueur.

Ordonnance du roi portant que les enquêtes qui doivent précéder les entreprises des travaux publics seront soumises aux formalités y déterminées pour les travaux d'intérêt purement communal.

25 août 1835.

Louis-Philippe, etc; — Sur le rapport de notre ministre secrétaire d'État au département de l'intérieur ;—Vu l'art. 3 de la loi du 7 juillet 1833 *sur l'expropriation pour cause d'utilité publique* (1); Vu l'ordonnance royale du 18 février 1834, portant règlement sur les formalités des enquêtes qui doivent

---

1) V. *infra*, à sa date la loi du 3 mai 1841.

précéder la loi ou l'ordonnance déclarative de l'utilité publique ; — Considérant que cette ordonnance, s'appliquant aux travaux projetés dans un intérêt général, prescrit des formalités dont quelques-unes seraient sans objet ou incomplètes en ce qui concerne les travaux purement d'intérêt communal ou même départemental : — Notre conseil d'É tat entendu; — Nous avons ordonné et ordonnons ce qui suit :

Art. 1er. Les enquêtes qui, aux termes du § 3 de l'art. 3 de la loi du 7 juillet 1833, doivent précéder les entreprises de travaux publics dont l'exécution doit avoir lieu en vertu d'une ordonnance royale, seront soumises aux formalités ci-après déterminées pour les travaux proposés par un conseil municipal dans l'intérêt exclusif de sa commune.

Art. 2. L'enquête s'ouvrira sur un projet où l'on fera connaître le but de l'entreprise, le tracé des travaux, les dispositions principales des ouvrages et l'appréciation sommaire des dépenses.

Art. 3. Ce projet sera déposé à la mairie pendant quinze jours, pour que chaque habitant puisse en prendre connaissance ; à l'expiration de ce délai, un commissaire désigné par le préfet recevra à la mairie, pendant trois jours consécutifs, les déclarations des habitants sur l'utilité publique des travaux projetés. Les délais ci-dessus prescrits pour le dépôt des pièces à la mairie et pour la durée de l'enquête pourront être prolongés par le préfet.

Dans tous les cas, ces délais ne courront qu'à dater de l'avertissement donné par voie de publication et d'affiches.

Il sera justifié de l'accomplissement de cette formalité par un certificat du maire.

Art. 4. Après avoir clos et signé le registre de ces déclarations, le commissaire le transmettra immédiatement au maire avec son avis motivé et les autres pièces de l'instruction qui auront servi de base à l'enquête.

Si le registre d'enquête contient des déclarations contraires à l'adoption du projet, ou si l'avis du commissaire lui est opposé, le conseil municipal sera appelé à les examiner, et émettra son avis par une délibération motivée, dont le procès-verbal sera joint aux pièces. Dans tous les cas, le maire adressera immédiatement les pièces au sous-préfet, et celui-ci au préfet avec son avis motivé.

Art. 5. Le préfet, après avoir pris, dans les cas prévus par les règlements, l'avis des chambres de commerce et des chambres consultatives des arts et manufactures, dans les lieux où il en est établi, enverra le tout à notre ministre de l'intérieur avec son avis motivé, pour, sur son rapport, être statué par nous sur la question d'utilité publique des travaux, conformément aux dispositions de la loi du 7 juillet 1833.

Art. 6. Lorsque les travaux n'intéresseront pas exclusivement la commune, l'enquête aura lieu, suivant leur degré d'importance, conformément aux articles 9 et 10 de l'ordonnance du 18 février 1834.

Art. 7. Notre ministre des finances sera préalablement consulté toutes les fois que les travaux entraîneront l'application de l'avis du conseil d'État approuvé le 21 février 1808, sur la cession aux communes de tout ou partie d'un bien de l'État.

Circulaire du ministre de l'intérieur sur l'exécution de l'ordonnance qui précède.

21 septembre 1835.

Monsieur le préfet, aux termes de l'article 3 de la loi du 7 juillet 1833, toute disposition législative ou ordonnance royale ayant pour objet l'autorisation de travaux d'utilité publique et leurs moyens d'exécution, doit être précédée d'une enquête spéciale, dont l'autorité administrative est demeurée chargée de régler les formes.

Il a été pourvu à ce règlement, en ce qui concerne les grands travaux intéressant l'État, par l'ordonnance du 18 février 1834. Mais la plupart des formalités applicables à des entreprises de canaux et de routes ne sauraient conve-

nir à des travaux d'une moindre importance. Comme elles
portent sur des opérations vastes, plus ou moins susceptibles de modification ou de contrôle dans leurs limites, elles
supposent une matière à opposition ou à discussion qui se
présente rarement dans les entreprises plus circonscrites et
plus simples d'utilité communale.

Cette dernière partie de l'exécution de l'article 3 restait
donc encore à régler.

L'ordonnance royale du 23 août dernier détermine les
formes particulières de l'enquête à laquelle seront soumis
les projets de travaux et d'acquisition votés par les conseils
municipaux pour cause d'utilité publique. Distinguant le
cas où une entreprise peut intéresser plusieurs communes,
celui où les chambres de commerce seraient utilement con-
sultées, et enfin les circonstances où il y aurait lieu d'en référer à M. le ministre des finances, elle donne à chacun de
ces intérêts une garantie suffisante ; mais, d'ailleurs, elle
ne rend nécessaire que ce qui est utile, et, au moyen de ces
distinctions, elle permet de ne pas retarder l'expédition
des affaires par des formalités évidemment superflues ou
sans objet.

C'est surtout en donnant à ces enquêtes et aux projets
qu'elles concernent une publicité franche et entière qu'on
atteindra le but de la loi qui les prescrit, et que l'administration pourra espérer d'y trouver l'expression vraie du vœu
ou de l'opinion qu'elle interroge. J'appellerai donc principalement votre attention, Monsieur le préfet, sur l'exact
accomplissement des formalités préparatoires établies dans
l'article 3 de l'ordonnance du 23 août.

Vous ne perdrez pas de vue que cette partie de l'instruction des affaires d'expropriation pour cause d'utilité publique se distingue essentiellement de celle qui forme la matière de l'article 12 de la loi du 7 juillet 1833. Pour ne
point confondre ces deux informations, erreur dont il
existe plus d'un exemple, il suffit de se rappeler que la première, celle dont il s'agit ici, doit servir de base à l'ordonnance déclarative de l'utilité publique, qu'elle précède

nécessairement dans l'économie de la loi, tandis que l'information prescrite par l'article 12 constitue le mode d'exécution de cette ordonnance. L'une est générale : elle a pour
objet la constatation de l'opinion publique sur le mérite de
la mesure en projet ; l'autre ne tend qu'à garantir la juste
application de la mesure autorisée au propriétaire qui en
est reconnu passible ; elle lui est particulière.

Ainsi, Monsieur le préfet, l'ordonnance du 23 août, exclusivement relative à l'exécution de l'article 3 de la loi du
7 juillet, ne préjuge rien sur l'application de l'article 12,
qui ne laisse rien à régler par le même moyen.

Circulaire du ministre de l'intérieur à MM. les préfets sur les aliénations ou acquisitions pour alignements.

23 janvier 1836.

Monsieur le préfet, lorsqu'en exécution d'un plan d'alignement régulièrement arrêté par ordonnance royale, conformément à la loi du 16 septembre 1807, une commune
est dans la nécessité d'acheter ou de céder à un propriétaire les parcelles de terrain qui doivent border la voie
publique, certaines préfectures se bornent à faire déterminer
par experts l'indemnité qui peut être due au propriétaire ou
à la commune, et celle-ci en paye ou en reçoit le montant
sans autorisation. D'autres, au contraire, considérant ces
sortes de transactions comme des acquisitions ou des aliénations ordinaires d'immeubles, en adressent les pièces au
ministère, pour être soumises à l'approbation royale.

Cette incertitude dans la jurisprudence sur une question
d'administration journalière est fâcheuse pour le bon ordre
du service, et il m'a paru utile de la faire cesser.

Il est facile de se rendre compte des interprétations diverses qui ont été données aux prescriptions de la loi du
16 septembre 1807. En effet, cette loi pose en principe
(art. 49) que les terrains nécessaires pour l'ouverture des
rues, la formation des places, etc., seront payés à leurs

propriétaires, à dire d'experts, d'après leur valeur avant l'entreprise des travaux, et sans nulle augmentation du prix d'estimation : disposition qui semble indiquer bien clairement qu'il suffira d'une simple expertise consentie par les villes et les propriétaires pour que l'opération soit terminée; mais, d'autre part, l'article 51, après avoir déclaré que les propriétaires peuvent contraindre les villes à acheter la totalité de leurs bâtiments dont une partie seulement entre dans l'alignement, sauf à ces dernières à revendre ce qui leur serait inutile, ajoute que les cessions faites par les propriétaires et les reventes seront effectuées par un décret rendu en conseil d'Etat. De cette dernière prescription on est porté à induire que la sanction royale est exigible pour les acquisitions faites par les communes pour alignements.

Mais ces contradictions apparentes disparaissent devant un examen plus attentif du texte des articles précités ; et, pour les concilier, il suffit d'admettre une distinction qui est dans la lettre comme dans l'esprit de la loi du 16 septembre 1807. Cette loi prévoit deux cas bien distincts: dans le premier, il ne s'agit pour la ville que d'acquérir ou d'aliéner quelques parcelles de terrain retranchées ou concédées au propriétaire qui demande alignement. Ces acquisitions et aliénations, peu importantes au fond, sont d'ailleurs forcées, puisqu'on ne peut refuser alignement à l'habitant qui veut construire, et que, par suite, il faut bien de toute nécessité lui vendre la portion de la voie publique sur laquelle son bâtiment doit avancer, ou lui payer la valeur de la portion qu'on lui retranche, lorsqu'on l'oblige à reculer. Dans ce cas, c'est une simple indemnité à accorder ou à recevoir, et il semble devoir suffire que la somme fixée par les experts soit créditée au budget municipal.

Dans le second cas, la position n'est pas la même : ce n'est plus le propriétaire qui, voulant reconstruire, demande alignement, et à qui il faut nécessairement vendre ou acheter la partie de terrain retranchée ou ajoutée à la voie publique : c'est la ville qui, dans un but d'embellissement, traite volontairement avec un particulier pour une acquisition immobilière. L'opération n'a pas ce degré d'urgence et ce caractère d'indispensable nécessité qui, dans le premier cas, ne laissent pas à examiner la question d'opportunité. Ici, l'administration supérieure peut et doit intervenir utilement pour juger si la situation financière de la ville lui permet d'entreprendre immédiatement une dépense qu'elle pourrait ajourner peut-être avec avantage, surtout si l'état de vétusté des bâtiments à acquérir était tel, par exemple, qu'il y eût à penser que le propriétaire serait obligé de les démolir lui-même dans un temps rapproché. Dans ce cas, l'affaire rentre dans la catégorie des acquisitions ordinaires, et il y a lieu de recourir à l'autorisation royale.

C'est sous ce point de vue que la question vient d'être envisagée par le comité de l'intérieur du conseil d'Etat, dont j'avais cru devoir prendre l'avis à ce sujet.

Ce comité, dans sa séance du 1er décembre dernier, adoptant la distinction que j'avais moi-même établie, a pensé :

« Que, dans le cas où une commune cède ou achète les terrains qui sont compris ou exclus par le plan d'alignement, à l'époque où un propriétaire veut construire ou reconstruire suivant cet alignement, le plan d'alignement a donné implicitement à la commune toute l'autorisation nécessaire pour le faire exécuter. Mais qu'il n'en est pas de même dans le cas où un propriétaire peut vouloir, avant le temps où la vétusté de sa maison l'oblige à reculer, vendre tout ou partie de sa propriété, comme aussi dans celui où la commune peut croire convenable de l'acheter : dans ce cas, ce n'est plus par suite du plan d'alignement que la commune fait cette opération. Ainsi, une autorisation nouvelle est nécessaire, et l'acquisition doit être précédée par une déclaration d'utilité publique, si les parties ne sont pas d'accord, ou par une ordonnance royale autorisant la vente à l'amiable. »

D'après cet avis, dont j'ai adopté les dispositions, vous n'aurez pas, Monsieur le préfet, à me soumettre les demandes des communes relatives à des acquisitions ou à des aliénations immobilières faites en vue d'un alignement, toutes les fois qu'il ne s'agira que de portions de terrain cédées ou retranchées à la voie publique, en exécution des plans approuvés, au fur et à mesure que les propriétaires feront démolir leurs bâtiments volontairement, ou pour cause de vétusté. Il vous suffira, dans ce cas, d'autoriser, dans les budgets dont le règlement vous appartient, les crédits nécessaires pour le payement des indemnités dues et fixées conformément à l'article 56 de la loi du 16 septembre 1807 (1).

Je saisis l'occasion de cette circulaire pour appeler votre attention, Monsieur le préfet, sur la nécessité d'inviter, de la manière la plus pressante, les administrations municipales à satisfaire à l'obligation qui leur est imposée par l'article 52 de la loi du 16 septembre 1807, de faire dresser et approuver les plans généraux d'alignement des villes. Je n'ai pas besoin de faire observer que cette mesure, qui seule assure quelque fixité aux alignements, est une garantie indispensable pour les propriétaires et pour les villes elles-mêmes, qui autrement se trouvent souvent exposées à revenir sur des alignements mal étudiés, et qui perdent ainsi le fruit des dépenses qu'elles ont pu faire pour des acquisitions devenues inutiles.

Aussi je ne dois pas vous laisser ignorer que, par plusieurs avis récents, le comité de l'intérieur a repoussé les acquisitions ou cessions d'immeubles projetées par les villes, dans le but de percements de rues nouvelles ou de rectifications d'alignements, jusqu'à ce que les administrations municipales eussent justifié de l'approbation régulière des plans, soit généraux, soit partiels.

Cette jurisprudence n'est, au surplus, que l'application de l'avis du conseil d'État du 3 septembre 1811, qui a été inséré au *Bulletin des lois*, et qui contient les dispositions

_____

(1) Disposition rapportée par la circulaire du 23 août 1841. V. cette dernière à sa date.

suivantes : « Le conseil, considérant que, conformément à l'article 52 de la loi du 16 septembre 1807, le conseil de S. M. ne peut autoriser des acquisitions pour l'ouverture de nouvelles rues, pour l'élargissement des anciennes, ou pour tout autre objet d'utilité publique, que pour les communes dont les projets de plans auront été arrêtés en conseil d'Etat;

« Est d'avis que M. le ministre de l'intérieur soit invité, avant de proposer à S. M. un projet d'acquisition de maisons ou de terrains nécessaires à l'embellissement ou à l'utilité, soit de la ville de Paris, soit de toute autre ville ou commune de l'empire, à faire précéder cette demande, soit du plan des alignements déjà arrêtés légalement, s'il y en a, soit d'un projet de plan d'alignement, pour ledit plan être arrêté en conseil d'Etat, en exécution de l'article 52 de la loi du 16 septembre 1807. »

D'après cet avis, vous devrez donc, Monsieur le préfet, ne plus me soumettre des projets d'acquisitions ou d'aliénations relatifs à des alignements, sans avoir fait préalablement statuer sur l'approbation des plans généraux, ou du moins des plans partiels des quartiers ou des rues comprises dans les projets.

Ordonnance de police concernant l'arrosement.

1er juin 1837. (Archives de la préfecture de police.) (1).

Considérant qu'il importe de prendre des mesures pour assurer, pendant les chaleurs, l'arrosement de la voie publique;

Vu la loi des 16-24 août 1790;

Vu l'arrêté du gouvernement du 12 messidor an VIII (1er juillet 1800);

Art. 1er. A compter du jour de la publication de la pré-

---

(1) Renouvelée par plusieurs autres ordonnances à diverses dates.

sente ordonnance, et pendant tout le temps que dureront les chaleurs, les propriétaires ou locataires sont tenus de faire arroser, à onze heures du matin et à trois heures de l'après-midi, la partie de la voie publique, au-devant de leurs maisons, boutiques, jardins et autres emplacements en dépendant; ils feront écouler les eaux des ruisseaux pour en éviter la stagnation.

Cette disposition est applicable aux propriétaires ou locataires des passages publics et à ciel ouvert, existant sur des propriétés particulières, ainsi qu'aux concessionnaires des ponts, pavés ou cailloutés, dont le passage est soumis à un droit de péage.

Art. 2. Il est défendu de se servir de l'eau stagnante des ruisseaux pour l'arrosement (1).

Art. 3. Les concierges, portiers ou gardiens des établissements publics et maisons domaniales, sont personnellement responsables de l'exécution des dispositions ci-dessus, en ce qui concerne les établissements et maisons auxquels ils sont attachés.

Art. 4. Les contraventions aux injonctions ou défenses faites par la présente ordonnance seront constatées par des procès-verbaux ou rapports qui nous seront adressés.

Les commissaires de police et le directeur de la salubrité feront arroser d'office et aux frais des contrevenants, qui en outre seront traduits, s'il y a lieu, devant les tribunaux, pour être punis conformément aux lois et règlements en vigueur.

Avis du conseil d'État.

Séance du 20 novembre 1859. (Inédit.)

Le conseil d'État, qui, sur le renvoi ordonné par M. le

(1) Une ordonnance de police du 27 juin 1843 ajoute à cette disposition : « Il est également défendu de lancer de l'eau sur la voie publique de manière à gener la circulation ou à éclabousser les passants. »

ministre de l'intérieur, a pris connaissance d'un rapport sur les questions de savoir :

1° Si les saillies, mobiles ou non, sur les voies publiques faisant partie de la grande voirie, doivent être autorisées par les préfets ou par les maires ;

2° Si le préfet de la Loire-Inférieure doit poursuivre la suppression des saillies établies à Nantes avant 1837, en vertu d'un arrêté du maire du 10 octobre 1833, approuvé par le préfet le 15 octobre de la même année ;

Vu l'arrêt du conseil du 27 février 1765 ;

Les lois des 7-6-11 septembre, 7-14 octobre 1790, 29 floréal an x, 18 juillet 1837 ;

Sur la première question :

Considérant que les lois, décrets et ordonnances attribuent expressément aux préfets le droit de donner les alignements dans la partie des voies publiques qui dépend de la grande voirie ;

Que l'objet de l'alignement étant de donner aux voies publiques la largeur nécessaire et la disposition convenable, les saillies, de quelque nature qu'elles soient, affectent nécessairement l'alignement, et qu'ainsi le droit de les autoriser ou de les interdire rentre dans les attributions de l'autorité chargée de délivrer l'alignement ;

Considérant que, si les articles 50 de la loi du 14 décembre 1789, 3 du titre II de la loi du 24 août 1790, et 46 de la loi du 19 juillet 1791, confient à l'autorité municipale ce qui intéresse la sûreté et la commodité du passage sur les voies publiques, ils ne l'ont pas investie du droit de déterminer les alignements de la grande voirie, droit toujours réservé aux préfets, mais seulement de celui de constater les contraventions qui peuvent se commettre en matière de grande voirie, ainsi qu'il résulte positivement de la loi du 29 floréal an x ;

Que la distinction entre les attributions des préfets et celles des maires en matière de voirie, a été de nouveau consacrée par la loi du 18 juillet 1837, sur l'administration municipale ;

30

Qu'en effet l'article 10 de cette loi ne charge les maires, sous la surveillance de l'administration supérieure, que de la voirie municipale, et que, d'après l'article 19, les conseils municipaux délibèrent sur les projets d'alignements de voirie municipale, tandis qu'aux termes de l'article 20, ils donnent seulement un avis sur les projets d'alignements de grande voirie dans l'intérieur des villes, bourgs et villages ;

Est d'avis :

Que le droit d'autoriser ou d'interdire les saillies, de quelque nature qu'elles soient, sur la partie des voies publiques qui dépend de la grande voirie, appartient aux préfets chargés de donner l'alignement.

Sur la deuxième question :

Considérant que l'arrêté du maire de Nantes, en date du 10 octobre 1833, a été approuvé par le préfet de la Loire-Inférieure le 15 octobre suivant ;

Que l'approbation dont cet arrêté a été revêtu peut être considérée comme lui ayant conféré toute l'autorité d'un acte préfectoral, et qu'ainsi les permissions données conformément à cet arrêté l'ont été régulièrement;

Est d'avis :

Que le préfet de la Loire-Inférieure soit invité à ne pas donner suite aux poursuites commencées devant le conseil de préfecture.

Avis du conseil d'État.

Séance du 1er avril 1841. (Inédit.)

Le conseil d'État, qui, sur le renvoi ordonné par M. le ministre de l'intérieur, a pris connaissance d'un rapport dans lequel est examinée la question de savoir si, lorsqu'un propriétaire, en exécution de l'alignement qui lui est donné par l'autorité compétente, est obligé de reculer ses constructions et de délaisser une partie de son terrain, ou est autorisé à s'avancer sur la voie publique, l'indemnité à lui due dans le premier cas, et celle dont il est débiteur dans le second, doivent être réglées par le conseil de préfecture, les tribunaux, ou le jury institué par la loi du 7 juillet 1833 ;

Vu les lois des 16 septembre 1807, 8 mars 1810, 7 juillet 1833 et 21 mai 1836 ;

Vu les ordonnances royales rendues sur le rapport du comité du contentieux du conseil d'Etat, en date des 24 mars et 25 août 1820, 31 août 1828 ;

L'arrêt de la cour royale de Paris, du 8 avril 1826 ;

La circulaire de M. le ministre de l'intérieur, en date du 23 janvier 1836 ;

Le jugement du tribunal de première instance de la Seine, en date du 30 janvier 1839 ;

L'avis du conseil d'Etat, en date du 7 août 1839 ;

Considérant que, sous l'empire de la loi du 8 mars 1810, il a été reconnu que ce n'était point aux conseils de préfecture, mais à l'autorité judiciaire qu'il appartenait de régler les indemnités dues pour terrains retranchés par voie d'alignement ;

Considérant que l'article 67 de la loi du 7 juillet 1833 a abrogé la loi du 8 mars 1810 et déclaré que les dispositions de la loi nouvelle seraient appliquées dans tous les cas où les lois se référeraient à celle du 8 mars 1810 ;

Considérant que l'article 15 de la loi du 21 mai 1836 confère au juge de paix le droit de prononcer, à défaut d'arrangement amiable et après un rapport d'experts, sur les indemnités que les propriétaires riverains de chemins vicinaux peuvent prétendre pour terrains retranchés dans le but d'élargir ces chemins, et établit, pour cette matière spéciale, une compétence autre que celle qui résulte, pour les autres parties de la voie publique, des dispositions législatives citées plus haut ;

Est d'avis que, toutes les fois qu'un alignement donné par l'autorité compétente, sur une voie publique autre qu'un chemin vicinal, force un propriétaire à reculer ses constructions ou à s'avancer sur la voie publique, l'indemnité qui lui est due dans le premier cas, et celle dont il est débiteur dans le second, doivent être réglées, en cas de contestation, par le jury institué par la loi du 7 juillet 1833.

***

Instruction sur la marche à suivre pour la formation des tarifs des droits de voirie.

2 avril 1814. (Bulletin officiel.)

Monsieur le préfet, la loi du 18 juillet 1837 sur l'administration municipale fait figurer (art. 31, n° 8) parmi les recettes ordinaires des communes le produit des droits de voirie, dont le tarif a été arrêté aux termes de l'article 43, par ordonnance du roi rendue dans la forme des règlements d'administration publique.

Une difficulté s'est élevée sur le sens de cette disposition : il s'agissait de savoir si elle devait être entendue comme s'appliquant à toutes les parties de la voie publique, dans l'enceinte des villes ou communes d'une certaine population agglomérée, sans distinction des rues classées comme grandes routes de celles qui appartiennent à la voirie urbaine.

Mais, outre que la loi n'a fait en ce point ni distinction ni réserve, la discussion que cette disposition a soulevée dans le sein de la chambre des députés ne saurait laisser subsister le plus léger doute sur l'intention du législateur, dont la pensée n'a pu être d'établir une exception qui, d'ailleurs, serait contraire, non-seulement au principe de l'égale répartition des charges publiques, mais aux simples règles de l'équité, en ce qu'elle porterait précisément sur les rues qui sont, en général, les plus larges, les plus centrales, les plus commerçantes et où, conséquemment, les propriétés ont le plus de valeur.

Aussi le conseil d'Etat n'a-t-il point hésité à reconnaître qu'en principe les droits de voirie devaient être perçus au profit de la caisse municipale, dans l'intérieur des villes ou communes, sans égard à la classification des voies publiques, soit comme traverses, soit comme rues communales.

Ces droits, vous le savez, Monsieur le préfet, s'appliquent à la délivrance des alignements et permissions de bâtir ou réparer, et s'étendent à toutes les saillies fixes ou mobiles que les propriétaires sont autorisés à établir en dehors de la ligne d'aplomb de leurs édifices. Or, il importe de ne pas confondre en ceci deux attributions essentiellement distinctes : à savoir le droit de réglementer l'usage de la voie publique et celui de percevoir les taxes; car si la loi attribue ce produit aux villes, sans égard à la propriété du sol, cela ne change rien aux règles de compétence établies quant à l'administration, et au régime de la voie publique en elle-même.

De là, Monsieur le préfet, la nécessité de procéder, pour la désignation des objets qui peuvent donner lieu à la perception du droit, suivant la distinction que présentent les deux espèces de voies dont il est question. Ainsi, pour les rues qui font partie des routes royales et départementales, c'est à vous qu'il appartient de déterminer, par un arrêté spécial et sur l'avis de M. l'ingénieur en chef des ponts et chaussées, la dimension des saillies que vous croirez pouvoir autoriser sans inconvénients pour la circulation. De son côté, le maire prendra, comme règlement permanent, et en exécution de l'article 11 de la loi du 18 juillet 1837, un arrêté semblable pour les rues qui appartiennent à la voirie urbaine, et, sur le vu des deux arrêtés ayant force exécutoire, le conseil municipal appelé à délibérer sur l'assiette et la quotité des droits, proposera un tarif que vous aurez à me transmettre avec votre avis pour être soumis au conseil d'Etat et sanctionné, s'il y a lieu, par le roi, dans la forme prescrite par l'article 43 précité de la loi municipale.

Vous pourriez d'ailleurs, Monsieur le préfet, vous guider dans vos propositions sur l'ordonnance royale du 24 décembre 1823, concernant les saillies à Paris, qui est insérée au *Bulletin des Lois* (7ᵉ série, tome 18, bulletin 651).

Il est à présumer, en effet, que les dispositions adoptées à cet égard pour la Capitale, où les besoins de la circulation sont plus impérieux que partout ailleurs, seraient, dans la plupart des cas, susceptibles de recevoir une utile application.

Je crois, au reste, superflu d'ajouter, Monsieur le préfet, qu'en ce qui concerne la création de cette perception, vous ne devez intervenir que par voie de conseil et que vous n'avez rien à prescrire d'une manière impérative. Tout dépend ici des besoins et de la situation financière des communes auxquelles doit être laissée l'initiative à cet égard. Mais il est utile d'éclairer les administrations municipales sur ce moyen que leur offre la loi d'accroître leurs ressources sans recourir à celle des centimes additionnels que tous vos efforts doivent tendre à restreindre dans les plus étroites limites.

Quant au mode d'exécution, je n'y aperçois aucune difficulté sérieuse. Rien ne s'oppose, en effet, à ce que MM. les maires fassent percevoir les droits sur les rues de grande voirie, bien qu'ils ne soient pas appelés à délivrer les permissions. Il suffirait, pour en assurer le versement à la caisse municipale, d'obliger, par la permission même, les propriétaires ou constructeurs à rapporter la quittance de la taxe fixée par le tarif; ce serait à l'administration municipale à surveiller attentivement l'exécution des mesures qui auraient été arrêtées de concert entre elle et vous à ce sujet, et à poursuivre les recouvrements par toutes les voies de droit.

Veuillez, Monsieur le préfet, porter la présente instruction, qui a reçu l'assentiment de M. le ministre des travaux publics, en ce qui concerne son administration, à la connaissance de MM. les sous-préfets et maires de votre département, et me tenir informé des dispositions que vous aurez prises en conséquence des prescriptions qu'elle renferme.

Loi sur l'expropriation pour cause d'utilité publique.

3 mai 1841 (1).

TITRE Ier.

DISPOSITIONS PRÉLIMINAIRES.

Art. 1er. L'expropriation pour cause d'utilité publique s'opère par autorité de justice.

Art. 2. Les tribunaux ne peuvent prononcer l'expropriation qu'autant que l'utilité en a été constatée et déclarée dans les formes prescrites par la présente loi.

Ces formes consistent:

1° Dans la loi ou l'ordonnance royale qui autorise l'exécution des travaux pour lesquels l'expropriation est requise;

2° Dans l'acte du préfet qui désigne les localités ou territoires sur lesquels les travaux doivent avoir lieu, lorsque cette désignation ne résulte pas de la loi ou de l'ordonnance royale;

3° Dans l'arrêté ultérieur par lequel le préfet détermine les propriétés particulières auxquelles l'expropriation est applicable.

Cette application ne peut être faite à aucune propriété particulière qu'après que les parties intéressées ont été mises en état d'y fournir leurs contredits, selon les règles exprimées au titre II.

Art. 3. Tous grands travaux publics, routes royales, canaux, chemins de fer, canalisation des rivières, bassins et docks, entrepris par l'Etat, *les départements*, *les communes*, ou par compagnies particulières, avec ou sans péage, avec ou sans subside du trésor, avec ou sans aliénation du domaine public, ne pourront être exécutés qu'en vertu d'une

---

(1) Cette loi ayant remplacé celle du 7 juillet 1833, nous avons indiqué en italiques les additions faites à celle-ci, et par des renvois en forme de notes les retranchements qu'elle a subis.

loi, qui ne sera rendue qu'après une enquête administrative.

Une ordonnance royale suffira pour autoriser l'exécution des routes *départementales*, celle des canaux et chemins de fer d'embranchement de moins de vingt mille mètres de longueur, des ponts et de tous autres travaux de moindre importance.

Cette ordonnance devra également être précédée d'une enquête.

Ces enquêtes auront lieu dans les formes déterminées par un règlement d'administration publique (1).

TITRE II.

DES MESURES D'ADMINISTRATION RELATIVES A L'EXPROPRIATION.

Art. 4. Les ingénieurs ou autres gens de l'art chargés de l'exécution des travaux lèvent, pour la partie qui s'étend sur chaque commune, le plan parcellaire des terrains ou des édifices dont la cession leur paraît nécessaire.

Art. 5. Le plan desdites propriétés particulières, indicatif des noms de chaque propriétaire, tels qu'ils sont inscrits sur la matrice des rôles, reste déposé, pendant huit jours (2), à la mairie de la commune où les propriétés sont situées, afin que chacun puisse en prendre connaissance.

Art. 6. Le délai fixé à l'article précédent ne court qu'à dater de l'avertissement, qui est donné collectivement aux parties intéressées, de prendre communication du plan déposé à la mairie.

Cet avertissement est publié à son de trompe ou de caisse dans la commune, et affiché tant à la principale porte de l'église du lieu qu'à celle de la maison commune.

---

(1) V. à sa date *suprà*, l'ordonnance du 23 août 1835, pour les travaux communaux, et pour les travaux publics celle du 28 février 1834, au *Bulletin des lois*. (*Note de l'auteur.*)

(2) Loi de 1833 : *Au moins.*

Il est en outre inséré dans l'un des journaux (1) publiés dans l'arrondissement, ou, s'il n'en existe aucun, dans l'un des journaux du département.

Art. 7. Le maire certifie ces publications et affiches; il mentionne sur un procès-verbal qu'il ouvre à cet effet, et que les parties qui comparaissent sont requises de signer, les déclarations et réclamations qui lui ont été faites verbalement, et y annexe celles qui lui sont transmises par écrit.

Art. 8. A l'expiration du délai de huitaine prescrit par l'article 5, une commission se réunit au chef-lieu de la sous-préfecture.

Cette commission, présidée par le sous-préfet de l'arrondissement, sera composée de quatre membres du conseil général du département ou du conseil de l'arrondissement, désignés par le préfet, du maire de la commune où les propriétés sont situées, et de l'un des ingénieurs chargés de l'exécution des travaux.

La commission ne peut délibérer valablement qu'autant que cinq de ses membres au moins sont présents.

Dans le cas où le nombre des membres présents serait de six, et où il y aurait partage d'opinions, la voix du président sera prépondérante.

Les propriétaires qu'il s'agit d'exproprier ne peuvent être appelés à faire partie de la commission.

Art. 9. La commission reçoit, *pendant huit jours*, les observations des propriétaires.

Elle les appelle toutes les fois qu'elle le juge convenable (2). Elle donne son avis.

Ses opérations doivent être terminées dans le délai *de dix jours* (3); après quoi le procès-verbal est adressé immédiatement par le sous-préfet au préfet.

Dans le cas où lesdites opérations n'auraient pas été mises à fin dans le délai ci-dessus, le sous-préfet devra,

---

(1) Loi de 1833 : *Des chefs-lieux d'arrondissement et de département.*
(2) Idem : *Elle reçoit leurs moyens respectifs, et donne son avis.*
(3) Idem : *D'un mois.*

dans les trois jours, transmettre au préfet son procès-verbal et les documents recueillis.

Art. 10 (1). Si la commission propose quelque changement au tracé indiqué par les ingénieurs, le sous-préfet devra, dans la forme indiquée par l'article 6, en donner immédiatement avis aux propriétaires que ces changements pourront intéresser. Pendant huitaine, à dater de cet avertissement, le procès-verbal et les pièces resteront déposés à la sous-préfecture; les parties intéressées pourront en prendre communication sans déplacement et sans frais, *et fournir leurs observations écrites.*

Dans les trois jours suivants, le sous-préfet transmettra toutes les pièces à la préfecture.

Art. 11. Sur le vu du procès-verbal et des documents y annexés, le préfet détermine, par un arrêté motivé, les propriétés qui doivent être cédées, et indique l'époque à laquelle il sera nécessaire d'en prendre possession. Toutefois, dans le cas où il résulterait de l'avis de la commission qu'il y aurait lieu de modifier le tracé des travaux ordonnés, le préfet surseoira jusqu'à ce qu'il ait été prononcé par l'administration supérieure (2).

L'administration supérieure pourra, suivant les circonstances, ou statuer définitivement, ou ordonner qu'il soit procédé de nouveau à tout ou partie des formalités prescrites par les articles précédents.

Art. 12. Les dispositions des articles 8, 9 et 10 ne sont point applicables au cas où l'expropriation serait demandée par une commune, et dans un intérêt purement communal *non plus qu'aux travaux d'ouverture ou de redressement des chemins vicinaux.*

---

(1) Loi de 1833 : *Le procès-verbal et les pièces transmises par le sous-préfet resteront déposés au secrétariat général de la préfecture pendant huitaine à dater du jour du dépôt.*

Les parties intéressées pourront en prendre communication sans déplacement et sans frais.

(2) Idem. *La décision de l'administration supérieure sera définitive et sans recours au conseil d'État.*

Dans ce cas, le procès-verbal prescrit par l'article 7 est transmis, avec l'avis du conseil municipal, par le maire au sous-préfet, qui l'adressera au préfet avec ses observations.

Le préfet, en conseil de préfecture, sur le vu de ce procès-verbal, et sauf l'approbation de l'administration supérieure, prononcera comme il est dit en l'article précédent.

TITRE III.

DE L'EXPROPRIATION ET DE SES SUITES, QUANT AUX PRIVILÉGES, HYPOTHÈQUES ET AUTRES DROITS RÉELS.

Art. 13. *Si des biens de mineurs, d'interdits, d'absents, ou autres incapables, sont compris dans les plans déposés en vertu de l'article 5, ou dans les modifications admises par l'administration supérieure, aux termes de l'article 11 de la présente loi, les tuteurs, ceux qui ont été envoyés en posses-sion provisoire, et tous représentants des incapables, peuvent, après autorisation du tribunal donnée sur simple requête, en la chambre du conseil, le ministère public entendu, consentir amiablement à l'aliénation desdits biens.*

Le tribunal ordonne les mesures de conservation ou de remploi qu'il juge nécessaires.

Ces dispositions sont applicables aux immeubles dotaux et aux majorats.

Les préfets pourront, dans le même cas, aliéner les biens des départements, s'ils y sont autorisés par délibération du conseil général; les maires ou administrateurs pourront aliéner les biens des communes ou établissements publics, s'ils y sont autorisés par délibération du conseil municipal ou du conseil d'administration, approuvée par le préfet en conseil de préfecture.

Le ministre des finances peut consentir à l'aliénation des biens de l'Etat, ou de ceux qui font partie de la dotation de la couronne, sur la proposition de l'intendant de la liste civile.

A défaut de conventions amiables, soit avec les propriétaires des terrains ou bâtiments dont la cession est reconnue nécessaire, *soit avec ceux qui les représentent*, le préfet transmet au procureur du roi dans le ressort duquel les biens sont situés, la loi ou l'ordonnance qui autorise l'exécution des travaux, et l'arrêté (1) mentionné en l'article 11.

Art. 14. Dans les trois jours, et sur la production des pièces constatant que les formalités prescrites par l'article 2 du titre Ier, et par le titre II de la présente loi, ont été remplies, le procureur du roi requiert et le tribunal prononce l'expropriation pour cause d'utilité publique des terrains ou bâtiments indiqués dans l'arrêté du préfet.

Si, dans l'année de l'arrêté du préfet, l'administration n'a pas poursuivi l'expropriation, tout propriétaire dont les terrains sont compris audit arrêté peut présenter requête au tribunal. Cette requête sera communiquée par le procureur du roi au préfet, qui devra, dans le plus bref délai, envoyer les pièces, et le tribunal statuera dans les trois jours.

Le même jugement commet un des membres du tribunal pour remplir les fonctions attribuées par le titre IV, chapitre II, au magistrat directeur du jury chargé de fixer l'indemnité, *et désigne un autre membre pour le remplacer au besoin.*

En cas d'absence ou d'empêchement de ces deux magistrats, il sera pourvu à leur remplacement par une ordonnance sur requête du président du tribunal civil.

Dans le cas où les propriétaires à exproprier consentiraient à la cession, mais où il n'y aurait point accord sur le prix, le tribunal donnera acte du consentement, et désignera le magistrat directeur du jury, sans qu'il soit besoin de rendre le jugement d'expropriation, ni de s'assurer que les formalités prescrites par le titre II ont été remplies.

Art. 15. Le jugement est publié et affiché, par extrait,

---

(1) Loi de 1833 : *Du préfet.*

dans la commune de la situation des biens de la manière indiquée en l'article 6. Il est en outre inséré dans l'un des journaux (1) publiés dans l'arrondissement, ou, s'il n'en existe aucun, dans l'un de ceux du département.

Cet extrait, contenant les noms des propriétaires, les motifs et le dispositif du jugement, leur est notifié au domicile qu'ils auront élu dans l'arrondissement de la situation des biens, par une déclaration faite à la mairie de la commune où les biens sont situés; et, dans le cas où cette élection de domicile n'aurait pas eu lieu, la notification de l'extrait sera faite en double copie au maire et au fermier, locataire, gardien ou régisseur de la propriété.

Toutes les autres notifications prescrites par la présente loi seront faites dans la forme ci-dessus indiquée.

Art. 16. Le jugement sera, immédiatement *après l'accomplissement des formalités prescrites par l'article 15 de la présente loi*, transcrit au bureau de la conservation des hypothèques de l'arrondissement, conformément à l'article 2181 du Code civil.

Art. 17. Dans la quinzaine de la transcription, les priviléges et les hypothèques conventionnelles, judiciaires ou légales, seront inscrits.

A défaut d'inscription dans ce délai, l'immeuble exproprié sera affranchi de tous priviléges (2) et hypothèques (3), de quelque nature qu'ils soient (4), *sans préjudice des droits des femmes, mineurs et interdits, sur le montant de l'indemnité, tant qu'elle n'a pas été payée ou que l'ordre n'a pas été réglé définitivement entre les créanciers.*

Les créanciers inscrits n'auront, dans aucun cas, la faculté de surenchérir; mais ils pourront exiger que l'indemnité soit fixée conformément au titre IV.

---

(1) Loi de 1833 : *De l'arrondissement et dans l'un de ceux du chef-lieu du département.*

(2) Idem : *Antérieurs au jugement.*

(3) Idem : *De toute nature.*

(4) Idem : *Sans préjudice du recours contre les maris, tuteurs ou autres administrateurs qui auraient dû requérir lesdites inscriptions.*

Art. 18. Les actions en résolution, en revendication, et toutes autres actions réelles, ne pourront arrêter l'expropriation ni en empêcher l'effet. Le droit des réclamants sera transporté sur le prix, et l'immeuble en demeurera affranchi.

Art. 19 (1). Les règles posées dans le premier paragraphe de l'article 15 et dans les articles 16, 17 et 18, sont applicables dans le cas de conventions amiables passées entre l'administration et les propriétaires.

Cependant l'administration peut, sauf les droits des tiers, et sans accomplir les formalités ci-dessus tracées, payer le prix des acquisitions dont la valeur ne s'élèverait pas au-dessus de cinq cents francs.

Le défaut d'accomplissement des formalités de la purge des hypothèques n'empêche pas l'expropriation d'avoir son cours ; sauf, pour les parties intéressées, à faire valoir leurs droits ultérieurement, dans les formes déterminées par le titre IV de la présente loi.

Art. 20. Le jugement ne pourra être attaqué que par la voie du recours en cassation, et seulement pour incompétence, excès de pouvoir ou vices de forme du jugement.

Le pourvoi (2) aura lieu, au plus tard, dans les trois jours, à dater de la notification du jugement, par déclaration au greffe du tribunal. Il sera notifié dans la huitaine, soit à la partie, au domicile indiqué par l'article 15, soit au préfet ou au maire, suivant la nature des travaux ; *le tout à peine de déchéance.*

Dans la quinzaine de la notification du pourvoi, les pièces seront adressées à la chambre civile de la cour de cassation, qui statuera dans le mois suivant.

---

(1) Loi de 1833 : *Les règles posées aux deux articles qui précèdent sont applicables, dans le cas de conventions amiables, aux contrats passés entre l'administration et le propriétaire.*

(2) Idem : Art. 20, § 2. *Le pourvoi aura lieu dans les trois jours à dater de celui de la notification du jugement par déclaration au greffe du tribunal qui l'aura rendu.*

L'arrêt, s'il est rendu par défaut, à l'expiration de ce délai, ne sera pas susceptible d'opposition.

TITRE IV.

DU RÈGLEMENT DES INDEMNITÉS.

CHAPITRE Ier.

Mesures préparatoires.

Art. 21. Dans la huitaine qui suit la notification prescrite par l'article 15, le propriétaire est tenu d'appeler et de faire connaître (1) *à l'administration* les fermiers, locataires, ceux qui ont des droits d'usufruit, d'habitation ou d'usage, tels qu'ils sont réglés par le Code civil, et ceux qui peuvent réclamer des servitudes résultant des titres mêmes (2) *du propriétaire* ou d'autres actes dans lesquels il serait intervenu ; sinon il restera seul chargé envers eux des indemnités que ces derniers pourront réclamer.

Les autres intéressés seront en demeure de faire valoir leurs droits par l'avertissement énoncé en l'article 6, et tenus de se faire connaître (3) *à l'administration* dans le même délai de huitaine, à défaut de quoi ils seront déchus de tous droits à l'indemnité.

Art. 22. Les dispositions de la présente loi relatives aux propriétaires et à leurs créanciers sont applicables à l'usufruitier et à ses créanciers.

Art. 23. L'administration notifie aux propriétaires (4) et à tous autres intéressés qui auront été désignés ou qui seront intervenus (5) *dans le délai fixé par l'article* 21, les sommes qu'elle offre pour indemnités.

---

(1) Loi de 1833 : *Au magistrat directeur du jury.*
(2) Idem : *De propriété.*
(3) Idem : *Au magistrat directeur du jury.*
(4) Idem : *Aux créanciers inscrits.*
(5) Idem : *En vertu des art.* 21 *et* 22.

Ces offres sont, en outre, affichées et publiées conformément à l'article 6 de la présente loi.

Art. 24. Dans la quinzaine suivante, les propriétaires et autres intéressés sont tenus de déclarer leur acceptation, ou, s'ils n'acceptent pas les offres qui leur sont faites, d'indiquer le montant de leurs prétentions.

Art. 25 (1). *Les femmes mariées sous le régime dotal, assistées de leurs maris, les tuteurs, ceux qui ont été envoyés en possession provisoire des biens d'un absent, et autres personnes qui représentent les incapables,* peuvent valablement accepter les offres énoncées en l'article 23, s'ils y sont autorisés dans les formes prescrites par l'article 13 (2).

Art. 26 (3). *Le ministre des finances, les préfets, maires ou administrateurs peuvent accepter les offres d'indemnité pour expropriation des biens appartenant à l'Etat, à la couronne, aux départements, communes ou établissements publics, dans les formes et avec les autorisations prescrites par l'article* 13.

Art. 27. Le délai de quinzaine, fixé par l'article 24, sera d'un mois dans les cas prévus par les articles 25 et 26.

Art. 28 (4). Si les offres de l'administration ne sont pas

---

(1) Loi de 1833 : *Les tuteurs, maris et autres personnes qui n'ont pas qualité pour aliéner un immeuble, peuvent,* etc.

(2) Idem : *Cette autorisation peut être donnée sur simple mémoire, en la chambre du conseil, le ministère public entendu.*

Le tribunal ordonne les mesures de conservation ou de remploi que chaque cas peut nécessiter.

(3) Idem : Art. 26. *S'il s'agit de biens appartenant à des départements, à des communes ou à des établissements publics, les préfets, maires ou administrateurs pourront valablement accepter les offres énoncées en l'art. 23, s'ils y sont autorisés par délibération du conseil général du département, du conseil municipal ou du conseil d'administration, approuvée par le préfet en conseil de préfecture.*

(4) Idem : Art. 28. *Si les offres de l'administration ne sont pas acceptées, ou si, nonobstant l'acceptation du propriétaire, les créanciers inscrits et autres intéressés déclarent, dans la quinzaine de la notification qui leur en est faite, qu'ils ne veulent pas se contenter de la somme convenue entre l'administration et le propriétaire, il sera procédé au règlement des indemnités de la manière indiquée au chapitre suivant.*

acceptées *dans les délais prescrits par les articles 24 et 27,
l'administration citera devant le jury, qui sera convoqué à
cet effet, les propriétaires et tous autres intéressés qui auront
été désignés, ou qui seront intervenus, pour qu'il soit procédé
au règlement des indemnités de la manière indiquée au chapitre suivant. La citation contiendra l'énonciation des offres
qui auront été refusées.*

CHAPITRE II.

Du jury spécial chargé de régler les indemnités.

Art. 29. Dans sa session annuelle, le conseil général du
département désigne, pour chaque arrondissement de sous-
préfecture, tant sur la liste des électeurs que sur la seconde
partie de la liste du jury, trente-six personnes au moins, et
soixante et douze au plus, qui ont leur domicile réel dans
l'arrondissement, parmi lesquelles sont choisis, jusqu'à la
session suivante ordinaire du conseil général, les membres
du jury spécial appelé, le cas échéant, à régler les indemnités dues par suite d'expropriation pour cause d'utilité
publique.

Le nombre des jurés désignés pour le département de la
Seine sera de six cents.

Art. 30. Toutes les fois qu'il y a lieu de recourir à un
jury spécial, *la première chambre* de la cour royale, dans
les départements qui sont le siége d'une cour royale, et,
dans les autres départements (1), *la première chambre du
tribunal du chef-lieu judiciaire, choisit en la chambre du
conseil, sur la liste dressée en vertu de l'article précédent
pour l'arrondissement dans lequel ont lieu les expropriations,*

---

(1) Loi de 1833 : *Le tribunal du chef-lieu judiciaire des départements
(toutes les chambres réunies en chambre du conseil) choisit sur la liste dressée
en vertu de l'article précédent, seize personnes pour former le jury spécial
chargé de fixer définitivement le montant de l'indemnité.*

*La cour ou le tribunal choisit en outre et en même temps quatre jurés sup-
plémentaires.*

31

seize personnes qui formeront le jury spécial chargé de fixer définitivement le montant de l'indemnité, et, en outre, quatre jurés supplémentaires; pendant les vacances, ce choix est déféré à la chambre de la cour ou du tribunal chargée du service des vacations. En cas d'abstention ou de récusation des membres du tribunal, le choix du jury est déféré à la cour royale.

Ne peuvent être choisis,

1° Les propriétaires, fermiers, locataires des terrains et bâtiments désignés en l'arrêté du préfet pris en vertu de l'article 11, et qui restent à acquérir;

2° Les créanciers ayant inscription sur lesdits immeubles;

3° Tous autres intéressés désignés ou intervenant en vertu des articles 21 et 22.

Les septuagénaires seront dispensés, s'ils le requièrent, des fonctions de juré.

Art. 31. La liste des seize jurés et des quatre jurés supplémentaires est transmise par le préfet au sous-préfet, qui, après s'être concerté avec le magistrat directeur du jury, convoque les jurés et les parties, en leur indiquant, au moins huit jours à l'avance, le lieu et le jour de la réunion. La notification aux parties leur fait connaître les noms des jurés.

Art. 32. Tout juré qui, sans motifs légitimes, manque à l'une des séances ou refuse de prendre part à la délibération, encourt une amende de cent francs au moins et de trois cents francs au plus.

L'amende est prononcée par le magistrat directeur du jury.

Il statue en dernier ressort sur l'opposition qui serait formée par le juré condamné.

Il prononce également sur les causes d'empêchement que les jurés proposent, ainsi que sur les exclusions ou incompatibilités dont les causes ne seraient survenues ou n'auraient été connues que postérieurement à la désignation faite en vertu de l'article 30.

Art. 33. Ceux des jurés qui se trouvent rayés de la liste

par suite des empêchements, exclusions ou incompatibilités prévus à l'article précédent, sont immédiatement remplacés par les jurés supplémentaires, que le magistrat directeur du jury appelle dans l'ordre de leur inscription.

En cas d'insuffisance (1), *le magistrat directeur du jury choisit*, sur la liste dressée en vertu de l'article 29, les personnes nécessaires pour compléter le nombre des seize jurés.

Art. 34. Le magistrat directeur du jury est assisté, auprès du jury spécial, du greffier ou commis-greffier du tribunal, qui appelle successivement les causes sur lesquelles le jury doit statuer, et tient procès-verbal des opérations.

Lors de l'appel, l'administration a le droit d'exercer deux récusations péremptoires ; la partie adverse a le même droit.

Dans le cas où plusieurs intéressés figurent dans la même affaire, ils s'entendent pour l'exercice du droit de récusation, sinon le sort désigne ceux qui doivent en user.

Si le droit de récusation n'est point exercé, ou s'il ne l'est que partiellement, le magistrat directeur du jury procède à la réduction des jurés au nombre de douze, en retranchant les derniers noms inscrits sur la liste.

Art. 35. Le jury spécial n'est constitué que lorsque les douze jurés sont présents.

Les jurés ne peuvent délibérer valablement qu'au nombre de neuf au moins.

Art. 36. Lorsque le jury est constitué, chaque juré prête serment de remplir ses fonctions avec impartialité.

Art. 37. Le magistrat directeur met sous les yeux du jury,

1° Le tableau des offres et demandes notifiées en exécution des articles 23 et 24 ;

2° Les plans parcellaires et les titres ou autres documents

---

(1) Loi de 1833 : *Le tribunal de l'arrondissement.*

produits par les parties à l'appui de leurs offres et demandes.

Les parties ou leurs fondés de pouvoir peuvent présenter sommairement leurs observations.

Le jury pourra entendre toutes les personnes qu'il croira pouvoir l'éclairer.

Il pourra également se transporter sur les lieux, ou déléguer à cet effet un ou plusieurs de ses membres.

La discussion est publique; elle peut être continuée à une autre séance.

Art. 38. La clôture de l'instruction est prononcée par le magistrat directeur du jury.

Les jurés se retirent immédiatement dans leur chambre pour délibérer, sans désemparer, sous la présidence de l'un d'eux, qu'ils désignent à l'instant même.

La décision du jury fixe le montant de l'indemnité; elle est prise à la majorité des voix.

En cas de partage, la voix du président du jury est prépondérante.

Art. 39. Le jury prononce des indemnités distinctes en faveur des parties qui les réclament à des titres différents, comme propriétaires, fermiers, locataires, usagers (1) *et autres intéressés* dont il est parlé à l'article 21.

Dans le cas d'usufruit, une seule indemnité est fixée par le jury, eu égard à la valeur totale de l'immeuble; le nu-propriétaire et l'usufruitier exercent leur droit sur le montant de l'indemnité au lieu de l'exercer sur la chose.

L'usufruitier sera tenu de donner caution; les père et mère ayant l'usufruit légal des biens de leurs enfants en seront seuls dispensés.

Lorsqu'il y a litige sur le fond du droit ou sur la qualité des réclamants, et toutes les fois qu'il s'élève des difficultés étrangères à la fixation du montant de l'indemnité, le jury règle l'indemnité indépendamment de ces *litiges et diffi-*

---

(1) Loi de 1833 : *Autres que ceux dont*, etc.

cultés, sur lesquels les parties sont renvoyées à se pourvoir devant qui de droit.

L'indemnité allouée par le jury ne peut, en aucun cas, être inférieure aux offres de l'administration, ni supérieure à la demande de la partie intéressée.

Art. 40 (1). *Si l'indemnité réglée par le jury ne dépasse pas* l'offre de l'administration, les parties qui l'auront refusée seront condamnées aux dépens.

Si l'indemnité est égale (2) *à la demande* des parties, l'administration sera condamnée aux dépens.

Si l'indemnité est à la fois supérieure à l'offre de l'administration, et inférieure à la demande des parties, les dépens seront compensés de manière à être supportés par les parties et l'administration, dans les proportions de leur offre ou de leur demande avec la décision du jury.

Tout indemnitaire qui ne se trouvera pas dans le cas des articles 25 et 26 sera condamné aux dépens, quelle que soit l'estimation ultérieure du jury, s'il a omis de se conformer aux dispositions de l'art. 24.

Art. 41. La décision du jury, signée des membres qui y ont concouru, est remise par le président au magistrat directeur, qui la déclare exécutoire, statue sur les dépens, et envoie l'administration en possession de la propriété, à la charge par elle de se conformer aux dispositions des articles 53, 54 et suivants.

Ce magistrat taxe les dépens (3), *dont le tarif est déterminé par un règlement d'administration publique.*

La taxe ne comprendra que les actes faits postérieurement à l'offre de l'administration; les frais des actes antérieurs

---

(1) Loi de 1833 : *Si l'indemnité réglée par le jury est inférieure ou égale à l'offre*, etc.

(2) Idem : *Est égale ou supérieure à la demande.*

(3) Idem : *Un règlement d'administration publique, qui sera publié avant la mise à exécution de la présente loi déterminera le tarif des dépens.* (V. l'ordonn. royale du 18 septembre 1833, au *Bulletin des lois*, 9ᵉ série, bull. 252.)

demeurent, dans tous les cas, à la charge de l'administration.

Art. 42. La décision du jury (1) *et l'ordonnance du magistrat directeur ne peuvent être attaquées* que par la voie du recours en cassation, et seulement pour violation du premier paragraphe de l'article 30, *de l'article* 31 (2), *des deuxième et quatrième paragraphes de l'article* 34, *et des articles* 35, 36, 37, 38, 39 *et* 40.

Le délai sera de quinze jours pour ce recours, qui sera d'ailleurs formé, notifié et jugé comme il est dit en l'article 20; il courra à partir du jour de la décision.

Art. 43. Lorsqu'une décision du jury aura été cassée, l'affaire sera renvoyée devant un nouveau jury, choisi dans le même arrondissement.

Néanmoins la cour de cassation pourra, suivant les circonstances, renvoyer l'appréciation de l'indemnité à un jury choisi dans un des arrondissements voisins, quand même il appartiendrait à un autre département.

Il sera procédé, à cet effet, conformément à l'article 30.

Art. 44. Le jury ne connaît que des affaires dont il a été saisi au moment de sa convocation, et statue successivement et sans interruption sur chacune de ces affaires. Il ne peut se séparer qu'après avoir réglé toutes les indemnités dont la fixation lui a été ainsi déférée.

Art. 45. Les opérations commencées par un jury, et qui ne sont pas encore terminées au moment du renouvellement annuel de la liste générale mentionnée en l'article 29, sont continuées, jusqu'à conclusion définitive, par le même jury.

Art. 46. Après la clôture des opérations du jury, les minutes de ses décisions et les autres pièces qui se rattachent auxdites opérations sont déposées au greffe du tribunal civil de l'arrondissement.

Art. 47. Les noms des jurés qui auront fait le service

---

(1) Loi de 1833 : *Ne peut être attaquée que*, etc.

(2) Idem : *Et des art.* 31, 35, etc.

d'une session ne pourront être portés sur le tableau dressé par le conseil général pour l'année suivante.

CHAPITRE III.

Des règles à suivre pour la fixation des indemnités.

Art. 48. Le jury est juge de la sincérité des titres et de l'effet des actes qui seraient de nature à modifier l'évaluation de l'indemnité.

Art. 49. Dans le cas où l'administration contesterait au détenteur exproprié le droit à une indemnité, le jury, sans s'arrêter à la contestation, dont il renvoie le jugement devant qui de droit, fixe l'indemnité comme si elle était due, et le magistrat directeur du jury en ordonne la consignation, pour, ladite indemnité, rester déposée jusqu'à ce que les parties se soient entendues ou que le litige soit vidé.

Art. 50 (1). Les bâtiments dont il est nécessaire d'acquérir une portion pour cause d'utilité publique seront achetés en entier, si les propriétaires le requièrent par une déclaration formelle adressée au magistrat directeur du jury (2), *dans les délais énoncés aux articles* 24 *et* 27.

Il en sera de même de toute parcelle de terrain qui, par suite du morcellement, se trouvera réduite au quart de la contenance totale, si toutefois le propriétaire ne possède aucun terrain immédiatement contigu, et si la parcelle ainsi réduite est inférieure à dix ares.

Art. 51. Si l'exécution des travaux doit procurer une augmentation de valeur immédiate et spéciale au restant de la propriété, cette augmentation sera prise en considération *du montant* de l'indemnité.

Art. 52. Les constructions, plantations et améliorations ne donneront lieu à aucune indemnité, lorsque, à raison de l'époque où elles auront été faites ou de toutes autres

---

(1) Loi de 1833 : *Les maisons et bâtiments.*
(2) Idem : *Dans le délai énoncé en l'art.* 24.

circonstances dont l'appréciation lui est abandonnée, le jury acquiert la conviction qu'elles ont été faites dans la vue d'obtenir une indemnité plus élevée.

TITRE V.

DU PAYEMENT DES INDEMNITÉS.

Art. 53. Les indemnités réglées par le jury seront, préalablement à la prise de possession, acquittées entre les mains des ayants droit.

S'ils se refusent à les recevoir, la prise de possession aura lieu après offres réelles et consignation.

S'il s'agit de travaux exécutés par l'État ou les départements, les offres réelles pourront s'effectuer au moyen d'un mandat égal au montant de l'indemnité réglée par le jury : ce mandat, délivré par l'ordonnateur compétent, visé par le payeur, sera payable sur la caisse qui s'y trouvera désignée.

Si les ayants droit refusent de recevoir le mandat, la prise de possession aura lieu après consignation en espèces.

Art. 54. Il ne sera pas fait d'offres réelles toutes les fois qu'il existera des inscriptions sur l'immeuble exproprié ou d'autres obstacles au versement des deniers entre les mains des ayants droits ; dans ce cas, il suffira que les sommes dues par l'administration soient consignées, pour être ultérieurement distribuées ou remises, selon les règles du droit commun.

Art. 55. Si, dans les six mois du jugement d'expropriation, l'administration ne poursuit pas la fixation de l'indemnité, les parties pourront exiger qu'il soit procédé à ladite fixation.

Quand l'indemnité aura été réglée, si elle n'est ni acquittée ni consignée dans les six mois *de la décision du jury*, les intérêts courront de plein droit à l'expiration de ce délai (1).

---

(1) Loi de 1833 : *A titre de dédommagement.*

TITRE VI.

DISPOSITIONS DIVERSES.

Art. 56. Les contrats de vente, quittances et autres actes relatifs à l'acquisition des terrains, peuvent être passés dans la forme des actes administratifs ; la minute restera déposée au secrétariat de la préfecture : expédition en sera transmise à l'administration des domaines.

Art. 57. Les significations et notifications mentionnées en la présente loi sont faites à la diligence du préfet du département de la situation des biens.

Elles peuvent être faites tant par huissier que par tout agent de l'administration dont les procès-verbaux font foi en justice.

Art. 58. Les plans, procès-verbaux, certificats, significations, jugements, contrats, quittances et autres actes faits en vertu de la présente loi, seront visés pour timbre et enregistrés gratis, lorsqu'il y aura lieu à la formalité de l'enregistrement.

Il ne sera perçu aucuns droits pour la transcription des actes au bureau des hypothèques.

Les droits perçus sur les acquisitions amiables faites antérieurement aux arrêtés de préfet seront restitués, lorsque, dans le délai de deux ans, à partir de la perception, il sera justifié que les immeubles acquis sont compris dans ces arrêtés. La restitution des droits ne pourra s'appliquer qu'à la portion des immeubles qui aura été reconnue nécessaire à l'exécution des travaux.

Art. 59. Lorsqu'un propriétaire aura accepté les offres de l'administration, le montant de l'indemnité devra, s'il l'exige et s'il n'y a pas eu contestation de la part des tiers (1) *dans les délais prescrits par les articles* 24 *et* 27, être versé à la caisse des dépôts et consignations, pour être remis ou distribué à qui de droit, selon les règles du droit commun.

---

(1) Loi de 1833 : *Dans le délai prescrit par l'art.* 24.

Art. 60. Si les terrains acquis pour des travaux d'utilité publique ne reçoivent pas cette destination, les anciens propriétaires ou leurs ayants droit peuvent en demander la remise.

Le prix des terrains rétrocédés est fixé à l'amiable, et, s'il n'y a pas d'accord, par le jury, dans les formes ci-dessus prescrites. La fixation par le jury ne peut, en aucun cas excéder la somme moyennant laquelle *les terrains ont été acquis* (1).

Art. 61. Un avis publié de la manière indiquée en l'article 6, fait connaître les terrains que l'administration est dans le cas de revendre. Dans les trois mois de cette publication, les anciens propriétaires qui veulent réacquérir la propriété desdits terrains sont tenus de le déclarer ; et dans le mois de la fixation du prix, soit amiable, soit judiciaire, ils doivent passer le contrat de rachat et payer le prix : le tout à peine de déchéance du privilége que leur accorde l'article précédent.

Art. 62. Les dispositions des articles 60 et 61 ne sont pas applicables aux terrains qui auront été acquis sur la réquisition du propriétaire, en vertu de l'article 50, et qui resteraient disponibles après l'exécution des travaux.

Art. 63. Les concessionnaires des travaux publics exerceront tous les droits conférés à l'administration, et seront soumis à toutes les obligations qui lui sont imposées par la présente loi.

Art. 64. Les contributions de la portion d'immeuble qu'un propriétaire aura cédée, ou dont il aura été exproprié pour cause d'utilité publique, continueront à lui être comptées pendant un an, à partir de la remise de la propriété, pour former son cens électoral.

---

(1) Loi de 1833 : *L'État est devenu propriétaire desdits terrains.*

TITRE VII.

DISPOSITIONS EXCEPTIONNELLES.

CHAPITRE Ier.

Art. 65. *Lorsqu'il y aura urgence de prendre possession des terrains non bâtis soumis à l'expropriation, l'urgence sera spécialement déclarée par une ordonnance royale.*

Art. 66. *En ce cas, après le jugement d'expropriation, l'ordonnance qui déclare l'urgence et le jugement seront notifiés, conformément à l'article 15, aux propriétaires et aux détenteurs, avec assignation devant le tribunal civil. L'assignation sera donnée à trois jours au moins ; elle énoncera la somme offerte par l'administration.*

Art. 67. *Au jour fixé, le propriétaire et les détenteurs seront tenus de déclarer la somme dont ils demandent la consignation avant l'envoi en possession.*

Faute par eux de comparaître, il sera procédé en leur absence.

Art. 68. *Le tribunal fixe le montant de la somme à consigner.*

Le tribunal peut se transporter sur les lieux, ou commettre un juge pour visiter les terrains, recueillir tous les renseignements propres à en déterminer la valeur, et en dresser, s'il y a lieu, un procès-verbal descriptif. Cette opération devra être terminée dans les cinq jours, à dater du jugement qui l'aura ordonnée.

Dans les trois jours de la remise de ce procès-verbal au greffe, le tribunal déterminera la somme à consigner.

Art. 69. *La consignation doit comprendre, outre le principal, la somme nécessaire pour assurer, pendant deux ans, le payement des intérêts à cinq pour cent.*

Art. 70. *Sur le vu du procès-verbal de consignation, et sur une nouvelle assignation à deux jours de délai au moins, le président ordonne la prise de possession.*

Art. 71. *Le jugement du tribunal et l'ordonnance du pré-*

sident sont exécutoires sur minute et ne peuvent être attaqués par opposition ni par appel.

Art. 72. *Le président taxera les dépens, qui seront supportés par l'administration.*

Art. 73. *Après la prise de possession, il sera, à la poursuite de la partie la plus diligente, procédé à la fixation définitive de l'indemnité, en exécution du titre IV de la présente loi.*

Art. 74. *Si cette fixation est supérieure à la somme qui a été déterminée par le tribunal, le supplément doit être consigné dans la quinzaine de la notification de la décision du jury, et à défaut, le propriétaire peut s'opposer à la continuation des travaux.*

CHAPITRE II.

Art. 75 (1). Les formalités prescrites par les titres I et II de la présente loi ne sont applicables ni aux travaux militaires ni aux travaux de la marine royale.

Pour ces travaux, une ordonnance royale détermine les terrains qui sont soumis à l'expropriation.

Art. 76 (2). L'expropriation ou l'occupation temporaire, en cas d'urgence, des propriétés privées qui seront jugées nécessaires pour des travaux de fortification, continueront d'avoir lieu conformément aux dispositions prescrites par la loi du 30 mars 1831.

Toutefois, lorsque les propriétaires ou autres intéressés n'auront pas accepté les offres de l'administration, le règlement définitif des indemnités aura lieu conformément aux dispositions du titre IV ci-dessus.

Seront également applicables aux expropriations poursuivies en vertu de la loi du 30 mars 1831, les articles 16, 17, 18, 19 et 20, ainsi que le titre VI de la présente loi.

---

(1) 65 de la loi de 1833.
(2) 66 de la loi de 1833.

TITRE VIII.

DISPOSITIONS PINALES.

Art. 77 (1). Les lois des 8 mars 1810 et 7 juillet 1833 sont abrogées.

Circulaire sur les dénominations à donner aux rues et places publiques dans les villes.

3 août 1841. (Bulletin officiel.)

Monsieur le préfet, des difficultés se sont élevées dans quelques départements entre les maires et les conseils municipaux au sujet des dénominations à attribuer aux rues et places publiques et des changements à apporter à ces dénominations.

Mes prédécesseurs ont déjà eu occasion d'examiner la question dont il s'agit, et il a toujours été reconnu que ces dénominations doivent être déterminées par le maire de la commune. C'est, en effet, un objet de police et de voirie municipale. Il n'est point classé parmi ceux que la loi du 18 juillet 1837 a fait entrer dans l'énumération des attributions des conseils municipaux, et qui doivent être *réglés* par ces conseils (art. 17), ou sur lesquels ils sont *appelés à délibérer* (art. 19), ou sur lesquels ils sont *appelés à donner des*

---

(1) Loi de 1833 : *Art. 69. La loi du 8 mars 1810 est abrogée. Les dispositions de la présente loi seront appliquées dans tous les cas où les lois se réfèrent à celle du 8 mars 1810.*

Art. 68 et dernier. La présente loi sera obligatoire à dater de la première convocation générale des conseils généraux de département qui suivra sa promulgation.

Les instances en règlement d'indemnités dont les tribunaux se trouveront saisis à l'époque de cette première convocation, seront jugées d'après les lois en vigueur au moment où l'instance aura été introduite.

Néanmoins, avant le jugement, les parties auront la faculté de demander que l'indemnité soit fixée conformément à la présente loi, à la charge par le demandeur d'acquitter les frais de l'instance faits antérieurement.

avis (art. 21). Il n'est pas non plus compris implicitement dans les attributions des conseils municipaux, en vertu des derniers paragraphes de l'article 19 et de l'article 21, ainsi conçus : *Et tous les autres objets sur lesquels les conseils municipaux sont appelés par les lois ou règlements à délibérer ou à donner un avis.* On ne trouve, en effet, ni loi ni règlement qui les charge de délibérer ou de donner nécessairement un avis en pareille matière.

A la vérité, il arrive quelquefois que les conseils municipaux usant, selon l'article 24 de la loi du 18 juillet 1837, du droit d'exprimer un vœu sur tous les objets d'intérêt local, donnent leur avis, soit sur des dénominations de rues nouvelles, soit sur des changements d'anciens noms. Mais ce n'est point là une de leurs attributions fixes et permanentes : ce n'est que l'usage d'une faculté, et le maire n'est pas dans l'obligation de consulter à cet égard le conseil municipal.

Parmi les dénominations qui sont attribuées, soit à de nouvelles rues ou places publiques, soit à des rues et places dont il s'agit de changer les anciens noms, il en est qui ont pour objet de conserver ou rappeler le souvenir de personnages illustres, de citoyens distingués par leur mérite ou leurs services; quelquefois c'est un honneur que l'on veut déférer à des personnages vivants. Ces dénominations ont alors le caractère d'hommages publics, décernés par une autorité constituée, et l'acte qui les décerne doit être soumis à l'approbation du roi, en vertu de l'ordonnance du 10 juillet 1816. Il peut émaner du maire à qui, en thèse générale, appartient le soin de proposer les dénominations des diverses parties de la voie publique. Il peut aussi faire l'objet d'un vœu du conseil municipal. Mais, dans l'un et l'autre cas, et soit que la proposition concerne une ville pour laquelle il est nécessaire de dresser un plan d'alignement ou une commune qui, ayant moins de 2,000 habitants, est exempte de cette obligation, soit que l'hommage s'adresse à un homme vivant ou à un personnage historique, l'arrêté administratif ou la délibération qui le décerne doit m'être transmis pour que je soumette la proposition à l'approbation du roi.

Cette approbation n'est pas nécessaire quand il s'agit de donner à une rue le nom du propriétaire ou de l'entrepreneur qui la fait ouvrir. L'attribution d'un nom de personne n'est point, dans ce cas, une récompense ou un hommage, et ne rentre nullement dans l'application de l'ordonnance du 10 juillet 1816. Elle est seulement soumise aux mêmes règles que celles qui régissent en général les dénominations des rues et places publiques, c'est-à-dire qu'elle est donnée par le maire, et approuvée par le ministre ou par le préfet, suivant qu'il s'agit d'une commune assujettie à avoir un plan d'alignement, ou d'une commune qui en est dispensée.

Je vous recommande, Monsieur le préfet, de rappeler à MM. les maires de votre département les principes et les règles ci-dessus exposés, et de veiller à leur exécution.

Instruction sur la marche à suivre, tant pour les informations qui précèdent l'homologation des plans généraux d'alignement des villes, que pour le règlement des indemnités dues par suite de l'exécution des alignements arrêtés.

23 août 1841. (Bulletin officiel.)

Monsieur le préfet, il arrive souvent que des propriétaires qui, pour l'exécution de plans d'alignement approuvés par l'autorité souveraine, cèdent à la voie publique des terrains dépendant de leurs propriétés, ne peuvent s'accorder avec l'administration, lorsqu'il s'agit de régler le montant des indemnités dues pour ces sortes de cessions.

Plusieurs préfets ont sollicité des instructions sur la marche qu'il convient de suivre, afin d'arriver au règlement définitif de ces indemnités litigieuses. Ils ont exprimé le désir d'être éclairés sur la question de savoir si la contestation devait être jugée, soit par le conseil de préfecture, aux termes de l'article 56 de la loi du 16 septembre 1807, rappelé dans la circulaire ministérielle du 23 janvier 1836, soit par les tribunaux ordinaires, soit, enfin, par le jury qu'a institué la loi du 7 juillet 1833, aujourd'hui abrogée et remplacée par celle du 3 mai 1841.

Comme cette question intéressait essentiellement l'administration et les propriétaires sujets aux servitudes de voirie, j'ai dû la soumettre au conseil d'État, qui a émis, à la date du 1er avril dernier, un avis portant que toutes les fois qu'un alignement donné, en matière de voirie urbaine, force un propriétaire à reculer ses constructions ou à s'avancer sur la voie publique, l'indemnité qui lui est due dans le premier cas, et celle dont il est débiteur dans le second, doivent être réglées, lorsqu'il y a contestation sur le chiffre, par le jury d'expropriation.

L'intervention de ce jury spécial ayant été ainsi formellement établie en principe, il restait à rechercher quelles seraient les formes de la procédure à suivre, pour qu'il fût régulièrement saisi de la connaissance des contestations dont il s'agit.

En effet, dès l'instant qu'il y a lieu de procéder par application de la loi d'expropriation, en renvoyant au jury le règlement des indemnités dues par suite de l'exécution des alignements arrêtés; dès que, par conséquent, les ordonnances approbatives des plans généraux d'alignement sont assimilées à celles qui, pour d'autres travaux publics, dérivent de la loi d'expropriation elle-même, on devait examiner si le magistrat chargé de poursuivre la réunion du jury ne serait pas en droit de refuser de faire les réquisitions nécessaires à cet effet, vu le défaut d'accomplissement des formalités exigées par la loi d'expropriation; les ordonnances royales approbatives des plans d'alignement ayant été, jusqu'ici, rendues en vertu d'instructions qui diffèrent des règles observées relativement aux ordonnances déclaratives d'utilité publique.

Ces dernières ne peuvent être obtenues sans qu'au préalable il ait été procédé à une enquête dont les formes sont déterminées par un règlement d'administration publique (l'ordonnance du 23 août 1835 applicable spécialement aux communes). Telle n'est pas la marche suivie pour les plans d'alignement, à l'égard desquels on s'est contenté, jusqu'ici, d'une information établie selon les expressions de la circulaire ministérielle du 29 octobre 1812, qui n'a point le caractère d'un règlement d'administration publique. D'un autre côté, les formalités d'enquête indiquées par cette circulaire diffèrent, en quelques points, de celles qui sont en usage depuis la promulgation des lois d'expropriation. Or, puisque les plans d'alignement approuvés par le roi sont appelés à avoir la même valeur et les mêmes effets que les ordonnances déclaratives d'utilité publique, il est nécessaire que les dispositions légales particulières à la procédure qui précède l'obtention des unes soient appliquées à celle qui est suivie à l'égard des autres.

Vous voudrez bien, en conséquence, Monsieur le Préfet, considérer la circulaire du 29 octobre 1812 comme désormais abrogée, et toutes les fois que vous aurez à provoquer l'approbation d'un plan d'alignement, vous ferez précéder vos mesures d'une enquête spéciale qui aura lieu tant en vertu de l'ordonnance royale du 23 août 1835, que conformément aux instructions contenues dans la circulaire ministérielle du 21 septembre de la même année.

Ainsi se trouveront accomplies les prescriptions des derniers paragraphes de l'article 3, titre 1er, de la loi du 3 mai 1841, et dès lors les plans d'alignement approuvés auront, dorénavant, la valeur attribuée aux autres ordonnances royales déclaratives d'utilité publique.

Il ne suit pas de là, toutefois, Monsieur le Préfet, que les administrations locales soient dispensées de procéder, en cas d'ouverture et de formation des rues ou autres voies publiques nouvelles, aux enquêtes spéciales et autres formalités prescrites par le titre 2 de la loi du 3 mai 1841, et par les instructions antérieures, notamment par celle du 23 janvier 1836, qui établit à cet égard une distinction utile à maintenir. Les dispositions de la présente circulaire ne s'appliquent qu'aux propriétés riveraines des voies an-

32

ciennes soumises à la loi générale des alignements : c'est un point sur lequel je dois particulièrement insister.

Toute difficulté étant ainsi résolue, en ce qui touche les plans à homologuer à l'avenir, reste la question de savoir si le magistrat chargé de réunir le jury ne croirait pas devoir refuser son intervention, dans le cas où il s'agirait du règlement d'indemnités dues pour cessions opérées par suite de l'application d'un plan d'alignement actuellement exécutoire, mais approuvé suivant l'ancien mode. Je ne puis à cet égard, Monsieur le Préfet, qu'invoquer l'autorité des précédents, et le témoignage de mon collègue, M. le Ministre des travaux publics. Ainsi, dans les matières de grande voirie, les tribunaux admettent journellement des requêtes en expropriation, formées par l'administration, en exécution de plans homologués antérieurement à la loi du 7 juillet 1833, et dont l'instruction a eu lieu suivant le mode qui était alors en vigueur, à la suite d'informations différentes du système d'enquête déterminé par la loi précitée. Or, puisque les tribunaux n'ont jamais fait difficulté de connaître de ces requêtes, il n'y aurait pas de raison pour qu'ils refusassent de se prononcer sur des règlements d'indemnité provenant, non d'expropriations directes, mais de simples cessions de terrain, faites volontairement à la voie publique par les propriétaires qui demandent alignement, lorsque d'ailleurs les plans en vertu desquels ces cessions doivent avoir lieu n'ont été arrêtés qu'après une enquête (celle qu'ordonnait la circulaire du 29 octobre 1812) qui, pour ne pas être entièrement conforme au vœu de la loi, n'en atteignait pas moins le but essentiel, qui est de mettre les propriétaires intéressés en demeure de contester les alignements projetés, s'ils les jugent contraires à leurs intérêts.

Je ne vous ai entretenu jusqu'ici, Monsieur le Préfet, que des formalités qui précèdent l'approbation des plans d'alignement ; il me reste maintenant à examiner si l'intervention du jury ne pourrait pas être refusée pour raison du défaut d'accomplissement des mesures qui font l'objet du titre 2 de la loi sur l'expropriation, et qui, comme vous le savez, sont destinées à garantir la juste application des ordonnances intervenues à chaque propriétaire dépossédé.

Sous l'empire de la loi du 7 juillet 1833, on pouvait concevoir la crainte du refus dont il vient d'être parlé; mais cette crainte s'évanouit en présence de l'article 14 de la loi du 3 mai 1841, dont le dernier paragraphe porte que *dans les cas où les propriétaires à exproprier consentiraient à la cession, mais où il n'y aurait point accord sur le prix, le tribunal donnera acte du consentement, et désignera le magistrat directeur du jury, sans qu'il soit besoin de rendre de jugement d'expropriation, ni de s'assurer que les formalités prescrites par le titre 2 ont été remplies.*

Vous remarquerez, Monsieur le Préfet, que lorsqu'on procède par voie d'alignement, c'est-à-dire lorsque l'administration, en exécution de plans approuvés après une information dans laquelle tous les propriétaires intéressés ont pu faire entendre leurs réclamations, se borne à tracer l'alignement qui lui est demandé, l'abandon de l'emplacement à réunir à la voie publique devient obligatoire. C'est presque toujours volontairement que le propriétaire se retire sur l'alignement nouveau, et qu'il cède la portion de son terrain dont il a été en quelque sorte exproprié par avance. Le tribunal n'a donc pas d'expropriation à prononcer, et, dès lors, l'enquête prescrite par le titre 2 de la loi du 3 mai 1841 est superflue.

Il est vrai de dire que la convenance de l'alignement en lui-même pourrait encore être contestée par le propriétaire; mais il ne faut pas perdre de vue que les difficultés qui s'élèveraient à cet égard ne sauraient être portées devant les tribunaux, qui n'auraient pas qualité pour en connaître, attendu que l'arrêté qui fixe l'alignement est un acte administratif qui ne peut être apprécié que par l'administration elle-même. Le propriétaire réclamant ne pourrait, dans ce cas, suivant la jurisprudence invariable du conseil d'Etat, que se pourvoir administrativement auprès de l'autorité supérieure.

Il est encore un autre cas qu'il faut prévoir : c'est celui
où, lorsqu'il n'existe pas de plan légalement arrêté, la contestation pourrait naître à l'occasion d'un alignement partiel délivré par le maire, en vertu du pouvoir qu'il tient,
d'après la jurisprudence établie, de la loi générale qui règle
sa compétence. Le seul moyen de pourvoir en pareil cas à
la difficulté, d'après les principes que je viens d'exposer, est
d'exiger, à l'avenir, que MM. les maires, dont les actes en
cette matière doivent toujours avoir pour base un ensemble
d'alignement raisonné, fassent précéder leurs arrêtés de
l'enquête et des autres formalités prescrites par l'ordonnance réglementaire du 23 août 1835, et par l'instruction
du 21 septembre suivant. Alors il arrivera de deux choses
l'une : ou le propriétaire consentira l'alignement et l'indemnité qui seront proposés, et l'affaire n'ira pas plus loin,
ou bien il contestera soit l'alignement, soit le dédommagement offert, et dans l'un comme dans l'autre cas, il deviendra
nécessaire de provoquer une ordonnance royale qui, comme
complément des formalités légales remplies à l'avance, statuera sur l'alignement de la rue ou du quartier, conformément à l'avis du conseil d'Etat du 3 septembre 1811, et en
vertu de laquelle le jury d'expropriation pourra être légalement saisi, si c'est le règlement de l'indemnité qui est en
question.

Vous remarquerez, Monsieur le Préfet, que, dans ce système, le droit attribué aux maires, en matière d'alignement,
est respecté, et que mes prescriptions ont seulement pour
effet d'en régler l'exercice, de manière à rattacher l'action
du pouvoir municipal, comme celle de l'autorité souveraine
elle-même, à l'exécution de la loi du 3 mai 1841, base désormais unique des mesures administratives que cette matière comporte.

Je ne me dissimule pas les difficultés d'application que
rencontrera souvent ce mode de procéder ; c'est une raison
de plus de hâter autant qu'il est en vous, Monsieur le Préfet,
le travail des plans généraux des villes, qui, je regrette
d'avoir à le remarquer, est encore, malgré les instances réi-

térées de l'administration centrale, en retard dans beaucoup de départements.

En résumé, et si, comme je viens de l'établir, il ne peut exister de débat judiciaire, entre l'administration et le propriétaire, que sur le prix du terrain cédé à la voie publique, ou de celui qui doit en être retranché, car les deux propositions sont connexes, le moyen le plus simple d'arriver à la convocation du jury sera de produire devant le tribunal une expédition de l'arrêté qui fixe l'alignement sollicité par le propriétaire qui veut reconstruire; dans le cas où cet arrêté aurait été pris par l'autorité municipale, il serait approuvé par vous, afin de satisfaire aux prescriptions de l'avant-dernier paragraphe de l'article 2 de la loi du 3 mai 1841. Vous demanderiez acte au tribunal de cette production, par l'intermédiaire du ministère public, et vous requerriez la nomination du magistrat directeur du jury.

Telle est, Monsieur le Préfet, la marche que vous aurez désormais à suivre et à prescrire, tant pour l'avenir, en ce qui concerne les formalités qui doivent précéder l'homologation des plans d'alignement à instruire, que relativement au jugement des contestations qui surviendraient entre l'administration et les propriétaires, au sujet des indemnités dues pour cession de terrains résultant de l'exécution des plans arrêtés.

Si, malgré les explications qui précèdent, vous rencontriez des obstacles dans la convocation du jury, lorsque le cas se présentera, vous voudriez bien, Monsieur le Préfet, me faire part de ces difficultés, pour que j'avise au parti qu'il conviendrait de prendre.

Il est inutile d'ajouter que les dispositions dont je viens de vous entretenir sont exclusivement applicables aux alignements de la voirie urbaine et n'ont rien de commun avec les règles de la voirie vicinale, auxquelles il n'est apporté aucun changement.

Je vous prie de m'accuser réception de la présente instruction, qui modifie, sur le point en question, la circulaire précitée du 23 janvier 1836, et de la porter à la connais-

sance de MM. les sous-préfets et maires de votre département, avec invitation expresse de s'y conformer exactement.

Loi relative à la police de la grande voirie.

23 mars 1842. (Bulletin des lois.)

Art. 1er. A dater de la promulgation de la présente loi,
les amendes fixes établies par les règlements de grande voirie, antérieurs à la loi des 19-22 juillet 1791, pourront être
modérées, eu égard au degré d'importance ou aux circonstances des délits, jusqu'au vingtième desdites amendes, sans
toutefois que ce minimum puisse descendre au dessous de
seize francs.

A dater de la même époque, les amendes dont le taux,
d'après ces règlements, était laissé à l'arbitraire du juge
pourront varier entre un minimum de seize francs et un
maximum de trois cents francs.

Art. 2. Les piqueurs des ponts et chaussées et les can-
tonniers chefs, commissionnés et assermentés à cet effet,
constateront tous les délits de grande voirie concurremment
avec les fonctionnaires et agents dénommés dans les lois et
décrets antérieurs sur la matière.

Ordonnance du roi.

18 avril 1842. (Bulletin des lois.)

Vu l'ordonnance royale du 23 avril 1823, relative à la
comptabilité des communes, et le tableau y annexé, en ce
qui concerne les pièces justificatives à produire à l'appui
des mandats délivrés par les maires, pour le payement d'acquisitions d'objets immobiliers.

La loi du 3 mai 1841 sur l'expropriation pour cause d'u-
tilité publique, qui établit (articles 15, 16, 17 18 et 19) les

règles à suivre pour la conservation des priviléges, hypothèques et autres droits réels appartenant à des tiers;

Notre conseil d'État entendu,

Nous avons ordonné et ordonnons ce qui suit :

Art. 1er. Les maires des communes autorisés à cet effet
par délibérations des conseils municipaux, approuvés par
les préfets, pourront se dispenser de remplir les formalirés
de purge des hypothèques, lorsqu'il s'agira d'acquisitions
d'immeubles faites de gré à gré et dont le prix n'excédera
pas cent francs.

Art. 2. A l'égard des acquisitions faites en vertu de la loi
du 3 mai 1841 sur l'expropriation pour cause d'utilité publique, les maires seront tenus de se pourvoir également de
l'autorisation des conseils municipaux et de l'approbation
des préfets, avant d'exercer la faculté donnée par l'article 19 de la susdite loi, de ne point purger les hypothèques
pour les acquisitions dont la valeur ne s'élèverait pas au-
dessus de cinq cents francs.

Art. 3. En conséquence, les receveurs municipaux pourront acquitter les mandats délivrés par les maires, pour le
payement des acquisitions mentionnées dans les deux articles
précédents, pourvu que ces mandats indiquent la délibération du conseil municipal approuvée par le préfet, qui autorise le maire à ne pas procéder à la purge des hypothèques.

Art. 4. L'ordonnnance royale du 23 avril 1823 est rapportée en ce qui serait contraire à la présente.

**Circulaire portant envoi de l'ordonnance royale du
18 avril 1842, qui, dans certains cas, dispense les
communes de purger les hypothèques pour les acquisitions par elles faites.**

30 avril 1842. (Bulletin officiel.)

Monsieur le Préfet, j'ai l'honneur de vous transmettre ci-
joint une copie de l'ordonnance royale du 18 avril dernier,

qui dispense les communes des formalités de la purge des hypothèques pour les acquisitions faites par elles à l'amiable, et dont le prix n'excède pas cent francs.

Une modification, sur ce point, à l'ordonnance du 22 avril 1823, relative à la comptabilité des communes, était généralement réclamée, parce qu'il arrivait souvent que les frais de purge égalaient ou même excédaient le prix de l'acquisition, et qu'en pareil cas, il est préférable pour les communes de s'exposer à payer deux fois le prix de l'immeuble, ce qui arrivera très-rarement, plutôt que de supporter toujours une perte certaine, celle des frais de purge.

Tel est le motif de la nouvelle ordonnance. La limite de cent francs y a été fixée comme étant suffisante pour obvier à l'inconvénient signalé ci-dessus, et nécessaire pour empêcher les administrations municipales d'engager imprudemment les intérêts confiés à leurs soins.

Mais il importe de ne pas se méprendre sur l'esprit de cette mesure. Il n'est pas interdit aux communes de purger les hypothèques pour les acquisitions de cent francs et au-dessous ; elles pourront toujours prendre cette précaution, lorsqu'elles le croiront utile, quel que soit le prix de l'acquisition ; c'est une simple faculté qui leur est donnée de faire ou de s'abstenir, dans une certaine limite, faculté qu'elles n'avaient point sous l'empire de l'ordonnance royale du 23 avril 1823, puisque le receveur municipal ne pouvait payer le prix d'aucune acquisition faite de gré à gré, quelque minime qu'elle fût, avant l'accomplissement des formalités de purge.

Vous remarquerez, Monsieur le Préfet, que, pour ne pas laisser peser sur le maire la responsabilité de cette appréciation, le conseil municipal doit être toujours appelé à délibérer sur l'utilité ou l'inutilité de purger les hypothèques, et que ses délibérations seront soumises à votre approbation. Vous aurez donc à examiner avec soin, dans chaque espèce, les motifs invoqués par les corps municipaux pour renoncer à la garantie de la purge. Quant aux lenteurs que ces formalités pourraient occasionner, il sera facile de les prévenir, dans la plupart des cas, en comprenant la dispense de purge dans la délibération municipale qui votera l'acquisition, et dans l'arrêté préfectoral qui l'autorisera.

Relativement aux acquisitions pour cause d'utilité publique, la limite étant plus étendue, puisqu'elle s'élève jusqu'à cinq cents francs (*loi du* 3 mai 1841, art. 19, 2e alinéa), votre surveillance devra être aussi plus sévère. Ici, la dispense de purger les hypothèques ne se justifierait que par le besoin urgent de prendre possession de l'immeuble, ou par l'inutilité *évidente* de cette garantie. En effet, la loi sur l'expropriation pour cause d'utilité publique, en simplifiant les formes et en admettant la voie administrative pour toutes les notifications, a supprimé la plupart des frais. La raison d'économie, très-plausible dans les acquisitions de gré à gré, aurait par conséquent d'autant moins de force en matière d'expropriation, que les frais de purge y sont moindres, tandis que le danger de mal payer y est beaucoup plus grand.

Je vous invite, Monsieur le Préfet, à adresser des instructions en ce sens aux administrations municipales de votre département, et à m'accuser avant tout réception de la présente.

Règlement sur le service de la grande voirie de Paris.

1er juin 1842.

SECTION Ire.

TRAVAUX ORDINAIRES DE VOIRIE.

Art. 1er. Les demandes de permission pour construire, reconstruire, modifier, réparer ou surélever les bâtiments ou murs de clôture, devront toujours être accompagnées d'un plan géométral et d'une coupe, et signées par les propriétaires; toute demande qui ne remplira pas ces conditions sera renvoyée au pétitionnaire pour être complétée.

Ces demandes seront, comme par le passé, aussitôt après

leur inscription sur le registre du bureau, renvoyées aux commissaires voyers d'arrondissement, qui seront expressément tenus de faire leurs rapports dans le délai de huit jours au plus, à partir de la date de l'envoi.

Art. 2. Dans le cas où ce délai serait dépassé, le commissaire voyer indiquera dans son rapport les causes du retard.

Art. 3. Les rapports des commissaires voyers sur les demandes sujettes à discussion seront, comme par le passé, renvoyés immédiatement aux commissaires voyers divisionnaires. Ceux-ci devront donner leur avis à la première séance hebdomadaire du bureau de consultation de voirie, lorsque le rapport leur sera parvenu six jours avant cette séance, et, dans tous les autres cas, à la séance suivante.

Art. 4. Lorsque le bureau consultatif aura été d'avis de refuser la permission demandée, un projet d'arrêté de refus nous sera présenté dans les vingt-quatre heures, et notre décision, dans le cas où le refus serait prononcé par nous, sera notifiée sans aucun retard à la partie intéressée.

Le commissaire voyer donnera immédiatement avis de notre décision à son inspecteur, et tous deux exerceront la surveillance la plus active pour empêcher que les travaux ne soient exécutés. Ils devront également surveiller avec attention même les travaux autorisés, pour que rien ne se fasse au delà de ce qui a été permis.

Art. 5. Aucun ouvrage, de quelque nature qu'il soit, ne pourra être autorisé par les commissaires voyers ou inspecteurs voyers, sans qu'au préalable la permission n'en ait été délivrée par nous. Ces permissions, lorsqu'elles ne donnent lieu à aucune difficulté, devront être présentées à notre signature par le bureau de la voirie dans la huitaine, à dater du jour du dépôt du rapport du commissaire voyer d'arrondissement.

Les points de repère indiqués dans les rapports des commissaires voyers seront vérifiés et arrêtés par un agent spécial, membre de la commission des alignements, lequel donnera son avis sur toutes les difficultés que pourrait présenter la rédaction desdites permissions ; à son défaut, le géomètre en chef sera chargé de ce soin.

Les commissaires voyers devront toujours joindre à leurs rapports sur les demandes d'alignement des croquis cotés, indiquant les anciens vestiges sur la voie publique, afin de faciliter ultérieurement le récolement du terrain retranché de la propriété, ou qui y aura été réuni.

SECTION II.

TRAVAUX EN CONTRAVENTION.

Art. 6. Les commissaires voyers sont considérés, quant à la constatation des contraventions en matière de grande voirie, comme commissaires voyers de toute la ville de Paris, sans distinction d'arrondissement. En conséquence, ils devront désormais dresser des procès-verbaux de toutes les contraventions qui se commettraient, non-seulement dans l'arrondissement spécialement confié à leur surveillance, mais encore dans tous les autres arrondissements. Seulement, lorsqu'un commissaire voyer signalera une contravention dans un arrondissement autre que le sien, il sera tenu d'adresser son procès-verbal en minute au commissaire voyer de l'arrondissement où la contravention aura été commise, lequel demeurera spécialement chargé d'en suivre l'instruction. Un extrait du procès-verbal devra en même temps être envoyé à l'administration.

Outre cette constatation des contraventions, les commissaires voyers devront visiter dans toute l'étendue de la ville de Paris, et dans l'intérêt, non-seulement de l'alignement, mais encore dans celui de la sûreté et de la salubrité publique, tous les travaux de construction ou de grosses réparations qui se font tant en dehors qu'en dedans des propriétés bordant la voie publique.

Art. 7. Les procès-verbaux de contravention seront remis directement au bureau, où, après avoir été répertoriés, ils seront renvoyés sur-le-champ au bureau des archives chargé de les soumettre à la formalité de l'enregistrement.

Art. 8. Les commissaires voyers devront, le jour même où ils dresseront leur procès-verbal, requérir la suspension immédiate de tous travaux qui s'exécutent en contravention, et constater, s'il y a lieu, le refus des propriétaires ou entrepreneurs d'obtempérer à cette injonction.

Art. 9. Lorsqu'une contravention importante, telle que la reconstruction d'une maison en avant de l'alignement, une surélévation extra-légale, la réfection d'une partie de mur de face retranchable, etc., aura été commise et achevée avant d'avoir été signalée, ou si elle est révélée à l'administration par toute autre voie que celle des agents de la voirie, le commissaire voyer de l'arrondissement deviendra responsable du fait, et devra donner des explications positives sur les causes et les circonstances qui auront pu mettre sa surveillance en défaut. Si ces explications ne nous paraissent pas suffisantes, cet agent sera, suivant le cas, passible de l'une des pénalités portées dans les trois derniers paragraphes de l'article 24 ci-après.

Art. 10. Les commissaires voyers devront veiller à ce que les décisions du conseil de préfecture soient exécutées d'office ou autrement dans le délai de quinzaine au plus tard, à partir du jour où les expéditions desdites décisions leur auront été transmises. Aucune prorogation à ce délai ne pourra être accordée que par un arrêté pris par nous sur l'avis du commissaire voyer de l'arrondissement et un rapport du bureau de la voirie.

Art. 11. Les commissaires voyers ne cesseront de poursuivre l'exécution des décisions du conseil de préfecture, que quand les parties leur fourniront la preuve, ou de leur opposition formée à des décisions rendues par défaut, ou de l'appel interjeté au conseil d'État contre des décisions contradictoires.

Dans ces deux cas, le commissaire voyer en donnera avis à l'administration, en certifiant dans son rapport que la preuve d'opposition ou d'appel lui a été fournie.

Art. 12. Il sera tenu par le bureau une note exacte de toutes les décisions renvoyées aux commissaires voyers pour exécution. Cette note sera lue au bureau de consultation de la voirie, à l'ouverture de chaque séance hebdomadaire.

Art. 13. Les commissaires voyers seront tenus de répondre d'urgence, et, au plus tard, dans la quinzaine, à toutes les réclamations en défense ou en opposition qui leur seront communiquées à fin d'avis en matière de contravention ; tout retard extraordinaire non motivé sur des causes suffisantes sera porté à notre connaissance, et, suivant le cas, donnera lieu à l'une des pénalités portées en l'article 24.

Art. 14. La responsabilité des commissaires voyers ne cessera pas par le renvoi au bureau des pièces de l'affaire ; en cas d'empêchement à l'exécution des décisions, ils devront, de leur côté, tenir note de ces affaires en suspens et les rappeler au bureau, pour hâter au besoin le supplément d'instruction auquel elles pourront donner lieu.

Art. 15. A l'avenir, l'exécution des décisions du conseil de préfecture sera constatée à la fois par le commissaire voyer d'arrondissement et par le commissaire voyer divisionnaire qui aura concouru à l'instruction de l'affaire.

SECTION III.

DES INSPECTEURS VOYERS.

Art. 16. Les inspecteurs voyers sont sous les ordres des commissaires voyers, et sont tenus de leur prêter leur concours pour la prompte expédition des affaires, la répression efficace des contraventions, la recherche et la constatation des cas de négligence et d'irrégularité nuisibles aux intérêts de la voie publique, tels que l'interruption de travaux commencés et le maintien des barrières, étais, étrésillons, chevalements, après les délais fixés dans les permissions.

Lorsqu'en faisant leurs tournées, les inspecteurs voyers remarqueront, même hors de leur arrondissement, soit par des approvisionnements de matériaux, soit par tout autre indice, des dispositions qui pourraient faire soupçonner l'intention d'une exécution clandestine de travaux, ils avertiront immédiatement le commissaire voyer de l'arrondissement où ces observations auront été faites.

Art. 17. Le droit de verbaliser dans tout Paris sur les contraventions de grande voirie est attribué aux inspecteurs voyers comme aux commissaires voyers, et ils prêteront serment à cet effet. En conséquence, les dispositions des articles 6, 7, 8 et 9 du présent règlement leur sont applicables, et ils encourront la même responsabilité que les commissaires voyers, dans les cas prévus par l'article 9. Les procès-verbaux des inspecteurs voyers devront être adressés en minutes au commissaire voyer de l'arrondissement où la contravention aura été commise, lequel commissaire voyer, après avoir vérifié les faits, demeurera spécialement chargé d'en suivre l'instruction. Un extrait de chaque procès-verbal devra en même temps être envoyé à l'administration. Les inspecteurs voyers assisteront à tour de rôle aux séances hebdomadaires du bureau consultatif de la voirie, savoir: ceux des 1er, 2e et 3e arrondissements, à la première séance de chaque mois; ceux des 4e, 5e et 6e, à la deuxième; ceux des 7e, 8e, 9e, à la troisième; ceux des 10e, 11e et 12e, à la quatrième; ils y auront voix consultative.

Art. 18. Indépendamment de l'inspection quotidienne à laquelle sont tenus les commissaires et les inspecteurs voyers, ils devront faire, au moins une fois par semaine, une visite générale dans toute l'étendue de leur arrondissement, et, dans cette tournée périodique, ils devront donner une attention toute particulière à la recherche des travaux intérieurs et à la surveillance : 1° des maisons qui auraient été le sujet de poursuites pour contraventions quelconques; 2° de celles où des démolitions auraient été prescrites; 3° des maisons qui auraient été l'objet d'un refus administratif de permission.

Art. 19. Pour être plus à portée d'exercer leur surveillance, les commissaires voyers et les inspecteurs seront te-

nus de résider dans les arrondissements dont ils sont chargés; il leur est accordé un délai de six mois, à partir
du 1ᵉʳ janvier 1843, pour se conformer à cette mesure.

DISPOSITIONS GÉNÉRALES.

Art. 20. Les alignements donnés par les commissaires
voyers seront vérifiés par le géomètre de l'arrondissement.
Cette vérification aura lieu lorsque les constructions seront
arrivés *à l'assise de retraite.*

Pour l'exécution de la disposition qui précède, le commissaire voyer nous adressera, au moins quarante-huit heures
à l'avance, un avis dont il sera donné récépissé et indiquant
le moment précis où le géomètre pourra procéder à son
récolement d'alignement. A défaut par lui d'avoir donné
cet avis dans le délai fixé, le commissaire voyer sera responsable de l'erreur qui aurait pu être commise dans l'exécution de l'alignement.

Ce récolement sera opéré immédiatement, et le géomètre
devra nous adresser, dans le délai de six jours au plus, son
rapport ainsi que le calcul de la superficie du terrain abandonné à la voie publique par le propriétaire riverain, ou
cédé par la ville à ce propriétaire.

Dans le cas où la vérification du géomètre signalerait une
erreur dans l'alignement donné par le commissaire voyer, il
nous en sera rendu compte dans les vingt-quatre heures.
Une contre-vérification sera immédiatement faite par le
géomètre en chef, en présence du commissaire voyer, du
géomètre de l'arrondissement et d'un ou plusieurs membres
de la commission administrative des alignements; le procès-verbal de cette contre-vérification nous sera adressé
sans délai.

Art. 21. Lorsque les constructions, soit des maisons nouvelles, soit des sur-élévations permises sur d'anciens bâtiments, seront parvenues à un degré d'avancement qui permettra d'en constater la hauteur légale, il sera procédé par
le commissaire voyer à cette constatation, dont le géomètre

de l'arrondissement devra ensuite opérer le récolement. A cet effet, le commissaire voyer nous adressera, au moins quarante-huit heures à l'avance, un avis dont il sera donné récépissé et indiquant le moment précis où le géomètre pourra procéder à son récolement de hauteur. Ce récolement devra être fait dans les vingt-quatre heures. Il constatera non-seulement la hauteur du mur de face, mais aussi la hauteur et la forme du comble, lequel, au besoin, sera figuré par une coupe ou profil tracé sur le procès-verbal. Le géomètre devra nous adresser son rapport dans le délai de six jours.

En cas d'erreur ou de réclamation de la part du propriétaire ou du constructeur, il sera procédé en sa présence, et conformément aux dispositions de l'article qui précède, à une contre-vérification de hauteur, tant du mur de face que du comble. Le procès-verbal de cette opération nous sera adressé dans les vingt-quatre heures.

Art. 22. Les permissions de voirie n'étant valables que pour un an, tout travail exécuté passé ce délai sera considéré comme fait en contravention et poursuivi comme tel.

Il sera en conséquence ouvert, au bureau de la voirie, un registre ou carnet d'échéances des péremptions de permissions de voirie accordées par l'administration, avec indication de l'exécution ou de la non exécution des travaux autorisés dans le délai d'une année.

A cet effet, les commissaires voyers devront remettre au bureau de la voirie, du 1er au 5 de chaque mois, un état indicatif des permissions délivrées depuis plus d'un an et non suivies d'exécution. Pour faciliter ce travail aux commissaires voyers, les inspecteurs voyers devront leur remettre, au commencement de chaque semaine, une note des permissions délivrées dans le courant de la semaine précédente.

Art. 23. Les commissaires voyers divisionnaires, les commissaires voyers d'arrondissement, de même que les inspecteurs voyers, ne pourront s'intéresser, soit directement, soit indirectement, dans des spéculations ayant pour objet des percements ou élargissements de rues, des terrains retranchés, ou enfin des opérations quelconques qui auraient trait à l'amélioration de la voie publique.

Le seul fait d'une infraction à ces dispositions prohibitives sera considéré par l'administration comme une démission d'emploi de la part de l'agent qui l'aura commise.

Les commissaires voyers divisionnaires et d'arrondissement et les inspecteurs voyers pourront continuer de se charger, ainsi qu'ils y ont été autorisés par l'article 6 de l'arrêté de l'un de nos prédécesseurs, en date du 26 février 1821, des travaux ci-après indiqués, *mais à la condition de nous en informer préalablement*, savoir :

1° Toute espèce de travaux de construction pour le compte du gouvernement ou d'une administration publique;

2° Pour le compte des particuliers, toutes constructions neuves, ou réparations à des bâtiments alignés et n'excédant pas la hauteur légale;

3° Toute espèce de travaux à des bâtiments n'ayant pas ou ne devant pas avoir un jour façade sur la voie publique.

Les agents voyers pourront aussi opérer comme experts dans toutes les affaires où la ville ne sera pas intéressée.

Tout agent de la voirie qui se chargera de la direction ou de l'exécution de travaux dans une maison non alignée, ou excédant la hauteur légale, *sera passible* de la pénalité portée au deuxième paragraphe du présent article.

Art. 24. Lorsqu'un commissaire voyer, dans l'instruction des affaires dont il est chargé, aura dépassé les délais prescrits au présent règlement, *et qu'il sera établi que le retard provient de sa négligence*, cet agent sera réprimandé à la première séance du bureau consultatif.

En cas de récidive, il subira sur ses appointements une retenue qui sera déterminée par nous, sur le rapport du bureau de la voirie.

Pour une troisième infraction, il pourra, sur le rapport qui nous en sera adressé, être privé de son emploi.

33

Art. 25. Les commissaires voyers divisionnaires, les commissaires voyers d'arrondissement et les inspecteurs voyers, ne pourront s'absenter de Paris sans un congé délivré par nous sur la proposition du bureau.

En cas d'absence ou de congé, il sera pourvu à l'intérim; les appointements de l'absent pourront être attribués, pendant toute la durée du congé, à l'intérimaire.

Les agents chargés de ces *intérim* seront désignés par nous, sur le rapport du bureau de la voirie.

Art. 26. A l'expiration de chaque trimestre, le bureau de la voirie mettra sous nos yeux un relevé indiquant :

1° Le mouvement des permissions de voirie;

2° Les arrêtés de refus de travaux;

3° Les contraventions constatées par les commissaires et inspecteurs voyers;

4° Les condamnations prononcées par le conseil de préfecture et celles confirmées par le conseil d'Etat;

5 L'exécution desdites condamnations.

Art. 27. Le chef de la deuxième division et le chef du bureau de la voirie sont chargés de l'exécution du présent règlement, lequel sera imprimé pour être distribué à chacun des agents dudit service.

Ordonnance de police concernant les neiges et glaces.

7 décembre 1842. (Archives de la préfecture de police.) (1)

Considérant qu'il importe de prendre des mesures pour faire opérer avec célérité l'enlèvement des glaces et neiges, et pour assurer la propreté et la libre circulation de la voie publique;

Considérant que ces mesures ne peuvent produire des résultats satisfaisants qu'autant que les habitants concourent,

---

(1) Elle se renouvelle tous les ans.

en ce qui les concerne, à leur exécution, et remplissent les obligations qui leur sont imposées dans l'intérêt de tous ;

Vu l'article 471 du Code pénal ;

Vu les articles 2 et 22 de l'arrêté du gouvernement du 12 messidor an VIII (1er juillet 1800);

Art. 1er. Dans les temps de glaces, les propriétaires ou locataires sont tenus de faire casser les glaces au-devant de leurs maisons, boutiques, cours, jardins et autres emplacements, jusqu'au milieu de la rue; ils mettront les glaces en tas; ces tas doivent être placés de la manière suivante, selon les localités, savoir :

Dans les rues sans trottoirs, auprès des bornes ; dans les rues à trottoirs, le long des ruisseaux, du côté de la chaussée, si la rue est à chaussée bombée; le long des trottoirs, si la rue est à chaussée fendue.

Les habitants devront faire balayer et relever les neiges, lorsqu'ils y seront invités par les commissaires de police et les autres agents de l'administration.

Ils devront, dans tous les cas, faire gratter et nettoyer, chacun au droit soi, les parties dallées des boulevards, et dans les rues, sur les places et sur les quais, les trottoirs ou les portions de la voie publique au-devant des maisons, dans l'alignement des trottoirs, de manière à prévenir les accidents et assurer la circulation.

Les gargouilles établies sous les parties dallées des boulevards et sous les trottoirs des rues seront chaque jour dégagées des glaces ou de tous autres objets qui pourraient gêner l'écoulement des eaux.

En cas de verglas, ils doivent jeter au-devant de leurs habitations des cendres, du sable ou du mâchefer.

Les concessionnaires des ponts soumis à un droit de péage doivent aussi, en cas de verglas, y faire répandre du sable, des cendres ou du mâchefer.

Art. 2. Dans les rues à chaussée bombée, chaque propriétaire ou locataire doit tenir libre le cours du ruisseau au-devant de sa maison, et faciliter l'écoulement des eaux ; dans les rues à chaussée fendue, il y pourvoira conjointement avec le propriétaire ou locataire qui lui fait face.

Pour prévenir les inondations par suite de pluie ou de dégel, les habitants devant la maison desquels se trouvent des bouches ou des grilles d'égouts doivent les faire dégager des ordures qui pourraient les obstruer ; ces ordures seront déposées aux endroits indiqués dans l'article 1er.

Art. 3. Il est défendu de déposer des neiges et glaces auprès des grilles et des bouches d'égouts.

Il est également defendu de pousser dans les égouts les glaces et neiges congelées, qui, au lieu de fondre, interceptent l'écoulement des eaux.

Art. 4. Il est défendu de déposer dans les rues aucunes neiges et glaces provenant des cours ou de l'intérieur des habitations.

Art. 5. Les propriétaires et chefs d'établissements, soit publics, soit particuliers, qui emploient beaucoup d'eau, ne doivent pas laisser couler sur la voie publique les eaux de ces établissements pendant les gelées.

La même interdiction est faite aux concessionnaires des eaux de la ville.

Les contrevenants seront tenus de faire briser et enlever les glaces provenant de leurs eaux ; faute par eux d'opérer ce bris et cet enlèvement, il y sera procédé d'office et à leurs frais, par le commissaire de police du quartier, ou par le directeur de la salubrité, sans préjudice des peines encourues.

Art. 6. Il est expressément défendu de former des glissades sur les boulevards, les places et autres parties de la voie publique.

Les glissades seront détruites d'office aux frais des contrevenants, et des cendres, terres, sables, etc., y seront répandus pour prévenir les accidents.

Art. 7. Les concierges, portiers ou gardiens des établissements publics et maisons domaniales sont personnellement responsables de l'exécution des dispositions ci-dessus, en ce qui concerne les établissements et maisons auxquels ils sont attachés.

Art. 8. Il n'est point dérogé aux dispositions de l'ordon-

nance concernant le balayage et la propreté de la voie
publique, qui continueront de recevoir leur exécution, notamment celles qui sont relatives aux dépôts de gravois et
de décombres, qui sont interdits sous quelque prétexte que
ce soit.

Art. 9. Les contraventions aux injonctions ou défenses
faites par la présente ordonnance seront constatées par des
procès-verbaux ou rapports qui nous seront adressés, et
les contrevenants seront traduits, s'il y a lieu, devant les
tribunaux, pour être punis conformément aux lois et règlements en vigueur.

**Ordonnance de police concernant le balayage et la pro-
preté de la voie publique et le transport des matières
insalubres.**

1er avril 1843. (Archives de la préfecture de police.) (1)

Vu l'article 3 du titre 2 de la loi des 16-24 août 1790 ;

Vu les articles 2 et 22 de l'arrêté du gouvernement du
1er juillet 1800 (12 messidor an VIII);

Vu l'article 471 du Code pénal ;

Considérant qu'il est utile de rappeler fréquemment aux
habitants les obligations qui leur sont imposées pour assurer le maintien de la propreté de la voie publique, et qu'il
importe d'ajouter aux règlements existants de nouvelles
dispositions, dont l'expérience a fait reconnaître la nécessité ; que notamment l'administration municipale ayant autorisé ou fait établir des urinoirs sur plusieurs points de la
voie publique, il est convenable de prescrire, à cette occasion, les mesures réclamées par la décence, la propreté et la
salubrité ;

Considérant aussi qu'il est nécessaire de prendre des pré-

---

(1) Renouvelée par d'autres ordonnances en date des 1er octobre 1844,
5 novembre 1846 et 6 novembre 1847.

cautions pour prévenir les inconvénients résultant du transport, dans Paris, des matières insalubres :

TITRE Ier.

BALAYAGE DE LA VOIE PUBLIQUE ET NETTOIEMENT DES TROTTOIRS, DES RUISSEAUX, DES DEVANTURES DE BOUTIQUE, DES GRILLES D'ÉGOUTS ET DES ABORDS DES BATIMENTS EN CONSTRUCTION, ATELIERS OU CHANTIERS DE TRAVAUX.

Art. 1er. Les propriétaires ou locataires sont tenus de faire balayer complétement, chaque jour, sauf les cas prévus par l'article 3 ci-après, la voie publique au-devant de leurs maisons, boutiques, cours, jardins et autres emplacements.

Le balayage sera fait jusqu'au ruisseau, dans les rues à chaussée fendue.

Dans les rues à chaussée bombée et sur les quais, le balayage sera fait jusqu'au milieu de la chaussée.

Le balayage sera également fait sur les contre-allées des boulevards jusqu'au ruisseau des chaussées.

Les boues et immondices seront mises en tas; ces tas devront être placés de la manière suivante, selon les localités,

SAVOIR :

Dans les rues sans trottoirs, entre les bornes; dans les rues à trottoirs, le long des ruisseaux, du côté de la chaussée, si la rue est à chaussée bombée; et le long des trottoirs, si la rue est à chaussée fendue; sur les boulevards, le long des ruisseaux de la chaussée, côté des contre-allées.

Dans tous les cas, les tas devront être placés à une distance d'au moins deux mètres des grilles ou des bouches d'égouts.

Nul ne pourra pousser les boues et immondices devant les propriétés de ses voisins.

Art. 2. Le balayage sera fait entre six heures et sept heures du matin, depuis le 1er avril jusqu'au 1er octobre, et entre sept heures et huit heures du matin, depuis le 1er octobre jusqu'au 1er avril.

En cas d'inexécution, le balayage sera *fait d'office*, aux frais des propriétaires ou locataires.

Art. 3. Lorsque des travaux de pavage auront été exécutés, le balayage quotidien, prescrit par l'article 1er, sera suspendu sur les parties de la voie publique où ces travaux auront été opérés.

En ce qui concerne le pavage neuf et les relevés à bout, c'est-à-dire les pavages entièrement refaits, le balayage ne sera repris que dix jours après l'achèvement des travaux, lorsque les entrepreneurs de la ville auront relevé et enlevé les résidus du sable répandu pour la consolidation du pavé, et que les agents de l'administration auront averti les propriétaires et locataires que le balayage devra être repris.

En ce qui concerne les pavages en recherche, ou réparations partielles, le balayage sera repris dès l'avis donné par les agents de l'administration.

Les sables balayés et relevés avant les dix jours de l'achèvement des travaux, ou avant les avis donnés par les agents de l'administration, seront répandus de nouveau aux frais des contrevenants.

Art. 4. En outre du balayage prescrit par l'article 1er, les propriétaires ou locataires seront tenus de faire gratter, laver et balayer chaque jour les trottoirs existant au-devant de leurs propriétés, ainsi que les bordures desdits trottoirs, aux heures fixées par l'article 2.

Cette disposition est applicable aux dalles établies dans les contre-allées des boulevards; les propriétaires ou locataires sont tenus de les faire gratter, laver et balayer chaque jour; les boues et ordures provenant de ce balayage seront mises en tas sur la chaussée pavée, le long des ruisseaux, côté des contre-allées, conformément à l'article 1er.

L'eau du lavage des trottoirs et des dalles devra être balayée et coulée au ruisseau.

Les propriétaires ou locataires devront également faire nettoyer intérieurement et dégager les gargouilles placées sous les trottoirs des rues et sous les dallages des boulevards de toutes ordures et objets quelconques qui pourraient les obstruer. Ce nettoiement doit être fait chaque jour aux heures prescrites pour le balayage.

Art. 5. Les devantures de boutiques ne pourront être lavées après les heures fixées pour le balayage, et l'eau du lavage devra être balayée et coulée au ruisseau.

Art. 6. Dans les rues à chaussée bombée, chaque propriétaire ou locataire doit tenir libre le cours du ruisseau au-devant de sa maison ; dans les rues à chaussée fendue, il y pourvoira conjointement avec le propriétaire ou locataire qui lui fait face.

Les ruisseaux sous trottoirs dits en encorbellement devront être dégagés des boues et ordures, et tenus toujours libres et en état de propreté.

Pour prévenir les inondations par suite de pluie ou de dégel, les habitants, devant la propriété desquels se trouvent des grilles d'égout, les feront dégager des ordures qui pourraient les obstruer. Ces ordures seront déposées aux endroits indiqués en l'article 1er.

Art. 7. Il est prescrit aux entrepreneurs de travaux exécutés sur la voie publique ou dans des propriétés qui l'avoisinent, de tenir la voie publique en état constant de propreté, aux abords de leurs ateliers ou chantiers, et sur tous les points qui auraient été salis par suite de leurs travaux ; il leur est également prescrit d'assurer aux ruisseaux un libre écoulement.

En cas d'inexécution, le nettoiement de ces points de la voie publique sera opéré *d'office* et aux frais des entrepreneurs.

TITRE II.

ENTRETIEN DES RUES OU PARTIES DE RUES NON PAVÉES.

Art. 8. Il est enjoint à tout propriétaire ou locataire de maisons ou terrains situés le long des rues ou parties de rues non pavées, de faire combler, chacun en droit soi, les excavations, enfoncements et ornières, et d'entretenir le sol en bon en état, de conserver et de rétablir les pentes nécessaires pour procurer aux eaux un écoulement facile, et de faire en un mot toutes les dispositions convenables pour que la liberté, la sûreté de la circulation et la salubrité ne soient pas compromises.

Art. 9. Les concierges, portiers ou gardiens des établissements publics et maisons domaniales sont personnellement responsables de l'exécution des dispositions ci-dessus, en ce qui concerne le balayage de la voie publique, le nettoiement des trottoirs, des ruisseaux, des devantures de boutiques, des grilles d'égouts, ainsi que l'entretien des rues ou parties de rues non pavées, au-devant des établissements et maisons auxquels ils sont attachés.

TITRE III.

DÉPOTS ET PROJECTIONS SUR LA VOIE PUBLIQUE, DANS LA RIVIÈRE ET DANS LES ÉGOUTS.

Art. 10. Il est expressément défendu de déposer dans les rues, sur les places, quais, ports, berges de la rivière et généralement sur aucune partie de la voie publique, des ordures, immondices, pailles et résidus quelconques de ménage.

Ces objets devront être portés directement des maisons aux voitures du nettoiement, et remis aux desservants de ces voitures, au moment de leur passage.

Toutefois, les habitants des maisons qui n'ont ni cour, ni porte cochère, pourront déposer les ordures, pailles et résidus ménagers, le matin, avant sept heures, depuis le 1er avril jusqu'au 1er octobre; et avant huit heures, depuis le 1er octobre jusqu'au 1er avril. En dehors de ces heures, il est formellement interdit de faire aucun dépôt de ce genre sur la voie publique.

Ces dépôts devront être faits sur les points de la voie publique désignés en l'article 1ᵉʳ, pour la mise en tas des immondices provenant du balayage.

Art. 11. Il est interdit de déposer dans les rues, sur les places, quais, ports, berges de la rivière et généralement sur aucune partie de la voie publique, des pierres, terres, sables, gravois et autres matériaux.

Dans le cas où des réparations à faire dans l'intérieur des maisons nécessiteraient le dépôt momentané de terres, sables, gravois et autres matériaux sur la voie publique, ce dépôt ne pourra avoir lieu que sous l'autorisation préalable du commissaire de police du quartier.

La quantité des objets déposés ne devra jamais excéder le chargement d'un tombereau, et leur enlèvement complet devra toujours être effectué avant la nuit. Si, par suite de force majeure, cet enlèvement n'avait pu être opéré complétement, les terres, sables, gravois ou autres matériaux devront être suffisamment éclairés pendant la nuit.

Sont formellement exceptés de la tolérance, les terres, moellons ou autres objets provenant des fosses d'aisances; ces débris devront être immédiatement emportés, sans pouvoir jamais être déposés sur la voie publique.

En cas d'inexécution, il sera procédé *d'office* et aux frais des contrevenants, soit à l'éclairage, soit à l'enlèvement des dépôts.

Art. 12. Il est défendu de déposer sur la voie publique les bouteilles cassées, les morceaux de verre, de poterie, faïence et tous autres objets de même nature pouvant occasionner des accidents.

Ces objets devront être directement portés aux voitures du nettoiement, et remis aux desservants de ces voitures.

Art. 13. Il est interdit aux marchands ambulants de jeter sur la voie publique des débris de légumes et de fruits, ou tous autres résidus.

Les étalagistes ou tous autres individus autorisés à s'établir sur la voie publique pour y exercer une industrie doivent tenir constamment propre l'emplacement qu'ils occupent, ainsi que les abords de cet emplacement.

Art. 14. Il est défendu de secouer sur la voie publique des tapis et autres objets pouvant salir ou incommoder les passants, et généralement d'y rien jeter des habitations.

Art. 15. Il est défendu de jeter des pailles ou des ordures ménagères à la rivière, sur les berges, sur les parapets, cordons ou corniches des ponts.

Art. 16. Il est défendu de jeter des eaux sur la voie publique; ces eaux devront être portées au ruisseau pour y être versées de manière à ne pas incommoder les passants.

Il est également défendu d'y jeter et faire couler des urines et des eaux infectes.

Art. 17. Il est expressément défendu de jeter dans les égouts des urines, des boues et immondices solides, des matières fécales, et généralement tout corps ou matière pouvant obstruer ou infecter lesdits égouts.

TITRE IV.

URINOIRS PUBLICS.

Art. 18. Dans les voies publiques où des urinoirs sont établis, il est interdit d'uriner ailleurs que dans ces urinoirs.

Les personnes qui auront été autorisées à établir des urinoirs sur la voie publique devront les entretenir en bon état, et en faire opérer le nettoiement et le lavage assez fréquemment pour qu'ils soient constamment propres et qu'ils ne s'en exhale aucune mauvaise odeur.

En cas d'inexécution, il sera pourvu *d'office* et aux frais des contrevenants à la réparation, au nettoiement et au lavage de ces urinoirs.

TITRE V.

TRANSPORT, CHARGEMENT ET DÉCHARGEMENT DES OBJETS QUI SERAIENT DE NATURE A SALIR LA VOIE PUBLIQUE OU A INCOMMODER LES PASSANTS.

Art. 19. Ceux qui transporteront des plâtres, des terres, sables, décombres, gravois, mâchefers, fumier-litière et autres objets quelconques qui seraient de nature à salir la voie publique ou à incommoder les passants, devront charger leurs voitures de manière que rien ne s'en échappe et ne puisse se répandre sur la voie publique.

En ce qui concerne le transport des terres, sables, décombres, gravois et mâchefers, les parois des voitures devront dépasser de 15 centimètres au moins toute la partie supérieure du chargement.

Les voitures servant au transport des plâtres, même lorsqu'elles ne seront pas chargées, ne pourront circuler sur la voie publique sans être pourvues d'un about devant et derrière, et sans être recouvertes d'une bâche.

Le déchargement des plâtres devra toujours être opéré avec précaution et de manière à ne pas salir la voie publique ni incommoder les passants.

Le nettoiement des rues ou parties de rues salies par suite de contraventions au présent article sera opéré *d'office*, et aux frais des contrevenants.

Art. 20. Lorsqu'un chargement ou déchargement de marchandises, ou de tous autres objets quelconques, aura été opéré sur la voie publique, dans le cours de la journée, et dans les cas où ces opérations sont permises par les règlements, l'emplacement devra être balayé et les produits du balayage enlevés.

En cas d'inexécution, il y sera pourvu *d'office*, et aux frais des contrevenants.

TITRE VI.

TRANSPORT DES MATIÈRES INSALUBRES.

Art. 21. Les résidus des fabriques de gaz, ceux d'amidonnerie, ceux de féculerie, passés à l'état putride, ceux des boyauderies et des triperies; les eaux provenant de la cuisson des os pour en retirer la graisse; celles qui proviennent des fabriques de peignes et d'objets de corne macérés; les eaux grasses destinées aux fondeurs de suif et aux nourrisseurs de porcs; les résidus provenant des fabriques de colle-forte et d'huile de pieds de bœuf, le sang provenant des abattoirs; les urines provenant des urinoirs publics et particuliers; les vases et eaux extraites des puisards et des puits infectés, les eaux de cuisson de têtes et de pieds de mouton; les eaux de charcuterie et de triperie; les raclures de peaux infectes, les résidus provenant de la fonte des suifs, soit liquides, soit solides, soit mi-solides, et en général toutes les matières qui pourraient compromettre la salubrité, ne pourront à l'avenir être transportées dans Paris que dans des tonneaux hermétiquement fermés et lutés.

Toutefois, les résidus des féculeries qui ne seront pas passés à l'état putride pourront être transportés dans des voitures parfaitement étanches, et les débris frais des abattoirs, des boyauderies et des triperies, dans des voitures garnies en tôle ou en zinc, étanches également, mais de plus couvertes. Pourront également être transportées de cette dernière manière, les matières énoncées dans le paragraphe 1er du présent article, lorsqu'il sera reconnu qu'il y a impossibilité de les transporter dans des tonneaux, mais seulement alors pendant la nuit, jusqu'à huit heures du matin.

Art. 22. Le noir animal ayant servi à la décoloration des sirops et au raffinage des sucres, les os gras et les chiffons non lavés et humides ne pourront être transportés que dans des voitures bien closes.

Art. 23. Les tonneaux servant au transport des peaux en vert et des engrais secs de diverses natures devront être clos et couverts.

Dispositions générales.

Art. 24. Les contraventions aux injonctions ou défenses faites par la présente ordonnance seront constatées par des procès-verbaux ou rapports qui nous seront adressés. Les contrevenants seront traduits, s'il y a lieu, devant les tribunaux, pour être punis conformément aux lois et règlements en vigueur.

Dans tous les cas où il y aura lieu à procéder *d'office*, en

vertu des dispositions de la présente ordonnance, ces opérations se feront à la diligence des commissaires de police
ou du directeur de la salubrité, aux frais des contrevenants,
et sans préjudice des peines encourues.

Art. 25. La présente ordonnance sera publiée et affichée.

Les commissaires de police, le chef de la police municipale, le directeur de la salubrité, les officiers de paix et autres préposés de l'administration sont chargés de faire observer les dispositions de l'ordonnance ci-dessus, et de
tenir la main à leur exécution.

Les préposés de l'octroi sont requis de concourir à l'exécution des articles 11 et 19, concernant les dépôts et le
transport des plâtres, terres, sables et autres objets qui
seraient de nature à salir ou à embarrasser la voie publique.

A cet effet, ampliation de ladite ordonnance sera adressée à M. le directeur, président du conseil d'administration
de l'octroi.

Avis du conseil d'Etat.

Séance du 26 avril 1843. (Inédit.)

Le conseil d'Etat qui, sur le renvoi ordonné par M. le
Ministre de l'intérieur, a pris connaissance d'un rapport
sur les questions suivantes :

1° L'article 30 de la loi du 16 septembre 1807 doit-il
continuer à être appliqué ?

2° Y a-t-il lieu à exiger le payement de l'indemnité, telle
que la commission spéciale l'aura fixée, en argent ou en rentes
constituées à quatre pour cent, ou en délaissement d'une
partie du fonds, comme l'indique l'article 31 de la loi du
16 septembre 1807 ?

3° Dans quelles formes devra-t-on procéder, en cas de résistance de la part des propriétaires ? La ville pourra-t-elle,
dans ce cas, user du droit de préemption, comme en matière
de desséchement de marais, et poursuivre l'expropriation,

sauf à tenir compte au propriétaire de la valeur de son immeuble avant l'exécution des travaux, ou bien devra-t-elle se borner à agir envers celui-ci comme à l'égard d'un débiteur ordinaire ?

Sur la première question :

Vu la loi du 16 septembre 1807, les lois des 8 mars 1810, 7 juillet 1833 et 3 mai 1841 ;

Les ordonnances royales des 3 novembre 1827, 3 juin 1829, 23 janvier 1833, relatives à la ville de Lyon; celles des 2 décembre 1836, relative à la ville de Grenoble, 1er septembre 1838 et 25 juin 1839, relatives à la ville d'Orange ;

Considérant qu'aucun acte législatif postérieur à la loi du 16 septembre 1807 n'a abrogé ni même modifié les dispositions portées dans l'article 30 de ladite loi;

Qu'il a été, au contraire, formellement reconnu dans les discussions qui ont eu lieu dans la chambre, à l'occasion des lois des 7 juillet 1833 et 3 mai 1841, que les dispositions de la loi du 16 septembre 1807, relatives à l'indemnité de plus-value, avaient toujours force et vigueur ;

Qu'application en a été faite encore dernièrement aux villes de Lyon, de Grenoble et d'Orange, ainsi qu'il résulte des ordonnances royales sus-visées, et que l'exécution en a été régulièrement et complétement suivie ;

Qu'ainsi on ne peut admettre que l'article 30 de la loi du 16 septembre 1807 ait été abrogé ou modifié, ou qu'il soit tombé en désuétude, ou enfin qu'il soit d'une exécution impossible;

Est d'avis que l'article 30 de la loi du 16 septembre 1807 doit continuer à être appliqué.

Sur la deuxième question :

Vu l'article 31 de la loi du 16 septembre 1807 ;

Considérant que cet article a réglé les divers modes de libération que le débiteur de la plus-value pourrait employer pour acquitter l'indemnité qui serait exigée de lui ;

Que le mode de libération a été laissé à son choix ;

Que, dès lors, remettre à la commission spéciale la fixation du mode de payement de l'indemnité, ce serait, d'une part, lui donner des attributions qu'elle ne peut avoir, puisque ces fonctions doivent se borner à fixer la quotité de l'indemnité, et que, de l'autre, ce serait déroger aux principes posés dans l'article 31 sus-visé, en enlevant aux propriétaires la faculté d'opter qui peut leur être avantageuse ;

Qu'en cas de refus du propriétaire mis en demeure de se prononcer, l'administration municipale ne peut exiger d'autre mode de payement que celui qu'elle pourrait exiger d'un débiteur ordinaire, puisque la loi l'a laissé, sur ce point, dans le droit commun ;

Est d'avis que le débiteur de la plus-value a la faculté de choisir, entre les modes de libération déterminés par l'article 31 de la loi du 16 septembre 1807, celui qu'il préfère, et que, faute par lui de se prononcer à cet égard, l'administration municipale doit poursuivre le payement de l'indemnité comme elle poursuivrait celui d'une créance ordinaire.

Sur la troisième question :

Vu les lois des 8 mars 1810, 7 juillet 1833 et 3 mai 1841 ;

Vu les ordonnances royales des 8 septembre 1819, 5 août 1831 et 1er juin 1836, rendues dans la forme contentieuse ;

Considérant que les lois sus-visées, en établissant, pour apprécier les indemnités à accorder aux propriétaires dépossédés, un autre système que celui qui résultait de la loi du 16 septembre 1807, n'ont eu pour objet que de déterminer comment serait fixée la valeur des propriétés dont l'abandon serait nécessaire pour des travaux d'utilité publique ;

Que ces lois n'ont porté aucune atteinte aux dispositions de la loi du 16 septembre 1807 qui n'étaient pas relatives aux cas sur lesquels elles statuaient ;

Que, par conséquent, c'est encore aux commissions spéciales instituées par le titre 10 de la loi du 16 septembre 1807 qu'il appartient de fixer les indemnités de plus-value

qui pourraient être exigées en vertu de l'article 3o de ladite loi;

Considérant que l'article 24 de la loi du 16 septembre
1807 n'a donné à l'administration le droit de contraindre
les propriétaires à abandonner leurs propriétés que lorsqu'il serait impossible de parvenir par d'autres moyens au
desséchement des marais;

Que ce droit tout exceptionnel, donné à l'administration
pour effectuer le desséchement des marais, ne peut s'étendre
au delà du cas particulier qui a été prévu;

Que, d'ailleurs, l'article 21, ainsi qu'il vient d'être expliqué, a défini les modes suivant lesquels il serait possible de
recouvrer l'indemnité de plus-value, et qu'il n'y a pas compris la faculté de préemption de la part de l'administration;

Considérant qu'en examinant la nature et les attributions
des commissions spéciales, on reconnaît, comme l'ont fait
les ordonnances royales susvisées, que ces commissions ont
le même caractère que les conseils de préfecture;

Que, dès lors, leurs décisions doivent, sur la matière,
avoir les mêmes effets et recevoir la même exécution que
les décisions de ces conseils;

Est d'avis que ce n'est pas au jury institué par les lois
des 7 juillet 1833 et 3 mai 1841, mais à une commission
spéciale, telle qu'elle est établie par la loi du 16 septembre
1807, qu'il appartient de statuer sur les indemnités de plus-
value; que, sur la matière, les décisions de cette commission spéciale ont la même autorité et doivent recevoir la
même exécution que celles des conseils de préfecture.

Ordonnance de police concernant la sûreté de la voie publique.

23 octobre 1844. (Archives de la préfecture de police.) (1)

Considérant que la sûreté publique est journellement

---

(1) Renouvelée le 12 avril 1847.

compromise par suite de l'inexécution des dispositions de l'ordonnance de police du 1ᵉʳ avril 1818, concernant les caisses, pots à fleurs et autres objets dont la chute peut occasionner des accidents;

Considérant qu'il importe de rappeler ce règlement aux habitants de Paris et d'y ajouter les dispositions nouvelles dont l'expérience a fait reconnaître la nécessité;

Vu l'ordonnance de police précitée, ensemble les articles 319, 320 et 471 du Code pénal;

En vertu de la loi des 16-24 août 1790 et de l'arrêté du gouvernement du 12 messidor an VIII (1ᵉʳ juillet 1800);

Art. 1ᵉʳ. Il est défendu à tous propriétaires et locataires des maisons situées dans la ville de Paris, de déposer, sous aucun prétexte, et de laisser déposer sur les toits, entablements, chéneaux, gouttières, terrasses, murs et autres parties élevées des maisons, des caisses, pots à fleurs, vases et autres objets quelconques.

Il ne pourra être formé des dépôts de cette espèce que sur les grands et les petits balcons et sur les appuis des croisées garnies de balustrades en fer ou de barres transversales en fer, avec grillage en fil de fer maillé, s'étendant à tout l'espace compris entre l'appui et la barre la plus élevée.

Il est, toutefois, interdit de déposer sur les balcons et appuis de croisées garnies de balustrades des caisses, pots à fleurs et autres objets qui seraient d'assez petite dimension pour pouvoir passer par les vides des balustrades.

Art. 2. Il est également défendu de déposer des cages et garde-manger sur aucune des parties élevées de bâtiments désignées au paragraphe 1ᵉʳ de l'article précédent, et d'en placer en saillie des murs bordant la voie publique, de quelque manière qu'ils soient attachés.

Art. 3. Toutes les précautions devront être prises pour qu'il ne résulte de l'arrosement des fleurs placées sur les balcons et appuis de croisées aucun écoulement d'eau sur la voie publique.

Art. 4. Dans le délai de huit jours, à partir de la publication de la présente ordonnance, tous pots et caisses à fleurs, vases et autres objets déposés sur des parties élevées de bâtiments, autres que les balcons et appuis de croisées disposés conformément aux prescriptions de l'article 1er, seront supprimés, ainsi que les bois et fers destinés à les soutenir.

Art. 5. Toute contravention aux dispositions qui précèdent sera constatée par procès-verbal ou rapport et déférée au tribunal compétent, sans préjudice des mesures administratives qui pourront être prises pour prévenir les accidents.

Art. 6. L'ordonnance ci-dessus visée, du 1er avril 1818, est rapportée.

Arrêté du préfet de la Seine sur la hauteur des bâtiments et de leurs combles, à Paris.

1er novembre 1844.

TITRE 1er.

DE LA HAUTEUR DES FAÇADES BORDANT LES VOIES PUBLIQUES.

Art. 1er. La hauteur des façades bordant les voies publiques est déterminée par la largeur de ces voies publiques.

Le maximum de cette hauteur, y compris les corniches ou entablements, ainsi que les attiques construits à plomb desdites façades, est :

de 11^m 70^c pour les voies publiques au-dessous de 7^m 47^c.

de 14^m 62^c pour les voies publiques de 7^m 47^c et au-dessus, jusques et y compris 9^m 42^c ;

et de 17^m 55^c pour les voies publiques au-dessus de 9^m 42^c.

Art. 2. Pour les bâtiments neufs et pour les anciens bâtiments reconstruits de fond en comble, c'est la largeur future de la voie publique qui règle la hauteur des façades.

Pour les reconstructions partielles et pour les exhausse-
ments, c'est la largeur présente de la voie publique qui règle
la hauteur des façades, dans le cas même où ces façades ne
doivent pas subir de retranchement.

Art. 3. Tout bâtiment formant encoignure et donnant,
par conséquent, soit sur deux voies publiques, soit sur trois,
soit sur quatre, peut, par exception, lorsque ces voies publiques sont d'inégales largeurs, être élevé, sur les plus
étroites, à la hauteur fixée pour la plus large.

Cette exception n'a lieu que dans l'épaisseur du bâtiment,
et ne peut, dans aucun cas, excéder une longueur de 15^m
de face, à partir des encoignures.

Art. 4. Dans les bâtiments situés entre deux voies publiques d'inégales largeurs, la façade bordant la voie publique
la moins large peut aussi, par exception, être élevée à la hauteur fixée pour la plus large, mais dans le cas seulement où
la plus grande distance entre les deux façades n'excède
pas 15^m.

Art. 5. Lorsqu'on fait des constructions qui couvrent toute
la superficie d'un terrain situé entre deux voies publiques
d'inégales largeurs, et distantes l'une de l'autre de plus de
15^m, le corps de bâtiment bordant la voie publique la plus
large peut également, par exception, être élevé à la hauteur
permise pour cette dernière voie publique du côté de la
moins large, mais dans le cas seulement où la plus grande
épaisseur du bâtiment n'excède pas 15^m.

Pour les constructions occupant le surplus de l'emplacement et bordant, par conséquent, la voie publique la moins
large, la hauteur des façades ne peut excéder celle fixée en
raison de la largeur de cette voie publique.

Art. 6. La largeur des voies publiques est prise au-devant
des façades, et, lorsque les voies publiques n'ont pas leurs
côtés parallèles, c'est la moindre largeur qui règle la hauteur
des façades.

Si le débouché d'une autre voie publique est vis-à-vis
desdites façades, la largeur se prend à partir d'une ligne fictive allant de l'une à l'autre encoignure de ce débouché.

Il en est de même pour les bâtiments situés dans les carrefours formés par le débouché de plusieurs voies publiques.

Art. 7. La hauteur des façades des bâtiments donnant sur une seule voie publique est mesurée à partir, soit du pavé, soit du dallage du trottoir (1), en se plaçant, lorsque la voie publique est en pente, sur le point le plus bas, afin que, conformément à l'article 1er, les façades ne puissent excéder dans aucune de leurs parties la hauteur légale.

Par la même raison, lorsque les bâtiments donnent sur plusieurs voies publiques de niveaux différents, la hauteur est mesurée sur la façade bordant la voie publique la moins élevée, et aussi en se plaçant sur le point le plus bas lorsque cette voie publique est déclive.

TITRE II.

DES COMBLES.

Art. 8. Dans les bâtiments simples ou doubles ayant deux murs de face, et dont les combles sont par conséquent à deux versants, lorsque l'épaisseur de ces bâtiments a moins de 9m 74c, la hauteur des combles ne peut excéder la moitié de l'épaisseur desdits bâtiments, et, lorsque cette épaisseur est de 9m 74c et au-dessus, le maximum de hauteur est de 4m 87c.

Art. 9. Dans les bâtiments n'ayant qu'un mur de face, tels que sont les bâtiments adossés contre des murs mitoyens, et dont, par conséquent, les combles sont à un seul versant, lorsque ces bâtiments ont moins de 4m 87c d'épaisseur, la hauteur des combles ne peut pas excéder l'épaisseur desdits bâtiments, et, lorsque cette épaisseur est de 4m 87c et au-dessus, ces 4m 87c sont le maximum de hauteur des combles.

Art. 10. Pour les bâtiments ayant deux murs de face,

---

(1) La hauteur, au pied des façades, s'établit ainsi qu'il suit : 17 centimètres au-dessus du fond du ruisseau, plus 4 centimètres par mètre de pente.

l'épaisseur est celle comprise entre les parements extérieurs desdits murs.

Art. 11. Pour les bâtiments n'ayant qu'un seul mur de face, l'épaisseur est celle comprise entre le parement extérieur dudit mur de face et le parement intérieur du mur mitoyen contre lequel le bâtiment est adossé.

Art. 12. Lorsque les deux murs de face ne sont pas parallèles, c'est l'épaisseur moyenne des bâtiments qui règle la hauteur des combles.

Art. 13. A l'égard du profil de ces combles, la ligne déterminant leur versant du côté de la voie publique est droite ; elle peut partir de la saillie de la corniche, et l'angle que cette ligne forme avec celle horizontale représentant la base du comble est au plus de 45 degrés.

Il résulte de cette disposition que, dans les bâtiments de 9^m 74^c d'épaisseur et au-dessous, la ligne déterminant le versant du comble, ne pouvant correspondre avec la verticale passant par le milieu du bâtiment qu'en excédant la hauteur fixée, le comble est tronqué dans sa partie supérieure. Cette partie forme terrasse, comme dans les bâtiments ayant plus de 9^m 74^c d'épaisseur : terrasse dont le point culminant ne doit pas excéder la hauteur fixée pour le comble.

Art. 14. La hauteur des combles est mesurée à partir d'une ligne horizontale passant par un point dont la position est déterminée par la hauteur légale du mur de face sur la voie publique.

Art. 15. Les égouts construits à la naissance du versant des combles ne sont tolérés, quant à présent, que lorsque leur saillie n'excède pas 10^c sur celle des corniches.

Art. 16. Le relief des chéneaux ne peut excéder la ligne droite, réelle ou fictive, partant de la saillie de la corniche et formant, avec l'horizontale déterminant la base du comble, un angle de 45 degrés.

Art. 17. La face extérieure des lucarnes doit être placée en arrière du parement extérieur du mur de face donnant sur la voie publique, et à une distance d'au moins 30^c.

Leur hauteur, y compris toiture, ne peut excéder 3^m

dans les combles ayant de 4ᵐ 50ᶜ à 4ᵐ 87ᶜ d'élévation, à partir de la ligne de base de ces combles.

Dans les combles moins élevés, la hauteur des lucarnes ne peut excéder les deux tiers de leur élévation.

La largeur hors œuvre des lucarnes ne peut excéder 1ᵐ 50ᶜ; leurs jouées doivent être parallèles, et l'intervalle entre lesdites lucarnes, lors même qu'on leur donnera moins de 1ᵐ 50ᶜ de largeur, doit être au moins de 1ᵐ 50ᶜ.

Enfin la saillie de leurs corniches, égouts compris, ne doit pas excéder 15ᶜ.

Art. 18. Les tuyaux de cheminée et les murs contre lesquels ils sont adossés ne peuvent percer la ligne rampante du comble, qu'à une distance de 1ᵐ 50ᶜ, prise horizontalement à partir d'une verticale passant sur le parement extérieur du mur de face bordant la voie publique, et ces constructions ne peuvent, dans aucun cas, excéder de plus d'un mètre la hauteur des combles.

Avis concernant la propreté et la salubrité de la voie publique.

14 avril 1845. (Archives de la préfecture de police.)

L'assainissement et la propreté de la ville sont l'objet de l'attention particulière de l'administration municipale, dont tous les efforts tendent à améliorer ce service si important pour la santé publique. Afin de réformer des habitudes aussi contraires à la propreté qu'à la décence, elle a autorisé ou fait établir des urinoirs dans plusieurs voies publiques, et notamment sur la place de la Concorde, les boulevards et une grande partie des quais; des règlements ont été en même temps rendus pour défendre d'uriner ailleurs qu'à ces urinoirs, dans les voies publiques où il en a été établi.

Le préfet de police croit devoir rappeler aux habitants de Paris les dispositions de ces règlements et les inviter à s'y conformer; il les prévient en même temps que des ordres ont été donnés pour faire constater les contraventions qui

seront remarquées et dont les auteurs seront poursuivis
conformément à la loi.

Loi concernant la répartition des frais de construction des trottoirs.

7 Juin 1845. (Bulletin des lois.)

Art. 1er. Dans les rues et places dont les plans d'alignement ont été arrêtés par ordonnances royales, et où,
sur la demande du conseil supérieur, l'établissement des
trottoirs sera reconnu d'utilité publique, la dépense de
construction des trottoirs sera répartie entre les communes et les propriétaires riverains dans les proportions et
après l'accomplissement des formalités déterminées par les
articles suivants.

Art. 2. La délibération du conseil supérieur qui provoquera
la déclaration d'utilité publique désignera, en même temps,
les rues et places où les trottoirs seront établis, arrêtera le
devis des travaux selon les matériaux entre lesquels les
propriétaires auront été autorisés à faire un choix, et répartira la dépense entre la commune et les propriétaires.
La portion à la charge de la commune ne pourra être inférieure à la moitié de la dépense totale.

Il sera procédé à une enquête *de commodo et incommodo*.

Une ordonnance du roi statuera définitivement, tant sur
l'utilité publique que sur les autres objets compris dans la
délibération du conseil municipal.

Art. 3. La portion de la dépense à la charge des propriétaires sera recouvrée dans la forme déterminée par l'article 28 de la loi de finances du 25 juin 1841 (1).

Art. 4. Il n'est pas dérogé aux usages en vertu desquels
les frais de construction des trottoirs seraient à la charge
des propriétaires riverains, soit en totalité, soit dans une
proportion supérieure à la moitié de la dépense totale.

---

(1) Voir *suprà*, à sa date.

Instructions relatives aux travaux de réparation aux bâtiments qui anticipent sur la largeur des chemins vicinaux.

15 août 1845. (Bulletin officiel.)

Monsieur le préfet, en matière de voirie urbaine comme en matière de grande voirie, lorsque la largeur et les limites d'une voie publique ont été régulièrement fixées et que des constructions anticipent sur cette largeur, l'autorité a le choix entre deux moyens pour procurer à cette voie publique le sol qui doit y être incorporé.

Si les besoins de la circulation exigent que l'élargissement ait lieu immédiatement, il y est procédé par voie d'expropriation, et en remplissant la série des formalités prescrites par la loi du 3 mai 1841 ; l'indemnité due au propriétaire dépossédé se compose alors, non-seulement de la valeur du sol à incorporer à la voie publique, mais encore de celle des constructions qui le couvrent, et elle doit être acquittée préalablement, c'est-à-dire avant que l'autorité puisse se mettre en possession.

Si, au contraire, l'élargissement de la voie publique n'est pas urgent, l'autorité peut attendre, pour l'opérer, que la démolition des constructions ait lieu, soit par l'effet de la volonté du propriétaire, soit pour cause de vétusté. Dans ce cas, et aux termes de l'article 50 de la loi du 16 septembre 1807, l'indemnité due au propriétaire ne se compose plus que de la valeur du terrain qu'il est contraint d'abandonner à la voie publique.

C'est cette dernière mesure qui est le plus généralement employée pour l'élargissement des voies publiques, parce qu'elle est la plus économique ; mais comme il importe cependant que cet élargissement ne soit pas indéfiniment retardé par le fait des propriétaires riverains, l'autorité a le droit, incontesté aujourd'hui, de défendre toute réparation confortative aux constructions qui anticipent sur une voie publique. C'est l'application de la jurisprudence adoptée et constamment suivie, relativement à l'exécution tant des anciens édits de décembre 1607 et 27 février 1765, que des dispositions de la loi du 16 septembre 1807, article 50.

En matière de voirie vicinale, lorsque la largeur et les limites d'un chemin vicinal ont été fixées par arrêté du préfet, le sol compris dans ces limites est, en vertu de l'article 15 de la loi du 21 mai 1836, définitivement attribué au chemin. Le droit des propriétaires riverains se résout en une indemnité qui doit être réglée à l'amiable ou par le juge de paix, sur le rapport d'experts; mais, comme vous le savez, le payement préalable de l'indemnité n'est pas nécessaire pour que le sol à incorporer au chemin puisse y être réuni : c'est là un point sur lequel la jurisprudence du conseil d'Etat et celle de la cour de cassation sont parfaitement d'accord.

Lorsque le sol qui doit être incorporé au chemin vicinal n'est qu'un terrain découvert, l'incorporation immédiate ne peut être l'objet d'aucune difficulté; mais si ce sol est couvert par des constructions, l'autorité peut hésiter sur les moyens de se mettre en possession.

Cette hésitation, Monsieur le préfet, ne peut pas naître de la question de principe, car l'application de l'article 15 de la loi du 21 mai 1836 est générale et absolue; elle frapperait des propriétés bâties comme un terrain découvert. Seulement, si l'autorité voulait, en cas d'urgence, exiger l'incorporation immédiate du sol, ce qui entraînerait la démolition des constructions, l'indemnité se composerait non plus seulement de la valeur de ce sol, mais encore de celle des constructions démolies. A la vérité, le payement de l'indemnité ne serait pas nécessairement préalable, ainsi que nous l'avons dit plus haut; mais comme, en définitive, elle doit être payée, il en résulterait toujours une dépense considérable que les communes ont intérêt à éviter.

La plupart du temps donc, et lorsque l'élargissement du chemin n'est pas urgent, l'autorité attend la démolition des constructions pour incorporer au chemin le sol qu'elles.

couvrent, de manière à n'avoir à payer que la simple valeur de ce sol.

Mais ce cas a fait naître une question grave, celle de savoir si, en matière de voirie vicinale, l'autorité peut, comme elle en a le droit en matière de voirie urbaine et de grande voirie, défendre l'exécution de tous travaux confortatifs aux constructions qui occupent une partie du sol dévolu au chemin vicinal par l'arrêté qui a fixé sa largeur. L'article 15 de la loi du 21 mai 1836, en effet, ne donne, dans aucune de ces dispositions, de règle dont on puisse déduire le droit de l'autorité administrative sur ce point: l'article 21 de la même loi charge bien les préfets de faire, dans chaque département, un règlement général qui doit statuer, entre autres, *sur tout ce qui est relatif aux alignements et aux autorisations de construire le long des chemins;* mais des doutes avaient été élevés sur la portée de ces expressions et sur l'extension qui pouvait en résulter, des principes de la voirie urbaine à la voirie vicinale.

J'ai donc cru devoir consulter le conseil d'Etat sur cette question, Monsieur le préfet, et il résulte d'un avis du conseil, en date du 16 juillet dernier, que vous trouverez ci-après, que les préfets peuvent défendre toutes réparations confortatives aux constructions qui anticipent sur la largeur des chemins vicinaux, toutes les fois que la largeur de ces chemins a été fixée par arrêté du préfet, et que les limites en ont été positivement déterminées, soit par un procès-verbal d'abornement, soit par un plan régulièrement levé, publié et arrêté.

La solution donnée par le conseil d'Etat me paraissant conforme aux intérêts de la viabilité, et les formes indiquées dans son avis donnant en même temps toute garantie aux intérêts privés, je vous invite, Monsieur le préfet, à en faire la règle de vos décisions en cette matière. Vous verrez, sans doute, dans cette interprétation d'un des plus importants articles de la loi du 21 mai 1836, un motif de plus pour hâter, là où elle n'a pas encore eu lieu, la reconnaissance des limites des chemins vicinaux et la fixation de leur assiette. C'est surtout dans les parties de ces voies publiques qui sont bordées de constructions, que cette fixation est nécessaire, puisqu'elle peut seule concilier les droits de l'autorité avec les garanties dues aux administrés.

Je crois devoir vous rappeler ici, Monsieur le préfet, que, d'après la jurispridence constante du conseil d'Etat, les seules réparations qui puissent être réputées confortatives et, à ce titre, être prohibées, *sont celles qui auraient pour effet de consolider le mur de face dans la hauteur du rez-de-chaussée.* Tous travaux, de quelque nature qu'ils soient, que les propriétaires voudraient faire au-dessus du rez-de-chaussée, doivent être autorisés, attendu qu'ils ne peuvent consolider l'édifice, que souvent même ils en accélèrent la destruction.

Vous ne perdrez d'ailleurs pas de vue que, lorsque vous aurez pris un arrêté portant refus d'autoriser des réparations que vous considéreriez comme confortatives, s'il était contrevenu à cet arrêté, ce serait devant le tribunal de simple police que cette contravention devrait être poursuivie. Le conseil de préfecture ne serait pas compétent dans ce cas, puisqu'il n'y aurait pas là usurpation du sol du chemin vicinal, mais seulement contravention à un arrêté administratif.

Avis du conseil d'Etat.

Séance du 16 juillet 1845. (Inédit.)

Le conseil d'Etat qui, sur le renvoi ordonné par M. le ministre de l'intérieur, a pris connaissance d'un rapport présentant la question suivante :

La loi du 21 mars 1836 donne-t-elle aux préfets le pouvoir d'empêcher les propriétaires de faire des réparations confortatives aux bâtiments sujets à reculement qui longent les chemins vicinaux ?

Après avoir entendu le comité de l'intérieur et de l'instruction publique ;

Vu la loi du 21 mai 1836, notamment l'article 21, qui, en chargeant le préfet de faire, sous la condition de le communiquer au conseil général du département et de le soumettre à l'approbation du ministre de l'intérieur, un règlement pour assurer l'exécution de ladite loi, s'exprime en ces termes : « Le règlement fixera, dans chaque département, le maximum de la largeur des chemins vicinaux; il..... statuera..... sur tout ce qui est relatif..... aux alignements, aux autorisations de construire le long des chemins..... à tous autres détails de surveillance et de conservation. »

Vu la loi du 9 ventôse an XIII, article 6;

Vu la loi du 16 septembre 1807, l'arrêt du conseil du 27 février 1765 et les autres lois et règlements relatifs à la voirie;

Considérant que la délégation faite aux préfets dans l'article 21 de la loi du 21 mai 1836 révèle, par la généralité de ses termes, l'intention du législateur d'assurer, en ce qui touche les chemins vicinaux, l'application et la mise en vigueur des règles légales, antérieurement consacrées dans les matières de grande voirie et de voirie urbaine ;

Que les règlements des préfets peuvent, en conséquence, même dans les cas de réparations, défendre aux propriétaires dont les constructions empiètent sur les limites d'un chemin vicinal ou joignent immédiatement ledit chemin, d'entreprendre aucuns travaux sans avoir sollicité et obtenu l'autorisation de l'administration ;

Mais que, pour que la propriété privée puisse être soumise à une telle prescription, il est indispensable :

1° Que l'administration ait préalablement pourvu, en exécution de la loi du 9 ventôse an XIII, article 6, et de la loi du 21 mai 1836, article 15, à la reconnaissance des limites et à la fixation de la largeur du chemin vicinal;

2° Qu'en ce qui concerne les points où il existe des constructions empiétant sur les limites du chemin ou joignant immédiatement le chemin, cette reconnaissance de limites et cette fixation de largeur aient été établies au moyen d'un travail d'abornement du chemin, et même, lorsque l'état des localités a pu l'exiger, à l'aide de plans qui aient été régulièrement levés, publiés et arrêtés;

Est d'avis que les préfets ont, dans l'état actuel de la législation, le pouvoir d'empêcher les propriétaires de faire des réparations confortatives aux bâtiments sujets à reculement qui longent les chemins vicinaux, lorsque la reconnaissance des limites et la fixation de la largeur desdits chemins ont été préalablement opérées en suivant les formes qui viennent d'être indiquées.

Instruction du sous-secrétaire d'État des travaux publics sur les plans d'alignements.

24 octobre 1845.

Monsieur le préfet, d'après la circulaire du 3 août 1833, MM. les ingénieurs ont jusqu'à présent dressé en triple expédition, et vous avez soumis immédiatement à une enquête, les projets d'alignement des routes royales et départementales dans les traverses des villes, bourgs et villages.

Il arrive souvent que le conseil des ponts et chaussées, en se livrant à l'examen de ces projets, les juge susceptibles de nombreuses modifications, qui rendent une nouvelle enquête indispensable et nécessitent même quelquefois la production de nouveaux plans.

Lorsque le projet est modifié, les corrections introduites dans la légende descriptive des alignements et les lignes de différentes couleurs qui figurent sur les plans peuvent être une cause d'erreurs dans l'application; l'administration se trouve en outre dans le cas de soumettre à l'homologation royale des plans qui n'offrent pas toute la netteté désirable. Si le projet est jugé trop défectueux pour pouvoir être admis, même sous la réserve de certaines modifications, MM. les ingénieurs éprouvent le regret d'avoir dressé trois expéditions d'un travail devenu inutile, et les opérations de l'enquête doivent être recommencées; il en résulte pour tout le monde une complication d'écritures et une perte de temps nuisibles au bien du service.

Afin d'éviter ces inconvénients, j'ai décidé qu'à l'avenir les plans d'alignements seront d'abord dressés en simple expédition, et transmis à l'administration centrale à l'état d'avant-projet, avant toute enquête, pour subir une première fois l'examen du conseil des ponts et chaussées. Ce n'est que lorsque l'enquête aura eu lieu, et après un nouvel examen du conseil, que MM. les ingénieurs dresseront trois expéditions du plan, qui ne présenteront ainsi que les alignements adoptés.

Je crois d'ailleurs utile, Monsieur le préfet, de rappeler ici les instructions auxquelles MM. les ingénieurs doivent se conformer pour dresser les plans généraux d'alignements.

Les alignements sont tracés dans le but principal de donner aux traverses la largeur qu'exige la facilité de la circulation. Sans doute, on ne doit pas négliger les dispositions propres à assurer la régularité et l'embellissement des villes, mais seulement lorsqu'on peut obtenir ces avantages sans aggraver d'une manière notable la servitude des propriétés riveraines.

Il convient donc :

De ne pas s'attacher à établir un parallélisme rigoureux;

D'éviter, autant que possible, de faire avancer les constructions sur la voie publique, ce qui réduirait sans utilité la largeur actuelle; et, lorsqu'un redressement est indispensable, de combiner les alignements de manière que la circulation ne puisse jamais être entravée par l'exécution partielle du plan;

De prendre l'élargissement du côté où le dommage doit être moindre pour les propriétaires riverains;

De maintenir, autant que possible, les alignements résultant d'autorisations régulières;

De conserver toutes les façades qui différeraient peu de l'alignement à suivre;

De faire choix de repères fixes et bien déterminés, en évitant avec soin de briser la façade d'un bâtiment ;

De ne jamais proposer d'alignements curvilignes, mais d'y substituer des portions de polygones rectilignes, dont la forme est plus favorable aux constructions ;

Enfin, de se borner, sur les places et promenades publiques, à tracer des lignes ponctuées indiquant les limites de la grande voirie.

Indépendamment de ces règles générales, qui doivent présider à la fixation des alignements d'une traverse, MM. les ingénieurs devront observer scrupuleusement les prescriptions suivantes :

1° L'avant-projet sera dressé à l'échelle de cinq millimètres pour mètre ; il sera toujours accompagné du nivellement en long de la traverse et d'un certain nombre de profils en travers bien choisis, s'étendant, s'il y a lieu, sur les propriétés riveraines. L'échelle du profil en long sera de deux millimètres pour mètre, et celle des profils en travers de cinq millimètres pour mètre. On rapportera sur l'avant-projet tous les numéros du profil en long, afin d'établir une concordance parfaite entre ces deux pièces.

On produira en outre un mémoire justificatif des alignements proposés, en indiquant au commencement de ce mémoire la forme, la composition, les dimensions et l'état de viabilité de la chaussée, ainsi que le maximum des pentes ou rampes.

Si une localité est traversée par plusieurs routes, on présentera simultanément, en un seul dossier, les avant-projets relatifs à chacune de ces routes ; et, dans ce cas, on joindra aux plans d'alignements et aux profils un plan d'ensemble dressé à l'échelle d'un millimètre pour mètre.

On ne comprendra jamais dans un même envoi, dans une même instruction, les avant-projets de plusieurs localités.

2° Le plan d'alignement de chaque traverse sera rapporté, dans le sens de la route, sur une bande unique de papier propre ou lavis, de 0ᵐ35 de largeur, formée de feuilles ajustées en ligne droite, sans goussets. En conséquence, le plan présentera, à chaque changement notable de direction de la traverse, un onglet en blanc, déterminé par deux lignes formant un angle d'une amplitude convenable, et disposées de manière qu'il soit possible et facile, en repliant le papier, de faire disparaître la solution de continuité du plan, et d'obtenir à volonté la représentation exacte de l'état des lieux ; à cet effet, on brisera de suite le papier suivant les plis à reformer au besoin.

3° Toutes les lignes d'opération seront rapportées et cotées sur le plan, qui comprendra toujours les amorces de la route, en deçà et au delà de chaque extrémité de la traverse, sur une longueur de 5o mètres au moins, avec raccordement des alignements intérieurs et extérieurs.

4° La position de chaque maison sera déterminée par le nu de la façade. S'il existe un avant-corps mobile, tel qu'une devanture de boutique en menuiserie, cet avant-corps sera simplement ponctué. On indiquera exactement toutes les saillies fixes, telles que pas, marches, escaliers, perrons, etc., etc.

5° Il ne sera fait usage que des teintes conventionnelles ci-après désignées :

Noir pâle, pour les constructions à l'alignement, et pour les constructions ou portions de constructions en arrière de l'alignement ;

Jaune, pour les constructions ou portions de constructions en saillie sur l'alignement ;

Bleu, pour les cours ou masses d'eau, dont on indiquera le sens d'écoulement par une flèche.

Tous les autres détails du plan, tels que chaussées, fossés, ouvrages d'art, haies, bornes miliaires, etc., etc., seront figurés par un trait noir sans lavis.

Les lignes rouges seront réservées pour le tracé des nouveaux alignements proposés : ces lignes seront tirées pleines pour les alignements et ponctuées pour les limites de la grande voirie. Il ne sera jamais tracé de lignes rouges au droit des façades à maintenir.

6° Les repères et les extrémités de chaque alignement seront désignés par des chiffres. On adoptera la suite des

35

nombres impairs pour le côté gauche de la traverse, et la suite des nombres pairs pour le côté droit. Ces chiffres seront inscrits en rouge.

7° On inscrira également, près de chaque rive du papier, et au droit de chaque alignement, un texte indiquant d'une manière précise et détaillée la position des repères et le tracé de cet alignement. Ce texte sera précédé des chiffres indicateurs des extrémités de l'alignement.

On désignera les angles repères en disant, soit premier ou deuxième angle de telle façade (dans le sens de la route), soit angle, côté de.... (point de départ ou d'arrivée de la route, que l'on aura soin de rappeler à chaque extrémité du plan).

Toutes les cotes mentionnées dans la légende, comme servant à déterminer la position des repères, seront inscrites en rouge sur le plan.

8° Chaque parcelle portera le nom du propriétaire, et l'on emploiera en outre, pour chaque construction, celles des annotations suivantes ou analogues qui seront applicables :

B.   Constructions en bois.
P.   *Idem*   en pierres ou moellons.
PT.   *Idem*   en pierres de taille.
oE.   Rez-de-chaussée.
1E.   Maison à un étage.
2E.   *Idem* à deux étages.
. . . .
S.   Construction solide.
M.   *Idem*   médiocre.
V.   *Idem*   en état de vétusté.

9° Le plan sera accompagné d'une ou de plusieurs échelles comprenant au moins 20 mètres.

10° Tous les plans seront pliés avec soin, à plis égaux et alternatifs, sur un format de 35 centimètres de hauteur et de 25 centimètres de largeur. Le titre et toutes les écritures d'usage seront placés sur le recto du premier feuillet.

Veuillez, Monsieur le Préfet, m'accuser réception de

cette circulaire, dont j'adresse ampliation à M. l'ingénieur en chef.

Avis du conseil d'Etat.

Séance du 13 janvier 1847. (Inédit.)

Le conseil d'Etat qui, sur le renvoi ordonné par M. le ministre de l'intérieur, a pris connaissance d'un rapport ayant pour objet de consulter le conseil d'Etat sur la question de savoir à quelle autorité il appartient de déterminer la ligne de séparation qui doit exister entre plusieurs propriétaires qui, par suite du bénéfice d'alignement, doivent avancer sur la voie publique dans la ville de Louviers;

Vu l'ordonnance délibérée par le conseil d'Etat au contentieux, le 9 juin 1824 (affaire des héritiers Denys et du sieur Boucheporn);

Vu l'ordonnance délibérée par le conseil d'Etat, le 30 octobre 1845 (commune de Fixey);

Vu les articles 51 et 52 de la loi du 16 septembre 1807;

Vu l'arrêté du maire de Louviers, du 27 février 1845;

Vu l'arrêt de la cour royale de Rouen, du 30 mai 1845;

Considérant que l'arrêté pris, le 27 février 1845, par le maire de Louviers, en exécution du plan général des alignements de cette ville, en ce qui touche la place du Marché-aux-OEufs, ne peut avoir pour effet que de déterminer la ligne nouvelle que doit occuper, sur cette place, la façade des bâtiments qui doivent s'avancer sur la voie publique;

Qu'à l'égard des difficultés qui s'élèveraient entre les propriétaires riverains sur la division du terrain abandonné par suite du nouvel alignement, à raison de droits ou de servitudes de vue ou d'accès, dont ils allégueraient l'existence, leur solution doit rentrer dans la compétence des tribunaux civils, appelés par la loi à connaître des contestations relatives à la propriété dont ces droits forment l'accessoire;

Est d'avis qu'il y a lieu de concéder, aux sieurs Marion

et Hirel, le terrain retranché de la voie publique devant
leurs propriétés, place du Marché-aux-OEufs, indiqué au
plan par les lettres C, D, E, sauf à eux à régler à l'amiable
ou à se pourvoir devant les tribunaux, pour faire déterminer la part devant appartenir à chacun d'eux à raison de
leurs droits.

Arrêté portant règlement sur la conservation des contre-allées des boulevards et avenues de Paris.

20 avril 1847.

Vu les lois et les règlements de grande voirie applicables
aux boulevards et avenues de Paris ;

Arrêtons :

Art. 1er. Le dallage des contre-allées des boulevards
et avenues, ainsi que les trottoirs pavés, continueront d'être
entretenus par la ville de Paris sur les points où ces travaux ont été exécutés par elle dans l'intérêt public.

Art. 2. La zone longeant les maisons restera, comme par
le passé, à l'entretien des riverains.

Art. 3. Aucun passage particulier pour les voitures ne
pourra être établi en travers desdites contre-allées, s'il n'a
été autorisé par nous.

Art. 4. Tout passage autorisé sera placé normalement entre les lignes d'arbres, de manière à ne pas leur nuire, à
n'exiger aucune suppression ni même aucun déplacement.

Art. 5. Il est, en conséquence, expressément enjoint aux
propriétaires qui seront autorisés à bâtir sur ces voies publiques, de placer leurs portes cochères vis-à-vis les espaces
libres entre les plantations, s'ils veulent obtenir l'autorisation d'établir des passages pour les voitures.

Art. 6. Ils devront suivant les cas, et notamment sur les
boulevards extérieurs, faire poser une borne ou un chasse-
roue en avant de chaque arbre, pour le défendre du choc
des voitures.

Ces bornes et ces chasse-roues seront semblables, tant pour la qualité que pour les dimensions, à tous ceux qui ont été posés jusqu'à ce jour sur lesdits boulevards ; ils seront scellés en maçonnerie de moellons, avec mortier de chaux et de ciment.

Ils devront aussi, sur les points où la mesure leur en sera prescrite, faire placer à droite et à gauche du passage demandé, et par le travers de la contre-allée, trois poteaux en charpente, afin d'y interdire la circulation des voitures. Ces poteaux en bois de chêne, peints à l'huile, à deux couches, couleur vert-de-gris, auront chacun 1 mètre 60 centimètres de longueur, dont 0 mètre 60 centimètres pour le scellement, et 0 mètre 19 centimètres sur 0 mètre 19 centimètres d'équarrissage.

Dans tous les cas, ils seront tenus de faire construire en travers de la contre-allée, depuis l'alignement des façades jusqu'à la chaussée, un pavage perfectionné de 3 mètres de largeur.

Art. 7. Les gargouilles pour l'écoulement des eaux des maisons en travers des contre-allées seront de la forme et des dimensions fixées dans le devis des trottoirs de Paris.

Aucun écoulement d'eau à ciel ouvert ne sera toléré sur les contre-allées revêtues de dallage.

Art. 8. L'administration conserve essentiellement et exercera le droit de changer, modifier ou même de supprimer tout ou partie des travaux particuliers ci-dessus mentionnés, si la disposition des ouvrages publics l'exige.

Art. 9. L'établissement et l'entretien desdits travaux particuliers resteront à la charge des propriétaires qui emploieront des entrepreneurs de leur choix, mais sous la surveillance des ingénieurs du pavé de Paris. A cet effet, les propriétaires seront tenus de nous avertir huit jours à l'avance, et par écrit, du moment où ils feront commencer leurs travaux.

Art. 10. Ces travaux devront toujours être établis suivant les nivellement et profil des contre-allées, et conformément aux projets spéciaux qui auront été approuvés.

Art. 11. Ils devront être entretenus en bon état, et les propriétaires seront tenus de satisfaire à toutes les injonctions de l'administration pour l'exécution des règlements de ville et de police relatifs à ces travaux.

Art. 12. A défaut d'entretien par le propriétaire, il pourra y être pourvu d'office et à ses frais par l'entrepreneur public, sous la direction des ingénieurs.

Art. 13. Les anciens travaux qui ne satisfont pas aux dispositions du présent règlement y seront ramenés au fur et à mesure des réparations qui en exigeront la reconstruction.

Art. 14. Le présent règlement sera imprimé dans le *Recueil des Actes administratifs* et à la suite des autorisations qu'il a pour objet.

Les ingénieurs du pavé de Paris sont chargés d'en surveiller l'exécution.

Arrêté portant règlement sur les nivellements dans la ville de Paris.

14 juillet 1847.

Vu les lois du 22 décembre 1789, du 11 septembre 1790 et du 29 floréal an x, en ce qui concerne les travaux de la grande voirie ;

Vu l'arrêt du conseil du roi, du 22 mai 1725, qui oblige, sous peine d'amende, tout propriétaire qui bâtit dans une rue non encore pavée, avant de poser les seuils des portes, de demander le règlement des pentes du pavé;

Vu les lettres patentes, du 25 août 1784, qui fixent la hauteur des maisons dans Paris ;

Vu l'avis du conseil d'Etat, approuvé par l'empereur, le 3 septembre 1811, et inséré au *Bulletin des Lois*, sur l'étude du plan des alignements et des nivellements pour la ville de Paris;

Vu notre arrêté du 1er novembre 1844, portant règlement sur la hauteur des bâtiments;

Vu les instructions de M. le ministre de l'intérieur, en date du 3o octobre 1846 ;

Arrêtons :

Art. 1ᵉʳ. Les nivellements pour tous les travaux publics et privés dépendant de la préfecture du département de la Seine seront rattachés à un plan fixe horizontal qui passerait à 5o mètres au-dessus du niveau légal des eaux du bassin de la Villette, et dont un repère à zéro sera établi sur l'une des tours de l'église Notre-Dame.

Les cotes de nivellement exprimeront la distance ou ordonnée de chaque point considéré à ce plan fixe horizontal.

Art. 2. Il sera placé à tous les carrefours, aux angles des rues, sur les soubassements des monuments, sur les murs des quais et sur les autres points que nous aurons déterminés, des repères en fonte, aux armes de la ville, indiquant des ordonnées de comparaison.

La vérification des nivellements sera rapportée à ces repères (1).

Art. 3. Les projets de premier pavage des rues anciennes ou nouvelles devront toujours être accompagnés de plans et profils de nivellement, avec cotes indiquant les ordonnées du sol actuel et celles du sol futur.

Il en sera de même des projets de remaniement de pavages anciens pour l'amélioration des pentes.

Les nivellements pour les constructions particulières seront déterminés conformément à ces projets dûment approuvés.

Art. 4. Les propriétaires, les architectes et les entrepreneurs qui voudront bâtir dans des rues non pavées devront, avant de poser les seuils des portes et sous peine d'une amende de 5o francs, prononcée par les lettres patentes de

---

(1) Le zéro de l'échelle du pont de la Tournelle (basses eaux de 1719) est à 74 m. 24 c. au-dessous du plan d'emprunt du nivellement de Paris. Le niveau moyen de la mer est à 26 m. 25 c. au-dessous de ce zéro, en sorte que l'ordonnée du niveau moyen de la mer, rapportée au plan du nivellement de Paris, est de 100 m. 49 c.

1725, ci-dessus visées, nous demander l'indication du nivellement de la voie publique.

Art. 5. Ceux qui bâtiront dans des rues pavées, mais dont les pentes mal réglées seraient susceptibles d'amélioration, sont invités à nous demander pareillement ce nivellement, et à disposer leurs constructions nouvelles en vue de ces améliorations ultérieures.

Art. 6. Le présent règlement sera publié, dans Paris, par voies d'affiches et d'insertion dans le *Recueil des Actes administratifs*. Il sera imprimé à la suite des arrêtés qui détermineront les nivellements particuliers.

Les ingénieurs des divers services ressortissant à la préfecture de la Seine seront chargés, chacun en ce qui le concerne, d'en assurer l'exécution.

Avis du conseil d'État.

Séance du 11 janvier 1848. (Inédit.)

Les membres du conseil d'État composant le comité de l'intérieur et de l'instruction publique, qui, sur le renvoi ordonné par M. le ministre de l'intérieur, ont pris connaissance d'un rapport ayant pour objet de consulter le comité sur des questions soulevées par suite des difficultés intervenues entre l'administration du chemin de fer de Paris à Sceaux et le maire d'Arcueil (Seine), relativement à la perception de droits de voirie pour des ouvrages de construction de cette voie de fer sur le territoire de cette dernière commune, lesquelles questions ont été ainsi présentées:

1° Les droits de voirie sont-ils applicables aux constructions publiques qui seraient édifiées le long des routes et chemins, telles que bâtiments affectés au service du génie ou de l'artillerie, casernes, prisons, bâtiments d'éclusiers ou de gardes-magasins ou clôtures des gares de chemins de fer, etc. ?

2° Sont-ils applicables aux ouvrages d'art qui composent

les chemins de fer, tels que ponts établis à la rencontre des autres voies publiques, parapets, murs de soutènement, clôtures en maçonnerie ou en treillage destinées à garantir la voie de fer?

3° Sont-ils applicables sur des points plus ou moins éloignés de l'agglomération communale?

4° Enfin, dans quelle forme les droits de voirie doivent-ils être recouvrés? sera-ce dans la forme indiquée dans l'article 44 de la loi du 18 juillet 1837, ou suivant l'article 63 de la même loi? En d'autres termes, quel sera le tribunal compétent pour juger les oppositions formées contre les exécutoires délivrés pour le recouvrement desdits droits;

Vu le tarif des droits de voirie approuvé pour la commune d'Arcueil ;

Vu les réclamations adressées par la compagnie du chemin de fer;

Vu la lettre du sous-préfet de Sceaux ;

Vu l'avis du préfet de la Seine, en date du 3 mars 1847;

Vu la loi du 18 juillet 1837 ;

Vu la loi du 28 pluviôse an VIII ;

Vu l'ordonnance du 31 janvier 1844;

Vu l'avis du comité de l'intérieur du 30 octobre 1838 ;

Considérant que les droits de voirie créés au profit des communes, et mis au nombre de leurs recettes ordinaires, doivent être considérés comme une conséquence de la permission de bâtir, et sont dus pour toutes les constructions élevées sur les rues ou places dépendant de la grande ou de la petite voirie ;

Qu'aucune disposition légale n'établit de distinction entre les bâtiments élevés par des particuliers et ceux affectés par l'Etat ou par des administrations particulières à des services publics, et qu'on ne comprendrait pas dès lors que les travaux relatifs à l'établissement des chemins de fer et des ouvrages d'art qui en dépendent ne fussent pas soumis à payer ces droits dès l'instant qu'ils affectent une portion des voies de communication de la commune;

Que les règles administratives ayant admis que les constructions élevées sur les points de la commune, éloignés de l'agglomération, ne devaient pas être assujetties au payement des droits de voirie, il convient de faire profiter les administrations des chemins de fer d'une exception qui existe déjà en faveur des particuliers;

Considérant, enfin, que les droits de voirie ne peuvent être rangés parmi les taxes particulières dues par les habitants aux propriétaires, qui doivent être réparties par délibération du conseil municipal et approuvées par le préfet, aux termes de l'article 44 de la loi du 18 juillet 1837 ; que conséquemment ils rentrent sous l'application de l'article 63 de cette même loi ;

Sont d'avis :

1° Qu'il n'y a pas lieu de percevoir de droits de voirie sur les points du territoire de la commune où il n'y a pas d'habitations agglomérées ;

2° Que, dans ces limites, les droits de voirie sont applicables à toutes les constructions, quels que soient les propriétaires ;

3° Que le recouvrement de ces droits doit être poursuivi dans les formes indiquées par l'article 63 de la loi du 18 juillet 1837.

Arrêté du gouvernement sur la hauteur des maisons et la forme des combles, à Paris.

15 juillet 1848.

Le président du conseil des ministres, chargé du pouvoir exécutif ;

Sur le rapport du ministre de l'intérieur ;

Vu la déclaration du roi du 10 avril 1783 ;

Les lettres patentes du 25 août 1784 ;

Les décrets des 14 décembre 1789, 16-24 août 1790 et 19-22 juillet 1791 ;

L'avis de la section de l'intérieur du conseil d'Etat entendu,

Arrête ce qui suit :

TITRE Ier.

DE LA HAUTEUR DES FAÇADES DANS LA VILLE DE PARIS.

SECTION Ire.

De la hauteur des façades bordant la voie publique.

Art. 1er. La hauteur des façades bordant les voies publiques dans la ville de Paris (Seine) est déterminée par la largeur de ces voies publiques.

Cette hauteur, mesurée du pavé au pied des façades, ne pourra excéder, y compris les entablements, attiques, et toutes constructions à plomb du mur de face :

Onze mètres soixante-dix centimètres pour les voies publiques au-dessous de sept mètres quatre-vingts centimètres ; quatorze mètres soixante-deux centimètres pour les voies publiques de sept mètres quatre-vingts centimètres et au-dessus jusqu'à neuf mètres soixante-quinze centimètres : dix-sept mètres cinquante-cinq centimètres pour les voies publiques de neuf mètres soixante-quinze centimètres et au-dessus.

Art. 2. Lorsqu'un bâtiment sera situé sur une voie publique en pente, la hauteur de sa façade ne pourra, sur aucun point, excéder les hauteurs fixées par l'article 1er, d'après la largeur de la voie publique.

Art. 3. Tout bâtiment situé à l'encoignure de deux voies publiques d'inégale largeur, pourra, par exception, être élevé du côté de la plus étroite jusqu'à la hauteur fixée pour la plus large.

Toutefois, cette exception ne s'étendra sur la voie la plus étroite que jusqu'à concurrence de la profondeur du corps de bâtiment ayant face sur la voie la plus large, et, dans aucun cas, ne pourra excéder une longueur de face de quinze mètres à partir de l'encoignure.

Cette disposition exceptionnelle ne pourra être invoquée que pour les bâtiments construits à l'alignement déterminé pour les deux voies publiques.

Art. 4. Les façades d'un bâtiment occupant tout l'espace compris entre deux voies publiques d'inégale largeur ou de niveau différent, ne pourront dépasser la hauteur fixée pour ces façades, en raison de la largeur ou du niveau de la voie publique sur laquelle chaque façade sera située.

SECTION II.

De la hauteur des façades en dehors des voies publiques.

Art. 5. La hauteur des murs de face intérieurs des bâtiments bordant la voie publique ne pourra pas dépasser le niveau de la hauteur légale des murs de face extérieurs.

Art. 6. Les façades qui seront construites sur la voie publique, mais en retraite de l'alignement, ne pourront être élevées qu'à la hauteur déterminée par la largeur existant entre ces constructions et l'alignement fixé pour le côté opposé de la voie publique.

Art. 7. Les bâtiments situés en dehors des voies publiques, dans les cours et espaces intérieurs, ne pourront excéder, sur aucune de leurs faces, la hauteur de dix-sept mètres cinquante-cinq centimètres, mesurée du sol.

TITRE II.

DES COMBLES.

SECTION Ire.

Des combles au-dessus des façades élevées au maximum de hauteur déterminé dans le titre Ier.

Art. 8. Le profil des combles au-dessus des façades élevées au maximum de hauteur fixé par le titre Ier ne devra pas excéder un périmètre déterminé :

Par une ligne droite inclinée à quarante-cinq degrés partant sur chaque façade de l'extrémité de la corniche ou entablement ;

Par une ligne horizontale à quatre mètres quatre-vingt-sept centimètres au-dessus du point fixé par les articles pré-cédents pour la hauteur des façades.

Art. 9. Sur les quais, boulevards, places publiques, et dans les voies publiques de quinze mètres au moins de largeur, ainsi que dans les espaces intérieurs en dehors de la voie publique, la ligne droite inclinée à quarante-cinq degrés dans le périmètre indiqué ci-dessus, pourra être rem-placée par un quart de cercle de quatre mètres quatre-vingt-sept centimètres de rayon. Le centre de ce cercle sera au niveau fixé par les articles précédents pour la hauteur des bâtiments, et à quatre mètres quatre-vingt-sept centi-mètres en arrière du nu de la façade. La saillie de l'entable-ment sera laissée en dehors du quart de cercle.

Art. 10. Les combles des bâtiments situés à l'angle d'une voie publique de quinze mètres au moins de largeur et d'une voie publique de moins de quinze mètres, pourront, par ex-ception, être établis sur cette dernière voie suivant le pé-rimètre déterminé par l'article 9, mais seulement dans la même profondeur que celle fixée par l'article 3.

Art. 11. Dans les cas prévus par les trois articles précé-dents, les reliefs de chéneau et membrons ne devront pas excéder la ligne inclinée à quarante-cinq degrés, partant de l'extrémité de l'entablement.

Art. 12. Les lucarnes placées au-dessus de l'entable-ment ne pourront être construites qu'à trente centimètres en retraite du parement extérieur du mur de face.

Elles ne pourront s'élever, compris leur toiture, à plus de trois mètres au-dessus de cet entablement.

Leur largeur ne pourra excéder un mètre cinquante centi-mètres hors œuvre.

Les jouées de ces lucarnes seront parallèles entre elles.

Les intervalles auront au moins un mètre cinquante cen-timètres, quelle que soit la largeur des lucarnes.

Il ne pourra être établi qu'un second rang de lucarnes, et ce second rang devra, dans tous les cas, être renfermé dans le périmètre déterminé par l'article 8.

Art. 13. Les murs de dossiers et les tuyaux de cheminée ne pourront percer la ligne rampante du comble qu'à un mètre cinquante centimètres, mesurés horizontalement du parement extérieur du mur de face, ni s'élever à plus de cinq mètres cinquante centimètres au-dessus de la hauteur fixée pour ce mur.

Nul exhaussement de tuyaux de cheminée, au moyen de mitres ou de tout autre appareil, ne pourra avoir plus d'un mètre au-dessus du tuyau en maçonnerie.

SECTION II.

Des combles au-dessus des façades qui ne seraient pas élevées au maximum de hauteur déterminé dans le titre Ier.

Art. 14. Les combles au-dessus des façades, qui ne seraient pas élevés au maximum de hauteur déterminé dans le titre Ier, pourront dépasser le périmètre fixé par l'article 22 ; mais ils ne devront pas toutefois, ainsi que leurs chéneaux, membrons, lucarnes, murs de dossier et tuyaux de cheminée, excéder le périmètre général des bâtiments, fixé, tant pour les façades que pour les combles, par les dispositions du titre Ier et de la première section du présent titre.

Art. 15. Les combles des bâtiments construits sur des voies publiques dont l'ouverture ne serait autorisée qu'avec des conditions restrictives pour la hauteur des façades, seront assujettis aux dispositions des articles 8, 9, 10, 11, 12 et 13, à partir du point de hauteur exceptionnellement fixé pour ces maisons.

Art. 16. Les dispositions du présent titre sont applicables à tous les bâtiments placés ou non sur la voie publique.

TITRE III.

DISPOSITIONS TRANSITOIRES.

Art. 17. Les murs de face, les combles, les lucarnes dont l'élévation et la forme excèdent actuellement celles ci-dessus prescrites, ne pourront être reconfortés ni reconstruits qu'à la charge de se conformer aux dispositions qui précèdent.

TITRE IV.

DISPOSITIONS DIVERSES.

Art. 18. Les dispositions de la présente ordonnance ne sont pas applicables aux édifices publics.

Art. 19. Les dispositions des règlements, ordonnances et décrets, qui seraient contraires à la présente ordonnance, seront et demeurent rapportées.

Art. 20. Les contraventions au présent règlement seront poursuivies conformément aux lois et règlements sur la matière.

Art. 21. Le ministre de l'intérieur est chargé de l'exécution du présent arrêté.

Circulaire concernant l'exemption des droits de timbre et d'enregistrement en ce qui touche les cessions de terrain faites en exécution des plans d'alignements.

2 décembre 1848.

Monsieur le Préfet, la circulaire ministérielle du 23 août 1841, n° 44, vous a prescrit de soumettre, à l'avenir, les projets de plans généraux et partiels d'alignement des villes aux formalités d'instruction et d'enquête déterminées, quant aux travaux purement d'intérêt communal, par l'ordonnance réglementaire du 23 août 1835. L'étroite analogie qui existe entre les ordonnances déclaratives d'utilité publique et celles qui prononcent l'approbation des plans d'alignement a conduit à reconnaître en effet qu'il y avait lieu de déférer au jury d'expropriation, en cas de dissentiment entre l'administration et les propriétaires, le règlement des indemnités dues à raison des cessions de terrain faites par mesure de simple voirie, en exécution des plans approuvés.

Ces nouvelles dispositions, qui attribuent aux plans d'alignement revêtus de la sanction du pouvoir central, la valeur et les effets des ordonnances déclaratives d'utilité publique, emportaient, comme conséquence nécessaire, que les cessions de terrain résultant de l'exécution des plans devaient profiter du bénéfice de l'article 58 de la loi du 3 mai 1841, en ce qui touche la purge des hypothèques et les formalités d'enregistrement.

Bien que cette opinion ait d'abord été vivement contestée elle a fini par prévaloir et par acquérir force de chose jugée, ainsi qu'il résulte d'un arrêt de la Cour de cassation en date du 19 juin 1844.

Cet arrêt, rendu à la suite d'un débat qui s'était engagé sur la question entre l'administration de l'enregistrement et des domaines, et plusieurs villes au nombre desquelles se trouvait celle d'Évreux (affaire Péclet), statue en effet que « les acquisitions faites, *même amiablement*, pour l'exécu-« tion d'un plan au moment où les habitants sont forcés de « s'y soumettre, *doivent être assimilées aux acquisitions fai-« tes par suite d'expropriation pour cause d'utilité publique, « et dès lors enregistrées gratis conformément à l'article 58 « de la loi du 3 mai 1841.* »

Il ne fait d'exception que dans le cas où un immeuble, jugé nécessaire pour l'exécution des travaux, est vendu volontairement à la ville, bien qu'il eût été expliqué dans l'ordonnance approbative que l'expropriation pour cause d'utilité publique n'aurait lieu qu'en vertu d'une autorisation ultérieure.

C'est, au reste, ce que le ministre de l'intérieur avait pris soin d'expliquer dans la circulaire du 23 août 1841.

Par un autre arrêt, du 30 janvier 1847, la Cour de cassation incline même à donner plus d'extension encore au principe qu'elle a admis en 1844.

Il résulte des considérants de ce dernier arrêt, sur lesquels j'appelle votre attention, que si, pour les villes proprement dites et pour les communes d'une population de 2,000 habitants et au-dessus, l'article 52 de la loi du 11 septembre 1807 n'attribue qu'à l'ordonnance portant homologation des plans d'alignement l'effet absolu de déclarer d'utilité publique les améliorations qui s'y trouvent spécifiées, et d'affecter irrévocablement à ces améliérations les terrains dont elles entraînent l'occupation, il faut conclure du défaut d'une disposition semblable dans la loi du 16 septembre 1807, et des dispositions combinées des articles 19, 21 et 30 de la loi du 18 juillet 1837, concernant les communes d'une population inférieure à 2,000 habitants, que l'approbation du plan de celles-ci appartient *au préfet* de chaque département ; par suite les arrêtés qui rendent ces plans exécutoires tiennent lieu de *l'ordonnance*, comme en matière de chemins vicinaux, et *doivent produire le même effet.*

Ces communes seraient donc, en vertu de ce dernier arrêt, appelées à profiter également du bénéfice de l'article 58 de la loi du 3 mai 1841, à raison des cessions de terrain qu'entraîne l'exécution des plans d'alignements approuvés par arrêtés préfectoraux ; il semble en effet difficile qu'il en soit autrement, du moins au point de vue d'une équitable application de la règle.

Cependant cette extension donnée au principe de l'exemption n'a pas été acceptée par l'administration générale de l'enregistrement et des domaines, et il est à présumer qu'elle lutterait contre les communes qui chercheraient à en profiter, jusqu'au moment où la jurisprudence de la cour souveraine sera plus complétement fixée sur ce point.

Cette administration se borne, quant à présent, à maintenir purement et simplement les termes de l'instruction qu'elle a adressée à ses préposés sous le n° 1,720 et la date du 26 octobre 1844.

Quoi qu'il en soit, le principe n'étant plus contesté en ce qui concerne les villes et communes pourvues de plans généraux approuvés conformément à l'article 52 de la loi du 16 septembre 1807, il devenait nécessaire de déterminer à l'égard de celles-ci les justifications à produire pour mettre les receveurs de l'enregistrement et l'administration supé-

36

rieure en position de distinguer avec certitude, en matière d'acquisitions de terrain, celles qui demeurent soumises au droit commun, de celles qui sont l'effet des servitudes de voirie.

A la suite d'une correspondance qui s'est engagée à ce sujet entre l'administration de l'intérieur et celle des finances, il a été convenu que ces justifications devaient consister simplement dans la copie ou l'extrait de l'ordonnance ou de l'arrêté du pouvoir central, approbatifs du plan général ou partiel d'alignement.

Quant à la purge des hypothèques et de toutes autres actions mobilières, elle se justifiera selon les formes déterminées par les articles 19, 15, 16, 17, 18 et 21 de la loi du 3 mai 1841, sur l'expropriation pour cause d'utilité publique.

Vous voudrez bien, Monsieur le Préfet, m'accuser réception de la présente circulaire, et prescrire les mesures nécessaires pour que les règles qu'elle trace soient observées lorsqu'il y aura lieu d'en faire l'application.

Projet de règlement sur la grande voirie dans la ville de Paris.

CHAPITRE Iᵉʳ.

DES MURS EN FONDATION (1), DES VOUTES SOUTERRAINES ET DES PUITS.

Art. 1ᵉʳ. Les tranchées ouvertes pour établir des fondations seront creusées jusqu'au bon sol.

---

(1) « Tous les murs en fondation, depuis le bon et solide fond jusqu'au « rez-de-chaussée des rues ou cours, seront construits avec moellons et li- « bages de bonne qualité, bien ébousinés, les lits et joints piqués et élevés « d'arase et liaison jusqu'au rez-de-chaussée ; lesquels murs et fondations

Art. 2. La profondeur des tranchées sera d'un mètre au moins pour les fondations de bâtiment, et de soixante-cinq centimètres au moins pour les fondations de mur de clôture, quand bien même le bon sol se rencontrerait à une moindre profondeur.

Art. 3. A défaut de bon sol, on emploiera les moyens d'art usités en pareil cas, tels que des cours de libages, des battues de pieux, des grillages avec pilotis, plates-formes et racinaux.

Art. 4. Lorsque, sous le sol ou sous l'étage de rez-de-chaussée, il devra être pratiqué des étages souterrains, caves, fosses, etc., les tranchées seront descendues de cinquante centimètres en contre-bas du dernier berceau de la fosse.

« seront maçonnés avec chaux et sable, et d'épaisseur suffisante pour l'élé-
« vation qu'il y aura au-dessus, observant d'y mettre des parpaings et bou-
« tisses le plus qu'il se pourra. — Il est pareillement ordonné que le mor-
« tier soit fait et composé de bon sable graveleux, dans lequel mortier il
« entrera les deux tiers de sable et l'autre tiers de chaux éteinte. — Les
« murs qui seront élevés au-dessus du rez-de-chaussée avec moellons et mor-
« tier de chaux et sable seront de pareille qualité que ceux des fondations
« ci-dessus, en y observant les retraites ou empattements au rez-de-chaussée,
« ainsi qu'il est d'usage. — Ainsi, le mur de fondation, qui aura deux pieds
« (soixante-cinq centimètres) d'épaisseur, portera au rez-de-chaussée un mur
« de dix-huit pouces (quarante-neuf centimètres), lequel sera posé au milieu de
« l'épaisseur du premier, de manière à laisser déborder celui-ci de trois pou-
« ces (quatre-vingt-dix-huit millimètres) de chaque côté. Il ne sera fait ni
« construit de gros murs en fondation maçonnés avec plâtre. Quant aux murs
« que l'on construira avec moellons et plâtre au-dessus du rez-de-chaussée,
« on observera de même de piquer et tailler les moellons par assises et
« liaisons, ainsi qu'aux murs faits avec moellons et mortier de chaux et
« sable, vulgairement appelés de *limosinerie*, dont le plâtre que l'on em-
« ploiera à la construction desdits murs sera passé au crible ou panier.
« — Défense d'en user autrement à l'avenir, à peine d'amende contre les
« ouvriers contrevenants et de démolition de leurs ouvrages. Et pour plus
« grande solidité, auxdits murs élevés en plâtre au-dessus du rez-de-chaus-
« sée, on posera au-dessus dudit rez-de-chaussée une ou deux assises de
« pierres de bonne qualité, et principalement aux murs de pignon. »

(*Jugement du maître général des bâtiments sur les murs en fondation*;
— Du 29 novembre 1685.)

Art. 5. Tout étage au-dessous du sol du rez-de-chaussée sera voûté en maçonnerie.

Art. 6. Lorsque la largeur d'une voûte excédera six mètres, ou lorsque sa forme sera surbaissée, il sera établi des chaînes en pierre dont l'espacement sera de quatre mètres au plus.

Art. 7. Les murs de fondation seront érigés entre deux lignes. Il ne sera employé dans la construction de ces murs que des pierres ou moellons durs, liaisonnés et joints entre eux, et qui seront posés à bain de mortier de chaux et de sable, par rangs ou assises, arasés de niveau. Le mortier sera composé d'un tiers de chaux éteinte et de deux tiers de sable.

Les pierres et moellons durs, la meulière exceptée, ne seront d'ailleurs mis en œuvre qu'après avoir été dressés à leurs lits, parements et joints.

Art. 8. Le mur de fondation formera toujours empattement de neuf centimètres au moins, de chaque côté, avec le mur en élévation.

Le mur de fondation qui devra supporter un pan de bois ou un mur en briques aura au moins cinquante centimètres d'épaisseur.

Art. 9. Les murs de fondation seront continus et sans interruptions, même au droit des baies de toute nature qui seraient pratiquées à rez-de-chaussée.

Art. 10. Si un mur de fondation doit être planté entre deux hauteurs différentes de sol, il sera renforcé, soit par un mur en talus, soit par des éperons liaisonnés avec le corps du mur de fondation.

Art. 11. Aucun mur de fondation supportant des constructions supérieures ne servira de parois pour fosses d'aisances (1), ni point d'appui pour les voûtes de ces fosses.

Art. 12. Les puits des maisons d'habitation seront cons-

(1) « Qui veut faire forge, four ou fourneau contre un mur mitoyen doit
« laisser un demi-pied (seize centimètres) de vide et intervalle entre deux

truits en maçonnerie et posés sur un roue en bois de charpente.

Art. 13. Entre un puits et une fosse d'aisances, il y aura toujours une distance d'un mètre quatre-vingt-quinze centimètres au moins.

CHAPITRE II.

DES MURS EN ÉLÉVATION.

Art. 14. Tout ce qui est prescrit par les articles précédents pour la construction des murs en fondation sera observé dans la construction des murs en élévation. Néanmoins, le plâtre pourra être employé au lieu de mortier, et les murs ayant face sur la voie publique, sur une cour ou sur un jardin, seront, du côté extérieur, érigés avec fruit de trois millimètres au moins par mètre d'élévation, à partir du sol du rez-de-chaussée; du côté intérieur, ils seront érigés d'aplomb.

Art. 15. L'épaisseur des murs à l'étage de rez-de-chaussée sera, au moins, savoir :

De quarante-neuf centimètres pour les murs de bâtiments ayant face sur rue, cour ou jardin, ainsi que pour les murs mitoyens portant bâtisse;

« du mur et forge, et doit être ledit mur d'un pied (trente-deux centimètres) « d'épaisseur. » (*Coutume de Paris*, art. 190.)

« Qui veut faire aisances de privés ou puits contre un mur mitoyen doit « faire un contre-mur d'un pied d'épaisseur, et où il y a, d'un chacun côté, « puits d'un côté et aisances de l'autre, il suffit qu'il y ait quatre pieds de « maçonnerie d'épaisseur entre deux, comprenant les épaisseurs des murs « d'une part et d'autre; mais, entre deux puits suffisent trois pieds pour le « moins. » (*Coutume de Paris*, art. 191.)

« Celui qui fait creuser un puits ou une fosse d'aisances près d'un mur, « mitoyen ou non, celui qui veut y construire cheminées ou âtres, forge, four « ou fourneau, y adosser une étable, ou établir contre ce mur un magasin de « sel ou amas de matières corrosives, est obligé à laisser la distance prescrite « par les mêmes règlements et usages, pour éviter de nuire aux voisins. » (Art. 674 du Code civil.)

De quarante-quatre centimètres pour les murs de refend;

De cinquante-cinq centimètres pour les murs de clôture.

Art. 16. Tout mur de face en moellons sera chaussé d'une assise en pierre dure faisant parpaing.

Art. 17. Les murs en briques à l'étage de rez-de-chaussée seront de même appuyés sur un cours d'assises en pierre dure faisant parpaing. Les briques seront posées par rangs arasés de niveau et bien liaisonnés.

Art. 18. Toute jambe-étrière (1), dans la hauteur de l'étage de rez-de-chaussée, sera construite en pierre de taille dure; chaque assise sera d'un seul morceau et formera, dans le mur, harpe au moins de soixante-cinq et de quarante-huit centimètres alternativement. La tête de chaque assise portera, en retour, les saillies des dosserets, et chaque saillie sera au moins de douze centimètres.

Art. 19. Les trumeaux ou pieds-droits, à l'étage de rez-de-chaussée, s'ils n'excèdent pas soixante-un centimètres de face, seront construits entièrement en pierre de taille.

Art. 20. Tous les pieds-droits et dosserets de baies, ayant deux mètres d'ouverture et plus, seront aussi construits en pierre dure à l'étage de rez-de-chaussée (2).

Art. 21. Les corbeaux et les assises d'encorbellement en pierre seront de pierre dure d'un seul morceau, et traverseront le mur dans toute son épaisseur.

Art. 22. Les assises de pierre en boutisse dans les encoignures, de même que les assises de pierre formant chaîne, auront une épaisseur égale à celle des murs.

Art. 23. Tous les murs de face, de refend et mitoyens, seront liaisonnés à leurs jonctions.

Art. 24. Les liaisons dans les murs de face seront, pour les pierres de taille, de la moitié de la hauteur de l'assise, et, pour les moellons, de neuf centimètres au moins.

---

(1) Art. 207 de la *Coutume de Paris. Lois des bâtiments*, par Desgodets, page 3(5.

(2) *Ibid.*, pag. 153 et suivantes.

Art. 25. Tous les murs de bâtiment seront, au droit des planchers, retenus et agrafés avec un nombre suffisant de chaînes, tirants, ancres et harpons.

Art. 26. Dans les murs de face, comme dans les murs de refend, les vides correspondront entre eux de bas en haut, à moins que, par le moyen d'arcs de décharge, de poitrails, de linteaux, ou d'autres constructions équivalentes, on ne prévienne l'inconvénient des porte-à-faux.

Art. 27. Aux extrémités d'un mur de face de bâtiment isolé, il sera pratiqué, de deux en deux assises, des harpes d'attente d'une épaisseur égale à celle du mur, et qui auront au moins seize centimètres de saillie latérale.

Art. 28. Les murs en platras ne seront tolérés qu'au-dessus du plancher haut du dernier étage carré des bâtiments élevés à toute la hauteur légale, sans préjudice des dispositions législatives concernant la construction des murs mitoyens.

CHAPITRE III.

DES TUYAUX DE CHEMINÉE.

Art. 29. Les âtres de cheminée seront garnis de barres de trémies, de chevêtres et de rappointis.

Art. 30. Les jambages, ainsi que les tuyaux de cheminée, seront écartés de toute espèce de bois, de seize centimètres au moins, mesurés dans œuvre.

Art. 31. Les portées des solives d'enchevêtrure, au-dessus des tuyaux rampants de cheminée, pratiqués dans l'épaisseur des murs, seront éloignées de ces tuyaux de cinquante centimètres au moins, pris perpendiculairement sur le rampant; et le poids des portées sera renvoyé sur le plein du mur, soit par un arc en briques posées à plat et pratiqué tant dans la languette de face que dans la languette de dossier, soit par d'autres moyens équivalents.

Art. 32. Les languettes des tuyaux de cheminée dans l'épaisseur des murs ne pourront pas être construites en plâtre.

Art. 33. Les languettes en plâtre des tuyaux de cheminée adossés aux murs seront pigeonnées à la main et non cintrées sur planche. Ces languettes auront au moins huit centimètres d'épaisseur, y compris leurs enduits.

Art. 34. Les languettes en briques auront au moins huit centimètres d'épaisseur. Ces languettes seront enduites dans l'intérieur et au moins jointoyées à l'extérieur.

Art. 35. Les languettes de face des tuyaux de cheminée refouillés et pratiqués dans l'épaisseur des murs en pierre de taille, auront chacune au moins onze centimètres d'épaisseur.

Art. 36. Les languettes montantes et rampantes de tous les tuyaux de cheminée, soit en plâtre, soit en briques, adossés à des murs, seront liaisonnées avec ces murs au moyen de tranchées refouillées et de harpes.

Art. 37. Il est défendu de pratiquer des tuyaux de cheminée dans l'épaisseur des murs ayant face sur la voie publique. Il est également défendu d'adosser des tuyaux de cheminée à un pan de bois ou à une cloison de refend en charpente, même en établissant un contre-mur.

Art. 38. L'endossement d'un tuyau de cheminée à un mur en maçonnerie ayant face sur la voie publique pourra être permis, à la condition de n'élever sur ce mur ni souche ni tuyau en maçonnerie hors du comble. Les tuyaux seront dévoyés contre les murs de refend ou les murs mitoyens.

Art. 39. Les murs servant de dossier à des tuyaux de cheminée sortant du comble seront montés en talus sur les côtés, dans toute la hauteur des tuyaux, et ces murs, à leur sommité, excéderont de trente-deux centimètres, au moins, en largeur, les languettes côtières des tuyaux. Les tuyaux non adossés seront retenus par des fers.

Art. 40. La longueur des tuyaux de cheminée à usage ordinaire, et construits selon les formes usitées jusqu'à ce jour, sera de cinquante-cinq centimètres au moins, si ces tuyaux sont perpendiculaires, et de soixante centimètres au moins, s'ils sont rampants.

La profondeur sera toujours de vingt-cinq centimètres, le tout mesuré dans œuvre.

Art. 41. Les âtres relevés, non construits sur trémie, sont prohibés.

CHAPITRE IV.

DES CORNICHES ET ENTABLEMENTS.

Art. 42. Les corniches n'auront pas plus de saillie que le mur n'aura d'épaisseur.

Art. 43. Lorsque les corniches seront en pierre de taille, les pierres feront toujours parpaing. Les corniches en moellons ou meulières ne pourront être formées que de plusieurs rangs placés les uns sur les autres en encorbellement; toutes les parties en seront hourdées et cintrées en joints avec une bonne liaison, et seront, en outre, retenues de soixante-cinq en soixante-cinq centimètres avec des fers.

Art. 44. Les moulures, soit en bois, soit en plâtre, appliquées contre la saillie-masse formant corniche dans un bâtiment en pans de bois, seront toujours fortement assurées avec des fers.

CHAPITRE V.

DES OUVRAGES LÉGERS DE MAÇONNERIE DANS L'INTÉRIEUR ET A L'EXTÉRIEUR.

Art. 45. L'emploi de la latte blanche est prohibé.

Art. 46. Le lattis des façades en pans de bois, des cloisons en charpente et des cloisons légères, ne sera pas espacé de plus de quinze centimètres, mesurés de milieu en milieu de la largeur des lattes. Le remplissage sera hourdé en plâtre.

Art. 47. Les lattes des planchers hourdées plein ou à auget, ainsi que celles des lambris des combles, ne seront pas espacées de plus de onze centimètres, mesurés de milieu en milieu de la latte.

Art. 48. Les aires des planchers de tous étages, lorsqu'elles seront posées sur lattis ou sur bardeaux, auront au moins huit centimètres d'épaisseur; les lattes et bardeaux seront jointifs.

Art. 49. Les ravalements sur pans de bois seront retenus avec lattis et clous ou rappointis. Il est défendu d'y suppléer en faisant, dans le corps du bois, des entailles et dentelures.

CHAPITRE VI.

DES BALCONS.

Art. 50. Les grands balcons, lorsqu'il y aura lieu de les permettre, porteront sur des pierres de taille faisant parpaing dans le mur de face, et seront en outre soutenus par des supports.

Art. 51. La saillie de la pierre portant grand balcon n'excédera pas, savoir : cinquante centimètres dans les rues de dix mètres de largeur jusqu'à douze mètres, et soixante-dix centimètres dans les rues de douze mètres de largeur et au-dessus; le tout mesuré du nu du mur au point le plus saillant de la pierre.

Art. 52. La saillie de la pierre portant petit balcon n'excédera pas vingt centimètres, mesurés comme il est indiqué dans l'article précédent.

CHAPITRE VII.

DE LA CHARPENTE.

§ Ier.

Des bois employés dans les murs en maçonnerie.

Art. 53. Les poitrails auront autant d'épaisseur que les murs qu'ils devront supporter. Leur hauteur en œuvre ne sera pas moindre de quarante-quatre centimètres. Les linteaux qui auront plus de deux mètres vingt-sept centimètres de longueur seront réputés poitrails.

Art. 54. Les portées des poutres, poutrelles et poitrails reposeront sur des points d'appui en pierre, dont chaque assise comportera toute l'épaisseur du mur sur quarante centimètres, au moins, de largeur.

La longueur de la portée sera de trente-deux centimètres au moins.

Art. 55. Dans toute construction neuve, il est défendu d'établir des cours de plates-formes servant de linteaux.

§ II.

Des pans de bois.

Art. 56. Les dimensions des pièces de bois de charpente employées dans la construction des pans de bois sont déterminées suivant leur degré d'importance, soit comme pièces principales, soit comme pièces de remplissage. Sont considérés comme pièces principales : 1° les poteaux d'angles ou poteaux corniers ; 2° les sablières ; 3° les poteaux montants ; 4° les poteaux de décharge. Sont considérés comme pièces de remplissage : 1° les linteaux et les appuis de baies ; 2° les potelets et tournisses.

Art. 57. Les pièces principales employées à des pans de bois de face ou à des cloisons de refend auront au moins seize centimètres d'épaisseur sur vingt-deux centimètres de largeur.

Les poteaux corniers auront au moins trente-deux centimètres carrés.

Art. 58. Les pièces de remplissage auront au moins quatorze à quinze centimètres, tant en largeur qu'en épaisseur.

Art. 59. L'écartement des pièces principales et des pièces de remplissage n'excédera pas vingt-un centimètres d'une pièce à l'autre.

Art. 60. Chaque poteau d'angle ou poteau cornier sera d'un seul morceau dans les bâtiments d'un seul étage. Dans les bâtiments de plusieurs étages, chaque morceau dont se composera le poteau d'angle ou poteau cornier comportera au moins la hauteur de deux étages.

Art. 61. Dans l'intérieur des propriétés, les sablières du bas, ainsi que les pieds des poteaux corniers, à l'étage de rez-de-chaussée, seront établis sur un cours de parpaing élevé de soixante-cinq centimètres, au moins, au-dessus du sol.

Art. 62. Les poteaux montants et servant de points d'appui, seront établis sur assises ou dés en pierre dure, avec fondation. La hauteur des assises ou dés sera, au moins, de cinquante centimètres.

Art. 63. Les pièces de bois destinées à recevoir des corniches d'entablement devront, outre l'épaisseur du pan de bois, former saillie-masse.

Art. 64. Dans les pans de bois comme dans les cloisons de refend en charpente, la longueur de portée, pour toute pièce de bois, sera égale à l'épaisseur du pan de bois ou de la cloison de refend.

§ III.

Des bois employés dans la construction des planchers.

Art. 65. Les chevêtres n'auront pas plus de deux mètres quarante-cinq centimètres de longueur, lorsqu'ils seront assemblés entre deux solives, ni plus de trois mètres, lorsqu'une de leurs extrémités sera portée dans le mur; le tout mesuré dans œuvre.

Art. 66. La grosseur des plus courtes solives de remplissage ou de travées ne sera pas moindre de onze centimètres sur dix-neuf.

Art. 67. Les pièces principales ne seront pas assemblées dans les poutres, poutrelles ou poitrails.

Art. 68. Les solives de remplissage ne seront ni scellées dans les murs ni assemblées dans les poutres, poutrelles ou poitrails.

Art. 69. La portée des solives d'enchevêtrure et des sablières sera de vingt-cinq centimètres dans les murs en moellons ou meulière, et de seize centimètres dans les murs en pierre de taille. La portée des solives de remplissage sera de seize centimètres dans les murs de toute nature.

Art. 70. Les solives d'enchevêtrure, les chevêtres et linçoirs et les sablières pourront avoir leurs portées sur des poutres, poutrelles ou poitrails.

Dans ce cas, la longueur de la portée sera de seize centimètres au moins.

Art. 71. L'espacement des solives ne sera pas de plus de quatre à la latte.

Art. 72. Les chevêtres au-devant d'une trémie de cheminée seront toujours placées à un mètre de distance, au moins, du nu du mur. La largeur, dans œuvre, de la trémie, ne sera pas moindre d'un mètre quinze centimètres.

Art. 73. L'usage des liernes avec entailles et mortaises pour recevoir des solives de travées de planchers, est prohibé.

Art. 74. Le bois de sapin ne sera employé, dans la construction des planchers, qu'en brin et à découvert par dessous.

Art. 75. Tout plancher bas, à l'étage du rez-de-chaussée, ne sera établi qu'à un mètre, au moins, du niveau du sol le plus élevé.

§ IV.

Des bois employés dans la construction des combles.

Art. 76. Les plates-formes au pied des combles, lorsqu'elles seront composées de plusieurs morceaux, seront assemblées à queue d'hironde.

Art. 77. Les plates-formes des combles auront au moins vingt-sept centimètres de largeur sur onze centimètres d'épaisseur. Elles seront bien équarries en tous sens, avec pas ou entailles pour recevoir les chevrons.

Art. 78. Les fermes de combles seront disposées et assemblées de façon qu'elles se maintiennent par elles-mêmes sur leurs points d'appui.

Art. 79. Il ne sera fait ni délardement ni démaigrissement dans les arbalétriers.

Art. 80. Les chevrons seront chevillés sur les pannes et sur les faîtages.

§ V.

De la portée et de l'assemblage des pièces de charpente.

Art. 81. Les extrémités de toutes les pièces de bois de charpente portant, soit dans des murs, soit sur des poutres, poutrelles ou poitrails, seront pleines, sans chanfrein ni délardement, et parfaitement équarries en tous sens.

Art. 82. Tout assemblage qui ne serait retenu qu'avec des clous ou des rappoints est prohibé.

CHAPITRE VIII.

Des fers.

Art. 83. Tous les murs de face, de refend et mitoyens seront liés entre eux par des chaînes, dont l'une sera placée à la hauteur du plancher-haut du rez-de-chaussée, et une autre, au moins, dans la hauteur des étages supérieurs.

Art. 84. Les poitrails, poutres, poutrelles, entraits et sablières qui auront leurs portées dans un mur, y seront fixés, à chaque extrémité, avec des ferrements, tels que tirants et harpons.

Art. 85. Au droit de chaque étage, de même qu'au droit des sablières hautes et basses, les principales pièces des pans de bois de face et des cloisons de refend en charpente seront liées, retenues ou agrafées, tant entre elles qu'avec les pans de bois ou cloisons, au moyen de tirants, harpons, plates-bandes ou équerres.

Art. 86. Aux chevêtres recevant plus de trois solives de remplissage, ou recevant l'assemblage d'une solive d'enchevêtrure boiteuse, il sera posé des étriers.

Art. 87. Les lambourdes appliquées aux poutres et poutrelles y seront retenues par des étriers et par des chevillettes dentelées.

Art. 88. Les limons au droit des assemblages seront retenus par des boulons et des plates-bandes en fer; l'écartement des marches sera prévenu par des boulons.

Art. 89. Les poitrails, poutres et poutrelles, composés de plusieurs pièces de bois appliquées les unes contre les autres, seront liés par des fers.

Art. 90. Dans la vue de faciliter le service des couvreurs et celui des pompiers, il sera toujours adapté aux combles circulaires ou en ogive des crochets de fer qui ne seront pas distants entre eux de plus de deux mètres cinquante centimètres, et qui seront fixés sur les chevrons avec des boulons à écrou.

CHAPITRE IX.

DE LA COUVERTURE.

Art. 91. Les tuiles plates porteront sur des lattes, et les ardoises sur des voliges. Les lattes et voliges seront attachées à la charpente des combles, tant à leurs extrémités que sur chaque chevron, savoir : la latte avec un clou et la volige avec deux clous.

Art. 92. Dans les couvertures de bâtiment d'habitation, les tuiles, de même que les ardoises, seront jointes, posées en recouvrement et en liaison. Le pureau, même celui des égouts, ne pourra excéder le tiers de la longueur de la tuile ou de l'ardoise.

Art. 93. Le rampant des mansardes ne pourra être couvert en tuile.

Art. 94. L'ardoise sera fixée sur la volige avec deux clous.

Art. 95. Les égouts ne pourront avoir, en saillie, plus de deux pureaux.

CHAPITRE X.

DES RÉPARATIONS AUX BATIMENTS NON ALIGNÉS.

Art. 96. Il pourra être permis d'exécuter aux bâtiments et murs non plantés sur l'alignement des travaux tels que ceux dont l'indication suit, pourvu toutefois que, dans les divers cas où l'autorisation de les exécuter sera demandée, l'état des constructions soit tel que ces travaux ne puissent pas produire de confortation.

Exhaussement et débouchement de baies, sans restauration des pieds-droits et jambages.

Pose de poteaux à rez-de-chaussée, et ne formant pas des points d'appui.

Un seul poteau de remplissage, au premier et au dernier étage par six mètres de face.

Substitution d'un simple poteau de charpente à un point d'appui construit en maçonnerie et reconnu en bon état.

Bouchement de crevasses sans lancis.

Réfection d'entablements, corniches et plinthes.

Ravalements.

Renformis sans lancis ni reprises.

Soubassements en dalles n'excédant pas cinq centimètres d'épaisseur.

Exhaussement d'un poitrail sans reconstruction supérieure et sans changement d'autre plancher que celui de l'étage de rez-de-chaussée.

Percement de baies nouvelles, avec raccordement de seize centimètres au plus.

Rétrécissement, raccourcissement et bouchement de baies; le tout en construction légère.

Percement de portes cochères ou charretières, en établissant les pieds-droits ou jambages et le poitrail avec les montants et traverses en charpente.

Renouvellement, pour les pans de bois, soit de la sablière haute portant saillie d'entablement ou de corniche, soit de la sablière au droit du plancher haut du rez-de-chaussée.

Renouvellement de poitrail sans restauration des points d'appui.

Renouvellement des bois avariés dans un plancher, sans que les points d'appui soient changés ou réconfortés.

Pose d'une seule ancre de fer avec simple tirant par dix mètres courants de face et par façade au-dessous de dix mètres.

Remplacement de l'assise supérieure d'une jambe étrière d'un pied-droit ou d'une chaîne à l'étage de rez-de-chaussée, lorsque la dégradation provient de fracture et non de vétusté, et sous la condition de ne déposer qu'une des assises inférieures.

Reprise en moellons, mais sur un mètre au plus de largeur, d'un mur en fondation, pourvu que le mur en élévation soit d'ailleurs en bon état dans toutes ses parties.

Substitution d'un fort poteau de charpente ou aux jambes-étrières, ou aux pieds-droits, ou aux chaînes, ou aux trumeaux en mauvais état, ou lorsque les fondations ne seront pas reconnues en bon état.

L'administration sera juge des cas où chacune de ces réparations pourra être permise.

CHAPITRE XI.

DISPOSITIONS GÉNÉRALES.

Art. 97. Les ouvrages exécutés contre les principes de l'art de bâtir, en matériaux reconnus de mauvaise qualité, ou en contravention aux dispositions du présent règlement, seront démolis.

Art. 98. Toutes réparations ou reconstructions à mi-épaisseur de mur sont prohibées.

Art. 99. Lorsque l'exécution des travaux autorisés exigera qu'il soit établi sur la voie publique des étais, chevalements, échafauds ou barrières, la permission fixera le temps pendant lequel ils devront subsister, et déterminera l'espace qu'ils pourront occuper en largeur sur la voie publique.

Art. 100. Il est défendu de porter des étais sur des planchers ou des voûtes, à moins qu'ils ne soient eux-mêmes étayés de fond. (Sûreté publique.)

Art. 101. Toute permission pour travaux de grande voirie n'est valable que pendant un an, à compter du jour de sa date.

Art. 102. Tous propriétaires qui auront à faire exécuter,

même hors de la voie publique et dans l'intérieur de leurs bâtiments, des travaux de grosses constructions ou grosses réparations, tels que voûtes de cave, fouilles, excavations, reprises de gros murs ou de murs de refend, pans de bois portant plancher, etc., travaux en sous-œuvre ou autrement, sont tenus d'en faire préalablement, et trois jours au moins avant de commencer les travaux, leur déclaration à la préfecture du département de la Seine, et d'indiquer les noms des entrepreneurs ou ouvriers qu'ils entendent employer auxdits travaux, et les noms des architectes chargés de les diriger. (Sûreté publique.)

Art. 103. Les demandes qui ont pour objet d'obtenir la permission de bâtir doivent toujours être accompagnées d'un plan indicatif des travaux à faire. (Art. 3 de la déclaration du roi du 10 avril 1783.)

Art. 104. Les gouttières en saillie sur la voie publique sont prohibées. (Ordonnance royale du 24 décembre 1823.)

Art. 105. Tout tuyau de chute doit être isolé de six centimètres au moins des murs ou pans de bois en élévation.

Art. 106. Les étages en attique et en retraite au-dessus de l'entablement ne peuvent être établis qu'en pan de bois et non en pierre, quand la face en maçonnerie a déjà atteint la hauteur légale. (Ordonnance du 22 avril 1834.)

MODÈLES

DE

PROCÈS-VERBAUX ET AUTRES ACTES.

Modèle du procès-verbal de tracé d'alignement à produire à l'appui des plans soumis à la sanction du gouverne-me n

L'alignement de la rue..... est fixé ainsi qu'il suit :

Côté droit : depuis l'embranchement de cette rue avec la rue (le quai ou la place)..... ledit alignement est figuré par une droite partant à zéro du nu de la jambe-étrière de la maison formant l'angle de ladite rue et de celle (du quai ou de la place).... pour aboutir à..... mètres..... millimètres en arrière (ou en avant) de la jambe-étrière de la maison nº....., appartenant à....., joignant la maison nº..... appartenant à..... De ce point, par une autre droite aboutissant à..... mètres..... millimètres en avant (ou en arrière) du milieu de la façade de la maison nº....., appartenant à..... A partir de ce dernier point par une autre droite se dirigeant sur le nu du mur de face du bâtiment nº..... appartenant à..... De ce point l'alignement suivra le parement extérieur des façades existantes depuis le nº..... jusqu'au nº.... formant l'angle de la rue avec celle ....

Côté gauche..... : (Si les alignements des deux côtés doivent être parallèles, il suffira d'ajouter : Côté gauche : les alignements de ce côté de la rue sont déterminés par des lignes parallèles à celles qui viennent d'être fixées pour le côté droit et à ..... mètres de distance, largeur assignée à la rue.

Dans le cas contraire, il faudra procéder pour le côté gauche comme il est dit ci-dessus pour le côté droit.)

(*Signatures du maire et de l'architecte.*)

Modèle d'arrêté portant fixation d'alignement, en exécution de plans approuvés conformément à l'art. 52 de la loi du 16 septembre 1807.

Nous (les noms et prénoms) maire de la ville de.....
— Vu la demande qui nous a été présentée par..... à l'effet d'être autorisé à faire construire (désigner le lieu où la construction doit être faite) un bâtiment de..... (désigner la longueur de face et la hauteur) ; — Vu l'art. 52 de la loi du 16 septembre 1807, lequel article est ainsi conçu : « Dans les villes, les alignements pour l'ouverture des nouvelles rues, pour l'élargissement des anciennes qui ne font pas partie d'une grande route, ou pour tout autre objet d'utilité publique, seront donnés par les maires, conformément au plan dont les projets auront été adressés aux préfets, transmis avec leur avis au ministre de l'intérieur et arrêtés en conseil d'Etat. — En cas de réclamation de tiers intéressés, il sera statué de même en conseil d'Etat, sur le rapport du ministre de l'intérieur. »

Vu le plan de (désigner la voie publique le long de laquelle on demande à bâtir), lequel plan approuvé par le roi, en conseil d'Etat, sous la date du..... fixe à..... la largeur de..... ; — Vu le rapport rédigé par le sieur..... architecte (ou agent voyer), par suite du renvoi que nous lui avons fait de la demande à nous présentée, arrêtons ce qui suit :

Art. 1er. Le sieur..... est autorisé à construire le long (désigner le lieu où la construction doit être faite) un bâtiment de (désigner la longueur), et conformément au plan joint à la demande.

Art. 2. Cette construction sera faite suivant une ligne (désigner les points de repère).

S'il est dû des droits de voirie pour la construction projetée, on ajoutera: Le sieur ..... versera dans la caisse
du receveur municipal la somme de..... montant des
droits de voirie auxquels la construction qu'il projette
donne ouverture d'après..... (citer l'acte qui autorise la
perception du droit), desquels droits le bordereau est établi
ci-après.....

Art. 3. « Aussitôt que le sieur ..... aura posé les premières assises de sa construction, il devra nous en donner
avis, afin que nous fassions procéder au récolement de l'alignement;

Art. 4. Ampliation du présent arrêté sera remise à.....
Fait à..... le.....

(Signature.)

---

*Modèle d'arrêté portant autorisation de bâtir, lorsqu'il
n'existe pas de plan approuvé en conseil d'Etat.*

Nous (comme dans le précédent modèle), — Vu la demande (comme dans le précédent modèle); — Vu la loi du
14 décembre 1789, portant: « Les fonctions propres au pouvoir municipal sont .... de faire jouir les habitants des
avantages d'une bonne police, notamment de la propreté,
de la salubrité et de la tranquillité dans les lieux et édifices
publics ; » — Vu la loi du 16-24 août 1790, portant: « Les
objets de police confiés à la vigilance et à l'autorité des municipalités sont 1° tout ce qui intéresse la sûreté et la commodité du passage dans les rues, quais, places et voies publiques: ce qui comprend le nettoiement, l'illumination,
l'enlèvement des encombrements, la démolition ou la réparation des bâtiments menaçant ruine, l'interdiction de rien
déposer aux fenêtres ou autres parties de bâtiments qui
puisse blesser ou endommager les passants, causer des
exhalaisons nuisibles; » — Vu l'avis des comités réunis de
législation et de l'intérieur du conseil d'Etat, en date du

3 avril 1834 ; — Vu les arrêts de la cour de cassation et les ordonnances royales rendues en conseil d'Etat qui ont fixé la compétence des maires en matière d'alignement ; — Vu le rapport rédigé par le sieur....., architecte (ou agent voyer), par suite du renvoi que nous lui avons fait de la demande à nous présentée, arrêtons ce qui suit :

Art. 1ᵉʳ. (Le reste comme au modèle qui précède.)

(*Signature.*)

(Même forme et même préambule pour les permissions demandées à l'effet de réparer les maisons situées sur la voie publique ; seulement l'arrêté doit être ainsi conçu : Le sieur..... est autorisé à faire à sa maison située rue..... (ou place.....) n°..... (indiquer si la maison est sujette à reculement par un plan arrêté) des réparations (ou travaux) qui consistent..... (Détailler avec soin la nature des ouvrages permis et, s'il y a lieu à payement de droits de voirie, le mentionner également.)

Modèle d'un procès-verbal de récolement d'alignement.

L'an mil huit cent ....., le....., je, soussigné,..... (désigner les nom, prénoms, profession et qualités de la personne qui procède au récolement) me suis transporté..... où étant j'ai reconnu :

Qu'en vertu de la permission qui lui a été délivrée le..... le sieur..... a fait construire..... (un bâtiment ou mur) de..... mètres de longueur de face ;

Que l'alignement qui a été indiqué dans la permission a été exactement suivi ;

3° Enfin, que la propriété a perdu (ou gagné) une superficie de terrain contenant.....

(*Nota.* Si l'alignement a maintenu la propriété sur ses anciennes limites, on en fera mention et on supprimera le paragraphe n° 3 qui précède.)

En foi de quoi j'ai dressé le présent procès-verbal, les jour, mois et an susdits.

(Signature.)

Procès-verbal à l'effet de constater une contravention pour travaux non autorisés.

L'an mil....., le....., à..... heures, nous (*maire ou adjoint*) de la ville ou commune de....., sur le rapport qui nous a été fait en vertu de notre réquisition en date du..... par le sieur....., architecte (*agent ou commissaire voyer*), avons constaté que les travaux qui s'exécutent (*ou qui ont été exécutés*).... pour le compte du sieur....., propriétaire, par le sieur....., entrepreneur (*maçon, charpentier ou autre*), à la maison située, rue (*ou place*) et n°....., lesquels consistent (*indiquer la nature des travaux*), n'ont pas été autorisés par nous (*ou bien s'écartent de la permission par nous délivrée audit sieur....., en ce que, etc.*); ce qui constitue une contravention susceptible d'être poursuivie par les voies de droit; duquel fait nous avons dressé le présent procès-verbal, pour recevoir telle suite qu'il appartiendra, en vertu des articles 11 et 154 du Code d'instruction criminelle; et a, ledit sieur....., signé le présent, ainsi que son rapport, qui y reste annexé, comme renseignement.

Fait à... ., lesdits jour, mois et an.

(Signature.)

Procès-verbal à l'effet de constater une contravention pour défaut de balayage.

L'an mil....., le....., à..... heure (*du matin ou du soir*), nous..... (*maire adjoint ou commissaire de police*) de la ville ou commune de....., passant rue (*ou place*)....., avons remarqué que le balayage prescrit par le règlement de police, en date du....., n'avait pas été effectué devant la maison ou l'habitation du sieur..... (*nom , profession de l'habitant et numéro de la maison*).

Ce fait constituant une contravention audit règlement de police, nous en avons dressé le présent procès-verbal, pour servir et valoir ce que de droit.

Fait à....., lesdits jour, mois et an.

(*Signature.*)

Actes concernant les bâtiments en péril. — Sommation de faire cesser un péril (le propriétaire présent).

L'an...., le....., à...... heure, en conformité des déclarations des 18 juillet 1729 et 16 août 1730, maintenues par l'article 29 du titre 1er de la loi du 22 juillet 1791, nous (*maire, adjoint ou commissaire de police*), avons sommé le sieur....., propriétaire d'une maison sise...., rue....., n°....., demeurant....., en son domicile, parlant à sa personne, de, dans.... jours, pour tout délai, faire cesser le péril dans lequel se trouve (*désigner l'objet en péril*); en conséquence d'avoir, dans ledit délai, à faire démolir (*ledit objet*); sinon, à faute de ce faire, et ledit délai passé, lui avons déclaré qu'il y serait mis ouvriers à ses frais et risques, et qu'en outre il encourra les peines prononcées par le Code.

Et, dans le cas où ledit sieur..... dénierait le péril, l'avons sommé de, sur-le-champ, nommer un expert pour, conjointement avec celui qui sera nommé par l'administration municipale, procéder aux visite et examen contradictoires de l'objet déclaré en péril, sinon qu'il sera passé outre à la démolition d'icelui.

Lequel sieur..... a répondu (*recevoir et faire signer la réponse et la déclaration de nomination de l'expert, si le péril est contesté*).

Contre laquelle réponse nous avons fait toutes réserves et

protestations de droit, et avons audit sieur..... en son domicile, et parlant comme dessus, laissé copie du présent. (*Si le propriétaire est absent, et qu'il y ait un principal locataire simple locataire, un fondé de pouvoir, ou, à défaut, un portier.*)

Avons sommé le sieur....., propriétaire d'une maison sise rue....., nº....., demeurant (*désigner le lieu où il demeure*), en la personne du sieur....., de ladite maison, y demeurant, en son domicile, et parlant à sa personne, chargé de le faire savoir, de...................

Lequel sieur a répondu.........................

Procès-verbal de reconnaissance quand le péril n'est pas contesté.

L'an....., le....., en conséquence de la sommation par nous faite le..... dernier au sieur....., propriétaire d'une maison sise rue....., nº....., de faire démolir ou réparer (*désigner l'objet*);

Nous..... (*maire, [adjoint ou commissaire de police*), nous sommes transporté au-devant de la dite maison, à l'effet de nous assurer si lesdites démolition et réparation avaient été effectuées; où étant, nous avons reconnu (*énoncer s'il a été ou non satisfait à la sommation*). De quoi nous avons dressé le présent procès-verbal, pour y être donné telle suite qu'il appartiendra.

Sommation de faire trouver experts.

L'an...., le....., en conséquence, tant de la sommation par nous faite le..... dernier, au sieur ci-après dénommé, que de la dénégation de péril et nomination d'experts énoncées,

Nous..... (*maire, adjoint ou commissaire de police*)

avons sommé le sieur...., propriétaire d'une maison sise rue....., nº....., en son domicile, en parlant à....., d'avoir, si bon lui semble, à se trouver et faire trouver le sieur....., expert par lui nommé, le..... prochain, à..... heures précises du....., au-devant de la dite maison, pour, conjointement avec M....., expert nommé aux mêmes fins par l'administration municipale, procéder aux visite et examen de (*désigner l'objet*), déclaré en péril, lui déclarant que, faute par l'un ou l'autre ou tous deux de s'y trouver, il sera par mondit sieur.... procédé et passé outre à ladite visite, tant en absence que présence, et avons audit sieur....., au domicile et parlant comme dessus, laissé copie du présent.

Signification d'ordonnance à fin de démolir. — (*Copier littéralement en tête l'arrêté de démolition.*)

L'an....., le....., nous (*maire, adjoint ou commissaire de police*) avons notifié, et avec ces présentes laissé copie au sieur....., propriétaire d'une maison sise rue....., nº....., en son domicile, en parlant à....., de l'arrêté transcrit ci-dessus, et d'autre part, à ce qu'il n'en ignore et ait à s'y conformer dans les délais y portés, lui déclarant que, faute par lui d'y satisfaire dans lesdits délais, et iceux passés, il sera mis ouvriers à la démolition y prescrite, à ses risques et frais, et qu'il encourra l'amende prononcée par la loi.

Et avons audit sieur....., en son domicile, et parlant comme dessus, laissé copie, tant de ladite ordonnance que du présent.

Procès-verbal de reconnaissance.

L'an...., le....., nous (*maire, adjoint ou commissaire de police*), en conséquence de la notification par nous faite

le....., au sieur....., de l'arrêté du....., à fin de démolition, dans le délai de..... (*désigner l'objet*) de la maison
dont le dit sieur..... est propriétaire, rue....., n°.....,
nous sommes transporté au-devant de la dite maison, pour
nous assurer s'il avait été satisfait aux dispositions de ladite
ordonnance, où étant nous avons remarqué............

De quoi nous avons dressé le présent procès-verbal, pour
servir à telles fins que de raison.

Itérative sommation de démolir.

L'an....., le....., en exécution de l'arrêté de police,
du....., par nous notifié, avec laissé copie au sieur ci-après
dénommé, nous (*maire, adjoint ou commissaire de police*)
avons fait itérative sommation au sieur....., propriétaire
d'une maison sise rue....., n°....., demeurant....., en
son domicile, parlant à sa personne, de, dans..... jours
pour tout délai, faire démolir (*désigner l'objet*) de ladite
maison, sinon et à faute de ce faire, et ledit délai passé, lui
avons déclaré qu'il y serait mis ouvriers à ses frais et risques,
et qu'il encourra les peines portées par la loi.

Lequel sieur a répondu........................

Contre laquelle réponse nous avons fait toutes réserves et
protestations de droit, et avons audit sieur....., en son
domicile, et parlant comme dessus, laissé copie du présent.

(*S'il y a lieu à déménagement du locataire :*)

Il faut ajouter avant la réponse : Comme aussi de faire
évacuer par les locataires qui les habitent les lieux qui seront atteints par ladite démolition, à peine de toutes pertes,
dépens et dommages-intérêts envers lesdits locataires, s'il y
a lieu.

Lequel a répondu :

Sommation à fin de déménagement.

L'an....., le....., en exécution de l'arrêté de police du....., portant que, dans le délai de....., le sieur....., propriétaire d'une maison sise rue....., n°....., sera tenu de faire démolir (*indiquer l'objet*) de ladite maison, nous (*maire, adjoint ou commissaire de police*) de...... avons notifié et déclaré à chacun des ci-après dénommés :

A...

A...

A...

Tous locataires et habitants de ladite maison, en leur domicile et parlant à leurs personnes, que, faute par ledit sieur..... d'avoir satisfait audit arrêté, nonobstant itérative sommation à lui faite, il sera, le....., procédé et mis d'office ouvriers à la démolition de.....; en conséquence, avons sommé tous et chacun desdits locataires susnommés de déguerpir et vider les lieux qu'ils occupent de tous meubles et effets dans le délai de....., sinon et faute de ce faire, leur avons déclaré qu'à leurs risques et périls, les meubles garnissant les dits lieux seront évacués et mis sur le carreau, et qu'il sera passé outre à ladite démolition, le tout sous la réserve de leurs droits contre ledit, s'il y a lieu ; et, à ce qu'ils n'en ignorent, nous avons à chacun des susnommés, et parlant comme dessus, laissé copie du présent.

Sommation de se retenir s'il y a démolition du mur de face ou de pignon.

L'an....., le....., en exécution de l'arrêté de police du....., portant que, dans le délai de....., le sieur....., propriétaire d'une maison sise rue....., n°....., sera tenu de démolir (*désigner l'objet*) de la dite maison, nous (*maire, adjoint ou commissaire de police*) de....., avons signifié et déclaré au sieur....., propriétaire de la maison portant le n°....., même rue, contiguë à celle ci-dessus, demeurant rue....., en son domicile....., parlant à....., que, faute par ledit sieur..... d'avoir satisfait audit arrêté, nonobstant les itératives sommations à lui faites, il sera, le....., mis d'office ouvriers à ladite démolition; en conséquence, et conformément à l'article 662 du Code civil, nous avons sommé ledit sieur..... de se retenir au mur de pignon comme auxdites maisons, et pourvoir à ce que, lors de ladite démolition, il n'en résulte aucun accident pour ce qui le concerne, sous peine de toute garantie de droit; et, à ce qu'il n'en ignore, lui avons, domicile et parlant comme dessus, laissé copie du présent.

Procès-verbal de démolition d'office.

L'an....., le....., nous (*maire, adjoint ou commissaire de police*) de....., en conséquence de l'arrêté du..... par lequel il est enjoint au sieur....., propriétaire d'une maison sise rue....., n°....., de, dans le délai de..... faire démolir ou réparer (*désigner l'objet*) de ladite maison, déclaré et reconnu en péril lors de la visite contradictoire qui en a été faite, après que par acte du....., nous avons fait audit sieur..... itérative sommation de se conformer audit arrêté; que, par autres actes des....., nous avons fait sommation aux locataires des lieux déclarés en péril de les évacuer de tous meubles et effets dans le délai de....., et à chacun des propriétaires voisins de se retenir, nous nous sommes, à..... heures du matin, accompagné dudit sieur..... (*architecte ou voyer*), transporté au-devant de la dite maison, avec le nombre d'ouvriers et équipages nécessaires.

Et, attendu la non-comparution du propriétaire ni personne pour lui, ledit sieur..... a sur-le-champ mis à ladite démolition (*désigner les ouvriers employés et désigner les matériaux*), pour lesdits travaux être continués jusqu'à parfaite et entière démolition, et nous a (*l'entrepreneur*) déclaré que, pour sûreté du payement des frais de ladite démolition, il entendait déposer les matériaux (*désigner le lieu du dépôt*) et en tiendrait attachement pour en justifier au besoin, dont acte.

De tout quoi nous avons dressé le présent procès-verbal, auquel ont signé lesdits sieurs..... (*l'architecte et l'entrepreneur*) avec nous.

(*Si le propriétaire est présent, dire après l'énoncé de la non-exécution et du déménagement :*)

Avons également trouvé sur les lieux ledit sieur (*le propriétaire*), auquel nous avons de nouveau fait sommation de mettre sur-le-champ ouvriers à ladite démolition, sinon que nous allions les y faire attacher, à quoi ledit sieur..... a répondu.......... et a signé.

(*Si la réponse porte consentement de démolir, dire :*)

De laquelle réponse nous avons, sous toutes réserves, donné acte audit sieur.....; en conséquence, nous lui avons déclaré que nous allions nous retirer, à la charge par ledit sieur de payer sur-le-champ la somme de ....; pour (*frais d'ouvriers et de transport d'équipages*), ce qu'il a effectué, et de fait, après lui avoir réitéré la sommation de faire démolir au jour par lui indiqué, nous nous sommes retiré.

TABLE CHRONOLOGIQUE

DES

ACTES RAPPORTÉS DANS L'APPENDICE.

38

TABLE

ALPHABÉTIQUE ET ANALYTIQUE

DES MATIÈRES TRAITÉES DANS LE CORPS DE L'OUVRAGE.

A

B

Boues (enlèvement des). — *V.* Nettoiement.

C

Caves. Il est défendu d'en creuser sous les rues, 228. — Celles des maisons retranchées peuvent, toutefois, être maintenues, 229. — On ne peut donc en prononcer la suppression qu'après déclaration d'utilité publique, 229. — L'administration doit exercer une active surveillance sur ces caves, pour prévenir les accidents, 229. — Droits de police attribués aux maires, à ce sujet, 229, 230.

Chemins de fer. Les compagnies sont assujetties au payement des droits de voirie pour leurs travaux dans l'intérieur des villes, 195. — *V.* Droits de voirie.

Combles (hauteurs et formes des). — Règles applicables à la ville de Paris, 218. — Discussion sur l'interprétation des règlements à ce sujet, 218 et suiv. — *V.* Maisons (hauteurs des).

Compétence administrative.— En matière de *voirie urbaine*, du maire, 15; — du conseil municipal 15; — du préfet, 15; — du chef du gouvernement, 15; — du ministre de l'intérieur et du conseil d'Etat, 15. — En matière de *grande voirie*, du préfet, 16. — Du chef du gouvernement, du ministre des travaux publics et du conseil d'Etat, 16. — Les conseils municipaux sont appelés à donner leur avis sur les projets d'alignement de grande voirie, 16 ; — à Paris, compétence du préfet de la Seine, 16 ; — du préfet de police, 16; — détail des attributions de ce dernier fonctionnaire, 16, 17. — Des commissaires voyers sont placés sous les ordres des deux préfets, 17. — L'administration ne peut pas défendre ce que le juge a déclaré permis ; mais elle peut permettre ce qu'il a reconnu pouvoir être défendu, 80, 81.

Compétence contentieuse. En matière de *voirie urbaine*, toute contravention aux règlements est du ressort des tribunaux de simple police, 17. — Cas où une maison est située à l'angle de deux rues appartenant, l'une à la grande voirie, l'autre à la voirie urbaine, 17. — Intervention du conseil d'Etat et de la cour de cassation en cette matière, 18. — En matière de *grande voirie*, les contraventions sont réprimées par les conseils de préfecture, 18. — Ceux-ci prononcent sur les contestations qui s'élèveraient touchant la démolition des bâtiments menaçant ruine, 19. — La compétence des conseils de préfecture, quant à la répression des contraventions de police commises sur les rues des villes faisant partie des grandes routes, est admise par le conseil d'Etat et contestée par la cour de cassation, 19. — A Paris, les contraventions de grande voirie sont jugées par le conseil de préfecture, et celles qui intéressent la petite voirie par le tribunal de police, 21. — Les questions de propriété sont, en toute matière, du ressort de l'autorité judiciaire, 20. — Il n'en est pas de même, toutefois, des questions de possession et de jouissance qui appartiennent à l'autorité administrative, 21.

Conduites d'eau et de gaz. L'établissement sous le sol de la voie publique peut en être autorisé soit gratuitement, soit à titre onéreux, 230. — Condi-

D

F

H

I

P

R

S

auteurs plutôt comme droit de cité que comme des servitudes, 23. — Ces droits sont, au reste, reconnus proprement dits par le conseil d'Etat et par la cour de cassation, 23, 24.

Les servitudes imposées à la propriété privée au profit de la voie publique consistent d'abord dans l'interdiction de bâtir ou réparer tout édifice situé sur la voie publique, sans avoir obtenu l'alignement ou la permission nécessaires, 109. — Elles s'étendent jusqu'à permettre de sacrifier la propriété privée aux intérêts de la voie publique, sauf l'indemnité de droit, 109. — Diverses autres charges, telles que le pavage, les droits de voirie, etc., sont en outre imposées aux propriétaires riverains de la voie publique dans les villes, 109, 110.—Un maire a-t-il le pouvoir d'interdire la réparation d'un bâtiment en saillie sur la voie publique, lorsqu'il n'existe pas de plan arrêté ? Discussion de ce point de droit, et résolution affirmative, 110 et suiv. — L'interdiction de réparer les édifices non alignés résulte des dispositions de l'ancienne législation, et notamment de l'édit de décembre 1607, déclaré loi générale de l'Etat, 113, 114. — Ainsi, l'administration serait maîtresse de défendre toute espèce de réparation aux bâtiments donnant sur la voie publique; mais elle admet dans la pratique une tolérance fondée sur des raisons d'utilité générale et sur les ménagements dus à la propriété privée, 114, 115. — La défense de réparer ne s'applique donc rigoureusement que dans la hauteur du rez-de-chaussée, 116. — Hors le cas toutefois d'insolidité de l'ensemble, 117. — Droit d'appréciation laissé à l'administration sur ce point, sauf recours au pouvoir supérieur, 117, 118. — Toute demande en autorisation doit en conséquence être l'objet d'un examen fait par un homme de l'art, qui éclaire l'autorité, 118. — En matière de grande voirie, les pourvois contre les refus d'autorisation sont portés devant le ministre des travaux publics. Pour la voirie urbaine devant le préfet et le ministre de l'intérieur, 118. — Une expertise contradictoire est souvent ordonnée ; par qui les frais doivent-ils en être supportés ? 118. — A Paris, c'est au préfet de la Seine qu'il appartient d'accorder ou de refuser la permission, sauf recours au ministre qui statue, le conseil des bâtiments civils entendu, 119. — Quels sont les ouvrages qui peuvent être tolérés dans les murs de face, 120. — Les réparations, même confortatives, sont permises dans les parties supérieures au-dessus du premier étage, 120. — Question si la prohibition de réparer s'étend à la partie retranchable des bâtiments, et si une demande d'autorisation est exigible pour les travaux à faire dans cette partie. Dissentiment entre le conseil d'Etat et la cour de cassation sur ce point, 121 et suiv. — L'administration se montre au surplus disposée à concilier, à cet égard, les intérêts privés avec la rigueur des règlements, 127 et suiv. — La règle adoptée diffère, pour Paris, de celle qui est suivie dans les autres villes, 129. — Résumé de la jurisprudence du conseil d'Etat touchant les travaux à exécuter sur la partie retranchable, 130. — Autre question à l'occasion des démolitions de maison opérées pour cause d'alignement ; réparations confortatives autorisées par exception en pareil cas, 130, 131.—Tolérance à l'égard des murs mitoyens mis à découvert, 131, 132.—Les servitudes de voirie ne s'appliquent pas aux bâtiments situés

39

T

U

V

FIN.

Paris, imprimerie de Paul Dupont.

www.ingramcontent.com/pod-product-compliance
Lightning Source LLC
Chambersburg PA
CBHW060846220326
41599CB00017B/2401